史良法学文库 贰拾陆

主编◎曹义孙

法学国家级一流专业建设点重点成果

海德格尔源初自然法思想研究

ON M. HEIDEGGER'S
THOUGHT OF
ORIGINAL NATURE LAW

胡宗亮 著

中国政法大学出版社

2023·北京

图书在版编目（ＣＩＰ）数据

海德格尔源初自然法思想研究/胡宗亮著. —北京：中国政法大学出版社，2023.8
ISBN 978-7-5764-1114-0

Ⅰ.①海… Ⅱ.①胡… Ⅲ.①海德格尔(Heidegger, Martin 1889-1976)—哲学思想—思想评论 Ⅳ.①B516.54

中国国家版本馆 CIP 数据核字(2023)第 179763 号

出 版 者	中国政法大学出版社
地　　址	北京市海淀区西土城路 25 号
邮寄地址	北京 100088 信箱 8034 分箱　邮编 100088
网　　址	http://www.cuplpress.com (网络实名：中国政法大学出版社)
电　　话	010-58908586(编辑部) 58908334(邮购部)
编辑邮箱	zhengfadch@126.com
承　　印	北京旺都印务有限公司
开　　本	720mm×960mm　　1/16
印　　张	34.5
字　　数	580 千字
版　　次	2023 年 8 月第 1 版
印　　次	2023 年 8 月第 1 次印刷
定　　价	139.00 元

前　言

　　马丁·海德格尔（Martin Heidegger，1889—1976 年），德国哲学家，也是 20 世纪存在主义哲学的创始人和主要代表之一。本书尝试思考的是"何为自然法"这个较为基础的理论话题。跟随海德格尔去思考"自然与人"的关系，并依照海德格尔的本意就此提供一个有关源初自然的思考方式。在西方思想史之中，海德格尔的思想兼具深刻性与争议性：一方面，他开启了一种以"存在（Sein）"为鹄的的"思（Besinnug）"的哲学，在概念上彻底反思了西方形而上学与伦理学的成型概念；另一方面，海德格尔曾经参与纳粹活动并体现了自身的政治倾向，在实践上反而助长了现代虚无主义。出于存在论而非存在者论，海德格尔在《形而上学导论》中指出自然和存在是相同的概念，这也就意味着存在论的思考有向自然概念及其派生的法权主张延伸的可能性。基于上述考虑，本书希望在讨论源初自然法这个法理学之中的哲学论题的同时，效仿海德格尔本人的现象学写作方法展开讨论：第一，本书的问题意识肇始于现代性危机，希望通过自然和人的互属关系勾勒出广义上自然法（Naturrecht）从柏拉图开始的衰退过程。第二，本书追随海德格尔的思想，认为自然法在其最源初的自然正当之处就开始了必然的衰退，它之所以走向虚无主义，乃是自然法之为技术的命运。第三，本书的写作方法也偏向思想史的手法。例如，本书在英文标题中径行以"Naturrecht"这一德语词汇标示广义的自然法，原因在于这一词汇不仅仅能够翻译为自然法，也能够翻译为"自然正当""自然权利"。当我们通过"Naturrecht"这一词汇进入广义自然法领域的时候，我们也就同时考虑了在自然法之本质之中的具体自然法思想展开的不同形态——通过这一词汇，柏拉图、亚里士多德、奥古斯丁、阿奎那、霍布斯、洛克、卢梭、康德、黑格尔乃至尼采、海德格尔都产生了思想史的关联。第一章中，本书进一步以学术史的变迁为线索，梳理海德格尔思想从最初的引介直到近年来我国施特劳斯学派对海德格尔的政治哲学批判，也以此明确本书需要以现有的政治哲学问题之中施特劳斯问题作为讨论的前提，后者指出海德格尔在政治哲学或法哲学角度可能否定政治、法律、道德、伦理进而从存在走向虚无。在第二章，本书将立足于施特劳斯对海德格尔的身份定位，介绍在政治哲学与法哲学的现代性浪潮的观点中海德格尔作为虚无主义者如何推动了最新的虚无主义潮流。进而，本书的第三、四章共同构成了现象学"悬置"的具体展开，在这两个部分中，本书通过批判影响现代自然法思想存在者形态的技术（Technik）、形而上学（Ontologie）而为讨论源初自然做出准备。第五、六章的讨论则着眼于海德格尔针对人如何从技术与形而上学之中回返源初自然的思考，为提问源初自然法给出方法论路径。概提问源初自然需要在立场上以思想的自然代替形而上学的自然，以艺术的方法取代技术的方法。在第七、八章，作者尝试描述源初自然法的基本样态，预设海德格尔并非虚无主义者并且默认按照海德格尔的思路回返到源初自然法有其正确性。海德格尔源初自然法思想在悬置阶段较为清晰地展示了"技术批判—形而上学批判—生存批判"的理路，界定了"无—有—无"之为"源初自然法"的基调，然而在他对这一思想的"还原"方面则存在含混：一方面，鉴于海德格尔基于本真生存这一起点之上给出了带有神秘主义的提问方法，他也对自然、权利（Recht）、政制（Politeia）、自由（Freiheit）等概念给出了不同于一般的法学、政治学的新意义；另一方面，海德格尔后期的"Ereignis"概念、思想（Besinnung）、"诗（Dichtung）"的思维和对于"渊基（Abgrund）"的理解也需要东方哲学与西方诺斯替宗教（Gnositc Religion）的补充才能得到更为恰切的理解。因此我们可能得出的结论是：首先，海德格尔并非一位虚无主义者，但他语言的独特以及去形而上学表达，乃至于他的国家社会主义实践成了我们面对源初自然法时必须警惕的危险；其次，需要承认海德格尔思想本身的超越时代的深刻性，并尽量以之为目前多元的自然法思想提供相对稳定的基础：源初自然法从"思"的起点出发而达乎"诗"，因而不是形而上学式的至善理念，不是神学式的上帝的宣谕，也不是政治哲学的"天赋人权"和"理性"，甚至并不具有一般意义上的法的规范性。但是由于其关涉 Dasein 在其自身和共同演历，关涉与威临一切者进行斗争的过程，关涉 Dasein 的本真生存与自由，关涉一切存在者如何面向未来绽出其自身，关涉到人如何聆听自然的"道—说"进而走入"诗意栖居"的澄明境域，这些相对基本的问题也就意味着即使海德格尔并未直接给出对于"善/恶""合法/不法"等概念的直接定义，"φυσις"即"源初自然"仍然可以经由对律法、权力、自由的本源思考为"自然法是什么"给出根源性的答案。

目 录

认真对待海德格尔的源初自然法思想

"自然法"在词形上由"自然"与"法"两个词项构成，它尝试回答"法是什么"这一根本的法学问题。在"自然法"这一语词之中，"自然"为定语而"法"为主语，由于"自然"对"法"起到了限定作用，对"法之所是"这个问题的回答也就绕不开"自然是什么"这个前置的问题。

因而探究自然法的"源初形态"也即"源初自然法"也就是回答"自然法是什么"，进而以"自然法是什么"去进一步发问"法是什么"。在当下的自然法研究之中，不同学者围绕不同的理论立场对"自然法"之所是给出了不同的答案，主要是围绕"Naturrecht"给出不同的语意诠释，概括来说有"自然规则""自然律法""自然权利"三类表达。例如，登特列夫（Alexander Passi d'Entreves）就把在历史中逐步出现的自然法思想概括为古希腊和古罗马时期的对"一个普遍适用的法律体系"的讨论，在中世纪对"伦理的一个合理基础"的讨论以及在近现代对"自然权利的理论"的讨论[1]，自然法的理论则关乎"法律之本质""法律与道德"和"理想的法律"三个论域[2]，在这里"自然"代表了普遍性、基础性，具体的法律则派生于自然法而成为特殊性、衍生性的存在者。与之类似，奥克利（Francis Oakley）则把自然法的发展分为了三个阶段，即"自然法则""自然律法""自然权利"分别对应古代

---

〔1〕 详见［意］登特列夫：《自然法：法律哲学导论》，李日章、梁捷、王利译，新星出版社2008年版，第34、53、73页。

〔2〕 详见［意］登特列夫：《自然法：法律哲学导论》，李日章、梁捷、王利译，新星出版社2008年版，第94、114、136页。

希腊、中世纪欧洲和现代社会的三种自然法样态[1]，这一观点则指出对"自然法"的三个解读方向，指出了本质的法也即自然法可以阐发出哪些具体的形式。但是在语词分析的过程之中，作为定语的"自然"并未显示其意义而是仅作为一个相对模糊的"Nature"对"法"进行着限定，也即无论是在本质上尝试把法的本质定义为普遍法体系、伦理的一般基础抑或是自然权利的宏观理论，都尚未明示在"自然法"这一词项之中"自然"有何差异化意义，也就影响了"自然法"的意义释明。例如，在"自然法则"与"自然律法"这对概念之中，"自然"代表因果律意义上的规律或法则还是代表规范论上外在于实在法体系的更基本的神圣律法；"自然权利"代表的究竟是外在于人的单数意义上正误判断渊源（Right）还是发乎人性的内在道德感情；"自然法"是实存在场的存在者，还是在观念之中的存在者，抑或是单纯的理论虚构。这些问题由于必须思考"自然"的含义，但"自然"概念又无法被进一步拆分为子概念而变得难以回答。对"自然法"的本源进行发问因而就具有两方面的意图：一是尝试通过回答"自然"是什么进而揭示"自然法"这个概念的含义，进而去揭示法的本源、法的本质；二是建立一种发问自然法含义的思考渠道，进而提供一种反思自然法理论的方法论基础。

详言之，"自然法"经常被视为"法律是什么"这个问题的答案，也即"法的本质是自然法"，即"自然法"作为"法"之"自然/本质"而存在。一般在法学研究之中，"自然法"被视为"自然规则/自然正当""自然律法""自然权利"，这些概念作为法学概念自然无可厚非，但是从哲学角度看，其并未对其中作为"定语"的"自然"一词有清晰的反思。也即如果我们把上述的三种表述简单地视为"Natur-recht"，或者更为粗糙地视为"nature+X"，那么自然法的本质实际上仍然因为"自然"概念的含混不清而并未彰显出来。所以追问"源初自然法"之所是就必然要讨论"自然"之所是。本书选取现象学的方法对"自然法是什么"这个论题进行探讨，进而对"法律是什么"进行间接地提示，这两个问题之间的关系在于，"法是自然法"所针对的是"显像"，对于这个问题的回答可以展开为"法（的本质）是自然正当""法（的本质）是自然律法""法（的本质）是自然权利"。但是同样作为"法律

---

[1] 详见［美］弗朗西斯·奥克利：《自然法、自然法则、自然权利——观念史中的连续与中断》，王涛译，商务印书馆2015年版，第32、66、95页。

是什么"这个问题的答案，它们的意义却存在差异——从语源学的角度看，上述的答案只是同一个存在者的不同显示方式，进而在表意的根源处仍有同一。在德语中"Naturrecht"可以作为上述三个语词的同一的表达模式，"Recht"可以被理解为"正确""法""权利"等意义。即使如此，认为"法的本质就是Naturrecht"仍然是一个同义反复，以至于只能认为"自然正当""自然律法""自然权利"虽然都指向了对"Naturrecht"的解蔽，但是不代表这三个概念就是"自然法"：我们可以说"法律"是"自然权利"，但不能说"自然权利"是自然法。顺应上述的论证，从现象学的角度继续思考，可以暂时认为"Naturrecht"代表的是相对于"自然正当""自然权利"等概念背后的"一"，在现象学里前者被称为"现象（Phenomenon）"，而后者被称为"显像（Erscheinung）"。"自然权利""自然正当""自然律法"从三个角度解蔽了"法律的本质/自然之是"这个问题，并且将之同一地视为"自然法"，但是它们并未更为根本地回答"自然法之所是"这一问题，也即仅仅描述了"自然法"的三种显现状态而并未对这一现象本身有所描述。

出于上述考虑，为了让"自然法"这个概念不再局限于"解蔽方式—Erscheinung"的层面而回到"自然法本身"之根据方面，提出"源初自然法"所要回答的也就是作为现象的"自然法"的所"是"。这一讨论可能的意义在于，通过为"自然法"这一现象的构成进行源初的描述，进而为"自然法思想"充实"法律的本质是什么"这一提问进行相应的奠基；同时，把现象学的思路方法引入法哲学的研究之中，也可能对当下法学研究的思想方法有一定的帮助。因此，本书的结构也遵循现象学的方法，即"悬置—还原"：所谓的现象学悬置代表的是克服哲学本身面对自然科学的依赖态度和消极态度。现象学悬置有以下两个步骤：首先，通过对主导对现象的成见性质的解蔽方案——即技术、形而上学的"二元论"思维的批判，使得后者被"悬而不论"；其次，以现象学的"面向事物本身"的态度思考在既有的形而上学之前世界的全部意义，也即描述被形而上学与技术所影响的"当下之是"，以及尚未被技术和形而上学所影响的"曾是""能是"而让"本真的能在"作为生存着的向存在的发问此在而显露出来，也就是指出对"源初自然法"的是有所体悟的必然是本真的此在，必须脱离技术与形而上学的显像，注意到"自然正当""自然律法"或"自然权利"与"本真自我"之间的"彼岸/此岸"区分以及它们共同的形而上学二元对立思维，才能够给出有关"自然法是什么"的本源意义。

当然，悬置掉技术、形而上学以及由它们导致的人之此在的非本真状态后，我们也至多触及了"源初自然"的门槛，至多了解了作为现象的"自然法"在生存论上的地位，但是并未描述"源初自然法"的存在论结构。本书以进一步的还原方法去对源初自然法的形态进行描述：首先，"还原"是建立在"生存—向死"的本真此在之上的，是对基础、本源之为"自然"的有意识地追踪和溯源。如果在对"源初自然法"的还原与描述中再度走向技术或形而上学的二元论式思维方式，那么得出的"自然法之是"也就很有可能继续与"自然正当""自然律法""自然权利"给出的"是者"一致，走向"唯我论"的笛卡尔或胡塞尔式的现象学——现象学只有坚定地相信"自然"有其本源，且这一本源不受人类行为的心血来潮所影响时，才能够得出一切"是者"的根据。即使在生存论方面，海德格尔已经指出"向死存在"已然是人类唯一确定的"能在"，也即唯有先行到死才能够超越周围世界获得"本己"，唯有率先悬置技术、形而上学、伦理学、法律、公共意见这些"存在者论"才能切近"存在—自然"之本源。但是海德格尔的进一步研究指出，在走向"源初自然法"的过程中，需要分别以"思想（Besinnung）"与"诗歌（Dichtung）"取代"形而上学（Ontologie）"和"技术（Technologie）"，如此才能够基托业已展示的本真生存去呈现自然。所谓的"思"乃是对"一"的描述，而"诗"则是对"一"的道说，其中"一"即"源初自然"。

"源初自然法"所代指的是对自然法概念之中本源的"自然"意义的追问以及由此引发的对自然法含义的确定。也是由于其面对的是相对本质的"一"而非"多"，它需要悬置既有对自然法的差异化定义而从更为根本的角度对"自然"与"法"进行解读，在这一过程之中，确定提问源初自然的方法口径也就格外重要。在通常的思考之中"自然法"蕴含了对客观与主观、此案与彼岸、先验和经验的二元论思考，预设一个与现实世界相区分的世界实体，但是"主客对置"的思路是否具有当然的合理性仍然需要思考，而海德格尔式的存在论筹划由于蕴含了对二元论的反思力量而可以作为从本源角度思考自然概念、重审自然法定义的一个可能的渠道。海德格尔以现象学的思路讨论存在与实存、在与在者等关系的问题，就他的思维方式来看，现象学的思路主张悬置既有的思想方法和理论成见并且以批判和质疑的态度重新界定"源初自然"的概念。有论者认为："分析哲学与现象学-诠释学是当代西方两大思想主流，尽管许多哲学家都想对其采取相互弱化的形式，即在相互弱化各自的原则的基础上试图吸纳对方的一些观点……不过从整体上来说，它们仍是两种不仅在认识论和方法论各有不同，而且对于哲学本质及其任务也完全殊异的各具不同特质的哲学思潮。"[1]我国法学界对于西方哲学一直保持开放的状态，特别是在法理学研究的范畴内对诸多哲学家的思想进行了法理学的转译，客观上形成了以哲学思想审视法学问题，界定法学之中的基本概念的良好格局，这为在自然法研究之中引入哲学思想提供了基本的条件。相对应地，在哲学界对于海德格尔的现有研究已经初具规模，存在相当丰富的译作和论著，这些成果无论在质量还是数量上都已经相当丰厚，也客观上为在法哲学视野之中引入海德格尔式的源初自然法思想提供了丰富的材料。不过也需要注意的是，在"法学""法理学"或"法哲学"的研究之中，海德格尔的思想鲜有人问津，这不必然意味着海德格尔对源初自然概念和源初自然法的追问并不重要，更多的是代表海德格尔式的思想相对于一般的"流俗自然法"理论有所差异，进而在理解难度方面设立了较高的门槛。一方面在客观上，海德格尔大量地使用拉丁语、古希腊语等语种造成了读者的阅读困难，同时海德格尔习惯以构词法的方式对词语进行重新赋义和构造，建立了一种与常人语言相异的话语体系。另外从主观上看，海德格尔本人也往往主张一种非规范立场的自然观念，他在著作之中鲜少提及伦理学、法哲学、政治哲学，对于规范、法律、道德等概念也抱有质疑态度，这些也都影响了海德格尔的思想向中国法学界的引入。不过，海德格尔思想之中含有相对丰富的思辨气质，而认真地对待海德格尔对自然、存在等问题的思考，则可以为进一步讨论自然法概念的基础准备。去更为根本地解读源初的自然意义和源初的自然法定义，首先需要把海德格尔的思想作为一个哲学理论进行介绍，对哲学界有关海德格尔的现有研究成果进行回顾，并且提炼对应各个阶段的思想主题，进而通过文献整理，发现从20世纪50年代到新世纪的学术思辨之中围绕海德格尔的"解释学""真理论""人论"等方面的发展历程，从而提炼出海德格尔对自然法研究的潜在贡献。

---

　　[1]　洪汉鼎：《当代西方哲学两大思潮》（上册），商务印书馆2010年版，总前言第1页。

一、本书的研究对象、方法和预设

本书的思考出于对"自然法"概念的关注，并且认为需要在悬置流俗意义上围绕"二元论"提出的自然法定义的基础上方能呈现出"源初自然法"的存在样态，因此本书以"自然法是什么"这个论题为基本关注，具体地以阐释海德格尔对源初自然法的思想为行文脉络。但是也有必要做出如下的理论准备，如前述，一般来说海德格尔的思想以晦涩难懂著称，对于海德格尔思想向法学方面的解读和转译也相当困难。就在法学内部的海德格尔研究来说，虽然应当注意到海德格尔所提出的"源初自然""源初真理"等概念能够对"自然法理论"产生贡献的事实，原则上对于海德格尔这位大哲的自然法思想研究必然也需要兼顾"海德格尔的思想"与"自然法理论"两个关键概念。然而正如后文要指出的是，海德格尔的"思想"却并没有对于"自然法"的明确讨论，这体现为海德格尔本人明确表示不希望建立一门伦理学，也不愿意由其他思想家（如萨特等"存在主义者"）去替他建立一种价值哲学，甚至反对在未经"存在论"反思的情况下贸然地对"真""善""美"等在自然法理论之中构成本构基调的观念进行讨论。应当说，海德格尔对"存在先于价值"的判断，以及终其一生都在进行的对"存在"的道说活动，实际上导致了在海德格尔的思想之中根本不存在也不应该存在围绕存在者展开的价值论，更不可能把价值赋予"存在"这个最高的概念——而"存在"在海德格尔看来是价值这类存在者之所以存在的根据。因而，海德格尔所建构的"源初自然法"就很难说是一种我们一般理解的蕴含价值、规范的自然形态。为了读者便利地理解本书的立场、问题和方法，我们在这个部分有必要对本书的写作意图、问题对象和方法运用进行一定的解释。同时也应当指出，恰恰是由于海德格尔对伦理学、道德哲学和政治哲学的回避，在他的著作之中——至少就公开的著作来看，海德格尔也对政治、民族、法律、社会保持着漠然的态度。但是在海德格尔的论述之中，他对"自然"尤其是源初自然的理解却是贯穿于他的各个阶段的思考之中的一条线索。海德格尔没有一般意义上的"自然法"的思想，但是却有对"自然"的更为深入的反思。从方法论上看，海德格尔对"自然"的讨论是现象学的，而由于他对于"自然"

的独特解读，尤其是在引入时间性、此在、诗歌、沉思等要素[1]后，他的理论通过对古希腊语的词源学分析等方法，最终把"自然"和"存在"相等同，因而也就成了在西方哲学体系之中的至高者。在这种条件下讨论的海德格尔"源初自然法"更多的是存在论而非规范论的，但构成了本体论、价值论、认识论等形而上学流派的基础和根据以及源初的理论起点。

（一）本书的研究对象与方法：经由现象学方法的自然法概念

认真对待海德格尔的源初自然法思想意味着需要按照海德格尔本人的思想方式从现象学的角度讨论"自然法是什么"这个对象问题，而经由定义自然法而回答"法律之所是"则是一个派生的问题，如果能够厘清自然法的定义，也就为讨论法的定义提供了可能性。海德格尔本人深受胡塞尔现象学的影响，即使在海德格尔由于政治原因与胡塞尔分道扬镳，乃至于海德格尔转向神秘主义思想之后，现象学的方法仍然是贯穿于海德格尔的全部理论之中的重要方法。现象学的方法简单来说依靠"悬置"与"还原"这两个步骤，海德格尔对"源初自然法"的解读之中坚持了这两个思维阶段，他在论述之中把所批判的现实问题作为表象进行悬置，进而获得"存在—自然"的突破口，并且从这个突破口出发去阐释一套"存在论"意义的源初自然法的观念体系。因此本书所讨论的对象就是在存在论意义上的最为源初的"自然法"形态，并且基于现象学去尝试回答"自然法是什么"这样的概念问题。而在方法论选择上，为了能够与海德格尔保持思想上的同步，也即保持与海德格尔的"同向而行"乃至"相伴而行"，本书也就与海德格尔一样采取了现象学的言说方法：首先在"悬置"的层面，本书从对海德格尔诊断出的现代技术统治、形而上学天命起手，在悬置上述的因素后指向人的更为深层的生存

---

[1] 在后文我们将讨论，海德格尔对自然的理解虽然贯穿于其思想的始末，但是这些要素并非一成不变的。海德格尔接受的是神学教育，在他的思想萌芽的阶段，对于基督教的自然观是具有一定接纳的，但是在他从事哲学研究后，他对"自然"的理解也就相应地发生了变化。在他对"生存论"有所关注的时代，他就已经意识到自然并非对象，而是"在其中"的结构。而特别是他开始探求古代希腊、中国、印度和日本书化之中的"自然观"的时候，他就逐渐阐发出"自然—真理—逻各斯（道说）"这个存有的结构，在这一阶段他的"自然观"更加成熟，并且把"自然"和"存在"视为同一者。对海德格尔的上述思想变化，可以参考张祥龙的《海德格尔传》（商务印书馆2017年版），彼得·特拉夫尼的《海德格尔导论》，（张振华、杨小刚译，同济大学出版社2012年版），前者偏重海德格尔自然观与中国天道观的比较研究，后者则梳理了海德格尔在不同阶段关注的不同社会现象。而通过这些著作可以发现，海德格尔把自然的诸要素引入其思想之中的过程具有不断的自我否定和拓展的态度。

论沉沦状态，即指出本应"向存在发问"的能动的人的此在所实在的"非本真"生活及其根源。进而在"还原"的层次上顺延海德格尔的思路，以人的本真的生活为起点，建构一个建基于思想而非形而上学，艺术而非技术的良善生活方式，进而呈现出赖以支持这一良善生活的"源初自然法"。

1. 本书的研究对象和意图：揭示自然法的所是

本书的直接研究主题是"自然法是什么"，而基本的出发点则在于预设"自然法"是"法哲学"研究的重要内容，也是其独有的研究领域，从法哲学的角度原则上可以解读自然法的所是，但"自然法"这一法哲学的论域由于过于基本而带有更为浓重的基础哲学色彩，因此必不可少的是对本体论、认识论、语言哲学的根本讨论。目前不同自然法流派之间的争论经久不息，不同流派围绕"自然法是什么"，"自然法的根据是什么"等问题形成了自身的理论体系。不过，自从法学谋取从哲学的独立后，"法学的法哲学"与"哲学的法哲学"之间的鸿沟愈发鲜明，英美分析实证主义法学家提出的"Legal Theory"的概念逐渐取代作为"Jurisprudence"的哲学的法哲学概念，前者往往被称为"法理论"或被径行称为"法哲学"，而欧陆哲学之中现象学与存在主义、新马克思主义、结构主义和解构主义、精神分析学等流派与法学的结合难度逐渐增大，也一般被认为是以哲学的立场审视法学的外在视角。诚然，分析法学的法理论具有自身的优长，如一方面，分析实证主义特别是由它派生出的语言哲学和逻辑哲学，都相当推崇语言的明快和简练，例如，主张"如无必要，勿增实体"，同时由于高度科学化的逻辑和语言的引入，分析实证主义法学的逻辑指向也更为明确，它通过规范论证过程而更容易对实践有所帮助[1]。然而现象学方法却难以形成一个完整和标准的理论体系，即使现象学也追求科学性，并且建立了属于自身的讨论思路，但却与分析实证主义有所差异。如将现象学发扬光大的胡塞尔就认为，"认识批判的方法是讯息的方法，现象学是普遍的本质学说，关于认识本质的科学也包含在其中"[2]。自胡塞尔开始的现象学研究虽然一直在追寻"现象学之为第一科学"与"第一哲学"的目标，但是现象学的基点始终是笛卡尔式的还原论的，不同的现

---

〔1〕 对此可以参照维特根斯坦的《逻辑哲学论》，在本书的后续部分将对这一内容有所讨论，在此不赘述。

〔2〕 ［德］胡塞尔：《现象学的观念（五篇讲座稿）》，倪梁康译，商务印书馆 2018 年版，第12 页。

象学流派由于在悬置和还原对象上的差异而对世界实体、认识规律等问题难以形成一个统一的标准[1]。因而在形态来说，现象学与法教义学要求的严格且具体系统一的法学方法论和法社会学要求的真实描述的法学研究规程也就存在一定的差异。

"自然法是什么"本来就是一个难以回答的哲学问题，而从现象学角度揭示自然法之所是，也不一定契合法学对科学、逻辑、简明的要求，但是即使面对上述困难，本书仍然坚持对海德格尔的"源初自然法思想"展开研究，并依照海德格尔式的存在论现象学思路展现自然法之所是的重要性。首先如前文所述，海德格尔虽然没有对"源初自然法"之所是的问题提供明确的答案，甚至他从来没有使用过"自然法"这一语言表达方式，但是他通过别具一格的语源学的还原已经指出了"源初自然是什么"这个可能更具有根本性的问题之答案。自然法研究之中的"古代—中世纪—现代"的断代和基于这样的断代对自然法研究主题的明确应当代表了自然法学界的一般认识，然而在这一系列的认识之中，无论是"自然法则——一个普遍适用的法律体系"，还是"自然律法——伦理的一个合理基础"还是"自然权利——自然权利理论"，都根本地把"人"与"自然"置于对立的二分法之中，在其中的变化无非在"人/自然"的区分之中将何者作为"第一性"。这种主客对置的思想受到了西方形而上学"主客二元论"的严重影响。而在后文我们将要讨论的是，无论其成果如何，海德格尔以"λόγος（逻各斯）—ἀλήθεια（无蔽）—φύσις（自然）"这个"同一性"所阐释的"源初自然"的观念在意图和过程方面试图克服"主客二元论"并且提出一个一元性的自然法思想起点，它对于解释在"二元论图式"之中自然法于"自然规律——自然律法——自然权利"这样的历史流变中实现了何种语意的变化给出了根本的答案。他认为"二元论"的思维必须是一个高下分明的不对称区分，这样的"自然法"由于二元图式的侧重点变化也就永远处于流变之中。因而，提炼出海德格尔的"源初自然法"就是本书的意图所在，本书希望通过对"λόγος（逻各斯）—ἀλήθεια（无蔽）—φύσις（自然）"这一"源初自然法"的表达，结合海德格尔

---

[1] 例如，胡塞尔、海德格尔、舍勒这些较早的现象学研究者在前述的问题上就存在这样的差异，而如海德格尔的弟子阿伦特、施特劳斯、洛维特、马尔库塞等学者，和继承了胡塞尔传统的耿宁、黑尔德等现象学家那里，何为"现象"以及何为"本质"都几乎难以统一。对此本书在后文也有相应的展开。

的"此在生存论""Ereignis"思想和"四大／四方域""诗思哲学"等观点，形成一套能够支持起流俗意义上的自然法的根据，揭示自然法在二元图式方面"流变"之外的"不变"，也即源初自然法。

此外，本书在选择海德格尔的源初自然法思想作为研究论题的同时，也把海德格尔作为历史之中的"人"去对待，因此本书不仅注意到，海德格尔源初自然法的思想对法理学或法哲学的研究在自然法理论方面具有奠基的意义，同时也注意到了海德格尔本人的生平与著作对目前法治、道德等问题有其警示作用。众所周知，海德格尔是一个极具争议的人物，在理论方面，他的诗思表达已经脱离了一般哲学家的语言风格，其独有的根据德国语言自创的词汇具有讨论空间，同时在实践之中他的政治实践也颇为复杂。不少有关海德格尔的思想解读以及人物传记中都提及了海氏曾经支持希特勒政府的事实，但是在海德格尔的一生之中，他本人对于纳粹政府的活动往往语焉不详。而这两个问题如果不能被彻底地回答，那么海德格尔的"源初自然法"的效力也就必然遭到质疑：如果在理论方面，海德格尔根本地是一个否定伦理学、价值哲学、道德哲学和政治哲学的思想者，同时还是一个坚持以"思"取代形而上学、以"诗"取代技术的神秘主义者，那么他的"源初自然法"就根本地难以作为一般意义上的自然法的基础，也就对法律和法学研究毫无意义；而就另一方面来说，如果海德格尔本身是一个纳粹分子，他所持有的思想根本地是反对法治而提倡人治，反对平等自由而主张压迫和剥削，反对民主而支持独裁的错误思想，那么即使他的"源初自然法"确实具有源初地位，但是这个观点能否支持起对法律本质的讨论，能否支持起对法律与道德的关系的讨论，以及支持起对自然权利和公民社会的讨论也就颇成问题。也就是说"存在论"能否为一般意义上的自然法进行奠基，并且顺利地为价值论的自然法提供依据，也就成了问题。此外，海德格尔在理论上反对技术和形而上学，但是在他的生命历程之中，技术的发展恰恰一度是纳粹德国的需要，是作为后发资本主义国家的德国拓展海外殖民地和争夺世界霸权的武器，那么海德格尔对"民族""国家"的崇拜究竟与他对技术的批判是否矛盾？同时，海德格尔希望以"诗思哲学"回返古希腊思想，并且从东方的中国哲学、日本哲学和印度哲学之中寻找支持，进而以此解决现代社会的"虚无主义"境况究竟会不会在结果上导向了新的虚无主义进而根本地否定"自然法"的存在？在上述问题的反复拷问下，本书对海德格尔思想的研究主要集中在他的"存在论"和"生存论"两个已经获得较为完善的文本化整理的部分上，同时也意识到海德格尔的"诗思哲学"有产生的必要性，因为后者是海德格尔对现代社会的"救渡方案"，也是海德格尔完成他的理论体系的重要标志。在这样的背景和难题下，本书认为对海德格尔的"源初自然法"的提炼是相当有必要的：首先，无论在言说方法上有多少的神秘主义成分，海德格尔所讨论的是"自然法之是"这样的先行问题，唯有对这个问题进行回答，才能够对"自然法之所是"做出合理的解释，而在海德格尔把自然法处理为"存在"或"本有（Ereignis）"的时候，自然法就不再涉及"存在"或"不存在"的问题，而直接和"存在"同一，因而"源初自然法"所关注的不再是它如何去"是"，而是它怎样"让"他者去"是"。海德格尔的神秘主义，特别是他对"无"的基础地位的讨论不能被理解为"虚无主义"的表达，反而要理解为海德格尔在"有"与"无"的双重意义上构造"源初自然法"的方案以开展"思想的另一开端"并重构深受技术思维和形而上学影响的当代自然法思想。其次，虽然海德格尔的身份问题是绕不开、逃不掉的，但是我们在理论讨论之中应当淡化海德格尔的政治立场，因为从文献的角度来看，海德格尔本人对纳粹活动并未有过正面回应，而看似能够确证海德格尔的政治主张的"黑皮书"则并未完全被整理出来。根据特拉夫尼（Peter Trawny）这一较早接触到"黑皮书"的作者的观点，"在海德格尔那里，加在犹太人身上的是一种类型的反犹主义，即犹太人是'算计与计算和倒卖放贷的灵活与熟练性，以及它们的混合'，并且对此在哲学做了进一步的骇人的详尽解读"——质言之，就是犹太人以及他们主导的"美国精神"推动了世界的技术化进程[1]。特拉夫尼的观点是，海德格尔的"反犹主义"与纳粹政府的"反犹主义"只是"错合（Kontanmination）"了起来，海德格尔的"反犹主义"针对的是犹太人在世界范围内以经济手段和技术手段对人类天命的统治欲望——即使这种反对性的主张是片面的，但是这也与纳粹德国的"种族屠杀"等一系列做法完全不是出于同一个目的，因而把海德格尔的政治主张和纳粹德国的政治

---

〔1〕〔德〕彼得·特拉夫尼："海德格尔与犹太世界阴谋的神话"，靳希平译，收录入墨哲兰：《我对〈黑皮书〉事件的态度》，华东师范大学出版社 2019 年版，第 132 页。特拉夫尼主持编纂了海德格尔的《黑皮书》，主持德文《海德格尔全集》第 94~96 卷的主要编纂工作，当然，特拉夫尼对海德格尔的政治倾向的讨论也仅仅是一种解读方式，更多的解读是海德格尔在担任校长时期参与了或至少默许了纳粹政府的活动。

主张进行一定的分离完全可行。

如果前述的对海德格尔的"辩白"成立的话，那么我们就可以继续思考海德格尔的"源初自然法"的研究的现实意义：

首先，就"自然法研究"来看，长期以来"自然法的存在"具有多元的答案，但它们更多地忽视了"自然法何所是"的基础问题，这些理论并非错误或不真实，而是相对存在论而言具有衍生性质，后文也将顺应海德格尔的表述将它们称为"流俗自然法"，随之带来的有关权利、自由、政治制度、法律的观点也称为"流俗观"进而对应于海德格尔的"本源自然法"、本真自由、政制等概念。而在这个问题上，如德沃金（Ronald Dworkin）指出的那样："有些自然主义者同时也是虚无主义者（nihilist）：他们说价值充其量是幻觉。其他自然主义者承认在某种意义上价值是存在的，但是他们对价值的定义却否认了价值独立存在：价值完全依赖于人的想法或是对事物的反映。"[1]如果依照德沃金的观点，海德格尔显然是一个"自然主义"乃至"虚无主义"的思想者，海德格尔不仅把"价值"视为依赖于"存在"的存在者，甚至在他的写作和研究计划之中根本没有"价值"的一席之地。然而，如果从海德格尔的角度来看，"自然法之是"是讨论自然法是否与道德和价值相关，讨论自然法与法律本质的关系，讨论人的自然权利和自然义务的根本前提，而对这样的问题的回答显然并不需要拘泥于"价值"上。"自然法是好的"与"自然法是存在的"并不在一个层面上，海德格尔的源初自然法思想关注的是"自然法是什么"以及"自然法究竟是否存在"这两个关键问题，如果我们的讨论能够成立的话，那么"源初自然法"即使是形态不明朗的，那么也是因为"源初自然法"就是存在本身而超出了概念化与规范化的语言的表述能力。

其次，就海德格尔的政治思想来说，即使他在一些重要问题上产生了错误，但是至少在以下的几个方面其仍然给予了我们不少的启发，间接地有"用"于法学的研究：第一，海德格尔对"技术本质（Gestell）"的批判对于目前在法学界对科学化的崇拜，乃至于在全社会范围内对新技术、新思维、新方法的随波逐流敲响了警钟，他对技术的批判促使我们去思考在技术日新

---

〔1〕 〔美〕罗纳德·M. 德沃金：《没有上帝的宗教》，於兴中译，中国民主法制出版社 2015 年版，第 12 页。

月异的发展的当下人如何才能处理好与技术的关系而不至于成为技术的奴隶；第二，海德格尔对西方形而上学的批判是相当彻底的，他的批判肇始于柏拉图与亚里士多德，而指向"主客对置"的思维盛行的当下，尤其是在"人与自然"业已被划分为两个领域并且人把自然视为予取予夺的对象的时候，海德格尔通过对西方形而上学的批判指出了源初的自然乃是人类立足于其上的、不可动摇的"大地"，对于"自然"的予取予夺不仅让自然环境恶化和枯竭，甚至会导致自然本身的隐遁；第三，海德格尔即使在政治立场上有错误，但是终其一生海德格尔都坚持抵制"技术统治"，而在后文我们将指出，在海德格尔的时代特别是在第二次世界大战后，"技术统治"的两大政治渊源正是自由主义泛滥的美国和修正主义抬头的苏联，海德格尔之所以稍显狭隘地提倡德意志的民族属性，并且希望在中国、日本和印度的传统哲学之中找到其理论支持，乃是由于他已经意识到在自由主义或修正主义的背景下人将逐渐成为技术的奴仆，这一思路即使有时代和历史的狭隘，但仍然可以作为对现代技术世界的批判路径。

2. 本书运用的两种方法以及结构安排：现象学方法和隐微术

在阅读经典著作的时候，最恰当的方式就是跟随思想家的思路行进，因此，本书在写作的过程中同样遵循了海德格尔的写作思路和思考模式，着重遵循现象学的"悬置"和"还原"的步骤组织本书的资料。首先，从"悬置"的角度来看，本书的前半部分阐释了海德格尔对现代社会"技术统治"和"形而上学天命"下的虚无主义后果的清晰认知，悬置"技术"和"形而上学"这两个导致流俗自然法思想的因素，这是揭示"源初自然法"的第一个步骤。盖因在"技术"的集置效应和"形而上学"的主客对置成见中，"源初自然法"已经自我隐蔽了起来，现代社会的虚无主义危机也因此不断加深，呼唤"源初自然法"的回归也就必须用"大破大立"的方法把这些阻碍对"自然"的本源理解的因素加以克服。因此在第三章的前半部分，本书主要讨论的是海德格尔对现代技术的反思和批判，特别是基于他对"技术"和"技术的本质"的区分指出他反对以"技术的本质"也即集置（Gestell）去订造人类的生活，但也指出他并不反对对于技术的恰当使用。而在第三章的后半部分，本书跟随海德格尔的思考，认为"技术统治"根源于西方形而上学的"二元对峙"，对海德格尔在授课过程中着重反思的柏拉图、亚里士多德、阿奎那、康德、黑格尔和尼采的思想进行讨论，在结合原典的同时把海德格尔对这些哲人对"形而上学天命"的各个阶段的作用阐发出来，并且指出在现代社会"上帝已死"的格局下，形而上学已经不再具有能够启发思想的能力。这样在悬置了技术和形而上学之后，暴露出来的就是人的此在的庸常生存境况，后者长期以来以被外部的技术或形而上学宰制着演进，人的此在在虚无主义的社会之中沉沦并"在世存在"，他们丧失了在源初自然法之中的源初的创造（自然）、源初的解蔽（真理）、源初的言说（逻各斯—道说）的能力。海德格尔将这些"非本真"的生活进行了再度的批判，并且指出了唯有通过"向死"的方式求得本真的存在，才能够"盘活"此在向"存在问题"发问的能力，最终把生存的本质"还原"到本真的向死而在的"决断能力"上，因此本书在第四章的写作中着重于对海德格尔的生存论思想的讨论。而在第五章中，本书继续跟随海德格尔思考在求得了本真生存后，人的此在向存在提问的方式，由于"技术"和"形而上学"的悬置，因此也就必须寻找与它们相对的创造、解蔽和言说的方式。海德格尔通过"思想（Besinnung）"和"诗歌（Dichtung）"两个步骤，回答了"用什么说"和"怎么去说"的问题，特别是如何言说在海德格尔中后期最为重要的"Ereignis"概念的"无"这一"渊基（Abgrund）"的途径，而本书在对资料的查询阶段中，通过对海德格尔的"思"的古希腊、中国、日本和印度的渊源的直接引用在一定程度上修正了海德格尔对类似于《道德经》等重要文本的错误理解，同时基于对荷尔德林、里尔克等海氏推崇的诗人的作品的直接全面引用去丰富海德格尔片段化的化用，一定程度上丰富了海氏的"诗思哲学"的资料素材。当然，本书虽然跟随海德格尔进行思考，但是在对他的著作处理方面也有自己的一些主观方法。按照海德格尔著作的断代来说，讨论"生存论"的《存在与时间》[1]既是海氏的成名作，也是海氏早期思想之中的重要文本，但是它却并不是"悬置—还原"这一步骤最先出现的文本，而海德格尔对"技术"的批判则在他中后期的一系列有关现代技术的论文中有所体现，而对"形而上学"的批判以《形而上学导论》为纲要，贯穿于海德格尔多年的从教生涯中的研讨课或讲授课纲要之中，这些文本在本书出现的先后顺序上也

---

　　[1]《存在与时间》创作于1926年，本身是一部并未完成的作品。按照海德格尔的规划，他本来能够讨论更多关于存在问题的内容，但是由于各种原因这一企图最终没有实现。而对于那些未竟之思，可以参考海德格尔的《时间概念史导论》（欧东明译，商务印书馆2014年版）以及《形而上学导论》（新译本，王庆节译，商务印书馆2015年版）。

并未按照时间进行严格排列。同时，海德格尔对"思"的讨论与对"诗"的讨论也并不完全同步，前者一般仍以海德格尔的讲课稿为载体，而后者大多体现为演讲与论文，把二者联系在一起的是海德格尔亲手操写的《演讲与论文集》[1]，同时散见于《林中路》《路标》，这两部论文集中的文献对此也有较多的涉及。这种"乱序"的解构式的写作是基于这样一种假设，即海德格尔作为一个对社会现象相当敏感的思想家，他越是在后期，对社会之中阻碍"在的澄明"的因素的认识就越深入，对阻碍人向"本真"迈进的因素的认知也就越丰富。同理，海德格尔越是在后期，对如何解决问题也即如何"运思"和如何"道说"也逐渐产生了自身的朦胧和晦涩的语言风格，但这些风格也大多体现在对诗歌和思想的阐释方面。对此更合理的理解是，海德格尔的确对现代社会如何克服虚无主义有真知灼见，然而由于他相信"不是人在说语言"而是"语言让人去说"的理念，因此他只能选择神秘的话语去进行这样的讨论，这是对"存在"的不断还原的语言历程。

在现象学的悬置与还原之外，本书还采取了"乱序"的资料组织方式，同时在第一、二章和第八章中，本书讨论的是与海德格尔思想关系不是那么密切的"施特劳斯问题"以及以列奥·施特劳斯、汉娜·阿伦特等海德格尔的弟子对海氏的解读，而对海德格尔本人的回应着墨甚少。这是由于本书相信，在海德格尔的著作中存在一种"隐微写作"，海德格尔在回避政治、伦理、法律的同时可能隐含了一些相关主张，因此揭示海德格尔的政治思想和对实在法体系的态度需要考虑隐微术的运用。隐微术是列奥·施特劳斯坚信的古代哲人的写作方式，他的弟子亚瑟·梅尔泽（Arthur M. Meizer）则提出了"隐微写作"的四种形式：一是"惧怕迫害"的"自卫性隐微主义"；二是由于"真理具有危险性"的"保护性隐微主义"；三是为了教育优秀学徒的"教学性隐微主义"；四是"为了世界的理性化"而"解构传统"的"现代的政治性隐微主义"[2]。由于海德格尔本人在写作、演讲、授课、思想日记（如"黑皮书"）中存在许多的观点差异，但这些差异并不能视为海德格

[1] 详见［德］马丁·海德格尔：《演讲与论文集》，孙周兴译，生活·读书·新知三联书店2005年版。
[2] 详见［美］亚瑟·梅尔泽：《字里行间的哲学：被遗忘的隐微写作史》，赵柯译，华东师范大学出版社2018年版。

尔由于思考的深入而对既有思想的扬弃[1]，因而很难说海德格尔没有故意在公众面前隐藏自身的真实观点。因此，第一部分的写作虽然着重介绍我国哲学界的海德格尔研究在各个阶段的主题，但是它是对本书的写作背景的梳理，也即在现代海德格尔研究中，不可避免的是来自施特劳斯学派的虚无主义指责以及隐微术的解读方式。而第二章则关注的是海德格尔是否真正是一个虚无主义者的问题，而为了让海德格尔的观点更为清晰，对施特劳斯学派的观点进行"悬置"也是必要之举。当然，这些悬置了的理论思想也要在第六章中进一步阐释和解读，通过对海德格尔的弟子、传人以及"海学"的研究者的观点梳理，对海德格尔的"源初自然法"的形态以及不足进行探讨。

（二）本书的预期设想和未竟之思

我国学界对海德格尔的研究已经相当丰富，不过从法学角度对海德格尔的研究相对较少，这决定了本书必然带有较多对海德格尔思想的介绍和描述的内容，同时也不可避免地有相对于法学问题而言从哲学角度"间接讨论"自然法概念的情况，本书的讨论因而并非一个法哲学方面的成型话题，更多的在于指出源初思考对法学研究的借鉴意义。同时，海德格尔的思想的确在价值哲学、政治哲学和法哲学方面着墨不多[2]，这一定程度上导致了本书可能与法学意义上的"自然法"存在区隔而偏向哲学讨论，并且难以超越海德格尔对基础的存在问题的思考框架而偏重本体论、认识论而非价值论的层面。因此，本书所希望达到的预期在于描摹源初自然法的形态，并且从存在论而非价值论上指出这种"自然法"对虚无主义社会的拯救方案，指出在源初自

---

[1] 例如，在相对晦涩的《乡间路上的谈话》中，海德格尔就采取了柏拉图式的对话体写作。施特劳斯多次指出柏拉图是"隐微写作"的开创者。他认为："在过去，独立思想遭到压制的情况屡见不鲜。有理由假定，在以往的各个时期，能够独立思考的人从比例上说与今日一样多，其中至少有一些人既有领悟力，又十分谨慎。于是，我们就会问，昔日某些最伟大的作家是否通过字里行间来表达他们对当时最重要的问题的看法，从而利用文学技巧使自己免遭迫害？"（［美］列奥·施特劳斯：《迫害与写作艺术》，刘锋译，华夏出版社2012年版，第20页）因此也有理由相信，《乡间路上的谈话》这个效仿柏拉图展开"匿名"的对话——特别是在其中涉及大量关于"德意志民族"的和"德意志优越性"的思考的时候，也可能采取了隐微的写作方式，而"黑皮书事件"的出现则在学界已经引起了不少对海德格尔写作方式的讨论。

[2] 即使如此，我们仍然可以从海德格尔的著作和讲稿中找到些许的"草蛇灰线"，例如他对"民族""大地""决断"等伦理方面的认识。而就如《关于人道主义的书信》表示的那样，海德格尔不去从事这类研究更多的是出于主观的不愿而非客观的不能，根本在于海德格尔认为如果不解决和领会"存在问题"，那么价值与伦理就无从谈起。

然法视野下本真此在的决断伦理，指出源初自然法乃是由诗歌和沉思领悟的"无—有—无"的"自以为然"且"以自为然"的动态节律。而承认存在论角度的自然法之所以是源初的，也是承认了海德格尔以"存在问题"为第一性的预设，对于这一预设究竟是否证立，并且能否对相应的反驳进行回击，都是本书难以应对的。此外，受限于笔者自身的研究兴趣和研究水平，本书无力对所有自然法流派进行讨论，尤其是无法对英美法哲学之中例如富勒、哈特、德沃金、拉兹、菲尼斯等被国内法理学研究者熟稔的理论家的思想进行讨论，这同样也是由于这些思想与海德格尔的存在论思想和借此提出的源初自然观念有不同的关注，如果对他们的理论意见进行通盘考虑，那么最终本书将成为"英美分析哲学"和"欧陆现象学"的争论场所。因此，为了读者对本书的论域有所掌握，本书也需要给出"为"与"不为"的说明。

1. 本书的预期设想和论证原则：原原本本地理解海德格尔

海德格尔以其思想的艰深著称，特别是他在后期的思想之中对"逻辑"持有保留态度，这就注定了越是跟随海德格尔的步伐，就越会偏离逻辑，偏离这一在法学研究中必然遵循的法则。鉴于本书希冀论证出一个嵌合于海德格尔存在论的源初自然法思想，也就必须承认海德格尔"反逻辑"的行文方式有其合理性，承认现象学的方法运用和合法性，并且默认海德格尔或多或少带有隐微色彩的政治表达，这些考虑多多少少为本书蒙上了与海德格尔一样的"神秘主义"色彩，因此，有必要在此明确本书写作的几个基本原则。

首先，本书坚持的是以海德格尔原著为基础的写作原则。如果从伦理的角度看，本书讨论的是在虚无主义的背景下如何获得"回返源初自然"的好生活，以及如何进行一种符合自然的节律的生活。这是由于在海德格尔的思想之中存在"回返自然"这个基本的理论线索，无论海德格尔的表述出现了什么变化，他对"源初自然"的回返意愿是不会变化的，他基于这一观念对于现实社会的批判态度是不会变化的，抓住这一线索，就基本能够达到依照海德格尔去理解海德格尔的要求。作为学术研究的对象，对海德格尔的解读层出不穷，而在第一章我们也会发现，即使在我国的海德格尔研究之中，随着社会环境和学术传承的变化，对海德格尔的关注点也有诸多变化。例如目前，对海德格尔的大部分研究集中于他对技术的批判和对生态文明建设的理论借鉴上〔1〕，专注于"海学"的学者则比较关注对海德格尔的著作翻译问题〔2〕。但是这些研究能否成功都依赖于能否如实地理解海德格尔的思想。这是由于虽然"一千个人心中有一千个哈姆雷特"，但是对于海德格尔来说，对他作品的唯一正解就是依照他的原文进行如实的理解。出于上述的问题意识，并且在意识到经由海德格尔的原著可以实现这样的论证可能性，因此笔者就安于对海德格尔的原著进行全面的阅读，而对那些对海德格尔的解释性的论述则进行了适当的参考，在抓住"回返自然"的线索后，剩余的问题就是怎样从"存在论"的角度去解决这个问题，把"源初自然法"从海德格尔的思想中提炼出来。

其次，本书坚持理解准确的"解释"原则。虽然在文章的结构安排上与海德格尔的写作顺序不一致，但是笔者也对过分超越海德格尔思想的自我阐明行为保持质疑，尤其是在存在论之外的价值哲学或政治哲学思考就有可能因为脱离了海氏"非规范""非伦理"的立场而有失准确。例如，施特劳斯就指出："解释试图确定言说者之所言，以及言说者实际上如何理解其所言。无论他对此是否明言。"〔3〕而本书之所以要把施特劳斯的观点第一个拿出来批判和悬置，就是因为在本书看来，施特劳斯并没有坚持自己的这个解释原则，而是用他自己的犹太教背景和政治哲学思想去解读海德格尔在新教背景下的存在思想，这也就直接导致了海德格尔在施特劳斯笔下直接成了"现代性三次浪潮"的最终完成者，具有了虚无主义者的基本形象。然而，在前文已经说明，海德格尔毕其一生都是在通过"回返自然"并回返本源的方式去对现代虚无主义进行克服，他自己已经说明了"虚无主义"是形而上学的必然后果，也是技术统治的内在特质。在海德格尔已经明确表示了这一观点的情况下，施特劳斯继续坚持这样的解读方法，用他擅长的政治哲学去解读海德格尔的存在思想，用他对"价值虚无主义"的恐惧去揣度海德格尔对"无"之

---

〔1〕 在中国知网上搜索"海德格尔"，从 1999 年开始，每年以海德格尔为主题的论文数量均在 100 篇以上，直至 2005 年这一数量上涨到 300 篇以上。而在 2021 年，单纯在篇目中有"海德格尔"词项的论文已经达到 87 篇，以之为主题的则达到 224 篇，参见 https://kns.cnki.net/kns8/defaultresult/index，最后访问时间：2022 年 1 月 17 日。

〔2〕 王庆节、张任之编：《海德格尔：翻译、解释与理解》，生活·读书·新知三联书店 2017 年版。虽然最终在对海德格尔的关键概念的翻译上各位学者尚未达成统一意见，但是这种集中讨论对特定学者的理论翻译的研讨会也相当罕见。

〔3〕 [美]列奥·施特劳斯：《迫害与写作艺术》，刘锋译，华夏出版社 2012 年版，第 136 页。

为存在者的根基的发生学理论，是不是对海德格尔的曲解呢？在这种反思中，本书虽然运用了不少学者的理论资源，但是它们大多是用以佐证、丰富海德格尔的思想脉络，或是可以被视为海德格尔由于客观限制而未能收录入自身思想之中的资料。即使在本书的最后一章的评价部分，本书也尽量选取与海德格尔有学术关联的弟子和再传弟子，或者被公认为对海德格尔有承接的学者对海德格尔的思想进行评价——例如把他的古典学研究、解释学研究、社会批判理论继承下来并且有所发展的阿伦特、施特劳斯等学者，或是强调存在主义思想重要性的法国哲学家。因此，忠实地跟随海德格尔并且跟随他的"继承人"，和"海德格尔学派"的思想家一同思考，有助于我们从学派内部的发展的角度对海德格尔"源初自然法"进行评价。

最后，本书坚持在多语种结合的视域下进行阅读和写作的原则。阅读海德格尔的困难在于，他非常喜欢用"词源学"这种难以捕捉规律的方式去进行思考，尤其是在他自己已经断定现有的流俗语言已然不能满足他对"存在"和"本源"的言说的时候，他创造了大量的新词并且对大量旧词进行了重新赋义，而在汉语翻译之中，由于难以转译德文词汇中的词根和词缀，也就往往需要译者在脚注中标明"原词——派生词"的原文关系。但是任何一名译者的精力都是有限的，为了对海德格尔的思想有更原本准确的理解，笔者"重拾"了德语构词法的知识，并且反复推敲这些语词的关系。但是在主体部分之中除了必须引用的收录于德文《海德格尔全集》之中却未译为汉语的原著之外，笔者也抱有对汉语译者的信任和尊重。这既是由于在海德格尔的"造词"和"赋义"过程中，任何语言的"再解读"都是处于同一起跑线上的，即使在语形学方面英语与德语有更高的相似程度，但是汉语的优点就是能够直接用古汉语词语和相关文本"直译"海德格尔的造词[1]，在这一背景下对海德格尔的中译本进行直接的阅读也是完全可以被接受的。此外在对

---

　　[1]　例如，在海德格尔后期的核心词汇"Ereignis"的翻译上，孙周兴教授就一度将之翻译为"大道"，这是由于在海德格尔看来，"Ereignis"是一个根本不可译的词汇，它与"道""梵"等在中国和印度思想中的至高理念一样，是无法定义和翻译的。而恰恰是由于这种"不可译"的性质，反而以"大道"翻译"Ereignis"一度对理解海德格尔后期思想有重要的启示。当然，孙周兴教授在后期的翻译之中将之处理为"本有"，而王庆节教授则将之处理为"自在起来"。这些翻译是建立在区分海德格尔思想与中国哲学的基础上进行的必要处理，否则海德格尔的思想就变成了道家思想的翻版。对此的详细讨论，参见王庆节、张任之编：《海德格尔：翻译、解释与理解》，生活·读书·新知三联书店2017年版。

海德格尔的著作阅读过程中，更困难的是由于海氏掌握的语言多样，他也往往会不顾读者的水平径行使用古希腊语和拉丁语进行构词法的解析，而对古希腊的"λόγος（逻各斯）—ἀλήθεια（无蔽）—φύσις（自然）"这三个关键词的理解，根本地影响对海德格尔的"源初自然法"之中的"自然"意义的理解，因此即使在写作压力颇为急迫的情况下，笔者也对古希腊语和拉丁语的一些词汇进行了了解，不过在这个过程中可能出现的失误还需要方家指正。

2. 本书的未竟之思："源初自然法"与"流俗自然法"的派生关系

最后，也需要对本书可能导致的一些理论遗憾有清晰的认知，由于海德格尔的身份是一名哲学家，且他的政治哲学、道德哲学、法哲学思想具有隐而不彰的属性，也即这些思想内容并不能被直接地解读出来，因此对于海德格尔的解读就必然面对"哲学解释"和"法学规范"的冲突。

一方面，必须从哲学的角度才能理解海德格尔的真实思想，对于"源初自然法"的"无—有—无"的结构进行哲学的解读是必需的步骤。然而，在法学意义上的自然法之中，"存在"与"存在者"的差异，"是"与"所是"的差异，"有"与"无"的差异与同一是隐藏的前提而非直接的讨论对象。同时，即使在法理学的研究范畴中有对"自然（本质）""真理""语言和逻辑"的讨论，但是这些概念根本地与海德格尔的"λόγος（逻各斯）—ἀλήθεια（无蔽）—φύσις（自然）"的意义不一致，而在海德格尔看来，我们经常讨论的"自然""真理"和"语言"概念受到分析实证主义的影响过大，以至于往往纠结对细枝末节的分析，而无法还原到语词的本质，唯有回归到词语在现象学意义上被还原得出的本质，并且以悬置掉这些流俗的概念界定，才能够真正地以存在论的角度解读现实问题。这种哲学上的色彩是本书难以避免的，特别是在本书以海德格尔为主要研究人物的情况下，本书所提炼出的"源初自然法"也绝不是一个规范论或价值论的概念。

其次，由于在当代法哲学系谱之内，受到不同哲学传统影响，英美法哲学与欧陆法哲学各成体系，而不同哲学流派之中本体论、认识论和价值论也各成体系。然而由于海德格尔对"形而上学"的根本否定已经构成了对分析哲学乃至既有的现象学研究的挑战，我们也就很难说海德格尔的"源初自然法"到底处于这些系谱中的何一位置。因此，本书也就无力回答海德格尔"源初自然法"在现有的"自然法理论"之"内"的地位问题。这一方面是由于以现有的自然法体系无法包含海德格尔的"λόγος（逻各斯）—ἀληθεια（无蔽）—φύσις（自然）"这个动态发生学体系，甚至海德格尔反而会将前者称为"技术统治"的后果，因此在现有的自然法的学理研究之中海德格尔的"自然法"思想并没有其稳定的位置。另一方面，海德格尔坚持认为"存在"是一切"价值"的前提，"价值""形而上学"根本地都是"存在者"，更是技术的订造的产物，而"源初自然法"则是由存在遣送而来的自发和自明者。在这样的背景下，本书的论证止于对海德格尔的"源初自然法"在目前的法哲学和自然法学研究之中的"根据地位"的讨论，而不再对海德格尔与当代英美法哲学思想家之间的思想关联进行证成，更不会用后者的思想去径行批判海德格尔这一欧陆现象学的"自然法理论"。

最后，由于海德格尔本人对政治的"钝感"和"敏感"杂糅着存在，对于海德格尔的"源初自然法"和实在法体系的讨论也有其余地。之所以说海德格尔对政治具有"钝感"，乃是由于现有的部分文献认为海德格尔与纳粹政府的合作完全是海德格尔错误地估计了纳粹政府能力，错误地把希特勒当作了拯救雅利安人的"超人"。而之所以说海德格尔对政治具有"敏感"，乃是在海德格尔的访谈、自述等文献资料中，他鲜有提及与纳粹政府共事的短暂时光，他对于为何以及如何放逐了恩师胡塞尔，如何纵任纳粹政府对犹太裔教授的不公正对待，如何迫使诸多弟子远走他乡并且成为对他的最具力量的批判者的根本原因只字不提。因此，海德格尔究竟是一个拥护法治，但是错误地将纳粹的法律视为"良法"的被蛊惑的人，还是一个明确地支持纳粹政府所谓的实质法治的共谋者，抑或是对法律毫不关心的纯粹的学究式的哲人，都需要进一步的资料补充[1]。因此，对海德格尔与法律和制度的关系，只能通过埋藏在海德格尔著作、演讲、访谈等文本中的"草蛇灰线"才能进行粗略的推断。因此，本书虽然要去讨论海德格尔与法律和法治的关系，但必须在此承认这些讨论具有相当的推论性质。

---

〔1〕 在本书写作的过程中，笔者获悉在德国即将出版的《海德格尔年鉴·十三卷》将主要围绕"黑皮书事件"对海德格尔的政治立场和法律主张进行专门的讨论。但是由于资料本身出版时间尚未确定，且考虑到诸多主客观因素制约，虽然笔者相信"年鉴十三"的出版将对海德格尔与实在法体系的关系给出真切的说明，但是在本书写作到提交的期间获得并阅读这一文献的可能性极小，因此对于这一部分的研究只能在资料进一步丰富的情况下再完成。

二、我国法学界对海德格尔的研究现状

海德格尔一般被认为是"存在主义"哲学家，依照这种界定可以发现，我国法学界对海德格尔已经具有了一些研究基础。在"中国法学"这个领域内，海德格尔的思想获得了法理学界和部门法学界的一定重视，通过初步的文献整理可见国内学界对"存在主义法学"的较早的讨论可以追溯到20世纪80年代和90年代。但是即使在这几十年的发展过程中，海德格尔的自然法思想仍然没有被法学界广泛重视。就目前笔者掌握的资料来说，国内法学界对海德格尔的关注尤其是相比于我国哲学界对海德格尔的研究而言大约仍然处于"引介"的阶段。

（一）国内学界对"存在主义法学"的初步引介

我国法学界对海德格尔思想的介绍可以追溯到20世纪80年代。吕世伦、杜钢建在《存在主义法学简介》中指出："存在主义法学，就是运用存在主义哲学来杜撰自己的法学理论。其基本观点，是主张从自我的'存在'的角度认识法律现象。"并且批判地指出"存在主义法学"主观上是唯心主义的，完全地抹杀了法的阶级性，是西方法律实证主义和自然法学说的"拼盘"，代表着极强的个人主义倾向——一言以蔽之，"存在主义法学是一个理论上荒诞不经、内容上杂乱无章、逻辑上漏洞百出的资产阶级法学派"。[1]

与前面的文献较强的阶级分析意识不同，张文显在《二十世纪西方法哲学思潮研究》中虽然和前文一样，都讨论了韦尔纳·默霍菲尔（吕文译为"迈霍菲尔"）、尤利奇·霍梅斯、赫尔马特·柯英以及芮克森特·西奇斯等存在主义法学家的观点，同时也关注卡尔·雅思贝尔斯、让·保罗·萨特等存在主义哲学家的法学观点，但基于描述的立场，张文显认为存在主义法学具有四个特征：以法的存在（法的事实）为出发点；法是实现以"生命"与"自由"为中心的诸多价值的工具；自由是人的本质因此法的中心就是"自由"；道德和法律责任是个人选择的自然终结，人对于选择的责任的担当是其本分。张文显的评价是，"（存在主义法学）对于批判推卸和逃避个人责任的社会风气有积极作用"，但是"将一切道德责任和法律责任都归结于个人意志"而不注重外部因素的影响，就可能导致"否认改造社会、消除产生不道

---

〔1〕 吕世伦、杜钢建："存在主义法学简介"，载《法学杂志》1984年第1期，第46~47页。

德的犯罪的社会条件的必要性"[1]。

吕世伦、杜钢建的论文以及张文显的著述都不自觉地把"存在主义法学"归为一个法学流派，同时都强调了存在中的"个人"和"自由"，如果不加以详细阐释，是容易与"自由主义"混淆的。

在舒扬的《法学：存在主义的一种分析》一文中指出，"存在主义法学流派"是对以存在主义方式进行法学研究的学者的统一命名，而实际上并不存在一个具体的"存在主义法学"。舒扬认为："存在主义法学是一种新式法哲学，它企图一方面通过对已有的法学思想作静态的分析，揭示出那些不属于存在主义思潮的法律学说的局限和失误，另一方面从动态上把法律学说立于'人的真实状态'的大背景中去加以把握，进而通过改造，加工形成一种新的法律观。"这种法律观不是对立于马克思主义法学学说，也不是迎合自由主义的法学观念，而是通过"存在先于本质"这一基本口号，宣称"法律的本源""法律的本质""法律与国家""法律与道德"等法学研究的基本话题是"概念法学"的圈套。存在主义法学的思路就是打破"概念"在法学研究中的至高地位。但是，舒扬也承认，存在主义法学不能够提出一种新的法学思想，因为新思想的提出势必运用概念，又会走到存在主义法学所反对的"概念法学"上[2]。

但是在现有的20世纪80年代和90年代的文献中，我们难以为"海德格尔"寻得一席之地。我认为原因在于两方面：首先自然是海德格尔本人并不直接谈及伦理学——法学的内容，因而难以上手，因此对于"存在主义法学"的研究避开海德格尔不失为学术研究上的必要；另一方面则是由于在20世纪80年代和90年代，哲学界对于海德格尔的译介、解读尚未充足，因此法学家对于海德格尔的忽视应当是历史的必然。

（二）21世纪理论法学对海德格尔的引介情况

如果说在20世纪80年代和90年代法学界对于海德格尔的忽视有"译介不足"的客观困难，那么进入21世纪后，鉴于哲学界业已取得较为充分的研究成果，我国法学界对海德格尔的思想也出现了更为细化的研究。在21世纪，对于海德格尔著作的译介不仅呈现出"量"上的增长，同时也表现出译

---

[1] 张文显：《二十世纪西方法哲学思潮研究》，法律出版社1996年版，第221~231页。

[2] 舒扬："法学：存在主义的一种分析"，载《闽江职业大学学报》1999年第4期。

著"体系化"的特点——例如 2007 年，《中国现象学文库》编译委员会[1]
开始有组织地对胡塞尔、海德格尔的名著进行译介；2011 年，根据德文原版
进行体例编纂的《海德格尔文集》开始出版[2]，标志着中国哲学界对海德
格尔的系统引进。我国法学界对于海德格尔的研究在资料上不再存在困难。
而目前法学界对海德格尔的思想研究，在吸收哲学研究成果的基础上，也有
所创建和创新。

法学界对于海德格尔的研究集中在海氏思想与"法律虚无主义"的关系
上，与这一思路相伴的是列奥·施特劳斯的政治哲学进路，其起点在于施特
劳斯对海德格尔之代表"虚无主义"的巅峰这一思想。

有学者在著述中认为海德格尔的思想是对"虚无主义"的救渡。在浙江
大学哲学系季涛博士的博士论文《法律之思——法律现代性危机的形成史及
其现象学透视》中，作者以"法律现代性的危机主要表现为法律正当性基础
的失落"起笔，通过梳理"法律正当性基础失落"的历史，进而从海德格尔
的现象学角度对这一"危机"予以诊断，指出应当以海德格尔的"源初自然
法"的"宽容、博爱、养护"原则对全球化的技术统治时代予以超越[3]。
与季涛博士的观点相似，陈粲元的硕士论文虽然偏重以海德格尔的思想对
"法律虚无主义"进行分析，同时也指出，"有理由相信海德格尔思想对克服
法律虚无主义的意义所在"[4]。

与季涛、陈粲元从正面讨论海德格尔的法律思想，并且重视其对于克服
"法律现代性危机"的积极意义不同，也有研究者是按照列奥·施特劳斯的思
路，将海德格尔认定为虚无主义的集大成者，并且在文献中对其进行批判。
复旦大学王升平博士的博士论文就指出，虽然海德格尔和施特劳斯都注意到
了克服现代社会虚无主义的方式在于"回返古典"，但是海德格尔通过"被抛

---

[1] 编委会成员（以姓氏笔画为序）：丁耘、王庆节、方向红、邓晓芒、朱刚、刘国英、关子
尹、孙周兴、杜小真、杨大春、吴增定、张再林、张廷国、张庆熊、张志扬、张志伟、张灿辉、张祥龙、
陈小文、陈春文、陈嘉映、庞学栓、柯小刚、倪梁康、靳希平；常务编委：孙周兴、陈小文、倪梁康。

[2] 该文集由孙周兴、王庆节主编，由商务印书馆出版，目前已有近 30 辑出版。另外需要注意
的是，其他重要的现象学哲学家的文集也在进行编纂之中，例如《胡塞尔文集》《舍勒文集》等。

[3] 季涛："法律之思——法律现代性危机的形成史及其现象学透视"，浙江大学 2007 年博士学
位论文。

[4] 陈粲元："对法律虚无主义的解析——以海德格尔为视角"，中国海洋大学 2012 年硕士学位
论文。

在世"取消人的"主体性"，进而将"选择"本身作为人类的"命运"，那么正确的只有"选择"本身，而取消了"自然正当"这一善恶的基础，因此必然走向更加深入的虚无主义。[1] 徐航在《上升阶梯——列奥·施特劳斯关于自然法论的思索》一书中也指出，唯有认真对待施特劳斯的道路，才有可能克服法律虚无主义[2]。在这些研究中，我们可以发现，施特劳斯和海德格尔就好似对立的两极，尤其是强调施特劳斯"回返柏拉图传统"的思路，就必然采取对海德格尔的批判立场。

（三）部门法学界对海德格尔的引介例证

我们也不能忽视虽然数量有限，但是颇有创造力的，经由海德格尔的路径思考部门法的文献。在民事法律方面，王晓认为，只有在正确认识"存在、虚无、时间"的前提下才能对法律有所思，认为"虚无作为法律关系的消灭"是作为"存在"的"法律概念"以及作为"时间"的"法律时效"的基础，认为在探讨"权利—义务"的时候需要注意到如下的三元结构，即"有权利—有义务"关系、"无权利—有义务"关系以及"无权利—无义务"关系[3]。在刑事法律方面，杨国举认为，应当根据海德格尔在《存在与时间》中强调的"Dasein之间的因缘整体性"来思考刑法中的"吸收犯"问题[4]。

根据国内法学界对于海德格尔思想的现有文献掌握，目前对海德格尔的法学思想或相关的法哲学思想的挖掘尚处于起步阶段。这一方面表现在直接具有关联性的文献的稀缺，另一方面则表现在这些有限的文献大部分的关注点仍然是依循施特劳斯的角度，对海德格尔与"虚无主义"的关系进行讨论。而"虚无主义"只是海德格尔思想的一种效果，不是其动机，甚至这一效果也是海德格尔本人不愿见到的。因此，适当地注意海德格尔哲学思想的原始表述，同时尝试以海德格尔的方式来反思与重构施特劳斯提出的"现代性的三次浪潮""虚无主义批判"等预设也是必要的。但相应地，这种研究就必须借助哲学界对于海德格尔的更为深入的研究。

---

〔1〕 王升平："自然正当、虚无主义与古典复归——'古今之争'视域中的施特劳斯政治哲学思想研究"，复旦大学 2011 年博士学位论文。

〔2〕 徐航：《上升阶梯——列奥·施特劳斯关于自然法论的思索》，中国政法大学出版社 2018 年版。

〔3〕 王晓："存在·时间·虚无——一种解析法律的哲学方法论"，载《杭州师范学院学报（社会科学版）》2006 年第 5 期，第 66~72 页。

〔4〕 杨国举："刑法中的吸收关系新论——以海德格尔存在主义的考察为视角"，载《西部法学评论》2016 年第 6 期，第 1~8 页。

第一章

海德格尔与中国哲学界的相遇：海德格尔源初自然法思想研究的理论出发点

对海德格尔"源初自然法"思想的研究需要进行一定程度上的哲学史梳理，尤其是在文献尚不充分的情况下，需要直接地对我国哲学界关于海德格尔的研究情况予以整理：首先，"自然法"是一个哲学概念，在这一题域内所讨论的权利、自由、责任、政制、律法都更为本质，因此从哲学研究的角度讨论我国在各个历史阶段对海德格尔的研究成果也是去研究"什么是自然法"这一哲学问题必不可少的方式；其次，在海德格尔本人的著作之中虽然的确涉及一般自然法理论中的核心概念，但是他对于这些概念却有着根本不同的理解，甚至在原本的标准理解外对经典概念重新赋义，例如他把"政制"视为"人和自然的合式"，把"自然"视为"涌现"，把"人"称为"此在"，把"实证法"归属到沉沦在世界。而且海德格尔认为，这些新的概念内涵对于形而上学、伦理学、政治哲学与法哲学来说是基础，这也决定了"源初自然法思想研究"需要从哲学层面获得研究材料支持以理解海德格尔相对复杂和个性的词语表达。

因而，考察我国哲学对海德格尔的源初观、自然观、人论的研究成果就成为展开海德格尔的自然法思想的必要准备，借此也得以展示出不同历史阶段"海德格尔研究"的研究成果、不同学者的研究偏好，进而展示出我国学界对海德格尔的理论认识和实践理解的历程。通过文献梳理可以发现与我国法学界对海德格尔的"引介"的现状相比，我国哲学界对海德格尔的关注可以上溯到20世纪30、40年代熊伟先生的研究中。在长期的发展之中，哲学界对海德格尔原著的引介和翻译在目前已经形成规模，当下哲学界围绕对海德格尔的批判以及相关著作的翻译展开，更为细致和具体。与此同时，国内学界对海德格尔的观察也有与政治哲学、价值哲学结合的相关成果，后者则为探讨法学意义上海德格尔的源初自然法思想提供了资源。笔者将海德格尔在中国的传播分为两个大的阶段和五个小的阶段，第一个阶段主要以学界对海德格尔的间接了解为主，在这个过程中强调通过二手文献对海氏斯人斯事的知悉，和以马克思主义对海德格尔的意识形态批判；而第二个阶段则以《存在与时间》的译本为分界点，代表了国内哲学界开启对海德格尔思想的直接认知，其中包含对《存在与时间》一书的解读阶段，对海德格尔的著作的系统引介和翻译以及学术资源整合阶段，最终体现为"中国施特劳斯学派"对海德格尔的批判及其政治哲学思考。这五个小阶段形成了"认识—热潮—批判"的循环，在内在的问题关切上具有连贯性，而当下学界以施特劳斯的政治哲学批判海德格尔的"虚无主义"进而将海德格尔存在论思想与自然权利、自然状态结合的格局可能是我们当下思考海德格尔的"源初自然法"并且希冀阐释其法哲学意涵的阶梯。

一、海德格尔与中国的相遇：译介与初步批判

从学术脉络上看，我国学界引介海德格尔的思想最初带有鲜明的政治指向，这决定了把政治与法律等规范现象关联到海氏哲学中的初步可能性。我国哲学界在最初的译介与经由马克思主义思想的批判研究阶段已经注意到海氏的政治倾向。陈嘉映就在《存在与时间》（中文修订本）的"中文修订本前言"中提道："熊伟先生在 60 年代曾译出本书的一些重要文节。"[1]但是由于某些客观原因，我难以找到熊伟先生的译文文稿，但是确实有熊伟先生 20 世纪 60 年代的授课记录[2]。根据对相关论述的梳理，本书认为我国哲学

---

〔1〕　［德］海德格尔：《存在与时间》（中文修订第 2 版），陈嘉映、王庆节译，商务印书馆 2016 年版，"前言"第 iv 页。

〔2〕　讲课记录即熊伟："存在主义"，北京大学讲稿 1960 年 3 月 16 日（由摘录者整理，未经本人审阅）。考虑到译稿方面，和陈嘉映教授的说法对应的，在 20 世纪 60 年代，以下的书目可能有熊伟先生参与编纂的中国社会科学院哲学研究所西方哲学史组编：《存在主义哲学》，商务印书馆 1963 年出版。但是以现有情况无法查阅到本书的目录，无法确定是否有熊伟先生对海德格尔的文献的直接翻译。此外，还需要注意的文献是：熊伟主编：《存在主义哲学资料选辑》（上卷），商务印书馆 1997 年版。在这一著作中，的确有对海德格尔《存在与时间（导论）》《形而上学是什么》以及《真理的本质》《追问技术》等原典的译文，但是暂时不能确定的有以下两点：一是如果陈嘉映教授的说法正确的话，那么本书应当是 20 世纪 60 年代初版，90 年代的再版图书；二是根据目录，不能完全确定上述海氏原典是由熊伟先生本人翻译，这一点是需要进行考察的。

界与海德格尔的初步相遇可以分为以下两个阶段：一是中国学界通过二手文献开始了解海德格尔的姓名和简单的思想立场；二是在马克思主义意识形态下对海德格尔的存在主义思想进行批判并且增进了对海德格尔的了解。即使这些研究在今天看来稍为间接，但蕴含了从政治、价值以及法律方面解读海德格尔源初自然法思想的可能性。

（一）第一阶段：对国外二手文献的译介以及对海德格尔的初步定位

对海德格尔的初步译介可以追溯到 1959 年到 1981 年之间，这一阶段集中翻译西方学者对于海德格尔研究的成果。当然在此之前的 1939 年，熊伟先生就已经在《说，可说；不可说，不说》一文中谈及海德格尔，云："海德格尔（Heidegger）云：'我'并非'执'，要'法执'才是'执'。'我'只是'我'。'我在'就是'我'。'我'并非能在的'执'。'我'就是此'在'（Sein）的本身。如此，不管'我'是人不是，只消'我在'，我就可以'说'。"[1]除去其中佛教的术语不论，熊伟先生的这段话就已经初步揭示了"Da-sein"在世基本生存状况——"烦"于人和物（"执"）因而沉沦，但是本真的自我是要跳出从日常的沉沦中走出来的（我"非"执），聆听和道说存在本身，但是本书认为这尚且不能被认为是系统介绍海德格尔思想的文章，因为文章的主题并不是海氏的哲学思想。

据可查的资料显示，周煦良[2]先生翻译的西尼德的《德国的存在哲学》

---

[1] 熊伟："说，可说；不可说，不说"，载《文史哲》季刊 1942 年第 1 期，收录于熊伟：《在的澄明——熊伟文选》，商务印书馆 2011 年版。本书是对冯友兰先生《新理学》的书评，在本书及其附录中熊伟先生说明："一九三七，十月三十，莱茵河畔。文成之日，适得上海消息。北站西北有二屋，落日照大旗。有三百人拒绝逃亡，拒绝受缚。抚文泣甚，觉吾人浩气充塞天地，不可以不哭也。""谨附陈前拙作，乞哂正。此文曾寄国内有意上交年元月杪预定在京开之年会；未届期而首都失……"这表明本书成稿于 1937 年 10 月 30 日，此时正逢淞沪会战失利；附录落款为"廿八年（1939 年）五月卅一日于柏林"，"首都失"即指抗日战争中南京保卫战失利，时间为 1937 年 12 月；"曾寄国内有意上交年元月杪预定在京开之年会"表明本书本打算提交参加 1938 年元月的相关会议。故本书作于 1937 年，拟公布于 1939 年，实际出版时间为 1942 年。

[2] 周煦良（1905~1984 年），号舟斋，1924 年毕业于上海大同学院，1928 年毕业于光华大学化学系，1932 年又毕业于英国爱丁堡大学文学系（硕士），历任暨南大学、光华大学、武汉大学以及华东师范大学教授。熊伟（1911~1994 年），20 世纪 30 年代就读于北京大学哲学系，毕业后赴德国弗莱堡大学学习（师从海德格尔），1936 年获得哲学博士学位，1937 年任波恩大学东方系讲师，1938 年任柏林大学外国学院终身讲师，1941 年回国，任重庆大学哲学系教授，1948 年任南京中央大学哲学系主任，新中国成立后历任南京大学哲学系教授、系主任，北京大学哲学系教授，北京大学外国哲学研究所教授、副所长。"百度百科"将熊伟先生评价为"最早向中国介绍海德格尔思想的人"。而根据现

于 1959 年于国内见刊，其中集中讨论了海德格尔与康德的思想的对比[1]。同年，由赵震翻译的 Julius Seelye Bixler 的《论存在主义者》一文梳理了从克尔凯郭尔、雅思贝尔斯（文中译为"雅思博斯"）、马塞尔、海德格尔到萨特（文中译为"沙特"）的存在主义思想的发展[2]。同样由周煦良先生翻译的澳大利亚哲学家亚丁斯道尔（T. M. Artingstoll）的《存在主义是佛教吗?》则是将海德格尔的存在主义思想和东方佛教思想进行了对比研究[3]。

　　除了对探讨海德格尔的理论问题的"二手文献"的译介之外，对于"域外书评"的译介也占有相当分量。例如有周煦良先生（舟斋）摘译的由国外学者完成的两则书评：《海德格尔：〈形而上学引论〉》《海德格尔：〈哲学是什么〉》[4]；由马祖龄先生摘译的书评《评海德格尔的〈现象学的基本问题〉一书》[5]；由熊伟先生翻译的《评海德格尔的存在主义》[6]；由王玖

（接上页）有资料，熊伟先生于 1942 年发表的文章自然是对海德格尔的较早引介，但是周煦良先生对于海德格尔的思想引介最早可以追溯到 1959 年，同时他也在 1960 年、1961 两年分别翻译了外国学者对海德格尔的评注（见下文脚注）。即使陈嘉映教授的说法成立，即熊伟先生从 20 世纪 60 年代起开始译介海德格尔，那么"最早向中国介绍海德格尔思想的人"也应当是周煦良先生。当然，由于周煦良先生的著作主要集中于文学领域，说熊伟先生是"新中国哲学界对海德格尔思想进行介绍的第一人"也并非错误。

〔1〕［德］西尼德："德国的存在哲学"，周煦良译，载《现代外国哲学社会科学文摘》1959 年第 12 期，原载《美国哲学与现象学研究季刊》1958 年 12 月号。这篇文章指出："存在哲学却成为一种关于哲学危机的批判哲学，而且好像始终没有能摆脱自己那种'危机哲学'主要形式。"

〔2〕［美］别克斯勒："论存在主义者"，赵震译，载《现代外国哲学社会科学文摘》1959 年第 4 期，原载《美国学者季刊》1958～1959 年冬季号。在该文中作者为海德格尔辩护道："我们不能把所有病态、忧郁以及虚无主义都归咎于海德格尔，但也不能否认他的学说中是有这些成分的。"而是说，在所有存在主义哲学家都是"专就人类生活中的厌烦、烦恼、忧虑、犯罪感以及恐惧等等情绪来大做其文章"。

〔3〕［澳］亚丁斯道尔："存在主义是佛教吗?"，周煦良译，载《现代外国哲学社会科学文摘》1966 年第 1 期。

〔4〕［联邦德国］西米特："海德格尔：《形而上学引论》"，舟斋（周煦良）译，载《现代外国哲学社会科学文摘》1961 年第 2 期，原载《哲学评论》（美国）1960 年 10 月号；［美］法柏："海德格尔：《哲学是什么?》"，舟斋（周煦良）译，载《现代外国哲学社会科学文摘》1961 年第 2 期，原载：《哲学与现象学研究》1960 年 12 月号。

〔5〕［美］M. 齐默尔曼："评海德格尔的〈现象学的基本问题〉一书"，马祖龄译，载《哲学译丛》1978 年第 6 期，原载美国《国际哲学季刊》1977 年第 2 期。

〔7〕［德］H. M. 格拉赫："评海德格尔的存在主义"，熊伟译，载《哲学译丛》1979 年第 2 期，原载民主德国《德国哲学杂志》1977 年第 6 期。之所以认为本书具有书评性质，乃是因为本书的大量资料都是围绕着《存在与时间》和《康德的形而上学疑难》展开的。

兴先生摘译的《海德格尔关于人性、人道主义的言论摘译》[1]，等等。

自然，除了对"二手文献"的译介之外，这一阶段的学者对彼时存在主义思潮的整体性研究也不应忽略，在译介活动之中，学界初步确定了海德格尔与政治的关联。我国香港的劳思光先生在这一阶段出版了《存在主义哲学》一书，认为"契尔克伽德[2]是存在主义的创造者"，"海德格尔代表了存在主义的体系化"而"萨特暴露了存在主义的内在弊病"，并且指出，现有的流行的存在主义思潮在更多的意义上是萨特式的而非海德格尔式的。这一点有助于理解后文"第二阶段"中马克思主义哲学家对于存在主义的批判。"第二阶段"中马克思主义哲学家是将存在主义作为一种整体的思想流派进行批判，而实际上这些批评所针对的是由萨特思想的糟粕构成的"流俗的存在主义"，而非克尔凯郭尔与海德格尔[3]。

王玖兴先生在1962年[4]也对海德格尔的思想体系进行了梳理，指出海德格尔的问题主要就是"存在论"和"生存论"，后者由于是Dasein的生存论，且人作为Dasein具有直接关联到存在的可能性，同时注意到Dasein是"在世界中的存在"，而在世界之中存在的意义就是"关怀（Sorge）"，意味Dasein被抛进世界，受到存在者整体和其他存在者的规定，同时Dasein使得生存意味着"塑造世界"，将其他存在者从其隐蔽之中揭示出来，因此Dasein又超越于世界，存在也只能通过Dasein才能得到理解。王玖兴先生特意强调了"无"的问题，认为Dasein在没有根据（无）中绽出，其终结是死亡，作为另一个"无"，此外一切非Dasein的存在者都是从无之中解蔽出来的。"'无'可以被看作是没有存在（意义）的存在者，一种完完全全（彻头彻

---

〔1〕 王久兴："海德格尔关于人性、人道主义的言论摘译"，载《外国哲学》1966年第Z1期。

〔2〕 即Kierkegaard，现在通常译为"克尔凯郭尔""克尔凯廓尔"或者"基尔克果"。

〔3〕 劳思光：《存在主义哲学》，亚洲出版社有限公司（香港）1970年版，第69~128页介绍海德格尔，引文观点出自该书第3页。之所以将该书放在"第一阶段"，是因为如下的原因：首先，劳思光的自序时间落款为1959年，依照常识进行推断，自序往往成文于正文之后；此外，本书有三个版本，除1970年再版外其他著作均无版权页，但另两个版本分别由"友联出版社"和"亚洲出版社有限公司"出版，因此笔者大胆猜测，"亚洲出版社有限公司"曾发行过本书的"初版"，否则不会有1970年的"再版"。存在疑问的则是"友联版"的时间，需要进一步考据。

〔4〕 对于这两篇直接关于海德格尔的论文的时间并不确定，据崔唯航选编的《王玖兴文集》"编者后记"提示，这两篇文章在文集中属于王玖兴先生生前未曾公开发表也未在手稿上注明写作时间的文稿，是由梁志学先生依据文章的内容、引文、稿纸和笔迹等情况推断的写作时间。参见崔唯航选编：《王玖兴文集》，河北大学出版社2005年版，第617页。

尾）不可说的混沌……定在是唯一给予其结构和意义的‘自然光明’”。[1]因此，王玖兴先生认为理解海德格尔哲学，就要抓住“存在”“定在（Dasein）”还有“无”的关系[2]。

同时，这一阶段中也有相当的空白期。直至 1978 年海德格尔去世两年后，《哲学译丛》才在 1978 年第 1 期刊登了如下的报道：

德国存在主义哲学家海德格尔逝世

据德国《哲学研究杂志》报道，著名的德国存在主义哲学家马丁·海德格尔于 1976 年 5 月 26 日在弗拉伊堡逝世。享年 86 岁。

1976 年 12 月 16 日，西德弗拉伊堡大学为海德格尔逝世举行纪念会。在会上讲话的有弗拉伊堡大学的 W. 马尔克斯、海德堡大学的汉·格·卡塔玛尔和斯塔恩柏克的卡·冯·魏因塞克。他们讲演的题目是：1. 海德格尔的思想和语言，2. 海德格尔的存在、精神和上帝，3. 海德格尔和自然科学。[3]

（二）第二阶段：运用唯物主义和阶级分析法对海德格尔的批判

第二个阶段是 1981 年到 1985 年，在译介“二手文献”的基础上，我国学者开始了对于海德格尔哲学的自主研究，由于这些研究有相当一部分带有明显的意识形态色彩[4]，因此它们可以被视为对海德格尔的政治观点、价值立场的界定，而以阶级分析方法对海德格尔进行理解也展示了海氏本人充满争议的实践观点。学界开始在最初的译介基础上认识到海氏与纳粹政府、国家社会主义的法律制度的关系。

熊伟先生 1980 年在北京大学的“存在主义”讲稿将思想史和制度史结合了起来，指出了海氏与纳粹政府及其法律制度的关系。在该讲稿中，熊伟先生详细地介绍了海德格尔的纳粹背景，并且注意到了海氏的思想转变进程与

---

[1]　王玖兴：“海德格尔”，载崔唯航选编：《王玖兴文集》，河北大学出版社 2005 年版，第 222~227 页。引文中“定在”即 Dasein。

[2]　王玖兴：“关于海德格尔哲学的几个问题”，载崔唯航选编：《王玖兴文集》，河北大学出版社 2005 年版，第 228~242 页。

[3]　[德] 卡·冯·魏因赛克：“海德格尔和自然科学”，关一译，载《哲学译丛》1978 年第 1 期，第 21 页。译文中的“弗拉伊堡大学”现在通常译为“弗莱堡大学”。

[4]　同时在这里笔者提请读者注意前文所引用的吕世伦、杜钢建的文章与陈文之间的相似性，二者都侧重以阶级分析法对海德格尔的思想予以批判。这至少说明了，在 20 世纪 80 年代，由于哲学界基于阶级分析法对于海德格尔予以批判，法学界也难免受到这样的影响。

时代的关系：在 20 世纪 20 年代，海氏在《存在与时间》中渲染了"沉沦""畏""烦"等状况，其基本内容就是，"存在就是我在，我在就是我的在世，在世的在就是沉沦，在世的在就是烦。存在的开展状态就是畏，存在的可能的整个的在就是在到死中去"。这显然与德国一战战败后的颓废情绪有关。而到了 1933 年纳粹上台，海德格尔宣誓效忠纳粹之后，又说："不要以一些教条和理想来做你们存在的准则，必须知道元首本身而且只有他一个人，才是今天和未来的德国的现实和德国的法则。"这显然表明了海氏将希特勒视为拯救"德意志民族命运"的人。而二战德国战败后，海德格尔在 20 世纪 40 年代又说，"当今世界的灾难，无家可归状态变成了世界命运……现在是处在世界黑夜的时代，现在大家生活在虚无主义中"——熊伟先生称之为"深秋的寒蝉情调"。到了 50 年代，海德格尔谈的是技术问题，认为技术成了人最大的危机，熊伟先生认为，"因为技术的发展是个人的存在把万物显示得淋漓尽致的结果"，最后变成了"只见物不见人"，人的自由也就无从得出了，故海氏建议，要回到"在的澄明"之中，熊伟先生将之类比为"遁入空门"，并且和日本存在主义者西田几多郎进行了比较。[1]

　　同时，也有学者已经从"科学"和"阶级"角度对存在主义思想进行了总体批判，揭示了海德格尔思想之中的神秘主义色彩和隐晦的政治主张。陈启伟先生指出了海德格尔哲学的政治筹划和有神论立场，"（海德格尔）用晦涩的语言反映出来的帝国主义时代垄断资本囊括世界经济的图景"，并且认为海德格尔人的"畏"和"决断"是"德国帝国反动主义本质的一种反映"，

---

　　〔1〕　熊伟："存在主义"（讲稿），北京大学，1980 年 3 月 18 日，根据录音整理，未经本人审阅。在"讲稿"之中，有以下相对重要的内容：首先，其中针对存在主义和理学、心学的比较摘录如下："基尔克戈尔讲过一段话：'存在着的个人，意味着比天地万物还多，比六千年的人类历史还多，比时代所要求的任何东西的内容还多。''存在着的个人'有时他讲成是'个人的存在'，这句话的意思跟我们中国哲学上的例如孟子讲的：'万物皆备于我'是一致的，就是万物都在我这儿具备了、完备了……或者同中国的宋、明儒家讲'理学'或'心学'差不多。宋朝讲'心学'的一个重要人物陆象山讲的'宇宙便是吾心，吾心即是宇宙'。这三个人讲的三套话意思都是一样的，实质就是主观唯心主义。认为天下万物是吾心的产物，都是主观唯心主义，是主观的产物。"熊伟先生的比较研究方法虽然受到当时马克思辩证唯物主义的影响，但是这一比较在当时显然是有开创性的。其次，对于"存在主义"的特点的概括：①存在主义虽然是主观唯心主义，但不是以感知的认识过程来论证，而是"用包括整个认识过程在内的整个人生体验"，包括情绪、领会、理解等等来论证。②存在主义是从具体的个别的角度来讲人，自称为"人学"，而且要求越具体越好，直至最具体的我的"此在"。③存在主义是一种悲观主义，是和已经腐朽的资本主义制度相关的——也就是和现代西方的危机相关。

是"德意志第三帝国""畏惧覆灭"又要"垂死挣扎"的形而上学反映，并且认为海德格尔虽然在表面上是一个无神论者，但是由于其坚持"上帝的缺席"而非"上帝不存在"，因此仍然是彻彻底底的唯心主义的有神论者[1]。俞宣孟先生则同样地认为，按照海德格尔的思路，如果要实现 Dasein 的本真状态，就要出离世界，进而达到"泯灭物我的境界"，因此海德格尔的这种历史观是消极的，是不符合马克思主义哲学要求改造世界的理想的[2]。何焕枝先生则认为："科学的人生观是热爱人生、讴歌人生，以生为动力的。而海德格尔却要人以死为动力，这种观点实质上是鼓吹一种面向死亡而不顾一切的主观唯心主义的'我在'精神，和实力的悲观主义情绪。它反映了资产阶级颓废的、疯狂的、孤注一掷的这方面的心理特征及其阶级本质。"[3]

与上述观点相应，虽然马克思主义仍然是对海德格尔思想的评价尺度，但是也有学者注意到了在海氏思想之中同时存在的解放因素和保守成分。唐有伯先生指出，海德格尔的存在主义思想意在通过人的"筹划"实现"人的解放"，这是与马克思主义相似的，但是"存在主义的人是歪曲了的形而上学改装了的现代资本主义社会中被异化、对自己的生存不满、对人类前途缺乏信心、在彷徨苦闷中挣扎的人"，是一种脱离了人的社会性对人的考察，就这一本质分歧来看，存在主义和马克思主义仍然是对立的[4]。文秉模先生指出不能因为存在主义本身有利于排除"极左"思潮，同时显现出一定的阶级性和革命性而将其与马克思主义混淆，因为当代欧美存在主义思潮是从俄国十月革命到第二次世界大战前后的资本主义经济危机、社会危机和思想文化危机的产物，它集中地反映了现代资产阶级哲学意识形态[5]。上述的文章往往是将海德格尔和萨特进行"混搭"，并且将其一并视为资产阶级的颓废的哲学

---

[1]　陈启伟："关于现代西方哲学研究的若干问题"，载《外国哲学》（第1辑），商务印书馆1981年版，第225~256页。

[2]　俞宣孟："海德格尔的基本本体论述评"，载《复旦学报（社会科学版）》1982年第5期，第8~113页，所引文段在第113页。

[3]　何焕枝："海德格尔死亡观述评"，载《华南师范大学学报（社会科学版）》1985年第2期，第8~12页，引文出自第12页。

[4]　唐有伯："论'此在'——存在主义'人学'评述"，载《中国社会科学》1982年第5期，第8~30页。

[5]　文秉模：""时代的危机'和危机的哲学——存在主义述评"，载《安徽师大学报（哲学社会科学版）》1983年第1期，第37~47页。

流派。

对于以海德格尔为代表的存在主义者的上述认定，在 1984 年 6 月 1 日至 7 日，由全国现代外国哲学研究会和南京大学哲学系、复旦大学哲学系以及上海社科院哲学所联合主办的"存在主义哲学讨论会"上得到认可。会议要求用马克思主义的观点评价海德格尔的《存在与时间》、萨特的《存在与虚无》和《辨证理性批判》，与会人员就海德格尔的"基本本体论""在世学说""死亡观"和"现象学方法"进行了讨论，同时也对一些重要的翻译问题进行了讨论[1]。

二、海德格尔与中国学界的初见、风潮和波澜：政治哲学和法哲学对海德格尔思想的反思及其先声

在 20 世纪 80 年代，随着改革开放的推进以及西方思想逐渐向我国引入，中国哲学界对海德格尔的原著翻译、专著专论的研究也相对丰富。《存在与时间》的译本出版以及围绕这一文本的讨论构成了我国学界与海德格尔的"初次见面"的良好氛围。而在新的一批具有较高语言能力的学者的崭露头角的同时，海氏的更多的著作也引入了国内，一股"海德格尔热"在 20 世纪 90 年代以降的中国哲学界风靡一时。但是，在以刘小枫、甘阳为代表的"中国施特劳斯学派"的兴起之后，对海德格尔基于政治哲学的批判也随之产生，特别是在这种批判中，往往结合了儒家思想与柏拉图式的政治哲学，对偏向于道家思想的海德格尔思想进行了"虚无主义"的标示，学界因而也开始向海德格尔在政治哲学和法哲学方面的伦理思想、权利理论以及规范学说迈进。

（一）初见：对海德格尔原著的译介以及围绕《存在与时间》的讨论

我国哲学界对海德格尔的研究方式在 1986 年出现了一定的转变，意识形态因素不断减少，对于海氏理论本身的讨论以及对海氏理论进行比较哲学研究的成分增加，由于其中蕴含的描述和说明成分进一步充分，这一"第三阶段"在我国哲学界对于海德格尔的研究具有奠基性地位。例如，徐崇温先生的《存在主义哲学》在 1986 年出版，这部著作不仅对于现象学——存在主义的哲学家的思想进行了纯粹的学术讨论，同时更为重要的是，在介绍海德格尔的时候，徐崇温先生使用的"现身、领会、共在、沉沦、畏、烦、向死而

---

[1] 详见竹林："存在主义哲学讨论会纪要"，载《国内哲学动态》1984 年第 8 期，第 5~8 页。

在、本真此在的确证、良心与决断、此在的时间性与历史性"等概念的译名至今仍然是通用的[1]。1987 年，《存在与时间》第 1 版[2]出版，这可以作为国内哲学界对于海德格尔的系统译介的开始。

在这一阶段，哲学界开始从马克思主义之外的其他角度，介绍或者评析海德格尔的思想，虽然这些文献的基础大多是海德格尔《存在与时间》一书，而较少涉及海氏其他著作，但是这些思想在学术史上具有奠基性的影响。

受到《存在与时间》论域的限制，有部分学者基于本书的"Dasein"与"Sein"的关系，讨论"Dasein 的生存"问题。熊伟先生的《"在"的澄清：谈谈海德格尔的〈存在与时间〉》一文明确了"此在（Dasein）"的诸特点，其概括是符合海德格尔的原意的，同时在现今哲学界仍然是得到承认的。此外熊伟先生在这篇文章中指出，马克思主义在中国的近现代历史中起到的正是海德格尔所说的对"存在者整体的去蔽"之效应，使得此在在"向死存在"中自由发展地向前走去[3]。熊伟先生通过对《存在与时间》中"Dasein"的生存论分析，实现了存在主义和马克思主义在一定程度的和解，这和"第二阶段"中以马克思主义的思辨方法，将海德格尔斥为"悲观论者"是有极大区别的。这也说明了我国学者开始正式地切入海德格尔的思想之中。唐有伯先生则讨论了海德格尔《存在与时间》中"两个世界"的理论，清晰地区分了"作为存在者整体的现成的外部世界"以及"Dasein"在其中演历的"世界之为世界"，并且认为后者依附于前者，这一观点是准确的，并且认

---

〔1〕　徐崇温主编：《存在主义哲学》，中国社会科学出版社 1986 年版，第 161~222 页，着重介绍海德格尔《存在与时间》中的此在的生存论解释。

〔2〕　［德］马丁·海德格尔：《存在与时间》，陈嘉映、王庆节合译，生活·读书·新知三联书店 1987 年版。

〔3〕　例如"Dasein—Sein—Wahrheit"之间的关系：熊伟先生的概述是"海德格尔讲在就是我在，而且就是我在世。不仅有我而且有世的整个在这回事就是存在。海德格尔还把起这个存在作用的'在'称为'此在'，并说此在就是真理的原始现象，是这个真理的原始现象才使在者被发现这回事本身（去蔽、无蔽）成为可能。而整个这回事也就是此在之展开状态，也就是此在之在世"。同时也介绍了海德格尔的"时间观"和"历史观"，指出海德格尔的时间观和历史观与流俗的时间观和历史观是不同的："时间乃是活生生地贯通在整个在的过程中由这个单独的此在的过去来指引并调整着现在的此在进入最适当最符合我在世中在者之无蔽状态的未来"，历史不是"过去"，"过去—当下—未来"的耦合才是历史，并且指出海德格尔的"自由观"实际上是建立在个体此在的"无蔽状态（真理）"之中。更为重要的是，熊伟先生意识到了"海德格尔还认为当希腊的第一个思想家思着把自己摆到此无蔽境界中去并追问在者是什么的这一时刻起，这才是西方历史的开端"。参见熊伟："'在'的澄清：谈谈海德格尔的《存在与时间》"，载《读书》1987 年第 10 期，第 32~37 页。

识到"哲学似乎应该把更多的注意倾注在属人的世界上，追究这一主观性王国多重结构的各个方面及其关系，探讨这一王国怎样在生存实践基础上建构起来，如何随着生存实践的发展而发展，并反过来影响、改变生存实践"。但是在该文的最后，唐有伯先生受到马克思主义思辨方式的影响，将上述的两个世界分别归为"客观世界"和"主观世界"[1]。

《存在与时间》给出了生存论的论证，在世界之中的"人"因而获得了关注。赵越胜则有所超越地对海氏后期的著作中的"人"进行了讨论。在《语言就是语言：读海德格尔晚期著作》一文中，赵越胜格外关注了海德格尔《赫尔德林和诗歌的本质》[2]《人诗意地栖居》等后期文献。指出特别"在（海德格尔）的后期著作中，存在（Sein），此在（Dasein）都归宿于语言，在语言中觅得家园"，它们"无不表现为语言，诉诸语言，或者干脆就'作为语言'"。这篇文章的重要性在于，它较早地讨论了海德格尔后期的诗化哲学中的语言问题，已经注意到海德格尔的语言观是关于"存有本身"的语言观而非关于存在者的语言观，是"沉默"重于"言说"的语言观，这种语言观通过诗歌和交流——运思把"世界之为世界"，把存在本身及其真理显现出来，进而通过语言的自由实现人的自由。同时，赵越胜指出，"人的存在从其本源、本性上看乃是一种自由的创造活动，是一个'去存在'的过程"，虽然我们未必都是诗人，但是我们仍然能够成为"语言——道说"的看守者——人就可以把自身保持在自由的澄明之中[3]。我们暂时可以认为，赵文很有可能是国内第一篇探讨海德格尔后期诗化哲学的文献。

详细地看，我国哲学界在这一阶段的思想比较方面为当下对海德格尔的批判给出了基础。在现象学研究内部，除前述罗克汀先生的《海德格尔存在主义对于胡塞尔现象学的继承和更新》之外，还有靳希平的《海德格尔对胡塞尔现象学还原方法的批判》，该文注重胡塞尔和海德格尔在哲学方法上的不同，提出了海德格尔是以"诠释学——理解——筹划"等方法取代了胡塞尔的"现象学还原"，同时也指出海德格尔的"还原"的最终指向是人的 Dasein

---

〔1〕 唐有伯："海德格尔论世界的实在性"，载《华中师范大学学报（哲学社会科学版）》1987年第2期，第1~7页。

〔2〕 现在通常译为"荷尔德林"。

〔3〕 赵越胜："语言就是语言：读海德格尔晚期著作"，载《读书》1987年第7期，第126~133页。

而非胡塞尔的"意识"[1]。陆杰荣也指出海德格尔对胡塞尔现象学方法的颠覆在于"以非理性的 Dasein 取代先验的纯粹自我作为本质对象的基石""以生存论的理解与解释而非严密科学的纯粹逻辑来揭示绝对本质的真理""以存在的意义问题取代认识论和逻辑学作为现象学的唯一主题"以及"以现象学的诠释学达致存在本身取代以现象学的还原法达致事物本身"[2]。傅海健则对海德格尔与胡塞尔的解释学——真理理论进行了比较研究，认为相对于胡塞尔而言海德格尔的现象学方法尤其重视"逻各斯"的基础地位，认为一切言说都是"逻各斯"的显像，"真命题"是对"逻各斯"的解蔽，而"假命题"则是遮蔽，同时"逻各斯"与"存在"是互属的，因此在胡塞尔哲学中居于中心地位的现象学的方法只是对海德格尔尝试进行的对存在的揭示和解释的一个环节[3]。

也有一部分学者关注海德格尔对于传统形而上学的批判去阐释海德格尔"基础本体论"[4]，进而也在伦理和道德、生存和价值方面提出了一些创造性观点。陆杰荣关注的是海德格尔对于自亚里士多德以来的形而上学传统的批判。他认为"西方哲学中的实体理论最先是由亚里士多德明确提出的，西方哲学的实体学说在黑格尔哲学中达到了顶峰"，而海德格尔的批判则在于这些哲学理论"就其实质而言都是对某种最终实体的寻求和规定，都只是停留在实体阶段，而没有进到更原初的基础"[5]。这一观点即使在现在，仍然不失其新颖和深刻。王天恩则认为海德格尔的基本存在论是胡塞尔现象学方法和非逻辑的尼采式的非理性主义的结合，基于这种本体论上的构造，海德格尔才能根据"Sein"这一线索把希腊的前苏格拉底传统理解为"原始经验"，进而通过现象学还原和"诗—思"的非理性方法明确"Sein"的本体论意义，

---

[1]　靳希平："海德格尔对胡塞尔现象学还原方法的批判"，载《北京大学学报（哲学社会科学版）》1986 年第 1 期，第 90~101 页。与罗克汀先生同年发表的文章相比，罗文主要关注的是胡塞尔和海德格尔在现象学人道主义和存在主义人道主义之间的差异，而本书主要关注的是现象学还原方法在胡塞尔和海德格尔理论中的差异。

[2]　陆杰荣："论海德格尔对传统哲学批判的现象学方法"，载《辽宁大学学报（哲学社会科学版）》1988 年第 1 期，第 65~69 页。

[3]　傅海健："海德格尔现象学思想初探"，载《中国社会科学院研究生院学报》1987 年第 3 期，第 63~68 页。

[4]　在当今的译本中，这一词汇多译为"基础存在论"。

[5]　陆杰荣："海德格尔对传统哲学批判的实质"，载《辽宁大学学报（哲学社会科学版）》1986 年第 1 期，第 77~80 页。

进而对形而上学传统予以批判[1]。万俊人同样认为，海德格尔是通过"Dasein"和"Sein"的关系建构了"基础本体论"并且尝试批判形而上学传统。但是万俊人基于上述的本体论构想，指出了海德格尔的伦理学主题。万俊人认为，"海德格尔认为，'死亡'是人的最本真的存在，因为它使人从'众人'中返回本我的存在，从异化中苏醒，进入最本真的我的存在"。因此，就海德格尔的伦理学的主题，恰恰是"在死亡面前，人产生了对存在的大畏，大畏即是对为死而在的存在领悟"，进而脱离"沉沦"，超越"常人"，获得"本真的能在"[2]。这篇文章直接揭示了海德格尔的伦理学主张，指出这种伦理学主张是从"人"的存在出发的，而非从"理性""客观的善"等存在者出发的，是更为根本的伦理。张汝伦也认为，存在主义的伦理学不是法兰克福学派式的社会批判理论，也就是说，"不是如何去做一件具体的事，而是要知道怎样存在才更合理，才更加符合人性和人类良知，才更有利于人的全面发展。有了这种认识，正确地行动是题中应有之义"[3]。都本伟则指出，海德格尔对于西方形而上学的批判有两条路向，一是对亚里士多德——黑格尔的"实体论"形而上学的批判，另一路向是"对近代哲学自尼采以来的人学的扬弃"和"对胡塞尔现象学的继承和改造"[4]。

思想比较的方法也意味着不少学者开始关注海德格尔和东方哲学的因缘关系。曼夫关注的是海德格尔的"无"的概念。他阐明了"Dasein"对"Sein"的守护关系，即唯有以 Dasein 才能开启 Sein 的意义，领悟 Sein 的真理，进而认为："海德格尔的不少见解比如他对'无（das Nicht）'的看法，确实颇似佛家的'空（emtpiness）'和道家的'无（Non-being）'的思想。"虽然作者不能够断定海氏哲学与东方哲学存在必然关系，但是作者认为肯定的是：海德格尔以"在世"为枢轴，讨论"Dasein（此在）"和"Im-Welt-Sein（在世存在）"的相互关联性，揭示了人和世界的本真关系。这种思路

〔1〕 王天恩："海德格尔基本本体论形成的逻辑考察"，载《江西社会科学》1988 年第 1 期，第 104~107 页。

〔2〕 万俊人："存在·主体·价值——存在主义伦理学撷要"，载《社会科学家》1989 年第 4 期，第 6~12 页。

〔3〕 张汝伦："到事物本身"，载《读书》1989 年第 2 期，引文出自该文第 130 页。

〔4〕 都本伟："论海德格尔对西方哲学的扬弃"，载《昭乌达蒙族师专学报（社会科学版）》1988 年第 2 期，第 15 页。

打破了西方形而上学中"人/自然"的对立关系，而展示了类似于东方哲学的"天人合一"的构想[1]。李向平则具体地从"死亡观"的角度比较了海德格尔和庄子的哲学的关联与区别。一方面，庄子和海氏都强调了"死亡"与"生"的同一性，无论是"息我以死"还是"向死而在"，都表现出了一种"有生焉无死"的态度；另一方面则指出"集中体现在至人、神人、真人身上的庄子死学，不过是把人有意志有目的的生存活动在精神心理上虚构为天地自然那样无意识无目的的自然运行。主观上意欲超越生死，客观上却更执着于心斋坐忘、形如槁木、心若死灰的人生存在之上，还是未能实行做到死生的两忘与最后解脱"。反而"海（海德格尔）的死亡哲学使人敢于正视死亡，有一种向死而在的紧张与自由，不类庄子神人般的飘逸与至乐；更使人感到一种在的激动"。[2]

笔者想引用田德文的观点作为第三阶段的初步总结。田德文认为，在1990年前，对于海德格尔的研究主要集中于"以海德格尔为代表的现象学运动""对海德格尔和胡塞尔的比较研究""海德格尔的解释学""海德格尔与西方危机以及传统形而上学批判""海德格尔与诗—言—思"以及"海德格尔与东方哲学"[3]。在这个阶段，学界对现象学运动的介绍以及从东西方哲学的视角开展针对海德格尔的批判活动成了两个主基调。

（二）风潮：国内学者自主译介和评介水平的提高和资源整合

20世纪90年代对于我国哲学界的海德格尔研究而言至关重要，学界对海德格尔的翻译更为系统，为后续研究奠定了资源基础。1991年，海德格尔的《诗·语言·思》出版[4]；1996年，由熊伟、王庆节合译的《形而上学导论》出版[5]，本书可以被视为海德格尔对于《存在与时间》中未完成的"对

---

[1]　曼夫："海德格尔的天人观"，载《复旦学报（社会科学版）》1988年第2期，第110~112页，引文主要集中于第112页。

[2]　李向平："'息我以死'与'向死而在'——庄子和海德格尔的死亡哲学"，载《社会科学家》1989年第1期，第37~45页。

[3]　田德文："国内海德格尔研究概述"，载《哲学动态》1990年第5期，第7~9页。

[4]　［德］M. 海德格尔：《诗·语言·思》，彭富春译，文化艺术出版社1991年版。

[5]　［德］海德格尔：《形而上学导论》，熊伟、王庆节译，商务印书馆1996年版。本书通过讨论"存在"的古希腊语法和语意，进而得出"存在与显像""存在与变易""存在与应当"之间的派生关系以及"存在与思想"的互属关系，尤其是强调了作为"威临一切者"的"存在/自然"与"强力—行事"的人之间通过"逻各斯—思"达到冲突的和谐。

存在问题的重新解释和对存在之历史的解构"[1]的任务的初步完成；同年，由孙周兴选编的《海德格尔选集》（分为上下两册）也正式出版，"选集"不仅关注以《存在与时间》为代表的海氏早期著作，同时也收录了海德格尔后期对于"诗意的生活""技术统治"以及"泰然任之"等问题的讨论[2]；1997年，海氏的另一重要著作《在通向语言的途中》由孙周兴翻译出版，本书讨论了究竟以何种语言（逻各斯——道说）才能解蔽存在[3]；在新旧世纪之交的1999年，海德格尔《面向思的事情》也由商务印书馆出版，本书将"思"作为通达"存有本现真理"的途径，尤其提出了对"Ereignis"的"思"乃是克服传统形而上学的重要方法。[4]上述的译作反映了彼时我国的"海德格尔热"：当时的新一代德语水平较高的青年学者的成熟，并且在20世纪90年代，社会主义市场经济进一步发展，同时社会的主要矛盾不再是阶级矛盾，而是人民日益增长的物质文化需要与相对低下的生产力之间的矛盾——有这样的矛盾就会有"畏"，就会有"烦"，就会有"本己的筹划"和"本真的决心"，就要有所决断，"知天命"却犹欲奋进和解放，海德格尔的思想所强调的这些观点恰恰迎合了当时我国社会普遍的社会情绪。

同时，在20世纪90年代，我国海德格尔研究者的自我思考也逐渐成熟。1994年12月，孙周兴出版了《说不可说之神秘：海德格尔后期思想研究》[5]；1995年，陈嘉映出版《海德格尔哲学概论》，几乎涵括了海德格尔的全部重要观点[6]；同年，靳希平出版了《海德格尔早期思想研究》[7]。张祥龙一

---

〔1〕《存在与时间》的另一任务则是"对 Dasein 的生存论的分析"，不过由于急于出版，海德格尔放弃了对于"存在问题的重新解释"这一任务。一般的解释是海氏由于考虑到职称评定所需要的成果，而匆匆提交了《存在与时间》的第一部分写作，但是有论者给出了另一种解释，即海德格尔一直受到"形而上学语言"的困扰，而解构存在的历史则必须采用一种非形而上学甚至反形而上学的语言，而当时的海德格尔尚不能克服这一困扰。关于这一观点，参见〔德〕多罗特亚·弗列德："存在问题：海德格尔的筹划"，收录于〔美〕查尔斯·吉尼翁编：《剑桥海德格尔研究指南》（第2版），李旭、张东锋译，北京师范大学出版社2018年版，第74页，注17。

〔2〕〔德〕马丁·海德格尔：《海德格尔选集》（上下），孙周兴选编，生活·读书·新知上海三联书店1996年版。

〔3〕〔德〕海德格尔：《在通向语言的途中》，孙周兴译，商务印书馆1997年版。

〔4〕〔德〕海德格尔：《面向思的事情》，陈小文、孙周兴译，商务印书馆1999年版。

〔5〕孙周兴：《说不可说之神秘：海德格尔后期思想研究》，生活·读书·新知三联书店上海分店1994年版。

〔6〕陈嘉映：《海德格尔哲学概论》，生活·读书·新知三联书店1995年版。

〔7〕靳希平：《海德格尔早期思想研究》，上海人民出版社1995年版。

方面关注中西方哲学的比较问题，另一方面则关注海氏人生与思想的关系，著《海德格尔思想与中国天道》[1]与《海德格尔传》[2]；张汝伦关注海氏与西方形而上学传统的关系，著有《海德格尔与现代哲学》[3]。

据记载，"1994年10月在南京成立中国现象学专业委员会，此后基本上保持着每年一会一刊的运作节奏。稍后香港的现象学学者们在香港成立学会，与设在内地的中国现象学专业委员会常有友好合作"[4]。

"译介"的丰富，"评述"的深入，以及专家的整合，使得我国海德格尔研究在这一时期逐渐与国际接轨，逐渐地参与到国际学术界对于海德格尔的讨论之中。在20世纪90年代之前，学界对海德格尔思想围绕如下的主题得以展开：

（1）对于海氏本人及相关研究者的成果的译介；

（2）通过马克思的唯物主义思想对海德格尔的批判；

（3）对海德格尔与其他现象学学者之间思想的比较研究；

（4）围绕《存在与时间》讨论海德格尔的"基础存在论"和"Dasein的生存"；

（5）讨论海德格尔对"西方形而上学传统"的批判；

（6）讨论海德格尔思想与东方哲学的关系。

而在20世纪90年代后的海德格尔研究逐渐发展为：

（1）对于海氏著作成体系的编译；

（2）围绕海氏前期、中期，尤其是后期著作，对海氏思想中"诗—思—居"的讨论；

（3）将海氏纳入更为广阔的西方哲学视野的比较研究；

（4）讨论海德格尔基于对形而上学传统的批判而生发出的对技术、科学的批判；

（5）更为细致地讨论海德格尔后期思想，与东方佛教哲学和道家哲学之间的相似性。

我们在前文已经讨论过"译介"的问题，因此对于主题（1）及其展开

---

[1] 张祥龙：《海德格尔思想与中国天道：终极视域的开启与交融》，生活·读书·新知三联书店1996年版。

[2] 张祥龙：《海德格尔传》，河北人民出版社1998年版。

[3] 张汝伦：《海德格尔与现代哲学》，复旦大学出版社1995年版。

[4] "中国现象学文库"总序。

不再赘述，不过译文资料是基础性的，而其他主题的深化是建立在译作逐渐丰富的基础上的，同时比较哲学作为一种方法，也融合进"技术与形而上学批判"等论题之中。

对于"海氏思想中'诗—思—居'的讨论"这个主题，有学者就海德格尔的后期语言观进行了研究，这一语言观的核心是，源初的语言不是"人所说的语言"，而是"语言在自我道说"。

一部分学者是讨论海德格尔的"诗化语言"对回返源初的"栖居"状态的作用，这些思想初步地指出了在海德格尔的自然观下良好生活的样态，指出诗歌与思想是实现良好生活的基本途径。有相当一部分学者讨论的是"诗—思"和"栖居"等海氏后期的思想。汪堂家在文章中指出，通过对诗歌的语言的倾听，人将会不断探寻"栖居"是什么，将会意识到当下的"无家可归"，将会意图回归一种本然的，由人的本质和世界的本质要求的生活[1]。余虹则直接指出了"诗"的源初性，认为"诗的活动领域是语言，因此，诗的本质就必得通过语言的本质去理解……诗是给存在的第一次命名，是给万物之本质的第一次命名"，诗歌才是一个民族的最初的语言，是自然的语言，通过对这一语言的聆听和领悟，将回返"栖居"[2]。宋祖良则将海德格尔的语言观和"形而上学批判"和"比较哲学"的进路结合，指出海氏的语言观从根本上不同于由笛卡尔建立起来的"主客二元论"的构造，根本上不同于"只有人在言说"的"人本主义"立场，而主张"是自然在说话"，自然是有语言的，这种语言就是"存在的家"，"这种语言观强调了人必须听从自然，尊重自然，善待自然，达到人与自然的统一与和谐，克服人与自然相异化和严重对立的状态"。即使赋予自然以语言能力并将其和"道—说"等源始语言结合是形而上学的虚构，但是"这种语言观的不断发展和壮大，说明人已经不断认识到人不应一味地充当自然的主宰，而应注意人与自然的平等相处，共生共荣，尊重自然，善待自然，这样才能保证人在地球上的长期生存"[3]。

---

〔1〕 汪堂家："'人诗意地栖居'——读海德格尔《诗·语言·思》"，载《当代青年研究》1990年第3期，第15~17页。

〔2〕 余虹："诗：源始的语言——海德格尔的诗学启示"，载《外国文学研究》1991年第1期，第61~68页。

〔3〕 宋祖良："论一种语言观的哲学意义——兼谈海德格尔的语言观"，载《哲学研究》1994年第9期，第26~32页。

在指出回返自然作为海德格尔思想之中"源初"的良好生活的同时，也有学者开始注意了海氏思想中"无"的观点，认为"无"是万物之始，并且以之为"自然"运作的原理。孙周兴认为，"前期海德格尔立足于此在分析所作的'有—无'之辨，意在反传统形而上学，本身却仍停留在形而上学中；30、40年代海氏实施思想'转向'，围绕'真理（Aletheia）'问题所展开的'显—隐'之辨，实含有更为彻底的反'在场的形而上学'立场，并且直接导出后期的'走向语言之途'，即走向'大道（Ereigins）'之'说'（Sage）"。早期海德格尔已经尝试反对传统形而上学，这一思路指的是我们只能对存在者发问，例如"这是一个人吗"，但是"Sein"不是存在者，不具有"什么性（Washeit）"，我们不能发问存在的"什么"，只能通过 Dasein 的演历把"无"的"有"（即 Sein）揭示出来——但是依照这样的理解，岂不是形而上学遗忘的不是"存在—有"，而是"无"了吗？后期海德格尔改变了直接对于"有—无"关系的思路，而是考虑"显—隐"，人和其他存在者同时处于一个敞开的领域之中，这个领域首先是"隐蔽"，而后才有对"存有之真理的解蔽"。在海氏之后的著作中，更是发明了"Ereignis"这一词汇，通过这一词汇，海德格尔把"真理—解蔽"和"拢集—居有"结合在了一起，把对"Ereignis"的"说"称为"Sage"，并以之为本源的语言——"Sage"时时刻刻处于沉默之中却言说万物[1]。也就是说，在海氏后期的著作中，"Ereignis"一词取代了"Dasein"，成了讨论的关键。叶秀山的观点出于"Dasein"和"Sein"的关系，则略有不同，指出"无"乃是贯彻海德格尔思想的一条线索：首先，将现象学的"悬置"方法用到极致，那么一切"存在者"就都消失了，那么剩下的就是"存在本身"，不过由于"存在者"都被悬置了，那么"存在本身"也就成了"无"；其次，认为如果人即"Dasein"，那么就是"Sein"的"Da"，也就是"Sein 的特殊现在时"，而"Dasein"有其历史性、时间性和有终性，终究是趋向死亡——"无"的，而世界之为世界乃是"人—Dasein"的世界，这个世界在"Da"还未到时的时候，以及"Da"不在的时候，就都是"无"的，却又是"Sein"的不同时态；最后，叶秀山认为，在海氏著作的"Sein"的层次上，一切都是自在自为的，

---

[1]　孙周兴："从存在到'大道'——海德格尔的思路"，载《杭州大学学报（哲学社会科学版）》1992 年第 1 期。

在未有"人"这一特殊存在者将其解蔽的时候，都是"既无又有"，因此没有"Dasein"就没有"无"[1]。同时，孙周兴和叶秀山这两篇文章共同指出了海德格尔对于形而上学传统的批判就是在于传统形而上学追问的都是"有"，都是"存在者"，而对于"存有—无"的沉思则是更为根本的。

鉴于在海德格尔的后期著作中，"诗化语言""存有之真理本现""Ereignis—无"等概念之间具有关联性，学界倾向于将上述讨论的话题统一称为"海德格尔理论中的'良好生活'问题"。这种生活就是人作为"有死者"，对于"死亡—无"的"泰然任之"，同时通过聆听自然的"道说"而趋向"存有之真理"——"人诗意地居住在大地上""人劳作地居住在大地上""人技术（巧）地居住在大地上"，亦即"人自由地居住在大地上"[2]。

海德格尔以"诗意地栖居"作为可以向规范的"应然—良好"生活模式，因此与传统形而上学不同，海德格尔对自然的认识也随之阐发出与人、技术、科学相关的价值与伦理倾向。由于 20 世纪 90 年代我国翻译事业的蓬勃发展，其他西方哲学家的著作也接连被译成中文，在此基础上的比较研究则是多样的。因此对于"基础存在论和此在生存论"这个主题不同的学者也有不同的侧重点。

首先是对于西方形而上学的"人本主义"的批判，同时也体现了中国学者对西方理性主义的律法、权利的反思。孙周兴认为海德格尔以源初的自然观念消解了人作为"主体"的地位，而在"人的存在"的本质层面将人视为"存在的看守者"——人不是其他存在者的主宰，而是"语言这个存在之家的'看护者'，是天、地、神、人'四方'游戏的一方"。因此海氏虽然消解了传统形而上学上与"客体"对立的"主体"的人，但是在更本源的角度重构了"人道主义"[3]。韩璞庚则直接指出："人类理性的伸张和胜利，使理性本身在人类生活中取得了至高无上的地位。人类生活本身的这一理性化趋势本来无可非议，但问题在于这一趋势的背后潜藏着置人类现实生活世界本身于不顾的危险。"进而主张一种多元的"主体立场"，即不仅要万物听从人类的命令，人类也应当听到万物的呼请——因为人只是"天、地、神、人"的世界

---

[1] 叶秀山："世间为何会'有''无'？"，载《中国社会科学》1998 年第 3 期，第 65~74 页。

[2] 叶秀山："何谓'人诗意地居住在大地上'"，载《读书》1995 年第 10 期，第 44~49 页。

[3] 孙周兴："消解与重构——海德格尔对主体形而上学的批判"，载《学术月刊》1992 年第 3 期，第 20~25 页。

结构的一元而已，应当鼓励并发展一种人与世界和谐互属的关系[1]。刘敬鲁则直接指出，海德格尔所主张的观点可以概括为"自然为人立法"，这正对立于康德的"人为自然立法"[2]，另外认为，海德格尔的"人学"批判，一方面在批判柏拉图—黑格尔的"人是理性动物"的观点，另一方面则批判马克思—尼采的"人不是理性动物"的观点，因为这两种观点都是建立在"人/自然"的二分法上，都是对于"人之为存在者"的探讨，而忽视了"人"于"存在—自然—世界"之中存在的根本境域[3]——这种对于存在者的执迷不悟，最终导致了"存在的遗弃状态"，导致了"人的无家可归"的命运："存在本身运行到了以遮蔽自身为主导状态的阶段，由此才有西方人、现代西方人对存在的遗忘。"[4]

也有学者指出了与自然的生活相对，非自然的生存状态蕴含了形而上学历史中因袭已久的二元对立观念，这是由于译介的丰富的同时，学界明确了海德格尔的"形而上学"批判与他对"现代科学技术批判"有关联性。1991年，宋祖良发表了三篇论文讨论海德格尔的"形而上学—科学—技术批判"，认为海德格尔后期提出的"形而上学的终结"实际上意味着对于传统形而上学"人的本位"的批判，是对以"理性—技术"取代反思的批判，是对于现代性本身的批判[5]。在之后的文章中，宋祖良更是指出海德格尔的"科学批判"关心的是"人和自然的对象化"的问题[6]，其"技术批判"关注的是对现代社会中"技术交往中人和物的关系问题"[7]。宋祖良指出，海德格尔本人形而上学批判与技术批判的片面性，就在于将人的行为视为人本身予以

〔1〕　韩璞庚："超越人类中心主义——海德格尔哲学的启示"，载《江苏社会科学》1995年第3期，第71~75页。

〔2〕　刘敬鲁："自然为人立法与人为自然立法——海德格尔与康德的一个对比"，载《社会科学战线》1996年第4期，第94~100页。

〔3〕　刘敬鲁："论海德格尔对传统形而上学人学的批判"，载《哲学研究》1997年第9期，第66~73页。

〔4〕　刘敬鲁："现代人的无家可归——析海德格尔对现代人类历史的思考"，载《中国人民大学学报》1997年第4期，第45~50页。

〔5〕　宋祖良："'哲学的终结'——海德格尔晚期思想的大旨"，载《中国社会科学》1991年第4期，第41~54页。

〔6〕　宋祖良："海德格尔对现代科学的沉思"，载《学海》1991年第3期，第24~28页。

〔7〕　宋祖良："析海德格尔对现代技术的批评"，载《中国社会科学院研究生院学报》1991年第1期，第61~69页。

批判，就在于将科学的后果（比如原子能问题）视为科学本身予以批判，并且反问，如果"技术的历史就是对存在真理的遗忘的过程"，那么为何在这一段历史中人类反而掌握了更多的关于世界存在的规律呢？更是质问道："一位往往不从哲学史和科技史而只从诗中获取灵感，并把技术看成遗忘存在的真理，把科学知识看成像原子弹爆炸一样地毁灭事物的哲学家，能够很切合实际地提出对未来的设想吗?"[1]宋祖良同时认为，虽然海德格尔思想有助于人类反思技术的后果和生态的破坏，这固然有益于环境的可持续发展，但是海氏仍然没有看到技术本身在改善生态环境方面的积极作用[2]。总而言之，海氏的技术批判虽然能够发人深省，但却是片面的。

对于宋祖良的观点，高亮华有不同的看法，他认为海德格尔的技术批判实际上是对技术的本质的批判，"指的是技术可以通过恢复和完备它本质的方式来从其自身内得到超越。在技术统治中所掩盖的解蔽、真理将在其掩盖中澄明。存在将在技术的不断发展中，或者更精确地说是在澄明中展现自身"。认为海德格尔"决不是技术的敌人，他绝没有因为技术对人类生活的毁灭性能力而蔑视它甚至拒斥它，相反却把它视作人类最终走出危机的拯救力量。同样，海德格尔也不是一个浪漫主义者，他并没有通过重建逝去的田园生活或抬高某些简单的生活经验来逃避当代生活的责任"[3]。莫伟民的看法是类似的，也认为要去区分"技术"和"技术的本质"[4]。也有其他的文章表示出相似的观点，认为要通过讨论技术的"真实的东西"来替代"正确的东西"[5]，将技术"规定"为工具是正确的，但是却没有抓住技术的本质（也即技术的"真实"），技术的表象研究—实验—部门化—企业化[6]，其实质是"Gestell"，"一方面，人对自然的主体性通过技术发挥到了极致，成为无度的主体性，另一方面，自然本身的存在遭到了极大破坏，造成了极其严重的后果"。

〔1〕 宋祖良："析海德格尔对现代技术的批评"，载《中国社会科学院研究生院学报》1991年第1期，第69页。

〔2〕 宋祖良："海德格尔与当代西方的环境保护主义"，载《哲学研究》1993年第2期，第71~77页。

〔3〕 高亮华："论海德格尔的技术哲学"，载《自然辩证法通讯》1992年第4期，第19~25页。

〔4〕 莫伟民："试析海德格尔的技术哲学"，载《探索与争鸣》1992年第3期，第16~26页。

〔5〕 郭晓晖："试论一种可能的技术本质观——海德格尔的启示"，载《自然辩证法研究》1998年第11期，第1~6页。

〔6〕 吴国盛："海德格尔与科学哲学"，载《自然辩证法研究》1998年第9期，第1~6页。

不过，海德格尔认为人类的技术生活在根本上是"存在之天命"决定的，技术的本质就是时代的命运，"消灭技术"或是"归田园居"都不是解决"技术危机"的方式，要静候"救渡"的到来[1]。

张汝伦则从正反两方面论证了海德格尔的"科学—技术批判"的合理性。从反面看，科学主义者将海德格尔视为"非理性主义者"，但是科学研究必然遵循着在科学之外的形而上学预设，如果一个科学主义者坚称海氏的形而上学思考是对科学的误导，那么怎么解释那些无法被实证方法证实却在科学中被视为公理的内容呢[2]？从正面看，现代科学是对"自然"的"对象化订制"，这种订制使得对于"存在者整体"的研究也部门化了，科学家也就不能去思考关于"存在者整体"乃至"存有之本现"的整全的真理[3]。宋祖良一方面如前文所述，看到了海氏对于科学、技术的批判的片面性，但是仍然认为海氏属于"理性主义者"，不过这种"理性"是相对于西方形而上学传统中以"人的理性至上"的。"身处生态危机中的现代人，早已不再把向自然索取看作是理性，而把保护自然环境看作是理性"，换言之，"诗意地栖居"本身就是人的理性选择[4]，只不过这种理性不再是"主客二分"的"人本主义理性"，而是一种提倡"天人合一的澄明之境"的境界[5]。

反对"人本主义"而提倡人与自然互属的新"人道主义"，反对"技术的对象化订造"，提倡"天、地、神、人"的"四大朴一"，成了"实现海德格尔'良好生活'的前提"。随着国内学界的不断探索，海德格尔思想中"源初自然"的观念和西方形而上学之中的对象性和技术化的自然观念的对立得到了明确，因而也有论者在此基础上发展出海德格尔式的伦理学。毛怡红就指出了海德格尔的元伦理学的主要观念：首先伦理规范是作为"Dasein"的人的规范，"只有那种能够把人打发到存在中去、使人的行为呵护着存在的律令才是真正的道德律令"；其次，真正的伦理学在本质上恰恰导致存在的意

---

〔1〕　刘敬鲁："论海德格尔的科学技术之思"，载《中国人民大学学报》1998 年第 3 期，第 51~56 页。

〔2〕　张汝伦："近代科学与近代形而上学——海德格尔的观察和批判"，载《复旦学报（社会科学版）》1994 年第 1 期，第 24~28 页。

〔3〕　张汝伦："海德格尔对科学本质的反思"，载《求是学刊》1994 年第 1 期，第 76~81 页。

〔4〕　宋祖良："理性与非理性——兼论海德格尔批评欧洲近代理性"，载《学术月刊》1995 年第 5 期，第 9~14 页。

〔5〕　宋祖良："如何恰当理解海德格尔的后期思想"，载《哲学研究》1995 年第 4 期，第 52~59 页。

义问题，"伦理"是"居留、处所"而非"德性"，是使人进入其中并且得到澄明——真理；最后，"由于人的本真状态是在存在中显露出来的，因此，任何伦理现象都应当首先放到存在论的基础起源上去理解"，也就是必须考虑到"人的在世存在"的境况，不能够将人与世界/自然划分为"事实/价值""主体/客体"的简单的二值逻辑，概言之，"成为你所是"就是海德格尔的伦理学要求，同时作为元伦理学的规定，可以推演出"正义""自由"等伦理学价值[1]。

围绕"海德格尔与中国哲学"这个主题，更多学者参与了讨论，并且更多地通过海德格尔的视角审视东西方哲学的立场和方法差异，指出了在中国哲学的立场上，海德格尔非人类中心论，反对二元对立的理论主张业已获得了支持。王海明从"利己主义"或是"利他主义"的角度切入，比较了尼采、海德格尔、萨特这三位西方存在主义大师和杨朱、庄子这两位中国道家思想的开创者之间的"个人主义"思想的异同[2]；俞宣孟则指出，海德格尔认为正是"无"的澄明反衬出一切存在者，"无"是不可说的，因为一旦以西方的概念化表达"无"，那就成了"有"，因此更好地理解"无"的方式是按照道家和佛家的"境界"论对其进行开悟，方能理解海氏"无中生有"的基本思路，而非造成一种"有中生无"的错觉[3]。张世英则认为，海德格尔一反西方哲学中"主客二分"的传统，提出"在世存在"，这和王阳明主张的"天人合一"思想颇有共鸣[4]；不仅如此，海氏提倡巴门尼德的"思维和存在的同一"，因此对于"无"的"思"也是一种哲学思辨和生活/存在方式，而这一对"无"之"思"必然又和诗结合在一起[5]；张世英进而指出，海德格尔的自由观因此也就不是西方的"个人道德"式的自由，而

---

〔1〕 毛怡红："海德格尔的'原始伦理学'及其当代影响"，载《学术月刊》1995年第5期，第22~26页。

〔2〕 王海明："个人主义辨析——杨朱、庄子、尼采、海德格尔、萨特伦理观之比较"，载《北京师范学院学报（社会科学版）》1990年第1期。

〔3〕 俞宣孟："海德格尔与东方'无'的境界"，载《时代与思潮》1991年第0期，第44~52页，"有中生无"指的是黑格尔哲学中的论题："在黑格尔哲学中也有一个无的范畴。这个无是从有得来的。作为逻辑学开端的范畴是纯有，纯有没有任何确定的规定性，这样的有等于无。无就是作为对有的否定而引进的。"

〔4〕 张世英："'天人合一'与'主客二分'"，载《哲学研究》1991年第1期，第68~72页。

〔5〕 张世英："海德格尔的形而上学——兼析陶渊明的诗"，载《文史哲》1991年第2期，第35~43页。

是基于"天人合一"，乘物以游心的自然境界[1]。

我们可以对哲学界在 20 世纪 90 年代对海德格尔的研究话题进行更为细化的概括：

（1）在核心论题的关注上，学界集中于海德格尔后期的"诗思哲学"以及"形而上学批判—技术批判"，借此发展出了与东方哲学相似的，对立于西方传统"人本主义"的主客二元论的"天人合一"的元伦理学要求；

（2）在资料的选择上，《存在与时间》不再是讨论的焦点，海德格尔后期著作成为必要的资料依托；

（3）对于以下的关键概念予以格外关注："存在—真理—澄明"的境界、"Ereignis""诗意地栖居"以及"无"。

（4）尝试回返到前苏格拉底时期"思维—存在—真理"的一元论，恢复本体论和伦理学上"存有"的优先地位。

笔者认为，通过第四阶段的探索，我国哲学界基本上已经对海德格尔的哲学有了更为全面的掌握，以"源初自然"为中心的生态观、生活观明确了海德格尔在思想与理论方面的具体实践方向，给出了良好生活的形态以及理由，同时在比较哲学的视野下，海德格尔成了沟通中西方哲学的一个渠道。在 20 世纪 90 年代我们在讨论海德格尔的技术批判，而在人工智能、大数据等新技术发达的今天，对技术的思考更为迫切；三十年前我们在讨论海德格尔式的"好生活"是什么，而在物质文明高度发达，精神文明建设开始起步的今天，我们仍然期待着"诗意地栖居"；在改革开放初期我们提倡自我的奋斗的时候，海德格尔提醒我们要注意历史的进程，注意与自然的和谐，而在今天我们尚有对"绿水青山"的依恋；在历史主义、虚无主义、相对主义、消费主义的现代社会，我们仍然可以将之作为我们的命运"泰然任之"，同时本真地向未来绽出，在与他人的共同演历中追求个人的本己筹划——海德格尔为我们提供的视角恰恰是，在危机之中，必有救渡升腾，在"各种主义"遮蔽着存有之本质现身的时候，澄明之境仍然对我们敞开。

（三）波澜：对海氏思想的整体理解和中国施特劳斯学派的介入

根据在中国知网的检索，从 1999 年开始，每年以海德格尔为主题的论文数量均在 100 篇以上，直至 2005 年上涨到 300 篇以上。但是，我们需要注意

---

〔1〕 张世英："中西方关于自由问题的哲学思考"，载《江海学刊》1994 年第 2 期，第 72~78 页。

到，国内哲学界对于海德格尔的关注的主题仍然和第四阶段类似，基本围绕着海氏反人本主义的新人道主义精神进行论文的写作，"技术批判—形而上学批判"仍然是最主要的话题。但是在著作的译介方面，2000 年之后出现了质量上的飞跃。海氏著作在新世纪出版的有《路标》[1]（2000 年）、《论真理的本质——柏拉图的洞喻和〈泰阿泰德〉讲疏》[2]（2008 年）、《演讲与论文集》[3]（2005 年）、《荷尔德林诗的阐释》[4]（2000 年）、《林中路》[5]（2004 年），以及海德格尔后期重要的著作《哲学论稿（从本有而来）》[6]。更为重要的是，根据德文原版体例编纂的《海德格尔全集》在 2011 年开始出版。可以说，在汉译资料上做到了全面、准确和系统。

因此，在讨论海氏的形而上学批判和技术批判、讨论海氏的语言存在论、讨论海氏后期"诗意地栖居"的元伦理学基础的话题之余，"海德格尔"也成为与个人主义、技术本位等由西方形而上学预设派生出的经典伦理学思路相对的道德和伦理方案，在这一基础上"源初自然法"也获得了规范角度的阐发空间。围绕着海德格尔自身的思想发展脉络，在新时期产生了诸多的优秀作品。自 2000 年至 2016 年，我国学者对于海德格尔研究的视野更加广阔，开始注意海德格尔思想的前后对比。俞吾金将海德格尔的"存在"概念与古典时期"自然存在"和马克思主义的"社会存在"进行了辨析，指出海德格尔在早期的《存在与时间》中并未分析"自然存在"和"社会存在"，而是提供了一种"基础存在论"。但是，鉴于海氏对于"非本真""常人""共在与沉沦"的贬黜，对于本真的、个人化的生存的倡导，因此其思想难免陷入"个人中心主义"，直到后期海氏将世界理解为"四合"的时候，才做到了"去人本主义"。很显然，这种观点对于我们前文提到的海氏"反人本主义"而提倡的"新人道主义"是可以构成补充的，我们可以认为，在海氏早期，尽管他尝试避免运用理性主义哲学的表述，但是也难免落入"人本主义"的窠臼，直到后期转向研究"存有真理本现"的时候，才建构了"天人合一"

---

〔1〕 [德] 海德格尔：《路标》，孙周兴译，商务印书馆 2000 年版。

〔2〕 [德] 海德格尔：《论真理的本质——柏拉图的洞喻和〈泰阿泰德〉讲疏》，赵卫国译，华夏出版社 2008 年版。

〔3〕 [德] 马丁·海德格尔：《演讲与论文集》，孙周兴译，生活·读书·新知三联书店 2005 年版。

〔4〕 [德] 海德格尔：《荷尔德林诗的阐释》，孙周兴译，商务印书馆 2000 年版。

〔5〕 [德] 马丁·海德格尔：《林中路》，孙周兴译，上海译文出版社 2004 年版。

〔6〕 [德] 马丁·海德格尔：《哲学论稿（从本有而来）》，孙周兴译，商务印书馆 2012 年版。

的新的基础存在论思想〔1〕。俞吾金在同年的另一篇文章中则着重分析了海德格尔的"世界"概念的演化：20世纪20年代海氏的"世界归属于人之此在"，世界作为一个先验范畴，是人"在其中"的展开场域，而传统形而上学因为"对存在的遗忘"使得"世界"成为"现成在手"的"对象"；20世纪30、40年代海氏的世界观与技术批判有关，认为世界在现代成了被订制的"图像"，成为"人类中心"的对立者，而这种结果正是现代技术的后果——超克这一"世界的图像化"的方式唯有在艺术——诗中实现"世界与大地"的争执与统一；20世纪50、60年代，海氏将世界描绘为"天、地、神、人"的四重整体，作为"有死者"的人在世界中栖居并且守护着这四重整体，静候最后之神的救渡。俞吾金认为："早期海德格尔的思想基础是生存论的本体论，晚年海德格尔虽然不再使用这样的概念，但他对人类生存问题的关注则是始终如一的。事实上，他通过对哲学之终结和思之开始的宣布，达到了一种更宏大的生存论观念。在这种观念中，传统的主体形而上学被彻底地抛弃了，此在被边缘化了，世界被理解为'四重整体'，人类的生存图景以与传统哲学，甚至以与他早期思想不同的形式表达出来了"〔2〕。在形而上学的整体纵向历史中，俞吾金认为，形而上学的转向"首先是以笛卡尔、康德、黑格尔为代表的'主体性形而上学'对柏拉图主义的'在场形而上学'的翻转；其次是在主体性形而上学的内部，以叔本华、尼采为代表的'意志形而上学'对以笛卡尔、康德、黑格尔为代表的'理性形而上学'的翻转；再次是后期海德格尔的'世界之四重整体的形而上学'对其前期的'此在形而上学'的翻转"〔3〕。

柯小刚则讨论了《存在与时间》和《哲学论稿》之间的文本关联。认为在文体转变的同时，海氏的理论关切：

由从"基本存在论"的此在生存论基本现象作为基础，到"论基础的本

〔1〕　俞吾金："存在、自然存在和社会存在——海德格尔、卢卡奇和马克思本体论思想的比较研究"，载《中国社会科学》2001年第2期，第54~65页。

〔2〕　俞吾金："海德格尔的'世界'概念"，载《复旦学报（社会科学版）》2001年第1期，第39~45页。

〔3〕　俞吾金："形而上学发展史上的三次翻转——海德格尔形而上学之思的启迪"，载《中国社会科学》2009年第6期，第4~19页。

质""论真理的本质"及《从 Ereignis 而来》中的 ab-gruendiger Grund（去基础的基础）；从作为 Dasein 的 Existenz 到 Seyn 的 Wesung（Wesenwest, Er-eigniseigenet）；从向死而生的时间性（Zeitlichkeit）到存在历史的时间性（可联系到《存在与时间》未竟计划中 Temporalitaet），前者作为完成性，后者作为道的展开性；从个人的向死而生到民族代际的历史展开；从此在生存的操心到存在历史的急迫；从第一开端的惊讶作为基本情绪到另一开端的会知（Ahnung）作为基本情绪；从此在时间性的绽开到存在历史的展开；从此在的本真生存到存在的真理、真理的本质；从"此在的本真生存"作为个人的时间性绽出到"艺术作品的本源"作为民族的历史性展开。[1]

柯小刚进而认为，《存在与时间》就好比维特根斯坦的《逻辑哲学论》，虽然代表着哲人早期的重要思想，且在文献学角度有极其重要的地位，但是本身属于一种过渡文本。就像维氏在《逻辑哲学论》中完成了"语言批判"进而确定了"可说"的范围之后，反而在《哲学研究》中给出了"不可说"的东西，前者是科学的范畴，后者才是哲学研究的任务。海氏则以"Dasein 的生存论"分析建构了《存在与时间》，但是就像海氏本人对《存在与时间》的规划一般，描摹"Dasein"的生存论是为了通过"Da-sein"这一特殊的存在者达到"存有之真理的本质现身"的澄明之境[2]。

同样地，邓晓芒认为"海德格尔的全部哲学，或者说全部的'思'，都还是在一个不可言说只可意会的'存在'的统治下并以此'存在'为核心建立起来的形而上学"。这一点在海氏后期的著作中体现得尤为明显，特别是海氏越发反对并改变其前期的语词设计。这里的原因在于，海氏后期"哲学的终结"和"思的任务"正是要克服海氏前期的预备性的形而上学思辨。不过邓晓芒的提问是值得重视的：难道说"哲学的终结"不是一种"哲学"的言说

---

〔1〕 柯小刚："从《存在与时间》到《哲学论稿》：海德格尔前后期思想关系疏解"，载《现代哲学》2011 年第 1 期，第 61~66 页。需要注意的是，柯小刚在一些专名上的译法与孙周兴《哲学论稿》的译法有差异，"ab-gruendiger Grund"在孙译本中译为"渊基"，"Seyn 的 Wesung"在孙译本中译为"存有之本现/本质现身"，"Ereignis"在孙译本被译为"本有"。详见［德］海德格尔：《哲学论稿（从本有而来）》，孙周兴译，商务印书馆 2012 年版。

〔2〕 这一部分有笔者自身的理解，关于维特根斯坦的讨论，参见［奥］维特根斯坦：《逻辑哲学论》，郭英译，商务印书馆 1962 年版；［奥］维特根斯坦：《哲学研究》，李步楼译，商务印书馆 1996 年版。

吗？难道放弃了对"思"的规定不是对"思"的新规定吗？换言之，只要海氏还在使用语言，就不能完成"终结形而上学"的任务[1]。

在诸多学者集中于对后期海德格尔进行思想史梳理的时候，张汝伦则指出，研究海德格尔的起点应当是其早期《战时讨论班》之中的演讲"哲学的观念和世界观问题"，原因在于海氏在这一早期著作中实现了向"释义学现象学"的转变，而这种转变将为海氏在此后将哲学视为非理论化的元科学，甚至以"解释学"取代"因果关系"进行"运思"都有直接关系[2]。

海德格尔思想与自然、人性和应然的美好生活的结合给出了顺应"自然"的生存态度，他反对由技术约束的规范体系，甚至认为西方思想本身就带有"二元论"的"错误"，不过，"海学热"也必然招致质疑的声音。在 21 世纪初，刘小枫主编的"经典与解释"系列丛书出版。这套丛书尝试通过介绍列奥·施特劳斯等古典主义者的思考路径，进而讨论海德格尔作为虚无主义者的问题——尤其是当刘小枫宣称"宁可跟随施特劳斯犯错，也不跟随海德格尔一起正确"[3]的时候，"海学"与"施派"的对立已经出现了，表现为施特劳斯在中国的拥护者对海德格尔的介绍和批判。在《自然权利与历史》的序言中，甘阳提到施特劳斯在全书中没有一个字提及海德格尔，也没有涉及海氏的任何著作，但是《自然权利与历史》在题目上遥相呼应。甘阳指出"施特劳斯的书名《自然权利与历史》似乎隐隐地提问，在海德格尔这样的'时间'和'历史'下，是否还有'正义'的可能？'此在'是否能成为追问'正义'的存在者？'存在'是否至少能暗示'正义'的某种可能或不可能？"的确，通过"被抛""沉沦""命运"，人只能接受"命运"而"去存在"，也就是"去选择"。但是甘阳认为如果在这种"宿命论"的基调下，人的选择只能是"盲目的选择"，人没有选择善恶是非的责任——海德格尔的"知性真诚"导致了他直接宣称"伦理学的不可能"，这种立场使得海氏同样成了现代性筹划的共谋。不过甘阳也承认，施特劳斯作为海德格尔的门生，二者的思想是有相同的趋向的。施特劳斯也承认海德格尔"哲学的终结"的论断，

---

〔1〕　邓晓芒："西方形而上学的命运——对海德格尔的亚里士多德批评的批评"，载《中国社会科学》2002 年第 6 期，第 8~46 页。

〔2〕　张汝伦："论海德格尔哲学的起点"，载《复旦学报（社会科学版）》2005 年第 2 期，第 36~44 页。

〔3〕　刘小枫：《海德格尔与中国》，华东师范大学出版社 2017 年版。

虽然后者倾向于回返前苏格拉底的"自然哲学",而前者则尝试回到苏格拉底的"政治哲学"。也就是说,两者都承认要以非形而上学的方式进行回返,同时,在反对科学—技术的统治上,二者都持相同的立场[1]。

刘小枫也曾讨论海德格尔问题,他强调海德格尔和施特劳斯在政治主张层面的比较。刘小枫指出,海德格尔主张的以"个人此在"为枢轴通达"存有之真理本现"的方法在汉娜·阿伦特以及萨特等存在主义者那里成了为激进自由主义进行辩护的背书。为激进自由主义辩护,必须解决"苏格拉底问题"。我们都知道,苏格拉底是至死仍然捍卫法治的,如果激进自由主义意图证立"公民不服从"的理由,那么必须要对"苏格拉底的死亡"的难题进行克服,克服虽然在道义上有不守法的理由,但是却视法治为根本行动理由的"苏格拉底问题"。恰好,海德格尔给出的"本真性""超越"等概念能够作为反对苏格拉底式的守法行为的理由,因此,阿伦特和萨特必须借由海德格尔的资源去超越苏格拉底。然而,施特劳斯却是古典保守主义政治的捍卫者,提倡的是一种"苏格拉底式的政治哲学"和"古典哲人的心性",并且从根本上对立于激进自由主义背后的"价值虚无主义"立场,极力与价值相对主义和虚无主义进行不懈的斗争。因此,刘小枫指出,施特劳斯和海德格尔的隔空对话,更多地是美国保守主义和新自由主义之间的争执——而这种争执在中国,难道不存在吗[2]?

目前"海学"界对"施派"的攻讦尚无太多的回应,但是这已经足够指引我们去反思以下的问题:海德格尔到底是一个彻头彻尾的虚无主义者,还是希望通过复归古典为一种新的开端进行奠基的先驱?如果按照后一种理解,那么海德格尔就并不是认为"伦理学"不可能,而是在建构一种伦理学得以成立的条件。因为无论是"善""正义""智慧""节制""勇敢"等美德在海氏看来都是存在者,至多是"最高存在者",而如果不为这些存在者寻找根基,不为作为根基的"存在"予以沉思和追问,那么即使按照施特劳斯的思路走下去,会不会在几百年后又出现一个霍布斯或者卢梭再次以实证主义和理性主义颠覆伦理学的自然正当的基础呢?甚至会不会出现另一个尼采的查

---

〔1〕 甘阳:"政治哲人施特劳斯:古典保守主义政治哲学的复兴",载〔美〕列奥·施特劳斯:《自然权利与历史》,彭刚译,生活·新知·读书三联书店 2016 年版,第 1~81 页。

〔2〕 详见刘小枫:"苏格拉底问题与中国",载刘小枫:《海德格尔与中国》,华东师范大学出版社 2017 年版;刘小枫:"施特劳斯与中国",载刘小枫:《施特劳斯的路标》,华夏出版社 2013 年版。

拉图斯特拉，宣称"一切价值又终结"了呢？

三、对波澜之中的海德格尔的中国化反思

在对未来有所展望之前，我们有必要回顾一下自 1942 年至今，国内哲学界对海德格尔的研究的主要论题。

首先是对海氏思想中的"人学"的探讨。海德格尔反对人类中心主义，并且将之视为人的沉沦，因而在应然的生活层面，人需要坚持去"切近"自然，并且最终克服把自然视为对象的对置思维。这一讨论的热潮从 20 世纪 80 年代持续到 20 世纪 90 年代，从围绕《存在与时间》进行"Dasein 的生存论分析"到通过对海德格尔后期思想的研究讨论"人的良好生活"。从注意到作为 Dasein 的人的"现身情态、领会、语言、沉沦"的悲观主义的生存论结构，逐渐过渡到研究"人"如何与"自然"在"积极乐观的"争执中统一，最后在"四合"的世界结构中"泰然任之"地实现"诗意地栖居"。

其次是对于海氏形而上学批判和技术批判的讨论。由海德格尔的自然观念出发，学界注意到海氏对技术化的思维方式的根本质疑，并且注意到海德格尔在今日技术不断丰盛的世界之中仍然具有的批判作用。这种讨论在当下应当属于"海学"的主流。我们要注意到两个问题：一是早期讨论海氏的批判理论的著作更多针对其对形而上学传统的批判，在渐进的过程中发展为讨论"技术批判"，这是和当下人工智能、核问题、环境保护等现况分不开的；二是要注意到"形而上学批判"是"技术批判"的前提，目前部分文章仅仅讨论"技术批判"，虽然确实把握了海氏的理解，但是也要重视"技术统治"乃是基于西方形而上学"对存在的遗弃"的，乃是基于西方传统的"二元论"思维习惯的。

此外，对海德格尔思想和东方哲学的比较研究也是非常重要的。这是由于海德格尔"顺其自然""归于本真"等具有规范气质的主张契合了中国天命观念和对人类的定义。举例来说，海氏认为"无中生有"，以为"存有源初是自我遮蔽的"，认为"无"是人的"在"的境域——甚至说"无"乃是"Ereignis"的本性。这些观点，如果不注意和东方哲学的比较研究，就很容易将海氏定义为"虚无主义者"，殊不知"空即是色，色即是空""无名天地之始，有名万物之母""谷神不死，是谓玄牝"；再举一例，海氏常常说"人被抛在世"是"命运"，"技术统治"是现代社会的"天命"，如果不注意和

东方哲学的比较研究，就很容易认为海氏是"宿命论者"，而且以海氏自身的语言去为自己辩护，有时候会"越说越糊涂"，譬如海氏说人类在危机中自有救渡，可是谁来救渡呢？海氏说，是"最后之神"和"未来之人"，这些话用东方哲学理解就会更明晰。孔子有云："吾十有五而志于学，三十而立，四十而不惑，五十而知天命，六十而耳顺，七十而从心所欲，不逾矩。"人以学知道，以礼立足，对世界不再疑惑，就知道天命有何要求，在天命之下有何危机不可逾越，有何自由可以从心所欲——这不就是"自我救渡"吗？最后说一例，海氏最后提出要"诗意地栖居"，单从字面上理解就是"归田园居"而隐遁山林了，殊不知中国古语有云，"小隐隐于野，中隐隐于市，大隐隐于朝"，庄子以"自由"为"乘物以游心"，所以想要正确理解"诗意地栖居"，不是去看"住在什么地方"，而是能不能成为"真理的守护者和自然语言的聆听者"——这不就是"隐"吗？

最后，就是对于海氏本人观点的批判。在我看来，20 世纪 60、70 年代基于马克思辩证唯物主义对海德格尔的存在主义批判，和当下以刘小枫、甘阳为代表的保守主义知识分子对海德格尔的批判在本质上是一致的——都是一种政治上的保守主义对于激进自由主义的批判。从哲学角度来看，海德格尔希望回返自然哲学，实现天人合一的境界并且以之为"本有"；施特劳斯则希望回返政治哲学，实现古典政治理性的重生，找回"德性"。前者看似是激进自由，但是如果人真的成为自然的守护者，能接近"存有本现之真理"，还会是"无德"之人吗？后者看似是保守的秩序观，但是柏拉图笔下的德性是和其宇宙观和知识论结合的，"知识即德性"，有德性的人自然会尝试讨论更为根本的"真理"。

基于上述概括，研究海德格尔基托"源初自然"阐释的人性观念、生活方式以及去技术化的生存体悟，其着眼点是把流俗的自然观视为对本源有所遮蔽，进而从规范的角度指出了什么是更为本源的自然观念，并且以之为"自然法"的根据。这一研究或许以下在三个方面对于法学的发展有其裨益：

第一，在法哲学的领域里，"法是什么"的问题是一个基本问题，而"自然法"可以被视为这一问题的答案，"源初自然法"则通过对技术现象、形而上学框架以及遮蔽人本真生存的因素进行悬置而更为深入地讨论了如何让自然法"如是"的问题。在法理学研究范畴之中，自然法学派、实证主义法学派、社会法学派都给出了"法律之本质"的答案，但是如果从海德格尔的自然观看来，虽然法学界对于法的本质的讨论在逐渐深化，不过，无论是任何一种深化的讨论，都没有意识到其讨论层面仍然停留在"存在者"层次，而且只有在存在者的层次才有"事实/价值"与"主体/客体"的分离。而海德格尔直接给出了"Seyn—Sein"这一根据，可能作为更为根本的法的本质规定。通过海德格尔的思想，恢复"自然"的"Physis"的含义，建构一种能够说明法的存有之真理的根本的"源初自然法"理论，对于回应"法是什么"这一问题具有本源性的意义。

第二，海德格尔的源初自然法思想本身拒绝伦理学、政治哲学，不过如果加以阐释，"源初自然法"思想却可以发展出法学式的主张，这是由于无论是在理论上还是实践之中，海德格尔对技术的批判、对形而上学的反思以及对人类生存的质疑最终难以避免地和权利与义务、人和自然、应然与实然等法哲学议题有关。例如细化地看：首先，在法学方法论领域里，海德格尔的诠释学思路对于解决疑难案件有重要作用，法官的裁判有赖于在事实和规范之间的循环理解，更有赖于在控辩双方的证据之间的循环理解，还有赖于在不同法律条文之间的循环理解。因此，作出法律裁判的前提绝不是说明，而是对于"说明"的理解和解释。按照海德格尔的说法，"无蔽"就意味着"遮蔽"，裁判的过程就是解蔽某一存在者的存在状态，但是却遮蔽其他存在者的存在状态的过程，只有在不断的诠释学循环中，才能做到趋近于"存有之真理"。其次，在部门法领域里，海德格尔的思想也具有一定的贡献，一些可能的阐释如下："诗意地栖居"如何得以保障，这显然是给环境学者提出的问题；"日常此在的沉沦—共在"正是民事法律关系的一种哲学表达；到底是坚持"主客二分"的"人本主义"还是坚持"天人合一"的新人道主义，在法律上就是"人的自由权"和"生态保护下的人的发展权"孰重孰轻的问题，这显然是宪法学应当思考的；注意到"资本—订制—集置"的技术危机，并且注意到在现代技术下人和物的双重对象化，这应当是商法学和经济法学的关注点。最后，在法学教育方面，海德格尔提出的"本真存在"的要求是有助于培养法律人的职业伦理的。"本真"即意味着向未来绽放出自身，而不受意见的左右，不过海德格尔提出的"共在"则意味着即使做到了"本真"，也要和常人和谐共处，而法律人的判断是专业的且是有一定的反日常性的，依法审判，严格执法究竟是一种常识活动还是反常的举措可能需要进一步探究。上述的思维方向虽然未必得以落实，但也可能是把海德格尔的思想主张与法律实践结合的一些可能性。

第三，海德格尔在政治实践与理论方案之中都具有一定的争议性，如前述，一些学者以施特劳斯式的政治哲学主张作为切入海氏思想并且指出其真实政治思想的入口，而从施特劳斯及其学派的角度来看，海德格尔虽然正确地提出了回返自然与反思现实的主张，但反而是由于他对伦理、道德、法治的拒斥，"源初自然"不一定派生出法学思想，甚至由于本着真实决断、提倡离群索居的生活方式会营造恶法的生存空间。施特劳斯对自然权利的本意追寻更为鲜明地把源初自然和权利、正当等规范概念结合起来，在价值论的角度给出了源初自然法的另一种根据。根据对现有文献的掌握，在"施特劳斯"引入中国尤其是中国施特劳斯学派形成后，将海德格尔视为"现代性三次浪潮"之中的重要人物，并且将他认定为"虚无主义者"的观点已经占有了一定的"市场"。但是海德格尔如何摆脱"虚无主义者"的身份，他真的是要否定一切价值乃至存在者而实现他的哲学抱负吗？把海德格尔视为一名"虚无主义者"属于列奥·施特劳斯对现代性的诊断，后者著名的论述是"现代性的三次浪潮"的政治哲学史观点，这一观点和法学具有更为亲近的关系。然而如果悬置施特劳斯的价值立场，那么他至少在对海德格尔的认识上可能存在以下的瑕疵：首先，海德格尔本人的确对"无"情有独钟，但是这种"无"绝非否定一切价值的"虚无主义"，而是通过把既有的存在者进行现象学的还原和悬置得出的"本有"，这是让包括施特劳斯在内的大部分学者认为海德格尔是"虚无主义者"的原因之一；其次，海德格尔本人在讨论"无"这一问题的时候往往不使用乃至于着力避免使用那些阻碍他进行"思"的活动的形而上学话语，阅读方面的障碍和海氏本人在语词上多多少少的"故弄玄虚"也是让后学难以理解他的思想的重要因素。因此若以施特劳斯的观点为标准，在相对的角度展示对海德格尔究竟"是"一个"虚无主义者"的形象，并在悬置这种形象后讨论海德格尔是否具有某种"源初自然法思想"以为法学意义上的自然法进行奠基关乎法律的本质能否与海德格尔的"存在论"结合的问题。而无论其正确与否，从国内施特劳斯学派研究者展示的思想方案来看，源初自然法的观念显然存在争辩的余地。因为如果把施特劳斯视为一位挖掘出伦理学和政治哲学角度自然观念的学者，那么他的思想同样有可能作为法哲学之中经典的自然权利与自然法学说的一种表现，这意味着海德格尔式的自然主义、反人类中心论、技术批判等观点虽然有得以成为对自然法思想进行奠基的本源之思，但其能否与法学理论融合，能否给出与良法善治相关的实践方案仍值得推敲。因而对"源初自然法"的研究活动也要去反思奠基于施特劳斯式的立场而得出且在法学界和政治哲学界看来相对成熟的自然法思想的解释力。

第二章

海德格尔的任务："虚无主义者"
对虚无主义的批判

　　我国学界对海德格尔的研究依照不同的历史阶段展开，产生了诸多的思想成果。海德格尔在最初被纳入我国学术界时就被赋予了政治色彩，并且一度作为与法治、道德、政治相悖的非主流思想家存在。但在后续的研究中，学界倾向于描述、理解、翻译海德格尔的思想原本，并围绕存在与本体、本真生活、诗思哲学等问题展开一般哲学意义上的研究。不过时至今日，无论是围绕海德格尔的立场展开对现代技术、形而上学、伦理与法的思考，还是结合政治哲学、法哲学、价值哲学对海德格尔的批判都再度回返到"政治"这个起点。而相比于学界早年对海德格尔的政治批判，现今我国哲学界的拓展在于经由列奥·施特劳斯的政治哲学去审视海德格尔，并且在"虚无主义"角度对后者进行审思。这显示出：一方面，即使海德格尔本人否定伦理学的必要性，从规范角度评价海德格尔并非毫无道理——这决定了以"源初自然法"界定海德格尔的自然法思想有其可能；另一方面，鉴于学界最新的研究潮流，本书需要接续学界把海德格尔关联到现代虚无主义的传统，并基于国内"施特劳斯学派"的研究成果阐述自身的观点。

　　海德格尔对源初自然法的思考起始于对西方形而上学思想的质疑，他格外重视这种思想框架对人的订造作用，但是正如国内学界指出的那样，海德格尔在价值论方面的虚无代表了他反对秩序、反对伦理的立场。这一观点出自列奥·施特劳斯的现代性诊断，作为西方形而上学对海德格尔的反向质疑而存在。解读在施特劳斯自然正当下海德格尔对源初自然、人性、生存等问题的看法有助于明确海德格尔的问题意识。根据列奥·施特劳斯的观点,海德格尔是现代性浪潮的集大成者,后者通过对自然正当观念的否定动摇了西方形而上学与伦理学的基础。而根据海德格尔对自然的界定,横亘于西方思想之中的自然观念本身具有争议,施特劳斯式的政治哲学立场复归了柏拉图式的正当概念,并由此得出了"现代性的三次浪潮"这个理论模型,而在海德格尔看来,柏拉图恰恰是现代社会虚无主义的根源。根据施特劳斯本人对于海德格尔的定论,海德格尔是最终完成"现代性的第三次浪潮"并终结了自然正当的基础的"虚无主义者"。施特劳斯以"现代性的三次浪潮"概括了西方哲学史与政治哲学史之中的虚无主义进程:首先是由马基雅维里、霍布斯、洛克开启的第一次浪潮,这一浪潮的特征在于现代自然科学理论的发展取代了古典的自然正当学说和政治哲学,以自然科学为出发点的政治科学切断了政治与自然的联系,将道德问题还原为技术问题,给自然披上人工的外衣——这一阶段的主旨就是"实证主义";其次是由卢梭、康德、黑格尔引发的第二次浪潮,如卢梭指出了"非理性的自然状态",进而将文明国家的生成归于历史,这样就建立起了"理性国家/非理性的自然状态"的区别,康德则以"道德律"替换了"自然法",使得"自然为人立法"转为"人为自然立法",最终,理性的至高地位在黑格尔的"绝对精神"中历史地达到了巅峰——这一阶段的主旨就是"历史主义";最后是由尼采引发的第三次浪潮,尼采希望通过卢梭的"自然自由—生存情绪"作为反对"社会自由—理性国家"的基点,进而在"欲望—体验"的基础上"重估一切价值",以"超人"为"超克他人",进而在政治上助长了法西斯主义——这一阶段的主旨就是"虚无主义"[1]。而施特劳斯对海德格尔的定位是"现代性第三次浪潮"的完成者,他说:"存在主义最重要的意义归功于一个人:海德格尔……(他)独自一人便引发了哲学思想中如此彻底的异常转折。"[2]而海德格尔也把上述思想史作为西方虚无主义的表现,他对于形而上学的解构意识在于把西方人自柏拉图

---

[1] [美]列奥·施特劳斯,"现代性的三次浪潮",丁耘译,载[美]列奥·施特劳斯:《苏格拉底问题与现代性——施特劳斯讲演与论文集:卷二》,刘小枫编,刘振等译,华夏出版社2016年版,第316~330页。

[2] [美]列奥·施特劳斯,"海德格尔式存在主义导言",丁耘译,载[美]列奥·施特劳斯著,[美]潘戈编:《古典政治理性主义的重生——施特劳斯思想入门》,郭振华等译,华夏出版社2017年版,第70页。

开始的坠落进程拯救出来，海德格尔并不认为存在某种独一的价值，更不认为"价值"能作为在"存在者"的本源。这两种思路导致了两种对源初自然法的界定方案：施特劳斯以"现代性三次浪潮"展开的历史梳理指出了一切自然法的观念肇始于一元的"自然正当"，后者作为绝对的价值而起到作为道德、法治根据的作用，也即自然正当代表了派生其他存在者的至高存在者，但是在海德格尔看来以"存在者"派生出"诸存在者"的尝试本身就并不严密，他更倾向于认为存在者派生于"存在"并且在自然的涌现过程之中成其自身；施特劳斯的观点指出了政治哲学乃是第一哲学，其中古典自然权利理论是西方思想的顶点，而海德格尔则认为存在论是第一哲学，古典自然权利论虽然尚未遗忘"存在问题"，但是在层次上已经脱离了"存在"本身。作为施特劳斯笔下的"虚无主义者"，海德格尔的源初自然法意识真正代表了虚无主义吗？对源初的自然等问题的讨论必然导向政治上的混乱和无序吗？或许以施特劳斯对现代性浪潮的诊断，海德格尔的自然法思想反而能够通过异己的批判而彰显出来，并且施特劳斯对自然正当的讨论也代表了西方学界反思海德格尔的理论主张与实践效果的成果。因而本书首先尝试在施特劳斯"自然正当"的视野下明确海德格尔对源初自然法的问题意识，为后续具体地讨论海德格尔的源初自然法思想进行铺垫。

一、政治哲学"现代性三次浪潮"背景下的"虚无主义者"

施特劳斯把柏拉图的自然正当观念作为源初的自然法表达，"自然正当"在此也是"自然法"，二者都是在德语之中的"Naturrecht"。因此，施特劳斯以政治哲学与法哲学为出发点，在承认法律、权利等概念属于自然的情况下认为海德格尔是虚无主义的完成者。施特劳斯笔下"现代性的三次浪潮"是经由"科学主义""历史主义"最终达到"虚无主义"，从而颠覆了"古典德性"以及以此为研究对象的古典政治哲学。"现代"的方法不仅让古典政治哲学之中的理论预设被否定了，同样让那些本应存在于政治哲学研究中的德性态度消解了。施特劳斯在他主编的《政治哲学史》的开篇就说："本书为这些而作：无论出于何种理由，他们认为政治科学的学生对有关这些经久不衰的问题的哲学论述必须有所了解；他们不相信排除掉自身历史的政治科学同排除掉自身历史的化学和物理学一样是科学的……多年的教学实践证明，政治科学专业的绝大多数人都把政治哲学视为政治科学的必要部分。"[1]实际上在这样的论述之中，施特劳斯已经承认——或许带有些许无奈——现代的"政治科学"已经取代古典的"政治哲学"而成为对政治问题的新的思考形式，而"政治科学"则是他在批判霍布斯等"第一次浪潮"的"弄潮儿"的时候惯用的词汇，因此如果要进一步明确施特劳斯对"古今"之争的态度，我们就有必要对"施特劳斯的现代性三次浪潮"有所揭示。

（一）政治哲学视野下"现代性浪潮"的定义

1. "现代性三次浪潮"：一种以"自然正当"批判虚无主义的口径

在对施特劳斯的"三次浪潮"背后的真意进行揭示之前，对其内容的介绍是有必要的，这将有助于我们通过去思考"应当悬置什么"和"可能还原出什么"而明确海德格尔对本源的思考方式。依照施特劳斯的观点，"现代性的危机原本是现代政治哲学的危机"[2]，而这一危机源出于"把现代性理解为对前现代政治哲学的彻底变更（radical modification）——这个变更的结果乍看起来是对前现代政治哲学的拒绝"。[3]施特劳斯所说的"现代性的三次浪潮"因此也就变成了现代政治哲学和政治科学对古典政治哲学的拒斥的历史和建构"新科学"的历史。他指出"第一次浪潮"就是以"科学"取代"神学"和一种启蒙的尝试。不过施特劳斯对"是谁"开启了"浪潮"实际上曾怀有疑问，他早年将这位"第一人"认定为霍布斯，他一度认为："只有在霍布斯那里……此前孤立地浮现出来的因素，才找到它们独特的近代性的统一存在形式；在霍布斯的先行者当中，没有一个人曾经尝试过要跟整个传统实行明确的决裂，而这个决裂，是近代世界面对道德人生问题的题中应有之义。"[4]然而在他后期的思考之中，他却把这个"第一人"归于马基雅维里，他说："至于研究社会生活的'科学'方法，它的很多倡导者，将它的源

〔1〕［美］列奥·施特劳斯、约瑟夫·克罗波西主编：《政治哲学史》，李洪润等译，法律出版社2020年版，第1版序言第1页。

〔2〕［美］列奥·施特劳斯："现代性的三次浪潮"，丁耘译，载［美］列奥·施特劳斯：《苏格拉底问题与现代性——施特劳斯讲演与论文集：卷二》，刘小枫编，刘振等译，华夏出版社2016年版，第318页。

〔3〕［美］列奥·施特劳斯："现代性的三次浪潮"，丁耘译，载［美］列奥·施特劳斯：《苏格拉底问题与现代性——施特劳斯讲演与论文集：卷二》，刘小枫编，刘振等译，华夏出版社2016年版，第319页。

〔4〕［美］列奥·施特劳斯：《霍布斯的政治哲学》，申彤译，译林出版社2012年版，第1页。

头追溯到马基雅维里那里；这种方法对着我们作为公民、作为人所赖以定位取向的道德界限的抽象化而出现……所谓'科学'分析的不可或缺的条件，就在于道德上的麻木愚钝。"[1]我们切莫以为这种对"谁是第一人"的争论仅仅具有文献学的意义，因为一旦把"现代政治哲学之父"的头衔授予了马基雅维里，那么从马基雅维里到霍布斯的这一阶段也就成了"现代性三次浪潮"的先声。如果说马基雅维里否定了那种彼岸的和神学立场的自然法主张而盛赞世俗君主的权力，那么在霍布斯那里这种否定就彻底地完成并表现为"机械宇宙论"的本体论主张与"利维坦"这一机械且无机的政治体的政治科学立场。正如霍布斯说："哲学是那些我们借真实的推理，从我们首先具有的有关原因或产生的知识中获得的那样一些关于结果和现象的知识；而且，哲学也可以是从我们首先具有的有关结果的认识中获得的那样一些关于原因或产生的知识。"[2]在这种"科学主义"的认识论支持下，霍布斯提出了"第一自然律"以及"第二自然律"，即"每一个人只要有获得和平的希望时，就应当力求和平；再不能得到和平时，他就可以寻求并利用战争的一切有利条件和助力"，[3]以及"在别人也愿意这样做的条件下，当一个人为了和平与自卫的目的认为必要时，会自愿放弃这种对一切事物的权利；而在对他人的自由权方面满足于相当于自己让他人对自己具有的自由权利"。[4]依照这种严格的推理和科学的认识论建立的国家就是一个把人抹平无殊的"机械的人造人"，它完全和彼岸世界没有关系。施特劳斯埋下的"草蛇灰线"指出，"政治科学"的主张一开始就是要去与现实的政治结盟而让"彼岸的圣经信仰"彻底地"此岸化"，以至于人们"不再希望天堂生活，而是凭借纯粹的人类的手段在尘世上建立天堂。"[5]而洛克这位被施特劳斯誉为"谨慎的

〔1〕〔美〕列奥·施特劳斯：《关于马基雅维里的思考》，申彤译，译林出版社2016年版，第4页。该书是对施特劳斯1953年的演讲稿的总结，经过施特劳斯的审定在1957年成书，而《霍布斯的政治哲学》则是在1936年成书，即使单纯从时间线来看，施特劳斯把"现代政治哲学之父"的头衔从霍布斯移交给马基雅维里也是说得通的。

〔2〕〔英〕霍布斯：《论物体》，段德智译，商务印书馆2020年版，第16页。

〔3〕〔英〕霍布斯：《利维坦》，黎思复、黎廷弼译，商务印书馆1985年版，第98页。

〔4〕〔英〕霍布斯：《利维坦》，黎思复、黎廷弼译，商务印书馆1985年版，第99页。

〔5〕〔美〕列奥·施特劳斯，"现代性的三次浪潮"，丁耘译，载〔美〕列奥·施特劳斯：《苏格拉底问题与现代性——施特劳斯讲演与论文集：卷二》，刘小枫编，刘振等译，华夏出版社2016年版，第318页。

作者"实际上也并未绕开这种"悬置彼岸，建立此岸"的科学预设，只不过他没有走向霍布斯的机械主义道路，而是出于对人的认知结构的解析指出："要假设人心中有天赋的颜色观念，那是很不适当的，因为果真如此，则上帝何必给人以视觉，给人以一种能力，使他用眼来从外界物象接受这些观念呢？要把各种真理归于自然的印象同天赋的记号，那亦是没理由的，因为我们可以看到，自身就有一些能力，能对这些真理进行妥当的确定的知识，一如它们是原始种植在心中的。"[1]人的认识之中既没有"先天知识"，也没有"天赋的实践秉性"，一切知识都是依靠"感觉"和"反思"得来的[2]，上帝赋予人本身的唯一能力就是"理解能力"，依据这一能力，人类既能形成关于实体的"感觉的知识"，也能形成关于观念的"解证的知识"[3]；既能形成"必然的知识"，也能形成"概然的臆断"[4]，人的"认识域"没有其他的内容。只不过由于他的谨慎，他在《政府论》（两篇）之中的"上篇"讨论的是遵循圣经文本的对现实君主和教会的尘世统治之"道统"的质疑[5]，只有在"下篇"之中才看似以"法统"的论述指出了"走出自然状态"乃是上帝之真实不妄为人类的唯一训诫。同时由于在"上帝"创造的"自然状态"的伊甸园中，人与人之间就是和谐的、平等的和自由的，那么即使到社会之中也不允许那种"毁灭自身或他所占有的任何生物的自由，除非有一种比单纯地保存它来得到更高贵的用处将它毁灭的"[6]。因此施特劳斯认为洛克绝非神学的卫道士，他反而是霍布斯的后继者："如果在此岸世界自然法还有什么制裁力的

---

〔1〕 ［英］洛克：《人类理解论》（上册），关文运译，商务印书馆1959年版，第7页。

〔2〕 在这里，洛克指出了知识的两个具体来源，即作为第一性来源的"感觉—外部经验"的外部事物对人类感官的作用，和作为第二性来源的"反思—内部经验"的人类心灵的活动，洛克的经验主义的不彻底性就体现在这里，因为如果使用一种现象学的表述，他同时赋予了"现象"以及"内知觉"在知识确定性上的同等地位，因此洛克在哲学史上既启示了贝克莱的唯心主义怀疑论思想，也启示了培根的唯物主义实在论思想。参见 ［英］洛克：《人类理解论》（上册），关文运译，商务印书馆1959年版。

〔3〕 参见 ［英］洛克：《人类理解论》（下册），关文运译，商务印书馆1959年版，第570~571页。

〔4〕 ［英］洛克：《人类理解论》（下册），关文运译，商务印书馆1959年版，第701页。

〔5〕 洛克首先对保守主义者基于君主论者主张的世俗君主之为"亚当的继承人"对"王权统治"的先天神圣性进行了驳斥，指出无论是"长子继承的正当性""战争与媾和权力的证明力""习惯传统""上帝的重建"都有违圣经教义，洛克认为："现在世界上的统治者要想从亚当的个人统辖权和父权为一切权力的根源的说法中得到任何好处，或从中取得丝毫权威，就成为不可能了。"参见 ［英］洛克：《政府论》（下篇），叶启芳、瞿菊农译，商务印书馆1964年版，第1页。

〔6〕 ［英］洛克：《政府论》（下篇），叶启芳、瞿菊农译，商务印书馆1964年版，第4页。

话，那只能是由人来提供……自然法确确实实是上帝所赐予的，然而它之成其为法律并不有赖于人们知道它是由上帝赐予的，因为它在当下的施行，不是出之于上帝或良心，而是出之于人类。"〔1〕而如果考虑到洛克对人的理智的研究，那么他认为"上帝"仅仅赋予了人的"认识白板"和走出"自然状态"的倾向，也足以与现代科学的"证实"精神相映照。这是由于那种认为上帝预先设定了人的认知内容的观念是"不可证实"的，而人类走出"自然状态"却是在进化理论上有科学依据的，洛克无非是把科学理论谨慎地披上了一个神学的外衣而宣扬在这种状态下出于人民公意而形成的政府具有符合人之"自然"的合法性。因此，"现代性的第一次浪潮"可以被归结为对神学、上帝等不可用科学方法证明的内容的否定，并且基于这种否定来建立一个"科学"的国家。

"现代性的第二次浪潮"在施特劳斯看来属于卢梭和柏克的"历史主义"。卢梭的"靶子"正是"第一次浪潮"之中把"政治问题"当成"技术问题"，给"自然"披上人工的"文明外衣"的做法。〔2〕那么看上去反对"第一次浪潮"之中把政治哲学科学化的"第二次浪潮"为何同样促进了"现代性"呢？在施特劳斯看来，"卢梭的自然人不仅仅像霍布斯的自然人那样缺乏社会性，而且缺乏理性；人不是什么理性的动物，而是作为自由施动者（agent）的动物，或者说得准确些，人具有一种近乎无限的可完善性与可塑造性。"〔3〕依照施特劳斯的这一观点，卢梭虽然尝试让人的德性在从"自然状态"（实际上卢梭继承了这一观点，但是却并不认为这是一个实际存在过的历史片段）走到"市民社会"的过程中趋于完美，例如卢梭确实指出"人类通过自己的努力，几经艰险，终于走出了洪荒的境地，用理智的光辉驱散了大自然密布在他们周围的乌云，使自己超越了自身的局限，在精神上一跃而进入了天国"〔4〕，

---

〔1〕［美］列奥·施特劳斯：《自然权利与历史》，彭刚译，生活·读书·新知三联书店2016年版，第228页。

〔2〕［美］列奥·施特劳斯："现代性的三次浪潮"，丁耘译，载［美］列奥·施特劳斯：《苏格拉底问题与现代性——施特劳斯讲演与论文集：卷二》，刘小枫编，刘振等译，华夏出版社2016年版，第323页。

〔3〕［美］列奥·施特劳斯："现代性的三次浪潮"，丁耘译，载［美］列奥·施特劳斯：《苏格拉底问题与现代性——施特劳斯讲演与论文集：卷二》，刘小枫编，刘振等译，华夏出版社2016年版，第324页。

〔4〕［法］卢梭：《论科学与艺术的复兴是否有助于使风俗日趋纯朴》，李平沤译，商务印书馆2016年版，第9页。

他认为凭借"我们自身就能获得幸福"以及即使不依外力，依然有"最崇高的科学的原则铭刻在每一个人的心里"〔1〕，但是卢梭并没有设计任何一种例如"自然本性""先天道德"抑或是"上帝"的存在者去引导人们实现这样进步。"人的自然本性"的发展只能依靠"历史过程"，依靠在这种"历史过程"之中形成的"公意"或"普遍意志"，而他在这种"公意"和"历史"的立场下提出"放弃了自己的自由，就是放弃了自己做人的资格，就是放弃人类的权利，甚至就是放弃自己的义务"〔2〕。因此"要寻找出一种结合的形式，使它能以全部共同的力量来保护和保障每个结合者的人身和财富，并且由于这一结合而使得每一个与全体相联合的个人又只不过是在服从其本人，并且仍然像以往一样自由"。〔3〕这样卢梭所主张的"自由"就是完全"属人"的，这一主张不但否定了在霍布斯和洛克看来能够指引人类走出自然状态的科学规律或人类的文明倾向，也让那种"德性"纯粹地变成了此岸世界的"意见"——即使这种意见是"公共"的和"历史"的，即使在卢梭的伟大后继者康德和黑格尔那里不断地去补充"普遍意志"和"历史过程"的关联，但是卢梭本人仍然通过把"德性"降格为一种维系市民社会的"公共普遍意见"而将之视为能够与实在法对抗的"自然权利"。因为他"把政治德性与真正的德性之间的差别夸大为德性与好的对立"，"率先把道德标准下降与'真诚'的道德情感要命地结合起来"〔4〕。这样即使在霍布斯和洛克那里尚且存在的高于人的自然本性的相对稳定的"自然规律"和"文明倾向"也被"历史主义"取而代之了。同时，针对卢梭造成的"革命成为常态"的实践后果，柏克则指出了这样动荡的社会是不利于保护"人"的。不过在施特劳斯看来柏克也仅仅是卢梭的激进主张的一个保守版本，因为"对柏克而言，所谓'历史的'就是'地方性和偶然性的'……对他而言，所谓'历史过程'仍然是偶然的因果关联，或者说是由对于正在出现的情势的审慎处理所修

〔1〕 ［法］卢梭：《论科学与艺术的复兴是否有助于使风俗日趋纯朴》，李平沤译，商务印书馆2016年版，第40页。

〔2〕 ［法］卢梭：《社会契约论》，何兆武译，商务印书馆2003年版，第12页。

〔3〕 ［法］卢梭：《社会契约论》，何兆武译，商务印书馆2003年版，第19页。

〔4〕 ［美］列奥·施特劳斯，"论卢梭的意图"，冯克利译，载［美］列奥·施特劳斯：《苏格拉底问题与现代性——施特劳斯讲演与论文集：卷二》，刘小枫编，刘振等译，华夏出版社2016年版，第202页。

正了的偶然的因果关联"。[1]这样即使柏克再去主张那种英国式在稳定性上优于卢梭的民主政体，他仍然和卢梭一样走向了历史主义的困境，和卢梭一样否定了社会的"目的"或"动因"，而仅仅把"历史"这一偶然的和充满变数的东西作为衡量价值的尺度。甚至相较于卢梭尚且承认"作为盲目的命运的产物的人，由于第一次以恰当的方式理解了在政治和道德方面何者为对或错，从而成了自己命运的明辨秋毫的主人"[2]，承认即使在偶然的历史过程之中人类还会迎来一个"绝对时刻"，柏克甚至不愿意承认这样的"绝对时刻"到来的可能性，他也拒斥形而上学的"玄思"介入政治的行为，他承认的"自然权利"或"政治德性"也仅仅是在宪法的"长久因袭性"之中与之相伴相生的历史性的政治权衡的产物。因此，"现代性的第二次浪潮"是"历史主义"的浪潮，这在施特劳斯看来是披着"德性"的外衣，去解构哪怕尚且具有物理学意义上的恒久性质的霍布斯与洛克的"自然权利论"的危险尝试，因为一旦把一切价值都视为历史的，那么也就没有什么东西能作为人、自然、社会、国家的稳定的根据了。

所以，"现代性的第二次浪潮"将引发"虚无主义"，也即"现代性第三次浪潮"。虽然除了哲学史的断代问题，施特劳斯几乎没有讨论"第二次浪潮"和"第三次浪潮"之间的那些伟大心灵，但是他的论证在历史的因果架构上并没有问题，因为被"历史化"了的"价值"和"德性"必然走向"相对化"，被"相对化"也就意味着用以判断何为"正误""好坏"的标准之阙如，这也就是"虚无主义"的基本内容，这一点早在历史主义兴盛之初就已经注定。与此同时，施特劳斯在《现代性的三次浪潮》一文之中仅仅讨论了尼采这一"第三次浪潮"的发起者而并没有讨论海德格尔。即使在他对于尼采的"非理性虚无主义"的讨论中，施特劳斯也更多地以尼采对黑格尔的批判和尼采与马克思的理论竞合切入。例如他指出："在黑格尔看来，存在着历史的顶峰和终结；这便使他可以把哲学真理的观念与每个哲人都是其时代之子的事实调和起来：真正的哲学、最终的哲学属于历史中的绝对时刻、属于

---

〔1〕〔美〕列奥·施特劳斯：《自然权利与历史》，彭刚译，生活·读书·新知三联书店 2016 年版，第 321~322 页。

〔2〕〔美〕列奥·施特劳斯：《自然权利与历史》，彭刚译，生活·读书·新知三联书店 2016 年版，第 322 页。

历史的顶峰。”[1]这种观点被尼采和马克思共同地拒斥了，施特劳斯认为：“黑格尔之后的思想拒绝历史可能有终结和顶峰的想法，也就是说，它将历史过程理解为未完成的、不可完成的，然而它还是残留着对历史过程的合乎理性与进步性的无根基信念。”[2]而尼采则把这种“信念”也彻底否定了，他认为，“道德本质上作为防御，作为防御手段：就此而言乃是未充分发育的人的一个标志……道德恰恰是如此‘不道德’……一种欲望要拿自己怎么办，才能成为德性呢——改名换姓；对自身意图的原则性否定；练习自我误解；与现行公认的德性结盟；公开敌视自己的对手。尽可能换取奉若神明的权力的庇护；陶醉、激动、理想主义的伪善；赢得一个党派”[3]。而尼采对“道德”的批判的后果就在于他让黑格尔对卢梭的修补工作变得不再稳固，如果说黑格尔最终以“绝对精神”把卢梭的“公意—历史”与“真理—科学”修补在了一起，那么尼采对黑格尔的批判也就意味着对卢梭的进一步批判，因为黑格尔指出：“目标本身，亦即绝对知识，或者说那个自知其为精神的精神，把关于早先的精神的回忆当作它的道路，回忆起那些精神本身是怎样的情形，以及它们是如何完成它们的王国的组织机构。一方面，把那些精神当作一种自由的、显现在偶然性形式下的实存保存下来，就是历史；另一方面，把那些精神当作一种已经得到概念式把握的组织结构保存下来，则是以显现出来的知识为对象的科学。两者结合在一起，作为一种已经得到概念式把握的历史，构成了绝对精神的回忆和髑髅地，构成了绝对精神王座的现实性、真理和确定性。”[4]而尼采的攻击对象正是黑格尔的“哲学大厦”。但是，尼采究竟是怎样进行攻击的呢？施特劳斯指出，“尼采用来反对知识和信仰的根本现象是意志？我相信不可能是这么简单地回答。它当然是权力意志……思想将会指的它的意志……存在着思想，尼采用的德文词是 Geist。《查拉图斯特

---

〔1〕［美］列奥·施特劳斯，“现代性的三次浪潮”，丁耘译，载［美］列奥·施特劳斯：《苏格拉底问题与现代性——施特劳斯讲演与论文集：卷二》，刘小枫编，刘振等译，华夏出版社 2016 年版，第 328 页。

〔2〕［美］列奥·施特劳斯，“现代性的三次浪潮”，丁耘译，载［美］列奥·施特劳斯：《苏格拉底问题与现代性——施特劳斯讲演与论文集：卷二》，刘小枫编，刘振等译，华夏出版社 2016 年版，第 328 页。

〔3〕［德］弗里德里希·尼采：《权力意志》，孙周兴译，上海人民出版社 2018 年版，第 296~297 页。

〔4〕［德］黑格尔：《精神现象学》，先刚译，人民出版社 2015 年版，第 503 页。

拉如是说》的一个部分标题出现'思想'或'精神',也就是译者翻译的'沉重的精神(The Spirit of Gravity)'……不过,我把它译作'负重的精神(The Sprit of Heaviness)'",而还有一种"精神"是"复仇的精神"[1]。尼采要用这种"负重的精神"与"复仇的精神"去"重估"一切价值,例如施特劳斯认为尼采在讨论"自然道德"的时候,认为它恰恰是"反自然、不自然"的,是"专制的、强制的","理性道德"则仅仅是"服从群体的本能"[2]。这样,尼采就把那些残留的黑格尔式的"精神遗产"视为人的重负,视为压抑人的欲望与激情的强力,因此唯有人"成为超人"才能"根据重估一切价值"来生活[3],这种"超人意志"乃是"出于自然本性,人是不会意欲平等"的"超克他人的意志"[4],是超克那些"不爱听轻蔑的话""不知道什么是爱、创造、渴望""希冀平等"却强调"舒适"的"末人"的意志[5]。这样,如果说霍布斯的人是"社会的人",而卢梭的人是"自由的人",那么尼采的人显然是"残酷的人",至少在价值被重新估定之前,人是在道德上"虚无"和在意志上"残酷"的强力者。

在施特劳斯看来,尼采已经通过否定一切价值而完成了"虚无主义",这与海德格尔对尼采和尼采之前的思想总结有所类似,那么海德格尔怎样成为施特劳斯笔下尼采的"后继者"并且最终完成了"虚无主义"呢?施特劳斯在探讨"虚无主义"的意涵时指出:"虚无主义的意思也许是:velle nihil,意欲虚无,包括对自身在内的万物的摧毁。"[6]而在德国,"德国虚无主义意欲

[1] [美]施特劳斯讲疏:《哲人的自然与道德——尼采〈善恶的彼岸〉讲疏》,[美]布里茨整理,曹聪译,华东师范大学出版社2017年版,第49~50页。

[2] [美]施特劳斯讲疏:《哲人的自然与道德——尼采〈善恶的彼岸〉讲疏》,[美]布里茨整理,曹聪译,华东师范大学出版社2017年版,第269~270页。

[3] [美]列奥·施特劳斯:"现代性的三次浪潮",丁耘译,载[美]列奥·施特劳斯:《苏格拉底问题与现代性——施特劳斯讲演与论文集:卷二》,刘小枫编,刘振等译,华夏出版社2016年版,第329页。

[4] [美]列奥·施特劳斯:"现代性的三次浪潮",丁耘译,载[美]列奥·施特劳斯:《苏格拉底问题与现代性——施特劳斯讲演与论文集:卷二》,刘小枫编,刘振等译,华夏出版社2016年版,第330页。

[5] [德]尼采:《查拉图斯特拉如是说》(详注本),钱春绮译,生活·读书·新知三联书店2014年版,第12~13页。

[6] [美]列奥·施特劳斯,"德国虚无主义",丁耘译,载[美]列奥·施特劳斯:《苏格拉底问题与现代性——施特劳斯讲演与论文集:卷二》,刘小枫编,刘振等译,华夏出版社2016年版,第91页。

现代文明的摧毁",但是"不意欲包括自身在内的万物全部摧毁",它仅仅是对现代文明的否定[1]。对于海德格尔这一把"虚无主义"推向最高峰的人,施特劳斯隐晦地指出海德格尔曾经参与纳粹的例子会让人想起尼采:"如果一个人像尼采那样,为了一种新贤良政治,富有激情地拒斥保守的立宪君主制和民主政制,那么比起新的贤良方正之人——不用说什么金发野兽——品性的必然更为微妙的暗示,倒还是那一拒斥行为的激情产生了更大的效果。"[2]他还隐晦地说,"科学,以及贫乏且愚昧的实证主义,凭其自身当然无助于反击存在主义的进攻",但是如果我们找到一种理性主义哲学,那么"诗性的、情绪化的存在主义不足为敌"[3]——但是施特劳斯也无法真正找到这样一种理性的哲学,他只能宣布"存在主义始于这样一种认识:我们发现所有客观的、理性的知识之根基乃是一个深渊……最终,支持着一切真理、一切意义的别无他物,只有人的自由……客观地看,最终只有无意义性、虚无"[4]。他指出"存在主义自称是对人的历史性的理解,而它并未反思它自身的历史性,并未反思自己从属于西方人的一种特定处境"[5]。他也直接地指出:"人的出现,Sein 的出现是什么造成的,令人和 Sein 从无到有之物(what brings them out of being)的出现又是什么造成的;因为 ex nihilo nihil fit(无中不能生有)……对于海德格尔来说,这是个巨大的问题……他说:Ex nihilo omne ens qua ens(一切存在者均由无而有/而现)……这会让人想起从无中创世的

---

〔1〕[美]列奥·施特劳斯,"德国虚无主义",丁耘译,载[美]列奥·施特劳斯:《苏格拉底问题与现代性——施特劳斯讲演与论文集:卷二》,刘小枫编,刘振等译,华夏出版社 2016 年版,第 91 页。

〔2〕[美]列奥·施特劳斯,"海德格尔式存在主义导言",丁耘译,载[美]列奥·施特劳斯著,[美]潘戈编:《古典政治理性主义的重生——施特劳斯思想入门》,郭振华等译,华夏出版社 2017 年版,第 74 页。

〔3〕[美]列奥·施特劳斯,"海德格尔式存在主义导言",丁耘译,载[美]列奥·施特劳斯著,[美]潘戈编:《古典政治理性主义的重生——施特劳斯思想入门》,郭振华等译,华夏出版社 2017 年版,第 78 页。

〔4〕[美]列奥·施特劳斯,"海德格尔式存在主义导言",丁耘译,载[美]列奥·施特劳斯著,[美]潘戈编:《古典政治理性主义的重生——施特劳斯思想入门》,郭振华等译,华夏出版社 2017 年版,第 80 页。

〔5〕[美]列奥·施特劳斯,"海德格尔式存在主义导言",丁耘译,载[美]列奥·施特劳斯著,[美]潘戈编:《古典政治理性主义的重生——施特劳斯思想入门》,郭振华等译,华夏出版社 2017 年版,第 83 页。

圣经学说，可海德格尔那里没有创世主上帝的地位。"[1]

因此如果说施特劳斯认为海德格尔是一名"虚无主义者"，那么他的理由或许在于海德格尔在政治哲学上毫无贡献，甚至在政治道德上存在瑕疵，海德格尔对自然正当的否定体现为反对理性、意欲虚无，同时海德格尔本人把例如权利、义务、法律、道德等问题视为派生性质的存在者论问题。施特劳斯指出了在海德格尔的理论之中所强调的是把一切至高存在者都悬置了的"无中生有"的神秘主义思想，在海氏的观念体系之中，当我们不断追问理想、理性、道德、上帝、主权的时候，最后的终结都会是一个"无"字，在这一意义上，施特劳斯就把海德格尔视为对"虚无主义"的最终完成者。

2. 基于源初自然法思想对施特劳斯的真意的还原

施特劳斯的"现代性的三次浪潮"无疑是要以充分的哲学史证据来证立的，然而施特劳斯本身对海德格尔的批判是政治的而非哲学理论的，如果我们把这些政治史料意义上的文本内容悬置，就有可能发现施特劳斯在论证结构上的真正意图。施特劳斯的真意在于强调政治哲学与道德哲学的本源地位，他认为关于自然正当的古典政治哲学理论既是最为古老的思想实践，同时也是代表智慧高峰的人类文明成果。他认为政治哲学在于贡献智慧而非理论："政治哲学实质上并不是一个学院行当，多数伟大的政治哲人都不是大学教授……现代文化特别是理性主义的，相信理性的权力（power）；这样的文化一旦不再相信理性有能力赋予自己的最高目的以效力，那么，这个文化无疑处于危机之中。"[2]在"三次浪潮"之中"政治哲学"衰落的原因就是一旦那种相信"理性主义"的现代文化对"理性"不再抱有信任，那么"科学主义"和"历史主义"支持的现代政治哲学或政治科学就必然滑落到"虚无主义"的深渊之中。在这一意义上，施特劳斯的本意虽然表现为揭示后现代主义者在虚无主义的思潮之中对政治哲学的否定，表现在对道德、德性乃至理性被"后现代思潮"相对化乃至于颠覆的"文明危机"的担忧。但是，如果

---

〔1〕［美］列奥·施特劳斯："海德格尔式存在主义导言"，丁耘译，载［美］列奥·施特劳斯著，［美］潘戈编：《古典政治理性主义的重生——施特劳斯思想入门》，郭振华等译，华夏出版社 2017 年版，第 91 页。

〔2〕［美］列奥·施特劳斯，"现代性的三次浪潮"，丁耘译，载［美］列奥·施特劳斯：《苏格拉底问题与现代性——施特劳斯讲演与论文集：卷二》，刘小枫编，刘振等译，华夏出版社 2016 年版，第 318 页。

对施特劳斯的深意进行进一步的还原，那么就可以发现施特劳斯的两个更为根本的主张，一是政治哲学不是学院派的活动，单纯依靠理论理性来研习政治哲学是具有瑕疵的，例如他认为"政治哲学是用关于政治事务的本性的知识取代关于政治事务本性的意见的尝试"[1]，"在阶梯的顶端，我们发现伟大的政治家掌握着最高程度的政治知识、政治理解力、政治智慧与政治技巧：这是原初意义上的'政治科学'一词的含义所在……所有的政治知识都由政治意见环绕和点缀"[2]。在这里他突出了"学院派"政治哲学家可能不具备的"政治智慧""政治技巧"等实践因素。二是"理性主义"如果被置于他前述对"三次浪潮"的描述之中，前者的颠覆是一个在逻辑上必然的过程，而他围绕"理性主义"来做文章也有他的其他话语支持："古典政治哲学——发端于苏格拉底并由柏拉图和亚里士多德论述的古典政治哲学——今天一般被斥为过失……人们据以拒斥它的两个理由之间的差异，且不说两者之彼此不相容，对应于实证主义与存在主义之间的差异。"在他看来"实证主义"反对古典政治哲学的理由是后者在理论上的"不科学"以及在实践后果上的"不民主"，"存在主义"反对古典政治哲学的理由是后者在理论上的"理性化"以及在实践后果上的"绝对化"，而"存在主义"对"实证主义"的批判恰恰在于后者对"理性"的过分宣扬。[3]施特劳斯把古典政治哲学、现代实证主义和历史主义的政治科学以及存在主义等"反现代性"的主张进行了如下的区隔：第一，实证主义面对存在主义的质疑是实证主义的"科学主义"与"历史主义"的自我备份，这是它超克了古典政治哲学所要付出的必要代价，因此在反对"实证主义"方面存在主义既是古典政治哲学的"对手"同时也是"盟友"；第二，"存在主义"这个"盟友"并不可靠，因为它在根本上是否定了"理性"的，后者包括古典政治哲学的"古典理性"与现代的"科学理性"，更为关键的是"实证主义"和"存在主义"都是"学院派"的哲学，这就在根本立场上与强调"政治家"的"政治技艺与智慧"的古典政

---

〔1〕　［美］列奥·施特劳斯："什么是政治哲学"，李世祥译，刘振校，载［美］列奥·施特劳斯：《什么是政治哲学》，李世祥等译，华夏出版社 2019 年版，第 3 页。

〔2〕　［美］列奥·施特劳斯："什么是政治哲学"，李世祥译，刘振校，载［美］列奥·施特劳斯：《什么是政治哲学》，李世祥等译，华夏出版社 2016 年版，第 6 页。

〔3〕　［美］列奥·施特劳斯："古典政治哲学的自由主义"，刘振译，载［美］列奥·施特劳斯：《古今自由主义》，叶然等译，华东师范大学出版社 2019 年版，第 34~35 页。

治哲学相悖了。因此，在这一个步骤的还原中施特劳斯的"真意"可以这样理解：由马基雅维里开端的"现代自然权利论"遗弃了古代的智慧，它在后果上导向了实证主义这一把政治问题技术化，特别是悬置政治活动中的价值判断的"政治科学"，而这种科学主义的立场最终被它自身带来的历史主义与相对主义影响，最终被代表"虚无主义"的存在主义所质疑——"现代性"的根本问题就在于对古典德性的遗忘。

　　海德格尔的源初之思是带有较强的学院派色彩的理论思辨，而并非出于政治实践之中的智慧，同时也反对了理性作为当然之理的地位，这也就和施特劳斯强调的古典理性主义政治实践相反，进而也就无法切近法律、政治等关乎价值判断和理性裁判的社会存在之间的关联。不过，施特劳斯的观点也带有把"古典理性"和"政治智慧"暗自设置为一个尺度进而以之为原理的可能性。首先，"现代性的三次浪潮"在根本上是由于对更为古老的政治智慧的反动的"自食其果"，古代哲人对"现代性的三次浪潮"的形成没有责任；其次，"现代性的三次浪潮"虽然体现为"科学主义""历史主义"和"虚无主义"的递进关系，但是这一递进关系被施特劳斯设定为古典德性有所贬损的"价值序列"，那些无助于讨论"德性"或"伦理学"的哲人也就不在这一序列之中——当然，这些哲人也有可能是"虚无主义"这一历史结果的"共谋者"；最后，把"现代性的三次浪潮"作为一个历时态的表达，而把它表达为"现代性的三种症状"的共时态陈述，既有施特劳斯对"后现代者"的质疑态度，也有更为根本的，希望从"虚无主义"批判复归"历史主义"批判再到"实证主义/科学主义"批判的理论逻辑，后者以逆时间顺序回返到"古典哲人"那里的意图。因此施特劳斯的"真意"体现为对现代性进行如何的诊断和救治，但也同样在于通过对"现代性"的批判去回返那个无辜的但德性充沛的古代世界。

　　在这种情况下，把"无"这个问题视为"思"的根本问题的海德格尔就成了施特劳斯回返之路上首当其冲的"绊脚石"，即使施特劳斯的确受到海德格尔的思辨方式的影响，进而同样对古典思想有尊崇态度，但是施特劳斯也有与海德格尔的源初之思相反的价值论与伦理学的出发点。施特劳斯所应许的古代自然法来自柏拉图或亚里士多德，而不是如海德格尔一般来自巴门尼德或赫拉克利特。虽然"回返古典"是施特劳斯与海德格尔共同的思辨方式，但区别在于施特劳斯希望回返的是"柏拉图式的政治哲学研究"而非某种存在论范式——他直言道："政治哲学与一般的政治思想不是一回事……政治哲学出自一种特定的政治生活，出自希腊，出自那个我们有其文字即在的过去……根据传统的看法，雅典人苏格拉底是政治哲学的创立者……柏拉图与亚里士多德的政治作品是流传至今的最古老的政治哲学作品。"[1]他还认为，"苏格拉底当然不是第一个哲人。这意味着哲学先于政治哲学"，但是"苏格拉底……从人们普遍解释的意见出发"，从人类的礼法与习俗的"自然"（本质 Natur）出发，最终让"政治哲学"成了探讨"自然正确"的"第一哲学"。因为"不理解人类社会的自然，就不能理解人的自然"[2]，后者指的是人作为发生和涌现的存在者的本性，而前者则是关于这些本性的更为高级的整全的"自然"的本性——即"正义""勇气""节制""智慧"[3]等。而相对于施特劳斯来说，在海德格尔那里根本不存在什么"先决条件"，哪怕是海德格尔同样希望回返到"本源"的前苏格拉底哲学——或者广义地说，是"前轴心文明"的"思"[4]，但对于海德格尔如何回返"Ereignis"与"道"等问题来说这仅仅是方法而非立场。对于这一点，我将在讨论海德格尔的"源初自然法"的本意的时候进行揭示。不过这至少已经说明了施特劳斯必须通过否定海德格尔的"回返之路"来确证他的"政治哲学是第一哲学"的苏格拉底式的立场，他必须证立自身的理论要优于海德格尔的理论，尤其是在对现代性问题的解决方面回返"古典德性"的积极思辨远比海德格尔静待"天命"的"泰然任之"更为有效。因此在这一意义上，海德格尔被冠以"虚无主义"之名也就意味着施特劳斯必须通过这样的方式把海德格尔的

〔1〕　［美］列奥·施特劳斯，"《政治哲学史》绪论"，刘振译，载［美］列奥·施特劳斯：《苏格拉底问题与现代性——施特劳斯讲演与论文集：卷二》，刘小枫编，刘振等译，华夏出版社 2016 年版，第 372 页。

〔2〕　［美］列奥·施特劳斯，"《政治哲学史》绪论"，刘振译，载［美］列奥·施特劳斯：《苏格拉底问题与现代性——施特劳斯讲演与论文集：卷二》，刘小枫编，刘振等译，华夏出版社 2016 年版，第 373~375 页。

〔3〕　关于"勇敢""节制""正义""智慧"的"四主德"，详见［古希腊］柏拉图：《理想国》，郭斌和、张竹明译，商务印书馆 1986 年版，第 148~149、156~157、150 页。

〔4〕　如果考虑到海德格尔后期对中国的"道"与印度的"梵"的专注，乃至将他自创的"Ereignis"（一般译为"本有"）与"道"与"梵"视为三大不可说之存在，那么说海德格尔回返的是"前轴心时代"的思想也就没有问题，参见张祥龙：《海德格尔与中国天道——终极视域的开启与交融》，中国人民大学出版社 2010 年版，另参见 Dieter Thomä（Hrsg.），*Heidegger Handbuch*，2 Auflage，J. B METYLER，2013，p. 340. 关于 Ereignis 的跨文化讨论。

"思"与"无"视为现代性的三次浪潮的最终结果,并且阻却这种出于"无"的向古代自然哲学的回返。

因此,我认为施特劳斯提出"现代性的三次浪潮"并且把海德格尔视为"虚无主义"的完成者也即"浪潮"的最后一浪,是他效仿海德格尔的"回返古典之路"但对海德格尔的回返方式与终点的质疑,这种质疑就在于由于海德格尔以"无"作为"存在"本身就必然否定一切价值,而回返到"前轴心时代"的路径将直接加深这样的"价值虚化"困境。因此我们必须要进一步发问,即海德格尔究竟是否有"否定一切价值"的意图?这种"虚无主义"的标签是否会被海德格尔本人认同?海德格尔本人希望"虚无主义"出现吗?如果对上述的问题的回答都是否定的,那么海德格尔的"虚无主义者"的标签也就不再存在,基托海德格尔的思辨而反思"法"这一存在者也就变得可能。

(二) 在政治和法律之外观察海德格尔:为海德格尔辩护

施特劳斯虽然通过"现代性的三次浪潮"把海德格尔"盖棺定论"为一个不折不扣的历史主义和虚无主义者,但在言语之中不失有对海德格尔的钦佩。如施特劳斯评价海德格尔:"海德格尔清楚地表明,现代哲人未曾理解柏拉图和亚里士多德,他不是通过断言,而是通过具体的分析来做到这一点——这是一项极为劳神费心的工作;因为人们把他们自己的意见读进柏拉图和亚里士多德的著作;他们没有带着必要的阅读热情,以弄清柏拉图和亚里士多德的真正意图。"[1]但是在施特劳斯看来,海德格尔的回返却在反面推动了虚无主义。虽然施特劳斯也承认海德格尔希望通过同样的回返道路,走回更为根本的"本源之所",而且这个"本源"即使在施特劳斯看来也必然是贯彻东西方的,甚至评价"海德格尔是唯一对世界社会这个问题的诸维度略有所知的人",因为只有海德格尔站在了"东西方交会"之处,去阐释了对存在的理解。[2]但是,施特劳斯对海德格尔的指责更在于他的哲学方案导向了极端

〔1〕 [美] 列奥·施特劳斯,"德国战后哲学的现存问题",何祥迪译,载 [美] 列奥·施特劳斯:《苏格拉底问题与现代性——施特劳斯讲演与论文集:卷二》,刘小枫编,刘振等译,华夏出版社 2016 年版,第 85 页。

〔2〕 [美] 列奥·施特劳斯:"海德格尔式存在主义导言",丁耘译,载 [美] 列奥·施特劳斯著,[美] 潘戈编:《古典政治理性主义的重生——施特劳斯思想入门》,郭振华等译,华夏出版社 2017 年版,第 88~89 页。

化的政治后果："海德格尔在1933年成了个纳粹分子。对于一位生活在伟大
高度——这一高度远远高于政治这样的低处——的人来说，这一点不能归结
为单纯的判断错误。任何人只要曾经阅读过他的第一部伟大著作而又不曾只
见木不见林，都能看出海德格尔和纳粹思想在气质和取向上的亲缘关系……
蔑视合理性，颂扬果敢性的实践意义（亦即严肃意义），除了鼓励那个极端主
义运动还能是什么？"[1]这是因为"在海德格尔的著作中并没有政治哲学的
位置，这可以归因于这样的一个事实，谈及的那个位置被诸神（gods）或者
那些神（the gods）占据了……这并不意味着海德格尔完全远离政治：他欢迎
过希特勒1933年的革命，并且在希特勒垮台、希特勒万岁已经变成灾难万岁
（Heil Unheil）以后好久，他仍然称道民族社会主义，而他从未称道过当代的
任何其他政治努力"。[2]换言之，在施特劳斯看来，海德格尔虽然足够称得上
是伟大的思想家，但是无论是他的理论回返道路，还是这个道路带来的政治
后果却是造成了现代性及其虚无主义的灾难，即使海德格尔与国家社会主义
之间的关系并不能以因果律界定。而海德格尔本人面对这些诘难却不会认为
自身是一个"虚无主义者"，甚至在他有所回避的政治实践方面也不会赞同某
种必然导向虚无主义的实践方案。很显然，如果我们对海德格尔本人有所理
解，那么可以发现至少在海德格尔本人看来，"虚无主义者"这个名称被安放
在他的头上是值得推敲的，这是由于海德格尔本人既不"虚无"，也不认可一
切"主义"，把海德格尔视为一个"虚无——主义"者本身可能违反了海氏
自身的定位。

　　1. "既非虚无"：海德格尔否定的"价值"是不是施特劳斯的"价值"？

　　海德格尔对现代性的诊断也采取了"虚无主义批判"，但与施特劳斯的政
治哲学思路不同，海德格尔认为在经典政治哲学中如"自然正当""至高价
值"的提法恰恰是现代虚无主义的滥觞。海德格尔认为："'虚无主义'这个
名字如果说非要它变成一个有所指的词，非要对什么东西有所命名同时不是
一个持留的口号的话，那么在这个词之中所命名的也就仅仅是虚无（诸无性）

　　〔1〕　［美］列奥·施特劳斯："海德格尔式存在主义导言"，丁耘译，载［美］列奥·施特劳斯著，
［美］潘戈编：《古典政治理性主义的重生——施特劳斯思想入门》，郭振华等译，华夏出版社2017年
版，第74页。

　　〔2〕　［美］列奥·施特劳斯："作为严格科学的哲学与政治哲学"，丁耘译，载［美］列奥·施
特劳斯：《柏拉图式政治哲学研究》，张缨等译，华夏出版社2012年版，第43页。

这个不剩下什么实质性所指的东西了。虚无主义意味着没有与它相符的存在者，而且绝不是说这些或那些存在者与它不相符，而是说在作为整体的存在者都与它不相符。"[1] 他进而指出，唯有在形而上学的角度，我们才有胆量去探问虚无主义，用某种存在者去有意或无意地对应着体验虚无主义，而并非所有的形而上学都意识到虚无主义的本质与发生，只有尼采"上帝死了"这样的一个理论性的否定的公式率先问及并且道说出了虚无主义的意义[2]。换句话说，只有在尼采那里，虚无主义才以否定性的公式被首次规定出来。海德格尔正确地指出了尼采作为虚无主义的集大成者的历史地位，这与施特劳斯的判断是一致的。不过，在对尼采的"上帝死了"这句话的解释之外，海德格尔似乎对这样的"否定性公式"并不满意，而希望从正面以肯定的方式揭示"什么是"虚无主义，然而正如海德格尔对虚无主义的定义指出的，没有什么存在者对应着"虚无主义"这个概念，即使在存在者整体之中也找不到能够对应这个概念的东西，那么海德格尔怎样去正面规定"虚无主义"呢？

"虚无主义的现象"绝对不能与"虚无主义"本身混为一谈。首先，虚无主义意味着形而上学的终结。例如在这里，海德格尔就"上帝"指出："上帝乃是表示理念和理想领域的名字……自柏拉图以来，更确切地说，自晚期希腊和基督教对柏拉图哲学的解释以来，这一超感性的领域就被当作真实的和真正现实的世界了。"这样出于"感性世界/超感性世界"的分离，就出现了"物理世界/形而上学世界"的区分。[3] 而说"上帝死了"，也就意味着超

---

〔1〕 Martin Heidegger, *Metaphysik und Nihilismus*, Vittorio Klostermann GmbH , Frankfurt am Main, 1999, p. 177.

〔2〕 Martin Heidegger, *Metaphysik und Nihilismus*, Vittorio Klostermann GmbH , Frankfurt am Main, 1999, p. 177. 注意此处的原文是："Aber nicht jede Metaphysik hat den Nihilismus erfahren, sondern erst die Metaphysik Nietzsches. Sie allein fragt und sie sagt zuerst, was Nihilismus sei." 海德格尔用到的"Sagen"不同于一般意义上的"Sprecchen"，前者一般被译为"道说"以区分为后者通常所指的依照命题或逻辑的"言说"，这种语词上的差异可以解释，为何海氏首先认为"虚无主义"没有对应的存在者，但是却认为在形而上学的理论之中却可以"说"虚无主义的看似悖谬的主张，盖因为"道说"不是以存在者及其逻辑指称来"说"。

〔3〕 ［德］海德格尔："尼采的话'上帝死了'"，收录于氏著《林中路》，孙周兴译，商务印书馆 2018 年版，第 248 页。

感性领域的崩塌与形而上学世界的终结〔1〕。换句话说，"上帝死了"就意味着形而上学及其构造物的崩溃，不过这仍然是虚无主义的结果或显现的后果，并不是其过程或发生途径。海德格尔认为："由于人们并没有把虚无主义当作一场已经持续很久的，其本质根据就在形而上学本身之中的历史性运动来经验，因此，人们便沉溺于这样一种有害的癖好，就是把已经是和仅仅是虚无主义的结果的那些现象看作是虚无主义本身，或者把结果和作用看作虚无主义的原因。"〔2〕因此，所谓的"现代性的三次浪潮"所揭示的恰恰是一个"虚无主义的现象"的变化，它把政治哲学意义上的虚无主义视为一个"结果"，而把实证主义、人本主义、历史主义视为虚无主义发生的"前提"，把从柏拉图之处的"跌落"视为虚无主义的"开端"，而并没有看出作为一个历史过程的"虚无主义"其根源恰恰是"形而上学"本身，其根本的"动力"恰恰是柏拉图以及柏拉图的后继者对"超感性世界"不断的建构活动。如德勒兹所说："柏拉图主义的有毒的礼物，是将超验性引入到了哲学中，是赋予了超验性一种貌似合理的哲学意义（上帝审判的胜利）。这一行为遭到了许多悖谬和难题，后者恰好关乎意见的地位，友情与爱情的性质，地球的某种本质的不可约简性。"〔3〕从柏拉图之处跌落到尼采的"虚无主义"，在海德格尔看来仅仅是"现象"，而其本质则是在柏拉图那里就已经为当下的"虚无主义浪潮"埋下了历史的动机。

那么，就"虚无主义"的本质来说，究竟有没有什么正面的规定呢？海德格尔引用了尼采的一处笔记：

虚无主义乃是一种常态。
虚无主义，没有目标；没有对'为何之故？'的回答。虚无主义意味着什

---

〔1〕 海德格尔的原话是："形而上学是这样一个历史空间，在其中命定要发生的事情是：超感性世界，即观念、上帝、道德法则、理性权威、进步、最大多数人的幸福、文化、文明等，必然丧失其构造力量而成为虚无的……对于超感性领域的这种本质性崩塌，我们称之为超感性领域的腐烂（Verwesung）。"参见［德］海德格尔："尼采的话'上帝死了'"，收录于氏著《林中路》，孙周兴译，商务印书馆2018年版，第253页。

〔2〕 ［德］海德格尔："尼采的话'上帝死了'"，收录于氏著《林中路》，孙周兴译，商务印书馆2018年版，第253页。

〔3〕 ［法］吉尔·德勒兹："柏拉图，希腊人"，载［法］吉尔·德勒兹：《批评与临床》，刘云虹、曹丹红译，南京大学出版社2012年版，第301~302页。

么呢？——最高价值的自行贬黜。[1]

海德格尔的意思是，即使尼采的"上帝死了"仍然指出的是"虚无主义的现象"，这一论断也适用于施特劳斯意义上"现代性的第三次浪潮"，而在其本质上虚无主义意味着"最高价值"的"自行"的"贬黜"。那么，什么是"最高价值"呢？海德格尔首先提醒我们，不能以流俗的眼光去界定"价值"，他说，"根据那种至今仍在流行的意见，人们所理解的最高价值就是真、善、美——真就是现实存在者；善就是普遍地决定一切的东西；美就是存在者整体的秩序统一性"，但是"由于出现了这样的洞识，即理想世界是绝不能在实在世界内实现的，于是那些最高价值就已然自行废黜了"。[2]而这种流俗的看法之所以悖谬，就在于它将"最高价值的自我贬黜"视为"堕落"，视为人类对理念、上帝、共同幸福、理性、文化与文明的背叛，但是由于他们当然地设定了一个"至高存在者"的位置，却陷于"应然/实然""理念/现实"等区分而无法把这些至高存在者召唤到现世之中，因此"堕落"就是必然的"原罪"。西方形而上学的历史就是各种"至高存在者"你方唱罢我登场的并且不断"自我罢黜"的一部虚无主义的历史，也就是尼采"重估一切价值"的历史。从这个角度来看，施特劳斯意义上的"现代性的三次浪潮"所揭示出的是那"至高存在者"由"理念"罢黜到"上帝"，再由"上帝"罢黜到"理性"，再由"理性"罢黜到"科学确然性"，甚至罢黜到"权力意志"的历史，它在根本上是"至高存在者/一般存在者"之为"超感性领域/现实领域"在形而上学/物理学的图式之中对"超感性领域"的不断否定和填补的历史过程，海德格尔因此将"最高价值的自我贬黜"进一步依照尼采的意思解释为"以权力意志的绝对主体性的形而上学为形态"进而"争夺地球统治权的斗争"[3]，只不过到尼采那里，这样的"形而上学历史"才被揭示为"虚无主义"。

即使海德格尔承认尼采以"虚无主义"揭示西方形而上学的历史的演历

---

〔1〕 尼采进而提出了"积极的虚无主义"也即"提高了的精神权力的象征"以及"消极的虚无主义"也即"精神权力的下降和没落"的"虚无主义之两义"，参见［德］弗里德里希·尼采：《权力意志》，孙周兴译，上海人民出版社2018年版，第221页。

〔2〕 ［德］海德格尔："尼采的话'上帝死了'"，收录于氏著《林中路》，孙周兴译，商务印书馆2018年版，第254页。

〔3〕 ［德］海德格尔："尼采的话'上帝死了'"，收录于氏著《林中路》，孙周兴译，商务印书馆2018年版，第290页。

进程的真理性质，那么他对尼采以"超人"的权力意志和以人的欲望、酒神精神的降临来实现"价值的重估"的实践方案赞同吗[1]？很显然，海德格尔以"形而上学的终结"去评点尼采，就指出了尼采既是"形而上学的终结者"，同样也是"形而上学者"。海德格尔指出："有意地去意愿作为存在者之存在的权力意志……在这一意志的意愿中，人被一种必然性攫住，要一道去意求这种意愿的条件，这就是说，要设定价值并且按照价值来评价一切……价值便决定着一切在其存在中的存在者。"他指出了尼采的权力意志形而上学是一种对虚无主义的克服。[2]但是他接着指出在这种仍然以"价值"作为"原则"的形而上学之中，"如果价值不能让存在成其为存在，让存在作为存在本身而存在，那么所谓的克服首先就是虚无主义的完成，因为现在，形而上学不仅不思存在本身，而且这种对存在的不思还被掩盖在一种假象之中，仿佛它由于把存在评价为价值就以最隆重的方式思考了存在，以至于一切存在之间都变成多余的了"[3]。换言之，海德格尔对尼采将"西方形而上学的历史"诠释为"虚无主义"的"最高价值的自行贬黜史"的处理表示赞同，但是由于尼采最终仍然为"最高价值"也即"至高存在者"找到了"权力意志"这个补位者，那么尼采本身也就成了"虚无主义"的一分子。以至于海德格尔直接指出："存在之为存在的尊严（Würde）并不在于成为一种价值，哪怕是一种最高的价值。"而尼采的"权力意志"是把"存在"贬斥为"价值"而无法让存在"本质地现身"的形而上学后果[4]，他甚至指出尼采以"范畴"来指称最高价值仍然是对存在者的称呼，是"着眼于存在者之为存在者按其机制是什么来称呼存在者"[5]。因此，我们可以认为海德格尔看到的是更深层次的"虚无主义"，这种"虚无主义"是"存有已经完全自行隐匿

---

〔1〕 尼采的原话是："可是当查拉图斯特拉独自一人时，他对他的心如是说道：'难道有这种可能！这位老圣人在森林中竟毫无所闻，不知道上帝死掉了！'——"而当查拉图斯特拉走向广场的时候说："我教你们何谓超人：人是应被超越的某种东西。"在这里尼采首次提到了"超人"与"上帝死了"的说法，参见［德］尼采：《查拉图斯特拉如是说》（详注本），钱春绮译，生活·读书·新知三联书店 2014 年版，第 6~7 页。

〔2〕 ［德］海德格尔："尼采的话'上帝死了'"，收录于氏著《林中路》，孙周兴译，商务印书馆 2018 年版，第 291 页。

〔3〕 ［德］海德格尔："尼采的话'上帝死了'"，收录于氏著《林中路》，孙周兴译，商务印书馆 2018 年版，第 293 页。

〔4〕 ［德］海德格尔：《尼采》（上卷），孙周兴译，商务印书馆 2015 年版，第 1097 页。

〔5〕 ［德］海德格尔：《尼采》（上卷），孙周兴译，商务印书馆 2015 年版，第 762 页。

了，已经离弃了存在者……存有已经从存在者那里隐退了，存在者首先（在基督教意义上）仅仅成为由其他存在者制作出来的东西"[1]。在存有已经完全自行隐匿与最高价值的自行贬黜之间，存在明显的对应关系，可以认为从发生的角度看，"存有的完全自行隐匿"是"最高价值的自行贬黜"的本质，而后者是前者的结果，也就是说如果不回返"存在/存有"本身，虚无主义仍然会以"至高存在者"的贬黜与确立的形式"轮回"地到来，无论是尼采极端的"重估一切价值"，还是施特劳斯借由回返柏拉图希望在现世召唤回柏拉图的"灵魂"，都会因为"对存在的遗忘"而让虚无主义不断重复。

这样，海德格尔并不承认自己是一个"虚无主义者"，至少他不是一个在"本质"上坚持虚无主义的哲人，他对于价值的否定也不在于无视正确、真实、美的存在，而是指出相对于"存在""发生""自然"来说前者是派生性质的，而拘泥于这些论断只能陷入形而上学的死循环并且在自我罢黜之中消散殆尽。首先，海德格尔认为虚无主义只能以形而上学来运思，"虚无主义"因而与形而上学对超感性世界以及在此意义上位于人的生存彼岸的价值关联在一起，进而肯定了尼采对西方形而上学的"虚无主义"的本质性的与历史性的判断，这就说明海德格尔在动机上并不希望虚无主义蔓延，而是要去终止这种形而上学的"永恒轮回"。进而，海德格尔通过"虚无主义的现象"与"虚无主义"本身的区分，将"虚无主义"还原为"最高价值的自行贬黜"这一肯定的规定，通过对尼采的解读回望了西方形而上学把"最高价值——至高存在者"等同的观念，指出了在价值上的"虚无"仅仅是"现象"而非"本质"，也指出了寄希望于"至高存在者"之间的"代位"与"承继"无法走出"虚无主义"的历史轮回。因此在本书看来，海德格尔之所以认为"价值问题"是次要问题，或者他选择了对"价值"的淡漠和对存在的亲近，并非由于他否定了世俗意义上的真、善、美等伦理价值，而是以一种更为本源的追问指出了这些价值的"根基缺乏"的现实。而就实践后果看，他由于反对尼采的"超人哲学"与"权力意志"之为存在者的"统治权争夺"而表明他的兴趣在于通过把"最高价值的自行贬黜"还原为"存有的自行隐匿"，进而在基础上为价值、法律、伦理给出更为根本的基础，这种探求也很难说

---

[1] [德]马丁·海德格尔：《哲学论稿（从本有而来）》，孙周兴译，商务印书馆 2012 年版，第 117 页。注意此处的"存有"即"Seyn"与海氏早期的"存在"即"Sein"的用词差异。

是"非理性"的，反而可能成为"理性"的根据。因此，海德格尔或许是一个在"虚无主义现象"上表现得对价值伦理漠然的"中立者"，但是本书更倾向于认为他是在为这些价值伦理寻找"存在论"的根据，而为了这个根据的找寻，对伦理学和价值哲学的"悬置"[1]也是现象学方法的必然要求。

2. "亦非主义"：海德格尔的"回返之路"会否导致"虚无主义"？

至高价值的罢黜是形而上学导致的虚无主义现象，在保持上述的"悬置"态度之外，海德格尔对偏重价值倾向与政治立场的"主义"也有所怀疑，尤其是他既反对政治哲学在自然正当和自然法则、自然律法和理性方面的偏好，也反对"虚无主义"或"存在主义"的提法。例如在第二次世界大战后，萨特等法国哲学家把存在主义与社会运动结合起来，在以"存在主义是一种人道主义"为题的演讲之中，萨特希望以"存在主义者"的身份表达他对海德格尔的继承者身份。例如萨特在对存在主义进行定义时就指出："有两种存在主义，一种是基督教的存在主义，这些里面可以举亚斯贝尔斯和加布里埃尔·马塞尔，两个人都自称是天主教徒；另一方面是存在主义的无神论者，这些里面得包括海德格尔以及法国的那种存在主义者和我。他们的共同点只是认为存在先于本质——或者不妨说，哲学必须从主观开始。"[2]不过，萨特除了在意图上表现出他与海德格尔的立场契合之外，也在后续的演讲中为存在主义发展成为一种伦理学提供了一个方案，即从"主观"这一点出发，萨特首先认为，存在主义是以行动说明人性质的，主张人类本己的自由，要求人们自己掌握命运与承担责任的伦理学[3]，进而以存在主义之为人道主义的论点去论证了这种伦理学不因完全出于"个人的主观性"预设而缺乏严格性，因

---

〔1〕 "悬置/悬置（Epoche）"以及"还原"是现象学的一贯方法，所谓的"悬置/悬置"即"中止"描述，特别是对日常生活之中的"素朴自然态度"建议终止使用以"还原"到"事物本身"，这一方法在布伦坦诺、胡塞尔、海德格尔的哲学之中有重要影响，同时在伽达默尔、德里达等受到现象学传统影响的哲学家之处也多有运用，甚至施特劳斯的"隐微术"也可以被视为对常人的阅读理解的方法的"悬置"后的"还原结果"，关于"Epoche"的具体的"个体还原""历史还原"等具体方法详见 Johannes Hoffmeister, *Wörterbuch der philosophischen Begriffe*, Felix Meiner, Hamberg, 1955, Zweite Auflage，pp. 207~208.

〔2〕 ［法］让-保罗·萨特：《存在主义是一种人道主义》，周煦良、汤永宽译，上海译文出版社2012年版，第4~5页。

〔3〕 萨特的原话是："（存在主义）……不能被视为一种无作为论的哲学，因为它是用行动说明人的性质；它也不是一种对人类的悲观主义描绘，因为它把人类的命运交在他自己的手里……我们所考虑的是一种行动的和自我承担责任的伦理学。"参见［法］让-保罗·萨特：《存在主义是一种人道主义》，周煦良、汤永宽译，上海译文出版社2012年版，第23页。

为绝对且自由地承担选择的责任是每个人基于他/她的生存境况的必然，没有任何超越性的东西能够改变"选择"的绝对性[1]。萨特的上述观点正巧暗合了尼采"重估一切价值"的主张，指出了那个进行"价值重估"活动的，正是"人"本身，所谓的价值是人的选择的结果，他看似建构了一个人为人自身设立价值的"自我罢黜"与"自我树立"的套套逻辑，但是他以"人的存在/人的本质"消解了这个套套逻辑：一方面，萨特将尼采尝试罢黜的"最高价值"替换成"人的存在"，进而使得这一"感性世界/超感性世界"的区分仍然保持形式上的成立；另一方面，萨特在实质上把"感性世界"与"人的存在"等同，把"超感性世界"与"人的本质"等同，因此在这样的一种等置处理中"人的存在"或"感性世界"就成了超绝于一切超感性世界之上的更为根本的东西了。这一切看似都是对海德格尔的"存在主义"向伦理学以及实践论方向的发展，然而为何海德格尔对这种发展并不买账，以至于他说："人们固然已经不相信各种'主义'了。但公众意见的市场却始终要求新的'主义'。人们又总是乐于满足这种需求。"[2]——海德格尔的上述主张显然是把萨特视为了一个对公共意见市场贩卖"主义"的投机者了。

在萨特表明了对海德格尔的应许，进而发展他的存在哲学的伦理学面向的时候，为何海德格尔对此却抱有批评呢？从文献资料之中可以发现，这是由于海德格尔对任何以存在者为立场的"主义"式思考都抱有质疑态度。在海德格尔对萨特的"存在主义"的命名——"Existenzialismus（实存主义）"[3]

---

〔1〕 萨特在此主要驳斥的是基督教神学的伦理学的观点，后一种观点认为萨特的观点必然导向"不管你做什么都没有关系"的实践后果、"你们不能判断别人"的认知悖谬以及"价值选择的随意性"的无意义效应，而萨特的驳斥在于提出了：存在主义作为人道主义，不主张具有超越于人的价值，价值或者本质是人们选择的，而由于人的生长是动态的，因此价值也就是动态的；人道主义作为存在主义，指出除了人之外没有其他的立法者，但是由于人们不能完全地求助本己，因此唯有虚拟一个外在的理想才能作为人的完成性的标志。参见［法］让-保罗·萨特：《存在主义是一种人道主义》，周煦良、汤永宽译，上海译文出版社2012年版，第34~36页。

〔2〕 ［德］海德格尔："关于人道主义的书信"，收录于氏著《路标》，孙周兴译，商务印书馆2000年版，第369页。

〔3〕 关于"存在主义"与"实存主义"的译法，孙周兴教授在译注中提及："此处的'实存主义'（Existenzialismus）通常被译为'存在主义'，译者认为，在现代汉语学术中，既已相对确定地把西文中的'Sein、Being'等译为'存在'，则把Existenzialismus译为'存在主义'就容易引起误解，在西方哲学中只有'存在学'（Ontologie，又译为'本体论''存在论'等）这样一门'学'（—logie），而并没有'存在主义'这样一种'主义'（—ismus）。"参见［德］海德格尔："关于人道主义的书信"，收录于氏著《路标》，孙周兴译，商务印书馆2000年版，第376页。

之中就能看出一些端倪：从词根来讲实存主义仍然是关于"实存（Existenz）"的一种"主义"，仍然是"形而上学"的变式。萨特把实存主义的基本命题表达为"实存先于本质"[1]。并没有在根本上跳脱出尼采揭示出的形而上学的"虚无主义"的"罢黜历史"，因为萨特仅仅是把"existentia（实存）"与"essentia（本质）"调换了一个位置，但是"对一个形而上学命题的颠倒依然是一个形而上学命题"[2]。萨特仍未追问到"本质"与"实存/存在"的区分何以成立的根本问题上，而一旦这样的问题没有被追问，存在——那个对立于"虚无"的 Sein/Seyn 就仍然晦涩不明。

　　"主义"式的思考包含理性主义、人本主义、历史主义乃至存在主义、虚无主义等价值立场，而其后果是由于无反思地接受某种价值立场而导致"无家可归状态变成一种世界命运"[3]，通俗地说，海德格尔的观点指出了只要带有"主义"这种形而上学定式，那么无论是"人道主义/非人道主义""理性主义/非理性主义""存在主义/虚无主义"都必然导致对"存在"的离弃，都将导致对"存在"的遗忘。而"任何一种形而上学都不可能通过思考达到现在在存在的某种充实意义上的存在的东西"[4]。形而上学的"人道主义""逻辑""价值""世界""上帝"的讨论，都包含了一种将某一存在者视为当然的被肯定的东西，以至于"以一种在听说时未经确切反思的方式反对上述东西的话，都立即被人们视为对上述东西的否定，而这种否定又视为破坏性的东西（das Destruktive）意义上的'否定的东西（das Negative）'"[5]。然而，只要上述的对立仍然存在，那么"人道/非人道""逻辑/非逻辑""价值/无价值""感性世界/超感性世界""有神论/无神论"不就仍处于相互的否定关系之中吗？同时被认定是否定的破坏性的"无"因而在二元论区隔之中仅

---

〔1〕［德］海德格尔："关于人道主义的书信"，收录于氏著《路标》，孙周兴译，商务印书馆2000年版，第385页。

〔2〕［德］海德格尔："关于人道主义的书信"，收录于氏著《路标》，孙周兴译，商务印书馆2000年版，第386页。

〔3〕［德］海德格尔："关于人道主义的书信"，收录于氏著《路标》，孙周兴译，商务印书馆2000年版，第400页。

〔4〕［德］海德格尔："关于人道主义的书信"，收录于氏著《路标》，孙周兴译，商务印书馆2000年版，第402页。

〔5〕［德］海德格尔："关于人道主义的书信"，收录于氏著《路标》，孙周兴译，商务印书馆2000年版，第409页。

仅具有否定意义，而不具有除了破坏、对立的消极意义之为积极意义的可能性吗，对此海德格尔认为：

> 非真理不是向来就被认为是消极的东西，不仅仅是在被否定的东西的意义上，而且是在要去否定的东西的意义上，被认为是否定的或无价值的东西——在对真理的关切中应该避开的，要求克服、战胜的东西吗？当然！如果它只是一种消极的东西，如果它不是恰恰拥有一种特有的，因而积极的强力的话，非真理又会从哪里获得其烦琐性和顽固性呢？[1]

> 不性与不化显然属于两者的本质，一方面属于作为无—遮蔽的真理，但也以另一种方式，属于作为一种不化（Nichtgen）而（与真理对立）的错误意义上的非真理。……无—遮蔽和遮蔽本身，并不首先基于某种形式的、外在于两者的区分，而与不性与不化结下了不解之缘，而在真理之本质的问题中，关于不和否定的问题，必然扮演一种特殊的角色。[2]

因此，"不"或"无"的积极功效尚未被完全省思，而如果需要思考"不"或"无"，思考它们与"真理"或"无—蔽"的关系之中的时候，上述的各种对立的"主义"也就必然由于思考的深入而体现为一种对立于"思"的阻却性力量："'伦理学'与'逻辑学''物理学'一道，最早是在不同的学院中出现的。这些学科产生的时代，是一个使思想变成'哲学'，但又使哲学变成科学并且使得科学本身变成学院和学院活动的时代。"[3]在这个时代之中，形而上学与技术成了西方世界的天命，那种非此即彼的但又未清晰探问"是"与"不""有"与"无"的本质的关系的思考，形而上学逐渐出现了"主义"的相互否定，越来越以"无"作为相互对立的逻辑谓词来进行区分与划定。

由于一切的形而上学与科学在根本上是拒斥了和抛弃了"无"的，且这一

---

〔1〕［德］海德格尔：《论真理的本质——柏拉图的洞喻和〈泰阿泰德〉讲疏》，赵卫国译，华夏出版社 2008 年版，第 126 页。

〔2〕［德］海德格尔：《论真理的本质——柏拉图的洞喻和〈泰阿泰德〉讲疏》，赵卫国译，华夏出版社 2008 年版，第 127 页。

〔3〕［德］海德格尔："关于人道主义的书信"，收录于氏著《路标》，孙周兴译，商务印书馆 2000 年版，第 416 页。

抛弃的方式就是拿无"当作虚无的东西（das Nichtige）而抛弃"〔1〕，那么所有的"无"就成了"存在者的不在"而被视为虚无主义。从海德格尔的角度来看，虚无主义的根源不仅在于否定了某种价值或者尝试重估一切价值，而是在于它导向了对相反价值之外虚无的认定。从形而上学常见的"否定逻辑"来看，通常意义上的"虚无"往往被认为是对一切存在者的否定，那么必然得出的结论是"无"本身"既不是一个对象，也不是一个存在者"，然而"否定逻辑"却无法揭示出这一"否定"的本质所是的肯定意义。职是之故，海德格尔超越"否定逻辑"乃至"逻辑"指出："无乃是一种可能性，它使存在者作为这样一个存在者得以为人的此在敞开出来。"〔2〕也即"ex nihilo nihil fit"（从无生无）这一命题揭示了西方形而上学的"所是"：一是在形而上学的"逻辑"之中虽然没有"无"与"不"的位置，但是在柏拉图与亚里士多德对"无形—理念/有形—实在"的区分以及中世纪经院哲学之中对"至高存在者—真/受造的存在者—伪"之中，都体现了由一个作为一切存在者的反面的"无"派生出"存在者"以及存在者的"否定"的发生原理；同时，这种发生的原理表现在形而上学家作为人之此在对"为什么""什么是"的超越性的追问之中，在这种追问里人之此在已经被置入与实在者相对的"无"之中了，也即"每一个形而上学问题总是包括形而上学之整体"且"在每一个形而上学问题中，进行追问的此在总是被置入这个问题中"〔3〕，唯有"无"揭示了人的有限性的存在形式即"此—在"，而于一切存在者之中，唯有有限的此在才会对"无"或"无限"提出问题，唯有对"无"之为人之此在的生存论状态有所领会，才有对"超越"出现实的此在的"无"的提问，这反而是形而上学最初的思考环境。不过，形而上学在它不断地陷入对"存在者/非存在者"的区分的过程中，忘却了最初为何要发问以及最初由于什么而发问而最终忘却了"无"在形而上学历史之中的积极的推动作用。所以，唯有抛弃了各种本质上属于"相互否定"

〔1〕 ［德］海德格尔："形而上学是什么?"，收录于氏著《路标》，孙周兴译，商务印书馆2000年版，第122页。

〔2〕 ［德］海德格尔："形而上学是什么?"，收录于氏著《路标》，孙周兴译，商务印书馆2000年版，第133页。

〔3〕 ［德］海德格尔："形而上学是什么?"，收录于氏著《路标》，孙周兴译，商务印书馆2000年版，第137页。

的"主义"的局限，才能回返到形而上学最初的情境之中，也即最为原始的思之中——"根据此在的存在机制对此在之有限性的本质的澄清必须先行于一切对人之有限的'本性'的'不言自明的'设定，先行于一切对唯从有限性中得出的特征的描述，尤其也先行于一切关于这些特性的存在者状态上的起源的过于匆忙的'说明'"〔1〕。换言之，只有回返到形而上学问题最初的发问情境以及发问者此在对在此的虚无感，将形而上学关于"存在者"的描述置于更为本源的"形而上学问题"之中，形而上学才能被更为根本地领会为对有限性的生存着的此在对"无"与"不""死"与"终"的畏的产物〔2〕。

而正如前述，"形而上学"从其本身的整体性与畏的本源情绪之中的跌落，以及那种带有"主义"性质的科学性的二元论结构，不仅出现在萨特式的颠倒"实存"与"本质"的"实存主义"之中，也出现在尼采的以"超人—意志"超克与贬黜最高价值的构想之中，甚至作为形而上学的命运而闪现于自苏格拉底以降的西方形而上学历史之中，因此只有通过对更为本源的"思"的回返，才能通过对"无"的探问来对"虚无主义"的历史有所超克。海德格尔并非否定各类"主义"的价值论和伦理学方案与主张，更非否定形而上学与伦理学的正当性，而是要尝试以"形而上学"与"形而上学的所是"的区分，讨论在一种不受既有的"逻辑""价值"等思辨框架约束，且在发生位序上先于这些框架的"无"与"不"，这种"无"与"不"由于属于人之为此在的"畏"之所在，以及由于有限的此在对无限的存在者以及存在本身的求知欲以及对于无法达成这种全知的"畏"，反而被通常视为形而上学家的主观思绪而被排除在体系化了的哲学大厦之外。因此，海德格尔希望通过"回返"到前轴心文明之中未被体系、逻辑与价值约束的"思"，来获取对

---

〔1〕 ［德］海德格尔："论根据的本质"，收录于氏著《路标》，孙周兴译，商务印书馆2000年版，第204页。

〔2〕 关于"畏"与形而上学的关系，海德格尔认为：如果"无"是"对存在者之全体的完全否定"，那么"存在者之全体必须事先已经被给予"，而在"畏"之中，"存在者整体的这种移开在"畏"之中簇拥着我们，趋迫着我们"而让万物和我们都沉沦在一种冷漠状态之中，这指出了形而上学意义的"否定"允诺了存在者整体之"全有"，但由于其有限性，此在无法经验到"全有"，而往往由于从全有之中"跌落"而体会到"畏之无"，也即唯有此在先行地嵌入"无"之中才能对"全有"有所提问。参见 ［德］海德格尔："形而上学是什么?"，收录于氏著《路标》，孙周兴译，商务印书馆2000年版，第126~132页。

"无"与"有""是"与"不"的更为本源的了解，这一过程必然要摆脱与悬置既有的"主义"。可以说，海德格尔是意识到了"虚无主义现象"的严重性，意识到了虚无主义之历史性，同时意识到了"虚无"本身之为对这种现代性的命运的拯救之所的本源性的复杂的哲人，对于他的思想，不能单独以"虚无—主义"来概括。

二、存在论上的非虚无主义者海德格尔对虚无主义现象的诊断

因此，虽然施特劳斯的"自然正当"观念代表了来自政治哲学根基之处相对本源的思考，但是它并不足以否定海德格尔对源初自然问题的问题意识，可以说恰恰是由于海德格尔所强调的"自然"不再是某种至高的价值并由于否定了形而上学和伦理学对"主义"地宣称而成为一个可能为真、善、美等价值因素奠基的本源。如前述，在海德格尔看来，"虚无主义"和"虚无主义的现象"要有所区分，而"虚无"以及针对"虚无"的思考更不能与"虚无主义"混淆：是"虚无主义的现象"构成了现代社会之中"虚无主义"的展开形式，而这种"虚无主义"贯彻于整个西方哲学思想史之中，在循环之中通过消灭某一种或某一个被定义为虚无主义的现象并用"主义"似的否定逻辑进行了一个个"非此即彼"的判断，这种否定逻辑是：那些在虚无主义之中曾被适用或受到欢迎的"现象"，在其消耗殆尽的过程之中又会被新生的将要被适用以及欢迎的"现象"所否定。当然，这并不是说对现代的"虚无主义现象"进行考虑是一种悖谬的思辨路径，反而是从现象本身的思辨进而对这些现象背后的本构性因素的挖掘，至少有助于对现代的"虚无主义"的理解与诠释。

（一）"夜半"：现代性之中人类的时代命运

现代虚无主义的现象之一是在承认某一价值的独有地位的同时局限在其中进而掩盖了自然、本源之为存在。海德格尔对现代社会进行过这样的较为诗意的表述："世界黑夜的贫困时代久矣，既已久长必会达到夜半。夜到夜半也即最大的时代贫困。于是这贫困的时代甚至连自身的贫困也体会不到。"[1]他同时认为，"把虚无主义拒之门外是无济于事的，因为它早已无处不在，无形地在家中徘徊了"，同时"关于虚无主义的本质，没有任何疗救的前景，没

---

〔1〕　［德］海德格尔："诗人何为？"，收录于氏著《林中路》，孙周兴译，商务印书馆2018年版，第304页。

有任何富有意义的疗救要求"〔1〕。虚无主义至少在目前尚未找到被救治的路径，人们业已采取的关于应对虚无主义的本质的若干举措非但对现代虚无主义没有任何的疗效，甚至构成了虚无主义现象的各种显现方式，追求价值的有效性乃至以之为现实世界的法律和道德规范，反而是虚无主义的时代中意图虚无、放弃对自然与本源的思考的行为。

1. "世界的图像时代"：对现代虚无主义的概括

海德格尔以"世界的图像时代"对"现代"进行了规定，在海德格尔看来，现代就是"夜半"，是世界历史的至暗时刻，这个时代是"贫困到意识不到自身的贫困"的时代——"形而上学建立了一个时代，因为形而上学通过某种存在者解释和某种真理观点，为这个时代的本质形态奠定了基础。这个基础完全支配着构成这个时代的特色的所有现象。"〔2〕而"现代技术的本质是与现代形而上学之本质相同一的"〔3〕，而在"技术"与"形而上学"共谋之下，这个时代的"特色现象"有：

(1) 科学是现代的根本现象之一〔4〕；

(2) 按照地位而论，同样重要的现象是机械技术；〔5〕

(3) 艺术进入美学的视野之内了；〔6〕

(4) 人类活动被当作文化来理解和贯彻了〔7〕

---

〔1〕 ［德］海德格尔："面对存在问题"，收录于氏著《路标》，孙周兴译，商务印书馆 2000 年版，第 456 页。

〔2〕 ［德］海德格尔："世界图像的时代"，收录于氏著《林中路》，孙周兴译，商务印书馆 2018 年版，第 83 页。

〔3〕 ［德］海德格尔："世界图像的时代"，收录于氏著《林中路》，孙周兴译，商务印书馆 2018 年版，第 83 页。

〔4〕 注意海德格尔对"科学"与"技术"的区分："我们不能把机械技术曲解为现代数学自然科学的单纯实践应用。机械技术本身就是一种独立的实践变换，唯这种变换才要求数学自然科学。机械技术始终是现代技术之本质迄今为止最为显眼的后代欲孽，而现代技术的本质是与现代形而上学之本质相同一的。"参见 ［德］海德格尔："世界图像的时代"，《林中路》，孙周兴译，商务印书馆 2018 年版，第 83 页。

〔5〕 即"艺术成了体验（Erleben）的对象，而且艺术因此就被视为人类生命的表达"，［德］海德格尔："世界图像的时代"，收录于氏著《林中路》，孙周兴译，商务印书馆 2018 年版，第 83 页。

〔6〕 ［德］海德格尔："世界图像的时代"，收录于氏著《林中路》，孙周兴译，商务印书馆 2018 年版，第 83 页。

〔7〕 即"文化通过维护人类的至高财富来实现最高价值。文化本质上必然作为这种维护来照料自身，并因此成为文化政治"。［德］海德格尔："世界图像的时代"，收录于氏著《林中路》，孙周兴译，商务印书馆 2018 年版，第 83~84 页。

（5）现代的第五个现象就是弃神。[1]

海德格尔之所以把虚无主义的现象描述为"世界的图像"乃是在现代的世界之中，真实的东西乃至存在本身被一种图像的建构掩饰，"世界图像并非指一幅关于世界的图像，而是指世界被把握为图像了……这时，存在者整体便以下述方式被看待了，即：唯就存在者被具有表象和制造作用的人摆置而言，存在者才是存在着的"[2]。这就既意味着存在者的存在是在存在者的"被表象状态（Vorgestelltheit）"中被发现的，也意味着存在者的存在可以以一种"非表象状态"来展开——前者就是现代精确科学、机械技术、美学、大众文化以及世俗化的宗教观瞻世界的"世界观"，而后者则属于近代、中世纪乃至于古代的并非"图像化"的"观世界"的方式。例如，在中世纪的哲学之中，一切存在者都是"受造物"，而并非作为那种被摆置到人的面前进行观审的"对象"而存在的：例如按照阿奎那的表述，"上帝"是纯粹且圆满的"存在"，是"排除附加性"，纯粹依照其本质而存在就得以存在的存在（者），相反，其他的"受造物"并不因其存在而存在，且"它们的存在不是绝对的而是接受过来的，从而是受到接受本性的能力的局限和限制的"，也即"受自更高的实在"[3]，"受造物"有其依循"偶性存在"展开的个性与理智活动，但是它们之为存在者的展开状态的根据则在于分有上帝的纯粹与圆满的存在；又如在古希腊的哲学之中，柏拉图在对"相论（Idee）"的讨论中提出了一种"相的组合论"，指出了"是""运动/静止""同/异"这五个基本的"相"可以进行组合，进而推导出其他派生出的"相"[4]，最终甚至放

〔1〕　海德格尔对"弃神"的定义是："并不是彻底地把神消除掉，并不是粗暴的无神论"，而是一种双重过程，一方面"世界现象"被基督教的世界根据（无限、无条件的、绝对的）"基督教化"，另一方面基督教的"世界根据"即"教义"被基督教适合现代地解读为"一种世界观"，因此导致了一种宗教上的悖谬性质，"宗教虔信"被转换为一种依照历史学和心理学的神话研究模式展开的"宗教经验"，意味着"神圣的世俗化"，参见［德］海德格尔："世界图像的时代"，收录于氏著《林中路》，孙周兴译，商务印书馆2018年版，第84页。

〔2〕　［德］海德格尔："世界图像的时代"，收录于氏著《林中路》，孙周兴译，商务印书馆2018年版，第98页。

〔3〕　参见［意］托马斯·阿奎那：《论存在者与本质》，段德智译，商务印书馆2013年版，第54~55页。

〔4〕　参见［古希腊］柏拉图：《智者》，詹文杰译注，商务印书馆2012年版，第63~84页。

弃了对"相"的数量规定，而直接认为宇宙的本体就是"相的结合"[1]，在这一意义上存在者的存在就是"理念"，它仍然不是能够被所有存在者所决定与摆置的。因此虽然"世界的图像化"与西方形而上学的对置性观点有联系，但是至少就现象来看，无论是在柏拉图角度的"相—理念/存在者—实体"的区分，抑或是阿奎那角度的"依照存在本身而存在的创造者/兼具偶性的非纯粹的受造者"，都建构了一个"非人"的或非人类主体性的，乃至于以与"人"对置的方式出现的更高的存在者，在这些思想之中即使世界是一幅"图像"，其绘图、制画以及最终的观众也绝非人这种存在者，在世界之中的一切存在者也并不因"摆置"活动而存在。

"世界的图像时代"意味着在"最高价值的自我罢黜"的历史中，"世界成为图像"与"人成为主体"相伴而生，并且上述认识在现代达到了一个新的高度。在现代社会，人的地位越来越高，在"现代科学技术""美学""文化""弃神"之中，人或是成为"局限于他自身的任性或放纵于他的专横的'自我'"，或是成为全社会意义上的"我们"——社会中的个体或社团中的单纯成员，或是变成"国家、民族、人民"。乃至成为"现代人的普遍人性"[2]，科学技术服务于人、美学与文化取悦于人、"弃神"后的宗教成为世俗宗教。海德格尔认为上述的问题构成了与"世界的图像化"相关的"人类学（Anthropologie[3]）"处境，仅仅是"对人的哲学解释"，从人类学出发获取的对"万物"的解释，势必是以人为中心，用人来评价与说明存在者整体的方式，"人对存在者整体的基本态度被规定为世界观（Weltanschauung）"[4]。因此在"表象—对置"的关系之中，人的体验决定了其他存在者的表象方式，这表现在以下两个方面：第一是人成了"第一性和真正的一般主体"[5]，对

---

〔1〕［古希腊］柏拉图：《蒂迈欧篇》，谢文郁译注，上海人民出版社 2003 年版，第 49 页。

〔2〕参见［德］海德格尔："世界图像的时代"，收录于氏著《林中路》，孙周兴译，商务印书馆 2018 年版，第 101 页。

〔3〕"人类学"在海德格尔语境中等同于"人类中心主义"或"人类中心论"，"Anthropologie"应当理解为"Anthropo-logie"即"人—逻辑"，即"人的逻辑"，而海德格尔所指责的是"逻辑"这种思维方式，因此这个词语本身就带有"主客对置"的思维形态，从这一角度来看，海德格尔反而回到了"人学"的本源之处。

〔4〕［德］海德格尔："世界图像的时代"，收录于氏著《林中路》，孙周兴译，商务印书馆 2018 年版，第 102 页。

〔5〕［德］海德格尔："世界图像的时代"，收录于氏著《林中路》，孙周兴译，商务印书馆 2018 年版，第 96 页。

置性在现代展开为"人/物"的二元论结构，在"人"的一侧，具有不可由"物"改变的"知性""理性""道德""伦理""法律"，这些围绕能动的人而产生的价值约束构成了对人这一主体的规范，而围绕"物"的一侧，则是人之为主体对其进行的技术使用、改造、消费、创造等活动，以及通过人的主体对"物"的科学的规律解释、成分研究等，人类通过把自身与物的世界的新二元论界分确立了一种有别于传统形而上学的"对置性"操作，传统形而上学借由约束人类的超验性的存在者被人类在现代扭转为的被观察者与被约束者，"唯就存在者被体验（er-lebt）和成为体验（er-lebt）而言，存在者才被看作存在着的"〔1〕；第二则是人在把世界进行"图像化"的同时，也不断"为主体性而斗争"，征服"物"并且使之成为"世界的图像化"之中的景观，这一斗争的要求是"在其中成为那种给予一切存在者的尺度和准绳的存在者"〔2〕，不同的"世界观"也在相互争论，争取对物的解释权与所有权，而依照海德格尔，"为了这种关于世界观的斗争，并且按照这种斗争的意义，人施行其对一切事物的计算、计划和培育的无限制的暴力"〔3〕，最终让科学成了人类理性能力和知性水平的代言人，成了对万物进行数量化、计算化的必要途径。因此在"世界观"之下被解蔽出来的"物"共同构成了"图像"这一"庞大之物（das Riesenhafte）"，"量"成了物的"本质"，越是以人的主体性去揣度"世界图像"，人就越发现他们面对的对象的规模庞大，也就越希望通过现代技术与科学让物与物的时间间隔与空间距离被量化地缩短为可以把握的数据材料，进而"图像"也就真正地成为一种属于人的世界图景而与真实世界相区别。

海德格尔以"世界的图像时代"提示了在现代社会之中"最高价值的自我罢黜"的最新成果，后者则成了现代社会之中的思维"律法"。一定程度上，现代社会产生的人类中心主义是对传统哲学允诺的"理念的中心""神的中心"的颠覆，它成了一种以科学和理性为主张的人本哲学的启蒙与祛魅活

---

〔1〕［德］海德格尔："世界图像的时代"，收录于氏著《林中路》，孙周兴译，商务印书馆2018年版，第103页。

〔2〕［德］海德格尔："世界图像的时代"，收录于氏著《林中路》，孙周兴译，商务印书馆2018年版，第103页。

〔3〕［德］海德格尔："世界图像的时代"，收录于氏著《林中路》，孙周兴译，商务印书馆2018年版，第104页。

动，把虚无缥缈的彼岸世界视为无法以"量"去衡量的神秘事物予以悬置，把有限的与可以由人的理性控制的此岸世界转变为人的真实处境，一切与现实世界疏离的"最高价值"都被视为不能实证化和计算化的世界而被赋予了非生者的地位。但是，如果依照海德格尔一般将"西方形而上学的天命"历史地视为一个虚无主义的历史演进过程，视为对存在的遗忘过程，那么至少在西方思想的早期存在仍然被一个"至高存在者"所代替。而由于现代的"庞大之物"成了量化的世界，不仅存在被进一步地遗忘，甚至连西方思想早期以至高存在者尝试探问存在的思辨活动也被视为反对常见的神秘活动而被视为错误的解蔽方式。这样，"世界的图像时代"也成了人这一主体对世界的图像的唯一解蔽方式，彻底地疏离于存在。

2. 人的沉沦与被订造状态：虚无主义图像之中的人的境况

"世界的图像化"的力量并非单纯地成为一种"人对物"的摆置力量，它在短期内实现了人的主体地位，但是通过权利、理性、法权主体等人为的规定能够保证人永远成为"主体"吗？海德格尔对这一问题也抱有怀疑，虽然西方形而上学勾勒的"彼岸世界"是忘却存在的表现，然而在"世界的图像化"之中，用以填补"最高价值"的地位的则确凿地体现为人的"生命体验"，价值与道德"生命体验"的拔高，也是一种对"最高价值"的粗暴处理。一些研究认为海德格尔的虚无主义观点指出了"当不再有关于伟大的共享榜样聚集起来的公众关切并引发社会忠诚……人们就只是为了激动而变成时尚和公共生活的观光者"，在此情况下，"设想我们曾经拥有价值而只是现在我们才没了价值，因此我们应当再度获得我们的价值或选择新的价值"这种思路的虚无主义指向[1]，"生命体验"虽然具身于人的生命活动之中，但是单纯地作为人的"体验"，它虽然可能导向人对正义、道义、伦理的现实规定，但也引发了私人性质的自我陶醉，引发了为了价值寻找价值最终不得不把"生命体验"视为价值的应急操作。

海德格尔本人认为"世界图像时代"之中人的境况体现在"沉沦"和"订造"之中。"沉沦（Verfall）"是海德格尔早期生存论哲学之中的重要概

---

〔1〕〔美〕胡伯特·L. 德莱福斯："海德格尔论虚无主义、艺术、技术和政治的关联"，载〔美〕查尔斯·吉尼翁编：《剑桥海德格尔研究指南》（第 2 版），李旭、张东锋译，北京师范大学出版社 2018 年版，第 381 页。

念，海德格尔以之标示人之此在寓于并操劳于世界之中，并且最终让自己从本己脱落，消散于常人公共意见之中的情况[1]，由于世界本身被图像化，因此人们“沉沦于世界之中”也即成了一种危险的现实，在这一过程之中，人是不自主的随波逐流的存在者。沉沦表现为平均无殊的生存方式，平均化意味着“无意愿的欲望”成了现代社会的重要现象，这与尼采式的“积极的虚无主义”完全相反，由于尼采指出“（人）需要一个目标——与其无所意愿，他宁愿意愿虚无”[2]。那么会依照尼采的哲学方案，至少在“最高价值罢黜”的情况下，“意愿”或“意志”仍然是人类重估一切价值的必要渠道，然而海德格尔指出：

从形而上学上看，上帝所具有的位置，乃是对作为被创造者的存在者的产生作用和保留作用的位置。这个上帝的位置是不能空着的，取代这个上帝的位置，就会有另一个在形而上学上相应的位置开启出来，后者既不是上帝的本质领域，也不是人的本质领域，但人又能进入一种与这个位置的优先关系中。……现在，一切存在者要么是作为对象的现实，要么是作为对象化的作用者。[3]

因此，尼采式的“积极虚无主义”即使成立，也仅仅是虚无主义的一个可能方向，以“求意志的意志”去补全“上帝死了”之后的那个位置是一种实践路向，去积极地“意愿”是一种对物的积极能动活动，而“无所意愿”同样是一种填补上帝位置的进路，在“超人”的另一端则是平均化了的此在，“一切都见过了，一切都懂得了，这些东西培养出自以为是，此在的这样随手可得的与占统治地位的展开状态似乎能够向它保证：它的一切存在之可能性是牢靠的、真实的而充分的……沉沦在世是起引诱作用和安定作用，同时也就是异化着的”[4]。这样，被引诱于观审世界图像，安定于世界图像之中的

---

[1] [德] 马丁·海德格尔：《存在与时间》（修订译本），陈嘉映、王庆节合译，生活·读书·新知三联书店2014年版，第204页。

[2] [德] 尼采：《论道德的谱系——一本论战著作》，赵千帆译，商务印书馆2018年版，第108页。

[3] [德] 海德格尔：“尼采的话‘上帝死了’”，收录于氏著《林中路》，孙周兴译，商务印书馆2018年版，第288~289页。

[4] [德] 马丁·海德格尔：《存在与时间》（修订译本），陈嘉映、王庆节合译，生活·读书·新知三联书店2014年版，第206页。

此在也就是出离了本身的此在，是泯灭于公共意见、大众文化之中人云亦云的此在：从表面来看，人之为此在仍然保持"主体"的地位，保持着对一切非人的事物的控制与统治关系，然而就实质看，人被诱导和拘禁于图像之中，仅仅被允许观审订制完成的图像，仅仅被允许以唯一的人本主义的解蔽方式去解蔽世界，此种所"见过""懂得"并且以之为"是"的世界实际上仅仅是他们自身认为或被诱导认为正确与真实的世界，也仅仅是对于日常的实在来说最为熟稔和安定的世界。

值得注意的是，海德格尔在对人的"沉沦"状态的描述中使用了"异化"（Entfremdug）这一概念[1]，这与马克思作品之中的"异化"有异曲同工之处。依照马克思，"异化"意味着在资本主义社会中人从"类本质"（Gattungswesen）之中的跌落。从马克思的主张看，异化意味着人在"运用自己的动物机能——吃、喝、生殖，至多还有居住、修饰等等——的时候，才觉得自己在自由活动，而在运用人的机能时，觉得自己只不过是动物"[2]，进而导致人成了物的极端境况。海德格尔使用的"异化"概念与马克思的相同之处在于，他们都认定了在异化之中人丧失了人的本质或本真的存在而不再是真正的人，也都指出了在异化的背景下沉沦了的个人不免沦于消费主义、体验主义的境况。但是海德格尔所述的异化却在成因上与马克思认定的有不同的来源，在海德格尔看来"异化"并不是具体的资本家或者大工业的产物，人并非在人与人的对立之中丧失了自我，反而是由于人对自身的筹划和对生命的领会在与他人的共在之中变成了同一化的活动，他认为"异化驱使此在进入一种近乎极度'自我解剖的存在方式"[3]，意味着此在被"挤压入它本身的一种可能的存在方式之中"[4]。人仍然是作为此在的主体，并未沦为与人相对的"物"，而是在它的生活之中，人的此在把自我解剖与标示为具有固定的性格与类型的存在方式，平均地适用统一的量的维度对自我与周遭世界进行衡量，最终变成漠然无殊的个体——海德格尔指出的"夜半"是比尼采

---

〔1〕 Martin Heidegger, *Sein und Zeit*, Max Niemeyer Verlag Tübingen , 1967, p. 178.

〔2〕 ［德］马克思：《1844年经济学哲学手稿》，中共中央马克思、恩格斯、列宁、斯大林著作编译局译，人民出版社2014年版，第51页。

〔3〕 ［德］马丁·海德格尔：《存在与时间》（修订译本），陈嘉映、王庆节合译，生活·读书·新知三联书店2014年版，第206页。

〔4〕 ［德］马丁·海德格尔：《存在与时间》（修订译本），陈嘉映、王庆节合译，生活·读书·新知三联书店2014年版，第207页。

提出的"末人"统治以及马克思批判的资本主义社会更为恶劣的境况，沉沦于世界的图像之中的人不仅不再意识到他们的"末人"处境，也丧失了对生活的改变乃至革命的企图，甚至在根本上对其沉沦状况毫无知觉，在这一角度上，海德格尔无疑指出了"世界图像化"之中人类的更为深入的生存论困境。

"沉沦"揭示了人成为世界的统治者与世界图像的观审者后的"主体"之间的平均状态，"图像化"的思路也最终被应用到了人与人的关系之中。海德格尔指出："男人们和女人们必须对一项工作采取态度。他们被订制了，他们遭受一种摆置，后者摆置他们亦即要求他们。一个人摆置另一个人。他止住后者。他要求后者给出答复，说明理由。他促逼后者……促逼、要求、迫使自行摆置。"〔1〕海德格尔上述的观点意在表明，如果世界之中的物都已经被订制为资源，如煤炭被订制为燃料、植物被订制为食品、河流被订制为水电能源〔2〕，那么是谁实行了这种订制活动呢？显然，任何自然物被订制为用具的活动都是由人来进行的，人类对自然物的订造乃至于对整个物理自然的订造活动可以被命名为"开采""开发"的谋制活动（Machenschaft），但是"订制之物之所以可以从一个可订置者被拉到下一个可订置者，是因为订置先行已经把一切在场者拉扯入完全的可订置状态之中，并且在那里摆置一切在场者——不论在场者在个别情形下是否已经特别地被摆置"〔3〕。人类进行对物的订制活动之初，就必然已经被首先订制到"订制"之中，或者说，人类为了订制出"世界图像"，就必须先行入于订制之中，海德格尔将这种关系比喻为"雇主"和"职员"的关系，即"订制"先行征用了人类，先行入侵到人类的命运之中，方能促逼人类征用侵害自然的材料与力量，"订制"不仅仅表现为马克思所说的"每个人都指望使别人产生某种新的需要，以便迫使他作出新的牺牲，以便使他处于一种新的依赖地位并且诱使他追求一种新的享受"〔4〕，同时也表现为对人类的自然与历史、人性与神性的共同侵害。

〔1〕［德］海德格尔："观入存在之物（1949 年不莱梅演讲）"，收录于氏著《不莱梅和弗莱堡演讲》，孙周兴、张灯译，商务印书馆 2018 年版，第 34~35 页。

〔2〕［德］海德格尔："观入存在之物（1949 年不莱梅演讲）"，收录于氏著《不莱梅和弗莱堡演讲》，孙周兴、张灯译，商务印书馆 2018 年版，第 37 页。

〔3〕［德］海德格尔："观入存在之物（1949 年不莱梅演讲）"，收录于氏著《不莱梅和弗莱堡演讲》，孙周兴、张灯译，商务印书馆 2018 年版，第 28 页。

〔4〕［德］马克思：《1844 年经济学哲学手稿》，中共中央马克思、恩格斯、列宁、斯大林著作编译局译，人民出版社 2014 年版，第 117 页。

　　讨论"何为订制"是后文所要重点解决的问题，但是有必要在此指出，海德格尔意义上的"订制"并非自然力、人力乃至神力的体现，也即"订制"并非自然规则、人的自由立法活动以及神的神圣律法的成果。彼岸的力量虽然维系了现实社会的秩序，但其根本还是一种值得推敲的历史处境。例如，订制不是原子能等自然力量，因为即使原子核爆发出来的力量仍然是可以受到人的思想的摆置的[1]；订制同样不是思想的力量，因为思想着的人类也会被原子能爆发出的威慑力而摆置[2]。"订制"蕴含的深层次力量规定了人的法律权利、政治权力和自然地位，但是它本身排斥了人类本己的主体性地位：一方面，订制促使着人以主体的身份去对物有所作为，并且以这种身份建构出一幅安定祥和的世界图像，人在对世界图像的制作与观审之中，在缔造"庞大之物"的过程之中享受到了前所未有的主体地位；而另一方面，订制同时也促逼着人类依照其命运来进行不自由的，脱离于本身可能性的活动，它既可以让人把自然订造为资源，把神圣订造为偶像，把艺术订造为文化，也可以先行地将人订造为奴隶主与奴隶，订造为资本掌握者与被剥削的劳动者，订造为在社会之中被类型化了的和被贴上标签了的"社会成员"，人类被允许具有被订制后的生命体验，被允许在订制划定的范围之中进行对物的支配与创造，被允许在订制界定了的社会身份之中行动，而在此同时，人对于物以及人对于他人的其他可能行动方式已然丧失。同时正如前述，回返一种价值或者再行奠定一种价值，对于订制后的人类生存境况也毫无改变。

　　因此，海德格尔将现代社会形容为"夜半"是出于对人的主体地位的反思。"夜半"是对现代虚无主义的生动刻画，对于物或世界来说，"夜半"意味着一切彼岸的、神圣的、超越的被罢黜，但用以维系主体与客体的二元思辨却并未因旧秩序之中的最高价值的罢黜而废止。人类以前所未有的力量把自然变为客体和对象，进而用自身的生命体验量化地揣度自然的深意，现代科学与技术、现代美学与文化以及"弃神"的现代宗教都成为以人为中心的现实活动，从这一角度看，最高价值的位置被体验与欲望占据而最终被虚化。

────────────

〔1〕［德］海德格尔："思想的基本原则（1957年弗莱堡演讲）"，收录于氏著《不莱梅和弗莱堡演讲》，孙周兴、张灯译，商务印书馆2018年版，第107页。

〔2〕［德］海德格尔："思想的基本原则（1957年弗莱堡演讲）"，收录于氏著《不莱梅和弗莱堡演讲》，孙周兴、张灯译，商务印书馆2018年版，第108页。

取代其他最高价值的也并非人的本己能在意义上的自由，而是已经在对图像化了的世界的观审之中被订造了的有限的沉沦状态，订造以一种超绝的强力促逼着人占据"主体"这一位置，促逼着人以"主体"的方式去对自然进行改造，并且使得人们由于安于沉沦的状态而对被订造的生存境况毫无知觉。在这一意义上，海德格尔指出了现代虚无主义的更深层次境况，这一虚无主义绝非最高价值的沦丧，也绝非理性的阙如，而是由于把人自身抬举为至高存在者，进而罢黜其他的至高存在者，堵塞了由此岸追问到彼岸、由现实追问到理念的思辨进路，进而在根本上丧失了古代哲人追问"存在问题"的心性与智性，人的生活愈发远离存在，也就导向了"忘在"的虚无主义境况。

（二）"夜半"之中虚无主义的"法"：科学与神学自然观的订造作用

在"夜半"之中，自然成了相对于人的对象性存在者，但是也由于虚无主义不等于"虚无"而是一种成问题的时代命运，那么，在"夜半"之中自然反而依附于人存在，后者又处于被订造的境况，那么施特劳斯给出的"自然正当"或"自然法"观点也出现了讨论余地——"法"成了何种现象，它是破解虚无主义的法门，抑或是推动虚无主义行进的共谋者？无论是施特劳斯还是海德格尔，对于现代社会的诊断都导向了对某种本源的遗忘，而从海德格尔的角度出发，施特劳斯顺延柏拉图的政治哲学传统指出的是在现代性背景下一部"自然法的罢黜历史"，而海德格尔则出于对存在的遗忘把虚无主义定位为对存在本身的背弃，他指出的是施特劳斯式的自然法方案必然再度陷入"最高价值的不断罢黜"的永恒循环之中，在海德格尔看来，充当现代社会的"法则"的规定都是已经与存在本身背离了的"规范"，他从相对广义的角度指出了在现代社会之中的"法"的外延。

1. 科学原理的律法性质：科学之为法的现代基础

现代社会的人的主体性体现为基于其主体地位而去订制"物"之为客体的活动，这种围绕理性主义阐发的法概念建基于人的能动性与物的受动性的区分之上，即"物"遵守规律，而"人"设定规范。康德在《纯粹理性批判》中将"现象"和"物自体"进行了对立，并在《判断力批判》的导言中详细论述了"知性对现象立法"的"纯粹知性"的领地与"理性为物自体立法"的"纯粹理性"的领地之间的架构，也即"自然"和"自由"，只有靠具有"无目的的合目的性"的反思判断力作为中介[1]。因此如果依照康德的观点，"知性"代表的是人的认识能力，即"我们可以把出自先天原则的认识能力称之为纯粹理性，而把对它的可能性和界限所作的一般研究称之为纯粹理性批判"[2]，而"纯粹理性"，在康德哲学的体系中更恰当地表述为"纯粹知性"[3]。"理性"代表的是人的实践能力，科技"纯粹（实践）理性"的对象是"物自体"，理性的自律即"自由"，不同于卢梭式作为"天赋人权"的"自由"。康德的"自由"指的是人的自我立法，是人"心中的道德律"，是对于一个目的一以贯之的无利害的，反事实的规范性要求[4]。因此，康德就建立了一种"事实/道德"的区分关系，这区分了作为现象的自然的"规律"与作为能动个体的人的"规范"。

然而海德格尔对上述区分却保持疑问。在海德格尔看来，康德以"纯粹理性"去追问物的存在样态并将之隔绝于人的"法律"之外在根本上已经是受到现代科学"法则"约束的实践活动，他指出，"康德是在为实证地理解科学寻求哲学的证明或辩护"，根本上出于"对事实的崇拜"[5]。换言之，如果把康德的"纯粹理性批判"和"实践理性批判"视为一种实践活动，那么康德本人的实践理由就是值得追问的问题。"规律"与"规范"的界分多多少少已经被科学影响，而在海德格尔看来，康德的《纯粹理性批判》是对牛顿经典物理学的问题领域的哲学奠基，他在完成了"批判"活动后进行自然哲学的研究是完全"对牛顿的著作有意识的或补充性的对立"。[6]而如果说"批判"是"先行从原理出发来确定存在者之存在"[7]，那么康德要"批判"

---

[1]　详见［德］康德：《判断力批判》，邓晓芒译，人民出版社 2002 年版，第 13~15 页。对于"领地"的定义，康德认为其就是知性和理性能够分别为现象、物自体行使立法的部分，此处涉及领域（Feld）、基地（Boden）以及领地（Gebiete）之间的关联，可以参考邓晓芒：《康德〈判断力批判〉释义》，生活·读书·新知三联书店 2008 年版，第 91~99 页。

[2]　［德］康德：《判断力批判》，邓晓芒译，人民出版社 2002 年版，第 1 页。

[3]　应当注意到《判断力批判》对于前两大批判的修正，康德在第三批判中将人的"能力"分为"知性—认知能力""情感—判断力""理性—欲求能力"，康德本人也承认，前注中的"纯粹理性"乃是"还没有打算把理性能力作为实践理性并按其特殊原则来加以研究"的命名，此处详见［德］康德：《判断力批判》，邓晓芒译，人民出版社 2002 年版，导言。

[4]　［德］康德：《判断力批判》，邓晓芒译，人民出版社 2002 年版，第 5 页。

[5]　［德］马丁·海德格尔：《物的追问》，赵卫国译，上海译文出版社 2016 年版，第 54 页。

[6]　［德］马丁·海德格尔：《物的追问》，赵卫国译，上海译文出版社 2016 年版，第 54 页。

[7]　［德］马丁·海德格尔：《物的追问》，赵卫国译，上海译文出版社 2016 年版，第 111 页。

的命题也就构成了他借以与牛顿式的经典物理学配合且构成对物理学的奠基的内容，即"但在任何特殊的自然学说中，所能发现的本真的科学无非就是在其中能发现的数学"〔1〕。在康德看来，牛顿式的经典物理学的基础是现代数学，用以追问"物"或对象性的"自然"的是他对现代物理学的认可以及将数学奉为世界的"纯粹理性"规律的基本逻辑。这样，康德看似奠定的"事实/价值"的二元论，在海德格尔对康德的外部观审之中也就变成了以被科学的"律法"约束了的"主体"对律法本身的解蔽活动。康德把数学和物理学的基本原理视为自明的法则，进而展开了对"公理性的东西（Axiomatisch）"的数学筹划，它的特点是："公理……完全是第一位的，本身必须是可理解的、可证明的，即完全确定的，这种确定性决定着其真理……最高的公理必须超出作为存在者整体之上的完全数学的东西，先行确定存在着在什么和存在意味什么，物之物性从何处出发以及如何得到规定。"〔2〕

　　数学与物理学之所以构成"律法"而非仅仅是认识论的规则或对象自然的规律，乃是由于数学与物理学在实践效应上具有"自我律"和"矛盾律"的影响作用。所谓的"自我律"就是作为"我思"的自我理性被规定为"一切知识的首要根据"和"对一般的物进行一切规定之引线"〔3〕。而"矛盾律"则意味着是"在谓词中设定或言及的内容，不可以或不可能违背主体的言说"〔4〕——"我"在以计算式的思维遵从规律，避免矛盾，它的首要实践效能就是把"人"赖以与存在者共在的方式教义化为一种出自人的"世俗律令"。由于人用以运思的工具变为数学或物理学，"普遍的东西就不再可能是那种仅仅一般性地悬于特殊之上的东西，而是说，特殊的东西必须作为这样一种特殊的东西，从作为公理的普遍的都能从东西之中按照基本原理衍生出

　　〔1〕［德］康德："自然科学的形而上学初始根据"，载［德］康德：《康德自然哲学文集》（上卷），李秋零译注，中国人民大学出版社2016年版，第275页。其他的译法是："但我认为，在每一种特殊的自然学说中可能涉及的真正的科学，正好和在其中所涉及的数学一样"，参见［德］马丁·海德格尔：《物的追问》，赵卫国译，上海译文出版社2016年版，第62页；以及"但我认为，每一种特殊的自然学说中，只有当从中出现了数学时才能发现真正的科学。"参见［德］海德格尔："现代科学、形而上学和数学"，收录于氏著《存在的天命：海德格尔技术哲学文选》，孙周兴编译，中国美术学院出版社2018年版，第2页，本书为《物的追问》的节选译本。
　　〔2〕［德］马丁·海德格尔：《物的追问》，赵卫国译，上海译文出版社2016年版，第93页。
　　〔3〕［德］马丁·海德格尔：《物的追问》，赵卫国译，上海译文出版社2016年版，第96~97页。
　　〔4〕［德］马丁·海德格尔：《物的追问》，赵卫国译，上海译文出版社2016年版，第97页。

来"〔1〕。这表明人对于"物""神""自然""世界"等对象，依赖于科学这一律法才能得到认识，这种律法已经限制了人之为人对世界的解蔽路向和对自然的筹划模式。而科学这一律法之虚无主义性质进一步体现为"人们不愿承认无目标状态"〔2〕的情况之中，现代科学在"经验—公理"的证明与证伪逻辑之中变成了一种现成的赋义活动或对原因而非目的〔3〕的构想，这直接导致了"总体动员"的实践后果，即"纯粹地发动和掏空那种依然持存着的教育（Bildung）所具有的全部传统内容"〔4〕。古代科学之中的目的论和对自然的直接体验消失殆尽，而现代科学以"律法"的性质讲求经验的"方法（Verfahren）"与原理的"设置（Einrichtung）"——对于"公理"的不加省思的应用以及对经验不加推敲地崇拜推动了"订制"的过程。

2. 神学律法的"信仰的科学"性质：现代的技术之神

在科学的"律法"之中，"自然"已经成了对象和客体，因而施特劳斯对自然正当的讨论也可能出于与康德类似的思维模式。不过，如果说科学的律法指向的仍然是此岸世界的规律与规范，在一种总体动员的意义上借由科学的数理观念规定了人类解蔽世界的道路，那么至少在西方世界之中仍然存在赖以维系西方人共同实践的"神法"。它建构了一个对立于"此岸世界"的"彼岸世界"，进而构筑一个可以不被"科学律法"侵蚀的"神学律法"领域。然而，如果考虑到世界的图像化进程而把西方的虚无主义视为"历史天命"，那么伴随着启蒙运动的展开，信仰能否成为维系世俗生活的规范依据已然成为问题，乃至于"神"已然在"最高价值的自我罢黜"之中隐遁。然而，在海德格尔看来，带给神学律法致命打击的并非"信仰"的消失，而是"神学"异化为"实证科学"。虽然一般的"实证科学"具有"理论的对象是现成的""现成持存者已经被前科学地发现"以及"把前科学的发现概念化"的三个步骤，然而科学的概念活动也可能由于前科学的揭示方式而进行在原

---

〔1〕 ［德］马丁·海德格尔：《物的追问》，赵卫国译，上海译文出版社 2016 年版，第 101 页。

〔2〕 ［德］马丁·海德格尔：《哲学论稿（从本有而来）》，孙周兴译，商务印书馆 2012 年版，第 147 页。

〔3〕 ［德］马丁·海德格尔：《哲学论稿（从本有而来）》，孙周兴译，商务印书馆 2012 年版，第 150 页。

〔4〕 ［德］马丁·海德格尔：《哲学论稿（从本有而来）》，孙周兴译，商务印书馆 2012 年版，第 151 页。

理范围内的不同实证化倾向[1]，"神学"的实证性显然不同于"自然科学"的实证性质。首先，"神学"属于基督教的一部分，或者更为确切地说是"属于基督教的科学"[2]，它之所以是"基督教的"，乃是由于在表面上看"神学"依靠"信仰"这一不可证伪的观念存在，它构建的是超验的形而上学式的彼岸世界。然而海德格尔指出，"信仰"与科学一样在根本上是人类此在的生存方式，"信仰乃是由在十字架上的受难者启示出来的、亦即发生着的历史中以信仰方式领悟着的生存（Existieren）"[3]，信仰是一种对内在经验的自我理论审察，也是一种允诺有"再生（Wiedergeburt）"的规定好了的生存方式。"信仰—再生"的认信环节是"基督受难"这一历史事件的历史化，是在"信仰"这一生存方式之中不断被带到上帝面前和神法面前的此在的历史性演历。而之所以"基督受难"成了历史性的事件，并不在于"基督"在教义或律法名义上的永恒特质，而是由于经由教义或神圣律法规定的"生存方式"让一代代人把"基督"在历史之中永恒地召唤回来，以至于"基督受难"成了构成西方世界人类此在的共同主题。从生存的角度看"信仰"在根本上属于"基督性的生存方式"，是实证的，属于现实此在的实证化的观审对象。神学以这种实证的"神圣经验"作为对象并且把随着信仰解蔽出来的东西以及信仰本身论题化，在结构上与以"自然经验"为对象的自然科学一样构成了对人之此在生存方式的订造与谋制过程。

依赖信仰的"神学"一度为"科学"所批判，甚至成为启蒙运动和现代

---

[1] 海德格尔的原话是："一门科学的实证性包括以下方面：（一）一般地，一个已经以某种方式被揭示出来的存在者在某个范围内是现成摆着的，是理论的对象化和探究活动的可能课题。（二）在某种特点的前科学的与存在者的通达和交道方式中，这个现成的实在是可发现的：在此交道方式中，这一领域的特殊的实际特性（Sachhaltigket）和有关存在者的存在方式已经显示出来，亦即说，已经在所有理论把握之前显示出来，尽管是不明确地和未经意识地被揭示出来的。（三）科学的实证性还包括这样一点：就连这种前科学的对现成存在者（自然、历史、经济、空间、数量）的行为，也已经受一种尽管还是非概念性的存在领悟的照亮和引导了。于是，按照存在者的实际性质，按照存在者的存在方式，按照有关存在者的前科学的被揭示状态的方式以及这种被揭示状态对于现成的东西的归属关系的方式，科学的实证性也相应地变化。"参见［德］海德格尔："现象学与神学"，收录于氏著《路标》，孙周兴译，商务印书馆2000年版，第56~57页。

[2]［德］海德格尔："现象学与神学"，收录于氏著《路标》，孙周兴译，商务印书馆2000年版，第58页。

[3]［德］海德格尔："现象学与神学"，收录于氏著《路标》，孙周兴译，商务印书馆2000年版，第62页。

化之中"蒙昧"的表现，以至于神学可能通过对立于科学意义上"被订造的自然"而批判自然科学的数理律法，但这并不意味着神学的"律法"不是把自然对象化的处理方式。海德格尔指出"神学"本质上与自然科学不同，它所依赖的"公理"并非基托于对象化自然的数学公理，而是一种"历史性公理"。就"神学"之为"信仰的科学—历史学的科学"来看，"神学是关于在信仰之中被揭示的东西的科学"，即关于信仰之所信仰的东西的科学，更是关于"信仰行为"本身和"信仰状态（Geläubigkeit）"的科学，源于"信仰"这种历史性生存本身，并且服务于辩护信仰状态而并非仅仅以信仰为理由来源的科学[1]。这意味着"神学"并不是信仰的理由，也不是信仰借之走向彼岸的渠道，毋宁说它在结构上与"自然科学"一致，仅仅是在论说方式上"自然科学"通过对纯粹理性的批判得出了数学公理的第一性位序。而"神学"通过对认信与理由的批判得出了神圣信仰的第一性位序，唯有对"数学公理"的坚定不移才能够形成"神圣信仰"对前者的碰撞，也唯有对"神圣信仰"的绝对认信才能抵御"数学公理"的碰撞，而经由现象学的还原，无论是"自然科学"抑或"神学"都是对此在的生存方式的已谋制状态的描述，因此神学与科学的冲突绝非"科学真理"与"神圣律法"的直接冲突，而是被统一于"最高价值的自我罢黜"的历史之中生发的生存方式的冲突，即"公理—计算"式的世界解蔽方式和"历史—信仰"的世界解蔽方式的两种经验性生存的冲突。

"神学律法"天然地与"科学原理"一致，都是人类此在被未经省思的"原理"或"公理"规定好了的对世界的解蔽方法，甚至说二者在结构上共享同一种形而上学结构，即"对置性的两个世界"。神学与科学之中的"自然"都带有对象的意义，而"法"则产生于这个领域之中。海德格尔将由"神学"到"科学"的虚无主义历史进行了如下的概括：

存在着不同的虚无主义。虚无主义不只是最高价值之贬黜的过程，也不只是对这种价值的抽离。把这些价值安插于世界中，就已经是虚无主义了。价值的贬黜并没有终结于一种变得无价值的渐进过程，即兼职向一注细流渗

---

〔1〕 详见〔德〕海德格尔："现象学与神学"，收录于氏著《路标》，孙周兴译，商务印书馆2000年版，第62页。

入泥沙那样逐渐变得无价值。虚无主义完成于对价值的抽离，完成于对价值的尽力消除。[1]

"神学"及其律法出自信仰导向的真实世界，而"科学"及其规律出自经验导向的真实世界，科学超越的是前科学的朴素认知，而基督性的信仰超克的是前信仰的朴素认信，并且建构出了相对于"前概念化的"思想律令和实践律令。例如"神学"意义上的"天国"，虽然并非出于"科学理性"[2]，但也有其自身的理路，"一切神学的基本概念，按其完整的宗教关系来看，自身中总是包含着某种前基督教的、因而纯粹合理的可把捉的内容，这种内容……（是）在存在者状态上被扬弃了的，但恰恰因此在存在学上规定着一切神学的基本概念"[3]。因此在神学意义上的"罪""罚""报"等概念，不仅仅是一种出自经典教义文本的规范，也是一种出自生活经验的源初的生存状态，在这个过程之中使之得到概念化的"订造"活动被海德格尔称为"存在学上的调校"，即"释放和指示着对神学概念特殊的、亦即合乎信仰的本质揭示（Ursprungsentthüllung）"的"共同引导活动"。在形而上学上，"神学"与"科学"同样作为有限的对存在者的解蔽过程同样共享"前概念领域—概念领域"的运思方式，同样共享着以"规律"和"神圣律令"限定人类对世界的图像化的订造过程，同样地尊奉"公理"或"信仰"等未经反思的非本源的存在者的规定。因此"神学"同样不是一种用以奠定超越科学法则的"自然法"的依据，更可能的情况是，作为"蒙昧"的"神学"与作为"祛魅"的"科学"之间是共享一套形而上学思辨的历史衔接活动。在中世纪的"神学律法"和现代科学的"自然规律"之间存在的仅有对何为"真实世界"的构想差异，对于"神"的信仰和对"科学"的认同在根本上都是一种崇拜活动，也是同一种生存论境况。

概括来说，海德格尔对源初自然法的认识奠基于对现代科学尤其是"自然科学"的批判与对现代神学之中"自然律法"的批判之上，后两者或是作

---

[1] [德]海德格尔：《尼采》（下卷），孙周兴译，商务印书馆2015年版，第768页。

[2] 海德格尔的原话是："信仰并不是自行获得的，尽管在信仰中启示出来的东西决不能通过一种对自由地以自身为目的的理性认识而得到论证。"见[德]海德格尔："现象学与神学"，收录于氏著《路标》，孙周兴译，商务印书馆2000年版，第70页。

[3] [德]海德格尔："现象学与神学"，收录于氏著《路标》，孙周兴译，商务印书馆2000年版，第70页。

为认识论方面的公理，或是作为伦理学方面的规范渊源而发挥订造作用。与施特劳斯式的自然正当观念相比，海德格尔至少提供了一个以非对象化思维发问自然之意义的渠道，尤其指出了把自然视为认识的对象或把自然视为彼岸的象征可能对人的本己自由的影响。不过，这也并非断定施特劳斯式的自然正当观念缺乏正确性，甚至施特劳斯对自然法的认识由于回返了柏拉图的传统而更切近"存在问题"，在进一步奠基的情况下可以作为现代社会伦理与法治的方案原本。在本书看来，施特劳斯式的自然正当观念也并不与海德格尔式的自然意识相互冲突，后者在存在论角度澄清自然意义、自由观念进而指向最优的生活理想，而前者则可以从存在论角度自然概念明确后成为在现实之中的行为指导。海德格尔通过质疑人的主体地位，进而反思了西方形而上学历史之中人之成为主体的历史演进过程，并且指出现代自然观念下人之为主体乃是历史的一个结果而非当然的公理。而在历史上，把自然法视为理念、律法和理性的思考则在历史之中被罢黜，自然正当在这个过程之中面临滑落到自然欲望的可能性——而这恰恰是施特劳斯式的自然正当观念所批判的虚无主义。同时由于虚无主义的本质和现象的区分，施特劳斯在虚无主义现象方面的认识也较为充足，对不断由科学主义、历史主义和虚无主义引发的现代社会境况也有准确的把握。从这个角度看，以施特劳斯为例的现代自然法观念在海德格尔的"源初自然法"观念下仅仅是"流俗自然法"而非错误。海德格尔指出的"源初自然法"思想也可能进一步通过"流俗自然法"思想阐发对自然权利、神圣权力和科学规律的进一步认识并且发挥奠基性的作用。

第三章

超越流俗自然法思维：海德格尔对现代技术和形而上学律法的批判和悬置

海德格尔对源初自然法的认识在于质疑作为对象的自然概念，也就通过否定技术、形而上学以及与之具有类似二元论思维的伦理学、法哲学、政治哲学之中的"自然"概念而给出了超越"流俗自然法"的方向——后者眼中的"自然"或是在科学的意义上人的订造对象，或是在神学的意义上起到对人的主宰作用，作为思维方式而主导现代人的世界认知。申言之，现代性的危机乃是在于把存在视为一种静态的、在场的东西，也即从根本上遗忘了在自然之中存在/存在者区分问题，海德格尔对虚无主义本质的诊断在后续的著作之中表述为"忘在"，体现为技术统治和形而上学的遮蔽。海德格尔的建议是，如果希望回返到那个真正的"自然"就必须克服上述两个问题。通过人类为自身架构的，但最终在其中把自己也订造成了"对象"的"技术—集置"的描述与解蔽，海德格尔认为"技术天命"的到来就是人类的命运，其根源即"西方形而上学"。然而，当今世界的技术之发达程度已经超越了海德格尔的时代，现代技术例如大数据、人工智能、物联网等超越了海德格尔认知的新型技术现象已经渗透到人类生活的各个角落。海德格尔虽然揭示了技术之为"集置"的本质并且提示了技术最终将成为替代那个"最高价值"的位置的存在者，然而现代人仿佛以一种与技术达成"谅解"的姿态自然而然地享用来自技术的生活福利。与之相应，在尼采完成了形而上学之后的现代社会，西方形而上学的二元论思维也并未废止，"世界的图像时代"仍然可以作为对海德格尔身后的现代社会的形容。技术与形而上学在共同谋制之中的虚无主义仍然笼罩在现代社会之上。

与区分虚无主义的本质和现象类似，海德格尔所批判的"技术"与"形而上学"需要从"技术的本质"与"形而上学的本质"的角度来理解，而在悬置技术现象和形而上学现象的同时探问中导向人与自然分离的二元对置思想——悬置现代科学和神学的技术与形而上学的"律法"更多地体现为一种对自然、律法的思维批判。例如有论者将海德格尔意欲批判的现代社会现象描述为一种思想活动，即在技术和形而上学支配下，思想意味着"人看见的是存在者，而不是存在，这一事实意味着他看不到存在的缺席……他看不到自己没有看见存在，也看不到自己不能'看到'存在"[1]。海德格尔的深刻之处在于，他看出了一旦陷入对技术与形而上学现象的迷思之中，即使人原本持有一种现代性批判的态度，也有可能应合于技术与形而上学之本质[2]并仍然受缚在它们的界限之内。因而相应地，他也并不否定技术的现象以及形而上学的经验实例，也即并不排除在实践之中技术带来的便利与人对技术的运用，海德格尔并不对技术现象进行批判而是进行悬置，而从现象到本质的批判的思想角度指出阻却人类回返存在家园和摆脱"夜半"的道路。

一、海德格尔的技术批判：明确现代社会中的"统治者"

流俗自然法思想与技术类似，都蕴含了主体/客体、自然/人等对置思维。不过"如果我们把技术当作某种中性的东西，我们就最恶劣地听任技术的摆布了；因为这种观念虽然是现在人们特别愿意采纳的，但它尤其使得我们对技术之本质茫然无知"。[3]现代科学与技术的构造物体现了在世界观方面人类对人类主体地位和中心地位的筹划，科学技术手段对技术现象的规制与驯服又表现出人类对于技术的控制能力。即使技术或多或少地也体现出与常人世界相异的色彩，现代科学与应用技术仍然能够允诺它们对人工智能的真诚性

---

〔1〕［美］斯坦利·罗森：《虚无主义：哲学反思》，马津译，华东师范大学出版社 2019 年版，第 117 页。

〔2〕［德］马丁·海德格尔："技术的追问"，收录于氏著《演讲与论文集》，孙周兴译，生活·读书·新知三联书店 2005 年版，第 3 页。

〔3〕［德］马丁·海德格尔："技术的追问"，收录于氏著《演讲与论文集》，孙周兴译，生活·读书·新知三联书店 2005 年版，第 3 页。

及其未来前景的乐观展望。而从围绕技术现象生发的其他现象来看，"技术现象"重构了一种科学世界与常人生活世界的此岸/彼岸的二元对立：一方面，常人对现代技术现象的理解与应用必须经由科学理论与应用技术的媒介才能实现，后者缔造的准入门槛的客观存在不会由于科学技术知识的普及而全部消除；另一方面，现代技术的对象化作为对主客二元论这一西方形而上学的历史天命的延续，在其本质地缔造了现代技术这一有助于人对世界的清晰认知与能动改造的媒介同时，却也对人的认知方式与实践路径进行了限制。在既有的准入门槛与时代命运之下，除非对技术的本质有所把握，跳脱出"技术中性"的观念，才能够发现人类遭遇了现代技术业已筹划得当的思维陷阱，陷于现代技术的对置性思维与摆置的强力之中——进而形成了技术对人的拘束的"律法活动"。

（一）从技术现象的隐蔽作用发现"技术的本质"及其约束力

对于技术现象进行"非中性"的认定是追问"技术本质"的前提。技术的"中性"意味着对技术现象的工具性认定，这种看似正确的理解仅仅标示了人能够"以力役物"的情况：人类可以使用餐具来满足饮食的欲望，利用电子产品来满足娱乐的欲望，利用印刷术来满足求知的欲望，甚至拓展"工具"的范畴，人类还可以利用语言来满足交流的需要，利用实证法来满足公平的情感等。这种思考方式虽然指出了技术现象在有用性方面的工具性质，但是它却遮蔽了对"技术的本质"的追问。在"工具中性"的思维看来，物被单纯地视为被用来损耗的东西，它们没有自身的意志，它们只有在"受用"的意义上才能获得对人有益或有害的评价，对于技术及其造物的"价值中立""价值无涉"等评价甚至也成了科学研究之中的重要预设，这种思维不可谓不正确，但是却未必真实揭示了技术现象背后的技术本质。

1. "技术现象"对"技术本质"的遮蔽

围绕"技术现象的有用性"展开的认知与实践并非错误，但会蒙蔽我们对技术本质的认知。海德格尔坚持把作为"集置"的技术本质与技术因素或技术事态区分开，人类以"科学"驯服后者但却已经陷入前者的律法之中。"现代物理学的自然理论并不只是技术的开路先锋，而是现代技术之本质的开路先锋。因为那种进入到订造着的解蔽之中的促逼着的聚集，早已在物理学中起作用了"〔1〕。在自然法的发展历史之中，我们也常常围绕何为本质、何为彼岸的存在者进行理论或实践上的形而上学争论，但这些争论却把技术的本质遮蔽于繁冗的对置性思维之中，因为"技术之本质也完全不是什么技术因素。因此只要我们仅仅去表象和追逐技术因素，借此找出或者回避这种技术因素，那么我们就决不能经验到我们的与技术之本质的关系"〔2〕。无论技术现象有何种变化——例如人工智能技术、核技术等——都仅仅是技术在当代用以掩藏自身的"造物"之一。技术用以隐蔽自我的造物会由于历史而变化，既赋予生活中的常人以能够被它牵引的情态，也赋予科学以解证与求知的方式看似约束"技术的造物"但任由技术的本质束缚人类的机会。

技术的本质通过应用技术以其造物的方式构建出了一个与人类生活相异的世界——即现代的技术彼岸，并且呈现为他异的世界图像。唐·依德（Don Ihde）对海德格尔的进一步阐释则指出，在人借由技术工具进行世界认知的过程之中，不可避免地具有某种诠释学处境，存在一种借由工具的世界指向活动："诠释学关系中的技术问题在于工具和指示对象之间的连接者。从知觉上来说，使用者视觉的（或其他感觉能力的）终端在工具本身上。读工具类似于读文本。但是如果文本的指示不明确，它的指示对象或指示世界就不能够呈现。"〔3〕唐·依德同时指出，技术建构了人对世界的非本然的观审模式："它异关系可以具有、但是并不必然具有借助技术指向外部世界的关系（尽管实际上任何技术的有用性都必然需要这种指示性）。在这种情况下，世界就成为情境和背景，技术就作为我随时随地打交道的前景和有效的准它者出现。"〔4〕虽然在认识和思维方面，技术对自然之为对象和他者的定义并不意味着现代社会中人唯一的世界实体观念，但是却是具有诠释能力的指示模式。例如技术本质在其借由各类技术要素的传播之中蕴含着指物的功能，这种相对明晰的思维方式也可能引发对象化的自然观念以及随之而来把自然法视为彼岸存在者的认识后果。

〔1〕 ［德］马丁·海德格尔："技术的追问"，收录于氏著《演讲与论文集》，孙周兴译，生活·读书·新知三联书店 2005 年版，第 21 页。

〔2〕 ［德］马丁·海德格尔："技术的追问"，收录于氏著《演讲与论文集》，孙周兴译，生活·读书·新知三联书店 2005 年版，第 3 页。

〔3〕 ［美］唐·依德："技术现象学"，载刘大椿、刘劲杨主编：《科学技术哲学经典研读》，中国人民大学出版社 2011 年版，第 155 页。

〔4〕 ［美］唐·依德："技术现象学"，载刘大椿、刘劲杨主编：《科学技术哲学经典研读》，中国人民大学出版社 2011 年版，第 173 页。

在海德格尔看来，技术的本质借由技术的造物吸引了人，并且把人拉入由技术本质缔造的，由技术造物构成的"新世界"之中。一方面，通过对技术现象的追问所解蔽出的都是技术的本质为了继续隐藏下去所必要的内容，最终的结果是现代技术之本质给人指点的那种解蔽的道路，通过这种解蔽，现实的事物——或多或少可察知地——都成为持存物了[1]。而另一方面，技术通过新鲜的技术产物、科学以及科学化了的社会与人文理论促使人们一味地去追逐、推动那种在订造中被解蔽的东西，并且从那里获取一切尺度[2]。诚然，技术的本质要求保持技术的强力，它不会通过自行暴露出"集置"的本质来使得社会有所改变，或许从现代技术来看，技术借由其现象的隐晦本身就允诺了一种依照其自身来看的最高的理性模式，这种理性化的目的和政治隐微术的意图是一致的，即要求一切的存在者依照集置，受订造地解蔽一切他者，它坚信自身就是最高的理性模式以至于社会不需要通过揭穿它的隐蔽之处来获取启蒙，而是它本身就代表了社会的理性化方向，它是一种以谎言与谎言的迭代，促使社会不断依照它的构想进行理性化构建，而又不至于最终以谎言消灭谎言进而解构自身的隐微者。不过即使承认技术的本质借由其造物的理性化倾向，乃至于承认技术的本质——"集置"——的确具有理性化的能力与取向，但是它的理性化并不能消解现实的人与日常的生活和技术借由技术缔造的世界之间的隔阂，反而是"现代技术"以"集置（Gestell）"的方式促逼着人，使人以订造方式把现实当作持存物来解蔽……现代技术既不仅仅是一种人类行为，根本上也不只是这种人类行为范围内的一个单纯的手段。[3]

2. 被遮蔽的技术本质：理性与虚无

对技术本质与技术现象的区分为悬置"技术现象"给出了可能性，而在被解蔽之后"集置"则具有对人的宰制作用和其虚无主义形态。在海德格尔看来，技术的本质是虚无主义的重要表现，他指出，"贯穿并且支配着科学

---

〔1〕［德］马丁·海德格尔："技术的追问"，收录于氏著《演讲与论文集》，孙周兴译，生活·读书·新知三联书店2005年版，第23页。

〔2〕［德］马丁·海德格尔："技术的追问"，收录于氏著《演讲与论文集》，孙周兴译，生活·读书·新知三联书店2005年版，第25页。

〔3〕［德］马丁·海德格尔："技术的追问"，收录于氏著《演讲与论文集》，孙周兴译，生活·读书·新知三联书店2005年版，第19~20页。

（即关于现实的理论）之本质的事态，乃是始终被忽略的，不可接近的无可回避之物"[1]，他在标注的文字中指出，"那个在其最内在的本质上推动现代科学的东西，那个使我们所指明的毫不显眼的事态得以发生的东西"[2]就是"技术"。技术科学建构的世界是一个主客对置的世界，其中的对置性依靠技术来维系："（这个事态）借由对置性显示给我们，而现实就把自身展现入这种对置性中，理论就通过这种对置性来追踪对象，从而为表象确保这些在具体科学的对象领域中的对象及其联系。"[3]

技术的本质蕴含的"对置性"把技术本质视为了至高存在者，在"集置"与"对置"的关系之中，技术的本质在于订造并且促逼人进入"主客体二元论"式的解蔽方式。"主客二元论"本身带有科学的和理性的色彩，反之则是非理性的。尼采的"非理性哲学"恰恰是"把感性的东西看作真实的世界，把超感性的东西看作非真实的世界；这样一种对柏拉图主义的颠倒还完全建立在形而上学的范围之内"[4]。传统的形而上学与科学许诺的"超感性世界/感性世界"的二元论，以及在这个二元论之下前者为"真实"，后者为"虚妄"的观念在"技术本质"之中同样适用。如西方的上帝乃是表示理念和理想领域的名字，在柏拉图的理念论之中就已经被当作真实的和真正现实的世界了。而尼采等"非理性哲学家"借由对真实世界和虚妄的世界的翻转尝试把生活世界视为真实世界，但是由于仍然恪守在形而上学的"主客二元论"区分，反而导致了在生活之中最与人贴近的"技术—集置"填补了这样的一个最高价值的位置，并且是不断的理性化与祛魅的最新效果，但是"人根本上不可能事后才接受一种与集置的关系……我们是否特地把我们经验为那种人，他的所作所为——时而显明时而隐蔽地——都是受（vom）集置所促逼的？……我们是否以及如何特地投入集置本身现身于其中的那个东西之

---

〔1〕〔德〕马丁·海德格尔："科学与沉思"，收录于氏著《演讲与论文集》，孙周兴译，生活·读书·新知三联书店 2005 年版，第 63 页。

〔2〕〔德〕马丁·海德格尔："科学与沉思"，收录于氏著《演讲与论文集》，孙周兴译，生活·读书·新知三联书店 2005 年版，第 63 页页下注。

〔3〕〔德〕马丁·海德格尔："科学与沉思"，收录于氏著《演讲与论文集》，孙周兴译，生活·读书·新知三联书店 2005 年版，第 63 页。

〔4〕〔德〕马丁·海德格尔："形而上学之克服"，收录于氏著《演讲与论文集》，孙周兴译，生活·读书·新知三联书店 2005 年版，第 79 页。

中？"[1] 海德格尔明确了"集置"与"理念"等超感性一样处于人的彼岸，这个位置的形而上学效应是，在最高价值的不断更替之后，仍然作为一种对于生活世界的理想化制约而发挥其效力。然而，技术的本质却不能如同其他的最高价值一般建立绝对的此岸与彼岸之分，因为技术的本质允诺的"理性化"本身取代了一切形而上学的既有预设，它不能继续地坚持与其理性化主张背反的形而上学的神秘的超感性世界的彼岸性预设，而必须通过其技术因素与技术造物去在"此岸"建构出一个与生活世界相反的镜像世界，并且虚拟这个镜像世界为"彼岸世界"来满足人们对于这一理性化世界的向往并且往往被处理为"真实世界"。

（二）"古代技术"的本质与现代"技术权力"

技术的现象摆置的此岸世界由技术的本质所统治，技术的本质诚然是对"真"的解蔽模式，但它之为权力在于它把自身规定为对"真"的唯一的解蔽方式进而具有了"法权"的属性。不过，提出"技术的本质"所要批判的仍然是现代的技术，它已经超越了古代技术之为"生活技艺"的自我规定，顺理成章地成了一种能够自我掩饰和自我增殖的权力话语。海德格尔对古代技术的讨论的目的是把现代技术的律法性质悬置，去回溯"技术的本质"如何发生为"Gestell"的历史。

1. 现代技术从何处跌落为"集置"：古代技术与"自然"概念

海德格尔对技术的危机感起源于现代技术的诸多现象，但是最终指向了技术的本质，然而在海德格尔看来现代技术与古代技术不同，即使古代的技术也可以作为对"真"的解蔽路径，但这种解蔽路径尚且不足以成为一种"独一的技术霸权"，这是鉴于古代技术在造物之外存在对目的的规定。海德格尔基于对亚里士多德的"四因说"的化用，指出了在古代"技术"的本意是"招致"后的"产出"：以他经典的"银盘比喻"为例，一个"银盘"由于其"质料"是"银"，在形式与外观上应当是"盘子"，最终在一场"祭祀"之中完成它的使命[2]，而"银匠"则是通盘"考虑"三种招致方式并

---

　　[1]　[德]马丁·海德格尔："技术的追问"，收录于氏著《演讲与论文集》，孙周兴译，生活·读书·新知三联书店 2005 年版，第 23 页。

　　[2]　这里海德格尔区分了"完成者"与"目的因"，因为在海氏看来，"目的"意味着某一物的终结，但是"完成状态"反而意味着某物开始成为它在制造之后将变成的东西，即作为被造的银盘制造活动的终止和作为祭祀用品的"祭器"的开始，参见 [德]马丁·海德格尔："技术的追问"，收

且作为它们的共同招致者[1]。这几种"招致"将"引发"并且"带来"产出的物，海德格尔引用了柏拉图《会饮篇》之中进一步指出"招致—带来"的就是"把在场者带入显露之中"的活动[2]：

ἡ γάρ τοι ἐκῦ μὴ ὄυτος ε ἰς τὸ ὂυ ἰὸωτι ὂτωο ῦν αἰτία π ᾶσά ἐστι ποίησις.

海德格尔将之译为：

对总是从不在场者向在场过渡和发生的东西来说，每一种引发都是 ποίησις，都是产出（Her-von-bringen）[3]。

从海德格尔的定义来看，"引发"和"产出"应当有多种形式，以匠人的手艺工作"从无到有"地制作一个物品是 ποίησις（产出），艺术家创作一首诗或一支歌曲也是产出——"甚至自然（φύσις-Physis）也是一种产出"[4]，在自然之为"涌现"的过程之中一花之绽放，一木之向荣，人之降生都是最高意义的产出，它是在场者在本身之中自我产生和凸显（Aufbrunch）的过程。而"自然"之所以是最高形式的产出，乃是由于自然物的产出和凸显是在本身之

（接上页）录于氏著《演讲与论文集》，孙周兴译，生活·读书·新知三联书店2005年版，第7页。

〔1〕 "银匠"仍然不是"动力因"，因为在海氏看来，银匠的首要工作绝不是"做银盘"，而是去思考如何"使银盘显露出来"，即通过这种思考，把"它们作为银质的盘形器皿用以祭祀"的三个招致活动作为银盘的生产如何达乎显露并且进入运作的情形如何。参见［德］马丁·海德格尔："技术的追问"，收录于氏著《演讲与论文集》，孙周兴译，生活·读书·新知三联书店2005年版，第8页。

〔2〕 参见［德］马丁·海德格尔："技术的追问"，收录于氏著《演讲与论文集》，孙周兴译，生活·读书·新知三联书店2005年版，第9页。

〔3〕 对于这一语句的汉译还有几种常见的译法：王晓朝将之译为："'创作'这个词的意思很广泛。毕竟，从无中某个事物创造出来，与之相关的每件事情都是创作。"（参见［古希腊］柏拉图：《柏拉图全集第5卷（增订版）·会饮篇》，王晓朝译，人民出版社2016年版，第186页）刘小枫的译法是："制作其实五花八门；毕竟，无论什么东西从没有到有，其原因就是由于种种制作。"（参见［古希腊］柏拉图：《柏拉图四书·会饮篇》，刘小枫编译，生活·读书·新知三联书店2016年版，第236页。）王太庆先生给出的译法是："你知道作品就有许多方面的，凡是使某某东西从无到有的都是做或创作，因此一切技艺的实施都是创作。"（参见［古希腊］柏拉图：《柏拉图对话集》，王太庆译，商务印书馆2019年版，第336页。）

〔4〕 ［德］马丁·海德格尔："技术的追问"，收录于氏著《演讲与论文集》，孙周兴译，生活·读书·新知三联书店2005年版，第9页。

中不受到如匠人、艺术家的他者权力制约。这样，"产出（ποίησις）"也就具有了三种形式：一是借由工具的制作让事物产出，将之带到显现之中；二是经由艺术的创作让作品产出，将之带入图像之中；三是自然物在自身之中的"涌现"。这样，"技术"在的古代意义就相当地丰富，"ποίησις（生成）"就包含两种形式，一是φύσις即"涌现"，二是"τὲχνη"即"技艺"，而即使在"τὲχνη"之中，也同样有制造工具和创作艺术作品的两种"产出"活动。但是海德格尔提醒我们"τὲχνη"在本意上既有"技艺"或"手工技能"的意思，还有"技艺精湛"和"美的艺术"的意义，无论是"φύσις"还是"τὲχνη"都有其目的。

因此，正是由于"产出（ποίησις）"包含了"技术（Technik，τὲχνη）"，"τὲχνη"的古代意义也并非基于制作的过程或工具的使用，"τὲχνη"作为"ποίησις"的一种可能，同样是"经由招致的生成"，它是借他者之手显现出来的"创造"。如果把它限定在工具使用的意义上，那么也就忽视了在"招致者"这一原因之外"质料"与"形式"，"启用"和"弃用"的因素。就以"银盘比喻"来说，单纯地强调银盘作为造物仅仅强调了技艺使用的人与使用技术的方法，对于银盘由银制成，以盘为形状，并且在祭祀之中完成它作为工具的使命和目的却没有加以考虑。而海德格尔的观点是，只有把"技术"与"真理（Aletheia）"结合起来，才能观入它的本质，因为"τὲχνη"作为古代技术也就不仅允诺了造物的过程，更代表了对造物之前造物者对物的原因与条件的觉知。古代技术是一种解蔽方式，它区别于自然涌现的生成过程地让物在人的招致活动之中到场。"τὲχνη"是在对"欲招致者"具有觉知的情况下，敞开一个无蔽的场域，并且将欲招致者的要素在这个无蔽的场域之中联结的过程，"质料""形式""用处"以及"招致者"的因素在解蔽活动之前业已存在，只是在造物产生之前它们尚不明确，"τὲχνη"开启了欲招致者的无蔽状态并且显示了这些因素，造物以"招致—生成"的方式获得了无蔽状态。

进而，古代技术作为"τὲχνη"把物带入"敞开"的过程，它的前提是以"从无生有"的方式，把"隐蔽者"解蔽为"公开者"，它不会否定其中存在的混沌。一方面，古代技术是顺乎自然——涌现（Physis）的活动，它后于自然物而存在，究竟何者会最终"涌现出来"是无法预料、出其不意的偶然性以及可以通过观察获取的"清晰的涌现规律"[1]的必然性的结合，在其中存在看似混沌实则有序的未昭彰的自然物和作为形式的规律。另一方面，古代技术还包括艺术创作等一切生成活动，它并不仅仅是一种"促逼"意义上的大生产，"无蔽"的产生不仅出于生产活动也出于艺术活动，产生于对于生产的规划活动和人的自由创造活动这两种可能性之中。现代技术之为"集置"裁汰了古代"τέχνη"之中"顺乎自然"和"艺术自由"的成分，而单纯地成了一种工具性的实践，它既要作为解蔽活动彰显自身"解蔽"的原始属性，但由于它在解蔽方式上否定了其他的解蔽方式，因而就限制了在技术活动之中蕴含的自然因素和创造自由。

2. "现代技术"向何处异化：现代技术与总体霸权

如果依照古代人的理解，作为"τέχνη"的技术绝不是解蔽的唯一方式，解蔽可以经由艺术，也可以经由对自然之涌现的静观，还可以通过技术生产实现——但无论是在何种解蔽方式中，存在者都是在"招致"的意义上去对自然涌现敞开并居有的，所以在这种关系中的人（Dasein）并不是创造者，而是"蒙恩者"，只有业已敞开的领域才能够被招致，只有在被招致者的要素业已存在但隐而不彰的情况下解蔽才能够发生，在这种生成着的产出的解蔽之中"无者"将自身展开为"有"。而在现代技术的"本质—集置"之中，"τέχνη"与"ποίησις"的关系已经不能按照古代的思路进行诠释，"τέχνη"成了现代技术的表现是它是以一种促逼的方式对他者提出"要求"而不再静待物的自我敞开，甚至不会静待人顺其自然的艺术创造，最终把"产出"之中其他的解蔽方式——例如艺术创作和自然涌现——订造成了现代技术控制下的活动。在这种格局之中，海德格尔预感到技术的"总体霸权"已经产生，这首先体现为它在"解蔽方式"上自我宣示的独一性。

海德格尔认为，在技术支配下世界已经形成了"总体动员"的形态。在海德格尔之后的技术现象学研究者希尔特（Annette Hilt）接续海德格尔的技术观念指出世界具有如下的三种形态：一是"作为宇宙的世界"，这一世界不单单属于人类，同样也属于其他存在者的自然界；二是"作为生活世界和领会的现身结构的世界"，这一世界是专属于人类具有集体意义的生存的"生活

---

[1] [美] 约翰·霍兰：《涌现——从混沌到有序》，陈禹等译，上海科学技术出版社2001年版，第7、8页。

世界"，是在以日常中上手状态开启并且无限延伸的世界，在这个世界之中允许人的自由创作的存在；三是"作为人类之间有意义的集合"的世界，这一世界是人类在交互之中形成的共同体，其中的人类具有相同或相似的生存论领会（烦 Sorge）〔1〕。因此在不同的世界形态之中，技术的霸权样态虽不尽相同却有所关联：在"宇宙世界"之中，技术的霸权体现为对自然的促逼活动这一"自然权力"，自然的资源形成一种相对于使用者而非招致者的"为……存在"结构。如风本不是为了储存风能而存在，空气也并非为了氮原料的出产而存在，矿石也并非为了铀原料和核武器的制造而存在，但是在技术对于自然的"自然权力"的强力下，本源的"自然（Physis）"成为为了人这一存在者而存在的存在者，技术的强力掩盖甚至异化了自然涌现的规律和正常过程。而在"人的现身世界"之中，技术的强力体现出对人的"订造"活动这一"人的权力"，人将自身和周遭世界之中的物解蔽成"持存物"，精密科学及其理性主张反对人在生活世界之中无法被计量和实证的艺术活动，反对以无法定量研究的日常语言进行创作，反对无法被规划的对物的招致与创造，否定了人自由的率性而为，阻塞了人去招致"那种一向给一种解蔽指点其道路的命运之领域"〔2〕。因而人在动员之中只能依照技术规定好的道路去形成相同的，以定量化的、科学化为基调的世界领会方式——"促逼入那种订造的疯狂中，此种订造伪装着每一种对解蔽之本有（Ereignis）的洞识，并且从根本上危害着与真理之本质的关联"〔3〕。

　　海德格尔的"现成世界"形态界分与他对"共在"的讨论也有关联，技术的跌落指向的是人的共同生存，共在的世界一度被海德格尔认为是"常人世界"的表现形态而非"自然"的世界。共在是一种与他人有共同方向的生

　　〔1〕　Annette Hilt, Ursprungsfragen oder Zugänge zur Welt des Sozialen：Kunst, Technik, Politik, in *Heiddeger und technische Welt*（*Heidegger—Jahrbuch* 9），VERLAG KARL ALBER，2015，p. 92.

　　〔2〕　海德格尔的"自由（Freiheit）"概念与一般意义上的"自由"，特别是作为权利的自由权是具有明显差异的。在海德格尔看来，"自由"附属于"命运（Geschick）"这一人的历史性，人既不是厄运下的有罪之人，也不是宿命论意义上的奴隶，而是作为倾听者的自由人、"倾听"就意味着人的非意志成分，人的自由因此就需要被理解为在人在对命运的"泰然任之"的态度下，对任一解蔽（真理）和遮蔽（神秘）的可切近性，即存在论意义上的"可能性"。参见［德］马丁·海德格尔："技术的追问"，收录于氏著《演讲与论文集》，孙周兴译，生活·读书·新知三联书店 2005 年版，第25 页。

　　〔3〕　［德］马丁·海德格尔："技术的追问"，收录于氏著《演讲与论文集》，孙周兴译，生活·读书·新知三联书店 2005 年版，第 34 页。

活方式，它需要一种自我维系的规范，而后者不能要求过高的理解与认识门槛，否则共在也就难以形成规模；技术本身则在总体动员的方面恰恰有助于共在的规模形成，并且契合共在的最低要求。进而在集置的天命之中，技术获得了在建构共同体意义上的"政治权力"。在海德格尔的共在的生存结构之中，人们出于主体间性的交往活动异化为人与人彼此物化的订制活动。订制即是把人与自然资源一样视为工具，把在共在之中的人成为符号化和身份化的抽象个体，如在工作的时候人是物的生产者、管理者、服务者，在休闲的时候是物的消费者，劳动与生产按照计量标准完成，消费数额根据数量计算，在现代经济学与管理学角度的"人力资源""劳动力"等概念就体现了"技术本质"对人这一"主体"的"客体化"而获得对主体之为客体的宰制 negligible。而另一方面，技术的集置本质蕴含的计量化的思维却无力解释那些不可量化的，以及不能以逻辑理性化的生存论境况，例如"精神"和"美""道德"以及"价值"这些本能承载沉沦着的此在的共在情绪如"烦（Sorge）"和"畏（Angst）"的生存论现象也逐渐在技术本质的强力之下被驱逐出人的生存境况，却被代之以消费、体验、欲望等的确更加"计量化"，损失了人的精神生活之中赖以维系"共在关系"的现象。与之相应，阿伦特指出，"思想本身在它'根据结果计算'时就变成了大脑的一种功能，结果人们发现电子工具要比他们自己能更好地履行这些功能。行动在不久前还一致被理解为纯粹的制作与制造，而制作本来具有世界性，并且内在地不关心生命，但现在也被看作仅仅是劳动的另一种形式"[1]，无思想的、算计式的"共在"关系因此成了技术本质的促逼之中"共同体"的"唯一解蔽形式"，进而获得了一种潜在的律法的地位。

技术本质之为集置的总体霸权也就体现为把"人与自然""人与自我""人与他人"三个世界现象树立为现代独有的解蔽方式，并且以此推动计量的和非精神的世界向"第二洞穴"的进一步异化。海德格尔认识到现代技术与权力存在复合，认为"（技术主义）这种观点许诺人们去宣告一切强制活动与暴力性权力压制所得的东西都有必要性，并且把这种必然性认为是自由"[2]。

---

〔1〕 [美]汉娜·阿伦特：《人的境况》，王寅丽译，上海人民出版社 2017 年版，第 252 页。

〔2〕 Martin Heidegger, *Die Geschichte des Seyns*, Vittorio Klostermann GmbH, Frankfurt am Main, 1981, p. 167.

技术用量化的方式把一切的可能性向必然性转变，这样"自由"就不再出于人的自由意志，而被约束到科学或技术的自然规律之中，而自然规律建构的可以观察和量化的因果性则在自然、自我、社会的多个维度把可能性独一地认为是现实性的线性后果，一切可能属于技术无法解释的神秘的可能性的本己的自由范畴被定义为非理性的、应该受谴责的以及在主客对置性之中的与技术对立的派生者，技术对此可以进行暴力的改造。至此，海德格尔完成了他对现代技术的批判，这一批判从对"技术现象"与"技术本质"的区分展开，经由对"技术"的历史和现实进行观察，最终指出了"技术虚无主义"的现代社会的深入危险，他将这种虚无主义命名为"世界之拒予"，即"在集置之统治范围内的存有的至高奥秘"[1]——这里的"奥秘"是相对于"澄明"和敞开的"闭塞状态"，技术的世界以这一"非生者"和"非真理"的解蔽渠道订造了世界的各种现象。

　　然而，海德格尔虽然看到了"技术本质"相对于技术的本源的异化过程，看到了技术本质对现实的"人与自然""人与社会""人与自我"的订造危险，但是他却指出何以直接地对技术的本质进行克服，甚至在他后期的讨论之中，对物的"泰然任之（Gelassenheit）"和对神秘的"虚怀敞开（Offenheit）"等消极心态反而成了他对技术时代的救渡方案。这一方案指的是"给予我们一种新的根基持存性的前景……或许甚至有一天能够唤回旧的，正在迅速崩溃的根基持存性，唤回到一种变换了的形态之中"[2]，要对技术现象持有泰然的漠然态度，同时静候自然对技术之为集置的克服。由于海德格尔把技术定义为总体动员，把一切有意图克服技术本质的操作与社会改革同样地视为技术化的，因而海德格尔并没有像马克思一样给出对技术本质的统治的全社会的革命性的化解方案，而后者直接指出："自由就在于把国家由一个高踞于社会之上的机关变成完全服从于这个社会的机关……这个时期的国家只能是无产阶级的革命专政。"[3]他也没有像尼采一般从人的自我觉醒的意义上召唤人对技术的反抗力

　　〔1〕［德］海德格尔："转向（1949 年不莱梅演讲）"，收录于氏著《不莱梅和弗莱堡演讲》，孙周兴、张灯译，商务印书馆 2018 年版，第 94 页。

　　〔2〕［德］马丁·海德格尔："泰然任之"，戴晖译，收录于氏著《存在的天命：海德格尔技术哲学文选》，孙周兴编译，中国美术学院出版社 2018 年版，第 184 页。

　　〔3〕［德］马克思：《哥达纲领批判》，中共中央马克思、恩格斯、列宁、斯大林著作编译局译，人民出版社 2015 年版，第 127 页。

量，后者则"想教给世人以生存的意义，这就是超人，从人的乌云中发出的闪电"[1]。因此，仍然留下的问题就是，为何海德格尔在对技术的本质及其世界性"总体霸权"的透彻的认知之后，却只能相对无力地提出了诗思哲学这样的解决方案，或者说"思"本身是不是一种蕴含强大力量的人的活动——这些问题要在海德格尔对形而上学的批判中寻找答案。

二、对形而上学的批判：对"统治者"的合法性基础的批判

海德格尔认为，形而上学的历史就是一部"最高价值的自我贬黜"的历史，在现代社会"技术的本质"终于从形而上学史的暗线走到了"最高价值"的舞台上。尼采是最后的"形而上学家"，而马克思则是唯一重视了物质世界的哲人，但他们对社会的改革方案仍未逃脱形而上学的二元对置，这是由于形而上学影响下的自然概念和律法观念成了无可回避的历史本身。海德格尔提出的思想是相对于"形而上学"而成立的，因为他认为形而上学已经成了技术统治的共谋者，甚至正是由于形而上学结构早已与技术的本质嵌合，"技术虚无主义"与"形而上学虚无主义"实则为表里：如果说技术是现代社会之中"最高价值"位置的所有者，那么形而上学就是提供了"以最高价值统治一切"这一对置性的理由，前者的合法性由后者赋予，后者的思维方式被前者规定。因此构成现代技术的集置本质的不仅仅是算计式的科学与技术造物，而也有形而上学这个思维的工具，即使在现代社会之中古代形而上学已经随着最高价值的罢黜而不再有以往的活力，但它们却为技术统治背后的二元思维提供了基本理由。

技术作为时代的天命就是西方形而上学的天命，西方的形而上学基托二元论对"存在"的解蔽方式在一开始就陷入了存在者之中，最高的价值是相对于二元论之中另外一极的统治力量。海德格尔展示的哲学史显示出，如果说柏拉图和亚里士多德还在某种程度上记忆得起巴门尼德的教诲，即仍然向往对存在的思考，那么在后世的形而上学家那里这些古老的"思"已然被深受柏拉图和亚里士多德影响的二元论所取代了，后者或是表现为"主体/客体"，或是表现为"此岸/彼岸"，或是表现为"经验/先验"，或是表现为

---

〔1〕〔德〕尼采：《查拉图斯特拉如是说》（详注本），钱春绮译，生活·读书·新知三联书店2014年版，第16页。

"精神/物质"，抑或是表现为"真命题/假命题"，当然更表现为"人/自然"。形而上学构成了技术用以宰制此岸世界的形式框架，但形而上学的非此即彼的二元论注定是不平衡的，在技术篡夺了至高价值的位序之后，它就会如同既有的至高价值一般对人与社会进行统治，而统治结构与以往的至高价值的统治结构完全类似，甚至"自其开端以来，西方思想所思考的始终是存在者之为存在者，而没有思及存在及其本己的真理……最后，在形而上学中，存在沦为一种价值了"[1]。如果"存在本身"已经在形而上学的解读之中成了一种"最高价值"，那么唤回对存在本身理解就是最为急迫（notwendig）的行动，因此在海德格尔对"技术"的批判之中，以"思"的力量去取代形而上学的框架是必然且原始的。

　　因而，海德格尔对形而上学的批判是对形而上学历史的批判，却不是以另一形而上学代替既有的形而上学，如海德格尔将柏拉图这个西方形而上学的开创者视为开辟了虚无主义的"始作俑者"，但又承认柏拉图的历史地位。在海德格尔看来以"柏拉图—亚里士多德"为开端，经由中世纪经院哲学发展，于德国观念论哲学之中大成，最终于尼采和马克思的"反形而上学"之中动摇的"形而上学历史"就是一部"存在的遗忘历史"。因此批判形而上学就等于是要从柏拉图这"第一开端"跳跃到"另一开端"之中，从中挖掘出西方形而上学对存在的遗弃和唤回存在本身之急迫。

　　（一）"人本主义批判"："彼岸/此岸"二元论和"自然/人"的非平衡二
　　　　元论的建立——"存在真理之本现"的遮蔽

　　海德格尔与施特劳斯、阿伦特等政治哲学家一样，都坚持超克现代性的问题必须在"古代"之中寻找方案，然而与后者不同，海德格尔把后者推崇的柏拉图式的政治哲学研究视为对"存在"的最为原始的遮蔽，也即在柏拉图的时代，技术统治就已经初生端倪。理解海德格尔式的"形而上学"批判，理解他对自然与人对立，人与自然和"神圣（理念/上帝）"对立的批判，关键在于对柏拉图的历史地位的评价，海德格尔将柏拉图的自然正当观念视为"形而上学的开端"，认为柏拉图虽然对"存在/存有（Sein/Seyn）"的问题仍然具有意识，但是他却要为"存在/存有"的离弃状态负重要的责任，同时这种对存

───────────────

　　〔1〕　〔德〕海德格尔："尼采的话'上帝死了'"，收录于氏著《林中路》，孙周兴译，商务印书馆 2018 年版，第 292 页。

在的背离也贯穿了整个古代哲学的历史之中，最终在迈向近代哲学的过程中显现出来。海德格尔复归古代的研究思路影响到了受到他教育的政治哲学家们，但他们对柏拉图的地位的不同评价间接地影响了进一步对亚里士多德和中世纪经院哲学的历史定位，而如同海德格尔那般把柏拉图定位为"遗忘存在"的源头，那么"作为柏拉图的注脚"的整个形而上学历史就成了遮蔽存在的共谋，即使如同政治哲学家主张的那样回返到柏拉图也不能改变这个命运。

1. 柏拉图对作为"理念-自然"的至高存在者的研究

柏拉图（Plato）的哲学著作往往假托苏格拉底（Socrates）之名写就，作为苏格拉底最负盛名的弟子，柏拉图的名字也往往与苏格拉底一并出现，乃至于苏格拉底更多的是柏拉图著作之中的教育者与教谕者的形象，他与智者学派的哲人如普罗泰戈拉和早期自然哲学的代表如巴门尼德的论辩确立了一个柏拉图式的哲人形象。而在他的时代，柏拉图笔下的苏格拉底以一种对既有哲学理论的"革命"式的论调实现了由自然哲学向政治哲学的转变。而在海德格尔的论述之中，对这种革命式的论调的合理性质疑则指向了柏拉图以及他笔下的苏格拉底。

柏拉图的全部著作围绕"理念（$ιδέα$-idea-Idee）"进行展开，从逻辑上看，柏拉图的"理念论"具有如下的三个层次，第一个层次体现在如《理想国》《法律篇》[1]之中对"理念"的政治哲学叙事。例如他认为："一个按照自然建立起来的国家，其所以整个被说成是有智慧的，乃是由于它的人数最少的那个部分和这个部分中的最小一部分，这些领导着和统治着它的人们所具有的知识。"[2]他又指出："如果我们得到了适合于自然的东西的充实，我们就感到快乐的话，那么，受到充实的东西和用以充实的东西愈是实在，我们所感到的快乐也就愈是真实地来繁殖，如果比较少地缺少实在，我们也就比较地不能得到真实可靠的充实满足，也就比较地不能感受到可靠的真实的快乐。"[3]所以理想国首先是作为一种"理念"的"理想国"，它永远是无法切近的存在者，现实之中的国家即使由哲人这一群体作为统治者，采取"哲人王"这一最佳政制，也无法做到对"理念"的全然本真的解蔽，反而是在"哲人王—贵族共和

---

〔1〕 又译为《国家篇》《法义》等。
〔2〕 〔古希腊〕柏拉图：《理想国》，郭斌和、张竹明译，商务印书馆1986年版，第149页。
〔3〕 〔古希腊〕柏拉图：《理想国》，郭斌和、张竹明译，商务印书馆1986年版，第379页。

制—寡头政治—民主政体—僭主制”的序列之中，所能解蔽出的“真理—理念”的成分相应地稀少，最终由“真”成为“假”，也即从“善”走到“恶”。作为“理念”的理想国是真实“存在”的，如柏拉图在对“善”的讨论之中指出的那样，“理念”之中的理想国是“真实的善”，但也是“应当存在而尚未存在”乃至于“无法在现世存在”的善[1]。在现实之中存在的政制都不是“真实”的，反而是那存在于人类无法触及的彼岸世界之中的才是最佳的政制。海德格尔在一定程度上承认上述的观点，尤其是在对柏拉图用以比喻人如何切近真理，如何切近“善”这一至高理念的过程中使用的“洞穴比喻”予以诠释的过程中，海德格尔将之更为详尽地表述为“真理发生”的四个步骤：

（1）洞穴之中人的生存境况：“人的行为所朝向的某物之无蔽，属于人的此在（作为其状况的标志）”[2]，洞穴之中的囚徒被束缚到特定的方向上，观看到的是“阴影”，被遮蔽的实在是更为真切的存在者，但阴影对于这一阶段的人之此在而言已然是“无蔽（ἀληθεια）”——“阴影，洞穴之中所面对的照面物”[3]；

（2）洞穴之中人的某种“解放”：在这一阶段的人摆脱了束缚，而直接面对原本处于背后的“火光”，看到了某种相对于“阴影”而言更具有“存在性”的存在者，但是“摆脱了囚缚并不是人真正的解放，只要人还没有掌握真正的本己，解放就仍然是表面上的，只是改变了境况，并不是其内在的状态，他的意愿并没有改变……还是想返回到枷锁之中”[4]，人并未领会光明（Lichtung）和无蔽何以发生——“在第一次的（非真正）的解放中，在洞穴中可觉察的东西”[5]；

（3）人朝向本源的光明的真正解放：人在本己的自由的迫使下，超越了

〔1〕［古希腊］柏拉图：《理想国》，郭斌和、张竹明译，商务印书馆1986年版，第264页。

〔2〕［德］海德格尔：《论真理的本质——柏拉图的洞喻和〈泰阿泰德〉讲疏》，赵卫国译，华夏出版社2008年版，第28页。

〔3〕［德］海德格尔：《论真理的本质——柏拉图的洞喻和〈泰阿泰德〉讲疏》，赵卫国译，华夏出版社2008年版，第64页，这一部分“——”后所对应的是海德格尔提出的“无蔽（ἀληθεια）”的四个等级，下同。

〔4〕［德］海德格尔：《论真理的本质——柏拉图的洞喻和〈泰阿泰德〉讲疏》，赵卫国译，华夏出版社2008年版，第36页。

〔5〕［德］海德格尔：《论真理的本质——柏拉图的洞喻和〈泰阿泰德〉讲疏》，赵卫国译，华夏出版社2008年版，第64页。

"自明性"的洞穴之中的一切存在者，而走向洞穴之外的"超越之地"，切近了最高的但不敢直视的"太阳—至高理念—善"[1]——"在第二次（真正地）解放中，逐渐习惯并习惯于所呈现出来的最高等级的东西——使光、发光、可见性首先得以可能的东西：众理念"[2]；

（4）自由人向洞穴的回返：作为解放了的囚徒的哲人（φιλόσοφος）的危险的回返、死亡以及自由，这一更高程度的自由在于"履行一种作为ἀλήθεια之发生的哲学的命运"[3]，意味着一种更为本己的能在，以及被"善"这一至高理念所"托付"的走回黑暗的命运——领会了"无蔽"与"遮蔽"的区分以及"理念"与"现象"的区分[4]。

海德格尔对柏拉图进行"理念"的解读并非一种政治主张[5]，他观察

---

〔1〕［德］海德格尔：《论真理的本质——柏拉图的洞喻和〈泰阿泰德〉讲疏》，赵卫国译，华夏出版社2008年版，第44页，虽然并未标注，但是此处的"自由"应当作与前文技术批判之中"自由"的同样理解，即人之此在的全部可能性。

〔2〕［德］海德格尔：《论真理的本质——柏拉图的洞喻和〈泰阿泰德〉讲疏》，赵卫国译，华夏出版社2008年版，第64页。

〔3〕［德］海德格尔：《论真理的本质——柏拉图的洞喻和〈泰阿泰德〉讲疏》，赵卫国译，华夏出版社2008年版，第84页。

〔4〕海德格尔对"第四阶段"的描述是相当丰富的，由于篇幅所限，本书无法全然展开，但是需要提醒的是，海德格尔绝非在一种政治哲学意义上的"拯救"的意义上去区分"哲人/政治哲人"，而后者是施特劳斯对柏拉图洞穴比喻的解读。根据施特劳斯，哲人的责任在于明晰了知识后肩负起对城邦（洞穴的意见社会）的拯救任务，他要再度回返洞穴之中进行对"常人"的拯救，即要在知悉"最佳制度"的理念形象后返回洞穴建构合法的制度（参见［美］列奥·施特劳斯：《自然权利与历史》，彭刚译，生活·读书·新知三联书店2016年版，第141页）。而海德格尔的解读却以哲人本身的本己能在为线索，指出了人由庸常生活到意见生活，再到超越洞穴的真理生活之后，必然回到共同体之中的"命运"。换言之，哲人回返洞穴并非由于自身的意愿，而是在历史性支配下的"永恒轮回"的一个部分，这一过程的动力绝非某种超越于常人的拯救能力，而是哲人本己的决断——这一本己的决断构成了更为自由的，哲人的生存论状况。

〔5〕需要注意的是，在《泰阿泰德》—《智者》—《政治家》三部"连续剧"之中，除了《泰阿泰德》之外，叙事的主导者都不再是"苏格拉底"，而采用了与《法律篇》一致的"异邦来客"作为叙事的主导者。而《智者》与《政治家》之中"苏格拉底"虽然出场了，但是主角显然仍是"异邦来客"，这种区分在柏拉图的著作体系之中是相当重要的现象，从训诂学的角度看，柏拉图托苏格拉底之名进行的叙述既可能是真正对苏格拉底本人论述的整理，也有可能是柏拉图本人"托古言今"的春秋笔法的体现。但是在《智者》《政治家》以及《法律篇》等相对后期的著作之中，柏拉图的"春秋笔法"以更为昭彰的方式表达出来，"异邦来客"的形象不再是其名的主体，而更可能代表柏拉图本人的理论真意，属于"隐微术"的一种，对此的研究可见 Arthur Melzer, Esoteric Tangles, *Perspectives on Political Science*, 2015, (4), pp. 234, 233.

到柏拉图暗示了真理的"非真理"之本质，即作为存在者的"真理—无蔽"之中必然蕴含"遮蔽"的本质。从《泰阿泰德》之中可以看出柏拉图的关注点已经从"真—善"的"是什么"转向"不是什么"，他直接指出："在被问到'知识是什么'的时候，我们给出的回答不会比'非知识（$μὴ\ ἐπιστήμην$）'更加是'知识'。"[1]他否定了泰阿泰德关于"知识是感觉""知识是真信念"以及"知识是带说理的真信念"的观点，而在海德格尔看来，上述的讨论已经接近了对"遮蔽/无蔽"的讨论，也即"人的此在对于存在来说，必然先行具有本质的识别力，必然已经朝向$ἰδέα$而解放，在理念之光中，可以无遮蔽地与一切存在者照面"[2]。因而在柏拉图对有无的强调之中，即使"理念"作为"至高存在者"出现在彼岸世界，"有/无"的区分的存在则指向了理念的光芒之外仍然存在在那些理性无法触及特别是无法言说的地方。如果说柏拉图允许遮蔽着的"神秘"存在，允许在解蔽与无蔽之余存在"遮蔽"，甚至即使这一允诺停留在"理念"这一存在者对人之此在的"敞开可能性"之中。那么柏拉图的"自然法"也必然考虑到了存在本身，而至于《智者》之中柏拉图则讨论了存在者的存在方式，即指出了存在者如何存在：

> "非是者"并不比其他东西更缺乏"是"，而且从现在起我们可以勇敢地说，"非是者"无疑也是有其自身本性的东西，正如"大者"是"大的"，"美者"是"美的"，"不大者"是"不大的"，"不美者"是"不美的"，按照同样道理，"非是者"过去是，现在也是"非是的"，并且应当算作众多"是者"中的一个类型。[3]

柏拉图从《泰阿泰德》之中生发出的对"不（Nichts）"的讨论，延伸到《智者》之中对"非-是者"的"是性"（存在性）的解读，最终落脚在《政治家》之中向"政治哲学"的回返，然而经过对"遮蔽/无蔽""非/是"的区分讨论，柏拉图对政治的认识更加深入。他借"异邦来客"之口，给出了"划分"的技艺，即对一切整体的辩证论分析的区分，构成了对"$τέχνη$（技

---

[1]　[古希腊]柏拉图：《泰阿泰德》，詹文杰译注，商务印书馆 2018 年版，第 87 页。

[2]　[德]海德格尔：《论真理的本质——柏拉图的洞喻和〈泰阿泰德〉讲疏》，赵卫国译，华夏出版社 2008 年版，第 310 页。

[3]　[古希腊]柏拉图：《智者》，詹文杰译注，商务印书馆 2012 年版，第 83 页。

艺）"的综合讨论，而海德格尔则认为在柏拉图的这种理论构造之中"存在首先指的是在场状态……超出在场状态，它是'为何之故'，为了，$άγαθόν, ώφέλεια$ '有用'……存在被分离开，作为$δν$……助益（Beiträglichkeit）自身不是存在论地被理解的，而是跟存在并列，因为存在自身被限制在纯粹持恒，赤裸裸的物的在场状态"〔1〕。这就意味着柏拉图本能地对"理念"的"所是"进行存在论的解读，然而在《泰阿泰德》—《智者》—《政治家》的著作脉络之中，他不仅搁置了对"理念"的第一个层次之中的，本该被纳入理论视野之中的生存论与存在论差异，也没有对"遮蔽—无蔽"和"是性"与"不性"的相关性建构，忽略了"遮蔽"与"解蔽"作为"存在"的不同样态的相同的存在性成分，而最终把"理念"限制在了类型学意义上的显现方式之中，进而走向了一条区分存在论与伦理学的二元论进路，也因此在根本上已经决定了柏拉图对"理念"的存在者式的研究模式。

而如果把柏拉图对"理念"的第三个阶段的研究置入我们的视野之中，则发现柏拉图愈发沉浸于对"理念"的存在样态的讨论之中，自然法进而成为静态的自然正当观。在《蒂迈欧篇》之中，他直言：

首先，存在着理性，不生不灭；既不容纳他物于己身，也不会进入其他事物中；不可见不可感觉，只能为思想所把握；其次，我们有与理性同名并相似的东西，可以感知，被产生，总在运动，来去匆匆；我们通过知觉和信念来把握它们；第三者是空间，不朽而永恒，并作为一切生成物运动变化的场所；感觉无法认识她，而是能靠一种不纯粹的理性推理来认识她；她也很难是信念的对象。〔2〕

柏拉图在此明确了理念乃是存在者定位，并且划分了在理念之下的各个存在者的自然等级。虽然柏拉图对"理念"的定义上仍然是《理想国》之中的至善理念，同时把"理念"的相似物视为对理念进行模仿的"众存在者"，然而在此处对"理念（本源）—其他存在者（生成物）"的位阶已经相当明

---

〔1〕［德］马丁·海德格尔：《古代哲学的基本概念》，朱清华译，西北大学出版社2020年版，第155页。

〔2〕［古希腊］柏拉图：《蒂迈欧篇》，谢文郁译注，上海人民出版社2003年版，第49页，由于译者差异，"$ιδεα$"被译为"理念"与"理性"，实则是同一词汇。

确：柏拉图要求我们明确"生成中的东西""生成过程的承载体""被生成物模仿的存在"[1]，这样"存在者"就具有三个不同的等级并且把理念包含了进去，一是作为一切存在者的模版的"形式"也即"理念"，二是一切存在者的载体和养育者，即"质料"，三是由"理念"派生的，可见的模仿者即"生成物"[2]。这样，柏拉图以对巴门尼德的"理念可否分有"的回应[3]把"理念论"提高到了数学构型的层面上，这基本奠定了亚里士多德的宇宙论研究的结构，同时也把"理念"建构为以数学模式可被其他存在者"分有/模仿"的对象，即在"存在性"上其他存在者以相似性的方式效仿"理念"进而分有理念的基本结论。

　　柏拉图对"理念"的三个层次的强调最终以牺牲了"自然"的不性获得了对存在问题的回答，奠定了"理念"的至高性质，《泰阿泰德》《智者》之中对"理念"之"遮蔽与无蔽""是性与不性"的辩证讨论实则已经触及"存在论差异"这个根本的问题，然而在《政治家》以后，柏拉图又着重于对"技艺"——即对存在者的解蔽方式的区分，这也导致了柏拉图最终的思辨止于"存在者"的层面。《蒂迈欧篇》之中则出现了以数学和

---

〔1〕　［古希腊］柏拉图：《蒂迈欧篇》，谢文郁译注，上海人民出版社 2003 年版，第 47 页。

〔2〕　［古希腊］柏拉图：《蒂迈欧篇》，谢文郁译注，上海人民出版社 2003 年版，第 45 页。

〔3〕　《蒂迈欧篇》更像是"老年苏格拉底"的独白，这是由于在这一讨论之中其他的发言者几乎毫无存在感，而与之相映成趣的是，在代表"少年苏格拉底"的《巴门尼德》篇（又译为《巴曼尼得斯篇》）中，"受教育者"则是苏格拉底本人。巴门尼德对苏格拉底的"理念论"指出，"看起来无论如若一是或者如若一不是，它和其他的，相对于它们自身以及彼此相对，既完全是一切、又不是一切，既表现为一切，又不表现为一切"（参见［古希腊］柏拉图：《巴曼尼得斯篇》，陈康译注，商务印书馆 1982 年版，第 391~392 页）。巴门尼德是唯一在论辩中使"苏格拉底"自叹不如的人，他的基本主张是由于基于"善"这一至高"理念"并不具有本源地位，因此就意味着与"善"相关"德性"不能由人"分而有之"，因此对一个人进行整全的德性教育是不可能的，进而可以推知在巴门尼德看来教育的目的乃是智慧—知性的培养，而根本不能直接指向德性（参见［古希腊］柏拉图：《巴曼尼得斯篇》，陈康译注，商务印书馆 1982 年版，第一部分）。而在"苏格拉底"和普罗泰戈拉的辩论中，他又似乎在使用巴门尼德的那种理论武器，对于普罗泰戈拉的"德性可教"且"可以普及"的观点进行了质疑（参见［古希腊］柏拉图："普罗塔戈拉"，载［古希腊］柏拉图：《柏拉图四书·会饮篇》，刘小枫编译，生活·读书·新知三联书店 2016 年版）。因为在普罗泰戈拉看来，"德性"不仅是可教的，而且是通过"智术师"进行传授的一种"公民技艺"，因此社会的一切阶层都有形成德性的机会，即受教育的机会。柏拉图在后期著作中可能对上述的不同教育思路进行了反思，一方面他认为德性可教，但是不能依照智术师的"修辞术"进行教育，而必须借助天文学、几何学和音律学等方式进行引导；另一方面他则坚持认为由于上述的"学科门槛"，德性的教育也只能局限在贵族之中（参见［古希腊］柏拉图：《蒂迈欧篇》，谢文郁译注，上海人民出版社 2003 年版），因此《蒂迈欧篇》可以被视为"老年苏格拉底"对"青年苏格拉底"的回答与补充。

逻辑的方式对"理念"之为最高存在者进行描述与定义。而海德格尔指出，柏拉图并非放弃了对"存在"的问题意识，甚至他在存在者存在的"是性"与"不性"方面指出"是"与"不"都是存在的显现方式，指出了"遮蔽"（非知识）与"无蔽"（知识）是一体两翼的解蔽活动。即使对《政治家》之中的技艺分类讨论，仍然可以视为对"技术"的合乎本源的界分方式——因而实际上柏拉图已经意识到了"存在/存在者"区分的必要。在海德格尔看来，柏拉图未被道说出的思想要远比他已然道说的形而上学观点重要[1]——正如他对柏拉图的评价指出的那样："真理之所是，如同它存在并活动着的那样，只有通过我们探问其特有的发生；通过我们先于一切而追问那种在这个历史上还未曾发生的东西才有可能，而此后它又自行锁蔽起来——自行锁蔽地如此之深，以至于此后似乎就像在其原初状态中那样根本未曾存在过。"[2]

海德格尔认为柏拉图切近了存在问题，但在结果上导向了"理念/存在者"的二元对立，这就使得"自然"成为一个静态的理想中的存在者，但是对于柏拉图的历史地位的争论并未因为海德格尔的观点而"盖棺定论"。例如沃格林就认为，"柏拉图确立的政治学中的人类学原则要求完美城邦的理念表达出（或政治科学提出的标准基于）人的本性"[3]。而阿伦特也同样指出："哲学家对生活本身——生活本身指的是，对于尘世中的人们来说，它被给定的样子——的态度……尽管柏拉图鄙视肉体的快乐，但他并不抱怨不快乐超过了快乐"，但"真知（true cognition）只有对于不受感觉搅扰的心智才是可能的"[4]。更不必说施特劳斯与海德格尔针锋相对地指出："'世俗化'所预设的前提是思想上的一种剧烈的变化，一种从某个层面到全然不同的另一个层面的转变……归根结底要被理解为传统神学对于现代哲学或科学（既包括自

---

〔1〕［德］海德格尔："柏拉图的真理学说"，收录于氏著《路标》，孙周兴译，商务印书馆2000年版，第234页。

〔2〕［德］海德格尔：《论真理的本质——柏拉图的洞喻和〈泰阿泰德〉讲疏》，赵卫国译，华夏出版社2008年版，第311页。

〔3〕［美］埃里克·沃格林：《柏拉图与亚里士多德》，刘曙晖译，译林出版社2014年版，第340页。

〔4〕［美］汉娜·阿伦特著，罗纳德·贝纳尔编：《康德政治哲学讲稿》，曹明、苏婉儿译，上海人民出版社2013年版，第44页。

然科学又包括政治科学）所造成的思想其后的适应。"[1] 由此可见，政治哲学至少可以从三个方面对柏拉图进行辩护：一是柏拉图首先明确了"人的本性（人的自然）"与"政治/国家的本性（自然）"同构的性质，把这两种"自然"统一于永恒的理念之上，这样"良善的国家"与"良善的个人"就具有了同样的"自然法尺度"，这对于政治哲学而言是经典的理论预设；二是即使柏拉图存在对"理念"这一彼岸存在者的信仰与构想，柏拉图最终还是回归于尘世，以"不受干扰的心智"去对尘世之中的常人进行救渡，这符合一个完美的政治哲人的形象；三是海德格尔式的"世俗化"尝试，无非是把理念进行相对化与历史化的"现代性"的相对主义理论尝试，他是虚无主义在现代的代言人。不过如果我们思及海德格尔对伦理学的反思和对价值的悬置，那么可以发现上述政治哲学对柏拉图的辩护以及海德格尔对柏拉图的诠释与解构本质上是具有不一致的观察口径的。海德格尔所批判的是柏拉图对"理念"的未竟的思考，以及其带来的"此岸/彼岸"的二元论图式的历史渊源，而沃格林、阿伦特以及施特劳斯的辩护则是针对柏拉图的"二元论图式"作为经典的自然法构想的价值效能。如果双方真正具有理论上的纠纷，这种纠纷更多的是自然哲学/存在论与政治哲学/价值论的优劣之争，也是历史主义/生存论演历与绝对主义的立场之争，这种立场之争必须暂时地悬置，以避免它干扰我们对海德格尔形而上学批判的内在理路的思考。

2. 柏拉图之后的古代形而上学思路：亚里士多德与中世纪

柏拉图在后期对宇宙的数理构型对亚里士多德产生了极大的影响，后者在《物理学》的开篇代替柏拉图进一步完成了对巴门尼德等自然哲学家的批判，他指出：

曾经有些思想家在以下两个论证面前屈服了。屈服于第一个论证"若存在只有一个意思，则万物是一"。是因为承认了有"不存在"这东西；屈服于另一个由二分事物发生的论证，是因为他们假定了有一些不可分的量存在。但是显然，"若存在只有一个意思，且不能同时有相反的意思，因此就不会有任何不存在"这个推论是错误的。因为"不存在"可以不是指绝对的"不存

---

[1]　[美] 列奥·施特劳斯：《自然权利与历史》，彭刚译，生活·读书·新知三联书店 2016 年版，第 324 页。

在"，而是指某一特定的"不存在"。所以"若除了存在本身而外就不再有别的什么，因此万物就应是一"这种说法是荒诞的。因为有谁把"存在本身"理解为"实体"以外的东西呢？但是，即使如此。"存在"依然可以如以已说过的，是多。

因此显然，存在（"是"）在这种意义上，不可能是一。[1]

就亚里士多德的讨论而言，"屈服于第一个论证"就意味着承认"存在是绝对的一"这一论题，而在这一层次上"一"对应的是绝对的"无"，亚里士多德仍然具有对"存在"显现方式的思考，即"存在者"既可以以"有"的方式在场，也有可能以"无"的方式不在场。"多"的存在者意味着一些存在者以"有"或"是"的方式存在，而另一些存在者以"无"或"否"的方式存在，亚里士多德因此就完美地实现了由存在者论向存在论的跃迁。而至于"屈服于第二个论证"则是意指一些哲学家虽然承认有一个"不可分有"的存在，但尚可以允许存有一个可以分有的存在。例如柏拉图就以"理念论"指出可以被分有的是"理念"这个"一"，但是理念可以被进一步分有为"诸理念"的"多"。亚里士多德对此的评价是，无论是如同柏拉图一般把"形式–理念"视为"一"，还是另一派的自然哲人把质料视为"一"，实际上都是对本原的数量进行讨论：柏拉图式的讨论意味着具有"理念/诸理念"两种本原，而如阿那克西曼德等自然哲人则坚持具有"质料/分割的质料"两种本原。在亚里士多德看来，这两种讨论都没有准确界定"本原"的数量，因为"理念/诸理念""质料/分割的质料"根本上是"一/多"的对立，而必然具有一个第三本原，使得"一"变化为"多"，"如果认为对立是本原，又，对立需要一个基础，这两个结论是正确的，那么，如果要坚持这两条，就必须提出一个第三者作为基础"[2]。因此在对"本原有三"的讨论基础上，亚里士多德给出了他的"自然"概念：

凡存在的事物有的是由于自然而存在，有的则是由于别的原因存在……一切自然事物都明显地和那些不是自然构成的事物有分别。一切自然的事物都明显地在自身内以后一个运动和静止（有的是空间方面的，有的是量的增

---

[1] ［古希腊］亚里士多德：《物理学》，张竹明译，商务印书馆1982年版，第11页。
[2] ［古希腊］亚里士多德：《物理学》，张竹明译，商务印书馆1982年版，第19页。

减方面的，有的是性质变化方面的）根源……"自然"是它（物体）原属的事物因本性（不是因偶性）而运动和静止的根源或原因。[1]

海德格尔抓住了亚里士多德的上述定义，但进行了一定的转述：

因为一切从 φύσις 而来是其所是和如何是的东西，都在它本身内具有对运动状态和静止状态的起始占有（άρXή），有时是位置方面的运动和静止，有时是量的增减方面的运动和静止，有的时候是变化（变换）方面的运动和静止。[2]

海德格尔的研究进一步指出了"φύσις"是区分于"τέXνη"的"运动状态"，而这一观点的渊源则是亚里士多德。"从自身而来、向着自身行进的它（存在者）自身的不在场化的在场化"是一个"本己的（于自身中被界定的）存在者领域（与制作物相区别的生长物）的存在状态（oύσία）"[3]，因而"φύσις"就是存在者的一种"存在方式"。亚里士多德的上述观点丰富了柏拉图未说明的"理念之分有"的原理，即"理念"作为"至高的存在者"，以不同的"存在状态"被各存在者所居有，至高存在者通过存在状态成为各类存在者的内在的本质（natura-nature-Natur），存在者以不同的存在方式存在为某种样态，这一样态既是由至高存在者发动的，也是对至高存在者来自存在者自身的解蔽活动，即"自然"是"对一个从其自身而来的运动事物的运动状态的起始占有"，也是"通向自然的（本质）的自然产生/运动通道"。

不过，虽然正如海德格尔承认的一样，在亚里士多德的"φύσις"概念之中仍然包含了"源初自然"的余音，但是亚里士多德对"φύσις""本质"或"运动状态"的界定方式实则蕴含了对存在的进一步遗忘的可能性。原因在于亚里士多德在回应"理念论"的"分有状况"的时候，虽然正确地将"至高存在者"向"一般存在者"的"流变"凸显了出来，并且将其视为"事物之本原"之一，他同样指出在"φύσις"之外，仍然有"τέXνη"这一解蔽方

---

〔1〕[古希腊]亚里士多德：《物理学》，张竹明译，商务印书馆1982年版，第30页。

〔2〕[德]海德格尔："论 Φύσις 的本质和概念"，收录于氏著《路标》，孙周兴译，商务印书馆2000年版，第285页，海德格尔的转译对应的是前引文中粗体部分的文段。

〔3〕[德]海德格尔："论 Φύσις 的本质和概念"，收录于氏著《路标》，孙周兴译，商务印书馆2000年版，第349页

式，二者的区别在于"φύσις"全然以"本质"为动力，实现事物自身对自身的存在基础的解蔽，而"τὲχνη"则需要依靠一定的外力去把事物"制作"出来，这样"φύσις"就不再意味着"存在"——而这恰恰是前苏格拉底哲人的源初理解——"被亚里士多德带入本质概念的'φύσις'本身指控是开端性的'φύσις'的一个衍生物"[1]。进而"φύσις"也就不再与"ἀληθὲια"直接同一，而成为对"ἀληθὲια"的一种解蔽方式，即允许"技术"作为与自然具有同等效力的解蔽活动而出场。最终，虽然在亚里士多德的构想之中"φύσις"仍然是向着事物本己的敞开和解蔽过程，但是其重要性已经受到了贬损。一个典型的例证体现在亚里士多德的著作体系中，在《形而上学》[2]之中，亚里士多德直接指出，"那些原始之'是'，为其他范畴所依凭的——即本体……由于本体的存在，其他范畴如量与质等类因而得起存在"[3]，"原始的是"被视为一切的"可能性"的集合，即"潜能"，依循其他范畴而显现的则是"实在"，前者更为本源，而后者则显示为"多"的存在样态。按照海德格尔的表述，即"（多门类）的存在者的存在的一个门类（在其他门类中间）是φύσις"[4]，在这里，亚里士多德彻底地背弃了源初的"存在"理解，"自然"不再代表"存在"和"无蔽"，而仅仅是诸多存在者的存在方式之一，即使这种存在方式尚且被认为是最为本源的存在方式，但技术性的思维在此也就获得了与自然的思维通达"无蔽"的同等可能性。

形而上学就此在亚里士多德的体系之中展开。海德格尔指出："形而上学从存在者出发又归结到这个存在者上去，而不是从存在出发进入到其敞开之境的可问之处去。因为'存在'的含义与概念都具有最高的普遍性。'形上——

---

〔1〕 海德格尔指出，"φύσις"在思想的开端之中被思为"存在"，而在亚里士多德对于"理念论"的变形之中，"理念"被思为事物本身具有的内在"本质"，而事物成了"现象"，这样就建构出了"本质"和"现象"的新的二元对立。这种思路的进一步演绎就是"φύσις"成为在场的持存物，即在罗马传统之中"事物之存在"与"事物之本质"的静态对置关系，参见〔德〕海德格尔："论Φύσις的本质和概念"，收录于氏著《路标》，孙周兴译，商务印书馆2000年版，第350页。

〔2〕 据海德格尔，根据逍遥派对亚里士多德的著作编纂，"形而上学"意味着"后——物理学"，即"Meta——physik"。因此"形而上学"对应于对物理学的"形"，且后验于物理学出现，这样也导致了"形而上学"在现代被视为后于"自然科学——物理学"的研究，参见〔德〕海德格尔：《形而上学导论》（新译本），王庆节译，商务印书馆2015年版，第97页。

〔3〕 〔古希腊〕亚里士多德：《形而上学》，吴寿彭译，商务印书馆1959年版，第192页。

〔4〕 〔德〕海德格尔："论Φύσις的本质和概念"，收录于氏著《路标》，孙周兴译，商务印书馆2000年版，第349页。

物学（Meta-physik）'作为要做进一步规定的'物学（Physik）'就在也不能在层次上更高更上了。于是它只有这条路可走，即撇开普遍者而走向特殊的存在者。"[1] 存在的空间最终被存在者填充，因此，从亚里士多德以降的形而上学家，最终的问题意识无法再度回归柏拉图与亚里士多德思想之中关于存在的理解。这与柏拉图把"理念"视为"至高存在者"并且建构了与现实的区隔，以及亚里士多德把"存在"视为一种单纯的"运动状态"，并且把"至高存在者"内化到存在者的"类本质"之中有极大的关系。事实上，从"至高存在者"到"存在者的内在本质"，再到"存在-存在者"的"种属关系"[2]，对"存在者问题"的思考逐渐增多，而对"存在"的讨论则逐渐依附于对"存在者"的讨论。例如亚里士多德的著作本身就蕴含着"区域存在论"性质的处理，即以《形而上学》讨论一般的形而上学研究，切近存在之为"本质"的论题，再以《物理学》解释存在论问题的出路即"运动"-"能在"，以《灵魂论》探讨生命的存在论，以《伦理学》讨论此在的存在论，以《解释篇》与《后分析篇》探讨哲学研究的概念构造[3]，最终呈现出的是对"存在者整体"的研究——亚里士多德对"存在"的关注落脚于"存在者整体"，"存在"也逐渐异化为"存在者整体"，然而如同亚里士多德一般"百科全书"式的哲人却是在历史之中昙花一现的过客，形而上学在历史的演历之中逐渐把"存在者整体"进一步地细化和分化，而在中世纪的哲学之中"存在者整体"再度被区分为"神圣存在者/世俗存在者"的二元对置，形构了"形而上学的天命"中的重要一环。

　　海德格尔对中世纪哲学的讨论体现于他对托马斯·阿奎那的思想研究之中。在阿奎那的思想之中存在两方面的关系：一是从动态的角度看，"上帝"作为新的至高存在者对其他存在者的创造活动，以及其他存在者经由信仰体

---

　　[1]　[德]海德格尔：《形而上学导论》（新译本），王庆节译，商务印书馆2015年版，第97页。
　　[2]　海德格尔认为，在亚里士多德的逻辑学与论题学研究之中，存在—存在者的差异进一步被刻画为"种属关系"，即"存在是一个种，那么类别和属差将存在区别为特定的存在。它们自己就不被存在规定，因为属差带来在种中还没有的东西……属差和类比包含了种（存在）的自身规定性"。在存在—存在者的关系之中，亚里士多德又以逻辑和论题的言说规定去揭示了"解蔽—遮蔽"的规律，即存在者依照"逻辑"去解蔽自身的本质，参见[德]马丁·海德格尔：《古代哲学的基本概念》，朱清华译，西北大学出版社2020年版，第168~169页。
　　[3]　[德]马丁·海德格尔：《古代哲学的基本概念》，朱清华译，西北大学出版社2020年版，第164~165页。

系的无决断状态对上帝的符合过程；二是从静态的角度看，"上帝"持立于动态的时间流动之中而形成了超越性的永恒存在者，而其他存在者则受制于动态的时间流而成为在固定的条件下在场或退场的暂时性存在者。在海德格尔看来，中世纪哲学再度地遗忘了亚里士多德的思想，他认为中世纪哲学本质上是对"存在者论"的思考："所有存在者与上帝的这种关系，在存在者层次上是普遍的（universal），如果存在＝受造之在或非受造之在，也就是说 ens creatum（受造的存在者），ens increatum（非受造的存在者）。先验演绎（Die Deduktion der Transzendentalien），只有以存在者层次上独断的上帝之前提方才可能。此前提先于先验演绎：1. 自明；2. 未澄清的存在者；3. 一次也未就此提出问题。"[1]因此，在亚里士多德体系之中对"本体/本质"的追问——例如他顺延柏拉图式的理念学说对存在如何可能（存在方式）的质问，在阿奎那的体系之中则被视为先天的教义（Dogma），即"神学（θεολογία）"本身就是"第一哲学（πρώτη φιλοσοφία）"，这一教义化的思考在对亚里士多德体系进行转移的同时也进行了删减，上帝作为"非受造的存在者"意味着"神圣理智（intellectus divinus）"，其余的存在者——包含亚里士多德未明确其存在者性质的"形式""质料"由于其外在于上帝，就属于上帝的创造物[2]，

---

〔1〕 ［德］马丁·海德格尔：《哲学史：从托马斯·阿奎那到康德》，黄瑞成译，西北大学出版社 2018 年版，第 88 页。

〔2〕 海德格尔对此的解读是，任何存在者都是受造物（omne ens est creatum），"上帝若不在存在者层次上（ontisch），那么，在同一视界内，仍然处在存在论层次上（ontologisch），因为，上帝是 ens increatum（非受造的存在者）"（参见［德］马丁·海德格尔：《哲学史：从托马斯·阿奎那到康德》，黄瑞成译，西北大学出版社 2018 年版，第 88 页）。海德格尔的意思是，上帝不在于作为"受造物"意义上的存在者层次——这一层次（ontisch）对应于亚里士多德的《物理学》的自然，而上帝所处的存在论层次（ontologisch）则对应于亚里士多德的"形而上学"范畴，因此亚里士多德的体系在阿奎那那里就获得了新的解释。首先"物理自然"被视为第二性的，但在亚里士多德体系之中"物—论"是先于"形而上学"的，这就代表了形而上学成了"第一哲学"。其次，即使"形而上学"成了"第一哲学"，但仍然与神学处于结合的状态，依照海德格尔的观点，中世纪的形而上学指的是对上帝这一特殊的且神圣地超越于物质世界的更为"真实"的存在者的研究，因此作为神学与哲学（形而上学）实际在对象上是一致的。施特劳斯对"哲学"与"神学"的观点同样为海德格尔的思考提供了进一步的佐证，在《哲学与律法》中，施特劳斯从政治哲学的角度解读了"神学"与"哲学"的关系，一是律法为哲学奠基的关系，即"启示，还有启示律法的现实性，对这些哲人（中世纪理性主义者）而言，是具有决定性、前哲学的前提……在确信已获准或受命从事哲学之后，他们可以从哲学上阐明启示的可能性，甚至最终将理性视为判定启示真假（Warhrheit order Falschheit der Offenbarung）的唯一法官——在所有这些努力和信念之前，在全部哲思之前，启示的事实确定不疑"。参见［美］列奥·施特劳斯：《哲学与律法——论迈蒙尼德及其先驱》，黄瑞成译，华夏出版社 2012 年版，第 61 页。二是

"神圣理智"因而意味着"善的理念"，也是一切真理都要去符合的根据，"原则上自存在论上具有重要意义的是，对上帝的规定总是 per remotionem（通过排除），着眼于受造的现成之物；以希腊的存在观念（Idee von Sein）为指导线索——存在者就是永远在场之物"〔1〕。进而他指出："托马斯的存在论的轮廓的中心，在于关于先验之物（Transzendentalien）的学说；并且只要vertum（真）和 bonum（善）属于先验之物，所有现成之物也就都与作为绝对的存在者的上帝有关——在双重意义上：vertum（真实）——由上帝所设想和创造，以上帝为出发点，并且反求诸上帝（zu ihm zurückstrebend）。从而为更进一步规定受造物中出色的造物、人，奠定了存在论基础。"〔2〕中世纪哲学以对"上帝"这一至高存在者的教义化的前提界定，把亚里士多德对存在者整体的研究转化为在对"上帝"为第一因、创造者以及绝对理智（真与善）下，对其他存在者赋予了"第二性"的对置地位，进而，出现了基于存在者区分的，属于永恒的上帝之内的绝对理性/理念的"永恒法"，属于自然（natura）的自然法—物法，以及属于人的"世俗法"，与"上帝–受造物"的关系一致，"永恒法—其他类的法"同样形成了对置的关系。

　　从亚里士多德到中世纪的哲学的思维演变在于中世纪哲学把在亚里士多德那里尚且存在的"存在问题"进行了锁闭，"上帝"成为能够代表存在本身的至高存在者，成为先于一切追问的前提，也因此成为对存在的唯一正当的解蔽路径。而在这一过程之中，蕴含着向虚无主义迈进的以下环节：一是从思想的历史的角度来看，古希腊人对存在者被拢集于存在之中，并且显现在存在的澄明（Lichtung）之中的最源初的惊奇化为对"存在者"以至于"偶

（接上页）律法对哲学的奠基作用，即"哲学家"与"先知"的身份同一化，"哲人—先知"被要求具有"完美的理智"（Verstand）、"完美的道德"（Sitten）、"完美的想象力"（Einbildungskraft）、"预言能力"（Vermögen der Divination）以及"管理人的能力"（Vermögen der Leitung von Menschen）。参见〔美〕列奥·施特劳斯：《哲学与律法——论迈蒙尼德及其先驱》，黄瑞成译，华夏出版社 2012 年版，第 82 页。施特劳斯所说的"律法"是经文教义的一种展现形式，"神圣的律法"与"理智的思辨"互为条件并且聚集于兼具知识能力和政治实践能力的中世纪经院哲人身上，也表明了神学与哲学在这一时期的同构性质。

〔1〕〔德〕马丁·海德格尔：《哲学史：从托马斯·阿奎那到康德》，黄瑞成译，西北大学出版社2018 年版，第 111 页。

〔2〕〔德〕马丁·海德格尔：《哲学史：从托马斯·阿奎那到康德》，黄瑞成译，西北大学出版社2018 年版，第 147 页。

像"的崇拜，思考的活动逐渐被限制在被"订造"的方向上，进而逐渐疏远了"存在"本身；二是从人的历史来看，人虽然相较于其他存在者具有存在论上的优先地位，但在"理念"向"上帝"的哲学思辨演变之中，人的地位却遭受到外部愈发强烈的挑战，例如在柏拉图的语篇之中具有向往"至善"这一至高理念的能动的运动能力的个人，在亚里士多德的体系之中被赋予了"本质"这一推动力，而最终在中世纪哲学之中完成了人对他者的静态对置——即在上帝对于人的永久的超绝性质，因此"人"这一存在者不再被视为"尺度"，人的学说思想与实践技能也被赋予了外在于人的渊源，上帝对于人的"真实性""善性""永恒性"都证明了人的"受造-虚伪性""恶性"以及"暂时性"，最终对人课以"神圣义务"——而在柏拉图的世界中，这种义务是人主动承担的"自然义务"；最后，从其未来的历史效应看，"二元论"不断地固化且形成了不对等的"第一性/第二性"的区分，虽然在中世纪的哲学之中"上帝"仍然可以被视为"理念"或"本质"等与人的生存论境况之外的超越的境况，但由于不对等的二元性的出现，"人"通过形而上学的历史演历获取第一性的地位也成了在生存论意义上虽然遮蔽着的，但实际保有的可能性。而事实是在例如霍布斯、洛克以及卢梭等政治哲学家的观点中，保留上帝但悬置上帝，最终在复归柏拉图和亚里士多德的教诲的旗号下将人重构为"第一性"的存在者是形而上学历史之中确凿发生的历史事实，尼采所说的"最高价值的自我罢黜"在柏拉图以降就已经发生，在中世纪哲学将"上帝"解蔽成最高的存在者的同时，也允诺了相反的解蔽路径——即使它们根本上都是对存在的遗弃。"自然"语意的变化也与上述的形而上学思考的流变相符，从柏拉图意义上与"技艺"相对的事物的显现与到场方式，到构成一切运动的根本推动力的"本质"而为存在者整体所享有，最终被静置为上帝缔造的受造物之一而成为人的生活环境，"自然"由"φύσις"逐渐变化为"natrura"，因此也就丧失了其作为"去—存在"的本意及其相对于技术而言更为本源和自因的内涵。

（二）启蒙运动与理性主义中的新"二元论"："共同体""理性"对"自然"的超克

如前述，"上帝"在形成了相对于人的统治地位后，实际上"人"超越"上帝"进而将自身奠基为至高存在者的可能性已经存在，而其约束仅仅在于教义化了的前提本身暂时无法动摇，然而教义化的前提的消解更多的是一个政治问题而非形而上学问题，对于人的理性的推崇隐微地处在霍布斯、洛克的主张之中，后者看似讨论上帝启示和创造的人类世界为切入点，但是却在理论层面阻却了神学与哲学"相互奠基"的关系，"上帝"所处的彼岸世界进而成为神学的对象，而人类的尘世则是哲学的空间。而在卢梭、康德的主张之中，对上帝的淡化以及对人性本源的非神学式的讨论则占据了顶峰，最终把人以及人的共同体提升为第一性的存在者。这种方法与视角最终在黑格尔的哲学大厦之中完成，"绝对精神"下"神学"与"宗教"成为人的历史演历之中的一个环节。而在这一哲学的运动之外，西方资本主义的崛起、民族国家的形成以及宗教的世俗化活动等事实，构成了支持上述哲学主张的政治学与社会学基础，同时在哲学主张的支持下，强调人的理性与自由的存在样态的政治体制与市场经济也逐渐确立。

不过，启蒙运动以及应运而生的观念论哲学虽然把人从"上帝之城"中解脱出来，但同时或多或少地带有复归古希腊理性主义的意味。例如亨利希（Dieter Henrich）就认为，"尽管柏拉图能够揭示做哲学（philosophizing）的人关于他自身的秘密思想，但是在他的理论中并没有对自我以及自我在世界中的地位有原初；理解的心灵概念"，19世纪的观念论哲学之中的努力方向仍然是消解当代人的经验与希腊古典心性之间的区隔[1]。但在历史中这一复归古典活动的最终的后果是把"人"之外的世界变成了一个对象世界，这种"对象性"的关系与中世纪哲学之中上帝将人视为对象的逻辑结构是相同的，否定了上帝这一"至高存在者"的结果是人取得了这一地位，并且通过人的理性能力的优越性建立人对自然的支配地位。人不再存在于"世界之中"，而是以静观的态度在"世界之外"，"近代哲学的决定性开端，在主体那里同时意味着，忽视（Versäumnis）了存在论问题，与此相关的基本问题：sum（我在），'我在（ich bin）'，生存（Existenz）！忽视，也就是说，在老一辈人那里尚在，也就是说，接受了经院哲学和古代的存在论。主体被当作存在论上的一种现成之物意义上的res cogitans（思维之物），或者更准确地说，此种的存在含义（Seinssinn）尚未从根本上得到规定"[2]。即人之此在被规定为主

---

〔1〕［德］迪特·亨利希：《在康德与黑格尔之间——德国观念论讲座》，乐小军译，商务印书馆2013年版，第87页。

〔2〕［德］马丁·海德格尔：《哲学史：从托马斯·阿奎那到康德》，黄瑞成译，西北大学出版社2018年版，第158页。

体，但却成为现成之物，人的理性成为至高存在者进而获得绝对性的同时，人也因此获得了在思维上的静止地位，在把世界静置的同时也把自身静置。否定了"至高存在者"，但是走向了"人的理性"这个相对于神圣意志的另一极端，自然成为人的对象，虽然人走出了观念论的"自然"并且对自然判断力具有了立法能力，但是却从自然意识运动走向了另一个存在者——绝对精神。

1. 康德理论中的"理性主义"："Dasein 的展开状态"之为"主体"

在海德格尔看来，康德所遵循的形而上学立场是延续形而上学传统的存在者论进路，海德格尔指出，康德的"形而上学是纯粹的、理性的、关于存在物合'一般'和关于存在物的主要领域中各自整体的认知"[1]。即人类作为"理性存在者"具有知性、理性以及判断力三个维度的存在方式，这使得康德进一步延续了"主体性"的概念，赋予"主体"相对于"对象"的优先性。首先，康德把人以外的自然界界定为对象界，他认为"对象是人之认识能力所捕获的东西"，观念不是对象在人脑中的"像"，毋宁说对象是观念的建构，在我们的认识过程中，有一些"先天"的东西，我们依靠这些东西去对事物进行认识——"我们可以把出自先天原则的认识能力称之为纯粹理性，而把对它的可能性和界限所作的一般研究称之为纯粹理性批判"[2]。所谓的"纯粹理性"，在康德哲学的体系中更恰当地表述为"纯粹知性"[3]。纯粹知性利用"先天范畴"去说明现象，同时为现象界立法——譬如因果律。同时，就"主体"的自我展开方式而言，康德类比"纯粹知性"指出"纯粹（实践）理性"关涉的是"物自体"，理性的自律即"自由"，即作为存在者的人以自我立法（自律）的方式，承认其有限性的本己的存在方式，人的有限能力与自身对有限性的认知，与对"心中的道德律"的遵守一致，是对于一个目的一以贯之的无利害的，反事实的规范性要求[4]。最后，在《判断力批判》中，康德指出理性的目的作为"人的尊严"，对人的认识能力具有范导作用，这一范导作用体现为存在论上作为主体的自我的内部展开决定对外部世

[1] ［德］马丁·海德格尔：《康德与形而上学疑难》，王庆节译，商务印书馆 2018 年版，第 17 页。

[2] ［德］康德：《判断力批判》，邓晓芒译，人民出版社 2002 年版，第 1 页。

[3] 参见 ［德］康德：《判断力批判》，邓晓芒译，人民出版社 2002 年版，导言部分。

[4] ［德］康德：《判断力批判》，邓晓芒译，人民出版社 2002 年版，第 5 页。

界向主体的展开方式。

上述三个方面构成了康德关于人类内在"本性（Natur）"的讨论，由于对存在者的领域划分，康德希望在这一划分的基础上讨论"先天认知"这种不依赖自然之中的存在者的认知的可能性，即去克服"符合论"的真理观[1]。就其意图来看，自然界成了自由的主体的"客体"，主体的认知不再全部依赖经验，也有非经验的综合与分析活动，然而，这样的人类本性在成了超越自然的存在尺度之余，也使人成为与其他存在者相异的"至高存在者"。即使在康德对判断力的讨论中，看似康德用"无目的的合目的性"和"共通感"两个概念解决了在"人"这一角度的知性和理性的统一问题，但是进而造成的是"人的整体"与其他存在者的"整体"对立的状况。"无目的的合目的性"即"主观的形式合目的性"，这一概念预设了对于自然现象的一致性判断的可能，规定了"对象—主体"的唯一的展开路径。例如要求以因果律来认识和界定自然现象，并且通过判断力把将自然现象视为一个统一的有机体，人为地为自然现象设立一个目的进而规定自然现象的"展开方式"[2]。同时，"共通感"这一概念则标示了人与人的无差异的展开状态，康德从"审美/感性判断力"出发，将审美上的"共情"原则推广到对于一切事物的认识与判断上，这意味着人类共享一致的知性的思维结构与对生存的领会方式，不仅对自然界的经验方式是一致的，同时在生存论上对于它们的领会方式也是一致的，"想象力""认知能力""欲求能力"的协调一致的方式也是相同

---

〔1〕　海德格尔对康德对"符合论"真理的认知进行了这样的解析："只有当某个存在物作为存在物，率先已经开放了出来，也就是说，在其存在之法理中被显现，在存在物层面上的认知才有可能和存在物（对象）相符合……诸对象，亦即他们的存在物层面上的可规定性，必定会和这后一种认知相符合……存在物的开放性（存在物层面上的真理）围绕着存在物的存在之法理的开显性（存在论的真理?）。但是，存在物层面上的认知绝无可能自为地去符合'于'对象，因为倘若没有存在论的认知，存在物层面上的认知绝不会有某种可能的、它向之去符合的东西。"显然，这样的真理观预设的是存在物先于主体认知（作为一种自我展开方式）的先在属性，按照这样的说法，存在者的存在是第一性的，而人的认知是第二性的，这种对立关系与中世纪乃至于古希腊的认知观念暗暗重合，都代表了在人的知性之外存在一个超越知性本身的存在者尺度。参见［德］马丁·海德格尔：《康德与形而上学疑难》，王庆节译，商务印书馆2018年版，第20~21页。

〔2〕　康德将此种判断力引出的主观上的"规律"归为三种，一是"节约律"，二是"自然中的连续律"，三是"原则除必要外不得增加"，这些属性不是自然事物具有的，但是为了使得经验规律之多样性能够服从一个统一的原则，我们必须假定这些规律，以此来统摄诸经验规律。参见［德］康德：《判断力批判》，邓晓芒译，人民出版社2002年版，第7页。

的〔1〕。综合地看，客体世界也就被订造为"意见的事"（可推测的事物）"事实的事"（可认识的事物）以及"信念的事"（值得相信的事物）〔2〕。从人的先验能力到具体的客体世界的"事"的分类，再到人对客体世界的认知方式都体现出了形而上学对人的展开的规定。

依照海德格尔，康德的形而上学的贡献是确立了"人的有限性"，仍然保持了人有限的主体地位。海德格尔注意到了康德在其《逻辑教程》的导语中指出的"在哲学的领地中，在这种世界性公民的意义上，可以提出下面的问题：

（1）我能够知道什么；

（2）我应该做什么；

（3）我可以希望什么；

（4）人是什么？"〔3〕

而如果基于康德的"三大批判"的逻辑可以发现，以"先验范畴""先天综合与分析"为对象定规律的"纯粹知性"，它以"在逻辑上按照与知性的兴趣相关的能力或认识或者力量来规定"〔4〕，以"道德律"对物自体进行立法，"在实践上按照与意志的兴趣相关的用途来规定"〔5〕，以及以"无目的的合目的性"和"共通感"建立对另一主体的期望，并在审美上按照与情感的兴趣相关的鉴赏来规定〔6〕——这些观点已经回答了康德提出的前三个问

〔1〕［德］康德：《判断力批判》，邓晓芒译，人民出版社 2002 年版，第74~75 页。

〔2〕"那些就纯粹实践理性的合乎义务的运用而言必须得到先天的思考（不论是作为后果还是作为根据），但对于理性的理论运用来说却是夸大其词的对象，都只不过是信念的事。"［德］康德：《判断力批判》，邓晓芒译，人民出版社 2002 年版，第 326~328 页。

〔3〕［德］马丁·海德格尔：《康德与形而上学疑难》，王庆节译，商务印书馆 2018 年版，第224 页。

〔4〕［德］康德：《康德认识论文集》，李秋零译注，中国人民大学出版社 2016 年版，第 667 页。

〔5〕［德］康德：《康德认识论文集》，李秋零译注，中国人民大学出版社 2016 年版，第 667 页。

〔6〕［德］康德：《康德认识论文集》，李秋零译注，中国人民大学出版社 2016 年版，第 667 页。针对"上帝"问题的康德式诠释体现在判断力的角度，例如他指出："道德法则作为应用我们自由的形式上的理性条件，独自就使我们负有义务，无须有某个目的来作为质料上的条件；但是，它毕竟也为我们乃至先天地规定了一个终极的目的，它使我有义务追求这一目的，而这一目的也就是通过自由而可能的尘世中的至善"，因此，"人（而且按照我们的一切概念，也是每一个理性的有限的存在者）在上述法则之下能够为自己设定一个终极目的，其主观条件就是幸福。因此在尘世中可能的、应当尽我们所能做到终极目标来促进自然至善，就是幸福；其客观条件就是人与道德性亦即配享幸福的法则的一致"。在这里，上帝被视为一个终极的至善，因此也就成为"目的"之一，而人则是具有该目的的

题，而对"人是什么"这个问题，显然是要在进行全部的"批判"之后才能够彰显出来的。对此海德格尔指出，康德在形而上学中最大的贡献就是揭示了人的"有限性"，他发现康德自面对"揭示出主体之主体性"时"在他所奠立的基础面前的退缩"[1]。这是由于在（1）（2）和（3）这三个问题之中，康德的提问形式采取的是情态语句，即对"能不能""应不应"和"可不可以"的提问，它们往往伴随着"不能""不应当""不可以"的回答的可能性。然而人对生存论意义上的上述问题并非全知全能，在实践中"否定"的回答在所难免。而人之所以能够提出上述的问题，并且具有有限的可能性，乃是由于"人的理性的有限性"[2]的存在，那么"人是什么"也就暂时地被回答为"人是有限性的动物"。

进而，什么是"人的有限性"呢？海德格尔认为值得追求的不是那个"人是什么"的答案，而是首先要去追问，在形而上学之一般的奠基工作中，人究竟如何才可能和必然地被发问[3]——可以看出，康德对"人是什么"的提问结构从属于"什么是存在者"这样的提问，这是由于人是存在者乃至于具有最高的存在者的地位，但是在位序上这类"存在者"仍是个人此在的上位概念，更不必说康德已经通过"共通感"把人凝聚成立"整体的人的存在者"了。而一旦发问"什么是存在者"，它就指向了"存在者的存在"，这是由于希望明确存在者之所是，就必须对存在者有先行的领会。同时，发问"存在者作为存在者"则要求对存在者本身进行观察，因此这两种提问方式进而演化为"存在者的本质（essentia）是什么"和"存在者现实性（existential）"是什么[4]。显然的位序是，只有先明确"存在者的本质"，才能进而

（接上页）主体，因此，上帝即使仍然存在于彼岸世界，但是它在主体的此岸世界之中并不以直接的律令去约束人，而唯有人去信仰上帝，并且最终把上帝内部化为一个至善的目的，才有"道德律"意义上的自我义务的可能性。参见［德］康德：《康德宗教哲学文集》，李秋零译注，中国人民大学2016年版，第335页。

〔1〕［德］马丁·海德格尔：《康德与形而上学疑难》，王庆节译，商务印书馆2018年版，第231页。

〔2〕［德］马丁·海德格尔：《康德与形而上学疑难》，王庆节译，商务印书馆2018年版，第234页。

〔3〕［德］马丁·海德格尔：《康德与形而上学疑难》，王庆节译，商务印书馆2018年版，第232页。

〔4〕［德］马丁·海德格尔：《康德与形而上学疑难》，王庆节译，商务印书馆2018年版，第241~242页。

明确"存在者的现实性"而前一个问题在海德格尔看来可以依照亚里士多德的界定"本质"意味着"使……存在",也可以而依照柏拉图的看法"理念"作为"真—相（idea）"与存在者的"现象"对应并以之构成后者"如……一般存在"的结构,进而接触明确"存在是什么"这一先行的"存在问题"。而回到康德的理论之中,上述的讨论就意味着"使……主体存在"和"主体如……存在",它们先行把人的存在划分为人的"能在"和"实在（Dasein）"[1]。当然,如果不能领会存在这一先天的"存在问题",并且依照各个先天范畴去确定存在的展现方式以规定人的实际展开方式,那么依照人的自由的"实在"也绝对不可能,"描画出来存在之领悟,就保持在不受干扰的、无危险的、最纯粹的自明性上……如果存在之领会没有发生,无论人还被赋予了多么奇特的能耐,他绝不能作为他所是的存在物去存在……人的这种存在方式我们称之为生存。唯有在存在之领悟的基础上,生存才成为可能"[2]。海德格尔借此就揭示了康德希望确立的乃是"作为基础存在论"的"此在的形而上学",康德的形而上学奠基乃是第一次对存在物之存在的公开状态的内在可能性发出坚决的追问……只要亲在的存在领悟在另一方面仿佛是从自身出发在时间中筹划存在,它就必然会遭遇到作为有超越之基本规定性的时间……将时间作为纯粹的自我感触的超越论领悟上去,而这种纯粹的自我归纳,在本质上是与纯粹的统觉统一的,并且在这种统一性中,它使得某种纯粹感性的理性之整体成为可能。[3]这样,以此在的有限主体性展开的"生存论"就成为形而上学的新基础。

康德所指出的形而上学的疑难,因而就是相对于自然而言"主体有限性"的定义疑难,它体现为以生存论为基础存在论的情况下,由于此在根本的有限性而此在之为"主体"也同样具有有限性,而康德在为形而上学进行奠基的活动中就已经意识到这一"疑难"。而亨利希也承认上述的观点,他指出要把康德的主要兴趣视为对"存在之谜"的讨论,即揭开"形而上学的幻相"[4],

---

[1] 康德与海德格尔使用以形容"人"的词语都是"Dasein"。

[2] ［德］马丁·海德格尔:《康德与形而上学疑难》,王庆节译,商务印书馆 2018 年版,第 246 页。

[3] ［德］马丁·海德格尔:《康德与形而上学疑难》,王庆节译,商务印书馆 2018 年版,第 264 页。

[4] ［德］迪特·亨利希:《在康德与黑格尔之间——德国观念论讲座》,乐小军译,商务印书馆 2013 年版,第 116 页。

但与海德格尔不同，亨利希认为康德是对其理论体系的基础缺乏兴趣的，"先天性"这一概念虽然具有基础作用，然而对于康德来说，即使不对先天性进行讨论，他依旧能够完成"证明科学的可能"和"识破形而上学的幻相"的任务[1]。然而海德格尔则借此提出了康德的形而上学疑难恰恰在于对先天问题的忽略，即康德不是因为他的三大批判能够完成证明自然科学（物理学）的亚里士多德的"后物理学"任务，也不是因为他对于知识和道德的界定阻却了对例如上帝和观念等外在于主体的存在者的玄思，而是以对"疑难"的无力和对先天问题的开放态度呼应了"存在问题"——超越性是本质的，是人类此在作为"主体"也必须"在……之中"进行筹划与存在领会的先天结构。康德正确地指出了作为"主体"的人是一种"相对的"主体，人类此在不具有全知全能的能力，也不具有全部的创造力，受限于对先天范畴以及物自体的范围规划，人类的能力就意味着"可能"和"实在"，而从生存论这一"基础存在论"的角度看，人类的认知行为与道德行为也因此成为有限的但与生存活动本然相关的自然自发的活动。

　　然而，虽然可以认为康德也同样触及了"存在问题"，在"先天"性质的"先验想象力""先验判断力"等先天结构之中本来就是此在的生存领会，但是康德最终仍然把"先天"的范畴奠基到"逻辑"上。海德格尔指出，"'纯粹理性批判'，对此前形而上学的批判，为的是给这种形而上学奠基；直接——不是作为规划，而是依照事情本身——重新接纳了亚里士多德的问题"，但是在"先天"这一本质的因素上，康德又有向莱布尼茨和斯宾诺莎回返的症候，即"在方法方面一再强调'逻辑学''逻辑斯蒂（Logistck）'、普遍理论（theoria unversalis）、纯粹理性认识，这些完全是在整体上将事物加以彻底规整的"[2]。在"先天"的诸范畴以及"物自体"都成为以逻辑—逻辑学去关联的时候，那么存在者也就不再为了"生存"而存在，而是依照"逻辑"存在，即由"使……存在"与"如……存在"转换为"为……存在"。如阿伦特指出，在康德后期的著作之中"生命的意旨，要从生命之外寻求，宇宙的意旨，要从宇宙之外寻求……这样的意旨，必定不只是自然、生命和宇宙

---

〔1〕〔德〕迪特·亨利希：《在康德与黑格尔之间——德国观念论讲座》，乐小军译，商务印书馆2013年版，第111页。

〔2〕〔德〕马丁·海德格尔：《德国观念论与当前哲学的困境》，庄振华、李华译，西北大学出版社2016年版，第41页。

与本身了，它们已经被以'为什么'开头的问题被贬低为手段，也就是说，'为什么'开头的问题一出，直接就把自然、生命和宇宙贬低为比它们自身更高的东西的手段"[1]。

因此，康德对"主体"的研究本已经关注了"存在问题"，他以面对先天性的"疑难"指出了形而上学应有的奠基所在，这再次使得形而上学形成了向亚里士多德思路的回返，但康德面对"疑难"状况而必然求助于逻辑也并非毫无理由，由此产生的自然和自由的区别也客观成立。首先，康德通过先验分析论得出先验辩证论并以此指出了人之此在的有限性，因此也就指出传统形而上学的可能性要归因于"先验幻相"也即必然性的"先验的非—真理"。在这一过程之中，人之此在以非"符合论真理"的生存的真理（无蔽）作为生存的根据，而由于无蔽本身带有遮蔽，因此才有可能性的存在与现实性的生存的区别。然而海德格尔则认为康德应当面对这样的"疑难"停下他的理论脚步进而跃升到生存论之中，不过就康德本人来说，"先验幻相"究竟"是什么"是必须在理性说明的角度上被明确的。而康德本人作为"有限的主体"，也就因为他的有限性而不能对这种"先验幻相"进行逻辑的言说，而一旦启动言说的路径，先验幻相（超越论幻相）由于人的本质有限性，要么就要被设定为无限性与创生性的施动者进而如亚里士多德一样将"先天性"归于人的内部本性（Natur）之中，要么就是要按照柏拉图式的理念论设置一个外在于人的且事先被设定为前提（Vorausgesetzte）的逻辑无限性[2]。因此，康德就以"先验逻辑"去指代这种先验幻相，并尽可能地让它既不"是"属于有限的人的"本质"，也不属于外在的"至高存在者"，进而保持了人作为"至高存在者"的独特地位以及与全知全能的"神圣存在者"的区分区别，以及超越物理自然有限但能够发展的"理性"及其逻辑动力。不过，这种理论上的"疑难"呈现出对"存在问题"的逻辑语言的阐述，因而也就把逻辑与理性挂钩，将对存在的解蔽与遮蔽形成了一种技术式的，被单一地订造了的形而上学话语活动。

---

[1] [美] 汉娜·阿伦特著，罗纳德·贝纳尔编：《康德政治哲学讲稿》，曹明、苏婉儿译，上海人民出版社 2013 年版，第 23 页。

[2] [德] 马丁·海德格尔：《康德与形而上学疑难》，王庆节译，商务印书馆 2018 年版，第267 页。

2. 黑格尔理论中的"绝对精神"：流俗的"历史"对"Dasein 本真演历"
   的遮蔽

海德格尔在对康德思想的反思之中认为，在康德之后的德国观念论哲学已经最终丧失了对"疑难"（存在问题）的兴趣，他认为在康德之后的"德国唯心论之中开始的反'物自体'的争斗，除去意味着对康德所为之奋斗的事业越来越多的遗忘之外，还能意味着什么呢"〔1〕？但是，在海德格尔对后康德时期的观念论哲学的批判之中，主要的标靶则是黑格尔，他承认"黑格尔哲学之所以独一无二，首先在于，不再有超过它的、更高的精神之自我意识的立足点……将来绝不可能再有某个立足点，还可能比黑格尔的体系的位次更高，之所以如此，是因为黑格尔哲学就其本身而言，肯定事先就已经在立足点上涵盖了所有先前的哲学"〔2〕。黑格尔哲学以"哲学的科学化"为目的，建立了一个完整的"形而上学大厦"，同时与康德早期面对先天性的疑惑相比，黑格尔将"是者"与"不者"——对应于康德理论之中"现实性"与"可能性"的先天领域视为两种存在者，黑格尔的存在概念因此就是"未—规定的，未—中介的东西（Un-vermittelbare）"，是"全然未—规定性和未—中介性的"〔3〕，即"存在"是作为存在者的性质去思考，存在者"是"的就是"存在"，不"是"的就是"虚无"，因此"存在与虚无"作为相互否定的两种性质，共存于一个存在者上。

黑格尔把存在把握为存在者的性质具有明显的"哲学的科学化"的意图。正如他在《精神现象学》开篇就明确的那样，既有的形而上学活动大多是不清晰的，而达到形而上学的精确性，让它能够作为沟通此岸与彼岸、现实与可能、主体与客体、经验与理念的"绝对知识"，就必须将之以自然科学为模版进行科学化：

精神的眼睛花了很长的时间，才把唯有超世俗世界才具备的那种明晰性注入那以混沌和模糊为意义旨归的此岸世界里面，并且使那种对于真正意义

---

〔1〕　［德］马丁·海德格尔：《康德与形而上学疑难》，王庆节译，商务印书馆 2018 年版，第266 页。

〔2〕　［德］马丁·海德格尔著，［德］英格丽特·舒斯勒编：《黑格尔》，赵卫国译，南京大学出版社 2018 年版，第3~4 页。

〔3〕　［德］马丁·海德格尔著，［德］英格丽特·舒斯勒编：《黑格尔》，赵卫国译，南京大学出版社 2018 年版，第17 页。

上的当前存在的关注——亦即所谓的经验——成为一件有趣的和有效的事情。——然而当务之急显然正相反，因为各种官能知觉已经如此深深地扎根于世俗世界之内，以至于想要使之超脱出来，就得采用同等程度的暴力……无论是对于接纳的满足，还是对于付出的吝啬，都不适合科学，谁若仅仅追求超凡脱俗，谁若把他的实存和思想的世俗多样性掩饰在云雾之中，要求模模糊糊地享受这种模模糊糊的神性，那么他不妨审视一下，究竟在哪里才能找到这些东西。[1]

黑格尔的上述观点指出，在形而上学的发展历史之中，对于经验[2]的关注忽视了知觉的确定性：一是经验不具有绝对属性，而仅仅是有时空局限的相对知识；二是经验——特别是"经验主义"所秉承的对事实现象的关注无法保障所取得的知识具有确凿无疑的性质。因此，"经验主义"的哲学进路既不稳定，也不真实。因此，强调"神圣经验"的中世纪哲学以及实证主义坚持的生活经验品位都是无效的形而上学方案，黑格尔对此的解决方案在于，以"暴力"促使人的官能知觉向"精神"这个绝对的存在者转向，通过把有条件的中介性质的经验知识奠定到无条件的绝对的精神上，获得绝对性的思想立足点。

然而，海德格尔指出，虽然黑格尔的"绝对观念论"以"无条件的知识"为立足点，进而将之作为一切"有条件的知识"的出发点，再而构建一种与科学一致的"公理体系"，但"无条件的知识"不可被直接思考为存在，而是一种对至高存在者的精神化处理，属于有条件的知识。例如黑格尔对"绝对精神"的定义是：

目标本身，亦即绝对知识，或者说那个自知其为精神的精神，把关于早

---

〔1〕 ［德］黑格尔：《精神现象学》，先刚译，人民出版社 2015 年版，第 6 页。

〔2〕 海德格尔认为，黑格尔讨论的经验就是"现象"，也即"现象学"的所就是"经验"的所说。经验作为一种认识活动，在黑格尔看来是"中介性"的知识手段，即以现实—经验—意识的关系，形成意识对现实的把捉，而对经验—现象的研究虽然一度把精确性纳入对现实的关注之中，但是由于过分世俗的"经验主义"的出现，"经验—现象"成为实事的简要归纳，而对于这一归纳何以有效的"绝对基础"却缺乏探问，即使在康德的理论之中，这一"绝对基础"也被模糊为作为"疑难"的先天范畴。即使在康德后期的著作之中以"逻辑"与"逻辑学"去解读这些先天范畴，但仍然未必成功。因此，黑格尔延续了康德对"逻辑"的关注，以逻辑去奠定"哲学作为关于绝对真理的具体知识"的地位，同时以对"经验—现象"的悬置去接触到更为本质的"精神"，即"真实存在者乃是以精神为其现实性的现实事物，而精神之本质则给予自我意识中。"参见 ［德］海德格尔："黑格尔的经验概念"，收录于氏著《林中路》，孙周兴译，商务印书馆 2018 年版，第 142 页。

先的精神的回忆当作它的道路，回忆起那些精神本身是怎样的情形，以及它们是如何完成它们的王国的组织机构。一方面，把那些精神当作一种自由的、显现在偶然性形式下的实存保存下来，就是历史；另一方面，把那些精神当作一种已经得到概念式把握的组织结构保存下来，则是以显现出来的知识为对象的科学。两者结合在一起，作为一种已经得到概念式把握的历史，构成了绝对精神的回忆和髑髅地，构成了绝对精神王座的现实性、真理和确定性。[1]

而针对这一定义，海德格尔指出黑格尔主张的"绝对精神"的前设在于"思想性"，即一切的精神现象本质上属于思想的活动，而只有把"思想"设定为兼具"可能性"与"现实性"的"我思"，"思想性"才能被处理为无条件性，即颠倒柏拉图式的"存在（理念）/存在者（现象）"的区分而将一切存在者之整体思考为"客体"，并且把"主体"明确为"作为存在的被思想性"[2]才能完成。这就导致了在黑格尔的"主体"规划之中，既要把"存在者"作为外在的"客体"与自身对立，还要把"不存在者"视为外在的"虚无"与自身对立，唯其如此，"主体"的精神活动才能成为绝对的活动。因此，黑格尔语境之中的"存在"也就成了"对象性"，"仅仅是对我们或他的（现实性）意义上的存在的片面规定"[3]，而在"主体"层面，"精神"也具有"主观精神""客观精神"以及"绝对精神"，"主观精神"则进一步细化为三个层次[4]——所以在黑格尔的哲学思考之中"二元论"仍然存在，即使他说"在每种二元论体系中，有一个根本缺陷，可以从它努力去联合那即在前一瞬间所宣称为独立自在、不可能联合之物时所产生的不一致里看得出来……即当一方面宣称那联合之物为真实时，另一方面即又说这有联系的

---

〔1〕　［德］黑格尔：《精神现象学》，先刚译，人民出版社 2015 年版，第 503 页。

〔2〕　［德］马丁·海德格尔著，［德］英格丽特·舒斯勒编：《黑格尔》，赵卫国译，南京大学出版社 2018 年版，第 18~19 页。

〔3〕　［德］马丁·海德格尔著，［德］英格丽特·舒斯勒编：《黑格尔》，赵卫国译，南京大学出版社 2018 年版，第 45 页。

〔4〕　海德格尔认为黑格尔的"主观精神"观念在其体系之中有三个层次：直接的"自然精神"——人类学意义上的对象或灵魂；作为在自身与他物中的同一个反思的精神，关系或特殊化——意识，精神现象学的对象自为存在着的精神，或作为主体的精神——通常所谓心理学的对象——在灵魂中觉醒了的意识。意识把自身定为理性，主观理性通过其活动解放自身而成为客观性主观精神这三重区别通过对灵魂、思想或精神以及推理、规则、理性的区分而被历史地阐明。参见［德］马丁·海德格尔著，［德］英格丽特·舒斯勒编：《黑格尔》，赵卫国译，南京大学出版社 2018 年版，第 61 页。

两个环境，于其联合中并无独立自存的真理性，唯有于其分离中，才有真理性和实在性"，进而导致两个环节之中的任何一个环节主张的真理性都在"反复往返"之中[1]，而在黑格尔的理论构想之中"绝对精神"成为能够统一"科学"与"历史"两个"对立范畴"的绝对存在，然而"绝对精神"如何成为一个没有"对立项"的绝对者呢？或者说经历了"思辨的否定"的精神运动最终何以成为一个无法被否定的绝对者呢？抑或"绝对精神"之"绝对"如何阻却进一步的否定，以至于将它变成一切精神的绝对前设？

黑格尔对上述问题的回应集中于"科学"与"历史"两个向度，历史的维度被引入自然概念之中，而规则与法律则随着历史而流变并且获得科学的地位。就"科学"这一向度来看，"绝对精神"是本体论意义上的矛盾，"成为确定就是在它自身中包含自己的否定"，即成其自身的自我规定活动蕴含了自我终结的必然[2]。但是"绝对精神"之中所蕴含的"否定"是让精神抽离出现实全体进而形成的"无限的否定"与"无限的肯定"两个矛盾的结合，这与康德式的"疑难"不同，黑格尔将"肯定"与"否定"这两个极端构成了本体论基础——"理念是设置现实的东西"，而不仅仅是一个"未完成的倾向"[3]。而就"历史"这一向度看，"绝对精神"之"绝对"意味着历史的终结，即因为其作为历史的最终阶段存在，所以当人类的精神达到"绝对精神"的程度，那么一切的精神活动将达到最高的形态，自由完全实现，如洛维特指出的："精神的辩证运动这种存活在历史的要素之中的构思，其目标就是'绝对知识'……这条经过一直在场的精神之历史的过去的本质的道路，并不是一条人们可以绕着走的弯道，而是为完成只是必须走的唯一可行的道路"，"绝对精神"意味着精神运动的历史终结，意味着精神已经达到完美的存在以及自我意识，并且在其中把迄今所发生的所有的事件以及思维活动被综合成历史的统一体，即在"终极史的（endgeschichtlich）"[4]意义上完成"与自身同在的自由（Beisichsellbersein）"。因此，黑格尔的"绝对精神"在存在论的角度既是绝对的科学前提，更是历史的终点，它包含了一切"二元

---

〔1〕 ［德］黑格尔：《小逻辑》，贺麟译，商务印书馆1980年版，第148页。
〔2〕 ［加拿大］查尔斯·泰勒：《黑格尔》，张国清、朱进东译，译林出版社2012年版，第326页。
〔3〕 ［加拿大］查尔斯·泰勒：《黑格尔》，张国清、朱进东译，译林出版社2012年版，第736页。
〔4〕 ［德］卡尔·洛维特：《从黑格尔到尼采》，李秋零译，生活·读书·新知三联书店2014年版，第40~41页。

对立"之中相对性质的真理和事实，通过辩证法的科学处理，"非"／"不"成
为"下一阶段的是"，循环往复，以至于在朝向绝对精神的"路程"之中，任
何一个环节都是肯定性的"是"，也是与其他环境构成否定关系的"不是"。

　　海德格尔也同意上述的观点，他更指出黑格尔的哲学任务是要针对"有
限性"发起斗争，但是海德格尔对黑格尔哲学之中"科学"与"历史"两个
支柱进行了批判，指出黑格尔的哲学体系由于最终以"绝对精神"为最高概
念，因此成全了一套精致的存在者论而对存在问题保持了封闭。首先，海德
格尔同意"绝对精神"的存在论/本体论地位，但是他指出，"绝对精神"是
"无限性的概念"，它并非缺乏对立者的概念，而是以"我是我"这一绝对立
场的宣称获取逻辑上的第一性，这种辩证运动意味着"从某物返回自身，而
他物同时作为与其差别之物吸纳到这个被规定之物于自身……无差别之物的
这种固有的差别，在自我中成为现实的"，这种辩证运动坚持的仍然是"先验
逻辑"，同时是顺延康德的思路把"逻各斯（λόγος）"视为无限的，最终让
无限的东西现实化为主体/精神[1]。然而黑格尔的悖谬在于，如果在存在者
的意义上思考"绝对精神"，那么由于"绝对精神"的"绝对性"，它就必然
是脱离于它所不是的事物而"自为"地存在，然而这一脱落（Ablösung）却
不能使得那些作为"绝对者"所"不是"的事物与"绝对者"并列地存在，
否则"绝对者"就不是整体[2]，而黑格尔对此的处理方式是为了哲学的有
效性而在"绝对者"的构想上引入了"泛神论"的精神概念，进而将绝对者
称为"绝对当前（absolute Gegenwart）"的永恒——在海德格尔看来黑格尔越
是希冀得出一个在整体上使得现实之物成为可能的"真正的同一性"，他反而就
越不能消除形而上学上最本质的"耽搁（Versäumis）"，即放弃了追问"一般
意义上的存在"以及"此在本然的有限主体性和存在状态"[3]，并把形而上学

---

　　〔1〕［德］马丁·海德格尔著，英格特劳德·古兰特编：《黑格尔的精神现象学》，赵卫国译，南
京大学出版社 2018 年版，第 100 页。

　　〔2〕［德］马丁·海德格尔：《德国观念论与当前哲学的困境》，庄振华、李华译，西北大学出版
社 2016 年版，第 262 页。

　　〔3〕海德格尔认为，这种泛神论的引入并非毫无道理，他认为"绝对者、无限性、永恒性——
绝对观念论——全部的问题——但恰恰是在这种观念论所特有的绝对性中，他（黑格尔）才有可能驱
除存在问题，换种更好的说法，他才可能根本不知道这个问题。通过这种遗忘，才使得那种耽搁成为
可能，将那种耽搁绝对化，并以此认可了遗忘。"参见［德］马丁·海德格尔：《德国观念论与当前哲
学的困境》，庄振华、李华译，西北大学出版社 2016 年版，第 263 页。

终极订造为"绝对者"。而从历史的角度看，一旦这一"绝对精神"被固定下来，随之带来的问题就是哲学是如何从绝对者之处"开端"的问题：作为"科学—绝对"知识的哲学与"绝对精神"形成了"派生—开端"的关系，然而由于绝对者的绝对属性，一切开端都必须从绝对者开始，由于黑格尔对二元论的抵制，他也必须承认"现实性"与"可能性"（理念）在"绝对者"那里合二为一。但在愈发上升的精神运动过程之中，人之此在的定位——即有限性的主体的位置却愈发模糊，而一旦认为"有限性"以"无限性"为根据，进而有限的人类的一切言说与活动都派生于"绝对者"那里，那么在形而上学的历史之中，"绝对者"就取得了相对于人之生存的本己发生的历史之此岸的"彼岸"地位——这也证明，为何以"泛神论"的思路讨论黑格尔的哲学体系是可能的。

3. 对海德格尔形而上学批判的总结以及后黑格尔时代形而上学的表征

黑格尔的哲学大厦的建立标志着形而上学的道路的最完善形态，而正如前述，如同一种"物极必反"的规律在暗中主宰一般，在黑格尔完成了他的"哲学大厦"，并且以"绝对精神"彻底地堵塞了对存在的沉思和发问之后，"反形而上学"的思潮以尼采和马克思对黑格尔的攻击打响了反对旧形而上学体系的"第一枪"，自然科学之中对自然观念、规则观念和律法观念借助黑格尔的理论大厦而萌发。然而针对这种具有解放性的思想，海德格尔却认为"存在之离弃状态乃是尼采首次认识到的虚无主义的基础，因而同时也是对虚无主义更原始的本质规定"[1]，无论是马克思还是尼采虽然都具有较强的理论地位和现实感召能力，但是面对"积重难返"的形而上学天命以及作为其后果的现代技术等"虚无主义"的现象，哲人本人的力量是弱小的，他们尚不足以迫使西方形而上学以及人之此在去对虚无主义进行沉思。事实上，在黑格尔之后的时代，以尼采为代表的存在主义思潮，以马克思和恩格斯为代表的马克思主义思潮，以及以弗雷格、罗素以及维特根斯坦为代表的语言哲学思潮，都构成了对黑格尔的"绝对精神"的挑战，但是在海德格尔看来，上述的这些哲学思潮也都是黑格尔式的哲学大厦的变式，这是由于在根本上它们都无法克服"存在的离弃"状态。所谓的"存在的离弃"指的是"（存在）在它最确定地隐藏自身的地方表现最为强大……存有（Seyn）已经从存

---

〔1〕 〔德〕马丁·海德格尔：《哲学论稿（从本有而来）》，孙周兴译，商务印书馆2012年版，第127页。

在者那里隐退了，存在者首先（在基督教意义上）仅仅成为由其他存在者制造出来的东西"[1]，在这种哲学体系之中，没有从存在之中"涌现"（自然）而出的存在者，也即没有以存在者自身向存在敞开的方式解蔽自身的有限性真理并且回应遮蔽着的"非—真理"的状况，而"存在"本身也把自身锁闭起来，任由"至高存在者"作为理念、本质、上帝、先天性、绝对精神去以现代技术式的"制造"进路去派生其他的存在者。

海德格尔基于这种"存在的离弃"状态[2]，指出了在西方形而上学的演

---

〔1〕　［德］马丁·海德格尔：《哲学论稿（从本有而来）》，孙周兴译，商务印书馆2012年版，第117页。

〔2〕　海德格尔指出了"存在之离弃状态"的十六种形态，列举如下并进行相应的解释：

对于在被视为本质性的东西之中的模糊之物完全无动于衷"，例如以"上帝""逻各斯""绝对精神"去对模糊者——"疑难"进行敷衍的代指；"不再知道什么是条件，什么是受限制者和不可限制者"，即进而把那些掩盖了模糊性——渊基（存在意义上的虚无）的东西视为无条件的和不可限制的绝对者和偶像，不去思考"涌现"而拘泥于"订造与谋制"；"陷于关于'价值'和'理念'的思考和设定之中"，即形成了宿命论的或规律论的人类此在的不变的命运轨迹，这些轨迹是先天的，也是绝对不移动的"世界观"和"价值观"；"一切都被装入一种文化—运作中"，一切关乎生存论的本己筹划以及决断都被归因于"文化"这一存在者；"使艺术屈服于一种文化用途"，即作为把自然"招致"而来的本源的艺术，最终成为工具性的技术活动；"一般地具有标志意义的是有关逆反之物和否定之物所做的错误估计"，即只要与"至高存在者"相反的东西，都被视为价值上"恶"的存在者或位序上"低劣"的存在者，不允许任何有悖于"至高存在者"的本己决断；"从中显示出那种无知，即全然不知'不（das Nicht）'、虚无化（Nichitung）对于存有本身的归属性"，即忽视了在"存有本现"的基础问题之中"不"与"是""有"与"无"的融合关系，阻却了"无"作为存在者的可能性和不可能性的基础地位；"对真理之本质现身的无知"；即以符合论的真理观关注那些"真实者"，即与"至高存在者"相似或相符的真命题、实存物，却对真理之为"无—蔽"，以及作为"去蔽"的动态过程毫无觉知；"拒绝真正的知晓"，即拒绝"运思（Besinnung）"，而沉迷于谋制和订造的"集置（Gestell）"之中，以计算的"理性"取代一切解蔽方式；"一切宁静和抑制均表现为无所事事、放任自流和消极放弃"，对于"存有"的静思被否定为与进步、革新等伦理要求相悖的道德活动；"那种让自己不再被召唤的自身确信"，由于任由存在自行隐蔽，仅仅采取算计、谋划、订造等科学和技术活动去建立非自然和非本己的信念；"错综复杂和冷酷无情的对存有之本质现身，尤其是存有之开裂的伪装的扩散"，忽视存在本身的唯一性、罕见性、时机性、偶然和突发性、自行抑制之中的自由和敞开以及存有之中包含的丰富内涵，不再依靠存有的自然之力把存在的真理（无蔽）建基于存在者的庇护之中，存在者不是对存在的庇护者，而以遗忘的姿态无视存在；"西方之崩溃的存在之离弃状态"：上帝之死和诸神的逃遁、人的自我发现与毫无根基的理性的过程、进步的世界观以及在这种世界观指导下的"总体动员"，对真理和沉思的无能；"无急难之急难"：即使意识到存在的离弃，但仍然不愿走出向存在的运思，同时不再抱有对曾经的历史此在的可能性的回忆；"在快速、计算、巨量之要求的意义上，体现一种对世界的幽冥化和大地之摧毁的沉思，存在之离状态被带到近处"；"空洞信念与设置暴行的无强力状态的同时的'支配地位'"：信念与信仰基托于至高存在者上，实行对其他存在者的暴力，但对回返存在本身，直面"存在问题"缺乏决断能力，并且被偶像崇拜和懦弱的无思状态支配。

历之中最终促使"技术"成为统治现代社会的至高存在者的必然性。他认为，存在本身的离弃状态是长久的且长期被遮蔽的，甚至由于形而上学的主客对置思路"存在"本身已经自行隐蔽起来，单纯批判当下的"现代技术"并不是治本之策，甚至正如前述，抵制一切技术造物而对"技术的本质"毫无知觉，仍然会导向更为深刻的存在的"急难状态"。同时，人之此在已经陷入对存在的急难的"无急难"状态，这比存在本身的"自行隐蔽"的急难状态更为致命，因为人之此在已经丧失了对存在的问题意识和思考能力，"在自身确信已经变得不可逾越的地方，在一起都被看作可计算的东西的地方，而且首要地，在一切皆被裁定而没有先行追问我们是谁和我们应当做什么的地方，无急难状态就将变得登峰造极"[1]。我们业已指出，海德格尔的运思基础在于"存在论差异"上，而对应这一差异，海德格尔认为思想的基础问题应当是"存有本现"，而对于形而上学而言，主导的问题则是"存在者存在"[2]，因此形而上学只能关注存在者的"存在状态"，并且在"至高存在者"的意义上思考存在的"原因""动力"等派生模式，因此它们已经离弃了存在，它们捏造了"最为普遍者"，并且把这些最为普遍但空泛地回避了存在本现的基础问题的东西以"熟悉性"掩盖在庸常此在的生活世界之中，最终"存有本现"的基础问题在对"存在者存在"的主导问题的回答之中被异化为对为人所熟稔的"万物"之"共相/本质"的存在者描述。[3]

职是之故，形而上学对"存有本现"的忽视导向了"存在的无急难的急难状态"，并且经由"最高价值的自我罢黜"的历史，最终使得"技术"成了

（接上页）参见［德］马丁·海德格尔：《哲学论稿（从本有而来）》，孙周兴译，商务印书馆2012年版，第125~127页。

〔1〕［德］马丁·海德格尔：《哲学论稿（从本有而来）》，孙周兴译，商务印书馆2012年版，第132页。

〔2〕"存在者存在"的原文是"Das Seiende ist"，而"存有本现/存有本质性现身"的原文则是"Das Seyn west"。前者要追问的是存在者何以成为存在者，即"为何"存在者存在以及存在者"如何"存在，它考虑的是在场或曾经在场的存在者的存在样态问题，而后者指的是存有（Seyn）之真理（澄明/遮蔽）作为先行奠基的，以供存在者展开的基础问题，它要求追问"先行—本现者"（das Voraus—wesende），并且通过跃入存有本身的澄明或遮蔽之中寻找存在者的"根基（Grund）—澄明"以及"渊基（Ab—grund）—遮蔽"，在这种存在的开裂之中思入存在之真理中，参见［德］马丁·海德格尔：《哲学论稿（从本有而来）》，孙周兴译，商务印书馆2012年版，第83页。

〔3〕［德］马丁·海德格尔：《哲学论稿（从本有而来）》，孙周兴译，商务印书馆2012年版，第123~124页。

现代社会之中的支配者，计算与谋制（Machenschaft）达到了巅峰，而思想和艺术则被工具化，自然（φύσις）被剥夺了权力，存在者成了"受造物（ens creatum）"，进而变成了"产品"这类"持存物"。存在的隐遁本身已经成为"急难"，而人之此在由于技术和形而上学的合谋则处于"无急难"的状态。人类意识不到"虚无主义"不仅仅是尼采所说的"目标的消失"，而是"有组织地对人类之无目标状态视而不见，'时刻准备着'回避任何设定目标的决断，畏惧任何决断领域的开启"[1]——这揭示了海德格尔意义上的虚无主义是"存在之离弃状态的本质后果"。这种虚无主义体现为"谋制"——"使存在者的可制作性显露出来"[2]，体现为"体验"——以人类为中心把存在者"吸纳到理想动物的生命之中"[3]，同时"谋制"订造出满足体验的"受造物"，"体验"促进了"谋制"的发达以及对"自然之物"的进一步掩饰：在"谋制"一极是经验化的现代科学、计算化的现代技术缔造的数量上的"巨大之物"，在"体验"的一极则是形而上学对历史的解读，是把人类此在的自我演历逐渐型构为"大全生命（das Alleben）"的漠然无殊的规制之中——"谋制"是"急难"的体现，而"体验"则促成了进一步地对存在地"无急难状态"。

因此，回顾海德格尔对形而上学的批判，就必须理解"形而上学—技术"的关联，而通过对海德格尔现有文本之中的哲学史叙述，一个典型的现象是海德格尔并未对启蒙思想家有深入的讨论，而与之相反，例如施特劳斯等政治哲学家则对德国观念论以及实证主义哲学缺乏相应的关注，因此，回答"技术"何以通过形而上学的演历获得了主宰地位并且成为现代虚无主义的表征，就应当把我们业已"悬置"的政治哲学思路——特别是与海德格尔有着相同的"古典情结"的施特劳斯的政治哲学的思路重新纳入视野，这样，我们可以看到在"形而上学"的历史之中"技术"是如何逐渐占据虚无主义高地的。施特劳斯等政治哲学家对海德格尔的补充在于，他们着重描述了在形

---

〔1〕［德］马丁·海德格尔：《哲学论稿（从本有而来）》，孙周兴译，商务印书馆 2012 年版，第 147 页。

〔2〕［德］马丁·海德格尔：《哲学论稿（从本有而来）》，孙周兴译，商务印书馆 2012 年版，第 133 页。

〔3〕［德］马丁·海德格尔：《哲学论稿（从本有而来）》，孙周兴译，商务印书馆 2012 年版，第 137 页。

而上学历史之中启蒙思想家的观点，以施特劳斯为例，"自然权利（Natur-recht）"这一观念是他关注的重点，在《自然权利与历史》中，施特劳斯回应了他"现代性的三次浪潮"的观点，指出了从古代的"自然义务—自然正当观"，到中世纪的自然律法观，再到启蒙运动和近代哲学之中"人本主义"的自然权利观的理论线索，这一论证思路同样强调"自然"这一语意的跌落，正如维克利（Richard L. Velkley）指出的："海德格尔和施特劳斯各自在其思想创造的时期都感知到西方理性主义传统已经坍塌，他们因为该感知（perception）而联系在一起……海德格尔和施特劳斯看到了通过重申传统之起源而尝试建立一个新开端的迫切需要，换言之，重审理性主义由以建基的最基本前提"[1]，同时认为"（海德格尔与施特劳斯）都认为，他们生活在一个传统衰竭和坍塌的时代，这个时代呼求一种新的开始"[2]。如果说海德格尔所关注的"形而上学批判"涵盖了从柏拉图到黑格尔的思维历程，那么施特劳斯对马基雅维里、霍布斯、洛克和卢梭等"现代自然权利论者"[3]的讨论以及对以马克斯·韦伯的实证主义批判则构成了对尼采"最高价值的自我罢黜"的主张以及海德格尔所批判的"技术—集置"的补充：就现代自然权利者的"自然权利论"来看，他们以人为中心，指出在自然之中发生并且名义上由上帝创造的人的权利；他们对于"上帝"的悬置态度构成了我们理解中世纪哲学之中"上帝"这一至高存在者是如何以渐进式的方式向"人"这一至高存在者演化的重要线索，而施特劳斯对实证主义的批判则呼应了海德格尔暗含或明示地对康德与黑格尔的"逻各斯中心主义"的批判。

然而我们不能忽视的是，在与海德格尔同时期的哲学思潮之中，也存在与他希冀回返古典的存在境况不同的，但同样希望克服形而上学弊病的思路，这一思路就是以维特根斯坦为代表的逻辑实证主义的语言哲学，这也是施特劳斯认为的"外表上最为强大的当今西方学派"[4]。不过，即使与海德格尔

---

〔1〕 [美]理查德·维克利：《论源初遗忘——海德格尔、施特劳斯与哲学的前提》，谢亚洲、杨永强译，华夏出版社 2016 年版，第 6 页。

〔2〕 [美]理查德·维克利：《论源初遗忘——海德格尔、施特劳斯与哲学的前提》，谢亚洲、杨永强译，华夏出版社 2016 年版，第 218 页。

〔3〕 [美]列奥·施特劳斯：《自然权利与历史》，彭刚译，生活·读书·新知三联书店 2016 年版，第 168 页。

〔4〕 [美]列奥·施特劳斯："'相对主义'"，载刘小枫选编：《施特劳斯读本：西方民主与文明危机》，华夏出版社 2018 年版，第 146 页。

式的"古典情结"不同，作为"反形而上学"的思潮之一，维特根斯坦也与海德格尔有深刻的共鸣。虽然维特根斯坦坚持认为一切形而上学式的思考都是不利于哲学的严谨性的，甚至其在《逻辑哲学论》中阐明"哲学的任务"就是"全部的哲学就是'语言批判'"[1]。但是维特根斯坦的真意是，凡是可说的，都属于"自然科学"以及科学化了的哲学的范畴，但是例如"逻辑结构""自明的神秘之物""形而上学""灵魂与死亡"[2]这类"不可说"的词项，虽然要从哲学的语言之中剔除——即对于这些"不可说"的事情，我们"应当沉默"[3]。不过，即使在语义学色彩较为浓重的《逻辑哲学论》之中，维特根斯坦仍然肯定地表示："实际上唯我论所指的东西是完全正确的，只是它不能说出来，而只能表现出来……世界是我的世界这个事实，表现于此：语言（我所理解的唯一的语言）的界限，意味着我的世界的界限。"[4]海德格尔以对形而上学的批判，特别是建构存在/存在者的区分，进而实现对形而上学的批判，在维特根斯坦看来是"无意义"的，但从另一个角度理解，维特根斯坦也认为"如果具有一个价值的价值，则它必定在一切所发生的事情之外，必定在实在之外"[5]，那么那些我们应当保持"沉默"的东西，就指向了海德格尔式对存有（Seyn）的思辨中对"无""渊基"等超越了"实在性"和"持存物"的更为本源的存在与虚无的讨论，而这些"不能讲述的东西……自己表明出来的……神秘的东西"[6]恰恰构成了思想的道说（Sagen）的内容，在维特根斯坦后期的《哲学研究》中，他指出："只有学会了说（sprechen）才能有所说（sagen）……愿有所说，就必须掌握一种语言；但显然，可以愿说却不说"[7]，海德格尔恰恰"说"出了那些"不可说"的

---

〔1〕　［奥］维特根斯坦：《逻辑哲学论》，郭英译，商务印书馆 1962 年版，第 38 页。

〔2〕　参见［奥］维特根斯坦：《逻辑哲学论》，郭英译，商务印书馆 1962 年版，第 95~97 页。

〔3〕　原文是"一个人对于不能谈的事情就应当沉默"。［奥］维特根斯坦：《逻辑哲学论》，郭英译，商务印书馆 1962 年版，第 97 页。

〔4〕　［奥］维特根斯坦：《逻辑哲学论》，郭英译，商务印书馆 1962 年版，第 79 页。

〔5〕　［奥］维特根斯坦：《逻辑哲学论》，郭英译，商务印书馆 1962 年版，第 95 页。

〔6〕　［奥］维特根斯坦：《逻辑哲学论》，郭英译，商务印书馆 1962 年版，第 975 页。

〔7〕　［英］路德维希·维特根斯坦：《哲学研究》，陈嘉映译，上海世纪出版集团 2005 年版，第 127 页。与之相应的是，海德格尔以"道说（sagen）"去说"存有（Seyn）"，而以"言说（sprechen）"去说"存在（Sein）"，"存有"和"存在"的差异在海德格尔后期的思想之中是重要的区分，后者是形而上学所"说"的内容，而前者则是迈向"另一开端"的哲学的"所说"，参见［德］马丁·海德格尔：《哲学论稿（从本有而来）》，孙周兴译，商务印书馆 2012 年版，第 181 页。

东西。结合地看，阿佩尔（Karl-Otto Apel）对维特根斯坦和海德格尔的哲学共同点的总结是相当准确的，阿佩尔指出维特根斯坦与海德格尔的研究的共同主题是"对存在的意义的追问（Die Frage nach dem Sinn von Sein）"与"针对全部哲学的无意义性之质疑（Der Sinnlosigkeitsverdacht gegn allle Metaphysik）"，二者的共性是通过语言的工具去对形而上学的意义观甚至其本身的意义进行质疑和否定[1]。在黑格尔后的哲学之中，"形而上学的终结"已经成为现代哲学乃至后现代哲学之中的趋势，但是对形而上学的批判并不意味着"哲学的终结"[2]，以一种新型的哲学思路去超克"技术统治"及其形而上学支持，进而打破虚无主义的陷阱，也成了现代哲学之中不同哲学流派具有的共同期望。

---

〔1〕 Karl-Otto Apel, Wittgenstein und Heidegger, in Otto Pöggler Hrsg. *Heiddger: Perspektiven zur Deutung seines Werks*, Beltz Athenäum Vellag, Weinheim 1994, pp. 358~359.

〔2〕 ［德］马丁·海德格尔：《哲学论稿（从本有而来）》，孙周兴译，商务印书馆 2012 年版，第 180 页。

第四章

反思庸常社会之中的规范与共在：
对本真自然的生活的理想

　　技术引发了人和自然的相互分离，同时在形而上学之中上述的分离态势获得了理论方面的支持，海德格尔的用意是通过技术本质批判与形而上学批判指出从柏拉图到尼采的形而上学历史是"最高价值自我罢黜"历史，因此流俗的自然法依照技术和形而上学所给出的是"世界图像"及其作为彼岸的规范力量。然而，即使对技术与形而上学进行了成功的批判，人类也只能走出由技术和形而上学缔造的"第二洞穴"，或许在这种情况下，人已经对"存在论差异"有所认知，并且知悉在技术的主宰和形而上学的支配下的生活是"非自然"和"非本真"的，然而对人之此在来说，通达自然的存在方式和寻求本真的生存方案仍然构成对生存而言的重大疑惑。换言之，即使我们意识到虚无主义的表征是形而上学及其支持的"技术统治"，但是如果在生存方式上毫无改变，那么人类仍然仅仅是脱离了技术和形而上学的束缚的，在"洞穴"之中游走且只能目睹洞穴之中的那些火光和映像的"常人"，他们距离"自然"的源初境界和本真的生活还极其遥远。以施特劳斯的说法看，技术批判和形而上学批判仅仅是打破现代性的第二洞穴的途径，它们使得人类对自身的困境有所觉知，但并不具有进一步超越的途径。正如有论者指出的："当沉沦在'人人'的指导中，我们根本不知道自己是沉沦的，也不知道自己被'人人'所支配，我们还疑问在这里的是'我'——一个自我主宰的

'我',因为'人人'是在隐藏和伪装中支配我们的"〔1〕,打破了形而上学和技术的宰制,人就真正能够走出"支配"吗?或者说,即使人不再被"技术"或"形而上学"的谋制和订造所支配,那么由于常人的沉沦,本已对生存有所领会的殊异个体会否再次因为常人的意见而被拉扯回庸常的世界之中呢?

海德格尔终身都把本于自然、出于本真的生活视为最为良好的生活,主张本真生活相对于非本真的沉沦在此的理想地位,主张前者作为自然的生活而具有正当地位。如果说在海德格尔的技术批判和形而上学批判之中触及的是人类生存的历史性危机,因而不可避免地持有一种理论化的立场,那么在《存在与时间》之中思考的则是这一历史性的危机在实践方面的症候。因为无论是常人的意见和公共意见,还是形而上学与技术的谋制蕴含的同样是对本真的"人"的否定以及对流俗法律观念的坚信,只不过后者促逼着人之此在向一种外在的技术活动展开,而前者则属于人之共在的世界内部而意味着"庸常此在"的"沉沦",进而使得常人无法经由"此在"去揭示存在问题。可以说,无论是形而上学与技术批判,还是对庸常的此在的批判,根本上都指出了人的"非本真的—被订造"的展开状态:形而上学以不断建构着公共意见和相应的法律、道德与伦理赖以维系的"至高存在者"的基础,"技术"之本质(Gestell)则在现代走上台前充当这一基础。相应地,"庸常此在"则是在这样的"世界—之中—存在(In-der-Welt-Sein)"的所谓的"主体",世界图像也因而成为常人世界本身。而海德格尔之所以要对"此在"进行研究,乃是要寻求对存在发问的方式及其动力,他认为"任何一种发问都是一种寻求",而任何一种寻求都有从它所寻求的东西方面而来的事先引导,这种发问是在其存在与如是而存在(Das-und-Sosein)的方面来认识存在者的寻求〔2〕,只有人之此在才能发问存在,也只有人之此在才能领会存在,更是唯有人之此在才真正把握了"对……"发问意义上的"问之所问(Gefragtes)"、

〔1〕 陈荣华:《海德格尔〈存有与时间〉阐释》,台湾大学出版中心2018年版,第227页。此处的"人人"即"常人(das Man)","存有"则指的是"存在(Sein)"而非Seyn意义上的"存有",此处的翻译问题是值得注意的——海德格尔在后期哲学之中认为"Sein"仍然是一个形而上学的词汇,而"Seyn"才是"思想"的另一开端深入的基底。
〔2〕 [德]马丁·海德格尔:《存在与时间》(修订译本),陈嘉映、王庆节合译,生活·读书·新知三联书店2014年版,第6页。

在"就……"发问意义上的"被问及者（Befragetes）"以及"问之何所以问
（Erfragtes）"的根本意图和方法[1]。对"存在"进行发问本身就是人类此
在与其他存在者相比而言所具有的独特的存在方式，海德格尔对"常人生活"

---

[1]　即使海德格尔拒绝康德式的主体性之为"至高存在者"的设想，但是他仍然选择"人"之
此在作为询问存在的突破口，这是由于只有人有"提问"的语言能力和领会能力，他认为："作为一
种寻求，发问需要一种来自它所寻求的东西方面的事先引导。所以，存在的意义已经以某种方式可供
我们利用。我们曾提示过：我们总已经活动在对存在的某种领会中了。明确提问存在的意义、意求获
得存在的概念，这些都是从存在的某种领会中生发出来的。我们不知道'存在'说的是什么，然而当
我们问道'存在是什么？'时，我们已经栖身在对'是'（'在'）的某种领会之中了，尽管我们还不
能从概念上确定这个'是'意味着什么。我们从来不知道该从哪一视野出发来把握和确定存在的意
义。但这种平均的含混的存在之领会是个事实。"（参见［德］马丁·海德格尔：《存在与时间》，陈
嘉映、王庆节合译，生活·读书·新知三联书店2014年版，第7页）他进而指出："审视、领会与形
成概念、选择、通达，这些活动都是发问的构成部分，所以它们本身就是某种特定的存在者的存在样
式，也就是我们这些发问者本身向来所是的那种存在者的存在样式。因此，彻底解答存在问题就等于
说：就某种存在者——即发问的存在者——的存在，使这种存在者透彻可见。作为某种存在者的存在
样式，这个问题的发问本身从本质上就是由问之所问规定的——即由存在规定的。这种存在者，就是
我们自己向来所是的存在者，就是除了其他存在方式以外还能够对存在发问的存在者。我们用此在
（Dasein）这个术语来称呼这种存在者。存在的意义问题的突出而透彻的提法要求我们事先就某种存在
者（此在）的存在来对这种存在者加以适当的解说。"（参见［德］马丁·海德格尔：《存在与时间》
（修订译本），陈嘉映、王庆节合译，生活·读书·新知三联书店2014年版，第9页）。因此，海德格
尔并非坚持一种"人类中心主义"的立场，而是由于人之此在在其他的存在方式之外——例如物之持
存与涌现、工具之使用以及艺术作品之贮藏和开敞等能力——尚且有"发问能力"，这样人之"此在"
与物的受造的存在和持存的状态就有所差别（关于这一差别状态，参见［德］海德格尔："艺术作品
的本源"，收录于氏著《林中路》，孙周兴译，商务印书馆2018年版，第11页）。然而，如果结合海
德格尔对形而上学的"主导问题—存在者存在（Das Seiende ist）"和思想的"基本问题—存有本现
（Das Sein west）"的划分，人对"存在问题"的发问恰恰又被形而上学所堵塞了，因此，在海德格尔
后期的思想之中集中批判形而上学以及技术的"集置"本质就成了扫清人对存在的追问的障碍的先行
活动，例如在《哲学论稿》之中，海德格尔就认为："在《存在与时间》以来的尝试中，问题诚然是
更原始地被设定了，但一切都保持在一个更细小的尺度当中——如果竟可以比较的话。存在问题的实
行不容许任何一种模仿。在这里，道路的必然性每每在历史性意义上是头一次——因为是唯一的一次。
在'历史学上'来看是不是'新的'和'特有的'，在这里根本不是一个可能的评判角度。对西方思
想的历史的历史性掌握将变得越来越具有本质性意义，而且，对一种'历史学上的'或'体系上的'
哲学剥削的铺展，变得越来越不可能。因为关键不是要认识一种新的关于存在者的表象，而是要把人
之存在建基于存有之真理中，并且在存有和此—在的启思中为这种建基做准备。"（参见［德］马丁·
海德格尔：《哲学论稿（从本有而来）》，孙周兴译，商务印书馆2012年版，第94页）因此，在海德
格尔后期对形而上学历史的批判与反思之中，"人的存在"同样是重要的问题，并且是要将之奠立于
存在之真理（Aletheia）之中的，而对于"存有之真理"的提问则围绕更为本源的"存有问题"提出。
这一论断更加佐证了"人之此在"与"存有/存在问题"的关系，即唯有批判掉形而上学与技术的天
命才有机会以"人之此在"回应"存在问题"，同时回答"存在问题"乃是呼唤一种更为本真的人的
生存境况。

的批判，因此就回应了在他的"自然观"之中人"栖居在存在之涌现的近旁"，在"在的澄明"之中以语言来"道说和拢集自然"的生活方式[1]，只有以人之此在的提问才能理解"自然"，理解和切入那个"是"的"是者（存在者）"的样态。因此，我们的任务在于与海德格尔一道，去思考在"常人"生活之中人的存在方式以及超越这一生活方式的方式和途径，最终揭示一种存在于"存在"近旁的自然的生活样态。需要补充的是，只有通过对"技术—形而上学""庸常此在"的剥离和悬置，人之此在才能够接触到"自然"，因此，理解海德格尔的自然思想以及源初自然法思想之前还需要完成"常人批判"的任务。

一、常人的此在存在方式：非自然的庸常生活与自然的本真生活

在海德格尔的思想体系之中"存在问题"的重要性已经无需赘言，在《存在与时间》的开篇，海德格尔就指出"我们的时代虽把重新肯定'形而上学'当作自己的进步，但这里所提的问题如今已经被遗忘了"[2]，这种遗忘的体现形式——借用柏拉图《智者篇》中的观点，就是"当你们用到'是'或'存在'这样的词，显然你们早就熟悉这些词的意思，不过，虽然我们也曾以为自己是懂得的，现在却感到困惑不安"。[3]柏拉图的上述观点指出了一个在日常生活之中常见的现象，即我们对"存在"或"是"具有自发甚至"自明"的使用活动，然而"是"的意义究竟是什么呢？通常来说从语言哲学看，"是"有以下的意义内容：

（1）$P=Q$——"等同关系"，即 P 与 Q 在内涵和外延上相等；

（2）$P\in Q$——"类属关系"，即 P 的外延小于 Q，且 Q 的外延能够包含 P；

---

[1] 海德格尔以荷尔德林的诗歌诠释了这一本真的生活方式，详见［德］马丁·海德格尔："……人诗意地栖居……"收录于氏著《演讲与论文集》，孙周兴译，生活·读书·新知三联书店 2005 年版，第 215 页。

[2] ［德］马丁·海德格尔：《存在与时间》（修订译本），陈嘉映、王庆节合译，生活·读书·新知三联书店 2014 年版，第 3 页。此处的"问题"即"是/存在"的问题，另见陈嘉映编著：《存在与时间读本》，广西师范大学出版社 2019 年版，第 3 页。

[3] ［德］马丁·海德格尔：《存在与时间》（修订译本），陈嘉映、王庆节合译，生活·读书·新知三联书店 2014 年版，第 1 页。

（3）$P \in Q$——"本体/属性关系"[1]，即 P 具有"Q 性"，作为普遍的某种性质的 Q 包含了 P 的内涵；

但是，上述的语言哲学分析都预设了一个根本的问题，即"P"是存在的——即使这个存在问题经常在上述的语言表述之中被遗忘。因此，前述的表达式虽然都可以作为对"自然"的描述，进而都与"$\exists P$"（"存在 P"）这一表达式处于"且"的关系，但对于 Q 来说，它是 P 的存在方式而并不干涉 P 本身的存在，也即 Q 的成立不影响自然本身的存在。这样看，海德格尔所讨论的"存在"是超越了命题的一个基本前提——即关于 P 的"存在论/本体论"许诺。"P 存在"这一表达式可以被补充为"人存在"并"在此"，而 Q 揭示的是人之此在之为存在者的各种存在样态，这也就说明了存在问题先于存在者问题进而指出了"存在问题"在存在论上的优越地位[2]。此在这个存在者在它的存在中与这个存在本身发生交涉[3]，以至于一切存在论所源出的基础存在论（Fundamentalontologie）必须在对此种的生存论分析中来寻找。很显然，这样的分析活动即使需要指向存在的意义进而对存在问题有所回应，但是它首先照面的必然是人之此在的一般性的生活样态——也就是说，只有对"庸常此在"的生存方式进行先行的描述，才可能进一步地采取现象学的还原思路对"本真此在"的自然且本真的生存方式有所思虑。

（一）理解海德格尔的"在世"观点以及其现象学世界结构

"在世"是社会层面人的存在情况，代表了与自然状态相对的规范与社区生活。揭示人之此在在日常生活之中的生存论结构因而需要确定人的"此在"具有"在世界之中存在（In-der-Welt-Sein）"的基本结构。此在的存在的

---

〔1〕　参见陈嘉映：《语言哲学》，北京大学出版社 2003 年版，第 33~34 页。

〔2〕　海德格尔的原话是："任何存在论，如果它不曾首先充分澄清存在的意义并把澄清存在的意义理解为自己的基本任务，那么无论它具有多么丰富多么紧凑的范畴体系，归根到底它仍然是盲目的，并背离了它最本己的意图。"这一观点指出，一切存在论的前提都是对"P 存在"这一前设的意义予以澄清，如果"P"不存在——无论它是观念的还是物质的，那么有关 P 的一切命题也就都是无意义的，而例如"作为观念的 P 如何存在""作为物质的 P 如何存在""作为观念的 P 和作为物质的 P' 何者更先"，则都是在确定了"P 存在/是"的条件下进行的对"存在方式"的发问。参见［德］马丁·海德格尔：《存在与时间》（修订译本），陈嘉映、王庆节合译，生活·读书·新知三联书店 2014 年版，第 13 页。

〔3〕　［德］马丁·海德格尔：《存在与时间》（修订译本），陈嘉映、王庆节合译，生活·读书·新知三联书店 2014 年版，第 15、16 页。

本质是"去存在"（Zu-sein）〔1〕，即蕴含着"实在"与"能在"两个面向，而无论是此在的"实在"或是"能在"都是此在的"向来我属（Jemein-igkeit）"的存在方式，这样"去存在"也就被诠释为"我正在是"的现成存在方式（Vorhandenheit）或"我能是"的上手存在方式（Zuhandenheit）。而对于"我能是"的"上手存在"，又可以被分为"非本真状态（Uneigentlich-keit）"和"本真状态（Eigentlickeit）"：前者指的是此在在存在中失去自身，或者说绝非获得自身而只是貌似获得自身；后者则是此在可以在它的存在中选择自己本身、获得自己本身〔2〕。但是即使有上述诸多的存在方式，任何此在的基本存在结构都是"在—世界—之中—存在"（In-der-Welt-sein）的，这种存在结构作为一个合成词，分为"世界之为世界（Welt）"、"谁之存在（Sein）"以及"在……之中（in-Sein）"三个环节，它直接关联了三个问题，一是"世界是什么"，二是"我是谁"，三是"我与世界处于何种关系"，这三个问题对于揭示人之此在的存在样式是相当必要的。在我们的流俗认知之中，"世界"是作为一个"存在者整体"而存在的"存在者"，政治学意义上的"世界关系"、宇宙论与物理学意义上的"人类世界"或"自然界"都是这种把"世界"定义为存在者的思想；相应地，"我是谁"的答案也相对明显，即"我"是具有独立性质的现实存在的个体的"人"，在生物学意义上的"自然人"，在法学意义上的"公民"乃至于在神学视角下的"选民"都是对"人"的定义；进而，流俗的"人与世界"的关系也就变成了形而上学式的"主体—客体"的关系，例如作为"自然人"的个人与作为生产资料的"自然界"的对立，作为"公民"的个人与作为被抽象为"主权"的"国家"的对立，以及作为"选民"的个人与"上帝"的对立等等，而上述的认知在海德格尔看来，既是把"我"视为一个现成的个体，也是把"世界"视为一

---

〔1〕 在这里海德格尔区分了"essentia（是什么）"以及"existentia（生存）"两种存在方式。如前文大致揭示的，"是什么"意味着存在者的"持存状态"，对于任何一种存在者而言，"是什么"都是现成在场的，而"生存"则指向"去"这一动词，而从语法角度来看，"Zu—sein"即"to be"，它是一种不定式的表述，而在后文，我们将追随海德格尔指出，"不定式"是"自然"的源初含义，"不定"即"不确定"但"可能"，它是一种由当下到未来的运动构成，而作为"Physis"的"自然"更适宜的理解是"自—然"的动态形式，关于这一思路的详细阐释，参见［德］海德格尔：《形而上学导论》（新译本），王庆节译，商务印书馆2015年版，第97~105页。

〔2〕 ［德］马丁·海德格尔：《存在与时间》（修订译本），陈嘉映、王庆节合译，生活·读书·新知三联书店2014年版，第50页。

个"存在者"，进而与其说"在世界之中存在"，倒不如说"在世界之外存在"，因为"人"这个存在者在存在形态上确实与"世界"这一存在者有所差异。

1. 海德格尔的"世界观"以及规范世界中"庸常此在"的描述

"在世界之中存在"作为生存论的规定蕴含了社会伦理、法律规范的因素，海德格尔因而对"在世界之中存在"给出了如下的基本规定：

（1）世界是一个"因缘整体"因而并非否定法律规范及其理论，在世存在必然与源初自然之中的人之栖居有所区分："处于对意蕴（Bedeutsamkeit）的熟悉状态中的此在乃是存在者之所以能得到揭示的存在者层次上的条件——这种存在者以因缘（上手状态）的存在方式在一个世界中来照面，并从而能以其自在宣布出来"〔1〕。除了人之此在之外，在世界之中同样有其他的存在者——物，在人最初对"物"的态度来看，"物"往往作为"工具"以上手状态与人照面，而人在对物的独立揭示活动之中加以发现和规定物的现成在手状态这两种存在方式都不具有此在式的存在〔2〕。海德格尔在此对世界的"空间性"进行了重新的界定，空间意味着物与人保持着"去远（Entfernung）"和"定向"的关系，即虽然在空间位置上物与人有"去远"的距离关系，但人对物的解蔽确实是一个"求近"进而"使之上手"的过程，"定向"则意味着人率先由于对世界的因缘整体性质的理解获取了对物的位置的方向性的确知以及"如何使得存在者存在"的方向规定，这样"世界之为世界"就是人与物打交道的"操劳（Besorge）"过程，也是人以有意义的方式"让存在者存在—解蔽"的活动，因此虽然人和物都是寓于世界之中存在

---

〔1〕［德］马丁·海德格尔：《存在与时间》（修订译本），陈嘉映、王庆节合译，生活·读书·新知三联书店 2014 年版，第 102 页。

〔2〕世界之中存在问题的三个层次：一是"上手存在"，二是"现成存在"，这两种存在方式都对应的是"物"的存在方式，而第三种存在方式则是"世界之为世界"，它关涉的才是在世内的存在者之所以能够得到揭示的实际存在上的条件。它出于此在"在世"地对因缘整体所具有先行的领会，因此只有"世界之为世界"才是此在的存在方式，也是其他存在者得以获得揭示的先行条件，这种关系可以理解为此在以"赋义"的意蕴把握，对"物"进行不同的解蔽，在"艺术作品的本源"之中海德格尔就区分了"物"的三种形态，即"纯然物（Ding）""工具（Zeug）"以及"作品（Werk）"（参见［德］海德格尔："艺术作品的本源"，收录于氏著《林中路》，孙周兴译，商务印书馆 2018 年版，第 12~14 页）。上述的不同存在方式的"物"的共性都是不具备此在的"存在领会"能力，因此它们只能被此在"去"揭示，即此在以世界建构的模式，或是通过"上手地操劳"，或是"现成地静观"对其他存在者有所解蔽，进而"让存在者存在"，参见［德］马丁·海德格尔：《存在与时间》（修订译本），陈嘉映、王庆节合译，生活·读书·新知三联书店 2014 年版，第 103 页。

的存在者，但是人之此在在"此"的存在把物带入了空间之中并且形成了一个有意义的世界关系。当然，海德格尔对"人与物"的关系解读，对应了人与"技术现象"的关系，人通过对用具的使用去确定自身以及其他存在者的生活位序，进而建立了"世界"的图景，然而一旦被"技术现象"所主宰，那么人对"世界"的领会就要被"技术造物"所引导——这也是前文"世界的图像时代"的一种表述方式。

（2）"我"是与其他此在共在的此在，也即人必然是以规范维系的社会存在者，但是在生存之中人不具有鲜明的法理论思维，也即常人在日常之中并不运用权利、义务等思维进行思考：人之此在是"在世界之中存在"，同时最为源初地与"物"产生"使用—上手"的操劳关系，因此无论是"人与世界"抑或是"人与物"都不属于"主客对置"的形而上学关系。同理"人与人"即"我的此在"与"其他此在"的关系更不是"主客关系"，"其他此在"对于"我"而言"不仅根本和用具与物有别，而且按求作为此在本身存在的一种存在的方式，它是以在世的方式'在'世界之中的，而同时它又在这个世界中以在世界之内的方式来（与我之此在）照面"〔1〕。海德格尔格外提示，"其他此在"既不是"现成"的，也不是"上手"的，毋宁说，无论是"我的此在"还是"其他此在"，都是"共同在此"的，对世界的因缘整体性有所领会的存在者，因此，"世界"就不仅仅是"我的世界"，而是我必须与其他此在分有的"共同世界"——即"共同此在—为他人之故"〔2〕的"操持关系（Fürsorge）"，这样，我的此在就在世界之中难以避免地与其他此在有相互存在的共同在此的关系〔3〕。"向来我属性"指的既是"我性"意义上的"自我"，也指的是"非我"，单纯强调"我是我自己"绝不能规定我自身的确定性，只有通过诸"非我"人的自我才能以非绝缘的方式在日常生活

〔1〕 ［德］马丁·海德格尔：《存在与时间》（修订译本），陈嘉映、王庆节合译，生活·读书·新知三联书店 2014 年版，第 137 页。

〔2〕 ［德］马丁·海德格尔：《存在与时间》（修订译本），陈嘉映、王庆节合译，生活·读书·新知三联书店 2014 年版，第 138 页。

〔3〕 值得注意的是，海德格尔并不认为"自我"对"他者"具有"主体性"，人与人的"共处"绝非仅仅为了"我本身"而存在的，"我"也不会因为"我思"的绝对性而相较于其他存在者具有任何形而上学的殊异地位。就如海德格尔指出的那样，我在生活之中往往采取"移情""越俎代庖""各扫门前雪"等方式与他人打交道。参见 ［德］马丁·海德格尔：《存在与时间》（修订译本），陈嘉映、王庆节合译，生活·读书·新知三联书店 2014 年版，第 142 页。

之中获得"我"的定位，因此"我为了他人之故"而存在，也绝非强调对于他人无条件的奉献乃至妥协，而是要在共在之中找寻到"我自身"。从这一角度理解，"向来我属性"的"此在"之共在，既不是强调伦理学意义上的权利本位思想，也不是强调义务本位思想，它是在生存论角度去辨明"我是谁"的方向。

然而，正如前述，"共在包含庸庸碌碌……此在作为日常共处的存在，就处于他人可号令的范围之中"，"庸庸碌碌""平均状态""平整作用"组成了公共意见，卸除存在之责与迎合让本真的此在消散在共在之中，而更为重要的是，在"公共意见"意义上的"常人"绝非具名的他者，而是匿名的多数[1]而使得本真的此在消散于"形而上学""大众文化""技术现象"之中。不过，即使在庸常状态之中"此在"仍然是生存着的，甚至本真的自己存在并不依栖于主体从常人那里解脱处理的那一种例外情况；常人本质上是一种生存论上的东西，本真的自己存在是常人的一种生存变式[2]，那种能够获得本真性的此在反而是在"在世存在"之中的"例外状态"、在这个角度来看，海德格尔对"共在"的庸常属性的讨论实则与它对"形而上学"的批判是对应的，后者以一种"公共意见"去让"存在者存在"这一"主导问题"成为人之为人的庸常的关注对象，甚至成为压制决断和向本己而存在的规范性依据。

（3）"在……之中"的结构则代表了人不得不在公共意见之中生存的社会性质，包含此在的生存状态以及日常的"此之在（Da-sein）"与此在的"沉沦"。这一结构构成了海德格尔对常人生活的批判出发点，也是笔者在后文要展开的内容，这里需要指出的仅仅是，"在……之中"的生存论样态虽然包含"非本真—日常存在"以及"本真存在"两种样态但是二者都并未脱离在社会意义上"世界"之中的"操劳"以及"共在"之中的"操持"的生存论形态——"烦（Sorge）"。

不过，在讨论海德格尔对"常人生存"的批判之前，也有必要明确海德格尔的"方法论"基础，应当指出的是，至少在《存在与时间》的写作阶段，海德格尔对胡塞尔的现象学"悬置-还原"的方法论是仍然保持接受态度的。海德格尔对"生存（Existenz）"的规定是以现象学的方式进入的，他对

─────────────────

〔1〕 参见［德］马丁·海德格尔：《存在与时间》（修订译本），陈嘉映、王庆节合译，生活·读书·新知三联书店 2014 年版，第 146~148 页。

〔2〕［德］马丁·海德格尔：《存在与时间》（修订译本），陈嘉映、王庆节合译，生活·读书·新知三联书店 2014 年版，第 151 页。

"存在"进行了这样的规定[1]：

（1）存在不是一个"普遍的概念"，它不属于作为与存在者对应的概念范畴，因此不是普遍概念；

（2）存在是以逻辑的种属方式无法定义的，但这不能取消存在的意义；

（3）"存在/是"不是作为存在者的先天性而自明的，即使谁都懂得"是"，但是对"是"的理解是对存在者的"是"的先行领会；

上述的规定与胡塞尔现象学的方法有极大关联：在海德格尔对"存在者的存在"或"一般存在的意义"的论题任务之中，他明确指出"使存在从存在者中崭露出来，解说存在本身，这是存在论的任务……只有从'事情本身'所要求的处理方式才能形成这样一门科学（存在论）"[2]，而"面向事物本身（Zu den Sachen slebst）"本身就是现象学的一切原理的根本原则，因此，现象学[3]的方法就是对存在论的建构以及回答"存在问题"这一思辨的"基础问题"的方法论依据。在对"现象"的处理[4]之中，海德格尔最终认

---

〔1〕 ［德］马丁·海德格尔：《存在与时间》（修订译本），陈嘉映、王庆节合译，生活·读书·新知三联书店 2014 年版，第 5~6 页。

〔2〕 ［德］马丁·海德格尔：《存在与时间》（修订译本），陈嘉映、王庆节合译，生活·读书·新知三联书店 2014 年版，第 32 页。

〔3〕 在海德格尔理解之中，"现象学（Phänomennologie）"一词由"现象—显现者（αινομενον）"与"逻各斯（λóγος）"组成。因此现象学就是"现象的科学"，海德格尔的进路在于把何为作为"显现者"的现象与作为"逻各斯"的"科学"进行定义，进而得出何为"现象学"的路径。他通过语源考察的方式去界定了何为"现象"以及现象学何以为"学"［［德］马丁·海德格尔：《存在与时间》（修订译本），陈嘉映、王庆节合译，生活·读书·新知三联书店 2014 年版，第 33 页］。

〔4〕 海德格尔指出"现象"这一词语可以追溯到希腊词"φαινομενον—φαιωεσθαι"，前者由后者的动词形式变化出来，后者的动词本意是：显示自身（显现），因此其名词形式也就指的是"就其自身显示自身的东西""大白于世间或能够带入光明（无蔽）之中的东西的总和"；但是海德格尔的考据还指出"φαινομενον"在古希腊语之中还有"φαινομενον—αγαθον"的组合方式，它指的是"看上去是但仅仅是貌似的东西"。因此"φαινομενον"既是"自我显现者的现象"，也是"作为假象的现象"，因此在海德格尔看来，"现象"具有三个意思，一是作为动词和中动态原型的"显现—自我显现"的动词含义（sich zeigen），二是作为"自我显现者的显现真样态（Phänomen）"，以及作为"显似"的假装显现与对现象的褫夺即"假象（Schein）"。海德格尔还关注了广义上的"现象"之中的"现相（Erscherinung）"，它所呈报可能是"现象"也可能是"假象（Schein）"。仅仅意味着"现相"之中"有东西"被"呈报"出来，但是"这个东西"却不显现，故而"现象"着力于显示"所是"，而"现相"则指出了某种不显现的东西而作为"呈报者"。关于"现象""假象"以及"现相"的区分是他们分别对应"就其自身显示自身""不依照自身而显示"以及"不关心是否显示而仅仅关

定"现象"就是"就其自身显示自身"，它兼具动词的"公开—显现自身者"的含义，也具有动词上的"自身—显现"的动态过程；而在对"逻各斯"的处理之中，他指出 λóγος 在庸常理解之中被理解为命题、判断，但就其本意来说，它仅仅指的是"以话语的方式让人去看……"以及"使……公开"，因此，对 λóγος 的理解要摆脱逻辑学的真理符合论观点而去注重 λóγος 以素朴地让人来看某种东西而让人觉知存在者的功能[1]，因此"现象学"的任务也就是把那些就其自身显示自身的东西公开出来让人们看[2]，这样经由"现象学"对"存在问题"的回答就意味着通过"现象学诠释"的方法去让存在的本真意义与此在的本己存在的基本结构向居于此在本身的存在之领会宣告出来[3]。对于日常生活的批判和对本真此在的追问就是在生存论意义上让此在依照其最本己的展开方式去自我敞开，进而为存在的自我敞开进行条件的建构，这样"生存的生存论建构的哲学分析工作"的任务也就明确了，那就是通过返回此在的最为本真的敞开模式，去获取超越性的，包含最彻底的"个体化的可能性与必然性"的"存在的展开状态"——现象学的真理。

（接上页）心呈报"的三种现象定义。这样的混乱含义就导致了海德格尔最终把"就其自身显现自身"定义为最本源的"现象概念领会"，参见［德］马丁·海德格尔：《存在与时间》，陈嘉映、王庆节合译，生活·读书·新知三联书店 2014 年版，第 35~36 页。

〔1〕 λóγος 即"有所展示的话语"，海德格尔对此的理解显然批判了逻辑实证主义的真理符合论和命题理论，后者所坚持的立场是所言及的东西（所指）与命题内容（能指）的符合关系构成真理。然而在海德格尔的观点中，一旦将 λóγος 视为"命题"，那么"真理"之所系就绝非 Aletheia 意义上的"解蔽/无蔽"，而仅仅系于判断活动。需要进一步说明的是，海德格尔稍后对 λóγος—ἀληθἑια—φύσις 的同一关系，以及借此对话语—真理—存在的基础存在论观点一致延续了此处的 λóγος 定义。参见［德］马丁·海德格尔：《存在与时间》（修订译本），陈嘉映、王庆节合译，生活·读书·新知三联书店 2014 年版，第 37~39 页。

〔2〕 海德格尔的原话是："现象学是……让人从显现的东西本身那里如它从其本身所显现的那样来看它"，他认为，"现象学"的希腊语表述是"λεγειν τα φαινομενα"，同时"λεγειν 等于是说 αποφαινεσθαι"，因此现象学就是"αποφαινεσθαι τα φαινομεναι"。这里一个重要的代换步骤是，出于"ἀληθἑια（真理—无蔽—去除遮蔽）"这一概念，由于"λóγος—ἀληθἑια—φύσις"的对应关系，"言说"就是"使……公开"，"使……无蔽"就是"把……带到面前来看"，因此"αποφαινεσθαι（有所展示）"就是"揭示话题之中的……""言之所及的……"即"λεγειν"，这样现象学既是对如其所是地存在的显现者的言说—公开，也是对如其所是者的"解蔽"，参见［德］马丁·海德格尔：《存在与时间》（修订译本），陈嘉映、王庆节合译，生活·读书·新知三联书店 2014 年版，第 41 页。

〔3〕 ［德］马丁·海德格尔：《存在与时间》（修订译本），陈嘉映、王庆节合译，生活·读书·新知三联书店 2014 年版，第 44 页。

2. 理解海德格尔的现象学世界观念：非科学与非伦理学的现象学还原
   主张

海德格尔因此就揭示了如果需要通达存在的展开状态就必须回归到如其所是而是的人之此在，由于"言说""真理"和"存在"在语源学上具有一致性，因此以现象学的论题让人的此在依照其所是而公开出来的过程也就是对人的真理（真实/无蔽）的揭示过程，也意味着一种"自然的生活方式"的本己发生，需要以现象学的还原达到这一目的。但在海德格尔看来，即使是现象学方法也有可能导向科学和神学这两个现代性的律法。海德格尔对人之此在的重视不在于某种"人类中心主义"乃至于"唯我论"，而后者往往被认为是胡塞尔式的现象学的思维模式。例如对"我"这一词项的理解上，海德格尔与胡塞尔的现象学思路呈现出极大的差异，施皮格伯格（Hebert Spiegelberg）在《现象学运动》中就指出："笛卡儿所说的我思（ego cogito），也就是胡塞尔思想的基石，在海德格尔看来已经成了现代思想的象征。这代表了反对存在本身的一种反叛，把一切存在者都改变为主体的对象，最后把它们都吸进主体性之内"[1]，他进而指出海德格尔"对胡塞尔所说的一切原则中的原则在独大程度上一直抱有批判的态度，因为在他看来这个原则是胡塞尔后期哲学中主体论的超验主义的根源……从一开始对于海德格尔来说，现象学的中心观点就表现在'转向事物本身'这个口号之中，而这个口号在胡塞尔本人的著作中只是偶然出现的"[2]。而莫兰（Dermot Moran）也持有同样的观点，他认为："海德格尔抛弃了一切胡塞尔的中心概念：他不再要讨论意识、客观性、指向性、诺耶玛（noema）、诺耶思（noeis）和先验在我，他也不谈及自然态度、悬置、还原和构成等概念……海德格尔想要将现象学用作达到具体人的生命（事实性生命）现象。"[3]实际上，海德格尔一直把胡塞尔顺延笛卡尔、康德思路的先验现象学作为他的批判对象，这在他后期的形而上学批判之中愈发明显，

---

〔1〕［美］赫伯特·施皮格伯格：《现象学运动》，王炳文、张金言译，商务印书馆 2011 年版，第 508 页。

〔2〕［美］赫伯特·施皮格伯格：《现象学运动》，王炳文、张金言译，商务印书馆 2011 年版，第 513 页。

〔3〕［爱尔兰］德尔默·莫兰：《现象学：一部历史的和批评的导论》，李幼蒸译，中国人民大学出版社 2017 年版，第 256 页。

而在早期的常人批判之中，海德格尔至少已经认识到了胡塞尔现象学方法的问题：

首先，虽然仅仅是具有文献学和思想史上的意义，但是必须承认的是胡塞尔的思想是充满"游离性质"的。这集中体现为他在早期受到布伦塔诺影响的"现象学心理学"研究，以及在转向后对笛卡尔主义的崇拜以及通过康德式的先验范畴概念对笛卡尔主义的补充，以及在晚年对"生活世界"的发现之中，胡塞尔往往处于一种"举棋不定"的状态，例如在贝尔奈特（Rudolf Bernet）和耿宁（Iso Kern）等人的"标准解释"之中认为胡塞尔的大部分著作"似乎只是不断流动中的思想运动之临时性暂息阶段或'压缩记录'，此有思绪运动正是在遗著和手稿中才不断持续下去的"[1]，而即使在反对"标准解释"的威尔顿（Donn Welton）处，他也认为胡塞尔本人的学术体系建立在"有秩序地去披露出在下面起着支撑作用的基础本身、那些层次本身……寻找使基础得以成立的基底"的理论关注[2]上。这种理论上的游离性质很大程度上出于海德格尔在《存在与时间》之中对胡塞尔的挑战，然而他本人对此是后知后觉的。

其次，无论是依照"标准解释"还是"非标准解释"，胡塞尔的哲学思想都一度奠基在笛卡尔主义和康德主义的基础上。在《纯粹现象学通论》中，胡塞尔主张"悬置自然态度"进而达成一种完全的"无前提状态"，他认为如果实现现象学向科学的迈进，就必须把模糊不清的"自然态度"和"周围

---

〔1〕［瑞士］鲁多夫·贝尔奈特、依索·肯恩（耿宁）、艾杜德·马尔巴赫：《胡塞尔思想概论》，李幼蒸译，中国人民大学出版社 2011 年版，第 2 页。

〔2〕［美］道恩·威尔顿：《另类胡塞尔：先验现象学的视野》，靳希平译，复旦大学出版社 2012 年版，第 33 页。所谓的"标准解释"就是将胡塞尔早期的"静态分析"与他后期主张的"动态发生分析"的割裂，进而主张早期胡塞尔的理论工作特别是成形的著作与以手稿和遗著为代表的，经由后人整理的思想文本的分离性质。而威尔顿的"另类解读"则是关注了前引的问题意识，把前后期胡塞尔的思想连贯起来的主张。"标准解释"的观点是把胡塞尔思想进行如下的断代："决定性的分裂被认为是发生在《算数哲学》（1891 年）和《逻辑研究》（1900—1901 年）之间，因为胡塞尔就在这个时期开始批判他自己原先的心理主义；在《逻辑研究》和《纯粹现象学和现象学哲学的观念Ⅰ》（1913 年）之间，准确来说是在 1905—1908 年间，胡塞尔支持一个先验的现象学而放弃纯粹描述的现象学；在 1917—1921 年，所谓静态的现象学被发生的现象学所补充；最终，在《笛卡尔的沉思》（1929 年）和《欧洲科学的危机和先验现象学》（1936 年）之间，胡塞尔按照推测，放弃了他的主体中心的先验哲学，而支持一种建立在生活世界基础上的现象学。"参见［丹麦］丹·扎哈维：《胡塞尔现象学》，李忠伟译，世纪出版集团、上海译文出版社 2007 年版，第 154~155 页。

世界"悬置（epoche）出去[1]，这意味着"使属于自然态度的本质的总设定失去作用"，"将该设定的一切存在性方面都置入括号"，这样，"自然世界"即使持存下去，也"不会把它当作在科学中那样一个命题并加以接受"，进而对"自然世界"的"有效性"进行搁置[2]。胡塞尔的上述步骤的真意在于，确定"现象学之为科学"的基地，也即"纯粹意识"及其结构，并且通过"现象学的还原"得出纯粹意识之为"现象学的基本领域"[3]的结论，因此，

---

[1] 此处也需要注意胡塞尔和海德格尔的共同点，胡塞尔对"自然态度的世界"的描述就是"周围世界"，它意味着"我"所处的世界，充斥着"未确定的现实之模糊意识的边缘域"的直观的世界形式，同时他也主张"周围世界"是"我们本身也属于其中的、事实上存在着的全体周围世界"。这一世界包含于"我思（cogito）"之中，因此也是"向来属我"的，所以，对于"周围世界"的描述，特别是对"周围世界"的属我性和模糊——上手的先在特征的描述方面，胡塞尔与海德格尔的观点是类似的，参见［德］胡塞尔：《纯粹现象学通论——纯粹现象学和现象学哲学的观念 第1卷》，李幼蒸译，中国人民大学出版社2014年版，第49~52页。

[2] ［德］胡塞尔：《纯粹现象学通论——纯粹现象学和现象学哲学的观念 第1卷》，李幼蒸译，中国人民大学出版社2014年版，第56、57页。

[3] 在此处，胡塞尔与海德格尔的分歧就已经相当明显了，胡塞尔认为对于日常世界来说"我们不生存在它们之内，不实行它们，而是实行着指向它们的反思行为"，他悬置了"一切物、生物、人、我们自己在内的整个世界"。参见［德］胡塞尔：《纯粹现象学通论——纯粹现象学和现象学哲学的观念 第1卷》，李幼蒸译，中国人民大学出版社2014年版，第91页。具体来说，被排除的有：自然科学和精神科学：全部的知识组成，以及自然科学所指的自然界以及精神科学所指的文化、艺术、国家、习俗、法律、宗教；(［德］胡塞尔：《纯粹现象学通论——纯粹现象学和现象学哲学的观念 第1卷》，李幼蒸译，中国人民大学出版社2014年版，第103页)；纯粹自我：作为经验地体验着的自我，由于它从属于并且生存在作为"实显"的"我思"之中，因此"纯粹自我"并不属于"我思"之外地先验剩余物，即由于"我存在于我思之中"而被悬置（参见［德］胡塞尔：《纯粹现象学通论——纯粹现象学和现象学哲学的观念 第1卷》，李幼蒸译，中国人民大学出版社2014年版，第104~105页）；"上帝"这一"超验者"：在"纯粹意识"之外的，不仅超越于自然世界也超越了绝对意识的，与意识不存在因果关联的超验存在（参见［德］胡塞尔：《纯粹现象学通论——纯粹现象学和现象学哲学的观念 第1卷》，李幼蒸译，中国人民大学出版社2014年版，第106页）；纯粹逻辑之为"本质事物"：排除在本体论意义上的逻辑—本质等超越性质的存在以及围绕这些存在的学科，这是由于纯粹逻辑不在纯粹意识（我思）之中具有演绎建构性，因此作为超验存在也应当排除（参见［德］胡塞尔：《纯粹现象学通论——纯粹现象学和现象学哲学的观念 第1卷》，李幼蒸译，中国人民大学出版社2014年版，第107页）；实质性—本质性学科：悬置形而上学、社会学以及心理学，这是由于后者不属于现象学应当论证的"内在性"之中的本质存在，一旦确定了这些学科相对于现象学的本质地位，那些现象学就不再是独立于实质—本质科学的"第一哲学"（参见［德］胡塞尔：《纯粹现象学通论——纯粹现象学和现象学哲学的观念 第1卷》，李幼蒸译，中国人民大学出版社2014年版，第109页）。胡塞尔在上述的"现象学还原"的过程之中，既有对"经验科学—经验世界—经验自我"的悬置过程，也有对"先验存在者"的还原，而这种还原带来的疑问是，在进行了如是的"悬置"之后，还剩余什么？胡塞尔将之成为作为"存在的最终意义规定和方法的基本阐明"的"现象学—纯粹意识"领域，在这里可以发现的是，胡塞尔同样关注"存在问题"，甚至对经验世界（日常生活）以及

胡塞尔在经过"悬置—还原"的法处理之后，就必将走向对"纯粹意识"的构成分析，在胡塞尔受到笛卡尔主义影响较大的时代，"纯粹意识"的结构被诠释为"诺耶思—诺耶玛"结构，现象学的主题也就成为对纯粹意识的"意向性"的分析，"诺耶玛（Noema）"意指纯粹意识之中的"体验成分"（意向相关项），即纯粹意识的"对某物（von etwas）的被给予的知觉"内在结构，它不是对象而是对意向行为的意义填充[1]，"诺耶思（Noesis）"则代指"意向行为"，结合起来看，"我思"的结构就成为"诺耶思—诺耶玛"的"意向—赋义"的内在体验结构，因此一个"无主体的世界"是不可能的，但是由于"我思"的绝对性，"无世界的主体"则是可能的。这一思路在《笛卡尔沉思》之中则被直接地处理为与"纯粹—经验自我"相对的"先验自我"，他认为，"先验自我"是一切科学的先前的明证性基础，"明证性（Evidente）是对某个存在者（Seiendem）、对应然的存在者（So-Seiendem）的经验……是一种它自身在精神上的看出（ein Es-selbst-geistig-zu-Gesicht-bekommen）"[2]，"是对某个存在者或者应然存在者的自身把握（Selbsterfassung）……（是）在这种存在中'自己本身'完全确定的把握，没有任何可疑之处"[3]，在这里，"我思"之"先验自我—先验主体性"的意涵得以明确，延续胡塞尔对世界、经验等现象的悬置态度，他指出这种还原"并没有使我们面对虚无，相反，正是通过这样做，我们才获得了对某种东西的拥有……正是通过这样做，作为一个正在沉思的我才获得了我的伴随着纯粹体验和所有纯粹意谓性（意向性）的纯粹生活——即现象学上的现象整全"[4]，而"我在（ego sum）"则被胡塞尔确定为"我思对象（sum cogitans）"，而对应于

（接上页）形而上学都进行了悬置——还原的步骤。但是由于胡塞尔最终认为"我思"才是最为本己的存在方式进而直接悬置了生存论活动，这样就与海德格尔经由生存论通达存在论的步骤具有差距。

〔1〕[德]胡塞尔：《纯粹现象学通论——纯粹现象学和现象学哲学的观念 第1卷》，李幼蒸译，中国人民大学出版社2014年版，第170页，值得注意的是，胡塞尔认为"诺耶玛"正是"显现者本身"，这就与海德格尔对"现象"的定义有相似之处了。

〔2〕[德]埃德蒙德·胡塞尔：《笛卡尔沉思与巴黎讲演》，张宪译，人民出版社2008年版，第48页。

〔3〕[德]埃德蒙德·胡塞尔：《笛卡尔沉思与巴黎讲演》，张宪译，人民出版社2008年版，第50页。

〔4〕[德]埃德蒙德·胡塞尔：《笛卡尔沉思与巴黎讲演》，张宪译，人民出版社2008年版，第57页。

"诺耶思—诺耶玛"的结构"我思"作为意向活动，所赖以充实其意义的正式作为内在的意识体验的"我在"。

与海德格尔关注的人之"此在"相比，胡塞尔的自我概念与规范的社会生活和现实世界有一定的出离感：一是就现象学的方法而言，胡塞尔对一切"我思"—"先验自我"之外的存在者的悬置几乎是同时发生的，以至于他直接地切入了"我思"这一一切存在论（本体论）的本源，而海德格尔对"人之此在"之外的"周围世界"的"悬置"则是意欲揭示人的存在的本真性，"周围世界"反而是他要去详细描述进而以诠释的方式指出人的生存境况的必要理论话语；二是就"思维"与"存在"的关系来看，胡塞尔在悬置一切经验性与超越性的因素后，得出的是"我思"的意义结构，而海德格尔在悬置了技术、形而上学、周围生活之后——与胡塞尔所要悬置的存在者有类似——得出的是"存在"本身，后者在胡塞尔的理论之中则被"我思"的意向性行为所包含，成为填充前者意义的"内在体验对象"；三是在理论意图上，胡塞尔所希望的是以笛卡尔主义和康德思想对前者的补充获取"现象学作为严格科学"的基地[1]，而海德格尔在根本上反对现象学乃至一切哲学的"科学化"，甚至将之斥为"技术的天命"，这样在胡塞尔看来，现象学乃是作为"第一哲学"的一切科学的基点，而对于海德格尔看来"现象学"仅仅是"让事物如其所是地公开出来"的工具和方法。

最后，即使在胡塞尔晚年已经对"主体间性"和"生活世界"有所重视的情况下，这些概念也远非在海德格尔意义上的"共在"或"日常性"，其对"自然"的认识也偏重康德式的先验理论。胡塞尔提出的"主体间性"是对"先验主体性"的一种补充而在此强调的是"我"与"另一些人"的"移

---

〔1〕 胡塞尔认为，"深邃是混乱的表现，真正的科学要将它转变为一种秩序（Kosmos），转变为一种简单的、完全清晰、被阐明的秩序。真正的科学在其真实的学说领域中不包含任何深邃，深邃是智慧的事情，概念'在'的清晰和明白是严格理论的事情，将那种对深邃的预感改变为明确的、合理的构型，这是严格科学之新构造的一个本质过程"（［德］胡塞尔：《哲学作为严格的科学》，倪梁康译，商务印书馆2010年版，第66~67页）。而科学的"绝对清晰"的开端正式"它的绝对清晰的问题、在这些问题的本己意义上所预示出的方法以及绝对清晰地给出的最底层工作的实事……在任何地方都不可放弃彻底的无前提性"（［德］胡塞尔：《哲学作为严格的科学》，倪梁康译，商务印书馆2010年版，第69页）。"无前提性"恰恰要以现象学的悬置—还原—直观来获得。而胡塞尔对"深邃"的悬置和对秩序的推崇，恰恰在海德格尔之处是对"无"与"有"的神秘与澄明的诗性思辨之中的精髓所在，甚至这种"神秘"恰恰是克服技术统治和形而上学天命的渊薮（Ab-grund）之所在，这就意味着胡塞尔的科学化的现象学与海德格尔的存在论具有目的上的差异。

情作用"，他认为："为了使另一些人的经验成为间接地自己的经验，并且一般而言，为了澄清出于其自在存在之中的，处于任意地经验着它的诸主观性对面的，并且被理解为对于每一个人都在此存在着的这个世界，我当然必须首先使移情作用的经验，我对于另一些自我主观在此存在的经验成为可以理解的。"〔1〕与海德格尔的"共在"之为"此在"的存在论观点不同，胡塞尔将"共同"视为"共主观性"，即使无论是"与此在的共在的此在"还是"与我思共同经验着的我思"都是"向来属我"的，但是在胡塞尔看来"我有了两个自我（ego）（或更确切地说，更多地自我），我的自我（ego）对于我而言是确真地毫无疑问的，在其中，另一个自我（ego）是以经验的方式毫无疑问的，与此同时，这另一个自我（ego）作为它的自我（ego），本身是确真地毫无疑问的，此外，当我以经验的可靠性对作为我所是的我和为我存在的我进行经验的时候，我是确真地存在的"〔2〕。胡塞尔的上述表述看似拗口，但是结合他"诺耶思—诺耶玛"的意向性分析就变得容易理解："我"是实施意向性行为（noesis）的"主体"，而"共主体"意味着"他者"的"自我"作为"诺耶玛（noema）"是用以填充意向行为的意向相关项，这样也就不难理解为何胡塞尔坚持认为"只有一个属于我的世界"〔3〕，他者对于"我"而言仅仅是意向的填充者，而不会在生存论上产生对我的"沉沦"（Verfall）有决定作用的"常人"，"我思"意义上的"自我"相对于经验的自我始终还是超越性的且不可悬置的还原的基底。进而，"生活世界"就具有两种成为主题的根本方式，一是"朴素的自然态度"，二是"与对生活世界和生活世界中的对象之主观给予方式的这种'如何'进行首尾一贯反思的态度之理念"〔4〕。胡塞尔并非没有注意欧洲科学和哲学的危机，但是他认为这种危机起源于近代的实证主义，是"实证主义将科学的理念还原为纯粹事实的

---

〔1〕［德］胡塞尔：《共主观性的现象学》（第3卷），王炳文译，商务印书馆2018年版，第32页。

〔2〕［德］胡塞尔：《共主观性的现象学》（第3卷），王炳文译，商务印书馆2018年版，第57页。

〔3〕胡塞尔的原话是："我并不相应地拥有两个世界，而是只有一个与两个自我（ego）在构成方面关联着的世界，只是以这样的方式拥有一个世界，即我（这个我在这里就是对我进行思考的人）始终处于优先地位。通过我以经验可靠性拥有另一个人的方式，我经验这个对于我而言是我们双方的世界。"参见［德］胡塞尔：《共主观性的现象学》（第3卷），王炳文译，商务印书馆2018年版，第57页。

〔4〕［德］胡塞尔：《欧洲科学的危机与超越论的现象学》，王炳文译，商务印书馆2001年版，第181页。

科学"——"科学的危机"正是科学丧失对生活的意义[1]，是自然科学把生活世界之中的"我思"的基础遗忘了，这导致了胡塞尔"回归事物本身"却带有一定的自然科学因素。

不过，即使在方法论上胡塞尔与海德格尔也具有相当大的差异，但是贸然认定海德格尔的思想完全对立于胡塞尔的理论也是不合适的。即使从差异的角度来看，反映在胡塞尔的一方的是，海德格尔是以牺牲现象学之为科学的性质的"反科学"且如呓语一般的神秘学进路，进而造成了"欧洲科学的危机"；而在海德格尔的"一方"，胡塞尔则成为笛卡尔和康德的形而上学的继承人，进一步深化虚无主义的"唯我论"进路，进而造成了"存在之离弃的无急难之急难"的更大的危机，但是胡塞尔的现象学思路的确对海德格尔产生了深入的影响，表现为以"悬置—还原"进行对最为根本者的追问。倪梁康认为"唯当早期的海德格尔思想研究在胡塞尔现象学、亚里士多德存在哲学、狄尔泰历史哲学的思想语境和理论背景中得到进行，后期的海德格尔的思想才囊在尼采—荷尔德林的诗意的氛围中得到领会"[2]，而范梅南（Max van Manen）则认为虽然"海德格尔不去询问事物的存在作为意向性对象在我们可知的意识中是如何构成的，而是询问存在者（事物）作为存在本身如何向我们显现"，但是他也同意海德格尔继承了胡塞尔对"知识的确然性"的追问并将其转化为"存在的确然性"的处理方式，同时也与胡塞尔一道反对那些"所有漂浮无据的虚构和偶然的研究发现"以及"任何只是看起来已阐明的观念"[3]。因此如果对于海德格尔对胡塞尔的批判性继承有所了解，进而对海德格尔何以选择"生存论"作为发问存在的途径，就必须首先理解以下的问题：一是海德格尔与胡塞尔类似地将"技术现象"与"自然科学"以及"形而上学知识"成功地"悬置"出来，进而揭示了人在"周围世界"之中相对"自然"的生活；二是再对作为"经验现象"的生活世界之中的现身情态、领会理解、话语言说的"沉沦现象"悬置起来，进而准备好"本真的人"——自然绽开（Ekstase）的人这一真正能够发问存在的此在；

---

[1] [德] 胡塞尔：《欧洲科学的危机与超越论的现象学》，王炳文译，商务印书馆 2001 年版，第 17 页。

[2] 倪梁康：《胡塞尔与海德格尔——弗莱堡的相遇与背离》，商务印书馆 2016 年版，第 102 页。

[3] [加] 马克斯·范梅南：《实践现象学：现象学研究与写作中意义给予的方法》，尹垠、蒋开君译，教育科学出版社 2018 年版，第 119 页。

三是通过对"人的生存"的悬置走向作为生存之根据——真理的"存在本身"——这一步骤显然是胡塞尔式的。

但是正如前述，海德格尔对胡塞尔的"先验自我"的提法是排斥的，这就导致海德格尔所寻求的是与"我思"对立的另一种超越性的生存论根据，换句话说，"此在"仍然是"我的此在"，如果这个"我"不是"我思"意义上的"先验自我"，那么它又是什么呢？因此海德格尔在对"我思"的对立项的寻找方面也并非毫无根据。虽然在师承关系上，海德格尔受教于胡塞尔，但是海德格尔的"在世"观点与马克思·舍勒（Marx Scheler）的实事的现象学和伦理学的生活世界的观点更为类似。如果说在现象学的方法论上胡塞尔赋予了海德格尔以"回到事物本身"的科学性启示，那么舍勒则对"在世结构"方面对海德格尔产生了更为深入的规范论影响，这集中体现在舍勒式的"价值—伦理现象学"所构建的"共契主义"对具身化的"我之此在"的周围世界的描述，以及同样"在此"的他者此在与我的此在的"共在境况"。

日常世界不仅需要描述，也需要对其中的规范问题进行解释，而舍勒经由现象学的方法得出的"共契主义"解释了作为一个规范法社会本质，即超越了形式主义的，以实质性伦常价值维系的伦理非自然的社会。舍勒认为"所有质料伦理学都必须是成效伦理学，并且唯有一门形式伦理学才能够作为善与恶的源初价值载体来谈论指向（Gesinnung）或有志向的意欲（Wollen）"[1]，因此现象学的目的不在于单纯明确科学的基础，而是要去挖掘人类共同生活的性质进而与形式的伦理学相对地提出一种实质性的伦理主张。因此，舍勒的首要批判对象就是康德主义的先验的形式伦理学主张：舍勒指出"对我们来说'被给予的'——在自然观点中——在理论领域是事物，在价值和意愿（Wollen）领域是善；其次是我们在这些善中所感受到的价值，以及'对这些价值的感受'本身；再次并且完全与此相独立的是快乐和不快的感受状态，我们将它回归为善对我们的作用；但最后则是交织在这些感受感觉状态之中

---

〔1〕　此处需要注意的是，"Gesinnung"在胡塞尔著作的汉译本之中常常被译作"意向"，这就代表了胡塞尔与舍勒在对"意向性"方面的共同性与差异性。就共性来看，把伦理学奠基在意向性——意向活动之中是胡塞尔和舍勒现象学的共同处理方式，但是相较于胡塞尔以"诺耶玛"去填充"诺耶思"的形式的意向性要求，舍勒显然赋予了意向行为以道德意义。这样舍勒与胡塞尔的关切就可以进行如是的区分，即胡塞尔关注的是奠基于意向性之上的确然的科学，而舍勒则关注的是奠基于意向性之上的实质有效的伦理学，参见［德］舍勒：《伦理学中的形式主义与质料的价值伦理学》，倪梁康译，商务印书馆2019年版，第33页。

的特殊感性感受。"〔1〕舍勒进而给出了"善——对善的感受（价值和感受）——价值对我们作用——这一作用在行为上的反映"这一实质伦理学的链条，它所强调的是"善"乃是根本的质料因，而价值、价值感仅仅是在世界之中融入生活之中的次生的伴随显现（Beleiterscheinung），处于先天地位的不是康德意义上形式的"道德律"，而是实质的"情感"——舍勒以此种情感伦理学取代了康德的理性伦理学。舍勒也指出了"情感伦理学"借以奠基的"善"乃是"应然存在"，他与海德格尔类似地指出"任何应然都奠基在一个价值之中（而不是相反）"，应然（Sollen）仅仅是"不—实存"的所应状态（Gesolltsein），但不代表"应然"不存在也不具有任何价值，之所以"应然"奠基在"价值"之中，恰恰是后者意味着相对于"现实性"的更为丰富的"可能性"〔2〕——这就构成了舍勒对社会的"伦常价值"的还原论基点。综合地看，构建社会共在的规范的是实质的质料伦理，它意味着相较于社会事实而言更为本己的"可能性"伦常根据，这样"共契主义"的社会公共性就不再维系于先天的"道德律"，而是出于对伦理情感的共同感受即一种"总体人格"在这个无法终结的相互一同—体验（Miteinander-erleben）之总体性中的多重亲历—生活（Er-leben）——只要这些相关的中心完全满足以前被给予的对人格的定义——就是我们应当成为总体人格的东西……社群单位的意义就在于，它构成一个永远无法终结的总体性〔3〕。而在海德格尔的理论表述中，它可以在时间性上被理解为"人类历史的共同演历"，在空间性上则可以被理解为"人之此在与其他此在的共在关系"。

不过，如果单纯地提出"实质伦理学"，进而把社会的基础还原成先行被给予的"总体人格"却偏向于海德格尔同样持有质疑态度的伦理学，继而也

---

〔1〕［德］舍勒：《伦理学中的形式主义与质料的价值伦理学》，倪梁康译，商务印书馆2019年版，第107页。

〔2〕［德］舍勒：《伦理学中的形式主义与质料的价值伦理学》，倪梁康译，商务印书馆2019年版，第278页。

〔3〕在这里，舍勒指出"共同体和历史是在心理物理上中性的概念。所以每个人不仅在一个背景上觉知到（geeahren）自己，并且始终将自己觉知为某个中心化的体验联系之总体'成员'，这个总体性在其时间性的延展中叫做'历史'，在其同时性的延展中叫做社群单位；而且每个人自己作为在这个整体中的伦常主体始终也作为'共同活动者''共同人'以及作为伦常重要之物的整体而言的'共同负责者'二者在这个总体性中被给予"。参见［德］舍勒：《伦理学中的形式主义与质料的价值伦理学》，倪梁康译，商务印书馆2019年版，第747页。

有可能鼓励沉沦的生活方式。如果不再对"人"有所定义，那么这样的主张仍然是形式的，因此舍勒着力追问的"人的概念"同样也是海德格尔的"人论"的关切主题，同时与海德格尔一致，舍勒否定在历史之中成为常见的"人的观念"，他与海德格尔一样都希望从更为本质和本己的角度对"人"进行界定。在那个进步主义盛行以及反进步主义同样构成社会思潮的时代，舍勒就先行界定了对于人的界定的三个基本问题：一是"形而上学意义中人的位序问题"；二是"历史与自然之中人的观念的流变问题"；三是"进化论—现代生物学之下人的对象性问题"。[1]他对上述的"三种人"都进行了现象学的还原。就"形而上学的人"来说，舍勒认为，"迄今为止的有关人的学说错就错在企图在'生命'和'上帝'之间再嵌入一个固定阶段——可以定义为本质的'人'。然而这一阶段纯属子虚乌有，人的本质之一正是不可定义性"[2]，只存在"人"和"神"两个对立的存在者，只有"人"效仿"神"的直接关系而不具有某种"人的本质"——如果把"人"视为理性存在者，那么同样具有理性的"天使""动物"和人的理性仅仅是"程度"上的区分。因此"理性主义"的形而上学的人就不再是有效概念；而实用主义的"人是使用工具、语言和符号的劳动者"的定义也存在瑕疵，舍勒以"人的语词"和"语言的意义本质"的区分指出，现象学之中的"意义"是以一切语词、语音语调和语词理解为前提，对语词的使用建基于对意义的理解上，实用主义认为单纯以人会使用工具、会使用语言和会劳动就认定了"什么是人"，就陷入了"语词先于意义"的技术困境之中[3]，如果从"生命力"的角度来

---

　　〔1〕　舍勒的原话是，第一个问题是"人是什么，人在存在、世界和上帝的整体中占据何种形而上学位置"问题；第二个问题是"发源于历史和自然历史交界"的"人的历史形态和自然状态"问题；第三个问题则是"以生物进化论，以将'人'作为自然科学的对象纳入物种进化范围的生物进化论的始基"问题。这三个问题关系到"形而上学意义上的人的概念""社会学与历史学意义上人的概念"以及"自然科学意义上人的概念"，参见［德］马克思·舍勒：《哲学人类学》，魏育青等译，北京师范大学出版社2017年版，第46~48页。

　　〔2〕　［德］马克思·舍勒：《哲学人类学》，魏育青等译，北京师范大学出版社2017年版，第65页。

　　〔3〕　"语词先于意义"还是"意义先于语词"是现象学的语言哲学和分析实证主义的语言哲学的主要争论点。胡塞尔、海德格尔以及舍勒等现象学的代表普遍认为，在悬置了语言之后，仍然存在意义，因此语言不是"人去说……"而是意义去"让人说"。相应地，弗雷格、罗素和维特根斯坦等实证主义的语言学家则认为"语言"是"赋予意义"的活动，即物本身不具有意义，是人将之"说出来"后才具有意义，这就建构了"解释学语言学"和"分析语言学"之间的对立。关于这一争论的简要概括，参见陈嘉明：《现代西方哲学方法论讲演录》，广西师范大学出版社2009年版，第26~28页。

看，人必须以语言的结构去表达意义、去以工具的使用改造世界进而成全"生命的延伸"反而是"生命力衰弱"的表现，这样实用主义的人的定义也就不再成立，因此"人"只能"当寻求上帝的欲望以及至高无上的神力击鼓驱策所有的存在和精神例如对结合，向一切'世界'进击时，自然的兽性的人才会成为人本身"[1]，这样形而上学的"人"的概念就因为忽视了"程度区分"而失去效力。进而，舍勒也对社会学和历史学意义上的"自然科学等人"进行了批判，这种"自然的人"常见于主张在社会之前存在某种"自然状态"的理论家那里，最终演变为人由前人类的生物演进而成为人的进化论观点，然而舍勒则认为："单凭一些自然特性作出的人兽之分只是我们的理智任意刻下的一道切槽……不存在人的自然统一体"，而人的统一体仅能来自上帝[2]，其原因在于两点：一是从自然博物学角度看人与动物的肢体结构和组成方式没有根本区别，人根本没有发挥到脱离动物界，人过去是、现在是，并永远将是动物[3]；二是即使从人文主义者所坚持的自然状态的角度看，也并非由于人的先天理性而在"共通感"意义上就存在一种"统一体"，舍勒的观点是"统一体"是人类社会的产物，维系它的是"各种族万众一心向着上帝的理念"，进而在"思想"和"情感"上让人成为"人类"[4]。通过悬置人在形而上学角度被赋予的理性（作为以成见出现的知识），以及悬置进化论和自然科学虚拟的前人类社会的"自然状态"，现象学也证明了人只能是"历史的人"，只有在历史的演历之中即"时间"之中人才可能成为具有联合体意义的"人类"。舍勒这一论述与海德格尔的"形而上学批判"和"技术批判"遥相呼应，他指出了形而上学以及作为技术的展现的自然科学的虚构与派生性质，而得出了维系"共契关系"的现象学原点在于"上帝"以及"同情"——同情的"扩张"与在爱恨方面上"质量的提高与精神化"

---

[1]　舍勒承认在"理性的程度"和"制造—工具的能力程度"上人具有超越动物的情况。然而这种区分仅仅是程度的区分而非实质的区分，因此唯有人是"寻神者"的情况下才因为"上帝的位格"而成为"人"，对于这里的理解，既可以将之处理为舍勒向基督教哲学的复返，也可以理解为舍勒根据对"理性"和"技术"的悬置，最终得出，人是具有对某种绝对的价值或存在者的自发的效仿能力的存在者。这样就建立起了一种新的"至高存在者"—"人之为相对存在者"的区分关系。参见〔德〕马克思·舍勒：《哲学人类学》，魏育青等译，北京师范大学出版社 2017 年版，第 71 页。

[2]　〔德〕马克思·舍勒：《哲学人类学》，魏育青等译，北京师范大学出版社 2017 年版，第 77 页。

[3]　〔德〕马克思·舍勒：《哲学人类学》，魏育青等译，北京师范大学出版社 2017 年版，第 72 页。

[4]　〔德〕马克思·舍勒：《哲学人类学》，魏育青等译，北京师范大学出版社 2017 年版，第 78 页。

是促使共契的群体单元（Gruppeneinheiten）的聚合或离散的构成性要素。

这样，维系"共契主义"的社会的要旨，就在于对"上帝"和"他人"的爱，以及在共同存在意义上的"同情"，也就给出了社会性的共在的解释。舍勒批判了胡塞尔赖以建立"先验现象学"的笛卡尔式的观点，他指出，笛卡尔式的思考是一种"错误的有机世界机械论形而上学和试图通过投射式的移情使我们理解生命'现象'的错误的客观移情论（Einfühlungstheorie）（在生命被机械地移开而被解释为客观的自然所在以后）"〔1〕，一旦把他者的此在或者"共主体性"视为向来属我的意向性活动或生存的"操劳"所在，那么这个世界之中只有作为"我"的"主体"以及作为他者的"客体"，胡塞尔的"我思"的方案看似是把一切科学和哲学的思考再度奠基于"我思—主体性"上进而要获取一种绝对性的明证，然而就他的"诺耶思—诺耶玛"的现象学先验自我的本构结构而言，他者永远是第二性的"我"，这样一种唯我论与现实社会相比显然是荒谬的——即使存在移情的功能，那也是主体对客体的施舍。因此舍勒将"同情"视为依照基督教精神的"上帝/人"的二元对立而产生的基本伦理，是由于一切的"上帝子民"的相同位格而产生的相互情感，而每个"个性"都是位格相等的存在者且是"作为众位格之位格的上帝的共性"所表现出的特殊个案，因此同情的根据在于"对上帝的责任感和共同承担的责任、罪过意识、面对上帝的感恩之情等宗教行为"——它必须以回溯到作为在起源上先于其他一切位格关系之对立主体（Gegensujekt）的上帝才能得到理解〔2〕，经由对价值的历史的心性形态从对上帝的"牺牲精神"而感到的宇宙的同一感和责任感，进而让每个在世个体产生推己及人一般对他人的身体与灵魂的感情，"神圣精神"的彼此通达是"共契主义"得以成为伦理学的要求，它要求一种"爱的秩序"：在规范性上坚守"尽一切可能仿如上帝爱事物一般地爱事物"，而在描述性上则是一种观察"主体按照某种德性所规定的内容进行的生活与生存"〔3〕。这样，舍勒的"伦理现象学"也

---

〔1〕［德］马克思·舍勒：《同情感与他者》，朱雁冰等译，北京师范大学出版社 2017 年版，第 53 页。

〔2〕［德］马克思·舍勒：《同情感与他者》，朱雁冰等译，北京师范大学出版社 2017 年版，第 75 页。

〔3〕［德］马克思·舍勒：《爱的秩序》，孙周兴、林克译，北京师范大学出版社 2017 年版，第 91~92 页。

就与海德格尔的"存在现象学"在生存上具有了类似的要求，即明确"责任"与"承担义务"是归于本真的自我的良知的呼唤，但是又与海德格尔不同，舍勒的"同情—责任"必须经由"上帝"才能实现并且获得基点，而在后文我们将看到，海德格尔对于"上帝"也保持了悬置的态度，"责任"与"义务"仅仅是出于自我觉知的自发、自为且自然的"决断"。

因此，虽然舍勒在生存论上的理论构型与海德格尔有相似性，但如果考虑到海德格尔排斥伦理学的立场，与胡塞尔的科学式现象学类似，舍勒也预设了海德格尔所拒绝的神学与伦理学主张，因而舍勒尝试建构的现象学的伦理学究竟在多大意义上为海德格尔的"在世"的生存论讨论赋予了启发也是一个不确定的问题：作为处于对物的"操持"和对人的"操劳"着的"烦的此在"不具有胡塞尔意义上的绝对先验结构——否则"存在"就会被贬斥为包含在"意向性结构"之中的"诺耶玛"之一；这种"烦的此在"也同样不具备一种伦理学意义，这体现为"共契主义"的生活方式是蕴含合作的价值论要求的生活方式，在这一环境之中的"人"毋宁说是乐在其中并且以此为"美好生活"的人，但是在海德格尔的视角看，"此在"的"在世"完全是一种"被抛"的后果，除了此在经由决断唤起向死而在的决心进而超克庸常的生活之外没有其他的对"理想的本真/自然生活"的可能性，"共契主义"的社会价值论不仅仅不是"本真生活"的形态，甚至意味着人向"常人"的进一步的沉沦。这样，海德格尔对"人之此在"的生存论定位，处于胡塞尔的"先验自我"的绝对个体以及舍勒"共契主义"的相互同情与友爱的绝对整体之间——海德格尔既不希望走到胡塞尔式的"现象学科学"的道路上，也不愿意追随舍勒走出一条"现象学伦理学"的道路，主体以意向性涵盖一切意向对象的科学静观态度是有疑问的，而主体泯灭在社会与共同体之中"常人意见"的伦理学主张同样是存疑的。如果说海德格尔要以悬置科学和形而上学的态度使"常人世界"显现出来，那么悬置"常人世界"则是要把"本真自我"显现出来——胡塞尔和舍勒的现象学方法对海德格尔的启发意义以及海德格尔对前两者的批判性质是共存的：一方面，海德格尔主张的生存论意义上的"在世"结构的确借鉴了胡塞尔的"向来我属"的意向结构的唯我论立场，进而与舍勒构建的作为"总体人格"之组成的"个体自我"的观念产生了对立，这样人之此在就有超越于"伦常应然性"的更高的可能性，可以超越宗教（以悬置的方式）的神性要求和律令责任去选择更为本已的生活方式——本真存在；另一方面，海德格尔的现象学方法则更为贴近舍勒意义上的"共在结构"，即至少在日常层面上舍勒的"共契主义"是"在世"的原初现象，同时二者对历史性和时间性的重视也突破了胡塞尔对"先验自我—我思"的执念，进而也对将现象学之为"科学"的企图进行了否定。

（二）社会之中的生活形态："操心"—庸常 Dasein 的现成存在方式

综上所述，海德格尔的现象学方法既不是"科学"式的，也不是"伦理学"式的，他既对胡塞尔对"我性"的强调有所重视，也对舍勒对"公共性"的强调有所发展：对于海德格尔来说，科学式的现象学思路仍然要缔造一个相对于人的"客体自然"，而伦理学的现象学则具有向彼岸世界倾向进而形成一个同样外在于生存的理想世界——这两种观点背后仍然是"人与自然"的二元对置的技术思维。进而在"在世"的结构上取得了一种生存论的理论立场，而且尤为重要的是，在胡塞尔和舍勒的现象学主张之中，"先验自我"以及"总体人格"已然成为最具有本构性的现象，但是在海德格尔的思想之中，"人之此在"本身就不是最为根本的事物，正如前述，讨论人的此在是为了发问更为根本的"存在问题"的准备性工作，因此就理论深度而言，海德格尔的思辨更为深入，他意欲讨论的是在悬置了先天范畴的形式规定以及总体人格的实质伦理主张之后，更为本真的"自然生活"的样态，而一旦人的生存处于非本真的样态，他也就丧失了发问存在的能力。

讨论"自然的生活"，就应当以"非自然"的生活去进行对照，借此进行对非自然的生活现象进行悬置以找到自然生活的根基，即在"沉沦（Verfall）"的日常生活之中以悬置的方式去扫清影响本真性（Eigentlichkeit）的因素。德雷福斯（Hubert L. Dreyfus）认为海德格尔的"沉沦"具有"两个版本"：一是"应对活动和可理解性要求消散在用具之中，并服从常人的公共规范，所以倾向于使得此在拒绝面对自己"；二是"此在积极地抵制倾听"的有自主动机的逃避其"不"之状态——即"死亡"的形式[1]。"沉沦"的这两种形式导致了在现象学上"现相"（Erscheinung）阻碍了作为现象（Phänomenon）的人的本己存在的"自我显现—公开"的进程：就第一种"沉沦"来看，服

––––––––––––––––

〔1〕　［美］休伯特・L. 德雷福斯：《在世：评海德格尔的〈存在与时间〉第一篇》，朱松峰译，浙江大学出版社 2018 年版，第 397 页。

从于常人的公共规范并把自己消解在用具之中，是对其他常人此在的"操劳"与对物的"操持"的表现，在这种情况下所呈报出的仅仅是人的生存活动，但是却无法对这一生存活动的真实性有所担保；而就后一种"沉沦"来说，沉沦在此的此在在根本上回避了一切可能性之可能性——死亡，这也是"沉沦"的更为深刻的表现，意味着人在"主观"的意义上不再思考其"能在"，而被拘留在"实在"之中，因为无论是从现代自然科学业已揭示的规律，抑或是人在生活中普遍遭遇的现实来说，"死亡"都是每一个此在的必然的归宿，"死亡"之为最确然的可能性先行地被给予于"生存"之前，此在生存论的一切可能性都因"死亡"而消灭，因此就"可能性"而言，忘却"死亡"也就忘却了一切能在的界限，偏安于"实存"的现成状态之中。

时间性、历史性是人存在的场域，甚至"时间性"是"日常性"的对立概念，依照海德格尔，唯有遵守"时间性"的先行"到时（Zeitig）"，才能以本真的生活样态去对抗日常生活样态，获取一种能够对存在问题有所准备的能在方式。

1. 从"现身"与"被抛"到"好奇"——源初自然"φύσις"的消弭

公共世界以实在法维系，并且从流俗自然的角度为前者奠定基础，在这个过程之中人与人被划分为法权上的对置者，人与自然被划分为施动主体和受动的对象，人生活在其中的源初自然也因而消灭。海德格尔首先分析的是此在"在……之中现身"这一结构，它意指在存在者层次上最为人熟知和最为日常的东西，也即"情绪"。因此"现身"首先可以被理解为"现身情态"（Befindlichkeit）[1]，情绪一向已经把在世作为整体展开了，同时才刚使我们可能向着某某东西指定方向[2]。此在在生存论意义上正是以"情态"实现最为原始的展开：它被情绪"定向"在对于物的"操持"之中，此在由于物之为工具的"趁手"或其为资源的丰满而喜悦，由于"物"之为工具或资源的不适或稀缺而沮丧，也被"定向"在对于其他常人此在的"操劳"之中。此在也在与他人此在的共在之中与他人一同地共情、同情、移情——"现身"的首要规定就是"在世展开"。进而，"现身"还意味着"被抛在世"，例如

---

〔1〕［德］马丁·海德格尔：《存在与时间》（修订译本），陈嘉映、王庆节合译，生活·读书·新知三联书店 2014 年版，第 157 页。

〔2〕［德］马丁·海德格尔：《存在与时间》（修订译本），陈嘉映、王庆节合译，生活·读书·新知三联书店 2014 年版，第 160 页。

我们常常以"喜怒哀乐忧恐惊"去形容人的不同的情绪，也常常宽慰他人或自己"要做情绪的主人"，然而在海德格尔看来，"喜怒哀乐忧恐惊"并不在于我们的自主选择，至少在生存论的"烦—操心（Sorge）"的构造之中我们不能选择情绪，人之此在在世界之中存在的"现身情态"是被动地"被抛境况（Geworfenheit）"即"存在者在世界之中的此"，是在现身之中"它在且不得不在"地对生存的规定〔1〕——即"被抛境况的开展"。而更为关键的是，"现身"还意味着"日常寻视广泛地发生误差、产生错觉"的"不真"境况〔2〕，它意味着人之此在在日常生活之中即使希望"成为情绪的主人"进而对"操持"与"操劳"进行反省，但是由于这一反省在日常生活之中往往意味着停下"上手状态"而转入对现成事物的静观，反倒会被科学与技术所俘获，这样非但没有获得对世界的本己理解，反而加深了把自己交付于常人世界的困境。因此，"现身情态"的三大基本规定"被抛入世""在此展开""交付地反思"就进而导致了"现身"的另一个样式即"怕"："被抛"提供了"怕之所怕—可怕的存在者"，即在照面之中对上手事物、现成事物以及共同此种的"因缘—风险"的预期；"在此展开"提供了"害怕本身"，是根本上对"可能性"的恐惧以及进而的偏安于"现实性"之中的情绪；"交付地反思"则提供了"何所以怕——此在"，即在存在方式上"怕"以"褫夺"的方式开展此在〔3〕。那么组合来看，"怕"使得此在由于"被抛—展开—交付"而对一些可能性避之不及，逐渐地滞留在经过公众检验的"安全区"之内。

　　在海德格尔看来，由于日常生活中现身情态的庸常性，人类已经失去了提问的能力，现代社会的律法、神圣教义、科学知识自身处于存在者层面，因而人对日常生活的规划也往往止于这些存在者，后者也成为"怕"的指向。首先，对"现身情态"的三大规定以及其衍生的"怕"这一现身样态在后果上导向了"好奇"这一庸常的存在方式，在海德格尔看来，"好奇"是出于社会位置之中的常人之去"看"，"好奇"在于"此在作为什么预先被设定而

---

　　〔1〕　［德］马丁·海德格尔：《存在与时间》（修订译本），陈嘉映、王庆节合译，生活·读书·新知三联书店 2014 年版，第 158 页。

　　〔2〕　［德］马丁·海德格尔：《存在与时间》（修订译本），陈嘉映、王庆节合译，生活·读书·新知三联书店 2014 年版，第 161 页。

　　〔3〕　参见［德］马丁·海德格尔：《存在与时间》（修订译本），陈嘉映、王庆节合译，生活·读书·新知三联书店 2014 年版，第 163~165 页。

且是在基本特征上被预先规定……审视某物以及审视在其中作为构成的实现（ausbildender Vollzug）而对纳入视野中活生生的规定已有作为如此这般的存在者的看"[1]。因此"好奇"并不是哲人和智者对宇宙的奥秘发问和对存在的问题思考意义上的探求活动，而是在一种已经被规定好的"先有（Vorhabe）"意义上对已经存在的东西的随波逐流的新鲜感，它不包含"思"的探索意义：它仅仅意味着在"看"的角度获得快乐的知识，只有对于"熟稔"的存在者，庸常的此在才"敢"看：在生活中随意地对乐音的"听"、对灯光舞蹈的"视"、对花草的"嗅"、对文物和艺术品的"触"；乃至于在法律上对意味着共在存在之间的权利的伸张和对违法现象的斥责，在科学上对与历史中的此在共同享有的规律和成理的使用——若非这些存在者"先有"于日常此在的展开并且构成被抛入世的"操心"结构，人如果沉沦在世也就无法进行超越性的反思。而同时在另一方面，"好奇"也意味着"仅仅去看"，它是在"上手—操劳"之余的闲暇中"休息着、逗留着、只就其外观来'看'世界"[2]，看似是此在去"观审"其他存在者或去追求那些远方的事物，实则已经被世界的外观所攫取，乃至于连"操劳"的、对日常切近的上手事物的依存都变得"可怕"。

因此，海德格尔对"好奇"的结构进行了这样的规定：与"在此展开"对应的是"不逗留在操劳所及的周围世界"，与"被抛在世"对应的是"涣散在新的可能性之中"，与"交付地反思"对应的是"丧失去留之所的状态"——"好奇"远比一般的"现身情态"更具挑战，因为即使在"现身"之中人之此在虽然被动地展开着，但至少面对的是情绪提供的相对多样的可能性，而"好奇"则是"无—所在"[3]。"好奇"本来已经被周围世界规定了而是对更为有限的可能性的选择，然而在"好奇"之中"此在"却认为自身对一切都敞开着，认为正在过一种真实而生动的生活。在虚假的世界的图像之中"此在"既不知道"何所去"，更不知悉"在何处所留"。这样看，

---

〔1〕［德］海德格尔：《存在论（实际性的解释学）》，何卫平译，商务印书馆2016年版，第94页。

〔2〕［德］马丁·海德格尔：《存在与时间》（修订译本），陈嘉映、王庆节合译，生活·读书·新知三联书店2014年版，第200页。

〔3〕［德］马丁·海德格尔：《存在与时间》（修订译本），陈嘉映、王庆节合译，生活·读书·新知三联书店2014年版，第201页。

"现身情态"以及其"规定"和"后果"上的"好奇"就导向了对"自然"之为"φύσις"的逃避而安于把自然视为外在与人的存在者，而"φύσις"在希腊人的思想中恰恰意味着：

（1）作为正在出—现者的自立（φύσις—自然）

（2）作为这样的自立却又"常驻"，也就是说，持留着，逗留（οὐσία—在场）[1]

　　无论是作为持存物的自然抑或是作为"涌现"的自然，其中蕴含的风险都是不可测量的，"φύσις"的自然"恰恰不是随意地展示自身……而是只对强者而然"的"莽劲森然"者，进而要求足够强大的此在去要求达及对它的询问[2]，"φύσις"作为源初自然的样态要求的是人超越世界图像之中至高存在者的力量。即使"情绪"在源初状态上的确有可能切近更为本真的探问，但是在人的历史之中它已经耗尽了进取和决断的能力，蜕化成偏安于"共在""现成事物""上手事物"等安全的现实性之中的"怕"。庸常此在在"力量"上对现身情态毫无超越，甚至有滑落到对熟稔之物、技术造物的"好奇"倾向，因此这样的此在仅仅具有对"被给予—呈报"了的实存和在"技术—订造"的安全的环境之中的安全感，进而安于而对于那对人的生存构成挑战的真正"自然—存在"则保持回避——"庸常"的生活在"现身—好奇"的意义上把"能在"的范围限制到最安全也是最狭窄的范围之内，而异化了"φύσις"所允诺的无限的可能性也即"去—存在"。

　　2. 从"领会""筹划"到"两可"——"ἀλήθεια"的异化

　　"好奇"既带有安于共同生活之中业已规定的权利义务地位，同时也代表了此在对违反法律与制度的"怕"。因此虽然"此在"仍然是能够对"存在"进行发问的存在者且"发问"构成了此在之"在此"的基本结构，但是这一发问活动系于对存在问题的"领会（Vernehmen）"。就它与"现身情态"的关系来说"领会总是带有情绪的领会。既然我们把带有情绪的领会阐释为基

_____

〔1〕［德］海德格尔：《形而上学导论》（新译本），王庆节译，商务印书馆 2015 年版，第 71 页。

〔2〕此处对"自然"的讨论不作展开，由于这本应是在悬置了技术—形而上学—庸常生活后得出的，因此在此仅仅做出如是的提示，即"自然"乃是强力的"存在"本身，它威临一切且莽劲森然，参见［德］海德格尔：《形而上学导论》（新译本），王庆节译，商务印书馆 2015 年版，第 153 页。

本的生存论环节，那么也表明我们把这种现象领会为此在存在的基本样式"，而单纯的对存在者的认识和解说，则仅仅是原始领会的"衍生物"〔1〕。这是由于后者恰恰忽略了作为"情绪"的基本生存论构造，因此"领会"正式在世界之中"为其故"的此在的展开状态〔2〕，所谓的"为其故"，就是能够为了某种可能性而去做某事或去领取某一种可能性。而主动地看，领会"能在"的前提是排除了"为所欲为"或"消极无为"的"筹划（Entwurf）"："领会"乃是"有筹划地领会"，正是由于"被抛入世"根本是被动的，不是一切可能性都是"所欲"的，更不是一切可能性都是必然实现的——"筹划"因此就是从对可能性的领会与领受那些向我们抛来的可能性，并在取消其他可能性的现实化同时"去—能在"：它要求去对所"操劳"的物的"寻视（Umsicht）"，对所"操持"的其他此在的"顾视（Rücksicht）"，也要对存在本身（为存在而如是存在）的"视"（Sicht），和对"自我此在"的"透视（Durchsichtigkeit）"〔3〕。"视—看"因此就意味着以"领会—筹划"的方式通达在世界之中的反抛入我之此在的可能性也即"解蔽"。〔4〕

不过，作为人之此在现实在此的社会生活，回避"在世"反而把自我割裂于世界进而陷入了唯我论，此在看似摆脱了流俗律法的影响而回返到属于

---

〔1〕　［德］马丁·海德格尔：《存在与时间》（修订译本），陈嘉映、王庆节合译，生活·读书·新知三联书店 2014 年版，第 166 页。

〔2〕　［德］马丁·海德格尔：《存在与时间》（修订译本），陈嘉映、王庆节合译，生活·读书·新知三联书店 2014 年版，第 167 页。

〔3〕　上述的"四个视"，指向的是三个基本层次，在操劳和操持的"寻视"与"顾视"的意义上，此在是于上手的状态之中，在对物有所使用以及与他人此在打交道的过程之中去以筹划的态度，在物与他人的限制的意义上去对可能性进行筛选。而对"存在"的"视"必须以此在对"世界"的静观为前提，进而形成对"为存在之故而存在"的观瞻样态，但是这些"视"都仅仅是此在的存在方式，最终还是要归于"自我"去进行把操劳、操持、在世存在的基本样态抛入"我的此在"的可能性归于自我，它与"自我认识"有关——"自我认识并不是通过感知察觉和静观的一个自我点，而是贯透在世的所有本质环节来领会掌握在世的整个展开状态"。这种"领会"的思路因此就介于胡塞尔和舍勒的还原方法之间，就它的最终着眼点来说，此在的"透视"最终是"属我"的，这也就和胡塞尔的"先验自我"有所类似，但它更偏向于舍勒的是，"透视"根本上是有情绪的，它必须建基在"寻视""顾视"以及"对世界的视"之上，而不能贸然将后者悬置—还原处理，参见［德］马丁·海德格尔：《存在与时间》（修订译本），陈嘉映、王庆节合译，生活·读书·新知三联书店 2014 年版，第 171 页。

〔4〕　海德格尔此处尤为强调，"本质直观"——胡塞尔的"先验自我"的感知方式根源于"存在论领会"，即只有对存在的结构有所把握才能进行这一本质直观活动，参见［德］马丁·海德格尔：《存在与时间》（修订译本），陈嘉映、王庆节合译，生活·读书·新知三联书店 2014 年版，第 172 页。

自我的自然之境，但是它们也不能回避"寻视—操劳—物""顾视—操持—共在的此在"以及"视—在世—存在本身"进而追求某种纯粹的自我地"看"，因为否定"视"并不是切近源初自然角度对"在世结构"的出离，而仅仅产生不当的自我中心性认识。根本的"自我认识"以及有效的"领会—筹划—解蔽"必然依托于"在世结构"进而达成"解释（Auslegung）"。按照伽达默尔的解读，"此在是与其存在打交道，此在首先是通过存在领悟（Seinsverständnis）而与其他存在者相区别……有一种'此（Da）'，一种在的开显（eine Lichtung im Sein），也就是说，一种存在者和存在的区分"〔1〕。进而伽达默尔认为："海德格尔……称之为被抛状态的东西和所筹划的东西是结合在一起的，所以根本不存在那种使得这种生存论结构整体不起什么作用的理解和解释——即使认识者的意图只是想读出'那里存在着什么'，并且想从其根源推知'它本来就是怎样的'。"〔2〕伽达默尔这一概括相当准确，他指出了海德格尔视域之中此在对"存在的意义"的应然的追问状态，并且指出这种追问要依照一种"循环"的方法进行，只要存在进入此在的理解，追问存在的意义就是追问存在本身，"在世"这一结构乃是一切理解活动的先行结构，代表了此在的现成在此，回避在世则最终会陷入一种以贸然出现的科学化前设，进而以"现成事物—生存解释"的同层次的恶性循环（circulus vitiosus）去把"循环"视为归属于现成状态的某种方式〔3〕。恶性循环解释意味着此在只能在被科学、技术、形而上学所订造的可能性之中进行领会与筹划活动，后者给出的仅仅是世界之中某几种固定的可能性，而以此领会的此在反而被限制在观审角度。理解的前结构越是丰富，此在的展开和领会也就愈发趋于本己，所能在的以及所能揭示的真理也就愈发根本，反之，存在者（此在）就无法达到存在，而只能在存在者层面"绕圈子"。

通过指出理解和领会方面的"恶性循环"，海德格尔提示我们不能把周围的世界和生活强行分割开来，否则就可能导致"两可"的境况，这是由于在

---

〔1〕 ［德］汉斯-格奥尔格·伽达默尔：《诠释学 I：真理与方法——哲学注释学的基本特征》（修订译本），洪汉鼎译，商务印书馆 2010 年版，第 366~367 页。

〔2〕 ［德］汉斯-格奥尔格·伽达默尔：《诠释学 I：真理与方法——哲学注释学的基本特征》（修订译本），洪汉鼎译，商务印书馆 2010 年版，第 373~374 页。

〔3〕 ［德］马丁·海德格尔：《存在与时间》（修订译本），陈嘉映、王庆节合译，生活·读书·新知三联书店 2014 年版，第 178~179 页。

"两可"之中带有形而上学和技术式的观点，此在看似从周围世界与公共意见解脱却不能达乎自然的存在之境地并仍然以科学或神学的律法为基础。基托于科学和日常知识的"领会—筹划—理解"依照的是符合论的真理，此在根据现成状态——例如公理、定理和原则、规范去符合性地论证自身筹划及其现成原理。然而作为ἀληθἑια的真理并非现成者，而只要现成者被发现ἀληθἑια就是现成者之存在之可能的规定性[1]。源初的真理绝非观念论意义上的永恒真理，更不是绝对和确定的科学定理和伦理定则，源初的真理恰恰把存在者揭示为先前已经存在的东西，而不顾发现性与未被发现性，它可以被领会为那一如正在与将在而在的东西，而不顾其自身的每一可能的被发现性[2]。"真理"在生存论的意义上指的是此在以对生存的领会有选择地去揭示现成者，并且以现成的静观及其规律将"存在者"把握为先行到此的存在者，唯有"此在在世存在"它才能去以"真理"去把握其他存在者。而"两可"意味着"在日常相处来照面的那类东西是人人都可得而通达的，关于它们，人人都可以随便说些什么……人们很快就无法断定什么东西在真实的领会中展开了而什么东西则不曾"[3]：首先，经由对科学定理和伦理定则的理解庸常此在看似把一切"在世—视"都真实地领会了，例如把一切对物的物理学的"操劳—寻视"都简化地把握为因果律，把一切对人的"操持—寻视"把握成伦理学之中的现成规范关系，把本来作为"φύσις—ἀληθἑια"的源初自然涌现和真理解蔽锁闭起来；其次，"两可"也是规范意义上把他者的多数意见转化为我的领会，通常此在在公众解释事情的时候将这种两可态度与好奇的预料假充为真正发生的事情，把实施与行动标成了姗姗来迟与无足轻重之事两可在和公众场合恰恰是掩盖着的，人们总是小心翼翼地不让对这种存在方式的这种阐释切中常人解释事情的方式[4]。因而"两可"因此就意味着在独断的定理和规则方面禁止进一步的解释活动，若要以"符合论真理"界定

---

〔1〕［德］海德格尔：《现象学之基本问题》（修订译本），丁耘译，商务印书馆 2018 年版，第 323 页。

〔2〕［德］海德格尔：《现象学之基本问题》（修订译本），丁耘译，商务印书馆 2018 年版，第 321 页。

〔3〕［德］海德格尔：《现象学之基本问题》（修订译本），丁耘译，商务印书馆 2018 年版，第 201 页。

〔4〕［德］海德格尔：《现象学之基本问题》（修订译本），丁耘译，商务印书馆 2018 年版，第 203 页。

"是"与"对"，那倒是确定了的结论，但是若要在"生存论"乃至"存在论"的意义上去对那"操持""操劳"以及"在世"本身进行解释，这种"两可"的符合论真理除了阻却"思"的力量乃至于阉割"思"的活动之外也就别无"解蔽"了——因为ἀλήθεια同样意味着一种"强力"，海德格尔说：

> 那些后来的无能猥琐之辈，仅凭一点自作聪明，就以为可以通过"主观性"一句解释而将显像的历史性强力搞定，岂不知这里的这个"主观性"的本质恰才是最值得怀疑的东西。希腊人的体验完全不同。他们时时刻刻必须要把显像首先从存在那里撕开，将存在保真在与显像对反状态中。（存在从无—蔽中在将起来）
>
> 正在这一存在与显像之间的对立的动作斗争过程中，希腊人从存在者那里夺取存在，他们将存在者带入常驻与无蔽……这一切都在显像中，被显像所包围窥伺，但显像也得到了认真地对待，显像之强力得以被知晓。[1]

海德格尔的上述讨论指出了，在此在面对"显像"的过程之中，显像作为一种成见阻碍着对存在的领会活动，这样此在也就不能自行地走出锁闭而进入无蔽状态之中，希腊人的解释力正在于他们永远不把"两可"的主观臆断视为当然的，更不将"惊奇"视为对新鲜造物或玩意儿的趣味，而以本己的状态区分"现象/显像"。这样，不仅使存在的现象得以揭示，那些表现出的显像也获得了更为妥帖的解释。而在"两可"的境况中，无论是存在之"无蔽"抑或是"显像"的本质都被忽略了。

3. 从"话语"与"命题"到"闲言"——"λόγος"的消散

在海德格尔对好奇、两可这两种庸常生活方式的批判之中，"力量"的因素有自身的重要性，在"闲言"这个现象之中则体现为语言的力量不再成立，庸常的此在同时遭遇着"话语"这一在此的结构。在常人生活之中"话语"首先表现为"命题"的形式，海德格尔指出"命题"在源初的λόγος意义上具有三种含义：

（1）命题首先意味着展示：让人从存在者本身来看存在者，让上手的事物"去"上手，让现成者"去"现成；

---

〔1〕［德］海德格尔：《形而上学导论》（新译本），王庆节译，商务印书馆2015年版，第120页。

（2）命题也等于说是述谓："述语"对"主语"有所陈述，主语由述语得到规定，但此时述谓之勾连仍然是在展示的范围内生长的，即"述谓规定"从属于"展示活动"——不是我们在说语言而是语言让我们去说；

（3）命题意味着传达，意味着陈述出来："展示—述谓"也是"让人共同看"，是将"领会"的"看"去道出，与共在之中去对意义与存在者经验有所"分有"。〔1〕

作为"在世结构"之一，"命题"的上述三个结构相互勾连：就"展示"来看，存在者以"命题"的方式"公开"出来进而成为述谓关系之中的"主语"，人之此在以"操持—寻视""操劳—顾视"以及"视—在世"的生存论境况以"领会—理解"的可能性去对存在者进行谓语的规定，在共在关系之中把他者的存在领会纳入到我的此在之中，即"命题是有所传达有所规定的展示"〔2〕；就"现身—领会—命题"的关系来说，"现身"所遭遇的上手状态提供的是模糊的"意义（Sinn）"的"用什么"，进而在"领会"之中这一"用什么"转化为解释学意义上的"是/作为什么"的意义（Bedeutung），最终在"命题"之中表述成"关于什么"的语意（Semantik），此时的存在者已经从世界的因缘整体之中隔离出来，成为"现成存在者"，但是只要这种命题表达关联着"存在"的领会进而关联于生存论的现身境况，那么"命题"仍然具有得以通达存在的"作为……（而存在）"的揭示功能。"命题"得以在"展示—述谓—表达"的意义上有所揭示，其根源在于维系一切命题之统一规定性的乃是与"φύσις—ἀλήθεια"同一的"λόγος"，以"λόγος"组联的"话语（Reden）"是"此"的可理解性的勾连，现身在世就是作为话语道出自身〔3〕，此在的展开状态也是自我解蔽的公开过程，而"话语"以及作为其组成的"命题"则成了此在"用以"展开，并且诠释此在"作为……"展开的生存论结构。此在的"领会"也是以"听到"话语进而理解这些话语的声音去维系的，特别是在共在的关系之中作为领会着同他人一道在世的存

---

〔1〕［德］马丁·海德格尔：《存在与时间》（修订译本），陈嘉映、王庆节合译，生活·读书·新知三联书店 2014 年版，第 181~182 页。

〔2〕［德］马丁·海德格尔：《存在与时间》（修订译本），陈嘉映、王庆节合译，生活·读书·新知三联书店 2014 年版，第 183 页。

〔3〕［德］马丁·海德格尔：《存在与时间》（修订译本），陈嘉映、王庆节合译，生活·读书·新知三联书店 2014 年版，第 188 页。

在，此在听命（hörig）于他人和它自己，且因听命而属于（gehörig）他人和它自己〔1〕。而反过来看，出于"φύσις—ἀλήθεια—λόγος"的同一，"言"与"听"共同组成了"领会"的表现和"现身"的展开，"言"是有声的"话语"而"听"则是"沉默"，并不只有"侃侃而谈"才是现身的展开和领会的表达。在这一意义上，"沉默—可能性—无性"与"言说—现实性—是性"在生存论上有同样的基础地位。综合生存论的基本结构来看，"陈述乃是这样一种样态，在其中此在将被发现的存在者作为被发现的东西据为己……陈述乃是对存在者的指示性的'让看'。在对存在者的指示性居有（一如其被发现的那样）之中，依据居有的意义，存在者在各自的实事规定性被明确地奉于被发现的存在者"〔2〕，"陈述—言说"绝是"让"这些存在者以拢集的方式呈报给"操劳"或"操持"着的此在。

然而，在西方形而上学的历史演历之中，λόγος不断地被思考为"逻辑"，同时"逻辑"在先验领域规定了"言说"活动，进而也规定了"领会"的理性模式，最终把人之此在定义为"能使用语言的理性动物"〔3〕，这样也就把科学与神学意义上的律法变成了人之此在的行为范本，让后者依照逻辑并效仿逻辑而生活。然而除了人之外的理性动物无法区分"发声"和"话语"两种形态，因此如果单单把人定义为能够说的动物，那么言说活动仅仅只有"说"这一简单的发声倾向，而在海德格尔看来，人之所以能够构成"领会—现身"的此在，根本地在于人既能"说"出意义也能"沉默"出意义，"喳喳乱语"和"侃侃而谈"则无视了"沉默"而走入本着逻辑的"闲言"状态。与"两可"一样，"闲言"也是自以为达到了对谈及的东西的领会这一封闭样态，依照逻辑的闲言不必费心去回溯到"所言"的"根据"上而仅仅是"人云亦云"地对现成存在者的描述。闲言以"公共意见"的逻辑形态去先行规定了什么是"标准的公共讲法"，在常人生活之中"解释……在规定的平均的理解状态下开始，哲学源于这种状态而存在，并且在这种状态

---

〔1〕　［德］马丁·海德格尔：《存在与时间》（修订译本），陈嘉映、王庆节合译，生活·读书·新知三联书店2014年版，第191页。

〔2〕　［德］海德格尔：《现象学之基本问题》（修订译本），丁耘译，商务印书馆2018年版，第319页。

〔3〕　［德］马丁·海德格尔：《存在与时间》（修订译本），陈嘉映、王庆节合译，生活·读书·新知三联书店2014年版，第193页。

中，它返回言说（zurückspricht），常人（das Man）都要处理一定的实际事情，这不仅是一种沉沦现象（Verfallsphänomen），而且本身也是实际性的此在（faktischen Dasein）的一种如何（Wie）"[1]。

在海德格尔看来，"逻各斯"异化为"逻辑"进而成为脱离生存论与存在本身的对存在的遗忘，实际上意味着西方形而上学之中"思维/存在""人/自然"的分离。作为其表征，此在可以脱离生存本身而符合逻辑规律地闲言——"此在在某个关于它自己的言谈方式——闲言（Gerede）（术语）中活动（基本现象）……它自己'的（von）'这种言谈（Reden）是公众的和平均的方式，此在在这种方式中来把握和保持自己……闲言就遵循这样的如何（Wie）"[2]。然而在希腊的源初状态之中，"逻各斯"并不意味着"逻辑"及其规范下人的思维，而是：

（1）常驻的采集，在自身之中站立的存在者的会集，即存在："依照φύσις"与"依照λόγος"是同义的反复，前者是在存在论上从自身之中恰当地"绽出—生长—持留"的东西，而后者则是在自身之中"出发—拢集—自持"；

（2）道说与聆听的统一：唯"先在其自身之中"指向"φύσις—λόγος"的才是"无蔽—正确"的ἀλήθεια——在领会存在的基础上去"向"存在者运思并开启它们，这必须要求对存在者的保护意义上的"听"；

（3）秩序：存在作为逻各斯意味着最为原始的采集，因此不是一切声音都要被视为"被听"的对象，也不是一切言说都是"解蔽"的过程，毋宁说，只有那些本着存在—领会的"协调共音"，它反抗一切的滥竽充数，因此"逻各斯"也就具有"拒予"的意涵[3]。

因此，唯有在形而上学的演历之中，"逻各斯"与"自然—存在"才被分别给予"主观"和"客观"的界分，人作为主体掌握逻各斯而自然被依照逻辑表述为对象。不过，源初的逻各斯与源初的"自然—存在"并非不存在对立关系，相反从"逻各斯"之为"秩序—聆听—沉默"的层面上看，并非

---

[1]［德］海德格尔：《存在论（实际性的解释学）》，何卫平译，商务印书馆2016年版，第23页。

[2]［德］海德格尔：《存在论（实际性的解释学）》，何卫平译，商务印书馆2016年版，第42~43页。

[3]［德］海德格尔：《形而上学导论》（新译本），王庆节译，商务印书馆2015年版，第151页。

一切的自然或涌现都在道说里被拢集起来，如果说源初的自然乃是威临一切且代表一切能在的强力者，那么"逻各斯"则是与它对立和自持并且抉择何种能在得以实在的强力者。在希腊视野之中"逻各斯"对"自然"的约束就是以斗争的形式去成就"分合对峙"的悲剧美[1]。在最源初的意义上"在思想中既没有方法也没有论题，而倒是有地带——之所以叫它地带，是因为它为那种为思想而给出的重要思想的东西提供地带，也即把后者开放出来"[2]。本源意义上的"逻各斯"是与"源初自然"在对峙之中互属与作用的强力之物——基于现成的领会基地即对现身情态之中现成的逻辑规律的先行界定，以及世俗规范的所谓约束规定的"闲言"同样是对"逻各斯"的本源意义上的遗忘，这就导致了"闲言"既不再具有对峙于"存在—自然"的力量，也因此与存在疏离。

4. 沉沦及其现代现象：日常此在的"被抛在世"及其非自然的律法限定

因而"沉沦（Verfall）"由"好奇—闲言—两可"显现，后者代表了在公共意见、实在法律、科学规律、神学教义等流俗的律法之中的此在生活方式，它把自然视为对象而把自己视为主体，却又沉浸在世界图像时代中的逻辑、伦理等图式之中成为被订造的存在者，此在不仅无法回返源初的自然，也遗忘了对源初的自然进行存在论发问的能力。"沉沦（Verfall）"代表在世生存论的结构，海德格尔指出：

闲言、好奇和两可标画着此在日常借以在"此"、借以开展出在世的方式。这些特性作为生存论的规定性并非现成地具备在此神圣；这些特性一同构成此在的存在。在这些特性中以及在这些特性的存在上的联系中，绽露出日常此在的一种基本方式，我们称这种基本方式为此在之沉沦。[3]

"沉沦"与"闲言、好奇、两可"并非在一个生存论层次，它代表了在

---

〔1〕　海德格尔在此处所指的还是希腊语境之中的"悲剧"，他认为希腊人的大美乃是在自身之中恒常持立、相互摩擦的斗争，而现代"美"反而是轻松安逸、和谐一致，这种美学观对立于康德的"审美判断力"中主观为自然立法的观点。

〔2〕　［德］海德格尔："语言的本质"，收录于氏著《在通向语言的途中》，孙周兴译，商务印书馆1997年版，第169页。

〔3〕　［德］马丁·海德格尔：《存在与时间》（修订译本），陈嘉映、王庆节合译，生活·读书·新知三联书店2014年版，第203~204页。

"现身"蜕化为"好奇""领会"蜕化为"两可"以及"话语"蜕化为"闲言"之后，人之此在彻底地与被抛在世的展开状态妥协的状态，也意味着常人服从于当然的法权规定这一生活的样态。海德格尔指出："此在首先与通常寓于它所操劳的'世界'。这种'消散于'多半有消失在常人的公共意见中这一特性。此在首先总已从它自身脱落、即从本真地能自己存在脱落而沉沦于'世界'。"[1]即使海德格尔也认识到作为人之此在必然的社会生存境况，不应对"沉沦"一味采取消极评价，然而"沉沦"作为此在的常人生活在公共世界中的生活结构在根本上对立于"本真—自然"的生活模式，意味着面对源初的"φύσις—ἀλήθεια—λόγος"的无力以及无为，经由"好奇—两可—闲言"的非本真的生活，此在消解于"共处"之中，这种在世状态是被世界和他人所攫取的，但是却是此在通常保持着的存在方式，这样，海德格尔对"沉沦"的规定也就是：

（1）"沉沦"它意味着一切"非自然—非本真"的生活方式，即从作为实际在世的它自身脱落，并"向"世界滑落，由于根本上"在—世界—之中—存在"的操持、操劳和在世界的存在方式，大部分的"此在"都是"沉沦着"地在世的；

（2）"沉沦"不会因为人类文明的进步或科学技术的发展而"被取消"，相反，技术本质与形而上学的共谋只能加深"沉沦"；

（3）"沉沦"与"闲言—好奇—两可"这种异化了的生存方式具有关系：

1. 闲言—为此在开展出它的世界（向世界、他人、本身领会的存在展开）——"向……"存在却毫无根基（逻各斯与存在的分离、空想）——结果：未经反思的存在奠基的符合规律或法则的公共意见【引诱】；

2. 好奇—为此在开展出一切"在之中"的存在者——"在……"之中处处都在却无一处在（自然/涌现被遗忘，处处都在的存在者却无存在根据）——结果：以存在者的整体图景的引诱驱使此在对存在问题的安定【安定】；

3. 两可—"为此在"开敞一切共此在领会的存在者——"为"结构又以存在者缔造的世界图像压制在世——结果：杜绝本真性的自我在世而把此在

---

〔1〕［德］马丁·海德格尔：《存在与时间》（修订译本），陈嘉映、王庆节合译，生活·读书·新知三联书店2014年版，第204页。

挤压到以"闲言—对存在者的非直观陈述"的非本真自我之中【自拘】；

（4）"沉沦"是"在存在的近旁存在"的跌落，却又是对"在世界之中具体生活"的上升，它的积极意义是首先保证此在"能够生存"而非"遗世而独立"的绝缘体自我——"沉沦"的反面正是对自好的我的发现和生存论的基础。[1]

海德格尔揭示的"沉沦"这一多数人生存境况在法学意义所能够指出是在现代社会之中漠然地遵守律法并为其设定"自然法"这种原理，现实社会之中的实在法与自然法也因多数人的力量而难以克服。换言之，即使有本真的此在希望脱离形而上学与技术缔造的第二洞穴而反思律法本身的合法性以及其理论基础的合理性，他仍然要承担在常人社会之中异于他者的危险，甚至再度被常人拖曳到意见之中的危险。"日常生活"既是在悬置了"技术"

---

〔1〕 "φύσις—ἀληθεία—λόγος" 的确是海德格尔对"存在"的较高解读，然而之所以海德格尔对"沉沦"并非完全否定，乃是由于如果不在共在在世之中"沉沦"，那么生存就不再可能。这也是为什么大多数此在选择"沉沦"的原因，类比"苏格拉底之死"就可以看出，不甘于"沉沦"的苏格拉底恰恰是不愿意受到被订造的"好奇"的安定生活而要去对存在发问。因为不愿意自我拘泥在"两可"之中而要超越本己而对存在本身进行本真的领会和筹划，更由于不愿最终被常人的公共意见所构建的规律与规则，以及大众意见的"引诱"而最终被常人的法庭赋予了死亡。我们不应否定苏格拉底之死的高尚，但维斯（Roslyn Weiss）的解读可以印证海德格尔的上述论证："法律与苏格拉底的分歧之多，远远超过这一个别结论上的共通。苏格拉底需要理性；法律希望发布命令让人服从。苏格拉底相信，人们受制于那些通过他们自己的理性反思而得到的原则；法律主张，邦民受制于可以从他们的不作为中推导出的协议——也就是'真正同意'他们做父邦和法律吩咐的任何事情。苏格拉底致力于推进正义和哲学；法律原则则要他维护雅典及其法律的利益。在苏格拉底与法律要求一个人做的事情之间，不可能搭建起沟通的桥梁。一个人也不可能用让苏格拉底和法律都满意的方式分割自己的忠诚。一个人能且仅能服从一个主人。如果知识理性的论证必须被服从，那么'我们吩咐的任何事情'就必须不被服从——反之亦然。如果一个人忠于逻各斯，那他就不可能忠于雅典——反之亦然。如果一个人受制于那些原则，那些作为他积极参与哲学考察的结果而被他接受的原则，那么，他就不会受制于别人仅仅从他的不作为中推断的默许的协议——反之亦然。"（参见［美］维斯：《不满的苏格拉底——柏拉图〈克力同〉疏证》，罗晓颖译，华东师范大学出版社 2011 年版，第 251 页。）对上述部分的海德格尔式的解读在于，苏格拉底建立了"理性/法律"的二元论区分，作为本真此在的苏格拉底不满足作为共同体的共在之中以城邦及其建制代替的"相的模仿"进而被它诱惑进而安于"吩咐"，而追求的是超越存在者地对存在本身的"思考"。不满足"闲言"之中的逻辑和被它们遮蔽了的真理而选择服从与存在遥相呼应且对峙而生的"逻各斯"；不满足原则和成见约束的以及在真理—无蔽面前的"两可"的追求的无为或滥为，而追求本着对自然之领会的"存在之真理"，然而其代价是，这一本真的存在却被常人世界最终拖曳回常人的法庭之中，被常人裁判而失去生命。不过，这并不意味着海德格尔式的对苏格拉底之死的解读就是要求苏格拉底本着"生命至上"的观点而成为犬儒，恰恰是，苏格拉底以自身的死亡以及面对死亡的泰然任之证明力本真能在——向死而在。

以及"形而上学"之后的更根本的生存论境况，也是在"技术集置"和"形而上学演历"之后暴露出的真实人类生存图景。此外，人之此在处于"在世"结构之中就同样要面对"现身—领会—话语—被抛"的"在此"结构，而由于这一结构自身就有异化为"好奇—两可—闲言—沉沦"的风险，因而即使脱离了公共意见束缚的此在向更为自然和本真的生活跃迁仍然不是一件容易的事情，它们反而可能由于异化了的"在此"结构再度被"好奇"局限于技术及其造物之中并且重获安定，被"因果律"和"道德律"进行逻辑上的订造进而两可地"自拘"于形而上学缔造的逻辑观念之中，更可能由于公共意见与大众文化鼓励言说，以及强力的实证法与道德律令迫使言说而最终陷于自我消散的闲言式的公共生活之中。针对这一问题，与海德格尔同时代的雅斯贝尔斯指出，我们的时代是各种各样的简化大行于世的时代，"只有被大众吸收的东西才能得以保存下来……倘遭拒绝，可能会在没有根基的大众生活中产生不堪设想的恐惧。如果谁想产生效果的话，那他必然要与大众同行"[1]，大众在意识形态中思考，对一切复杂的东西简化，在信仰坍塌后不再承担罪责而是互相否定。在这一意义上，"简化"是把存在者予以订制进而削减其可能性的处理，集体之中的"我们"把我的现身、领会、话语已经调适成适合"我们"的了，"我"为"我们"而生[2]。同样与海德格尔处于同期的卡西尔即使最终与海氏"分道而行"于"分析哲学"与"现象学哲学"的立场和方法上，分歧于对"是否具有普遍原则"的根本争论上[3]，但是他也在历史的角度指出，现代性的政治与远古的巫术别无二致，仅仅是把"占卜"变成了"投票"，把"预言"变成了"科学"，把物质上的仪式转化为对意识形态和国家理想的"幻想力量"[4]——"形而上学、神学、数学、生物学相继承担了对思考人的问题的领导权并且规定了研究的路线……当这样一种能够指挥所有个别的努力的中心力量不再存在时，这个问题（观念）的真正危机出现了……欲望人人有之，每一位作者似乎归根到底都是被他自己关于人类

---

〔1〕［德］雅斯贝尔斯：《论历史的起源与目标》，李雪涛译，华东师范大学出版社2018年版，第149~150页。

〔2〕［德］卡尔·雅斯贝斯：《时代的精神状况》，王德峰译，上海译文出版社2013年版，第21页。

〔3〕［美］迈克尔·弗里德曼：《分道而行——卡尔纳普、卡西尔和海德格尔》，张卜天、南星译，商务印书馆2021年版，第171~172页。

〔4〕［德］恩斯特·卡西尔：《国家的神话》，范进、杨君游、柯锦华译，华夏出版社2015年版，第347页。

生活的概念和评价所引导的"[1]。即使在认为海德格尔具有虚无主义的政治哲学家那里，非本真的生存也是现代社会的境况。例如阿伦特所批判的是"集权主义"下的"平庸之恶"，指出了沉沦与公共意见之中最终会导致恶法和暴政，她认为，"我们与恶人共处但并没有把灵魂出卖给他们，但那些什么都不做的人却逃避了责任，只考虑他们自己，只考虑他们珍贵的灵魂的拯救……与法律责任不同，个人责任或道德问题几乎从不出现在那些死心塌地的政权追随者那里：他们不感到有罪，而只是感到被击败"[2]，而"一种传统的终结并不必然意味着传统观念已经丧失了对于人心的力量，正相反，就在传统丧失了活力，而人们对于其开端的记忆也逐渐褪色的时候，传统陈腐不堪的概念和范畴有时反而变得更加暴虐"[3]。阿伦特所担心的是，在充斥"平庸之恶"的常人社会之中，即使推翻了极权统治但是常人仍然不会感到"罪责"，他们仍然以"两可"的态度去追随新的意识形态，直到这一意识形态之中良善属性消散的时候，"常人"仍然会回返到混乱的极权统治之中。施特劳斯也持有类似观点："当今的僭政有'技术'和'意识形态'受其支配；更宽泛地说，它预设了'科学'———一种对科学特殊的解释，或一种特殊的科学——的存在……接受这种科学观的政治科学家会谈论其中国家、独裁、极权主义、专制主义等等，作为一个公民，他也许会诚心诚意地谴责这些东西。"[4]诚然，在上述学者那里"大众"永远是法哲学、政治哲学乃至哲学的重要一环，但是论者更倾向于批判大众、常人、公共社会及其从自然、本源方面的跌落，批判常人基于未经思索的科学前提而把现身情态赋予的全部可能性限定在进步、理性观念等相对恒定的现实性内，批判常人在两可、闲言的意义上否定古代的伟大心智以及常人遗忘古代智慧为人之此在向源初自然开敞的可能性，批判常人在政治哲学角度沉沦于某种意识形态传律法统以及"沉沦"于某种自明概念的实践科学体系。由于"好奇—两可—闲言"的态度仍然贯穿在现

---

〔1〕 ［德］恩斯特·卡西尔：《人论：人类文化哲学导引》，甘阳译，上海译文出版社 2013 年版，第 38 页。

〔2〕 ［美］汉娜·阿伦特著，杰罗姆·科恩编：《反抗"平庸之恶"》，陈联营译，上海人民出版社 2014 年版，第 61~62 页。

〔3〕 ［美］汉娜·阿伦特：《过去与未来之间》，王寅丽、张立立译，译林出版社 2011 年版，第 22 页。

〔4〕 ［美］列奥·施特劳斯、［法］科耶夫著，［美］古热维奇、罗兹编：《论僭政——色诺芬〈希耶罗〉义疏》，何地译，华夏出版社 2006 年版，第 40~41 页。

代社会，对于它们的批判也成为现代哲学的论题之一。

海德格尔的"沉沦"的观点对于后世的哲学有着深远的影响，不同哲学家虽然对常人及其社会构造保持质疑，但是基于海德格尔的思考也可以总结出有关"沉沦"的几个批判规律：

（1）"沉沦"是无法由人的意愿去改造的生存论的原始境况，至少在现代性的背景下，"沉沦"要远远早于"本真"的觉醒过程，因此"沉沦"可以视为生存的先天结构；

（2）"沉沦"营造的幸福感和共通感是使"好奇—两可—闲言"获取日常正当性的基点，然而，一旦有"暴力因素"介入，这种"沉沦着的幸福"也就将破裂，因此产生的人与人的相互利用、算计与斗争则是"沉沦"后的另一种可能；

（3）"沉沦"的突破因此只有依靠"外力"或"自我超越"两种途径，然而前一种途径导向的可能是一种新的甚至暴力性的"沉沦"，后者则具有相当的危险性，特别是在"超越常人"之后如何自处的问题上；

（4）"沉沦"也有其正当化理由，至少在现代语境下，实证主义、历史主义与进步观念、科学观念都是支持它的论据，希望在理论上对"沉沦"现象进行批判，根本上要反对的是上述的理论理由，而这样就可能走向复古的路线——这是不是一种新的风险尚未可知。

因此，可以说常人一度成为哲学去反思和改善的对象，但是一切常人所在的世界也是这些哲人同样所在的现实世界。一方面，常人批判蕴含了对周围世界的领会，我们切不可认为这些与海德格尔同时代的人抑或是他的后代哲人的思考仅仅是"海德格尔"的注脚，也不应认为这都是哲人对常人出于优越性的批判。而在另一方面，海德格尔等哲人指出的"沉沦"现象与技术统治和形而上学天命共同构成了现代性的表现——虚无主义。如果从技术和形而上学的角度对虚无主义的批判已然扫清了对"本真—自然"生活的观察，那么克服"沉沦"则是更进一步地对本真生活的回返。

（三）本真生活：超越"常人"的生存的源初自然生活

本于常人公共意见的沉沦生活代表了在现代科学、法律与伦理的规定之中的共同生活，由于这种生活保持对物的"操持"与对人的"操劳"，也是

对世界结构"操心"，进而"沉沦"无论如何都代表"庸常此在"的大部分
人的生活形态，因此无论在哲学方面对它有多少批判，沉沦作为一种现代性
非本真生活方式不可能消失：一方面，在技术统治下人的本来的生活的消解
和离散不能在常人整体范围内避免，另一方面它也不能被可能代表其他至高存
在者的外界的力量强行打破。因此，希望进行一种本真的自然生活，绝不能依
靠外部力量，而是明确"自—然"这一此在的绽出状态进而让庸常此在去以自
身觉悟庸常生活予以超越。而相应的是，常人往往回避"φύσις—ά ληθεια—
λόγος"蕴含的强力的因素以及丰富的能在并且丧失了超越庸常生活的动力：
"存在—自然"被"技术"替代用以对物的生产，"无蔽—真理"被科学、伦
理学所规定进而限制了其能在意义上的解蔽，而"话语—道说"则被唯逻辑
论的大众话语所代表。这些现象必然在大多数人之中存在，把它们全然消散
也可能对人的生存产生混乱和激扰。因此理解海德格尔对上述问题的常人批
判，应当注意的是海德格尔给出的毋宁是人达到"本真性（Eigentlichkeit）"
的方案，他并未在大众启蒙的意义上对所有人要求"本真"的生活，并未将
之作为普遍的价值理想和彼岸伦理而证立，以至于海德格尔坚称：

> 此在（唯有）成其本己，它拥有自身；唯是之故，它才能丧失自己……
> 由于自身性属于生存……由于这个以某种方式发生的"成其本己"，生存着的
> 此在便能够为其自身择其本己并由此出发原初地规定生存……能够本真地生
> 存。然而此在它也能够让他者就其存在来规定自己，并且在这种对其自身的
> 遗忘中原本便以非本真的方式生存着。[1]

海德格尔上述的观点意味着，无论是回返自然的生活抑或是继续"沉沦"
于周围公共世界都可能是本真此在的选择，不过本真的此在拥有自己才能做
出选择，进而或选择向本己展开的本真性生活，抑或是选取由他人规定的非
本真的生活。因而本真的生活代表此在能够获得对世界的先行领会并从这一
前理解返回到世内的存在者，也能从世内存在者出发进而以继续领会的方式
与自身照面，不过这一理解的循环结构根本地奠基在"在世界中存在"上，
正是人因"在世界中存在"以及"为自身之故"存在。"本真"与"非本真"

---

〔1〕［德］海德格尔：《现象学之基本问题》（修订译本），丁耘译，商务印书馆 2018 年版，第
246 页。

更多地可以被定义为存在方式的杂多性[1]，它们在海德格尔回避伦理学的立场之中，不代表"正确与错误"的差别，而仅仅是在存在方式上的区分。然而，强调克服"沉沦"进而回到"本真—自然"的生活也是必须的理论任务，这显然是由于恢复对自己的占有进而栖身于自然之中需要去通过个体此在的觉悟与决断去克服常人的意见，在触碰到"思"的本质后栖居于存在近旁，在此基础上方能开展本己的选择。克服"沉沦"也要从沉沦这一现象中入手，只有以对沉沦现象的深入描述去揭示它的结构，才能发掘出走出沉沦的自然道路。

1. 本真的向死存在："畏与死亡"作为最自然的生存可能性

海德格尔对"本真能在"的勾勒首先集中于"从生存论存在论上规定业经展示的结构整体的整体性"[2]，本真的生活与非本真的生活相比更具有自然的色彩，尤其表现为承认"死亡"之为自然人的最具可能的可能性，对死亡的本真之"畏"因而一切此在面对对生存最终走向虚无的终极可能性的情

---

[1] 存在方式的杂多性的规定是：第一，自身领会不可用在形式上等同于一种被反思的自我—经验，而是以本真性与非本真性这两种基本形式而变化；第二，"在—世界—之中—存在"属于此在之存在建制，世内性不属于现成意义上的自然的存在，而是被分配给他们的，即使世界不存在、此在不存在，自然也能存在；第三，非此在类的存在者之存在具有更丰富的结构，它超越了对现成的物之刻画为物的关联脉络的做法；第四，对此在之自身领悟的正确概念把握能够得到：对自身的意识的分析预设了对生存建制的阐明；用形而上学的话来说，只有对此在这一"主体"的阐明才能避免形而上学的主观主义和实证主义；第五，"在—世界—之中—存在"是此在的基本结构：世内存在者的一切自行的活动都基于"在世"的基本建制（意向性以此在的超越为前提），即此在超越世界进而把世界纳入"诺耶玛"之中，然而不存在"先验自我"用以阐明"意向性概念"，"在世"先行于"先验自我"；第六，作为对存在者的作为，意向性总是包含着对（intentio 与之相关的）存在者的一种存在领悟："领会世界"／"在世存在"就等于"领会—自己—自身"，它借由"在世"的结构囊括了此在之存在与非此在存在者的存在；囊括一些存在者的存在领会首先是漠然无分别的：只要照面，就有领会把他们称为"存在着"的；此在与现成的自然在存在建制上彻底区分："此在"的存在方式是"生存"，而现成的自然则是以现成存在的方式存在的——它们二者无法建立统一性的存在概念。[详见［德］海德格尔：《现象学之基本问题》（修订译本），丁耘译，商务印书馆 2018 年版，第 252～253 页]。需要注意的是，在此处海德格尔使用的"自然"是在近现代存在论之中的"静态自然"即由"φύσις"转化的"natura—nature—Naturr"的静态自然结构，这种说法常常与"人／自然"的主客二元论出现。因此海德格尔才说在存在领会上无法达到基于统一的存在概念的"自然—人"的存在方式。因此在近现代存在论之中主张"自然状态"的启蒙思想家所认定的"存在的基本形式"是自然（res extensa）之存在与精神（res cogitans）的存在架构的"存在论差异"实则仍然是从存在者的角度建立"主客二元论"。

[2] ［德］马丁·海德格尔：《存在与时间》（修订译本），陈嘉映、王庆节合译，生活·读书·新知三联书店 2014 年版，第 209 页。

绪，并区分于对人、物和世界等实在的"怕"。"怕"关系在此在沉沦于周围世界的非本真生存，此在的平均日常生活被规定为沉沦着开展的、被抛地筹划着的在世，这种在世为最本己的能在本身而寓世存在和共他人存在[1]，在其中有对物的操劳、有对其他此在的操持以及作为对"寓于……"的生活体会，在根本上都意味着常人的公共意见、上手事物的熟稔性质以及周围世界本身的熟悉性质压制了一切的不熟悉状态，"世界"本来就是先行于"在世此在"的结构，海德格尔把这种先行的在世结构称为"操心（Sorge）"[2]，它是"已经在……之中存在"和"寓于……存在"的先行结构所规定的此在于在世存在的基本方式。原本此在完全可以面向本己自由地展开，然而由于此在被抛向的世界已经是具有操持和操劳的因素的世界，那么此在的本己自由的展开也被业已规定了的操心结构取代，甚至"此在先于存在论把自己解释为操心"成为一种"前存在论"的结构[3]，因此"操心"也就具有以下的双重生存论意义：

（1）人的完善（perfectio）乃是操心的劳绩，因为只有在非恣意的前存在论结构的限定下，此在才能"为了"他最本己的诸可能性而自由存在；

（2）操心同样源初地规定了此在听凭它所操劳的世界的摆布，前存在论结构同样意味着被抛境况，即此在在"入世"前就已经被限制了选择的能力。

"操心"指向具体现实存在的存在者如物品、财富、名誉、劳动、伦理、法律，也是在顺位是位于此在的生活之前并且构成社会意义上周围世界的因素，但是"操心"却并非此在对本己的反思而更多地指涉异己要素，而人之此在也就如前述消散在它所操持的常人以及它所操劳的世界之中，此在在它本身面前逃避，而这就是在本真的能够自己存在这回事面前逃避，恰恰没有把

---

〔1〕 ［德］马丁·海德格尔：《存在与时间》（修订译本），陈嘉映、王庆节合译，生活·读书·新知三联书店2014年版，第210页。

〔2〕 ［德］马丁·海德格尔：《存在与时间》（修订译本），陈嘉映、王庆节合译，生活·读书·新知三联书店2014年版，第225页。

〔3〕 ［德］马丁·海德格尔：《存在与时间》（修订译本），陈嘉映、王庆节合译，生活·读书·新知三联书店2014年版，第230页。

自身带到它本身面前[1]。在流俗的自然观之中，自然也是这类对象化存在者，"畏惧自然"也是为自然展示出的现实性操心的过程。这与"怕"恰好关联并总是在已经有了先行在此的"可怕之物"的基础上产生的。而针对生存在世的"畏之所畏"则面向"在世存在"本身。相比来说，"畏"反而没有实指，此在并不能确定畏之所畏到底是什么进而面对的是先行结构未曾解蔽的可能性，但"怕"仅仅是针对周围世界之已经展开了的存在者——它是非本真的"操劳于世"之中的既有存在者的情态。

人对于自然、法律、意见等存在者有实指的"怕"，后者所指向的是由先行结构规定的并可以归因于是者的风险，而"畏"则指出了在先行结构规定之外展开的由于"无—知"而出现的危险。海德格尔指出"畏"之所以"畏"，乃是出于"无何有之乡"，"畏"实际指向的是那些"操心"的先行结构所掩盖了的"无"的可能性，这样"畏"也具有了两种与"操心"对应的结构：

（1）畏的对象就是"在世本身"，这意味着"畏"乃是对在世之中的一切可能性的"畏"，而非仅仅由"操心"的先行结构所规定的可能性，后者反而不会产生"畏"——由于熟稔关系；

（2）因而，"畏"这一现身情态实际上也是对"操心"的先行结构之中遮蔽了的可能性的展开，它虽然意味着对那些陌生的可能性的背离，但也是将后者公开出来，进而让世界展开的情态。

一些论者在此基础上现实地对存在者的"怕"和对存在本身的"畏"，指出了"怕"与技术、形而上学、公共意见以及由此产生的自然观与律法观之中业已展示出的内容有关且难免地被价值立场所同化，进而成为某种"主义"式的习俗教条，但是"畏"则出于人在自然角度必然面对的死亡可能性。例如德雷福斯认为"畏"与"怕"的差别在于前者是基于"自然主义"的情态，而后者则是基于"习俗主义"的情态，因此在"畏"中溜走的似乎只是所有日常的重要性，如习俗的严肃性，它源自"怕"、野心和服从主义，产生了对一般情境的要求，而对于畏着、本真的存在来说，显得有关紧要的东西乃是遗业之未被平整化的可能性，而这些可能性产生了对独一无二的处境的

---

[1] ［德］马丁·海德格尔：《存在与时间》（修订译本），陈嘉映、王庆节合译，生活·读书·新知三联书店 2014 年版，第 213 页。

要求，这样"畏"就代表了从常人的模棱两可之中出离的可能性[1]。而瓦尔特·舒茨（Walter Schulz）倾向于"怕"与"畏"两种现身情态之中此在的不同展开状态，"怕"意味着此在由于"操心"的先行结构的约束的"锁闭"，而"畏"恰恰以危险可能性的"回避"去敞开了"先行结构的锁闭"；"操心"或"怕"的结构规定的是"操劳—寻视（Umsicht）""操持—顾视（Rücksicht）"以及"周围世界—视（Sicht）"，而"畏"则关乎"无—视（Absicht）"，这种情态以"无"的最大的威胁填充了人之此在对世界之为世界的"遮蔽"的一面的"看"，例如他认为"畏作为原本锁闭的此在之敞开，就是这一敞开本身，这是由于'在世界之中存在'以'对……"与"关于……'的畏之所畏者揭示了海德格尔业已向我们展示的向着本真生活跃迁的开端——在'无视（Absicht）'之中，我们必须把存在论上的结构整体的整全性把握成一个基本的问题：'畏'这一现象的可能性以及在我们的展开之中诸此在的整体是否在现象意义上同样本源地被给予，即我们能否得到与在对现成性的观看之上仍然获得'看'的充实。"[2]

"畏"因此在幽暗的一面规定了相较于"操心"的先行结构更为丰富的可能性，进而，超越"庸常在世"的"本真之畏"也就获得了生发的时间要素[3]，如果说在庸常状态下，"畏"乃是对"无"或"不确定"的畏惧，那

---

〔1〕 ［美］休伯特·L. 德雷福斯：《在世：评海德格尔的〈存在与时间〉第一篇》，朱松峰译，浙江大学出版社 2018 年版，第 396 页。

〔2〕 Walter Schulzl, Über den philosophiegeschichtlichen Ort Matin Heiddeger, in Otto Pöggler Hrsg, *Heiddger: Perspektiven zur Deutung seines Werks*, Beltz Athenäum Vellag, Weinheim 1994, p. 101.

〔3〕 在这里唯有对"时间性"进行理解才可以理解"向死存在""承担罪责/弥补亏欠"以及"愿为良知"等概念。在海德格尔看来，"时间概念的历史，即时间之发现的历史，就是追问存在者之存在的历史……去规定存在者之存在的这一尝试的历史，有可能就是这一科学式探索所探求的基本问题之隐没于变形的历史"（［德］海德格尔：《时间概念史导论》，欧东明译，商务印书馆 2014 年版，第 215 页）。一切的现象都是在"时间之流"之中发生/涌现的历史，无论是"现身""领悟"以及"话语"，在本质上都是"在时间之中"的，如果说"在世界之中"开敞了存在者的存在空间，那么"时间性"则使得存在者处于流变的时间之中。胡塞尔对"内时间意识现象学"的观点对海德格尔有直接的影响。在胡塞尔看来，在"诺耶思—诺耶玛"的结构之中，无论是作为意向行为的"诺耶思"抑或是作为其意向相关填充项的"诺耶玛"都是处于时间流变之中的，但是就"意向行为"发生的那一瞬间来说，能够填充这一意向行为的意义的"诺耶玛"未必与"意向行为（诺耶思）"共同发生。胡塞尔区分了以下的几种情况：一是就诺耶思与诺耶玛同时发生的时候的"当下感知"，即当下在场的意向相关项对意向行为的当下填充，然而这一状态是极为少见的，因为一旦将时间视为"流变"，那么"当下"这一瞬间是无法被界定的"点"。因此，胡塞尔就讨论了另两种更为常见的意识活动，首先是"滞留"，它意味着以"回忆"的形式被给予的意向相关项对当下的意向行为的填充活动，类比

么在时间性引入的情况下，"畏"之所畏也就具有了实质可能的指向——"死亡"：一方面，死亡是对于一切此在而言最终的归宿，因此它也就意味着一种无法"选择"的"能在"，"生存论问题的提法唯以整理出此在'向'终结存在的存在论结构为标的"[1]。这样，"向终结存在"也就构成了"已经在世存在"或"寓于世内与存在者照面存在"的"操心结构"的更为先行的生存论结构，这是由于即使在"操心结构"之中"能在"虽然被限制为熟稔和安定，但是"死亡"则是一切可能性之中的最必然的"能在"模式：

一是"死亡"必然是人之此在的最终的'能在'，即"终结悬临（Bev-orstand）于此在"，它意味着此在在必然性的能在意义上最终要与常人世界脱落——死亡永远是"最本己的境况"，此在以"被抛"的方式迎接"悬临"的到场；

（接上页）到海德格尔的话语之中就是"曾在"；其次则是"前摄"，即以"期待"的形式以对未来的意向相关项进行对当下的意向行为的填充，因为胡塞尔对"意识"的强调高于对"实在"的强调，因此即使意向相关项不是当下在场的客体，即使对未来的事物，意识仍然能够对其进行感受与感知，它仍然在未来的意义上能够被包含在"意向性"之中。这对应到海德格尔的理论之中就是"将在"，但是胡塞尔认为"意向行为"的发生时间总是"当下"的，因此无论是对"当前"的被给予者的感受，抑或是对"滞留"于记忆之中的被给予者以及"前摄"于期待之中的被给予者都因为意向行为的当下性具有"科学的确定性"的基础地位，并且都统一到"当下"的意向活动之中。反过来说，在胡塞尔的意识现象学之中，"意向行为"对意义的赋予是绝对当下的。但是"诺耶玛"之为被给予者却往往处于"曾经"或"未来"之中，并且填充于当下的意向行为，因此也就不能认为"内时间意识"是在流俗的历史意义上对"曾经发生""当下发生""未来发生"的实在论历史线索，而是永远统一于当下的意向性活动（参见 ［德］埃德蒙德·胡塞尔：《内时间意识现象学》，倪梁康译，商务印书馆2010年版，第87~117页）。本书业已指出，海德格尔对于胡塞尔的先验自我以及其唯我论的主张是有所反对的，那么在海德格尔的思路之中，与胡塞尔相同的是，"时间性"是"存在"的更为本质的先验结构，它甚至要超越"操心"这一日常生活的结构而存在——或者它就是存在本身。海德格尔的"时间之流"乃是存在之流本身，他指出的是当下—到时（Zeitig）与"曾在"和"能在"具有直接的存在论关联，"曾在"意味着已经确定了的可能性即"历史"，他人之此在业已选择的"曾经的可能性"与"当下的现实性"，而"能在"则意味着此在尚未选择的"未来"，它因此就构成了此在的"未来可能性"。从关联上看，"曾在"与"能在/将在"直接地关联，而"当下"的"在此"仅仅也是胡塞尔意义上的"时间点"。但同样地，无论是历史的曾在抑或是将来的能在都是人的生存之中的"在此"的标志，"此在"的"此"蕴含对"曾在—罪责"的领会以及对"能在—良知"的超越日常生活结构的本真生存（Michael Inwood, *A Heidegger Dictionary*, Blackwell Publishers Inc., 1999, p. 220）。这也构成了我们后文理解"向死""良知""罪责"的基本结构——存在即时间。

〔1〕 ［德］马丁·海德格尔：《存在与时间》（修订译本），陈嘉映、王庆节合译，生活·读书·新知三联书店2014年版，第286页。

二是"死亡"的"悬临"特征意味着"死亡"随时都有可能发生，"向来在此在之中占统治地位的对这种最本己的向终结存在的'知'或'无知'，仅仅表达出了在生存上能够以种种不同方式保持在这种向之存在的情况"〔1〕。

但是在另一方面，没有任何人对死亡有直接的体验，死亡作为未知且不可知的纯粹虚无更没有时间上的确定位置，因此在日常生活之中对死亡的态度又可能和对存在者的"怕"关联起来，后者是在日常生活之中"平均的向死存在"。作为一个话题的"死亡"是在公共解释之中建立起来的并最终要归于公共意见——闲言；对"死亡事件"的庸常认知也必然带有某种"好奇"意义上的现身情绪也即要么是把死亡视为眼前的事件，在他者的死亡之中把死亡视为一个现成事件去"怕"，或者宽慰自己"凡人皆有一死"但自己当下离死亡尚且遥远，在庸常状态下"死亡"也就体现为对他者之死亡实事的闲谈，或者是让死亡这一必然的能在消散在"操劳"着现实生活之中。然而，无论是把"死亡"转移成对他者的状态的"命题"，抑或是在领会上遗忘这一可能性或遮蔽这一可能性，这在海德格尔看来都是"沉沦着的此在在死面前的一种持续的逃遁"〔2〕，同时在生存论之中"向终结存在被规定为向最本己的、无所关联的、不可逾越的能在存在"〔3〕。在自然之中，此在的存在总是面对着它即将到来的"不—存在"，即使人类此在以习俗和律法、意见和科学可以很大程度上不逃离这个最确定的真相，认为贸然提及死亡代表悲观厌世、不吉祥的诅咒，或是认为医学与科学至少可以让死亡暂缓到来。回避死亡作为平均向死状态因而也就把"自然"之中的消灭、退场、不在此认为是虚无主义的主张。

如果把自然视为"有"和"无"的结合，那么无论是存有还是虚无都成为自然之中的先在结构，此在去坦然承担拥抱这种或那种存在可能性的责任使

---

〔1〕［德］马丁·海德格尔：《存在与时间》（修订译本），陈嘉映、王庆节合译，生活·读书·新知三联书店 2014 年版，第 289 页。

〔2〕［德］马丁·海德格尔：《存在与时间》（修订译本），陈嘉映、王庆节合译，生活·读书·新知三联书店 2014 年版，第 292 页。

〔3〕［德］马丁·海德格尔：《存在与时间》（修订译本），陈嘉映、王庆节合译，生活·读书·新知三联书店 2014 年版，第 293 页。

生活更为真实〔1〕。"死亡"作为"无"是此在的最终归宿，如果"此"就是人的"在"，那么在"被抛入世—此之前"的历史之中的曾在以及"此之后—死亡"的能在，实际上构成了此在的有限性，它意味着在时间之流中此在无力改变"被抛入世"以及在"此"之前的既有的选择——曾在，而更意味着它要面对"死亡"的必然性去对"此后"的"能在"进行更为本己的筹划。海德格尔指出的是"被抛入世"以及随之而来的"操心"对于常人生活而言是必然面对的周围世界，但是在"向死存在"也即向着最终的终结进而归于虚无却是人之能在的必然方向场域，作为现在和实在的社会存在反而更为有限。因此，无论是"被抛"还是"死亡"是一切此在"先行规定"，"向死存在应当被标示为一种可能性的存在"〔2〕并且是"先行到其他可能性之中的终结的可能性"〔3〕。自然，海德格尔不是在煽动读者以牺牲为至高的志业，更不是在心理治疗上去宽慰读者的死亡情绪，而是要人之此在"先行"到这样的一种与"操心"脱落了的本己能在之中：死亡是必然的且不能被代替的，唯有在此在把最本己的死亡作为别具一格的可能性，此在才可能避免共在与操劳进而脱离常人、物和世界，并且领悟先行于常人生活〔4〕的能在。

"向死存在"同样具有方法论的意义，它代表了此在对技术、形而上学、公共意见乃至道德、法律、政治和经济活动的悬置。从现象学的方法来看，"死亡"这一最终的可能性成了此在不能继续还原的生存可能性，在死亡之际操劳之物不复存在，操持之人不复存在，操心的世界也不复存在，余下的仅仅是"我之此在"的不再存在。"死亡"对于海德格尔来说类似胡塞尔的"我思结构"和舍勒的"共契主义"一般作为生存论的绝对支点，在此基础上常人生活不再是第一位的，把后者悬置起来而直面死亡这个"不—存在"的源初自然境况则可以"先行向此在揭露出丧失在常人自己中的情况，并把此在带到主要不依靠操劳操持而是去作为自己存在的可能性之前"，在这里此在解脱了

〔1〕 Bret W. Davis, Introduction: key concepts in Heidegger's thinking of being, in Bret W. Davis, etl, *Martin Heidegger: Key Concepts*, Acumen Publishing Limited, 2010, p. 4.

〔2〕 [德] 马丁·海德格尔：《存在与时间》（修订译本），陈嘉映、王庆节合译，生活·读书·新知三联书店 2014 年版，第 299 页。

〔3〕 [德] 马丁·海德格尔：《存在与时间》（修订译本），陈嘉映、王庆节合译，生活·读书·新知三联书店 2014 年版，第 301 页。

〔4〕 [德] 马丁·海德格尔：《存在与时间》（修订译本），陈嘉映、王庆节合译，生活·读书·新知三联书店 2014 年版，第 302 页。

常人的幻想的并且处于实际的、确知它自己而又畏着的死的自由之中[1]——
唯其如此，此在才能够从操心的结构之中解脱出来，进而为“本真此在”打
下基础。

　　总体来说，海德格尔在此的论证策略是把“死亡”之中“无”和“不”
揭示出来，进而指出除了庸常生活的“是”与“有”之外“自然”还具有其
他的可能性，借此克服在庸常生活之中以闲言、好奇与两可维系的“生存论
虚无主义”的境况。不过批判地看，海德格尔也过分地把“死亡”视为一种
属我的能在，而并未谈及由于习俗、律法等因素导致被动“献身”与“牺
牲”的情况。例如德里达就指出，“海德格尔没有就牺牲举出任何例子，但我
们可以设想各种牺牲：宗教或政治共同体的公共空间中的牺牲、家庭的半私
人空间中的牺牲、一对一的秘密中的牺牲（为上帝而死、为祖国而死、为救
孩子或爱人而死）。海德格尔强调，为了他者而给出自己的生命，为了他者而
死，并不意味着代替他者而死”，而德里达则认为“恰恰因为死亡——如果它
‘存在’的话——始终是我自己的死亡，我才可以为他者而死，或将我的生命
给予他者”[2]。德里达的上述观点因此就构成了对海德格尔的“向死存在”
的丰富，即在本真的此在那里“死亡”虽然是必然的，但是它仍然可以以自
身的选择去迎接死亡，并且去确定“死亡”的“为何”，从这一角度来看，
本真此在的“向死存在”也即构成了它自由的基点，而这种自由可以被视为
此在为了本己的自然生活面对死亡以及出于自身权衡而献出生命的“责任”。

　　2. “罪责”作为“操心”的曾在：人的源初的自然责任与义务

　　“操心”由世界之内的操劳、操持以及烦等要素组成，由于它和“有”
关联并且形成了人之此在与世界的因缘整体关系，“操心”及“怕”更容易
确定，但根本由于死亡以及“畏”指向的是无、退场、不在此，因而难以描
述。一方面，人之此在以及共在所“操心”的世界乃是“世界之为实在界的
世界”，按照沉沦这种存在方式，领会首先已经把自己错置到对世界的领会之
中。我们不仅就存在者层次上的经验来谈，而且也就存在论上的领会来谈，
存在之解释也首先依循世内存在者的存在制订方向……存在者首先被理解为

---

　　[1]　[德] 马丁·海德格尔：《存在与时间》（修订译本），陈嘉映、王庆节合译，生活·读书·
新知三联书店 2014 年版，第 306 页。

　　[2]　[法] 雅克·德里达：《赠予死亡》，王钦译，西北大学出版社 2018 年版，第 55 页。

现成物（res）的网络[1]。"操心"的确让世界之中的"能在"部分地敞开，部分地揭示了世界之内的其他存在者，揭示了此在的世界以及此在本身的现成状态，因而操心针对的是实在界，可以用成熟的形而上学与伦理学二元论解读。而在另一方面，由于"操心"这一先行的生存结构，此在对于上手事物的静观态度不自觉地把它拖曳到现成在场的领域之中，例如此在容易把"他人此在"认为是带有固定身份、地位、性别、年龄的现成对象，进而忽视了无论是自我还是他者在自然进程之中曾在的历史与未来的可能性，因此海德格尔才指出"操心"的整体结构是把世界领会为"实在界"的解蔽方式，即使它有合理性，但所指出的也仅仅是世内存在者、我之在此以及他人的共在种种存在方式之一：

（1）实在作为存在的问题和"外部世界"可证明的问题——对"我在"的批判：

这一问题所指向的是"实在是什么"这一问题。它的更为根本的表述方式是，如果我们的"意识"把存在者把握为"实在"，那么"作为实在的存在者"也就与"我的意识"产生了分离，"实在事物"也就超越了"意识"——那么"意识"是何种存在者？对此，海德格尔的解释是，一旦承认了"实在界"与"意识"的区分，即使认为后者对前者有捕捉作用，那么"世界"与"意识"的区分又会走到"主客二元论"之中，而这一主客二元论的表现形式是"在我之内变易的东西—意识/理性"与"在我之外持久的东西—物质/实在"[2]，这样"这种存在论方向的批判"就会"毁坏在世的源始现

---

[1] ［德］马丁·海德格尔：《存在与时间》（修订译本），陈嘉映、王庆节合译，生活·读书·新知三联书店 2014 年版，第 231 页。

[2] 海德格尔在此批判的是康德式的主客二元论观点，康德出于"驳斥唯心论"的立场指出："对我自己的存有的单纯的、但经验地被规定了的意识证明在我之外的空间中诸对象的存有"（［德］康德：《纯粹理性批判》，邓晓芒译，人民出版社 2004 年版，第 203 页）。海德格尔认为，康德的上述定理所指出的就是"现成性的存在方式"，它意味着"时间性"在"我之内外"的不同步的境况，即在"我之内"的对外在世界的把握之中，外部世界在意识之中的映像/经验是随着时间而变易的，但是那个用以"规定"我之内的"我之外的"存在者却不具有与意识的变化的共时态时间历程。这样虽然纯粹理性能够为自然界立法，但是规定了纯粹理性（知性）的先天逻辑范畴已经以现成的方式去对"立法—解蔽"活动有所规定了，而这些"先天范畴"恰恰对应于庸常此在的"领会—理解"的先行结构（符合论真理）。这样，在海德格尔看来，康德对"唯心论"的批判也就是不成立的。因为虽然康德看似放弃了笛卡尔式的"我思"的确然地位，但是他在提出"外部世界存在"这一命题的时候，

象……和‘一个世界’的拼接就只有依靠残留下来的孤立主体来进行了”[1]。因此强调世界的外部性并且论证我在这一世界之中是片面的，它仅仅强调了人之此在对世界的思想活动这一在世方式。

（2）实在作为存在论问题——对"我思"的批判：

这一批判不再指向"证明实在界"的命题，而是指向"实在界"对在世界之中存在的此在的展开的"阻力现象"，这意味着在"意识结构"内部，"意志"以及其"阻碍"同时出现在一个意识之内[2]，这样实在界也就成为阻碍意识—意志—生命的"自在"的展开的可能性，这一观点看似有道理，实际上仍然是把世界视为现成存在的理论措施，在这里，海德格尔对舍勒的实在阐释进行了批判，因为在舍勒看来"存在者"的结合基于超越实在界的"上帝"进行形成共情活动，然而这一观点的悖谬在于"在存在论上，只有依据世界的展开状态，才可能获得阻力体验，也就是说，才可能奋争着揭示阻碍者"，进而它无法通过"非我"去界定"我"的在世境况，把世界最终吸纳到"我在"之中也仅仅阐释了"对实在的意识"这一在世方式。

（3）实在与操心——对生存论的先行结构的理顺：

海德格尔的主张是"在世内存在者的诸种存在样式中，实在并不具有优先地位；这种存在方式更不能从存在论上适当地标画出世界和此在这一类东西……

（接上页）就已经预设了"意识—我之内"的活动的时间性，以及"时间性"只能在"我之此在"之中所感受到，这样仍然是"我之此在"组建了世界的时间性，外部世界是现成的，而构成世界的勾连活动在我的生存活动之内以及对存在的领悟之中获得，胡塞尔的"内时间意识"就是这一观点的明证。同时即使退一步，认为"主体的内在意识"与"客体的外部实在"是"共同现成存在"，但是这仍然是说在存在论的意义上"在世—在此—此在"的仍然是"主体"，但若把"主体"视为现成的心理活动则又不是"在世结构"的规定了，原因在于"心理活动"仍然不是"被抛入世"的情况，心理现象并不意味着"在世界之中"的上手状态。因此"在存在者层次及存在论上，物理的东西和心理的东西共同现成存在都完全不同于在世现象"（参见 ［德］马丁·海德格尔：《存在与时间》（修订译本），陈嘉映、王庆节合译，生活·读书·新知三联书店 2014 年版，第 235~236 页）。

〔1〕［德］马丁·海德格尔：《存在与时间》（修订译本），陈嘉映、王庆节合译，生活·读书·新知三联书店 2014 年版，第 238 页。

〔2〕［德］马丁·海德格尔：《存在与时间》（修订译本），陈嘉映、王庆节合译，生活·读书·新知三联书店 2014 年版，第 241 页。

实在回指到操心这种现象"[1]，这就意味着是"操心"的先行整体在世结构产生了对世界的实在论领会，而这一观点恰恰忽视了唯有此在"在世"方能对"世界"有所领会这一基本事实，详言之，只有此在"在此"，世界才可能被理解为"实在"的、"观念"的等形态，这一道理对世界内的存在者的领会也是相通的。

对此齐泽克（Slavoj Zizek）的进一步解释可能构成了对海德格尔的"实在界"批判的补充，他指出，"我们的日常生活已经虚拟化，我们日甚一日地置身于人工建构起来的世界，于是产生了不可抗拒的冲动，要'回到实在界'，踏踏实实地扎根于某种'真正的现实'"，但是我们要回归的实在界已经成为一种表象：恰恰因为它是真实的，也就是说恰恰因为它具有创伤性/过度之特征（traumatic /excessive character），我们无法融入现实，或者说我们无法使其融入被我们体验为现实的东西，因此"我们被迫将其体验为噩梦般的鬼怪"。[2] 在齐泽克的语境中"实在界"有双重含义：一是在"制造"的意义上的虚拟的实在界，它对应的是海德格尔提出的被融合到"我思"之中的存在者以及"我在"之所在的界域；而另一重含义则是，作为本真的此在希望返回但与社会生活相比并不美妙或安逸的真实境域，后者对应的则是超越了"操心"的结构进而对世界的本真领会，这一世界之中注定具有更为紧迫的选择、对历史的罪责等元素——海德格尔将这些在本真的世界之中此在的存在方式理解为"亏欠"与"罪责"。

本真生活之中的"罪责"和"亏欠"不是法学意义上的罪行、债务，同时也并非神学的原罪，依照宗教意义将之理解为"原罪"[3]，或是在法律的

---

〔1〕 ［德］马丁·海德格尔：《存在与时间》（修订译本），陈嘉映、王庆节合译，生活·读书·新知三联书店 2014 年版，第 243 页。

〔2〕 ［斯洛文尼亚］斯拉沃热·齐泽克：《欢迎来到实在界这个大荒漠》，季广茂译，译林出版社 2015 年版，第 18 页。

〔3〕 依照基督教的理解，"原罪"指的是由于违背神的命令的亚当和夏娃被驱逐出伊甸园，进而让他们的子孙后代都具有对神的罪责（参见《圣经·旧约·律法书·创世记》，中国基督教三自爱国委员会、中国基督教协会 2004 年版，第 4 页）。也正是基于这样的"原罪"，人需要对耶和华尽到基本的义务：一是"谨防虚伪的道理"；二是"感谢神的怜悯"；三是"随处代祷与传教"；四是"羡慕善工的监督"；五是"端庄的执事"；六是"保持虔敬的奥秘"；七是"尽到对别人的责任和行善"，参见《圣经·新约·书信·提摩太前书》，中国基督教三自爱国委员会、中国基督教协会 2004 年版，第 234~236 页。从这一角度来看，罪责是对上帝（耶和华）的义务，并且是人与生俱来的罪责，一般来说，一神教多多少少都具有某种"罪责"的义务规定。

意义上把它们理解成刑事犯罪和民事责任虽然并非错误，但至少局限在了"实在界"之中。从存在论角度看，"罪责"与"亏欠"与"死亡—向死"有关联性，其规定在于：

（1）只要此在存在，它就包含一种它将是的"尚未"，即始终亏欠的东西；

（2）向来尚未到头的存在的临终到头（以此在的方式提尽亏欠）具有不再此在的性质；

（3）临终到头包括一种对每一此在都全然不能代理的存在模式[1]。

由于在此在的生存之中有一些有待集拢的片段的不上手状态[2]，此在的生存"行程"之中直至它"终其行程"的过程之中就必然有一些由于选择而造成的"尚未"状态，人不能占有一切能在。例如在对"A"与"B"的选择之中，如果选择的是A，那么此在就对B有所亏欠，反之如果选择了A那么此在就对B有所亏欠——因为无论如何选择都是多者择其一的过程，那些由于选择而未能实现的可能性就成了"亏欠"。"死亡"以及"向死存在"意味着在"能在"意义上的最终的未来状态，"亏欠"因而也是死亡面前"曾在"意义上过去的"未有"以及死亡之后的"不能"。

"亏欠"和"罪责"作为未能、尚未也有支持流俗自然观和法律观的可能性，如果把"亏欠"纳入"操心结构"之中，它就指向了人对物、人对人的在世关系，本真的此在明确意识到了它对"操劳对象"与"操持的共在"以及"世界本身"的罪责，明确了有限性的个体此在不可能实现无限的自然可能性，明确了罪责和亏欠代表某种实践方面的必然不足。例如，在法律意义上的"负债""侵犯"可以被认定为"罪责"，在宗教上的"原罪""本罪"也可以被认定为"罪责"，在伦理与道德上"使得自己应得受罚"也可以被认定为"罪责"，甚至在生态文明发展之中对生态环境的污染、过度利用也可以被认定为"罪责"。但是上述的罪责是在"操劳"结构之中对"实在

---

〔1〕［德］马丁·海德格尔：《存在与时间》（修订译本），陈嘉映、王庆节合译，生活·读书·新知三联书店2014年版，第279页。

〔2〕［德］马丁·海德格尔：《存在与时间》（修订译本），陈嘉映、王庆节合译，生活·读书·新知三联书店2014年版，第279页。

界"的伤害，换言之，唯有认定了"实在界"的静态存在以及伦理、道德、法律、宗教作为"意识"的流动状态才可以把这类罪责视为"现成性"的罪责，进而也就获得了实在界中人得以矫正自身行为的可能性。然而"'有罪责'的观念中有着不（Nicht）的性质"，它应当在生存论上被规定为：

（1）作为一种由"不"规定的存在之根据性的存在，是一种"不"的状态（Nichtigkeit）的根据；

（2）以生存论上加以领会的罪责概念为基础的"不"这一观念排除了和某种可能的或被要求的现成事物的牵涉[1]。

"罪责"在法律与政治、伦理和道德方面的确能够矫正既有行动，进而弥补一些"亏欠"，不过也再制出新的亏欠，进而派生出进一步的矫正与规范活动。寓于世界之中操心着的此在首先是"被抛入世"的，以伦理、道德、法律以及宗教教义所赋予的"罪责"后于"被抛入世"，它们作为定理和准则极力去消解非本真存在以及社会世界之中现成显现出的亏欠，但"被抛"意义上的"罪责"则意味着"此在存在且不得不存在"，此在生存着也就选择着并且不得不去以选择推动自身的"能在"。然而，此在永远无法以"现实性—实在界"去取代"可能性—世界"，此在的"存在"即其"是"也就无法最终消灭"不—在此"，它在选择了某种道路的同时也就规避了其他的可能性。这样，"罪责"也就成了一切此在的"本真的不性"：一方面，任何此在的"曾在"都是与"不"相互伴随的，由于在历史之中业已形成了亏欠，即使在世俗之中进行矫正、规范、弥补也并不能消灭业已发生的事件，"曾在"作为此在的已经选择的存在方式也就不能改变，"未能"的存在可能性就因此成为永久的亏欠；另一方面，伦理等方面的"罪责"以本真的罪责为基础，但是也限定了对未来能在的选择，正如选择伦理学之中的"恶"就必然规避"善"，选择法律的"合法"就必然规避"不法"，选择宗教的"虔敬"就必然规避"堕落"，然而本真的罪责却不能等同于伦理等方面的"道德负值"，而是说它仅仅意味着"不"本身。

这样，"死亡"这一绝对的能在以及"亏欠—罪责"这一必然的曾在，

---

[1]　［德］马丁·海德格尔：《存在与时间》（修订译本），陈嘉映、王庆节合译，生活·读书·新知三联书店 2014 年版，第 324 页。

就以双重的"不性"规定了此在的生存结构："死亡"指向能在的终结的"不"，"亏欠—罪责"指向曾在的选择的"不"，而在这两个"不"之间，此在的本真的"是"——"存在"才绽放出来。德勒兹将这种在"双重不性"之间的生存称为"自为的重复"，他认为："我之中时间形式规定了一个顺序、一个总体和一个系列。之前、之中与之后的静态形式顺序在时间中表现了自恋自我的划分或其静观的诸条件……自恋自我的第一次以之前的或不足的方式，以本我的方式重复（这一行动是我不能胜任的）；第二次以专属于理想自我的无限的变得—相等（sur le mode d'un devenir-egal infini）；第三次以一种实现了超我之预言的之后的方式重复（本我与自我、条件和施动者全都毁灭了）。"[1]德勒兹将这种重复的动力称之为"死亡欲力"，即此在在时间之流中针对本我的必然死亡结局而尝试去弥补"罪责"和"亏欠"，然而他意识到唯有超越本我的庸常才有"能力"去实现这种重复，进而在"理想自我"的角度"我"把本我视为异己的对立者去超克以获取更强的力量；而即使这一力量也无法全然偿还"亏欠"，因此唯有在"超我"的意义上以"死亡欲力"驱动，以最终的"超越—毁灭"的意义上终结这种"曾在—能在"的"不"。德勒兹这种激进的超越实际上已经指出，在庸常此在的意义上去弥补亏欠，抑或是在理想的状态下去脱离庸常去弥补亏欠都是不可能的，"罪责"与"亏欠"必然伴随着此在的存在历程，最终以"死亡"去以终结其能在的方式、去抵消既有的罪责和不再自我再制新的罪责——本真的此在只有坦然面对"罪责"和"死亡"这一选择。

3. "愿为良知"作为"本真整体能在"承担亏欠的生存态度

既有的自然法思想、伦理观念、道德理论都在弥补既有的亏欠，在意图上蕴含了此在对生存之中业已发生的事件的矫正，不过也有可能由于过分追求对行为的治理而模糊此在的"不—存在"情况。由于对"向死存在"必须保持对未来的能在的无回避，也要对"负责存在"的曾在之亏欠有所承担，因此"当下"就构成了用以贯穿"能在"和"曾在"的"此"，但是这个本真的"此"并不易掌握，此在也有可能陷于规范的指责与法律权力的规约之中而对此产生非本真的"怕"，进而逃避到世内存在者那里去而最终茫然失措

〔1〕［法］吉尔·德勒兹：《差异与重复》，安靖、张子岳译，华东师范大学出版社2018年版，第197页。

地寓于世界之中，形成"沉沦着逃入公共意见之在家状态就是在不在家状态之前逃避"，对这个"不在家"须作为更加源始的现象加以理解[1]。一种理解是"家"代表了实在界这个流俗意义上的存在场所，在这里"在家"反而是此在向世界之内的存在者之中的逃避，也反而是畏惧死亡和畏惧罪责的"不在家"的真实境况；而另一种理解是，"存在"开启了人更为根本的家乡，例如在稍后的著作之中海德格尔认为"思想从事于存在之家的建造，作为存在之家，存在之嵌合（die Fuge des Seins）向来命运性地把人之本质指定如那种存在之真理的居住之中"——在世界之中存在的本质[2]，"语言是存在的家，我们是不断地穿行于这个家中而通达存在者的"[3]，还指出："与一切 existentia（实存）和 existence（实存、生存）不同，'绽出（Ekstase）之生存是在存在之切近之处的居住（das ek-statische Wohen）……绽出之生存乃是看护（Wächterschaft），也就是为了存在的烦（操心，die Sorge fur das Sein）"[4]。那么，与世内存在者意义上的家园是人之此在的逃避之所向相比，本真的家园是"存在近旁"意识上的家园且是本真的家园，它不再追求律法和道德方面的救赎而是面对必然的亏缺，进而承担起本真存在的责任。借此人类此在得以不再局限于技术、形而上学以及日常生活这三套枷锁规定的社会生活而是拥抱"自然生活"，并展开"向着存在者的有所揭示的存在"[5]。

在海德格尔看来，人之此在明明知悉有所亏欠和有其罪责，但还是要生存下去并直面它们，这被称为是"良知"或"决心"。自然，它们都不是在流俗的意义上获得理解的：就"良知"来说，海德格尔指出"良知是把操心向罪责唤起"[6]，而流俗的"良知"理解则在于把良知与善关联而以之为一

〔1〕［德］马丁·海德格尔：《存在与时间》（修订译本），陈嘉映、王庆节合译，生活·读书·新知三联书店 2014 年版，第 218、219 页。

〔2〕［德］海德格尔："关于人道主义的书信"，收录于氏著《路标》，孙周兴译，商务印书馆 2000 年版，第 422 页。

〔3〕［德］海德格尔："诗人何为?"，收录于氏著《林中路》，孙周兴译，商务印书馆 2018 年版，第 350 页。

〔4〕［德］海德格尔："关于人道主义的书信"，收录于氏著《路标》，孙周兴译，商务印书馆 2000 年版，第 404 页。

〔5〕［德］马丁·海德格尔：《存在与时间》（修订译本），陈嘉映、王庆节合译，生活·读书·新知三联书店 2014 年版，第 257 页。

〔6〕［德］马丁·海德格尔：《存在与时间》（修订译本），陈嘉映、王庆节合译，生活·读书·新知三联书店 2014 年版，第 332 页。

种批判工具，或是把良知视为施动行为的尺度与规范，或是把良知视为某种对非道德的行动的界定口径。这些"良知现象"与前述的"罪责现象"一样，虽然在现代科学与法学、心理学、伦理学等方面可以确证其正当性，但以科学与伦理发现的"良知现象"本质上是科学对世界的静观的结果，虽然其中蕴含了科学的严肃性，却与上手意义的日常生活相反成为与生存有一定距离的先验结构[1]。流俗角度的"良知"仍然是出自操持于物或操劳于人的操心结构，表达的是实在意义上实现"无愧"或"无罪"的实践意图，然而这种说法显然出自"因为有曾在就有罪责"；或是被理解为"警告"，它意味着"要有良知"以及经由伦理、法律、意见与习俗实现良知的周围世界建构，但在海德格尔看来：

（1）良知是一种见证：在此在自身之中的存在者层次上的见证，不是漠然公告可能性，反而是把"罪责"以"唤上前来"的方式带来，即把"负责存在"召唤回来，它见证着此在对一切曾在的亏欠与罪责的觉悟。

（2）良知是一种意愿：良知意味着此在在其"负责存在"之中让最本己的自身在自身之中行动，即在肩负"曾在"的时候向着未来绽开。

（3）"愿为良知"因此就是在此在的本己展开状态之一，它所坚守的"现身情态"是出离日常生活的"无家可归之畏"的孤寂以及面向存在近旁存在的信念；它所坚持的"自我领会"是"筹划自身到最本己的罪责存在上去"的基本筹划；它所坚持的话语则是"缄默"，良知的呼唤来自"无—家可归"的无性的召唤而不会付诸声音——因此"愿为良知"是对常人生活有出离的意愿却以曾在的亏欠和对未来可能的缄默的筹划[2]。

本真的"良知"要求的是以对"周围世界"的无性去认真地对待业已亏欠的并不能实现的可能性，以及此在由于死亡终将来临也无力实现全部的可能性，此在最终在罪责、亏欠之"不"中找到"我如何存在"以及"我为何在此"的启发。但是良知也不能被理解为"历史决定论"，此在不可能局限于

---

〔1〕［法］亨利·列斐伏尔：《日常生活批判——第一卷：概论》，叶齐茂、倪晓晖译，社会科学文献出版社 2018 年版，第 121 页。

〔2〕［德］马丁·海德格尔：《存在与时间》（修订译本），陈嘉映、王庆节合译，生活·读书·新知三联书店 2014 年版，第 337~338 页。

历史与曾经而丧失朝向未来的动力、如阿克塞洛斯（Kostas Axelos）所说，"如果人还要再度进入存在之近处，他就必须先学会在无名中生存（im Namenlosen zu existieren）"，它必须以相同的方式既认识到公众状态的诱惑，又认识到私人领域的无力，进而回到"起源（Ursprung）"[1]。"良知"因而既是代表此在反思与面对历史的责任意识，同时也代表此在意识到未来不可能完美。

而一旦良知被呼唤起来，它也就必然引发对能在的实践态度转变，海德格尔将这种转变称为"决心（Entschlossenheit）"，作为缄默的、时刻准备畏的、向着最本己的罪责存在的自身筹划[2]，"决心"是承担其责任并呼应于良知的表现。也就因此不是逃遁出世界而是"本真在世"展开状态，这既是由于"曾在"与"能在"业已包含了"操心"这一在世结构："曾在—亏欠"决定了那些"尚未"的可能性，而"能在—死亡"则规定了未来可能性的界限，本真此在即使希望在"此"作出决定也在实质的在世结构上受到约束与限制，"决心"无法改变"操心结构"，而只能以与"罪责—死亡"一同构成先行于"操心结构"这一庸常此在结构的整体性的本真此在结构，同样地，"决心"也有如下几方面的规定：

（1）决心出于选择：它指向的是"为何之故"，下定决心的此在所释放的是更为丰富的可能性，在这一意义上成就它的"自由（Freiheit）"，甚至在共在—操持之中由于本真的共处与把最本己的此在展开而带领其他此在的"良知"。

（2）决心属于当下实际的此在：决心"对当下世界可能性的有所展开的筹划与确定"即"决定"，这过程意味着要把"决心"所针对的不确定的可能性转换为生存论上的确定性——决定。

（3）决心是把此在带到处境（Situation）中的生存：处境是在时空视域之中"处其势而能作某事"，处境本身是不能确定的周围世界的现成形式，然而决心可以把这种现成处境中的偶然事件（Zufaelle）"定向"于此在的"操劳"

---

〔1〕〔法〕科斯塔斯·阿克塞洛斯：《未来思想导论：关于马克思和海德格尔》，杨栋译，南京大学出版社 2020 年版，第 29 页。

〔2〕〔德〕马丁·海德格尔：《存在与时间》（修订译本），陈嘉映、王庆节合译，生活·读书·新知三联书店 2014 年版，第 339 页。

之中，并将之呈现在眼前。

（4）决心无意取代操心结构：决心仅仅是操心的本真状态，在这一状态之中，以共在的"操持"去获取自由乃至他者的自由，以对处境的把握去对"操劳—寻视"有所筹划，以"决定"去最终确立"为何操劳"的先行结构。

"决心"因而与"良知"一同属于当下，由于对曾在之罪责的良知，此在才在本真的意义上以向死存在的规定性去进行生存论的决定，在下定"决心"去承担罪责并且直面死亡的意义上，此在才能把一切的可能性以"话语"的形式展现出来，它们在给予共同此在的他者的相互理解之中也把更为本己的可能性开敞出来，而"愿有良知毋宁是实际上之所以可能变成有罪责的这件事的最源始的生存上的前提"[1]，"愿为良知"以及承担"罪责"乃是对"操心—死亡"的回复，唯有"向死而在"才能发明于本心地去承担那些在"庸常沉沦"之外的本真可能性。因此海德格尔是这样去界定"良知—决心"的："如果先行中的此在能够进入这样一种绝对决断状态，这就是说，如果此在能够在向死先行中使自身在一种绝对的意义上成为负责的，那么……此在'能够'选择它自身的存在—条件，换言之，此在能够选择它自己。在此选择中，此在所选择的无非就是'要有良知（Gewissenhabenwollen）'。"[2]这样，"罪责—亏欠"就代表了此在在此的曾在的历史，"向死存在—畏"就代表了此在在此的终结的能在，而在这一范围内此在则遵守"良知的呼唤"去承担罪责，并且直面死亡地"去"下决心，"良知—决心"因此就填充了整体的本真存在的"当下存在"这一空间。

与日常生活之中"操心结构"相比，"此在的本真整体存在"作为"罪责/亏欠—良知+决心—死亡"要更为先行（Vorlaufen），由此也派生出人对自然、社会、他者的规范态度。日常生活和日常生活的话语越是通过死亡掩盖生活，那么在生与死、存在与不存在、想与不想之间，在决意去解决和想去解决、创造的和重复的、指望和不指望、至高无上和神秘莫测之间，日常生活

---

〔1〕［德］马丁·海德格尔：《存在与时间》（修订译本），陈嘉映、王庆节合译，生活·读书·新知三联书店 2014 年版，第 330 页。

〔2〕［德］海德格尔：《时间概念史导论》，欧东明译，商务印书馆 2014 年版，第 501 页。

和日常生活的话语就越陷入模糊性和调和之中。[1]"此在的本真整体存在"作为"先行"于"此在的庸常存在（操心）"的结构，当下的"良知—筹划—决心"仍然会导致一些可能性以"尚未—亏欠"的方式去"无"，它也把死亡作为一切"决心"的终结而导向一切决定的"不"/"取消"，如海德格尔说，"此在是其不之状态的具有不性的根据"[2]，具有本真性的此在即使领会了"死亡"和"亏欠"的"无"，但是也会义无反顾地去主张"有/在"的权利和义务，以"决定"实现有条件的自由，在重演这一"无—有—无"的过程恒常地保持决心。同时，对于"无"的觉知也意味着此在的存在方式就要求对存在的阐释针对其本己的遮蔽倾向而为自己攻占这一存在者的能在[3]，也即此在的自由永远伴随"遮蔽—无蔽"的"真理"活动——真理也是此在的存在方式；而同时，我的此在也对"无"缄默地"言说"，即"在说我之际此在被自己作为在世的存在说出"——逻各斯（言说）同样是此在的存在方式。因此，相对于"操心结构"之中的"有"——如对存在者的好奇，对既存规则的两可，于逻辑前设的规定下的闲言来说，"本真此在的整体结构"既有"有"性的存在者的在此/在场，也有"无"性的因素，后者例如由于亏欠而未被选择的可能性，或是由于死亡而被迫终结的以及由于择一决定而被迫放弃的存在者可能性，进而让一些存在者必然"不在此"或"退场"。本真的存在整体也就构成了存在者之"有性"与"无性"结合以及"无蔽"与"遮蔽"结合的对存在揭示。

决断和良知处于人的生命历程与人的历史之中，将来、曾在与当前显示出"向自身""回到""让照面"的现象性质"，即"将来（Zukunft）"即为"向……（zu）"，"曾在（Gewissenheit）"即为"到（auf）"，当前（Gegenwart）即为"寓于……"[4]（bei），海德格尔将此在的这种时间性的本真整体结构称之为"绽出（Ekstase）"。而"绽出"意味着什么呢恰恰是"φύσις（自然—

---

〔1〕［法］亨利·列斐伏尔：《日常生活批判——第三卷：从现代性到现代主义（关于日常社会的哲学）》，叶齐茂、倪晓晖译，社会科学文献出版社2018年版，第597页。

〔2〕［德］马丁·海德格尔：《存在与时间》（修订译本），陈嘉映、王庆节合译，生活·读书·新知三联书店2014年版，第349页。

〔3〕［德］马丁·海德格尔：《存在与时间》（修订译本），陈嘉映、王庆节合译，生活·读书·新知三联书店2014年版，第355页。

〔4〕［德］马丁·海德格尔：《存在与时间》（修订译本），陈嘉映、王庆节合译，生活·读书·新知三联书店2014年版，第375~376页。

存在）"。海德格尔的考据表明"φύσις"最为古老的语意正是"生长—绽放—停留"[1]，唯有"先行到死"的能在，"罪责—亏欠"的曾在，以及"当下决断"的现在方能构成此在得以构成其整体的"时间"，此在于时间之中先行赶上最本己的存在可能性，最为本己地成为存在（Seinwerden）的当下；随着成为存在，此在也升起的负罪存在，意识到了最本己的曾在（Gewesensein）之存在，曾在之存在就是过去——这里的实情是：在曾在的存在本身当作我无非就是此在的将来（Zukunft）并与此同时也是此在的过去（Vergegangenheit）……此在（即先行于—自身—存在）由之而能原本地成为它的整体的那种存在，就是时间……并不是时间存在，而是此在 qua（取道于）时间生成它的存在。[2]生存论的整体结构恰恰对应于"φύσις（自然）"的基本语意，那么把"本真的此在生存整体"视为"操心的日常世界"的先行的"自然"也就合乎逻辑——对本真性的讨论也就是为"自然"的语意讨论进行先行的准备，它的重要性在于明确了"自然"相对于"人造—订造的日常世界"的先行和本源样态，也指出作为"存在"的"自然"必须通过此在的生存论分析而获得解释。

在此，我们通过现象学的方法在胡塞尔式的唯我论"我思"与舍勒的观念论的"共契"的现象学之间寻找到了海德格尔的现象学方法，悬置胡塞尔式的意识现象学但保留其时间性的论述，悬置舍勒式的价值现象学而保留其共在性的论述，进而呈现出"被抛/现身—领会/理解—命题/话语"的生存论的先行结构。又指出了这一结构的异化形式即"好奇—两可—闲言—沉沦"的庸常此在的"操心"的结构，这样也就得出了非本真/非自然的此在的生存境况，并且为进一步的悬置提供了可能，即将"非本真"的生活进一步还原为超越实在的时间之流中，构成"曾在/罪责—当前/决心—能在/死亡"的

---

〔1〕　海德格尔在此又是以词源学的方式切入"φύσις"的概念的，他认为"φύσις"的最早的含义出自梵文中的"asus"，意指"生生，有生灵者，本己常驻者：那从自身来，立于自身中，自行生息者"，即"生—在"。而"φύσις"的另一含义则出自希腊语，指的是"绽放开来，存在力道，从其自身来站立并驻留"，即"绽放—自然"。第三重含义则是日耳曼语之中的"wes"，在此时无论如何出现其时态变式，它都意味着"停留"〔参见〔德〕海德格尔：《形而上学导论》（新译本），王庆节译，商务印书馆2015年版，第81页〕。这样，"φύσις"的三种语意也恰好对应了生存论上的"曾在""能在"和"当前"：本己的发生与自行的生息是"曾在"的历史，存在力道以及向未来的开敞则是"能在"的表现，而"持留"则对应"当前"的决心和选择——把可能性现实化进而使之持留。

〔2〕　〔德〕海德格尔：《时间概念史导论》，欧东明译，商务印书馆2014年版，第503页。

"在此"的自然的"生长—绽放—持留"的"涌现—存在"结构。然而，为了讨论"自然法"这一语意的概念，也需要对"法"这一概念有所把握，这就不得不引入与对"φύσις"具有同构性的"ἀλήθεια"和"λόγος"的诠释——而正如前述，非本真的此在是无法把握这两个同样具有强力的观念的，甚至将之异化为"两可"与"闲言"的形式。

二、超越常人流俗的真理与言说：生存论意义的"法"的概念基础

在本真的此在的整体结构上，先行的"负责存在—决心存在—向死存在"构成了对"自然"之中"发生—持留—涌现"的基本构造，在考虑有与无的生存论前提下，时间性之中的自然/涌现也就成了"生与死"意义上此在的生存论先行结构。本真此在的整体能领会"自然"一种生活方式，"在世界之中存在"承担了曾在之中的亏欠，同时也面向能在展开决心。而又如海德格尔指出："存在论意义上的今日（Heute）是指：最切近的当前（Gegenwart des Zunächst）、常人、共在（Miteinandersein）——'我们的时代'。"[1] "当前—今日"意指当下的时代，而"亏欠—向死"之中"无"的结构也迫使人之此在在生存中不得不对部分的存在者有所解蔽而对其他存在者有所遮蔽，以取舍的方式有限地生存。

海德格尔的自然思想给出了从无到有、从有到无的基调，这也迎合了作为涌现的源初自然的节律。一方面，自然是一个走向澄明的显现过程，但其最终要归于隐藏：例如海德格尔对技术和形而上学的批判之中也提到了"存在的自行掩蔽"的情况，技术和形而上学之中的自然观在于"无—蔽"，海德格尔的源初真理观念在于以解蔽/遮蔽的方式"让"存在者处于存在的澄明领域之中。而另一方面，自然也是从隐蔽之中敞开的绽放过程，人之解蔽存在者并且让它在存在之中存在需要依靠"语言—逻各斯"这个能动实践让存在者从隐藏之中显现出来：作为"拢集"的逻各斯意味着人之此在以语言"道说"存在者以及存在本身，进而把存在着的存在者归拢到语言之中并且将之向着存在公开出来。在这一意义上，"存在/自然"就有"有"与"无"两个面向，分别对应于"真理"之中的"澄明"与"掩蔽"以及对应于"逻各斯"的"开敞"和"沉默"。"自然"因而也非静态的在场者，而是一个本着

---

[1] ［德］海德格尔：《存在论（实际性的解释学）》，何卫平译，商务印书馆 2016 年版，第 41 页。

"真理—话语"的节奏涌现的过程，后者就构成了某种意义上的"法则"。当然，它们虽然不具有实证法的规范性与科学定则的规律性，但可以作为可能性的澄清与遮蔽依据，给出可能性的拢集/开敞或离散/沉默的整全的能在方式，在这一意义上，实证法所规定的有权和无权、合法与不法、法律规定和法律漏洞等基本概念也就对应于"真理—话语"的"解蔽—道说"结构之中，这些对置概念之中的前者意味着"有"所规范，而后者则是因为有而产生的阙如，并可能进一步转换为"有"的契机。因而作为"源初自然"的显现和隐微的两个方面，"真理"和"道说"组成了"自然"这一本真此在来说的整体存在和现身结构，对"真理"和"道说"的讨论的是源初自然之中的基础法则。

（一）"ἀληθεἰα"：源初的"真理—律令"及其异变模式

"流俗的真理观"在讨论"两可"的沉沦现象时候已经有所涉及，它指的是以"符合论"的真理作为先决的判断条件，而不以生存论的先行结构为判断动力，这一类的"真理"可以是自然规律也可以是法律规范，它们都预设了基于这些原理的演绎活动有效性以及随之而来的逻辑推理的有效性。而在这样的立场之中，"规律"与"规范"都是至少暂时"自明"的，在进行逻辑演绎的过程之中也就必须将之视为绝对的起点。然而这同样暴露出了"流俗真理"的两个问题：一是在流俗真理的有效性的角度它们并未得到反思，进而呈现出"绝对真理""至高价值"的样态；二是这些"流俗真理"在存在论的角度意味着对存在论真理的一种解蔽方式，即某一种可能性的实现，因此在"流俗真理"的"不性"的意义上，它们在让存在自行锁闭的同时也为通过"无"去追问存在给出了可能性，但是流俗的真理观由于偏重在场的"有"而仍然是对源初的"ἀληθεἰα（Aletheia，解蔽、真理）"的变化，需要揭示出流俗真理之中的问题所在，并且恢复"Aletheia"的含义，进而为"法"这一概念的先行准备工作。

1. 流俗真理观：逻辑实证主义之中"ἀληθεἰα"的异化模式

流俗真理观与"符合"相关，而在海德格尔看来何为"符合"以及如何符合都需要进一步地追问。一般来说，符合论真理代表了逻辑实证主义的语言哲学，而海德格尔的语言哲学受到胡塞尔的现象学逻辑传统影响，即使在他与胡塞尔"分道而行"后，海氏的语言哲学仍然奠基于"存在论—存有论"这个现象学起点之上。这就导致了在根本的论证逻辑上，海德格尔对

"真理"的解释不是语言哲学和形式逻辑式的,而是存在论式的。

符合论的真理强调语词有其所指而语句的形式结构和事实结构一致,在此基层上命题才可以作为真假判断而存在:

(1) P＝Q——"等同关系",即 P 与 Q 在内涵和外延上相等;

(2) P∈Q——"类属关系",即 P 的外延小于 Q,且 Q 的外延能够包含 P;

(3) P∈Q——"本体/属性关系",即 P 具有"Q 性"。

上述的命题如果成为真理,那么必然包含对"符合"这一观念的先行领会活动,还要对命题的结构与现成的事物之间的组联关系——操劳与操持关系的对应性进行符合论的判断。"类比"和"演绎"的法则有这种自明的性质,事实和符合论真理构成有对应关联。例如就前述的三个简单命题来说,手续在论证其为真之前要论证其有意义,意味着 P 与 Q 都具有"能指"的对象,进而要保证"等同""归属"和"性质"这类关系与"能指的 p"与"能指的 q"的实在位序具有对应的关系,保持逻辑结构对应于实在结构。这就成为语言哲学最初的"意义指称论"与"真理符合论",例如弗雷格(Frege)就认为:

> 对每个词项,都有某个对象作为所指谓的东西(denotation),而这受制于一种显而易见的递归式的规定:个体常项指谓(denote)同解释而被指派的对象,而通过把函数符号运用于某个或对某词项而得到的词项,则指谓一个函数值,这个函数通过解释被指派给了函数符号,而其主目则是充当函数符号的主目通过解释而被指派的东西。
>
> 如果词项所指谓的对象具有通过解释指派给关系表达式的那种关系那么这个原子句就是真的;如果没有这种关系,原子句就是假的。
>
> 运用语句算子以及量词得到的复合句,则按通常的归纳式规定指派其真值,而这要以给原子句指派真值为基础。[1]

弗雷格的上述观点又可以展开为"意义指称论"与"真理符合论"。首先,"词项—指谓"构成了指称的基本元素,在命题之中的"个体常项"也

---

〔1〕 〔英〕达米特:《弗雷格——语言哲学》,黄敏译,商务印书馆 2017 年版,第 111 页。

即"个别的语词"被指派给"能指"的对象[1]，弗雷格的上述命题理论遵守的是"对象—类比—词项（个体常项）—赋值—函数符号的主目"的顺序：其中"类比"意味着要把"词"和"物"进行类比以确定这个"词项常项"能够描述该物，"赋值"则是为了运算而把"常项"的实质内容抽离出来而以逻辑符号作为"主目"进而明确"命题结构（变项）"，而一旦"没有对象"那么"语词常项"和"函数主目"都无意义。其次，在"简单句"中决定命题真值的是"对象的实在关系"和"命题（函数）的逻辑结构"的符合，进而于"简单句"和"运算"结合而得出的且有新的逻辑结构的"复合句"的真假值则依赖于"简单句"的真值和把简单句进一步处理为"常项"的，并且在此基础上进一步明确逻辑关系。这样弗雷格也就建立了"语词—简单句—复合句"的意义关系和真值关系[2]。

不过随着分析方法的深入，符合论也遭遇了两方面的质疑：一是如果对象不是"实存"的，那么如何论证符合关系；二是在更多的日常语句之中，联结常项的谓词并非"是""属于""有"的描述语词，而是"应当""必须""可能"等加以情感模态的谓词关系，弗雷格的上述观点仅仅解决的是"陈述性命题"的真假问题，而无法解释"模态语句"的真假性或正误性。为了把观念的存在者与模态关系包含到语言哲学之中，罗素明确地指出即使在语言的逻辑结构中也存在基本的"先验命题"即具有自明性的先验规律，实存与

---

〔1〕　当然，如果依照"$P \in Q$"的两种表达（类属关系和本体/属性关系）之中的 Q 也可以被归为一种形式概念（类概念）或形式属性（属性概念）而非仅仅"实在—对象物"。不过，形式属性和形式概念实际上是一颗硬币的两面，如果一个形式概念丧失了形式属性，那么其对象群体能否继续被包容在其语义射程之内就存在疑问——形式属性是一个事物的共有的内部属性。我们把具有相同内部属性的事物归为同一类，用一个形式概念进行表述——那么这一形式概念和之下的全部对象都具有这一形式属性。但是也需要注意的是，形式概念后于对象而给定，就是说，我们不能在经验的初级反思中寻找到形式概念，而必须将经验中的事物进行进一步的处理，才能寻找到形式概念。所以，在意义的指称论中，我们不能直接指出什么是形式概念，而只能指出其一个或多个对象，这种"归类"或"定性"的处理在很大程度上也是必须经由函数表达的，其中"函数的主目"可能标示多个"语词常项"，而"语词常项"则可能包含诸多"指谓对象"。

〔2〕　连缀地构建弗雷格的"符合论—指称论"的语言学观点即：形式概念 $\zeta = A+B+C+\cdots\cdots N$ 形式属性 $\delta = A+B$ 事实对象 $\eta = a+b+c+\cdots\cdots n$ 尝试建构的二者关系是 $(\exists x, \eta = x)$：$aRx \cdot xRb$。具体的推论过程是：$\delta \in \zeta$，$\eta \in \delta$，$\eta \in \zeta$ 在这一具体的推论中，将形式属性 δ 和形式概念 ζ 分离开，因为形式属性是形式概念的必要条件而非充要条件，这样就对弗雷格的"形式概念"与"形式属性"与"事实对象"的包含关系进行了函项模型的建构，而在复合句之中只需要把 $(\exists x, \eta = x)$：$aRx \cdot xRb$ 这个表达式以"且"的关系或"或"的关系与其他的逻辑函项连缀即可。

经验不能涵括"逻辑定律""自然规律""伦理规范"三大类先验规律〔1〕。把"先验定律"引入到语言哲学之中就意味着罗素把"符合"的最终依据引向了"先验知识",这样就解决了如何以"词项"去符合"非实存的观念"这一问题,进而为"观念"赋予了意义,同时罗素则把弗雷格提出的"形式概念"与"形式属性"统一成"共相",即:

"共相"的公理:有一个类型 τ,使得如果 φ 是一个能取一给定对象作为主目的函项,那么有一个函项 ψ,ψ 属于类型 τ,并且和 φ 形式等价。

"共相"的定义:如果 φ 是一个能取一给定对象作主目的函项,τ 是以上公理所说的一个类型,那么说由 φ 决定的类有性质 f,就是说,有一个函项,这函项属 τ 类型,和 φ 形式等价,并且有 f 性质。〔2〕

罗素的上述观点对弗雷格的"形式概念"和"形式属性"能否包含"指谓对象"进行了更清楚和简明的定义,即"形式概念(类)"就是具有共同的"形式属性(性质)"的那些事物组成的,因此这类事物享有"共同的形式——共相",而共相的得出也意味着在最终的分析过程中,当遭遇到"先验规律"的时候必须将后者视为运算的基本规律,即在对"形式概念—形式属性—实存对象整体—共相"的连缀过程之中不能违反先天规律而必须由后者演绎而出——最高的形式以及属性,即先天律之中特别是其主目规定了的共相,同样地,对上述连缀的过程即使归纳出较高的"共相",那么它也不能全然达到先天规律的那种绝对普遍的"共相",因此在罗素那里也就存在两种命题:一是经验命题,它采取的是相对于"先天规律"的在意识活动之中的"观念符合"确证其意义与真性的;二是先验命题,即"先天规律"本身,罗素将这些规律的"真性"基托在"信仰"上,他认为:"信仰这个名词是指一个有机体的一个状态,这种状态和使信仰为真或伪的事实没有直接的关系……一个有机体的状态正在相信其目前是实际情形意外有什么事情,这种

---

〔1〕 即"三大思维律":同一律(是就是是)、矛盾律(任何东西不能既是又不是)以及排中律(任何东西必须是或者不是),罗素认为这些定律是逻辑上自明的定律。而还有一些经验上的自然的自明规律,例如"凡人皆有一死"等,也存在一些不能规避的伦理学命题例如"善优于恶"等,参见〔英〕罗素:《哲学问题》,何兆武译,商务印书馆 2007 年版,第 62~69 页。

〔2〕 〔英〕罗素:《数理哲学导论》,晏成书译,商务印书馆 1982 年版,第 198 页。

状态在理论上总可以形容出来，而不提到信仰的证实者。"〔1〕那么如果罗素把最终的"先天规律"奠基到信仰上，并且将"伦理规范"行业视为先天知识，那么"应然"等模态语词在"符合论"之中的困境也就看似解决了，这是由于"伦理规范"之为先天知识，就意味着作为模态命题的伦理命令在模态词上"符合"伦理先天规范的要求即为"真理"。

　　不过，罗素的思路仍然存在瑕疵，他把"实际的指称论"转化成"观念指称论"和把"经验符合论"转化成"先验符合论"的理论操作反而为语言创造了不确定性，甚至由于增加了"信仰"这个不确定的要素，语言哲学的真理有向超验方向迈进的可能性，此外依循"先验伦理律令"去界定模态命题的真性也不是一个稳定的符合结构。因此在这一基础上维特根斯坦就对罗素的语言哲学进行了进一步的批判，如前述，维特根斯坦与海德格尔一样都具有对形而上学的批判态度，不过在维特根斯坦的早期哲学，特别是《逻辑哲学论》中仍然有较为明显的"符合论真理"和"意义指称论"的痕迹，首先就"意义"的获取来看，维特根斯坦坚信"语词—原子命题—命题—语言"这四个意义层次，并且认为这些层次分别对应"物—事件（原子事实）—事态（事实）—世界"这些"能指对象"——这就是他著名的"图像论"的观点，维特根斯坦不再以"物"和"语词"作为分析哲学的基本单位，毋宁说"原子事实就是各客体（事物 Sache—物）的结合……对于物来说，重要的是它可以成为原子事实的构成部分"〔2〕，"成为原子事实"所指的是"物"组建原子事实的可能性整体，"成为事实"则是指"原子事实"组建"复杂事实"的可能性整体，"构建世界"即"复杂事实"的可能性整体——与此相对，"语词"是"原子命题"的一切可能性，"原子命题"是"复合命题"的一切可能性，"语言"则包含"复合命题"的一切可能性〔3〕，理解"语言图像论"因此就要遵守三个规则：一是"诸物—诸词语""诸事

　　〔1〕　［英］伯特兰·罗素：《我的哲学的发展》，温锡增译，商务印书馆 1982 年版，第 181 页。
　　〔2〕　［奥］维特根斯坦：《逻辑哲学论》，郭英译，商务印书馆 1962 年版，第 22 页。
　　〔3〕　维特根斯坦在《逻辑哲学论》中用来描述语言的规范特征的模式是一种演算的模式，也就是一种由严格定义、自动运行的规则——逻辑的规则组成的结构化系统，一种演算就像一台机器，给它原料它便按照一种精确、有序和不变的方式生产出固定的产品——这种逻辑规则也可以理解为是语言的规则。关于维特根斯坦早期"逻辑规则"理论，参考 Ray Monk, *Ludwig Wittgenstein—The Duty of Gunius*, Penguin Book U. S. A, 1991, pp. 336~346.

实—诸命题"之间是相互独立的，是语言的"逻辑结构"将它们连缀起来，而相对地是世界之中的时间性和空间性把诸物与事实联系起来的；二是四个语言的层次分别对应四个实在的层次，最终的结果是语言是描述世界的活动，而世界是语言的意义之所在；三是下位的概念建构的是上位的概念的诸"可能性"，即"p"与"¬p"所指称的都是"P"这同一个实体[1]，换言之，"p"和"¬p"在本体论上都意味着作为实在的"P"的存在，它们的区别仅仅在于"p"符合于"P"，"¬p"不符合"P"。维特根斯坦的这种观点对于罗素式的"指称论"是具有革新性的：首先，"物"不再是语言的基本指称单位，"词语"也不是语言的基本组成单位，这二者分别被替换成了"原子命题"和"原子事实"，这就规避了"词语—类概念/类属性"的模糊类比关系，而是把"类概念—类属性"扩展为"原子事实"，进而把物的实在结构与它们进行等价的类比；其次，如前述，维特根斯坦对"世界"与"语言"进行了严格的限制，罗素式的"信念"被归于形而上学的研究范畴——即外在于世界的无意义者，语言也就成为严格地描述世界的活动[2]，伦理学之中的"应然"要求以及与其对应的"模态语句"因此在语言哲学之中根本地"无意义"，并且是不能以"逻辑"思考的——形而上学与语言哲学是具有严格界分的两种思维模式，而语言哲学是具有对形而上学扫清障碍的潜能的思想[3]；最后，维特根斯坦则指出了"命题是否为真"后验于"命题是否有意

---

[1] [奥]维特根斯坦：《逻辑哲学论》，郭英译，商务印书馆1962年版，第43页。

[2] 维特根斯坦认为："罗素说得如此其多的'自明'，只是由于语言本身防止了各种逻辑错误才能在逻辑中成为多余的……逻辑是先天的，其实质在于我们不能非逻辑地思考。"他也批判弗雷格："每一个可能的命题都是合法构成的，如果它没有意义的话，那只是因为我们对于它的某些构成部分没有赋予意义……（例如）我们没有赋予'同一的'这个形容词任何意义，因为它作为等号出现时，它完全是用另一种方式标记的"，可以看出维特根斯坦在此处运用的是"奥卡姆剃刀"的"如无必要，勿增实体"的原则。罗素式的"信念"等先天自明规则原本不需要存在，因为如果坚持"原子命题—原子事实"在逻辑结构和世界位序之间的符合论证，那么不必以除了逻辑之外的其他先天原则规范这种指称过程。而对弗雷格的批判在于，弗雷格坚持的"形式属性/形式概念"根本上可以化约成函项之中的某种谓词符号，并且在"事实—命题"的关系上直接取"等值"的指涉关系而不必再进行"种属位序"的上升处理，参见[奥]维特根斯坦：《逻辑哲学论》，郭英译，商务印书馆1962年版，第69页。

[3] 维特根斯坦指出，"真正说来哲学的正确方法如此：除了能说的东西之外，不说什么事情，也就是除了自然科学的命题，即与哲学没有关系的东西之外，不说什么事情。于是当某人想说某种形而上学的东西时，总是向他指明，在他的命题中他并没有赋予某种记号以意义"，但是他也承认，"理解我的人当他通过这些命题——根据这些命题——越过这些命题（他可以说是在爬上梯子之后把梯子抛掉了）时候，终于会知道是没有意思的……他必须排除这些命题，那时他才能正确地看待世界"，维

义"，而他的论述策略是，由于诸元素之间的偶然组合关系，未必一切语言单位的组成都是合乎逻辑的，因此"命题的真"仅仅是诸多有意义的命题之中的一种可能性，它要求命题的确"描述"了"事实"，也要求这一描述构成精准的"指称位序"，还要求"命题逻辑结构"与"世界时空位序"具有同构性质。

　　然而，之所以说维特根斯坦早期的"真理理论"仍然是流俗的，乃是他与罗素、弗雷格一样，把"事实/语词"处理为了"二元论结构"，对此，海德格尔式的真理观念攒出维特根斯坦在后期转而关注的"语用哲学"，并将之对应于"上手状态—操心结构"，进而指出"符合论真理"所关注的是持存物的"现成状态"并且在悬置"符合""对应"等疑难的情况下径行采取逻辑规律进行世界活动，因而"符合论的真理"因为未能说明符合的方法而并非"源初真理"。

　　当然，虽然维特根斯坦在后期展示的语言哲学成果切入了真理的本源，但是在海德格尔来看则与"真理"思想仍然存在不小差距，一是海德格尔坚持"真理"的源初含义是"去蔽"，"真理（揭示状态）总要从存在者那里争而后得……存在者从晦蔽状态上被揪出来"——源初的"真理"概念恰恰是一个"剥夺性质的词汇"——"ά-λητθέια（A-letheia）"，"真的"就是用"逻各斯（λόγος）"去"去蔽"，并使之"无蔽"的过程，"άλητθέια"属于"λόγος"[1]。在这个层面上，维特根斯坦与海德格尔的"真理观"的差异性更多，例如维特根斯坦从未以语源学的方法去把真理视为某种"褫夺活动"，在他的观念之中即使"真理"最终是要符合多样的规则进而为"是"的出现服务，这一立论依据仍然默认了"有"某种规则优先性，"真理"对于维特根斯坦而言仍然指向的是世界的"是性"，而"依照规则"的语言游戏仅仅意味着在"经验—生存"层面上的归纳性的规律取代了符合论意义上的"先验知识"而成为判定真理的依据——那种先天的领会甚至比先验逻辑更加缺乏反思。二是维特根斯坦从未把"生活形式"奠定在"生存论"的基础上，他

（接上页）特根斯坦的上述观点看似构成了他的自我悖谬，即他坚持语言批判这一哲学改造的方法，但是又认为最终去领会世界要"超越命题"。可以将这种观点理解为"可说的/不可说"的两种不同的"世界领域"，只有明确了什么是"可说—科学"的，才能明确什么是"不可说——哲学宗教与伦理的"，参见［奥］维特根斯坦：《逻辑哲学论》，郭英译，商务印书馆1962年版，第97页。

　　〔1〕［德］马丁·海德格尔：《存在与时间》（修订译本），陈嘉映、王庆节合译，生活·读书·新知三联书店2014年版，第252页。

所强调的是形式上具有类似构造的共同生活而并非把本真的生存论存在论视为最源始的真理现象，进而以在世方式自身为去蔽、解蔽的真理实践[1]，从另一个角度来说，"生活形式"对于维特根斯坦来说只是为了终结"语言游戏—语用规则"这种无限的追问的一种理论终止的形式化处理，而这对于海德格尔来说，"生存论"仅仅是追问"真理"的起点，即从生存论出发去进而达到"存在之真理（无蔽/澄明）"的境界。

在此处讨论的诸多分析哲学的"真理—意义"结构在海德格尔看来都是"流俗真理"，虽然这些思想可以解释实在方面人在规范和规则下的活动，但是由于它们都没澄清何以"符合"以及"符合是什么"，"是"之所是仍然晦暗不明。流俗的真理观认为真理的概念系于语言，意义由语言赋予，"真理"是人之为主体对自然之为客体的表达。而在海氏看来"存在"带有自然的性质且意味着自因的涌现，因而流俗真理代表了"人造"的习俗约定，即使其中蕴含了某种逻辑、科学与伦理的定则，也是由技术制造与谋制的而非由"自然"本源地生成的。流俗真理指出的命题真理性在讨论证存在者之间的现成存在关系方面的确有效，但是由于它以逻辑学定理锁闭了向"存在问题"的发问，因而代表的是存在论的现成真理并且作为思想和实践的"法则"出现，而在存在论角度则未能给出自然的节奏。同时，逻辑真理由于指向日常的操心结构也构造了语言法则、逻辑定则、伦理规范和科学规律而并且意识到它们可能有隐藏的"无"性。

2. 本真真理观——"ἀλήθεια"作为"生存论真理"

强调在分析哲学意义上的"真理的庸常性质"，并不是在此表示分析哲学的真理观是全然错误的，而是说希望以海德格尔式的生存论真理去进一步为"符合论真理"以及"意义指称理论"寻找基础而支持认识与伦理的法则，进而对应于自然之为涌现的"由隐入显"的动态过程。符合论真理意味着在"我"的话语活动之外存在一个外在于我的存在的存在者，后者作为尺度去衡量此在对生存现象表述的真性。一旦在常人世界之中这类"存在者"——如公理、定理、准则以及规范被视为先天自明的，那么常人反而把这类真理视为定则，导向所沉此在的两可领会。同时，符合论真理也是现代自然科学与

---

[1] ［德］马丁·海德格尔：《存在与时间》（修订译本），陈嘉映、王庆节合译，生活·读书·新知三联书店2014年版，第253页。

应用技术在大步地拓展它们的领地的时候以普遍认同的科学定理及其演绎推理的技术现象，与之类似，基于法律教义、神学经文、伦理习俗进行的演绎活动以及道德适用的活动都可能陷入把"定理/规范"视为当然定法的可能性，进而推进了技术统治以及"集置"效应。

从海德格尔的角度看，以生存论的方式揭示"源初真理"观念即唤起庸常此在的反思性、批判性，唤起对"当然""自然"的前提予以思考的能力：海德格尔对"符合论"真理的第一个质疑在于，符合论真理并未思考何为"符合"，因而它无法找到超越定理和规则的符合依据，例如在"A 是 B"这一命题之中，符合论真理把 B 视为 A 的符合对象，又把"是"等于"="或是"∈"这样的逻辑符号，它给出了存在者之间的时空关系，但远离了存在者何以"是"的意义问题。海德格尔指出了"符合论真理"的本质，他认为，"真实的东西，无论是真实的事情还是真实的命题，都是相符一致的东西。在这里真实和真理就意味着符合（Stimmen），而且是双重意义上的符合。一方面是事情与关于事情的先行意谓的符合；另一方面是陈述的意思与事情的符合"，他指出，"符合"原本有两种特性，一是"物（事情）对知的符合"，二是"知对物（事情）的适合"，结合起来看，就是"知识与事情的适合"。不过，知对物的符合不是第一性的，而物对知的符合也不是第一性的：前者对应的是"以实在/定理为命题的尺度"的现代符合论真理，而后者则对应的是以知识、思想、观念、理念为事物的尺度的传统观念论真理[1]；前一种"符合论真理"意味着自然科学对人之此在生存的先行地位，而后一种思路则对应于神学对人之此在的先行地位，他们都意味着人的"生存"被科学和形而上学缔造的"集置"现象所宰制的某种非本真的沉沦的生活形态，这就意味着"流俗"的真理所对应的恰恰是人的"庸常的沉沦状态"。

海德格尔对符合论真理的另一个质疑在于，即使把流俗真理视为事情与知识的相互适合过程进而将之思考成"思维与存在"的相互统一的关系也不

---

[1]　[德]海德格尔："论真理的本质"，收录于氏著《路标》，孙周兴译，商务印书馆 2000 年版，第 208～209 页。对于前一种真理，我们可以将之指称现代语言哲学之中以类比的先行范畴与定则先行的，以物去填充命题意义以及以物和物的时空架构对应词语之间的逻辑结构的真理理论。而后者则指的是例如在柏拉图的"观念论"的意义上，现实世界的真性依据彼岸世界的规则和秩序而产生，实际上这两种真理理论意味着在哲学的古今之争之中"观念世界"和"现实世界"谁是第一世界的争论。也体现为在现代哲学之中"实证主义"和"理性主义"的差异，这一点在前文的"形而上学批判"之中有所涉及。

能令人满意，盖因为符合论的双方需要保持相对静止的状态才能被命题描述。"真"乃是由于上述的这种化约意味着："表象（Vor-stellen）—客体"和"人—主体"的"表象—接收表象"的关系，有所表象的陈述就像对一个如其所是的被表象之物来说其所说。这个像……那样（so-wie）涉及表象及其所表象的东西，意味着让物对立而为对象。作为如此这般被摆置者，对立者必须横贯一个敞开的对立领域（offenes Entgegen），而同时自身又必须保持为一物并且自行显示为一个持留的东西。[1]这样来看，无论是让事实去符合观念，还是让知识去符合事情，都是把"知识—思想"以及世内存在者视为现成在场的存在者。界定"符合关系"必须保证在主体和客体两方面的"静置状态"，一旦在一方面流变起来，那么符合性论证也就不再可能，即使在维特根斯坦后期的语用学之中"规则"和"生活形式"是多元的，但是也必然在一定的历史阶段和空间范围之内成为"固定的"。然而正如前述，即使在"操心结构"之中，事物对于我之此在而说也是"操劳"的，我与他人的共在也都是"操持"着的关系，我的此在以及"操心"的世内存在者和其他此在都是在变化的。依照生存论的理解，"流俗真理"也就构成了"生存论结构"之中把我的此在当下区分为"思维"以及把其他存在者当下化为"现成事物"的片段化处理。

"符合论真理"包含科学规律或实践规范，它在"事实—命题"的现成在场关系之中描述了此在的"敞开状态"，不过，后者意味着我的"在世"之中的领会与筹划的诸多可能性之中的一部分，也唯有在这种敞开状态之中世内存在者才能成为可以言说（sagbar）的词项。这个时候存在者在这个敞开领域依照此在的领会与筹划向此在现身的时候它才是"如其所是"[2]的，世内存在者的存在同样源始地随着此在展开而显现，在世界实际展开状态中，世内存在者也被共同揭示了它们的存在总以某种方式被领会了[3]——即使这种领会还没有被概念化。但是这一"前概念的领会"代表了非定式的"敞开

〔1〕［德］海德格尔："论真理的本质"，收录于氏著《路标》，孙周兴译，商务印书馆2000年版，第212页。

〔2〕［德］海德格尔："论真理的本质"，收录于氏著《路标》，孙周兴译，商务印书馆2000年版，第213页。

〔3〕［德］马丁·海德格尔：《存在与时间》（修订译本），陈嘉映、王庆节合译，生活·读书·新知三联书店2014年版，第231页。

可能性"并以之为定式命题表达的先行结构，命题阐述是否正确不仅仅是能够如其所是地"描述"存在者的存在样态，同时也是要遵从此在"在世界之中"的本己筹划和领会的动态的行动之中的前概念选择：如在"操心结构"之中，无论是在"事实符合观念"角度现成存在者对观念的依存关系，还是"陈述恰切地阐释事情"的角度反映事实的情况；又如在"当下此在"之外其他的存在者也出于流变之中，它们也开敞出了另一个时空领域，进而"如其所是"。本真的真理的初步样态就是在"领会—筹划—行动"的层面如何去思考"存在者"在生存论之中的秩序是否正当和有用，它依赖的是以"领会"的方式在此在的选择之中体现为构成"领会"和"筹划"的合目的的世内存在者和其他共在的此在于"我的此在的世界"之中的位序，它是前概念的，也即前逻辑的。

"本真此在的整体生存论"相对于操心的在世结构更为源初，反而导致了这种本真的整体生存论仅仅剩下了"有"，而没有了"无"，我们也指出过在海德格尔看来"真理"与"存在"有对应关系——那么在"真理"这一范畴之内，是否有超越"流俗真理"和庸常状态的"本真真理"的界定可能性。从"此在"的角度来看，"筹划"和"领会"的目的是去"让存在者存在"并且将之包含在此种的世界之中，即"让存在者在我的世界之中"。此在的"敞开"就必须意味着此在有权利去"让存在"，以其解蔽活动把世内存在者从隐蔽到达显现，使之无蔽也就是"真理—无蔽"即古希腊思想之中的"ἀληθεια"。

"ἀληθεια（Aletheia）"作为揭示活动本身的生存论存在论基础首先指向了最源始的真理，它关涉"此在"和"世内存在者"两个方面，是二者在相互作用之中形成的"无蔽"领域，也即"自然"不再是业已被解蔽的存在者，而是存在的进程。首先就"此在"来看，海德格尔指出此在的展开就是"在真理之中"[1]，即"自由"，行为的开放状态植根于自由，真理的本质乃是自由（Das Wesen der Wahrheit ist die Freiheit）[2]，"自由"意味着人能够

---

　　[1]　[德]马丁·海德格尔：《存在与时间》（修订译本），陈嘉映、王庆节合译，生活·读书·新知三联书店 2014 年版，第 253 页。

　　[2]　[德]海德格尔："论真理的本质"，收录于氏著《路标》，孙周兴译，商务印书馆 2000 年版，第 214 页。海德格尔认为"本质（Wesen）"是"那种首先并且一般地被当作已知的东西的内在可能性的根据。"这里需要阐明的是"Wesen"是"sein"的完成时变式，也即可以理解为"曾在"，所以海德格尔很早就认为，如果真理的"本质"是"自由"，那么岂不是把"曾在—实在性"和"能在—可能性"混为一谈了，所以这也为海德格尔对"自由"的分析进行了铺垫。

以"展开/敞开"的方式去"让……存在",即"让……被发现/揭示",实际上是展开一个自身的无蔽的领域去"让存在者进入"。而从世内存在者角度看,世界内的存在者也把自身敞开而供此在解蔽,"归于存在者的揭示方式按照陈述所及的存在者之实事内涵,按照陈述对象之存在方式而各自有别……我们把对于现成者(例如最宽泛意义上的自然)的揭示称为发现。对于我们自身所是的存在者(此在),即具有生存这种存在方式的存在者的揭示……称之为展现、敞现"〔1〕,这样,"发现"就必然以"敞开"为前提,此在同样要展开自身,绽出(Ekstase)地参与到存在者本身的解蔽过程之中〔2〕。"Aletheia"不仅仅是此在单方面地去揭示其他存在者,也意味着它自身向着存在者的自行展开,并在两个相互展开的领域之中去达到"无蔽",实现此在本真的自我展现和对存在者的发现。海德格尔尤其强调,"我们看到(sehen)一种事态并且让它清晰地存在于我们眼前。然而我们在前存着的东西中并没有发现最切近地存在着的东西(Dennoch erblicken wir im Vorliegenden das Nächstliegende nicht)。看到某种东西和特别发—见(er-blicken)和所见者(Gesehene)不是一回事","发现"之中所见者吸引了此在的"注视(Anbickt)",以至于此在甚至难以把目光留在那里〔3〕,在这里,存在者的"显像(Erscheinung)"是最可能被"发现"的所见者,但是它并不是真正的"现象"。此在一旦注视世内存在者的"在场样态",那么它并没有参与到"世内存在者"的自身解蔽之中,而仅仅是以"静置"的态度去看待存在者。本真的真理首先就意味着在"此在以自我开敞去参与到存在者的展开"的自由活动,以及"存在者以自我展现的方式被此在去让存在"的显现活动,以及二者在"无蔽"领域之中的相互交融。

"本真的生存—自然的生存"具有"无—有—无"的特性,源初的真理作为流俗真理的基础在于能够包含后者的"有",发现和展现都是此在与世内存在者的"解蔽"成果,但是就词源学来看"άληθἐια"意为"无—蔽"。"无蔽"是"遮蔽"的否定,"遮蔽"则是对显现与展现的"无",否定遮蔽

---

〔1〕〔德〕海德格尔:《现象学之基本问题》(修订译本),丁耘译,商务印书馆 2018 年版,第313 页。

〔2〕〔德〕海德格尔:"论真理的本质",收录于氏著《路标》,孙周兴译,商务印书馆 2000 年版,第218 页。

〔3〕〔德〕马丁·海德格尔:《根据律》,张柯译,商务印书馆 2016 年版,第97 页。

以及无所显示构成了源初真理更为整全的结构。海德格尔认为："存在在解蔽着的袭来中自行显示为让到达者呈现，显示为在带来和送出的多样方式中的奠基。存在者之为存在者，自行庇护入无蔽状态之中得到的，乃是被奠基的东西。"[1]一方面，"ἀλήθεια"指的是"无蔽状态"，进而也就伴有"遮蔽状态"，"无蔽"是对"遮蔽"的取消，甚至"作为澄明的解蔽，根本上使得遮蔽本身得以进入敞开者之中……作为原始统一的本质现身，为遮蔽的澄明乃是基础的离基深渊（Ab‑Grund）"[2]；而在另一方面，流俗真理作为"ἀλήθεια"的面向也代表了此在与存在者的交融的"敞开领域"，也意味着它们在相互参与的过程之中把那些未对彼此展开的"遮蔽"也带入相互关系之中。在"存在者"的层面上对某一层次的解蔽就意味着对另一层次的遮蔽，存在者之间的共在关系则不允许单纯的"解蔽"成为整全的共在关系，它们之间也未必是"相互给予"的状态反而有"相互拒予"的可能。从词源来看，"无蔽"源于"遮蔽"，"遮蔽"反而是"无蔽"更为原始的基础（渊基，Abgrund），作为涌现的源初自然的遮蔽状态即根本性的"非—真理"，比"此—存在者"或"彼—存在者"的任何一种可敞开状态更古老，也比"让存在"本身更为古老。建基于渊基之上并与"自由"相对的"遮蔽"在海德格尔的语言之中被认为是"神秘"—"自由"因而就不是恣意而为，它面对更为根本和混沌的"神秘"，"自由—解蔽"让存在仅仅成为有限的此在在无限的"自然—遮蔽"面前的有限活动。[3]

解蔽意义上的"真理"因而是动作而非静止。借由海德格尔的表达，源初真理的内部顺序是"源始的遮蔽""此在与存在者交融着自由无蔽""此在和存在者在操心结构中有用性真理""符合论真理"，对应于"源始的无—自觉的交融的有—不自觉的上手的有—现成的有"。而命题一旦道出，存在者的被揭示状态就进入了世内存在者的存在方式，只要这一被揭示状态作为对具体存在者的揭示状态，并且贯彻着一种和其他现成存在者的联系，那么揭示

---

〔1〕［德］海德格尔："同一与差异"，收录于氏著《同一与差异》，孙周兴等译，商务印书馆2014年版，第81页。

〔2〕［德］马丁·海德格尔：《哲学论稿（从本有而来）》，孙周兴译，商务印书馆2012年版，第373页。

〔3〕［德］海德格尔："论真理的本质"，收录于氏著《路标》，孙周兴译，商务印书馆2000年版，第223页。

"状态—真理"本身也就定型为现成东西——如思维与现实——之间的一种现成关系。[1]从这种层次的角度来看,一切的法则与规范以及定律、定理的"真理性"也就是"无蔽"之中的业已确定为实在的解蔽方式之一,而对于作为"根据律"的"无蔽—遮蔽"的关系和"自然的涌现—自然的自行掩蔽"来说,前者仅仅是在整体的黑暗之中的一个个弱小的"光点"。不过,这些光点并非不重要,这是由于一旦我们引入"本真的自由"的概念后,由诸多"光—澄明"拢集而成的领域将逐渐将人带入存在的澄明近旁。

(二)"λóγος"及其源初自由属性:对"本真言说"的还原

在生存论的意义上"自然—本真的生活"代表"负责存在—当下良知与决心—向死存在"这一链条,而"本真—无蔽式的真理"则对当下的这种自然的存在的领域敞开,进而呈现为"源始的无—自觉的融合的有—不自觉的上手的有—现成的有"的形式,因此,如果说"生存"就是"自然的本真此在的整体结构",那么"真理—无蔽"也就在微观上由"负责—决心—向死"这一结构变成了"解蔽—去蔽—遮蔽"的过程,它意味着在"曾在—罪责"的意义上"人之此在"由于自身的展现揭示了一些世内存在者,但其他世内存在者的显现没有被融合到人的此在的世界之中,这是由于"决心"的"取舍"关系而造成的必然的遮蔽状态。即使在"当下—决心"的意义上此在有选择地"让存在者存在"并对选择解蔽的方法,但是在"未来能在"的意义上此在则要实现进一步的可能性去"让能在—让无蔽"。但是正如上文所述,真理的本质乃是自由,人自由地向存在者敞开,并且去"让"存在者去存在,"自由"在这里发挥的作用乃是把那些在此在之中展开的存在者都能作为"现实性"以及在"敞开状态"之中赋予更多的可能性,"自由乃是澄明着遮蔽起来的东西,在这种东西的澄明中,才有那种面纱的飘动,此面纱掩蔽着一切真理的本质现身之物……自由乃是一向给一种解蔽指点其道路的命运之领域"[2],因此,如果说"存在"是隐而不彰的,"真理"是有待揭示的,那么"自由"就是让这样解蔽可能的:

---

〔1〕〔德〕马丁·海德格尔:《存在与时间》,陈嘉映、王庆节合译,生活·读书·新知三联书店2014年版,第258页。

〔2〕〔德〕马丁·海德格尔:"技术的追问",收录于氏著《演讲与论文集》,孙周兴译,生活·读书·新知三联书店2005年版,第25页。

存在根本就是作为而在将起来。这个绽放（绽出）的存在力道就是现象。这一现象走向显露，而在这个过程中就已经有"这存在"，这个现象让隐蔽状态之中涌出……当存在者作为这样一个存在者在这之际，它就把自身摆到并且并立于无蔽状态之中……存在者作为存在者就为真，真的东西就是如本己一般地存在着……在存在力道中的自身显示者立于无蔽之中。[1]

真理隶属于存在的本质。存在者存在，这其中就有：忽闪忽现地登场；摆出……样子；将某物摆置——出来……（神的荣耀）就叫作：置入光明之中，从而使之获得常驻永恒，获得存在。[2]

如果仅仅依靠"存在的发生—涌现—持留直至寂灭（无）"的动态过程以及真理的"源始遮蔽—解蔽—无蔽"的关系，尚不能将此在与世内存在者都摆置到这一场域之中，这是由于此在固然能够敞开自身，并且让存在者存在和进场，但是存在者本身的显现是"被发现"的过程，即使我们在真理的无蔽场域之中看到的是此在对存在者的发现和筹划以及参与到这种存在之中的决心以及存在者对此在的自行展开，但是此在不仅要自己展开，还要把存在者"聚集"在这个领域之中才能让存在者展开——自由。而就"自由"的作为方式来说，"本真的自由"也就意味着"拢集"，即"λόγος"。但是，"λόγος"在流俗意义上由于往往归于此在的活动，因此就常常被视为与"存在者"对立的"思想"———一种与在真理观之中类似的"主体思维—客体对象"的对立关系。

---

〔1〕　海德格尔在此进一步区分了"显现"的三种形式：在起来＝显象（Schein）＝Phänomen，它具有三种形式，一是作为光辉光亮（Glance und Leuchte）的显象——自身显现的"无蔽"——Sein；二是作为现象（Ercheinen）的显象，即寓于光辉的源初现象之中并且"显露"（Scheinen）的"无蔽者"；三是作为"假象"（Anschein）的"显似"。海德格尔用"太阳"的比喻去对上述三种"现象"进行了区分，作为"光辉光亮"的显现者即"太阳本身"，即自发展开并且无蔽领域的根据——存在之真理；作为"寓于光辉之中的现象"则是"无蔽者"，即由于太阳的无蔽而"去无蔽"的存在者，他们的被揭示在于阳光是否照耀到它们——因此他们也是由于自然的显现，而"假象"则是以人造光去照亮某种存在者的非自然地解蔽，它们在"光源"上并非来自"存在的无蔽"即"自然存在之真理"，而是由人的技术对前一种无蔽的效仿。后两者都是"站在光亮之中"，但是第三项不仅意味着"光源"是不自然的，也意味着"太阳—在的澄明"本身"自我掩蔽"了——这是关于真理论与存在论的关联的重要观点。参见［德］海德格尔：《形而上学导论》（新译本），王庆节译，商务印书馆2015年版，第113~115页。

〔2〕　海德格尔在此指出的"神的荣耀"就是"荣誉"，按照希腊式的理解冗余是最高的存在方式，而由于"诗歌"具有赞美诗的作用，那么"诗歌"也就成为置入光明中的运思过程。参见［德］海德格尔：《形而上学导论》（新译本），王庆节译，商务印书馆2015年版，第117页。

1. 流俗自由观的内容："λόγος"作为自由权和自由思想的根据

"λόγος（Logos）"在流俗的意义上往往被视为"逻辑（Logik）"，但是"逻辑"不仅仅出现于语言的范畴。依照亚里士多德的说法，逻辑乃是运思的工具，例如他在《工具论》中就指出："论辩问题作为探究主题，或是有助于选择与规避，或是促进真理与知识，而且它的这种作用或者是借助于自身，或者是通过帮助解决其他某个这类问题而实现。"〔1〕在亚里士多德的体系之中"逻辑"从来不是"主题"，而是通过命题的建构与真假判断、命题的先验范畴、演绎与归纳等论证方法和合理论证的方法等论证工具去更好地促进知识的发展和思想的碰撞，在亚里士多德的体系之中逻辑因而是成熟的思想需要遵从的规则而非思想本身。虽然"逻辑"作为一种规则在生存论领域之中极有可能成为导向"两可"，但是这恰好说明源初的"Logos"蕴含有比"逻辑"更为丰富的内容：海德格尔认为"唯有当对思想的本质思考被当作是对λόγος 的思考来进行并将之变成逻辑学的，这种思考才会变成一种完全特别的思考……关于思想的学问变成了'逻辑学'，这并非一个偶然的事件"，恰恰是为了服务于思想的顺利传递进而获取规定了思想本质的"φύσις"和"ἀλήθεια"也即"无蔽的自然"才需要逻辑，但是"逻辑"的发展使得这一"无蔽的自然"反倒被遗忘〔2〕。由于"φύσις"和"ἀλήθεια"都构成了"流俗的存在"与"流俗的真理"的先行结构，且由于它们因而获得了相较于流俗存在和流俗真理更为丰富的内涵，那么就可以认为"流俗"即对"本真"的限制，因此"逻辑"也即对"λόγος"——即思想的"不自由"状态的限制。不过，单纯依靠逻辑却不能全部地限制住思想，例如依照亚里士多德的源初表述"逻辑"无论其有多大的限制功能，它仍然是"工具性"的，单纯依靠方法上形式化的逻辑不足以对一切"不符合逻辑的思想"予以翦除，限制思想的"自由"属性的其他的因素也可能在逻辑之外发挥作用，后者把"辅助自由的逻辑"变成了"限制自由的逻辑中心主义"。

"自由"乃是真理的本质，此在"在真理"对存在者的敞开并去解蔽存在者，自由也即处于存在的澄明之中，"限制自由"也即意味着把某一些解蔽

---

〔1〕 ［古希腊］亚里士多德：《工具论》（修订译本），刘叶涛等译，上海人民出版社 2018 年版，第 278 页。

〔2〕 ［德］海德格尔：《形而上学导论》（新译本），王庆节译，商务印书馆 2015 年版，第 139 页

方式视为"错误"，而把另一些或某一种"解蔽"视为绝对的方式。在"形而上学批判"之中，海德格尔所针对的一直是"主客对置"的图式："自由"与"自然"存在二元对立，海德格尔将之称为"思想"与"存在"的对立，它发源于基督教的学说之中——把古希腊关于逻各斯的学说改写为《新约·约翰福音》序言中的逻各斯的先导之为耶稣基督[1]，"逻各斯"在基督教哲学之被视为"至高存在者"，而在这种情况下"逻各斯"由于与"上帝"同在，自然就成了具有律法性质的约束，人之此在的思想必须在"上帝—逻各斯"那里终止，教义化了的基督教律法因此就规定了思想的"自由"边界，即一切的敞开都要最终"向"上帝进行并且依照上帝的"逻各斯"产生——此时的"逻各斯"是专属于上帝的。此外在基督教的启示观念之中，"自然"就成为了相对于"上帝之城"的"蛮荒之境"，只有在启示宗教的光照下自然才能够具有秩序，在这一已经蜕变为对立于上帝之城的人类栖居的自然之中，逻各斯也成了那规定人类世界的秩序的超验存在者，它预设了相对于"世俗"而言的"神圣"的优越性，成了引导人类走出"蛮荒之境"的道路——一种"自然状态"的预设已经在基督教思想之中被设定出来，它作为"实在"在位格上低于上帝之为"理念"，这种"思维高于存在"的结构进而获得了神圣奠基。

在基督教神学对"自由"的定义之中演化出了两种"自由"的形式，首先是作为"自由权"的规范性的自由，它指的是在"社会"这一"自然界之外"的领域之中以逻各斯奠基的政治实践的先验逻辑，"自由"因此就意味着对人的"操心结构"的实践规范意义上的教义规定。根据施特劳斯对现代性的三次浪潮中霍布斯与洛克的描述可以看出，在启蒙运动以后，基督教的独一地位已经出现了崩溃，但是"上帝存在"这一规范命题依旧构成对尘世的法则，例如在洛克的《政府论》（两篇）里，"自由权"与"上帝—逻各斯"的关系就表现为"上帝—逻各斯"给出的"自由"成为道德律法意义上的"自由权"，形成了"神（逻各斯）—自由—人"的规范位序。洛克对上帝与

---

[1]《新约·约翰福音》的导言中言及："太初有道，道与神同在，道就是神。这道太初与神同在。万物是借着他造的；凡被造的，没有一样不是借着他造的、生命在他里头，这生命就是人的光。光照在黑暗里，黑暗却不接受光。"参见《圣经·新约·书信·约翰福音》，中国基督教三自爱国委员会、中国基督教协会2004年版，第104页。此处"道就是神"对应的就是海德格尔"逻各斯就是耶稣基督"的观点。

世俗政治的思考也并非质疑上帝的存在，他既没有否定上帝的存在以及人的自由的神圣来源，但也隐藏了对"逻各斯即上帝"的中心地位发起了挑战。就前一个方面看，洛克显然是承认"上帝存在"的律法式命题的，因为洛克既对"君权神授"保持肯定的态度又把世俗统治的错误归结到君主身边的佞臣那里，如果他们都不假思索地承认"君主们都享有神权赋予的绝对权力，这伙人便否认了人类的天赋自由权，从而不独尽其所能地使一切臣民遭受暴政和压迫的莫大灾难，同时也动摇了君主们的称号并震撼了君主们的宝座，好像他们立意要对一切政府宣战，并企图要颠覆人类社会的根基似的"[1]。在"上帝"的约束下，"世俗君主"必须承担上帝在尘世之中的治理权能，实现上帝赋予人的权利，在这个意义上"逻各斯—律法"的地位体现为人有权以"自由"去规范社会之中的统治权的运作，"自由"成为与"世俗社会"对立的上位律法。而就后一个方面来说，洛克则认为"人"就是上帝在世间的最高造物，他们有权利去行使上帝的意志："既然人们都是权能和无限智慧的创世主的创造物，既然都是唯一的最高主宰的仆人，奉他的命令来到这个世界上，从事于他的事务，他们就是他的财产，是他的创造物，他要他们存在，要多久就存在多久，而不由他们彼此之间作主。"[2]"自由"也是人用以理解和领会人类社会的重要的"解蔽路径"，在人的主体层面采取"自由"的判准去观瞻现实社会也成为正确合理的要求。因此洛克意义上的"自由权"可以被概括为三个层次：在最高的"神圣律法"层次上，"上帝—逻各斯"建构的是最为根本的律法，这些律法是在任何领域——无论是人的社会还是自然环境——都具有绝对效力的，也规定了"天赋自由"之为行为规范的"许可"和"禁止"；而在第二个层次也即流俗意义上的"法（Recht）"上，"世俗君主"所订立的法律（Gesetz）必须符合"自由"这一根本价值，细化对人的自由的规定，而一旦在这个层面上出现有可能反对"上帝"的"不合逻辑"的实践错误，人就有权利（Recht）"诉诸上天"而让君主得以良善地统治，甚至推翻君主本身的统治，以"自由"再度塑造一个社会；在第三个层次——即在人类的社会生活的"共在关系"之中，由于自由意味着"人的权利"乃是"上帝"赋予每个人的天赋自由，且"自由"所要服从的是神圣律

---

〔1〕 〔英〕洛克：《政府论》（上篇），瞿菊农、叶启芳译，商务印书馆1964年版，第2页。

〔2〕 〔英〕洛克：《政府论》（下篇），叶启芳、瞿菊农译，商务印书馆1964年版，第4~5页。

法但也仅仅必须服从于神圣律法，因此虽然人对于世俗的邪恶法律的反抗具有神圣的合理性，但是尊重他者的"自由"则具有在交往和社会建构——例如财产处分等方面上的"自由权"——方面的建构性质，这些惯习性质"自由"与"平等的自由"的语意进而成了西方民主制的意识形态。久而久之，在源初意义上"人的自由因而派生于上帝却作用于尘世"的法则之中也由于"祛魅"的深入而取消了"上帝"的奠基地位，获得这一基础地位的"至高存在者"也处于不断地赓续之中，"逻各斯"也逐渐不再属于神圣，而逐渐转化为超越实证法的独立的对"自由权"的奠基标准。"自由意志"不借助任何经验而作为纯粹被给予的唯一事实以供纯粹理性宣布自己的"原地立法（sic volo，sic jubeo）"的地位[1]——人已经学会以"逻各斯"架构规则并且有权去使用"逻各斯"去架构规则，"理性自由"因而取代了洛克对人在尘世之中代行上帝的立法权的说法，保持对神圣律法的虔敬不再必要，保护"国家法权""国际法权"和"世界公民法权"等自然权利因此就成了保障人类共同福祉的先天律令[2]。"自由"因此由上帝授予或理性派生的符合"实践先验逻辑"的基本权利，并且成了尘世之中的实证法之上的规范要素[3]。

　　而在"实践规范"之外，"逻各斯"同时也在认识论方面构成了"自由"的思想先验规律，"逻各斯"之为"逻辑"不仅可以转变为具有实践指令性质的规范，同时也预设了人的认识规律，即"思想"和"知性"方面的，可以脱离自然约束的"自由"。面对怀疑论的质疑，笛卡尔提出的以"我思"为核心的"自由"的思想构成了西方形而上学的一个重要基点，笛卡尔重要的"我思故我在"的命题的基本方法就在于"先要重新考虑到我从前认为我是什么；并且要把凡是可以被我刚才讲的那些理由所冲击到的东西，全部从

---

〔1〕　[德] 康德：《实践理性批判》，邓晓芒译，人民出版社 2003 年版，第 41 页。

〔2〕　[德] 康德："论永久和平"，载 [德] 康德：《康德政治哲学文集》，李秋零译注，中国人民大学出版社 2016 年版，第 237 页。

〔3〕　自然，考虑到后世的政治哲学思想，"自由"完全是可能脱离上帝而存在的独立的价值，并且在现代的自然法意义上形成对实证法的批判，不过在"自由"已经成为"意识形态"的情况下，讨论"自由权"是否具有上帝的奠基与"自由"本身能否约束实证法并不具有必然关系。在前文的描述之中，卢梭、康德以及黑格尔对政治哲学的思考都建构了自由权对实证法的高级位序，即在"社会"这一领域之中"自由权"作为先验的社会构成要素本身成了一种法则，它直接要求社会之中的统治者以"天赋自由"的律令去对待公民。

我的旧见解中铲除出去，让剩下来的东西恰好是完全可靠和确定无疑的"[1]。在笛卡尔排除了实存物、观念存在、命题真理和谬误乃至上帝之后，他认为："真正来说，我们只是通过在我们心里的理智功能，而不是通过想象，也不是通过感官来领会物体，而且我们不是由于看见了它，或者是摸到了它才认识它，而只是由于我们用思维领会它，那么显然我认识到了没有什么对我来说比我们的精神更容易认识的东西了。"[2]这样，笛卡尔就把一切在"思维"之外的东西"悬置"了起来，并且把"思想"视为"存在"的基地[3]：实在界是复杂的因此要以思想界的简约为起点，实在界是无序的因此要以思想的排序为结构，实在界是杂多的因此要在思想的判断中界定问题的重要性，实在界是混沌的因此只有依靠思想的全面审查才能有所整全把握。这样，笛卡尔就建立起了"思想/存在"的不均衡的二元论，前者是自由、有序的"逻各斯"的运作之所在，后者则是混沌的，要以思维进行"立法"的领域，思想的优先性高于存在，因此唯有在思想方面做到足够清晰——合乎"逻辑"，存在才能被整全地和有序地被把握。在"先天"的纯粹思想范畴的"逻各斯"之下，才能产生对经验对象的直观描述和概念把握。在认识论的角度，"自由"则意味着可以排除外部的"经验"或"存在"的在内部的"逻各斯"的规定之下的思辨的力量。

"实践理性/上帝—自由权—世俗社会"以及"纯粹知性/思想—自由—经验活动"这两种"自由"的体现，一方面意味着在"自然界"之外的社会之中"实践的逻辑"作为规范提供的"自由权"高于世俗社会之中的实证法的地位，另一方面则意味着在"知识的逻辑"作为规律赋予思想的"自由"优先于存在者/实存的地位，它们的共性都在于严格地区分"自然/自由"或

---

[1] [法]笛卡尔：《第一哲学沉思集》，庞景仁译，商务印书馆1986年版，第24页。笛卡尔所认为的"可以引起怀疑的事物"有一切感官所接受来的东西，这些东西的形式构成（理性觉知），以及对事物的诸结论（科学）、上帝的存在乃至于我的思维本身。

[2] [法]笛卡尔：《第一哲学沉思集》，庞景仁译，商务印书馆1986年版，第24页。

[3] 笛卡尔的思维法则是：第一条：凡是我没有明确认识到的东西，我绝不把它当成真正的接受；第二条：把我所审查的每一个难题按照可能和必要的程度分成若干部分，以便一一妥为解决；第三条：按次序进行我的思考，从最简单、最容易认识的对象开始，一点点逐步上升；第四条：在任何情况之下，都要尽量全面地考察，尽量地普遍复查，做到确信毫无遗漏。因此，笛卡尔认为复杂的逻辑推理、几何学证明等都是思维之中不必要的约束条件，上述法则"只要我有坚定的信心，无论何时何地绝不违犯，也就够了"，参见[法]笛卡尔：《谈谈方法》，王太庆译，商务印书馆2000年版，第16页。

"存在/思想"，并且赋予后一个对立值以更高的地位。然而，上述的观点之所以是流俗的，乃是由于它们在海德格尔的思想之中与"闲言"有关：首先在"自然状态"的预设之中，原本人寓于自然状态之内，然而唯有出离"自然"才能获得在社会意义上的"自由权"，即唯有以自然为对象，人的自由才得以彰显在社会之中——逻辑成为实践的法则而把"自由"限制为某种"权利"和与之相匹配的"义务"；其次，自然被摆置和悬置于"思想"之外，即唯有于自然中解放"真知"才能诞生，依照"先验逻辑"或是"经验逻辑"，"自由"也就成为人的有意义言说和真切的思想的显示，人的自由进而不再是以"存在论"规定，而是以"逻辑"规定，逻辑同时分化成自然规律、伦理规范等多种逻辑，在这一意义上"自由"并非恣意的，同时这种定理被运用到对自然的理解领会之中，自然也就成为有逻辑的构造，虽然在伦理学与认识论上，"逻各斯—自由"的关系的确为伦理实践和知识积累提供了帮助，但是在生存论和存在论上，定式了的"逻各斯"都是对解蔽路径的限制，关注的是个别且观察方式被规定了的"对象"，而非存在本身，也无法对存在者整体进行观察——这样的"逻各斯"也不再是本源的 λόγος，而成为组建"闲言"之前见的现成的"逻辑"。

2. 本真自由观——"λόγος"作为拢集的根本自由

在"自由权"以及"思想自由"的意义上"逻辑"赋予的权利无论是在价值论还是认识论方面都自有其道理，但它们所构成的乃是作为"伦理规范"的"自由权"以及其衍生的关于自由这一自然权利的"伦理规范"，以及出于"思想的自由"以及其衍生的关于自由的"思想规律"。"规范"和"规律"在"政治参与和权利保护"以及"思想明晰和确然性保障"方面给予的庸常此在以"在世"之中的自由结构："伦理规范"意味着在"操持"于他人与我的此在的庸常状态之中用以约束我之此在与他人之此在之间的言说活动以及行为活动的"行动逻辑规范"，而"思想规律"则意味着在"操心"的于世内存在者与我的此在的庸常状态之中对"物"的静观所必须遵守的规则。因此，上述的两种"自由"也就成了在"逻各斯"的异化形式——"逻辑"——的约束下的自由。这种自由依照海德格尔看来，是"非本真"的自由。

首先要确定"什么是思想"。海德格尔认为我们在流俗意义上经常认为"思想"是以"逻辑"——包括实践逻辑和认知逻辑去指令地叫我们去做什么，人被逻辑去要求去做某事，进而在这一情况下实现"自由"，然而这一观点也是近代存在论论题与自然法论的表现，它意味着存在的基本方式被区分为"自然（res extensa）之存在与精神（res cogitans）之存在"[1]，最终以"自由权"和"为自然立法"的方式在康德的哲学之中形成："吾身是在敬之道德感受中在存在体（ontisch）被彰显为存在着的自我的"[2]，然而在康德的上述界分之中，出于"先验范畴"这一领地的"思想的自由"和出于"自由意志"的"道德律"并不是统一的，一方面"思想的自由"不具有对"实践的人格"的规范性，这就导致精神、灵魂以及道德方面的难题无法得到科学的解释，而对于"理论的人格"来说，"自由权"反而可能构成对思想的限制，这就反而造成那些可能不具有合法性或不符合普遍适用的道德律的思想的不被许可——这种理论人格和实践人格的分离也就意味着"理论逻辑规律"和"实践逻辑规范"之间两种"自由"赋予意义上的冲突，进而也分割了"完整的我之此在"与"此在的完整的在世结构"。

为了保证人之此在的完整的在世结构，海德格尔要求读者去重新对"主观思想—客观自然"的对置关系予以反思。"思想"作为此在的在世活动，本身并非依照逻辑的不同法则获取自由，并且把自然对象化的认知或实践行为，在海德格尔看来"思想"与"存在"应当被思想为"同一"的，其最初来自巴门尼德的箴言"τὸ γὰρ αὐτό νοεῖμ ἐστίν τε καὶ εἶναι"，海德格尔将之转译为"因为觉知（思想）与存在是同一者"。巴门尼德所讨论的"同一者"是晦暗不明的，但是这表示在思想史之早期，在思想获得同一律之前，同一性本身已经说话并且是在同一个箴言中说话，也即思想与存在归属于同一者，并且由于这个同一者而共属一体。在上位的"同一者"晦暗不明的情况下，唯一都可能是把"思想"与"存在"思考为"共属"（Zusammengehören），它并非把思想和存在思考为"共同"地归属于什么，而是强调这两者的共同—相互地"归属"也即互属[3]。进而意味着在生存论上，存在者的根据既非"纯粹思

---

〔1〕［德］海德格尔：《现象学之基本问题》（修订译本），丁耘译，商务印书馆2018年版，第173页。

〔2〕［德］海德格尔：《现象学之基本问题》（修订译本），丁耘译，商务印书馆2018年版，第197页。

〔3〕［德］海德格尔："同一与差异"，收录于氏著《同一与差异》，孙周兴等译，商务印书馆2014年版，第35~36页。

想"也非"纯粹实在"，而是由于二者互属的同一作用的"根据律"——"每一种东西，当且仅当它为了前置活动（Vorstellen）而被确置为一种可依置的（berechenbarer）对象时候，它才被视为存在着的"〔1〕，"思维"和"存在"之上并不存在某种"同一律"意义上的更高的种属，而二者仅仅具有的"互属关系"意味着二者没有先后关系而为"一"，"φύσις"与"λόγος"乃是同一的，只不过前者强调的是"发生—持留—涌现"的生存环节，而后者则是人之此在在这一过程中对"发生—持留—涌现"之中的领会。"思想"既在"存在"之中，"存在"也包容到了作为"领会"的思想之内，它进而构成了一切存在者赖以存在的"根据律"，也因此就成了流俗意义上作为"人的自由思想/实践行为"的"在世操心与筹划"活动的基础。

　　进而，在指出了"思想与存在"在存在论意义上的同一关系，"逻各斯"之为本源的言说方法与"流俗的逻辑"也具有差别。针对这一问题，海德格尔首先指出"逻辑（ἐπιστήμη λογική）"在古希腊的理解之中乃是"关于λόγος的科学"〔2〕，因此"逻各斯"是第一位的而"逻辑"是第二位的，"逻各斯"在源初的含义上意味着"拢集"和"秩序"，而"逻辑"学说的产生"只有在存在与思想之间的区分已经实现，而且是以某种确定的方式并依照某一特别的视角实现之后，它才有可能作为对思想的形式构造之强调和对思想的规则的罗列排序出现和存在"，而并非在先天的意义上早就规定了"何为思想"以及"何为主体活动"以及关于二者的"如何所是"〔3〕。但是"思想与存在"的"分离关系"仍然是近代哲学的成熟观点，海德格尔即使从"整体性的生存论结构"得出了二者同一于"存在本身"之中，但是他也必须回答"逻各斯"何时被"逻辑"取代以及如何给导致了"思想/存在"的区分，也即必须指出"φύσις"与"λόγος"的区分在何时显现并且在什么时候二者才被变成"存在"与"思想"的区分？海德格尔首先认为，在希腊人那里"φύσις"与"λόγος"一度是统一的，"λόγος"这个词"源初含义最初同语言、语词、言谈毫无关系……即使在其早已有了说话与言谈的含义之后，依然还保有它的源始含义，因为它至今还有着'彼此之间的关系'

---

〔1〕［德］马丁·海德格尔：《根据律》，张柯译，商务印书馆2016年版，第251页。

〔2〕［德］海德格尔：《什么叫思想?》，孙周兴译，商务印书馆2017年版，第177页。

〔3〕［德］海德格尔：《形而上学导论》（新译本），王庆节译，商务印书馆2015年版，第139页。

的含义"〔1〕。而 "φύσις" 则要以 "变易" 和 "涌现" 意义上的 "存在—自然" 含义去理解,在这个时候,"自然—存在" 与 "逻各斯" 尚未分离:自然的过程是 "发生—绽放—持留",而 "逻各斯" 则是 "让" 人去看,去 "采集" / "拢集" 这种发生的过程去 "让人看" 的 "使……公开" 的过程。海德格尔指出,在赫拉克利特那里,"φύσις" 与 "λóγος" 的关系应得到了诠释,赫拉克利特的原话是:

> 如果你们听得不是我而是 λóγος,那么智慧就是据此而说:一就是一切。
> 人不可以像睡着时那样行事与言谈。〔2〕
> 互相排斥对立者,自自身中就含有来往交错,此起彼伏,它从自身拢聚自身。〔3〕

赫拉克利特的上述观点指出了 "逻各斯" 的三个含义:第一,"逻各斯" 不是日常意义上的 "言说—闲言",而是 "被聆听者",智慧言说的 "根据律" 就是 "逻各斯",不是人在说语言,而是语言让人去说,"逻各斯" 在源始含义上地区意味着一种与 "人之此在" 相对的 "一",构成了与人对面而立以供人去倾听的东西;第二,沉睡中的人是不能 "听" 的,即唯有人已经处于 "澄明" 的本真生存之中他的此在才可以去 "素朴地听",而根据 "思想" 和 "存在" 的同一律关系,由于人的 "有死性" 的有限结构,它的此在不能把握 "存在" 但是却可以 "庸常地操心",因此 "逻各斯" 之异化为 "逻辑" 是在存在者中飘忽不定,总是把唾手可得的东西认为是要去把握的东西,"每个人的见解都出于一己之私,都是一孔之见,这种一孔之见就阻碍了人们先行去正确地把握那在自身中集聚的东西"〔4〕——那 "一己之私" 就是流俗意义上对应于 "操持" 的 "自由权",而 "以控制积极" 就是流俗意义上对应于 "操劳" 的 "形式逻辑"。

而对于第三点即 "逻各斯" "拢集",海德格尔则以巴门尼德的阐释进行了进一步的解读,对 "逻各斯" 之为拢集,应当在 "存在" 之为 "涌现" 和

〔1〕 〔德〕海德格尔:《形而上学导论》(新译本),王庆节译,商务印书馆 2015 年版,第 143 页。
〔2〕 〔德〕海德格尔:《形而上学导论》(新译本),王庆节译,商务印书馆 2015 年版,第 147 页。
〔3〕 〔德〕海德格尔:《形而上学导论》(新译本),王庆节译,商务印书馆 2015 年版,第 151 页。
〔4〕 〔德〕海德格尔:《形而上学导论》(新译本),王庆节译,商务印书馆 2015 年版,第 150 页。

"真理"之为"无蔽"的本真结构上相通地思考。海德格尔首先运用了巴门尼德的箴言"τά σ' ἐγὼ φράζεσθαι ἄωωγα"去诠释上述的"三重同一结构"，即"这一点，即 Χπ ἠ ἐὸ λέγειν（必需去道说）以及别的，是我要记在你心头上的"〔1〕。海德格尔认为上述的箴言"指示给思想者三条道路：一条是思想先于一切地必须走的道路；一条是思想同时也必须关注的道路；一条是思想不能通行的道路……这个指令把思想召唤为道路、无路（Unweg，弯路）、歧路行动的交叉路口……从巴门尼德的话语中可依显示出，他服从一个指令，他为了应合一个劝说（Zuspruch）而跟着它说话"〔2〕，而巴门尼德又说"χρὴ τὸ λέγειν τε νοε ῖν τ' ἐὸν ἔμμεναι"，即"必需去道说和思考存在者存在"〔3〕，海德格尔进而将这一箴言分解为"必需的：既道说又思想：存在者：存在。"〔4〕上述的箴言并非依照逻辑组联，但它反而却道说出了"存在"本身：Χρὴ——所需；λέγειν——言说，置放，νοε ῖν——思想，留心，这样去思"存在者存在"就要让需用者进入其本质的本己要素之中，并且把它保存于其中，而"言说"之所以为"置放"乃是由于"希腊人从端出、端呈、思想出发来理解道说"，"λόγος"就与一切不假思索的张目呆视、道听途说和闲言碎语形成鲜明的对比，"λόγος"即思索处于直接而近乎激烈的极端对立之中，"这里要求的不是巧舌如簧地对一切事物胡言乱语，而是 'λόγος（逻各斯）' 的一种 'λέγειν'（言说，置放），以及通过后者才达到的区分和选择："把一方与另一方区分开来，使之显突出来，或者把它置回背景中"〔5〕。"νοεῖν—思想" 即 "觉知"，"留心" 因此也就意味着 "人的接受性"（Rezeptivität），它与自发性（Spontanneität）相对而意为 "被给予某种习惯"

---

〔1〕　[德]海德格尔："什么叫思想?"，收录于氏著《什么叫思想?》，孙周兴译，商务印书馆 2017 年版，第 201 页，译注："此句现在通译为'我要你思忖这些'"，[英]G.S. 基尔克、J.E. 拉文、M. 斯科菲尔德：《前苏格拉底哲学家：原文精选的批评史》，聂敏里译，华东师范大学出版社 2014 年版，第 380 页。

〔2〕　[德]海德格尔："什么叫思想?"，收录于氏著《什么叫思想?》，孙周兴译，商务印书馆 2017 年版，第 202 页。

〔3〕　[德]海德格尔："什么叫思想?"，收录于氏著《什么叫思想?》，孙周兴译，商务印书馆 2017 年版，第 202 页。

〔4〕　海德格尔把上述箴言分为四段来翻译："Χρ ὴ: τὸ λέγειν τε νοε ῖν τ': ὲ ὸ ν : ἔμμεναι"，参见 [德] 海德格尔：《什么叫思想?》，孙周兴译，商务印书馆 2017 年版，第 210 页。

〔5〕　[德]海德格尔："什么叫思想?"，收录于氏著《什么叫思想?》，孙周兴译，商务印书馆 2017 年版，第 233 页。

并把它保持在心里，"νοεῖν"的名词词根是"νόος-νοῦσ（奴斯）"，即"在我们面前解释过的心思（Gedanc）、凝思（Andacht）、记忆的基本含义"。"λέγειν"与"νοεῖν"的隐蔽本质恰恰在于与"无蔽者"及其"无蔽状态"相互应和，"言说—置放"与"思想—留心"的结合"需要—需用"，而此在需要"言说—留心"去解蔽。因此"Logos"与"Aletheia"就具有对应关系，先行的"让…呈放"和"使…达到先行显露"就是"逻各斯"之为"道说"的"取舍作用"，它已经先于"逻辑"存在，甚至选择了什么"逻辑"要先被置放进入所需之中进而转换为"思想"而作为先行敞开的此在与世内存在者本身的澄明领域〔1〕。

源初的"逻各斯"也就意味着"先行地把存在者有选择地先行显露—说出来，并且把它保留到心里"，"λόγος"先于思想活动及其一切逻辑活动而更本源地成为"言说—置放"的以满足"心灵"在存在领会上的所需的活动。"思想"也就更本质地被界定为"最可思虑者在原始意义上给予思想，即它把我们交给思想"：流俗的"自由"强调是的思想的自由及其规范，乃是把思想理解成人类精神行为阐发出的事件，即意志行为或思想活动的自由，它们忽略了已经经由"λόγος"排序和置放了并且已经给予我们存在者位序的"先逻辑结构"，这种结构以"解蔽之所需"为基点去把那些"所需的"实现置放放到言语之中并且驻足于思想之内，进而成为此在发问存在的"λόγος"（道说）：对于"存在—真理—道说"的三重同一化结构，海德格尔就给出了如下的规定：

（1）无论是道说还是聆听，只有当其先在自身中已指向存在，指向逻各斯，它才是正确的：抓不住逻各斯的人，不懂得怎样听，也不懂得怎么说，因此也就不懂得本真的领会——不会本真地生存；

（2）存在作为逻各斯就是源始意义上的采集，而不是那种在其中每一块都是无关紧要的乱石堆积：这个存在，这个逻各斯，作为拢聚起来的谐调共音，并不是每个人出相同的份子就可以轻易入场参与的大合唱，相反，它是隐藏晦蔽，它反抗那种总只是滥竽充数，消除紧张和救平一切的合唱共鸣；

---

〔1〕 参见［德］海德格尔："什么叫思想？"，收录于氏著《什么叫思想？》，孙周兴译，商务印书馆2017年版，第236、245页。

（3）因为这个存在就是 λόγος（逻各斯），是 άρμονία（和谐），是 άλήθεια（无蔽），是 φύσις（自然），是 φαίνεσθαι（现象），所以它恰恰不是随意地展示自身：这种同一性的强力结构只有强者才能经受得住，因为"逻各斯"要以努力倾听把握，"无蔽"要克服遮蔽以最强的力道去向存在者展开，而"自然"则是处于流变之中需要直面自身的"无"的先行结构。

如果考虑到上述的规定，此在的本真性就成为维系"同一性"的基点，而一旦此在保持"沉沦"的生存状态，那么"逻各斯"就变成了现成的逻辑规定，语言和行为成了"定式"下的操持与操劳活动，这也就解释了为何在"符合论真理"的意义上人之此在只能以极其有限的方式去解蔽自身本己生存的可能性，因为"逻各斯"和"流俗真理"构成了"教义的真理—形式的逻辑论证—语言/实践的操心活动"的现成合法行为。而如果在前述"逻各斯（思想）—无蔽（真理）—自然（存在）"的同一性先行结构下，本真的"自由"以及"语言"也就获得了新的含义。一方面，作为"道说"的"逻各斯"指出了语言的本质，语言被海德格尔规定为：

（1）人是消息的传信者，是"表达与现象"（逻各斯/思想—存在/自然）的二重性之解蔽（无蔽—真理）向人说出消息的[1]；
（2）言说从语言之本质而来被召唤出来，而不是从语言而来倾听语言[2]；
（3）本真的对话不是"关于"语言的对话，而是从语言而来道说，因为它是被语言之本质所用的[3]；
（4）任何存在者的存在寓居于词语之中……语言是存在之家[4]，是语言把存在者拢集起来并且以领会的方式解蔽出来，发现其中的存在。

语言的自由表达不是去依靠逻辑言说严密的命题，更不是去"依言行

---

〔1〕［德］海德格尔、［日］手冢富雄："从一次关于语言的对话而来"，收录于氏著《在通向语言的途中》，孙周兴译，商务印书馆1997年版，第129页。
〔2〕［德］海德格尔、［日］手冢富雄："从一次关于语言的对话而来"，收录于氏著《在通向语言的途中》，孙周兴译，商务印书馆1997年版，第141页。
〔3〕［德］海德格尔、［日］手冢富雄："从一次关于语言的对话而来"，收录于氏著《在通向语言的途中》，孙周兴译，商务印书馆1997年版，第143页。
〔4〕［德］海德格尔："语言的本质"，收录于氏著《在通向语言的途中》，孙周兴译，商务印书馆1997年版，第154页。

事"，而是以"倾听"为前提进而表达出逻各斯传递出的存在的消息进而把存在之真理解蔽出来：在其第（1）～（3）的规定之中"逻各斯"之为言说指向的是"无—蔽"的先天结构，它对应的是在既有的"无蔽"的场域之中以逻各斯传达出的关于解蔽的要求去向人的讯息；而在（4）这一规定中，"逻各斯"之为言说则对应于人之此在的生存论境况之中，即"在世存在"就是在语言中存在，以语言去解蔽、领会生存之中的讯号并且提供生存论的领会。而另一方面，作为"思想"的，属于人的"逻各斯"也指出了自由的本质：

（1）在实践论上："自由的不可把握性在于，由于自由存在把我们置于对存有（Seyn）的实行中，而非对存有的纯然表—象中，因此就自由地存在着而言，它就是拒绝概念化把握的……但实行也不是盲目地按部就班，相反，它是以认知的方式内立（innestehen，站进来）于存在者整体之中，而这是必须忍受（ausstehen，站出去）的……立身于这一姿态中的人能作为一种历史性的人和一种命运照面，自己把这一命运接纳下来，并超越自己来承担这一命运[1]"；

（2）在认识论上："自由作为存在者之存在的敞开，即存在之领会的可能性条件……让存在者照面，对存在行动，其中任何一种敞开方式，都只有在自由地方才是可能的……因果性基于自由，因果性的问题是一个自由的问题，而不是相反……始终或必然事先一道将把握住者也包括在内，在其此在的根源在要求他。"[2]

"实践论"上的自由对应的是"逻各斯—自然"的生存论关系，其核心在于"愿为良知—承担罪责—向死存在"的本真生存论结构，即对于命运的接受和泰然任之，而在"认识论"上的自由，则意味着"言说—逻各斯"意味着对真理的自由的敞开，即以"语言—逻各斯"去开启存在者的澄明之境，并且进而奠定以"逻辑"的方式解释存在者的有序的解蔽方式之一。

无论是在上述哪一个向度上，"逻各斯"作为"无蔽—自然"的同构要

---

〔1〕 ［德］海德格尔：《谢林：论人类自由的本质》，王丁、李阳译，商务印书馆 2018 年版，第323 页。

〔2〕 ［德］海德格尔：《论人的自由之本质——哲学的导论》，赵卫国译，商务印书馆 2021 年版，第 314～315 页。在王庆节教授的译本中"Dasein"一般被翻译为"亲在"，为了本书的名词统一，我们把"Dasein"统一表述为"此在"。

素，除了让人"在其中"之外也可能形成与人之此在的"照面结构"，它意味着"拢集"乃是与自然相对的"思想力量"，在这一意义上根本的自由源自人之此在按其本质而言在筹划之际先抛出诸如一般的为之故，并且绝不使之作为偶然的功效同时产生出的那个东西，是出离世界的超越。海德格尔把"λόγος（逻各斯）—ἀληθἑια（无蔽）—φύσις（自然）"这一"本真的结构"称之为"超越了此在之此"的"莽劲苍然"之力道即"非此在"〔1〕，它意味着"此在在反抗自己本身的最高级的强力—行事中打破存在的威临——一切之强力。此在拥有的这种可能性并非一空空如也的出路，相反，只要此在存在，它就是为了这样的一种可能性，因为它作为此在，注定要在一切强力—行事中，为了存在而粉身碎骨，操心劳瘁"〔2〕。海德格尔的上述充满悲剧色彩的表达指出了"人之此在"向更高的层次超越本真生存论层次的向存在层次的超越可能，它是人的"最高的自由"，是打破"逻各斯—无蔽—自然"的结构的更为高级的"归本"活动。

在超越庸常生存论的意义上"自然—法"的规定就是先于人的庸常生活中"操心在世结构"的更为整全的"本真此在的整体能在结构"，自然意味着"无—生长—绽放—持留—死亡"的"曾在—现在—能在"的时间结构以及"罪责—良知/决心—向死"的生存结构，"法"也因此意味着超越"符合论真理"的庸常的认识论定则与伦理学法则的前提先见，超越"自由权"和"思维自由"等由逻辑控制的实存更高的"遮蔽—无蔽—敞开"以及"聆听—道说—拢集"的结构。在"λόγος（逻各斯）—ἀληθἑια（无蔽）—φύσις（自然）"的同一性之中，"φύσις（自然）"意味着本真的此在的可能性，"ἀληθἑια（无蔽）"意味着本真的此在的"何所向"的敞开活动——即"去—无蔽"，而"λόγος（逻各斯）"赋予此在的则是"法则"意义上的"聆听"，要求人之此在依照"φύσις（自然）"的绽出并追求"ἀληθἑια（无蔽）"的澄明之境。但是我们也应当指出，上述的"λόγος（逻各斯）—ἀληθἑια（无蔽）—φύσις（自然）"的三重结构所针对的仍然是沉沦中的"在世此在"的"操心结构"，后者则意味着从技术与形而上学的现成结构的约束之中回到"生存"本身，如果把"λόγος（逻各斯）—ἀληθἑια（无

---

〔1〕　〔德〕海德格尔：《形而上学导论》（新译本），王庆节译，商务印书馆 2015 年版，第 204 页。
〔2〕　〔德〕海德格尔：《形而上学导论》（新译本），王庆节译，商务印书馆 2015 年版，第 204 页。

蔽）—φύσις（自然）"的三重结构视为"自然—法"，那么它仅仅是"生存论"的，因此也就无法达到"存在论"，也就无法回应"存在者/存在"这一存在论差异，职是之故，探问是否有进一步超越这同一性的更为"源初"的自然法则是接下来的必要任务。

第五章

思和迈向另一开端：克服形而上学与向源初自然法的回返立场

前文的讨论构成了在现象学意义上的"悬置"和初步还原过程：在悬置了统治现代社会的"技术—集置"后，我们跟随海德格尔发现了在这一"技术的天命"背后的"形而上学演历"，后者构成了前者的发生学的根据，而前者恰恰是后者在不断实施"最高价值的自我罢黜"后最终涌现出的"统治者"。然而当我们再次跟随海德格尔的脚步并进而把"技术天命"与"形而上学演历"视为现代性的"第二洞穴"而再次"悬置"，发现的是在人之此在的生存论角度的"庸常在世结构"，即以"现身情态—领会理解—言说话语"异化为"好奇—两可—闲言"的"沉沦在世"的结构，这种结构在生存论角度反映为"操心"这一上手状态。然而在这种状态之中，此在尚且不能对"存在问题"进行发问，唯有进行对"操心状态"的悬置，才能发现本真此在"在世"的同一性结构"λόγος（逻各斯）—ἀλήθεια（无蔽）—φύσις（自然）"，即在世界之中向着虚无（死亡）并承担历史的罪责，向存在者敞开自身，把世内存在者拢集到澄明之境之中——即在生存论角度的"自然—法"规定。但是，在完成了上述的"悬置"过程之后，虽然得以发现"本真此在的在世整体结构"，然而这仅仅保障了此在对存在能问，却尚未回答"何所以问"的问题。因此在本章开始，我们要开始建基于"λόγος（逻各斯）—ἀλήθεια（无蔽）—φύσις（自然）"的生存论结构上的"还原"过程，去讨论此在对"存在"的发问方式——也即本真此在向"存在"本身靠拢的路径。

得出源初自然法面对的困难不在于最终的结论而在于发问立场，在明确回返源初自然之为本真生活的路径后，人之此在如何进一步超越生存进而趋向存在则有其讨论空间。虽然"λόγος（逻各斯）—ἀλήθεια（无蔽）—φύσις（自然）"这一结构在形式上构成了对"本真生存"的规定，但一旦此在发问到它们的"所是"之时，这一生存论的先行结构的存在论属性也就体现出来，因此对于"生存论"意义上的"自然—法"要做如下的理解：首先，针对"虚无主义"的现代症状，克罗斯比（Donald A. Crosby）指出："每一种虚无主义都否定人类生活对某一重要方面：政治虚无主义否定我们生活于其中的政治结构，以及表现这些结构的社会和文化，它很少甚至没有建设性的替代方案或改进计划；道德虚无主义否认道德义务的意义、道德原则或道德观点的客观性；认识论虚无主义否认存在任何不被严格限定于某一单独个体、群体或概念架构中的真理或意义，任何不是完全相对于这些个体、群体或概念架构的真理或意义；宇宙论虚无主义否认自然的可理解性或价值，认为它对人类的关切漠不关心或充满敌意；生存论虚无主义否定生命的意义。"[1]从这个视角看，海德格尔有明显的"政治虚无主义"和"价值虚无主义"乃至于"认识论虚无主义"倾向，这是由于海德格尔既没有提出一种能为社会建构增加力量的成型的政治学理论，反而讨论的是在政治架构和技术统治下的生存论境况，同时对本真此在之为发问"存在"的生存论前提拒斥伦理学乃至认识论的意义上的道德律令和科学规律，以之为"成见"而否定其生存论合法性。海德格尔坚信西方形而上学的历史是遗忘了"存在问题"的历史，在此基础上指出作为本源和根据的乃是"存在"（或后期的"存有"）并拒绝把"至高存在者"等同于存在，他指出了自柏拉图开始，西方形而上学就走向了对"至高存在者/一般存在者"进行区分的泥淖，前者在后世看来是彼岸的或超验的"价值"，而后者则被后世视为此岸或经验的"事实"——"主客体二元论"就是这种形而上学的遗产。海德格尔对现代社会之中的"宇宙虚无主义"之对"自然"的遗弃和"生命虚无主义"之中对本真性的"真理"与"逻各斯"的遗忘保持高度的关注与批判态度，甚至唯有在"宇宙论（存在论）"与"生存论"角度回返"存在本身"，才能建构出

---

〔1〕 ［美］唐纳德·A. 克雷斯比：《荒诞的幽灵：现代虚无主义的根源与批判》，张红军译，社会科学文献出版社 2020 年版，第 46 页。

某种伦理学、政治学和一般认识论的基地，这也反映出了海德格尔本人的"自然哲学"高于"认识论哲学"和"政治哲学"的基本学术立场。

　　为了克服"生命的虚无主义"，海德格尔在生存论的角度去批判无意义或意义消散的"庸常生活"，进而希望去以对此的超越去获得通达克服"宇宙虚无主义"的路径，在这一路径中"λόγος（逻各斯）—ἀλήθεια（无蔽）—φύσις（自然）"的同一性结构被解读为生存论的先行整体解构，因此也成了由"生存论"向"存在论"的跃迁的进路，即在海德格尔提出的"存在论区分"——"存在者"与"存在"的区分内实现"此在之为存在者"向"存在"的运动，这种运动也就意味着在"λόγος（逻各斯）—ἀλήθεια（无蔽）—φύσις（自然）"的同一性的规定下去依照"拢集/言说—解蔽/真理—涌现/自然"的"法"的规定回返到"自然"进而被超克技术与形而上学订造的本真生存样态。在这一意义上，"拢集—无蔽"为"法"，而"涌现"为"自然"，综合即是经由人之此在的言说去使存在自然地澄明的法则。在存在论层次上的"自然—法"概念由于其位阶已经在伦理学的流俗自然法观之上，因此其中的各个环节的伦理要求——如果的确能够从中解读出某种伦理学要求的话——也是相当"薄"的规定，在通向"存在"的过程之中不能采取指向相对"厚"的实质伦理与道德的实践逻辑与理论逻辑的论证，而必须选择其他的路径——海德格尔借此提出了"思（Besinnung）"与"诗（Dichtung）"这两种发问路径，即是回返"自然哲学"与"诗思哲学"。

　　"思"（Besinnung）被海德格尔视为超克现代技术统治，进而回返本真生活并向"存在"栖居的必由之路，它与形而上学的主客对立之思维对立。首先，从形式上看"思"指向的是追问的东西即"存在本身"进而参与对意义的探讨（sinnan/sinnen）并且对一切值得追问的东西"泰然任之（Gelassenheit）"，要求对所思的东西"镇定冷静"并"无心无意"[1]；进而，在实质上

　　　[1]　此处的"无心无意"指的是要超越对物的单纯的意识活动，甚至就是"无意为之"——"如果我们只是有意识，我们就还没有沉思"，参见［德］马丁·海德格尔："科学与沉思"，收录于氏著《演讲与论文集》，孙周兴译，生活·读书·新知三联书店2005年版，第64页，而在此处几个基本概念需要重新界定："意义（Sinn）"被海德格尔规定为"道路"，指的是"一个实事所采取的路向……已经踏上的开放路向……是已经得到澄明的领域，一个实事就在其中展开同时又何在其本质。意义是这样一个东西，一个实事由之而来借助于在其中隐蔽的本质抑制自身：被抑制者（das Verhaltene）——一个实事的形状（der Verhalt einer Sache），事—态（Sache Verhalt）这个词现在得到了更深刻的思考；实事（die Sache）——争—执（der Streit-Fall）、冲—突（der Zwischen-Fall）、区—分（Der

的"思"则对立于科学意识与科学知识的本质以及"教化（Bildung）"的本质即"文明与文化范型的本质"[1]，它相比于"教化"更为宽容也更加贫困："宽容"意味着沉思是抛弃规律和规范的更为源初的赋义活动，它把握的是存在本身在时代闪现的某一瞬间的澄明，在"时代的标志变得清晰可见"的时候遵从命运的遣送去把握存在；"贫困"则指的是"沉思"面向的是让不可穷尽的值得追问的"存在"的不断清晰化的探究，"沉思的贫困"一是表达了在科学技术高歌猛进的现代人类的"沉沦"导致对那"存在问题"的不断遗忘的"沉思的欠缺"，二是表明即使沉思永远是不满足的，"贫困"就意味着对存在这一财富的不断"攫取"，它意味着永远保持"发问"的态度而未必有所得。从这两方面来看"沉思"首先是要打破或悬置既有的"意义结构"，认识到实事之形态在"自行彰显/自行隐蔽"的同时态中，并且对实事重新赋义；其次则是要永远保持开放和追问的态度，保持对实事及其"存在"的好奇的态度。

一、"思"的西方起点：前苏格拉底思想家的源初自然观

希望通过"λόγος（逻各斯）—ἀλήθεια（无蔽）—φύσις（自然）"的

（接上页）Unter-Fall）另译者注明"意义（sinn）"与"沉思（Besinnung）"的字面联系无法以字面展示；由此可以揭示的是，"意义"具有双重性质，一是在"敞开"的角度看，意义意味着某一实事有所开敞，形成了某种"实在—形状（Verhalt）"（Verhalt—Verhalten的现在直陈式分词），是对其本质（Wesen）的展示的"何—方式"；因此在另一方面，"意义"也就意味着"被抑制者"，意义即展示（使得—无蔽）某一种实事展开的可能性形态，而压抑其他形态，进而抑制实事（Sache）的整全本质——因此才能解释清楚为何"实事（Sache）"之为"事态（Sache Verhalt）"乃是"抑制"，因为敞开既是"无蔽"也是"遮蔽"（关于遮蔽与无蔽的关系，参照前文对"真理"的讨论），因此"实事"就是"敞开"和"抑制"的争执、对立和区别之所在。在这个角度，意义就是实事自身敞开的某种形态以及被遮蔽的本质的结合，"沉思"之为"Besinnung"就是"使（be-）……有意义"，即"赋义"。所以说"沉思是参与对意义的探讨"应当以"真理—逻各斯"的角度进行解读，即沉思意味着人之此在敞开自身并且去道说出实事（世内存在者）的存在现况（Verhalt）的过程。参见［德］马丁·海德格尔："科学与沉思"，收录于氏著《演讲与论文集》，孙周兴译，生活·读书·新知三联书店2005年版，第64页注1、2。

〔1〕意指"提出一个榜样（Vor-bild）和制订一条规章"，以及"使得预先确定的资质成形"，进而把一个榜样范型带到人的面前去让人依照这个榜样范型去建构自己的行为模式，因此"Bildung"可以被理解为在伦理学和法学意义上的"规范"，与"科学意识与科学知识"的"规律"具有类似的性质，参见［德］马丁·海德格尔："科学与沉思"，收录于氏著《演讲与论文集》，孙周兴译，生活·读书·新知三联书店2005年版，第65页。

同一性去进入"存在"，就必须首先对上述的结构进行进一步的发问，即首先通过"思"的方式去"思入"三重结构整体的内涵之中。尊重海德格尔的表达"思想"与"思"是不同的概念，前者的德语词项对应的是"Denken"，而后者对应的词项则是海德格尔"创造"出的"Besinnung"——前者意味着本着逻辑定理、科学规律和道德规范的推论、解释等思想活动，正如我们业已指出的，它派生于本源意义上的"逻各斯"，而"Besinnung"则属于本源的逻各斯，它意味着回返到"拢集"这一本源的意义上的"沉思"，应当指出的是，海德格尔之所以创造出诸多词汇，根本地是由于他要对形而上学进行批判并且最终抛弃形而上学的"思想"以克服之，因此"Besinnung"就具有双重的含义：一是指"未来之思"，它意味着广义的"思想"在未来应有的样态；二是指"本源之思"，即在形而上学并未产生的情况下思想者源初的"运思"。

（一）以"φύσις"取代"Nature"：阿那克西曼德与源初自然的表达

正如前述，"虚无主义"具有多种形态，而依照海德格尔的"沉思"的定义，"政治虚无主义""道德虚无主义"以及"认识论虚无主义"乃是"沉思"需要克服的境况，把"教化"悬置并对"科学规律"予以悬置，唯有在这种意义解构的条件下"沉思"才能真正地面向实事的存在本身进行探问，进而对"宇宙虚无主义"和"生命虚无主义"进行批判和回应。那么在"何时"历史开启了上述的虚无主义环境，以至于"沉思"变得迫切？首先，如果在"科学规律"和"教化—道德规范"业已坍塌的"上帝已死"的时候的确有虚无的环境，然而在这个时候时代的虚无主义命运业已经由形而上学的"最高价值的自我罢黜"把"政治"和"道德"虚无化了，技术的统治也以科学和应用技术在"认识论"方面达到对思维的订制作用，这两种情况已经在"在世生存"之中以"沉沦—庸常此在"的形态威胁到"宇宙"和"生命"，因此在此时的"沉思"虽然带有对上述的危机的救渡的可能，却不能在型构了上述危机的西方形而上学之中寻找其基点。其次，"虚无"也可能存在于"科学规律"和"教化—道德规范"之"尚未"形成的时代，在此时"思是最高意义上的行动"，"自然是最高意义上的生产"[1]。按照海德格尔的技

---

〔1〕　韩潮：《海德格尔与伦理学问题》，同济大学出版社 2007 年版，第 277 页。

术批判和形而上学批判[1]，这一时代就是西方形而上学尚未产生的"前苏格拉底"时代，以及尚未被西方形而上学同化进而保持了自身的沉思能力的东方哲学（东方思想）——如中国道家哲学以及以"吠陀"表达的古代印度哲学之处，也即要在"技术—形而上学天命"之"尚未"之时与之处寻找到超克危机的资源，这样海德格尔就获取了"思"的两个来源，一是以米利都学派和爱利亚学派为代表的前苏格拉底的宇宙论的自然思想，二是以中国《道德经》和印度的诸"吠陀"为载体的东方自然哲学思想。

斯宾格勒在《西方的没落》中认为现代西方社会是一个单纯强调广泛的效果、排斥巨大的艺术成就和形而上学的世界，是一个和世界城市观念正相互吻合的非宗教的时代——乃是一个没落的时代，他看到了在西方的艺术和哲学的枯竭和耗尽，看到了"罗马的一件法律就胜过了当时所有的抒情诗和学校形而上学"，看到了发明家、外交家、理财家、军事家成为相对于"艺术家和哲学家"的"一等人"[2]。斯宾格勒所批判的是在现代性大肆扩张作为一个文化概念的"西欧"在精神方面的蜕化。海德格尔所处的时代也是一个物质高度繁荣、法律高度教义化以及科学技术突飞猛进的时代，也是新型国际秩序逐渐建立，旧帝国的瓦解和殖民地解放运动以及平权运动兴起的时代。但是在海德格尔的一生中，资本主义社会的大萧条、两次世界大战、纳粹德国法西斯主义造成的种族屠杀活动、核危机笼罩下的冷战与军备竞赛等现代性的症候相继涌现，在这一历史过程中如斯宾格勒指出的，欧洲特别是一度代表人类文明的"西欧"则处于不断没落之中。海德格尔提出"回返"欧洲最为古老的智慧，既有对现代社会"技术集置"的形而上学以及在"集置"之中沉沦着的欧洲人，也伴有对"虚无主义"的深刻认识，他指出"虚无主义的本质是一个与存在逐渐在其中自我虚化（遮蔽）的历史"[3]，而现代则是与"存在"几乎毫无关系的历史阶段了，在现代社会"我们的思想，或者更确切地说是我们在避免矛盾的基本原则下进行的计算和思维已经处于危险

---

[1] 鉴于对西方形而上学的批判，海德格尔更倾向于把前苏格拉底的自然哲学和东方自然哲学称为"思想"，因此本书在后文以"思想"去代指在上述阶段的哲学流派。

[2] ［德］奥斯瓦尔德·斯宾格勒：《西方的没落》（上册），齐世荣等译，群言出版社 2016 年版，第 147 页。

[3] Martin Heidegger, *Metaphysik und Nihilismus*, Vittorio Klostermann GmbH , Frankfurt am Main, 1999, p. 206.

之中，因为我们观察到在这个历史阶段中思想与存在本身已经毫无关系……如果必须将存在本身视为人类思维的无矛盾性的恩典，那么它也就愈发地自行持锁在其真理的本质之中"。[1]把"存在"视为全然无矛盾的思想的对象本身就是"技术统治"的一种"主客对置"的表现，而象征着主体的思维活动以矛盾律、同一律、排中律对自然进行解释，让自然符合这些规律或违反这些规律在西方哲学中连带着"存在"一同被遗忘的是那样一群前苏格拉底思想者，黑格尔把"泰勒斯到亚里士多德"称为希腊哲学的"第一个时期"，指出这一时期的特征在于"从完全抽象的、在自然形式或感性形式下的思想开始，一直进到规定的理念为止"，是哲学之完成为自足的科学整体的阶段——即自然哲学家阶段[2]。不过海德格尔认为"自然哲学家"不足以形容这些"思想者"，这是由于黑格尔仍然没有跳脱出"主客对置"的思路，因此也就找不到"思"的本源[3]。

　　因此，海德格尔就面对从"前苏格拉底思想"去克服形而上学与技术缔造的更为本质的"宇宙论虚无主义"和"生命虚无主义"的问题，他首先在阿那克西曼德那里发现了"自然（φύσις）"这一思想的渊源。依照阿那克西曼德的说法，"自然—存在"既不是圆融的，也不是由思维决定的，正如其箴言指出：

Ἐξ ὧν δὲ ἡ γένεσίς ἐστι τοῖς οὖι καὶ τὴν φθορὰν εἰ ταῖα γίνεσθαι κατὰ τὸ Χρεὼν διδόναιγὰρ αὐτα δίκην καὶ τίσιν ἀλλήλοις τῆς ἀδικίας κατὰ τὴν τος Χρόνου τάξιν. [4]

---

〔1〕　Martin Heidegger, *Metaphysik und Nihilismus*, Vittorio Klostermann GmbH , Frankfurt am Main, 1999, p.206.

〔2〕　［德］黑格尔：《哲学史演讲录：第一卷》，贺麟、王太庆译，商务印书馆1959年版，第186页。

〔3〕　海德格尔认为，当黑格尔承认"亚里士多德是在历史的视界中并且以他的物理学为尺度来看待那些早期思想家"的时候，他就已经为"前苏格拉底思想家"进行了如下的规定：一，当早期思想家追问存在者的第一开端时，他们首先并且常常只是把自然当作他们的表象的对象；二，与后来在柏拉图和亚里士多德学派那里，在斯多葛学派和医生学派那里发展的自然知识相比，"早期思想家关于自然的陈述还是粗糙的"，他因此认为黑格尔把"前苏格拉底思想家"整体地视为形而上学之前的朴素思辨，是因为黑格尔本身就属于"形而上学"而非"思想"。参见［德］海德格尔："阿那克西曼德之箴言"，收录于氏著《林中路》，孙周兴译，商务印书馆2018年版，第367页。

〔4〕　"阿那克西曼德箴言"有"辛普利丘《物理学注》版""希波吕特《对各种异端的反驳》版"以及"伪普鲁塔克《汇编》版"三个流传的版本，参见［英］G.S.基尔克、J.E.拉文、M.斯科

在第欧根尼的《名哲言行录》之中曾以寥寥篇幅将阿那克西曼德的思想概括成"把无限者认定为原则或元素,而没有将之定义为空气或水,或其他东西……他认为部分变化、整体不变"[1]。而黑格尔指出"ἀρχή(无定)"是阿那克西曼德思想的关键[2],因此在后苏格拉底的哲人来看,阿那克西曼德主张的仍然是朴素的宇宙论和"万物皆流(πάντα ῥεῖ)"的早期思想者对自然万物的朴素观察,因此阿那克西曼德无法从概念和观念上去整全把握"自然"。然而海德格尔对此则有不同看法[3],海德格尔首先以"思"与"形而上学"的区分指出如果就字面对这一箴言给出翻译,那么就很难掌握源初之"思",他认为若把"Ἐξ ὧν δὲ ἡ γένεσίς ἐστι τοῖς οὖσι"依据现代译法它所指的就是"狭义的自然物"或"万物"进而成为切合现代物理学方法的对自然物的陈述,而若把"δίκη""ἀδικία""τίσις"译为"正义""不义""补偿"显然是切合现代法学与伦理学的实践规范,但是先于"现代自然科学/自然哲学""现代伦理学与法学"而出现的"古代箴言"怎能去符合这些后进的学问,即使被"进步/落后"的前见视为相较于现代科学与哲学

(接上页)菲尔德:《前苏格拉底哲学家:原文精选的批评史》,聂敏里译,华东师范大学出版社 2014 年版,第 159~160 页。然而在编者看来,正文中加粗的部分"不能肯定是阿那克西曼德的",其理由在于编者认为在阿那克西曼德的思想体系中没有现成的"时间观"。在理智尚且出于发轫期的阿那克西曼德那里不可能出现与时间、法律、宇宙秩序等实体的概念,因此英文译者将之译为:"And the source of coming-to-be for existing things is that into which destruction, too, happens, according to necessity; for they pay penalty and retribution to each other for their injustice according to the assessmend of Time." 汉译者则将之译为:"对于诸存在物生成出自其中的,也就有毁灭归于它们,按照必然性;因为它们向彼此交付不正义的赔偿和补偿,按照时间的安排。"参见 [英] G. S. 基尔克、J. E. 拉文、M. 斯科菲尔德:《前苏格拉底哲学家:原文精选的批评史》,聂敏里译,华东师范大学出版社 2014 年版,第 161、162~163 页。

〔1〕 [古希腊] 第欧根尼·拉尔修:《名哲言行录》(上),马永翔等译,吉林人民出版社 2003 年版,第 83 页。

〔2〕 [德] 黑格尔:《哲学史演讲录:第一卷》,贺麟、王太庆译,商务印书馆 1959 年版,第 50 页。

〔3〕 不过海德格尔还是给出了他对该箴言的德译:"Aus welchem aber das Entstehen ist den Dingen, auch das Entgehen zu diesem entsteht nach dem Notwendigen; sie geben namlich Recht und Busse einander für die Ungerechtigkeit nach der Zeit Anordnung", 对应的汉译则是"但万物的产生由它而来,又必须根据必然性复归于它的毁灭;因为它们根据时间程序为不正义而赋予正义并且相互惩罚。"海德格尔进一步补充说:"根据流行之见,这句话说的是万物的产生和消失。它描绘了这个过程的特性。"参见 [德]海德格尔:"阿那克西曼德之箴言",收录于氏著《林中路》,孙周兴译,商务印书馆 2018 年版,第 373 页。

的蒙昧主义自然经验也并不会意图针对现代思想给出"不当的先入之见"[1]——以形而上学的解释方式和经过人的"技术"创造和改造了的思想去解读"思"以及"涌现"出的沉思活动显然是不恰当的，也即预设在阿那克西曼德的时代就有了现代自然哲学/科学以及伦理学、法学的观察方式并非真实。

相对地，海德格尔对阿那克西曼德的箴言进行了解读并发现了自然之为涌现的词义起源。首先，他关注"γἐνεσίς（产生）"与"φθορἁ（消灭）"，认为必须从"φύσις"的角度去思考这两个概念，将他们思为"自行澄明着的涌现和消隐"的方式，这意味着"产生—是"是伴随从"遮蔽"之中消逝进而"逃出（Ent-gehen）"遮蔽状态而处于无蔽，而"消失—产生"则意味着从"无蔽"之中退场并行进（Gehen）并"重生"于遮蔽之中，这样海德格尔就构建了一个先行的"生（入场）—灭（退场）"的连续过程，把"存在/澄明"的场域展开了，接下来等待"谁"进而入场[2]：

"存在"就是指澄明着——遮蔽着的聚集意义上的在场者之在场，而（逻各斯）就是作为这种聚集而被思考和命名的。Λόγος（逻各斯，λἐγειν—读、聚集）是从Ἀλήθεια（无蔽）方面被经验的，即从解蔽中的庇护（das entbergende Beren）方面被经验的。在Ἀλήθεια（无蔽）的分裂本质中隐藏着Ἔρις（斗争）和Μοῖρα（命运）的被思及的本质，而在Ἔρις（斗争）和Μοῖρα（命运）这两个名称中，Φύσις（自然）同时也获得了命名。[3]

因此，"入场者"就是被标示为"αὐτα（它们）"的存在者整体，它代表着以"始终逗留"的方式现身的一切在场者，是"始终逗留者（das Jeweilige）的统一的多样性"[4]，是"当前在场者和非当前在场者"[5]，"入

〔1〕［德］海德格尔："阿那克西曼德之箴言"，收录于氏著《林中路》，孙周兴译，商务印书馆2018年版，第376页。

〔2〕［德］海德格尔："阿那克西曼德之箴言"，收录于氏著《林中路》，孙周兴译，商务印书馆2018年版，第388~390页。

〔3〕［德］海德格尔："阿那克西曼德之箴言"，收录于氏著《林中路》，孙周兴译，商务印书馆2018年版，第399页。

〔4〕［德］海德格尔："阿那克西曼德之箴言"，收录于氏著《林中路》，孙周兴译，商务印书馆2018年版，第398页。

〔5〕［德］海德格尔："阿那克西曼德之箴言"，收录于氏著《林中路》，孙周兴译，商务印书馆2018年版，第399页。

场者"也就成为一个在以"生（进场和脱离）——灭（退场和行进）"构成的澄明领域里的真正的"现象"，于此澄明领域中的"逗留"使得存在者成其本质。然而海德格尔也看出于"生"和"灭"之间（Zwischen）的"逗留（Weilige）"仅仅是存在者"在"的一瞬，而于"生前—前来"与"灭后—去往"这两对"不在场"之中，"始终逗留者"既可以被理解为以"在场"填补了二者之间的"裂隙（Fuge）"而成其本质，也可以被理解为这一"始终逗留者"自行地于"无"中现身"绽出"为其本质[1]，因此也就建构了一个如前述的"无—有—无"的结构。这样"δίκη（正义）"就成为"嵌合（Fug）"，而"άδικία（不义）"就意味着"非嵌合（Un-Fug）"[2]，也就成为在"无—有—无"的场域之中能够与其他在场者相互（άλλήλοις）"牵系（τίσις—Ruch）"的"相互给予、互属成立"的自然形态，而"άδικία（不义）"则意味着"各自持立，乱作一团"。最后，海德格尔探究了"κατὰ τὸ χρεών"这一往往被译为"根据其必然性"的词组，然而海德格尔认为"嵌合（正义）"归属于"κατὰ τὸ χρεών""κατὰ τὸ χρεών"把"嵌合"规定并于在场者之间克服"非嵌合（不义）"[3]，"τὸ χρεών"因而就成了"在场者之在场"的遣送，海德格尔将之命名为"在场之交付（das Einhändigen des Anwesens）"即"用（Brauch）"[4]，而非作为在存在者意义上永恒在场的"至高在场者"或"必然性"，它"先行保留着被交付者，把被交付者聚集在自身那里，并且把它作为在场者庇护入在场之中"，它是在非存在者—无界限者意义上的"无定άρχή"，也是由于拢集了一切被交付者而不能在场者决定的"无定"的"命运（Moῖρα）"，这意味着在"τὸ χρεών"的"拢集—

---

〔1〕［德］海德格尔："阿那克西曼德之箴言"，收录于氏著《林中路》，孙周兴译，商务印书馆2018年版，第404页。

〔2〕此处"Fug（嵌合）"（又译作"合式"）与"Fuge（裂隙）"仅仅有阴阳性的区别，海德格尔的这种处理希望体现的是"在场—不在场"这一运动形式中存在者之整体的存在样态差异。［德］海德格尔："阿那克西曼德之箴言"，收录于氏著《林中路》，孙周兴译，商务印书馆2018年版，第407页。

〔3〕"κατὰ 标示方位上的"落差"，它意味着"从上而下"并且"上位者"构成"下位者"的原因，因此"τὸ χρεών"意味着"存在者在场于生灭之间的裂隙之间，并且相互归属地嵌合"的根据。海德格尔将之理解为"存在者之存在"，即"让—存在"，参见［德］海德格尔："阿那克西曼德之箴言"，收录于氏著《林中路》，孙周兴译，商务印书馆2018年版，第415页。

〔4〕［德］海德格尔："阿那克西曼德之箴言"，收录于氏著《林中路》，孙周兴译，商务印书馆2018年版，第418页。

交付"的意义上，存在者的存在是"自然"地"去存在"。这样，阿那克西曼德之箴言也就被翻译为：

κατ ὰ τὸ χρεών διδόναι γὰρ αὐτα δίκην καὶ τίσιν ἀλλήλοις τῆς ἀδικίας κατὰ τὴν τος χρόνου τάξιν.

…entlang dem Brauch；gehören nämlich lassen sie Fug somit auch Ruch eines dem anderen（im Verwinden）des Un-Fugs.

（存在者）根据用；因为它（在克服）非嵌合中让去从而让牵系相互存在。[1]

　　海德格尔在此就"思"出了"φύσις"之为"自然"更为本源的意涵，首先，根据"Physis"自身"生长—涌现—持留"存在论结构以及进而在"生存论"意义上"罪责—决断—向死"的结构，综合出"Physis"的"无—有—无"的形式特征，而海德格尔在悬置了现代自然科学与伦理学的情况下对"阿那克西曼德箴言"的翻译看似不符合现代的逻辑与语文学表述，但是在参考"Physis"之为"自—然"的"涌现"的本源意义，海德格尔对"Physis"的沉思符合其形式。其次，海德格尔依照对阿那克西曼德箴言的词源学考证，指出了"Physis"的两种要素：一是在存在者整体（统一性的整体）之中，"生长—涌现—持留"的结构是一个递归往复的过程，某一存在者在完成了这一过程后归于"无"，而另一个发生于"无"中的存在者则继续这一过程，形成了"生生不息，繁荣昌盛（live long and prosper）"的存在者整体形态。二是在这一过程之中，存在者之间彼此出现了"嵌合"与"牵系"关系的自然属性，即在存在者整体之中，存在者之间必须完成"互属"的关系并且互不影响地嵌合到"生"与"灭"之间绽出的当下才能完成存在者整体的"生生"的涌现，然而这同样意味着每一个存在者都有"持存—始终逗留"乃至"永远在场"的意愿并且因此出现与他者在澄明的场域之中的"竞合"。因此，"自然"既有源源不断、生生不息的活力，也有彼此竞合、相互争夺的张力——海德格尔尊重阿那克西曼德的箴言，把"嵌合"的"拢集—给予"的更高的强力交由"用"——既是作为在场者/存在者的天命

────────────

〔1〕［德］海德格尔："阿那克西曼德之箴言"，收录于氏著《林中路》，孙周兴译，商务印书馆2018年版，第425页。

（交付意义），也是存在者之整体的拢集（贮藏意义）[1]，即指出存在者之存在是"在存在之中的存在"，而存在乃是区别于有界限的存在者的无界限的"无定"，这样作为"存在—自然"的"φύσις"之内的"存在力道"，作为一切存在者的存在轨迹就在"思"的层面明朗起来——这也为海德格尔进一步向"逻各斯"运思做好了准备。

遵循同样的道理，对"τὸ Χρε ών"的理解也必须依照古希腊的思想发明其本源，海德格尔在对阿那克西曼德的箴言解读时已经言明"τὸ Χρεών（用）于自身中隐含着那种澄明着—庇护着的聚集的尚未凸现出来的本质"，即"聚集—逻各斯"[2]，对于存在者来说"用—逻各斯"即"命运—统一性"，即在"生—灭"的永续之中被托付的嵌合与由于牵系产生的对非嵌合的克服——在这一角度看"逻各斯"的确有"法"特别是"自然—法"的意味。不过正如"体用"的关系一样，"逻各斯"并非超越存在者之上的"逻辑—法则"，而是"自然（Physis）"本身。海德格尔对于"逻各斯"的解读依然使用的是依照原本的"运思"方法进行的。借助与赫拉克利特的"共同运思"，海德格尔首先指出了"逻各斯"之异化为"逻辑"后的混乱情况："'逻辑'这个论题以一种奇怪的两可的方式出现在我们面前，一方面它指的

---

　　[1]　需要解释的是，孙周兴教授在翻译"τ ò Χρεών—Brauch"的时候使用了"用"，并注明应当与中国"体用"的思想相互诠释，依熊十力《体用论》指：宇宙实体，简称体。实体变动遂成宇宙万象，是为实体之功用，简称用。此种宇宙万象一词，为物质和精神种种现象之通称，又云"体用之义，创发于《变经》（即《易经》）"，并指出："诸子百家著作当甚宏富，其于体用问题有无专论，今无从考……惟道家有老庄残篇可寻"，然"老庄皆以为，道是超越乎万物之上，万物一词，包含天地与人在内……主之以太一，太者，绝对义，即指道而称之……倘真知体用不二，则道即是万物之自身，何至有太一、真宰在万物之上乎?"故"体用不二"。于熊氏译文之中，"自然—φύσις"即"体"，拢集者即为"用"，且"当指翕只是摄聚的势用，而不定向下"但"颇似向下，物则有沉坠之势故"这又与"κατ ά"相应。参见熊十力：《体用论（外一种）》，上海古籍出版社 2019 年版，第 5~6 页。与此相应，金岳霖指出"道"并非"万物"之外者，而是蕴含于"生灭"之间的可能性，即"'生'与'灭'等都是可能。'生'可以有'能'，'灭'也可以有'能'……此处的生灭、新旧、加减等只表示：没有式外的'能'加入式内，所以无生、无新、无加；也没有式内的'能'跑到式外，所以无灭、无旧、无减、'式'外无'能'，所以无外人；只有式内才有'能'，所以也无外出。"参见金岳霖：《论道》，商务印书馆 2015 年版，第 28 页。依照金岳霖的观点看，"道"也是蕴于"生灭"之间的"式"与"能"的结合，即"在场"为"式"，"场外"曰"能"，故生生不息，生即是灭而灭即是生，这也能对"用—能"蕴含于"自然"之中给出解释。

　　[2]　[德] 海德格尔："阿那克西曼德之箴言"，收录于氏著《林中路》，孙周兴译，商务印书馆 2018 年版，第 422 页。

是思想的逻辑，另一方面它指的是事物的逻辑；也即它一方面是思维行为的规律，而另一方面则是事物的结构。"如果对于逻辑的上述疑难并不加以深思而把"逻辑"视为一种不言自明的先验规范或规律，将其视为思想形式和规则的理论[1]，它也往往被揭示为 Ratio（理由、理性）、Verbum（言语）、世界法则（Weltgesetz）、逻辑和思想的必然性（das Logische und die Denknotwendigkeit）、意义（Sinn）、理性（Vernunft）[2]。

（二）以"λόγος"取代"Logic"：赫拉克利特以及人的源初言说

然而在这里，对于"逻各斯"的上述埋解是否如对"φύσις"的理解一样，已经在形而上学的发展之中逐渐被工具理性、思想定则、实践理由等理性主义哲学所侵蚀了呢？以现代"逻辑学"面目出场的，被赋予了"学理"因素的逻辑，到底还是不是源初的"逻各斯"呢？海德格尔对这样的观点自然是否定的，他指出，一切当下的对"逻各斯"的泛泛理解，都仅仅理解到了希腊人的"逻各斯"的知识层面，现代意义上的"逻辑学"无法代表"逻各斯"本身的最为素朴的意义，而不明确"逻各斯"之所是，又也不能明确"关于它的之事"的所是。

因此，在此海德格尔又展开了对赫拉克利特的箴言的解读，以直达历史中"逻各斯"的本源，海德格尔集中于对赫拉克利特的"箴言1""箴言2""箴言50"等在海德格尔看来相对重要的篇目进行了解读[3]：

残篇一：τοῦ δὲ λόγυ τοῦδ᾽ ἐόντος αἰεὶ ἀξύνετοι ἄνθφωποι καὶ πρόσθεν ἢ ἀκοῦσαι καὶ ἀκούσαντες τὸ πρῶτον. γινομένων γὰρ πάντων κατὰ τὸν λόγον τόνδε ἀπείροισιν ἐοίκασι πειρώμενοι καὶ ἐπέων καὶ ἔλασυον καὶ ἔργων τοιουτέων ἐγὼ δινγεῦμαι κατὰ φύσιν διαιρέων ἕκαστον φράξων ὅκως ἔχει. τοὺς δὲ ἄλλους ἀνθρώπος λανθάνει ὀκόσα ἐγερθέντες ποιοῦαιν ὀκωσπερ ὅκωσπερ ὁκόσα εὕδοτες

---

[1] Martin Heidegger, *HERAKLIT*, *ABTEILUNG*：*VORLESUNGEN* 1923–1944, Vittorio Klostermann GmbH, Frankfurt am Main, 1979, p. 187.

[2] [德] 马丁·海德格尔："逻各斯"，收录于氏著《演讲与论文集》，孙周兴译，生活·读书·新知三联书店 2005 年版，第 220 页。

[3] 与其说"箴言"，倒不如说是"残篇"恰当，前苏格拉底哲学家的思想之所以往往体现为"箴言"这种体裁，很大程度上是由于既有整全的著作已经在历史中遗失了。即使这些思想家的作品是以符合现代学术写作规范的方式型构的，最终遗留下的也仅仅是"箴言"，这也在反面证明了依照现代学术写作的规范去思考这些作者的残留文段必然是无法解读出其真意的。

ἐπιλανθάνονται 〔1〕

残篇二：διὸ δεῖ ἕπεσθαι τῶ[ξυνῶ]. [τουτέστι τῶ κοινῶ, ξυνὸς γὰρ ὁ κοινός.] τοῦ λόγον δ᾽ ἐόντος ξυνοῦ ξώουσιν οἱ πολλοὶ ὡς ἰδίαν ἔχοντες πρόνησιν.〔2〕

---

〔1〕〔古希腊〕赫拉克利特著，T. M. 罗宾森英译/评注：《赫拉克利特著作残篇》，楚荷译，广西师范大学出版社 2007 年版，第 11 页，英译文作："But of this account, which holds forever, people foever prove uncomprehending, both before they have heard it and when once they have heard of it. For, although all things happen in accourdance with this account, they are like poeple *without* experience when they experience words and deeds such as I set forth, distinguishing (as I do) each thing according to (its) real constitution, ie, pointing out how it is. The rest of mankind, however, fail to be aware of what they do after they wake up just as they forget what they do while asleep." 中译为："但于此恒久有效的逻各斯，人们总证明其不解，无论在听到之前，还是在闻及之后。因为，虽万物的发生与此逻各斯吻合，人们在体验我所提供的言行——（像我做的那样）按（其）实际构成来辨识每一物，亦即指明该物何以成其所是——之时，仍然一如毫无经验者。不过人类之余者，醒后不知其所做，恰如眠时不记其所为。" 海德格尔的德译为："Wahrend aber der λόγος ständig dieser bleibt, gebärden sich die Menschen als die Nichtbegreifenden (ἀξύνετοι), sowohl ehe sie gehört haben, als auch nachdem sie erst gehört haben. Zu Seiendem wird nämlich alles κατ ὰ τὸ νλόγον τόνδελk, gemäß und zufolge diesem λόγος; indes gleichen sie (die Menschen) jenen, die nie erfahrend etwas gewagt haben, obzwar sie sich versuchen sowohl an solchen Worten als auch an solchen Werken, dergleichen ich durchführe, indem ich jegliches auseinanderlegeκατ ά φύσιν, nach dem Sein, und erläutere, wie es sich verhalt. Den anderen Menschen aber (die anderen Menschen, wie sie alle sind, δ ἄ λλους) bleibt verborgen, was sie eigentlich wachend tun, wie auch, was sie im Schlafe getan, nachher sich ihnen wieder verbirgt." Martin Heidegger, *EINFÜHRUNG IN DIE METAPHYSIK*, Max Niemeyer Verlag, Tiibingen 1953, p. 136. 王庆节的中译是："λόγος 常驻不变，而人们却既在他们有所听闻以前，也在他们初听乍闻之后，对之天生茫然（ἀξύνετοι——把握不住）。其实一切事物都 κατὰ τὸν λόγον τόνδε（按照并由于这个逻各斯），即依据并由于这个 Λόγος 而变成存在者；不，他们（人）就像那些由于世故多多而不敢冒险的人一样，尽管他们对我说的话、做的事，都会来尝试一番，殊不知我做这些时却是 κατ ά φύσιν（依照自然），即依据存在来辨析每一件东西，说明它的举止样子。但还是有一些人（另外的一些人，他们是众人，是 δὲ ἄ λλους）则对他们醒时真正做的事晦蔽无知，一如他们对睡梦中所行之事，在醒后又重入晦蔽浑噩一样。" 参见〔德〕海德格尔：《形而上学导论》（新译本），王庆节译，商务印书馆 2015 年版，第 146 页。

〔2〕〔古希腊〕赫拉克利特著，〔加〕T. M. 罗宾森英译/评注：《赫拉克利特著作残篇》，楚荷译，广西师范大学出版社 2007 年版，第 12 页。英译为："That is why one must follow that which is (common) [ie, universal, For 'common' means 'universal']. Though the account is common, the mant is live, however, ad though they had a private understanding." 中译为："此即何故须跟随一般（即普遍，'一般'意指'普遍'）。虽此逻各斯为公器，许多人的生活却显示出他们似对之各有私议。" 海德格尔的德译为："Darum tut es not, zu folgen dem, d. h. sich zu halten an das Zusammen im Seienden; wiihrend aber der λόγος als dieses Zusammen im Seienden west, lebt die Menge dahin, als hätte je jeder seinen eigenen Verstand (Sinn)." Martin Heidegger, *EINFÜHRUNG IN DIE METAPHYSIK*, Max Niemeyer Verlag, Tiibingen 1953, p. 136. 王庆节中译为："因此必须要追随，也就是说，保持存在者中的'在一起'；然而，λόγος 就是存在者中的'在一起'，当它本质性地在将起来时，众人们却视若无睹，平淡无奇，好像每个人又都有自己独到的见解（意义）似的。" 参见〔德〕海德格尔：《形而上学导论》（新译本），王庆节译，

"残篇一"与"残篇二"是赫拉克利特首先提出"λόγοs"的地方，据第欧根尼·拉尔修的说法，赫拉克利特的"残篇一"原本属于一部《论自然》的系列论文，第一讲论宇宙，第二讲论政治，第三讲论神灵[1]，但《论自然》一书已经无从找寻。这样依照第欧根尼的说法"残篇一"与"残篇二"就极有可能是《论自然》之中的重要段落。海德格尔也注意到了这一残篇的重要性，并且对其进行了如下的注解：首先，在对阿那克西曼德的解读之中"自然"依据"τὸ Χρεών"（用）[2]，而赫拉克利特为"无定"——作为"无—定"的否定式——赋予了肯定的意义即"λόγοs"。其次，海德格尔注意到在现代学术话语体系中"逻辑"成了"关于正确思维的理论"，它代表了思想正当的内在结构及其形式和规则——运用逻辑就是正确思考[3]，而在赫拉克利特的箴言之中则严格地区分了"大众"和"哲人"两个群体，认为"大众"无法如同哲人一般把握"逻各斯"，因此就容易走近"逻各斯的仿象"——"关于逻各斯的学问"之中并以之为"逻各斯本身"，因此赫拉克利特的观点直接地明确了"逻各斯—逻辑"的本源意义，有助于我们对"逻辑"的本源有所理解。

海德格尔就赫拉克利特的上述箴言给出了这样的解释：

1. 它拥有常驻性，持续；
2. 它作为存在者中的那个'在一起'（das Zusammen des Seiend），作为拢

（接上页）商务印书馆 2015 年版，第 146 页。

〔1〕 ［古希腊］第欧根尼·拉尔修：《名哲言行录》（下），马永翔等译，吉林人民出版社 2003 年版，第 337 页。

〔2〕 在现有的文献支持下，既不能说阿那克西曼德的箴言没有揭示出"自然"的依据来，也不能说完全揭示出来了这个依据，毋宁说是由于阿那克西曼德本人未流传下任何著作的原本，以至于对他的箴言的获取只能通过后世学者的记述，因此我们无法对阿那克西曼德的整体思想有全面了解。例如有文献表明阿那克西曼德的基础概念是ἀρχή（无定），但是需要注意的是这一表述来自亚里士多德。而亚里士多德进一步把"ἀρχή"解读成"空间上的无限"，这种解读是否符合阿那克西曼德的原意——特别是亚里士多德的时代距阿那克西曼德的时代差距约两个世纪的情况下——是相当有讨论空间的，而与阿那克西曼德同样活跃于公元前 6 世纪的赫拉克利特反而有可能对阿那克西曼德有更直观的认识。因此至少从文献学的角度来看，海德格尔选择赫拉克利特的"逻各斯"去诠释阿那克西曼德的"无定"显然具有适切性。参见 ［英］ G.S. 基尔克、J.E. 拉文、M. 斯科菲尔德：《前苏格拉底哲学家：原文精选的批评史》，聂敏里译，华东师范大学出版社 2014 年版，第 166 页。

〔3〕 Martin Heidegger, *HERAKLIT, ABTEILUNG: VORLESUNGEN* 1923 - 1944, Vittorio Klostermann GmbH, Frankfurt am Main, 1979, p. 195.

聚者（das Sammenlnde）在将起来；

3. 一切发生着的东西，即来到存在的东西，都依据它们的常驻的'在一起'，来此居停站立，而这就是那发作存在力道的东西。[1]

把"逻各斯"视为现代意义上的语言、逻辑、命题进而对处于不断嵌合和牵系并且涌现着的"Physis"进行说明显然是困难的甚至是徒劳的，即作为"ἐπιστήμη"的"逻辑学"——作为对"Logos"的观察和描述即相对于"Physis"为"第二性"的学理表述，如何成为与"Physis"处于相同位阶乃至于在一定程度上为其奠基呢？海德格尔并不否认他在《什么叫思想？》之中的论断，即只有从"λέγειν"之处才能获得对"λόγος"的理解，而前者恰恰一般被认为具有"陈说（aussagen）"的意义，进而它延伸出的"λεγόμενον"意味着"被陈说者（das Ausgesagte）"。如果依照"λέγειν"去理解"λόγος"的确有"言说"的意义，然而单纯依靠这样的意义是不能够对"φύσις"这一强力予以阐释，他认为"λέγειν"所对应的德文近音词是"legen"，而它的意义是"放下来和放在眼前（nieder-und vor-legen）"，其拉丁语词源是"legere"——"吸收和积聚意义上的采集（lesen）"[2]因此"λέγειν"的原意是"置放"——"让一切在场者聚集于自身而呈放于眼前"[3]，这样，那些被遮蔽之物的解蔽过程才能够成为在场本身——"存在者之存在"。因此，"λέγειν"既是"让存在者聚集起来"也是"让存在者有序地在场"，这两个"让"就

---

〔1〕［德］海德格尔：《形而上学导论》（新译本），王庆节译，商务印书馆2015年版，第146页。

〔2〕［德］马丁·海德格尔："逻各斯"，收录于氏著《演讲与论文集》，孙周兴译，生活·读书·新知三联书店2005年版，第221页。但是在这里海德格尔似乎并未遵从其原本的以希腊人的理解去理解希腊本源的思想的方法，他反而是以"λέγειν"的德文近音词的含义去反推出拉丁文语源，再对"λέγειν"的词义进行讨论，这种讨论方式与对阿那克西曼德的箴言的解读中以古希腊语原意揭示本源思想的方法的差别需要进一步思考。

〔3〕［德］马丁·海德格尔："逻各斯"，收录于氏著《演讲与论文集》，孙周兴译，生活·读书·新知三联书店2005年版，第224页。实际上在此处，海德格尔就已经以"λέγειν"去诠释了"φύσις"的意义。正如前文所述，"φύσις"指的是在"不在场—在场—退场"之中存在者依次嵌合并且牵系着涌现的过程，而这一过程的前提恰恰需要首先把这些存在者"置放"到一起，使它们形成"牵系"并且受到"嵌合"之遣送的支配。这种必然的聚集对于一切存在者——无论是人的此在与世内存在者的"操劳"的存在，抑或是人的此在与他者此在的"操持"的共在，抑或是人的此在的"在世存在"本身都是适用的。换言之，如果人、世内存在者、他者此在没有被聚集在"世界"之中，那么此在也就不能发生任何与其他存在者的联系，进而也就不能通过克服"在世存在"之中的"沉沦"而最终对"同一性"具有本真的体会。

指向了"Physis"在"Logos"的"不在场—在场—退场"的裂隙—嵌合—牵系，让在这一递归的链条之中先行地把"存在者"当成能够进入递归运动的。聚集着并预先具有了牵系的存在者，也在递归运动之中去保障克服由于某些存在者过于固执的"非嵌合"状态。这样海德格尔对"残篇一"与"残篇二"的概括性的解读也就具有了道理：一方面，"Logos"之"常驻"乃是由于"Physis"的生生不息的运动和在场者的绵延的涌现，进而不得不要求"Logos"去永远地遣送（Schikung）[1]——这也就成为存在者的"命运（Geschick）"。另一方面"Logos"之为"拢集—置放"乃是把存在者首先汇集在一起，并且在"Physis"的递归历程之中继续不断地把存在者汇集，让存在者有在"Physis"的递归历程之中获得出场—"无蔽"的机会。而这种"无蔽"的机会恰恰是在"Logos"已经决定了"遣送"（命运）的情况下而后得的——当然，"遣送嵌合"并不能以"宿命论"[2]去理解，好似存在者的呈现是命定的一样，毋宁说"έόν（存在着、存在者）"更是由于居于"Logos"之中，并且作为一种在存在者整体之中的"如是存在"的归属状态才能够存在[3]，也即作为"去—存在者"意义上的"涌现"恰恰是"被拢集着的存在者"的"涌现"。进而"Logos"与"Physis"共同构成了"存在力道"，一切存在者之"存在"都必须按照"涌现"的规律递归着存在，既没有在可能性上的永不出场者，也不存在"永远在场者"，既不存在在可能性上的仅仅在场一次者，也未必有多次在场者，"生生不息"是"涌现"的力量的体现，它保障了"存在者"的源源不断的出现和人之此在通过涌现着的存在者与自我此在对"存在"的本真的时间性（Zeitig）的领会，而"Logos"则意味着这种"涌现"并非无序的混沌，对于一切存在者

---

〔1〕　在德语中"遣送"—"Schickhung"，与"命运性"—"geschicklich"具有同源关系，其词根都是"schicken"，在对"逻各斯"一文的翻译之中，译者提醒我们要注意"遣送"与"命运"的关联性。

〔2〕　在对海德格尔的遣词造句的解读之中，经常会伴有以既成的词汇去解读海德格尔的思想的情况，然而由于海氏本人对形而上学的拒斥态度，一切以形而上学——从苏格拉底直到尼采——的语词去标示海氏的词汇使用反而都会成为海氏本人的"靶子"。然而在一定程度上，海氏本人也面对上述的困境，因此在本书之中，尽量对海德格尔本人的词语使用进行原本的展现，而对于那些必须以形而上学的语言去表述的海德格尔思想则将进行注释。

〔3〕　［德］马丁·海德格尔："命运"，收录于氏著《演讲与论文集》，孙周兴译，生活·读书·新知三联书店 2005 年版，第 265 页。

而言，唯有在"Logos"遣送出的"嵌合"之中才能够互属—牵系着存在。而"Logos"也不是什么更高的存在者，毋宁说"Physis"就是被"Logos"拢集着的存在者的整体的"解蔽—遮蔽"的一个过程，而"Logos"则是"Logos"具有次序和力量的涌现方式本身。然而海德格尔还提到，每个人都对逻各斯有体会但是都处于不明朗的状态，那么为何会出现这种情况，为何在现代社会"φύσις"变成了对象的自然，而"λόγος"成了主体的逻辑呢？

这一问题实际上关乎作为"语言"进而成为思想的表达形式的逻辑之为的"Logos"，以及被对象化了的，静止了并且不再有"生生不息"的力量的"自然（Nature）"也即在场的"Physis"之间的冲突。赫拉克利特的最著名的观点就是"万物皆流（πάντα ρεῖ）"，即存在者永远处于流变之中，代表"那种向来把一切发送到自身中的天命遣送的集合"，采集着的置放把一切天命遣送（Schicken）集于自身，并且以"聚合"体现为"一"即存在者的整体[1]。然而，一旦把"Logos"单纯地理解为"道说"就导向了"Logos"与"Physis"的分离。依照赫拉克利特的原本说法：

残篇五十：οὐκ ἐμοῦ ἀλλὰ Λόγον ἀκούσαντας ὁμολογεῖν σοφόν ἐπτιν Ἕν Πάντα.

如果你们不是听了我的话，而是听了意义，那么在相同的意义中说"一

---

　　[1]　赫拉克利特在"残篇三十二"中说："Ἓν τὸ Σοφὸν μοῦνον λέγεσθαι οὐκ ἐθέλει καὶ ἐθέλει Ζηνὸς ὄνομα"，海德格尔直接用第尔斯的德译："Eins, das allein Weise, will nicht und will doch mit dem Namen Zeus benannt werden."孙周兴的中译为"一，这种唯一的智慧，不愿意，而又愿意以宙斯之名来命名自己"。"残篇六十四"之中则说道："Τὰ δὲ Πάντα οἰακίζει Κεραυνός"，第尔斯的德译为："Das Alles jedoch (des Anwesenden) steuert (ins Anwesen) der Blitz."译为"但（在场者之大全）是由闪电操纵（入在场）的"，这句话之中"闪电"就代指希腊十二主神之中的神王宙斯。之所以这种"唯一的智慧"之乐意以宙斯的名称显现出来，乃是由于"ἐθέλει"并不是一种"要求"，而是"在与自身的反向联系中允许某事"，即它"可以"以"宙斯"的名义，并且以"至高存在者"的威力（闪电）成其表现。然而，"不乐意"则是更为本质的，原因是"λέγεσθαι"是"被置放"，因此"唯一的智慧"不愿意的是以"宙斯—至高存在者"的面貌出现。因为在这种情况下"至高存在者—宙斯"已经取代了"智慧"及其力量，成为"表象式思维……借助一种已经准备好的遗忘"来摆脱对"逻各斯"的深思熟虑。参见［德］马丁·海德格尔："逻各斯"，收录于氏著《演讲与论文集》，孙周兴译，生活·读书·新知三联书店2005年版，第238~239页，以及 Martin Heidegger, *VORTRÄGE UND AUFSÄTZE*, Vittorio Klostermann GmbH, Frankfurt am Main, 2000, pp. 226~227.

就是一切"就是智慧的。[1]

"λόγος"的确具有"言说"的意义，但这并不是唯一的意义，海德格尔认为"只有当'λέγειν（置放）'在其最本己的意义上被思考为'置放'和'采集'时，它的'道说'和'采集'之义才是可理解的……命名意味着：把……叫出来（hervor-rufen）"[2]。"λόγος"已经是"存在者之大全"，人们固然能够听到词语或者用语言去描述存在者，然而任何的人都无法表述出"存在者之大全"——因此只有"Logos"去让人"说什么"人才能说什么，"Logos"让人"听到"什么，人才能以语言描绘什么，如有死的人之此在无法把握住"Physis"之全部嵌合一样。所以，赫拉克利特才不让人"听"他，而是要"听"存在本身，职是之故，海德格尔将"残篇五十"解读为：

Nicht mir, aber der lesenden Lege gehörig：Selbes liegenlassen：Geschickliches west（die lesende Lege）：Eines einend Alles.[3]（不是归属于我，而是归属于采集着的置放：让同一者呈放：命运性的东西成其本质（采集着的置放）：——统一着的一切。）[4]

因此，"终有一死者（人）"的本质"始终归本于同一置放"，当人去尝试衡量"逻各斯"时并且与逻各斯的度量相同，而非"无妄无度"[5]，

〔1〕〔德〕马丁·海德格尔："逻各斯"，收录于氏著《演讲与论文集》，孙周兴译，生活·读书·新知三联书店 2005 年版，第 220 页。海德格尔在此直接引用的是斯纳尔的一译文："Habt ihr nicht mich, sondern den Sinn vernommen, so ist es weise, im gleichen Sinn zu sagen：Eins ist Alles."参见 Martin Heidegger, *VORTRÄGE UND AUFSÄTZE*, Vittorio Klostermann GmbH, Frankfurt am Main, 2002, p. 213.

〔2〕〔德〕马丁·海德格尔："逻各斯"，收录于氏著《演讲与论文集》，孙周兴译，生活·读书·新知三联书店 2005 年版，第 240 页。

〔3〕Martin Heidegger, *VORTRÄGE UND AUFSÄTZE*, Vittorio Klostermann GmbH, Frankfurt am Main, 2002, p. 231.

〔4〕〔德〕马丁·海德格尔："逻各斯"，收录于氏著《演讲与论文集》，孙周兴译，生活·读书·新知三联书店 2005 年版，第 243 页。

〔5〕〔德〕马丁·海德格尔："逻各斯"，收录于氏著《演讲与论文集》，孙周兴译，生活·读书·新知三联书店 2005 年版，第 244 页。"无妄无度"出自海德格尔对赫拉克利特残篇四十三的解读，其原文为："ὕβριν χρὴ σβεννύναι μᾶλλον ἢ πυρκαϊήν,"英译文为"there is a greater need to extinguish hybris than there is a blazing fire"，海德格尔的德译为："Vermessenheit braucht es zu löschen eher denn Feuersbrunst."，参见〔古希腊〕赫拉克利特著，〔加〕T. M. 罗宾森英译：《赫拉克利特著作残篇》，楚荷译，广西师范大学出版社 2007 年版，第 55 页。Martin Heidegger, *VORTRÄGE UND AUFSÄTZE*, Vittorio

那么实际上人的"生死"、时间的"始终"、空间的"宽窄"等对立的概念就都以"同一"的方式入于"Logos"之中了，详言之，"Logos"作为"存在者的大全"也标示了存在者的存在样态的大全，"命运的遣送"既是对存在者之间的牵系关系的遣送，更是对不同存在者的存在形态的解蔽与遮蔽，赫拉克利特的教诲的重点在于，要保持对"Logos"的倾听而非荒诞无度地"说"，而是依照"Logos"的节奏和次序，把"言说"嵌合到"Logos"之中。

（三）以"ἀληθὲια"代表源初真理：巴门尼德及源初自然的显现面向

不过，在现代人看来，一个必然的疑问是面对"Logos"——"Physis"的强大威力，人之此在不能只听之任之进而安于某种神秘的规范下无论如何解释，在如此强大的威力下人不还是被宿命论主宰的吗？很显然，如果依照这种思路，人之此在就不能做到在生存论上的"出离"并且"发明本心"地本真生活，因此如果需要在"Logos"——"Physis"的强大威力下体现人的力量，就必须把人视为既在"Logos"——"Physis"之中并且能够与之"同一"的特殊存在者，他们需要有共同的目标即对存在（的领会）。这样，仔细观察赫拉克利特的观点，一个矛盾就浮现了出来，一旦"逻各斯"成为源始的语言，甚至成为"存在—Physis"本身，它的就成为现象，其显现方式必然要依靠"人之此在"对"存在—逻各斯"的领会以及道说来"展现—出来"，而问题就在于"人之此在"也是在"Physis"之中具有"固执持立"倾向的存在者，即使"Logos"让人去说，但是这一让与人之此在处于"存在论结构"与"生存论境况"的矛盾之中，导致本真此在带有悲剧色彩，古希腊悲剧就存在过"Physis"与"Logos"的争执："Logos"把互斥的、啮合的存在者都"拢集"到一个充满冲突的"大全"之中——唯其如此，才不会有存在者实现"永恒常驻"，因为它的"永恒常驻"的倾向注定要为其他希冀登场的存在者所排斥，而正是在这种"拢集—互斥"之中形成了"Physis"的品格——"强力威临、统辖四方"[1]。道说着"Physis"的人也占据他们所能说的东西，进而

（接上页）Klostermann GmbH，Frankfurt am Main，2002，p. 231.

〔1〕［德］海德格尔：《形而上学导论》（新译本），王庆节译，商务印书馆 2015 年版，第 154 页。海德格尔在此特别指出，在基督教哲学的"逻各斯"概念之中，赫拉克利特赋予"逻各斯"的争执者的拢集以及在互相超克之中的涌现被抹平了。在基督教的哲学之中"逻各斯"就是"律令"，就是"上帝之子——耶稣"，它是和谐地和永生地存在着的戒律传达者、布道者，"逻各斯"进而就成为

去掌控命运乃至代替"Logos"去统摄四方。海德格尔显然注意到了赫拉克利特理论之中的张力，他指出围绕人之此在展开的"Physis"与"Logos"的对峙性如同它们的统一性那般原始——即人把"Logos"居有为"思想"，并且借此尝试出离—订造"Physis"的"思"。然而，维与存在对立。在这一问题的基础上，就不得不谈到海德格尔的第三个思想渊源[1]——巴门尼德的"同一性"理论以及他的源初真理（ἀληθἐια，Aletheia）观。

巴门尼德生活的年代与阿那克西曼德和赫拉克利特的时代相近，而使得他在哲学历史之中留下痕迹的更多的是出于柏拉图对苏格拉底向巴门尼德"问道"的记录《巴门尼德篇》，其中记录了巴门尼德对"理念可否分有"的真知灼见，而巴门尼德更为人所知的是他提出了"思维与存在的同一"这一命题，即：

τὸ γάρ αὐτὸ νοεῖν ἔσυιν τε καὶ εἶναι[2]

这一命题是如何把即将"撕裂"为主观的"思想"之"λόγος"和客观的"存在/对象"的"φύσις"黏合的呢？暂时走出海德格尔的视角，巴门尼德的下述箴言也是值得注意的。

残篇二：εἰ δ᾽ ἄγ᾽ ἐγὼν ἐρέω, κόμισαι δὲ σὺ μῦθον ἀκούσς, αἵπερ ὁδοὶ μοῦναι διξήσιός εἰσι νοῆσαι. ἡ μὲν ὅπως ἔστιν τε καὶ ὡς οὐκ ἔισι μὴ εἶναι, πειθοῦς

（接上页）"从十字架传来的布道的语词，是永生的和拯救的至高存在者——律法（上帝的"十诫"）与圣灵。海德格尔以"马太福音"说明"逻各斯"成为"律法"之后的境况，即"莫想我来要废掉律法和先知；我来不是要废掉，乃是要成全。我实在告诉你们，就是到天地都废去了，律法的一点一画也不能废去，都要成全"，参见《圣经·新约·四福音·马太福音》，中国基督教三自爱国委员会、中国基督教协会 2004 年版，第 5 页。

〔1〕有作者认为海德格尔的"古希腊思想渊源"有赫拉克利特的"逻各斯"以及"倾听逻各斯"的思想，也有巴门尼德的"思想与存在的同一性"的观点。

〔2〕即残篇三，英译为"because the same thing is there for thinking and being"。海德格尔的德译为"Dasselbe aber ist das Denken und das Sein"。但此处的疑难是，海德格尔标注的是"残篇五"，而根据大卫·盖洛普编译的《巴门尼德残篇》此语句则是"残篇三"，属于"论真理"这一标题之下，试比较〔德〕海德格尔：《形而上学导论》（新译本），王庆节译，商务印书馆 2015 年版，第 157 页。以及〔古希腊〕巴门尼德著，〔加〕大卫·盖洛普英译/评注：《巴门尼德著作残篇》，李静滢译，广西师范大学出版社 2011 年版，第 75 页，以及 Martin Heidegger, *EINFÜHRUNG IN DIE METAPHYSIK*, Max Niemeyer Verlag, Tiibingen 1953, p. 146.

ἐστι κέλευθος (ἀληθείηι γὰρ ὀπηδεῖ).

Τὴν δή τοι φράγω παναπευθέα ἔμμεν ἀταρπόν.οὔτε γὰρ ἂν γνοίης τό γε μὴ ἐόν (οὐ γὰρ ἀνυστόν) οὔτε φράσαις.[1]

那么来吧，我将言说，而你将听取这番话；唯有哪些研究的道路是应当思考的：一条路，存在，非存在是不可能的，这是说服之路（因为它为真理所伴随），一条路，不存在，非存在是必然的，我要告诉你这是全然不可思议的绝路；因为你既不可能认识非存在（因为这是不可行的），你也不可能言说。

巴门尼德的"残篇三"指出了"Physis"与"Logos"的张力，构成了海德格尔对"存在与思想"论题的基本来源。一方面，巴门尼德在此处并非自己去"说"，而是借由"智慧女神"的口去"道说"，这意味着巴门尼德在行文上仍然坚持了"聆听—闻讯—道说"的基本的"Logos"的观念，即并非巴门尼德要去"说"而是"女神"去"让巴门尼德说"[2]，在这个关系之中，

---

〔1〕 ［古希腊］巴门尼德著，［加］大卫·盖洛普英译/评注：《巴门尼德著作残篇》，李静滢译，广西师范大学出版社 2011 年版，第 73~74 页，本书的英译为"Come, I shall tell you, and do you listen and convey the story, What routes of inquiry alone there are for thinking: The one thart [*it*] is, and that [*it*] *cannot not be*, Is the path of Persuasion (for it attends upon truth); The other--that [*it*] is not and that [*it*] *needs must not be*. That I point you a path wholly unleranable, For you could not know what-is-not (for that is not feasible), Nor could you point it out." 汉译者译为："来吧，让我告诉你，而你要谛听并传扬我的话，只有那些探寻之路是可以思考的：一条路——（它）存在，（它）不可能不存在，这是皈依之路（因为它伴随着真理）；另一条路——（它）非存在，（它）需定非存在。我向你指出，这是完全不可认知的一条路，隐微你无法认识非存在（这是不可行的），也不能指出非存在。"另一种英译是："Come now, and I will tell you (and you must carry my account away with you when you have heard it) the only ways of enquiry that are to be thought of. The one that [it] is and that it is impossible for [it] not to bem is the path of Persuasion (for she attend upon Truth); the other, that [it] is not and that it is needful taht [it] not be, that I declare to you is an altogether indiscernible track: for you could not know what is not—that cannot be done—not indicate it." 汉译作："那么来吧，我将言说，而你将听取这番话；唯有哪些研究的道路是应当思考的：一条路，存在，非存在是不可能的，这是说服之路（因为它为真理所伴随），另一条路，不存在，非存在是必然的，我要告诉你这是全然不可思议的绝路；因为你既不可能认识非存在（因为这是不可行的），你也不可能言说。"（正文中选择这一译本）［英］G. S. 基尔克、J. E. 拉文、M. 斯科菲尔德：《前苏格拉底哲学家：原文精选的批评史》，聂敏里译，华东师范大学出版社 2014 年版，第 376 页。

〔2〕 依照古希腊的多神教信仰，绝不能把"女神"理解为基督教以上的"至高存在者"，而是要以一种"泛神论"的角度去将之理解为一种更为原始的，未被具象化和躯体化的存在——即"λόγος"。

"说"的人是巴门尼德，听众则是作为读者的"我们"。然而对于巴门尼德"说"者是"Physis"——女神，而听者则是巴门尼德。因此这一箴言的基本结构是"女神道说与让巴门尼德去说——巴门尼德倾听与道说——读者对巴门尼德的倾听"。另一方面，"残篇二"指出了两条思维的"互斥的道路"：一方面，如果选择的是"说服之路"，那么这条道路就是"存在"所遣送的道路，要么是/存在的"这个"，要么是/存在的"那个"去让人去"说"，然而"这个"的在场就必然意味着"那个"的不在场。而就另一方面来看，巴门尼德却指出了"无—不存在"是不可思议的，未生成的和已消逝的是不能说的，这样言说"Physis"就被和"在场"相关。而"Logos"就简单地被定义为对对象的"有指称"的言说——这恰恰符合分析实证主义的"真理符合论"和"意义指称论"等的言说和真理方案。

不过，以分析实证主义的"语言哲学"理解巴门尼德，恰似以现代的逻辑学去解读赫拉克利特的"Logos"和以现代的物理学去解读阿那克西曼德的"Physis"，本身不是以希腊人的本意去理解希腊人。例如苏格拉底在"问道"于巴门尼德的时候，巴门尼德针对本体论之中自然之为在场的"相"认为：

如若这些是事物的相，并且人分别每一个相自身；结果乃是听的人不仅疑虑而且持反对的意见：认为没有相；即使有相，它们必不能为人类的本性认知。讲这些话的人看起来讲了些合宜人的话；转移他的意见，如我刚才所说的，是骇人的困难。能了解关于每类事物有个相——有自在的是——的，已是富于优秀禀赋的人了，但更值得人惊异的是那个发现这点的人，他又能将它教给另一个关于这一切已透彻地、完美地分辨过的人。[1]

苏格拉底呵！然而如若因为顾到现在刚讲的一切困难，以及其他类似的困难，否定有事物的相，如若他关于每一类事物不分别相，他将不能将他的思想向着任何处所转移，因为他否认了每一类事物的相是恒久同一的；并且

---

[1]　[古希腊]柏拉图：《巴曼尼得斯篇》，陈康译注，商务印书馆1982年版，第105页。陈康的评注是巴门尼德指出了"相是不可知"的结论产生于"相"仅仅相互有关系，但和个别事物无关："这个论证实际上有两个前提：（一）'相'和个别事物分离；（二）'相'相互有关系"（[古希腊]柏拉图：《巴曼尼得斯篇》，陈康译注，商务印书馆1982年版，第108页）。

这样他完全毁灭了研究哲学的能力。[1]

即使陈康认为《巴门尼德》代表的是柏拉图对苏格拉底的"相论"的超越，并在此基础上形成了柏拉图的"理念论"。然而这种文献学的思路并非只有参考价值，相反的观点是巴门尼德的确对苏格拉底进行了这样的教诲，这些语篇也不是柏拉图"托古言今"地对恩师的批判[2]。而如果把上述的语篇结合巴门尼德的残篇看，可以得出的是巴门尼德以"一"去弥补着"相/理念"与"事物"的分歧关系，而前者正是代表"爱智慧"者要趋向的思想的世界，而后者则是其他人的世俗的生活世界。巴门尼德既反对"事物"和"相"的此岸与彼岸式的分离，也反对把事物作为整体而"相"作为个体进而让"相"去主宰与决定事物的存在与样态，还反复强调知识乃是对"相"的真实的认知而非对事物的意见。这样"残篇三"之中的矛盾也就迎刃而解：既然巴门尼德认为"有"/"无"可以在存在者之演历之中同一，那么"说服性的知识"是对存在者—在场者的知识，它自然是能够被言说的，但是"无"虽然不能言说，但是它却是更为根本地以"逻各斯"这一"相的大全"为动力的，在"存在—自然"之中的"沉默"过程。

虽然巴门尼德没有给出那使得"有"与"无"成为"一"的那个东西的名字，但是它却奠定了早于"同一律"的"同一者"的观念。就如海德格尔

---

　　[1] [古希腊]柏拉图：《巴曼尼得斯篇》，陈康译注，商务印书馆1982年版，第109页。陈康评注"否定有事物的相"意味着"不让有事物的'相'"，即让一些事物不具有"相"，那么知识是不可能向高级的方向所转移的，并且特别指出巴门尼德向苏格拉底传授的是这样的思想，即极端相反互斥的"相"仍然能够共同耦合在同一个事物上。例如"同"和"异""冷"和"热"等相对立的"相"可能在一个事物之中存在进而成为事物呈报出来的事态，而这一事物的生成或毁灭不意味着"相"随之毁灭，毋宁说"相"永恒持立，而"事物"处于流变之中。同时，"相"不是整体，"事物"也不是部分，它们不能构成"分有"的关系，而是诸"相"在事物之流变——"φύσις"之中组合成立一个事物在场的诸形态，而"λóγος"所拢集的正是诸"相"，即"一"。这样"λóγος"也就寓于某一事物的"φύσις"之中，而不是超越事物的存在者，同时在"φύσις"之中诸"相"拢集于"λóγος"这一"大全"之中，也不构成分歧和对立，而是处于绵延和赓续之中——嵌合/牵系（[古希腊]柏拉图：《巴曼尼得斯篇》，陈康译注，商务印书馆1982年版，第111~112页）。

　　[2] 这种思路注意到了在巴门尼德和苏格拉底的交流之中"芝诺"的出现，在基尔克等人的研究之中，《巴门尼德》之中对芝诺思想的概述被视为真实的记载——而这一记载就出自巴门尼德口中。据此，这一对话也可能是真实发生的，代表巴门尼德思想的语篇，参见[英] G. S. 基尔克、J. E. 拉文、M. 斯科菲尔德：《前苏格拉底哲学家：原文精选的批评史》，聂敏里译，华东师范大学出版社2014年版，第409页。

将这一思想揭示为"共属（Zuzammengehören）"。一方面海德格尔指出，"共属"的核心不在于"属（Gehören）"，而在于"共（Zuzammen）"，也即"属"意味着"被归入、被规整到一种'共'的秩序中，被安排到一种多样性的统一性中去，通过一种决定性的综合的统一中心的中介作用，统排到系统的统一性中去"——即 nexus（相联）和 connexio（联系）——表象为各方的必然联系[1]。另一方面，"共"则意味着要从"属"方面去经验，它意味着通过把"思想"理解为人的标志，把"人之此在"先视为能够对存在问题发问的特殊存在者，进而去通达存在者之整体，也即，存在者整体的显现以及他们之间的关联乃是以人之存在领会为中心建构出的互属关系[2]——这种人与自然的争斗着并且互属的关系被海德格尔以极具力量的语言表述为："让存在之力释放吧，把存有（Seyn）的真理视为一种急难（Not）之馈赠——于此急难之中，神与人的纠缠和天空与大地的争斗交错在一起，存在于此被证明为诸种力量的互属"[3]。虽然巴门尼德没有道说出那个"同一者"到底是什么，然而海德格尔已经将之断定为"λόγος"。

海德格尔也最终把巴门尼德指出的"同一者(ἕν)"归于"真理(ἀλήθεια)"，他借鉴的是巴门尼德对源初真理的认知，进而建构了"λόγος（逻各斯）—ἀλήθεια（无蔽）—φύσις（自然）"的同一性，这种认识主要建基在对"τὸ γάρ αὐτὸ νοεῖν ἔσυιν τε καὶ εἶναι"这一箴言的解读之上。海德格尔面对这一箴言提出了三个重要但朴素的问题：什么是思想（νοεῖν）？什么是存在（εἶναι）？以及什么是"同一（τὸ...αὐτὸ）"与"和（τε καὶ）"？这看似朴素的三个问题实际上蕴含了巴门尼德箴言之中的真理（ἀλήθεια）思想。首先，海德格尔指出"νοεῖν"的本义乃是"闻讯（Vernehmen）"，意味着"接

---

〔1〕［德］海德格尔："同一与差异"，收录于氏著《同一与差异》，孙周兴等译，商务印书馆2014年版，第37页。

〔2〕［德］海德格尔："同一与差异"，收录于氏著《同一与差异》，孙周兴等译，商务印书馆2014年版，第83页。

〔3〕 Martin. Heidegger, *BESINNUNG*, Vittorio Klostermann GmbH´ Frankfurt am Main, 1997, p. 15. "天""地""神""人"这"四大"是海德格尔后期思想之中的重要词汇。如果按照巴门尼德式的理解，在"在场者—物"之中，"四大"最终以"相"的争执的形态去让"物"存在，在后文对"源初自然法"的内容论述之中将详细讨论这"四大"的概念。不过需要提醒的是，在海德格尔提出了"四大"的时候，他已经在一定程度上意识到了西方形而上学甚至无法从本源的希腊人的沉思中寻求救渡，而必须以东方式的"四大朴一"去祛除西方形而上学的虚无主义天命。

受（Hin-nehmen）"与"让来到某个东西（auf einen zukommen lassen）"——"自身显示者/显现的东西"[1]，它对应于巴门尼德"残篇二"之中对存在的言说这种"说服性知识"，并且"闻讯"还意味着"讯问（vernehmen）证人""出示（vornrhmen）证人""这样来接纳（aufnehmen）和确定事实状况并一如事情展示一般来接纳与确定"[2]，后者则意味着对自身显现者的"倾听"——即对应于巴门尼德"残篇二"后半段对"不存在"的讨论。这就是说，无论"同一者"传递出的是什么消息，人之此在都要"闻讯—倾听"它，而无论它传递出的是"有"还是"无"。进而，海德格尔分析了"同一（τὸ…αὐτὸ）"与"和（τε καὶ）"两个关系：一方面海德格尔业已表明"存在"就是"φύσις"，而在它之中的"嵌合—牵系"以及"消解非嵌合"的演历之中，存在者依次"站立在光明中，闪现闪耀，进入无蔽"。另一方面，那与"φύσις"同一并"和"着的，是与"φύσις"一同发力和生发的听命于存在的"闻讯"——"在那自身显示着的、在自身中恒常不断着的、正在接纳着的来此—驻停"[3]，因为巴门尼德在"残篇八"之中说出了如下的话语：

ταὐτὸν δ'ἐστὶ ωοεῖν τε καὶ οὔνεκει ἔστι νόημα.
闻讯与闻讯为之发生的东西是同一的。[4]

如果比较英译本和海德格尔的德译本，可以发现一个明显的区别是海德格尔把"思想"处理成"闻讯"，而把"思想的存在"处理成了"闻讯为之发生的东西"，这种处理是否妥当暂且不论，但是海德格尔的译法显然注意到了"闻讯"的所向及其为何之故乃是"存在"。"闻讯"也就是隶属于"φύσις"并把"φύσις"的存在力道所让人说出的东西"说出来"。然而我们也已经表明，单纯地把"人"视为在存在力道下的盲目的存在者是不恰当的，即使人

---

[1] [德] 海德格尔：《形而上学导论》（新译本），王庆节译，商务印书馆 2015 年版，第 158 页。
[2] [德] 海德格尔：《形而上学导论》（新译本），王庆节译，商务印书馆 2015 年版，第 158 页。
[3] [德] 海德格尔：《形而上学导论》（新译本），王庆节译，商务印书馆 2015 年版，第 159 页。
[4] [德] 马丁·海德格尔：《形而上学导论》（新译本），王庆节译，商务印书馆 2015 年版，第 159 页。英译为 "The same thing is for thinking and [is] that there is thought"，参见 [古希腊] 巴门尼德著，[加] 大卫·盖洛普英译/评注：《巴门尼德著作残篇》，李静滢译，广西师范大学出版社 2011 年版，第 88 页，此处汉译为："思想和思想的存在同样如此"。而海德格尔的德译为："Dasselbe ist Vernehmung und das，worumwillen Vernehmung geschieht."See Martin Heidegger, *EINFÜHRUNG IN DIE META-PHYSIK*, Max Niemeyer Verlag, Tübingen 1953, p. 147.

的"闻讯"与"聆听"要隶属于"φύσις"，但是人之此在的"言说"却未必要完全依照"φύσις"，在海德格尔看来，巴门尼德对"什么是人"的定义出自"残篇六"：

χρὴ τὸ λέγειν τε νοεῖν τ' ἐὸν ἔμμεναι.

必须既要道说（λέγειν）又要闻讯，即那存在者在其存在之中。[1]

在这种理解之下的"人"，既不是那完全听命于"天命"的无为的客体，也不是恣意挥洒"理性之自由"的优越的主体，海德格尔指出闻讯不是一种行为方式而是占有着人的"历史"[2]，人唯有作为发问着的、具有历史性东西才会来到他自身并成为一个自己，人是其自己说的就是："人必须在历史中把向着他敞开自身的存在予以变化并让自身在其中伫立。"[3]在"φύσις"—"λόγος"的强力之下，人注定是在"φύσις"之中演历的历史的人，无论是个体此在的生命的"出生—成长—死亡"的"无—有—无"的历程，抑或是整体共同此在之中的代际、辈分、传承的"有"的过程之中，人之此在都闻讯着"Logos"并且以它所遣送的"嵌合"为"命运"。然而，如果人之此在不对那些在"Physis"之中鲜活的、生生不息的"在场者"以及它们的"发生"与"退场"的"有"与"无"去发问，那么"Physis"就永远处于"自行锁闭"的状态之中，"Physis"（涌现—自然—有）与 κρύπτεσθαι（自行遮蔽—无）并不是相互分离的，而是相互喜好的。在这样一种喜好中一方才赐予另一方自己的本质（Wesen）而成为同一——"Physis"的丰富性与生命力就体现在这种相互赠与之中[4]，只有人不断去发问存在，在"沉思"的进程之中去解蔽存

---

〔1〕［德］海德格尔：《形而上学导论》（新译本），王庆节译，商务印书馆2015年版，第161页。英译为"It must be that what is there for speaking and thinking of is; for［it］is there to be."对应汉译为"那能够被谈论、被思考的必定是存在者，因为它就在那里存在。"参见［古希腊］巴门尼德著，［加］大卫·盖洛普英译/评注：《巴门尼德著作残篇》，李静滢译，广西师范大学出版社2011年版，第78页。海德格尔的德译为："Not ist das λέγειν sowohl als auch die Vernehmung, namlich des Seiend in dessen Sein."参见 Martin Heidegger, *EINFÜHRUNG IN DIE METAPHYSIK*, Max Niemeyer Verlag, Tübingen 1953, p. 149.

〔2〕［德］海德格尔：《形而上学导论》（新译本），王庆节译，商务印书馆2015年版，第162页。

〔3〕［德］海德格尔：《形而上学导论》（新译本），王庆节译，商务印书馆2015年版，第165页。

〔4〕［德］马丁·海德格尔："真理"，收录于氏著《演讲与论文集》，孙周兴译，生活·读书·新知三联书店2005年版，第296页。

在者，把"逻各斯"和"自然"纳入自身的发问与生存体会之中，在场者才能够真实地显现出来——人之此在无法选择"闻讯"之"有"和"无"，却能以"有"的方式去言说/发问"存在者"，产生"说服性的知识"。

这样，在"λόγος（逻各斯）—άλήθεια（无蔽）—φύσις（自然）"的同一性之中，巴门尼德对"同一"的沉思就构成了调和"人—思想"以及"Logos"之为"道说"的方面，以及"存在—Physis"以及"Logos"之为"闻讯—聆听"的方面的中介：第一，"存在"需要人去解蔽为"真理"，而人却在"存在"之中，遵从"逻各斯"的遣送去使"存在"去"无蔽"，因此海德格尔认为"Aletheia"是真实者的本质，它在一切本质与本己地现身者中"本现（Wesung）"[1]。第二，"Physis"是一个有待展开的"敞开域"，而"Logos"则克服"非嵌合"以使得"Physis"在争执之中有序，最终以遣送—使道说的方式让人去"解蔽"这一敞开域，展示出"谁在场""谁消失"的"真理"——"Aletheia"。这样，思想和存在的确具有张力，但是存在作为思想之所属，思想作为存在之现身方式，却是"同一"于"逻各斯"之双重性质的。

综上所述，海德格尔以对阿那克西曼德、赫拉克利特、巴门尼德等"前苏格拉底思想者"[2]的箴言的讨论，回返了"自然/存在""逻各斯""真理"的本源含义，也就给出了"源初自然"作为一个流动形态的"显隐"面向。当然，这种本源性的解读的确存在知识论和伦理学的争议：正如他所说"运思不是知识，不过也许它比知识更加本质，因为它在那种被遥远所遮盖的邻近中离存在更近……我们不知道它就是真理的本质，因此有必要对它追问，并以这样的方式遭遇这个问题：当我们准备用一个问题来对真理的本质加以重视之时，在此之际我们经验到，什么是必须满足的最小的条件……这个条件是，我们变成思想者"[3]。海德格尔本人认为赫拉克利特、巴门尼德、阿那克西曼德等苏格拉底之前的人是"思想家"或"思者"而与柏拉图等形而

---

〔1〕［德］海德格尔：《巴门尼德》，朱清华译，商务印书馆 2018 年版，第 239 页。

〔2〕值得一提的是，海德格尔专门以演讲或课程讲授的形式讨论的"前苏格拉底思想家"恰恰正是阿那克西曼德（1946 年的论文）、赫拉克利特（1943~1944 年弗莱堡大学夏季学期讲座课程）、巴门尼德（1942~1943 年弗莱堡大学冬季学期讲座课程）。海德格尔在这些讲座之中大量地引用古希腊原本书献，对于本书的写作也造成了一定的影响，在查阅资料并且对古希腊语的语法进行粗浅理解的条件下，本书力图呈现海德格尔引用的原本书字以及相应的德语翻译、英语翻译以及汉语翻译。

〔3〕［德］海德格尔：《巴门尼德》，朱清华译，商务印书馆 2018 年版，第 237 页。

上学家不尽相同。因此，海德格尔认为西方形而上学自命的"开端"之外，还有一个被遗忘的前苏格拉底的"另一个开端"。在这个开端里，思者以"沉思（Besinnung）"的方式把存在的问题道说了出来——可以初步认为：

"自然法"就是人之此在在"生生不息"者之中依照对"在场者"的揭示，进而对"涌现"这一存在的场域进行的片段式的"说明性知识"，它绝非恒定不变的道德训诫和权利义务关系，而是在人类的历史演历之中随着"自然"的运行、"逻各斯"的遣送和允诺对"真理"的追问不断生成着的"沉思"内容。

二、"源初自然之思"的东方支持：寻找源初自然法的其他思之路径

在回返了阿那克西曼德、赫拉克利特以及巴门尼德后，海德格尔把"涌现（Physis）"作为源初自然，以"真理（Aletheia）"代表存在者从无到有的显现，而"逻各斯（Logos）"则成为人本着自然去"让存在"进而让其他存在者"不在"，进而指出在显现之外一切良知与决心都会带来"从有到无"——但是在海德格尔回返西方思想的源头后，他也发现这类本源可能有两个问题：一是前苏格拉底思想家在文献方面留存较少而难以为其思想找到文献依据。二是作为对从柏拉图以降的形而上学和伦理学的批判，前苏格拉底思想家的力量显得单薄。因此，海德格尔在以"艺术的起源与思想的规定（Die Herkunft der Kunst und die Bestimmung des Denkens）"为题的讲话中指出："希腊人的语言把首先允诺于一切敞开者的自由之境的释放命名为无蔽，即非—遮蔽状态，后者并没有消除遮蔽关系……解蔽始终需要遮蔽——φύσις κρύπτεσθαι φλεῖ（自发涌现者特别喜欢遮蔽自己）"；他说"无蔽之光"、自然之光与"逻各斯"之光要比一切人所虚构的光源更加明亮、古老、本源——"就它向西方—欧洲历史以及从中发源的世界文明先行道说出来的这一点来说是未经思想的"[1]。从这一表述可以反向推断的是，海德格尔的"本源"之"思"是针对"西方形而上学"或"欧洲文明及其引导的现代世界"之外的希腊的沉思，因而与之相对的"东方思想"和"欧洲古代"都可能成为源初自然法

---

〔1〕　此处引用的是赫拉克利特的残篇 123，［德］马丁·海德格尔："艺术的起源与思想的规定"，收录于氏著《依于本源而居——海德格尔艺术现象学文选》，孙周兴编译，中国美术学院出版社 2010 年版，第 82~83 页。

的诠释思路。在海德格尔已经从对西方前苏格拉底的思想挖掘出源初自然遵循显/隐、有/无等图式涌现的同时，东方古老思想之中的沉思因素也被海德格尔认为是"源初自然法"的支持。例如在以"流传的语源与技术的语言（Überlieferte Sprache und techniche Sprache）"为题的演讲稿中，海德格尔反对以"流传的语言"批判"技术的语言"，并且在对受到现代技术的本质主宰的现代大学和学术教育进行批判的时候直接引用了《庄子》之中的文段，并且将之命名为"无用大树"：

　　惠子谓庄子曰："吾有大树，人谓之樗。其大本拥肿而不中绳墨，其小枝卷曲而不中规矩，立之涂，匠者不顾。今子之言，大而无用，众所同去也。"

　　庄子曰："子独不见狸狌乎？卑身而伏，以候敖者；东西跳梁，不避高下；终于机辟，死于罔罟。今夫斄牛，其大若垂天之云。此能为大矣，而不能执鼠。今子有大树，患其无用，何不树之于无何有之乡，广莫之野，彷徨乎无为其侧，逍遥乎寝卧其下。不夭斤斧，物无害者，无所可用，安所困苦哉！"[1]

　　海德格尔希望借由这一文段说明，在西方技术和形而上学统治的现代，

---

　　〔1〕（晋）郭象注：《庄子注疏》，（唐）成玄英疏，中华书局 2011 年版，第 20~22 页。成疏："卑身而伏，伺候傲慢之鼠；东西跳蹀，不避高下之地，而中于机关支付，身死罔罟之中，皆以利惑其小，不谋大故也……商鞅苏（秦）张（仪），即是其事"，又云："彷徨，纵任之名也，逍遥，自得之称……不材之木，枝叶繁茂，婆娑荫映，蔽日来风。故行李经过，徘徊憩息，寝卧其下。亦犹庄子之言，无为虚淡，可以逍遥适性、荫庇苍生也。臃肿不材，拳曲无取，匠人不顾，斤斧无加，夭折之灾，何从而至？故得终其天年，尽其生理。无用之用，何所苦哉！亦犹庄子之言垂俗会道，可以摄卫，可以全真，既不夭枉于世途，讵肯困苦于生分也。"郭庆藩注"夫大小之物，苟失其极，则利害之理均；用其得所，则物皆逍遥也。"参见（清）郭庆藩撰：《庄子集释》，王孝鱼点校，中华书局 2013 年版，第 43 页。刘文典释文："无何有之乡广莫之野谓寂绝无为之地也，莫，大也。"参见刘文典撰：《庄子补正》（上），赵峰、诸伟奇点校，中华书局 2015 年版，第 33 页。陈鼓应译作："惠子对庄子说：'我有一棵大树，人们都叫它樗。它的树干木瘤盘结而不合绳墨，它的小枝弯弯曲曲而不合规矩，生长在路上，匠人都不堪它。现在你的言论，大而无用，大家都抛弃。'庄子说：'你没有看见猫和黄鼠狼吗？卑伏着身子，等待出游的小动物；东西跳跃掠夺，不避高低；往往踏中机关，死于网罗之中。再看那斄牛，庞大的身子好像天边的云，虽然不能捉老鼠，但它的功能可大了。现在你有这么一棵大树，还愁它无用，为什么不把它种在虚寂的乡土、广漠的旷野，任意地徘徊在树旁，自在地躺在树下。不遭受斧头砍砸，没有东西来侵害它。无所可用，又会有什么祸害呢"，陈注有两处需要关注，一是将"彷徨"注解为"徘徊，游衍自得"，乃引证王叔岷《庄子校诠》："成《疏》释'彷徨'为'纵任'，与'游戏'意略近"；二是将"逍遥"解读为"优游自在"。参见陈鼓应注释：《庄子今注今译》，中华书局 2020 年版，第 35 页。

事物的价值在于"使用"："大树"是原材料，是为了保护消费社会之中产能持续的资源，换言之如果"大树"没有作为"资源"的用处，那么它无论多高多大，也都没有意义。在这个"有用"占据明显优势的世界之中在，"无用"似乎就是"无价值"的，因为在一个只还为着提高需要与消耗而需要直接有用物的世界里，要说无用的话干脆就是空话了[1]。海德格尔借由庄子的话语所要指出的是，在现代技术支配的世界之中，语言—话语（逻各斯）异化为的"逻辑"代表了"被置入最大限度可能的信息的宽广领域的技术语言"即"信息"，"信息"不关注本真的语言对在场者—不在场者的嵌合这一"自然—涌现"过程的表述，仅仅关心"在场者"或"无蔽者"，却毫不关心这一"在场"由何而来，"无蔽"之背后有什么"自行锁闭"，"技术语言是通用在形式化了的报道与给出信号的体系中"[2]。因此，"惠子"暗讽庄子的言说"大而无用"在海德格尔看来就代表了"技术的语言"对"流传的语言"的攻击，而庄子的回答似说的是惠子没有把"大树"用对，实际上则是表明了与"技术语言"完全相异的语言模式，他所思考的是在"无用"这一语词之外"无之用"的更为宽广的意义。"树之于无何有之乡，广莫之野，彷徨乎无为其侧，逍遥乎寝卧其下"也即在人之存在中排除那"用"的思维，而去向更丰富的可能性敞开的态度，海德格尔因此指出在人的本质的最中心处存在威胁着人的危险——也就是人在对何者曾在，何者将在，何者今日在整体关系中的危险[3]，而庄子的教诲告诉世人的是，于"无何有之乡""广莫之野"，人类尚有"彷徨—游戏"其逍遥自在的本己生存的可能性，以及在"栖居"于"λόγος（逻各斯）—ἀλήθεια（无蔽）—φύσις（自然）"的同一性之中对何者在场与何者退场泰然任之，作为终有一死者却栖身在存在的光明近旁。

（一）东方思想之为海德格尔"源初自然法"的理论盟友

海德格尔对东方思想有相当的了解，海德格尔的学术工作也获得了东亚

---

[1] ［德］海德格尔："流传的语言与技术的语言"，收录于氏著《存在的天命：海德格尔技术哲学文选》，孙周兴编译，中国美术学院出版社 2018 年版，第 186 页。

[2] ［德］海德格尔："流传的语言与技术的语言"，收录于氏著《存在的天命：海德格尔技术哲学文选》，孙周兴编译，中国美术学院出版社 2018 年版，第 195 页。

[3] ［德］海德格尔："流传的语言与技术的语言"，收录于氏著《存在的天命：海德格尔技术哲学文选》，孙周兴编译，中国美术学院出版社 2018 年版，第 196 页。

资料的支持，甚至他有时会从道家典籍和禅宗佛教经典的德译本中直接引用其中的主要思想。但是在东西方的差异之中，海德格尔著作中东方的神秘和思想力量也一度被"遮蔽"，海氏本人结合东方思想对"源初自然"的诠释也并未全然解蔽，它们的重要性未被充分认知[1]。

东方思想之中的"自然"概念呈现出与西方形而上学之中对象化的自然迥异的形态，可以被视为海德格尔源初自然法思想来自西方之外的支持。因此，之所以要引入"东方哲学"来解读海德格尔的"思"之渊源，乃是由于海德格尔在其主要著作之中真正地运用了东方哲学的言说方式并且受到了东方自然观的影响。"东方思想"也绝非可以被视为简单注解海德格尔思想的"西方渊源"的可有可无的内容。同时就这些思想的来源看，它们也可以成为把"源初自然法"脱离"西方古代"这个时间限制的契机。海德格尔与例如雅斯贝尔斯等同仁交往的过程中就表达了对中国思想、印度思想的了解，而在海德格尔的弟子之中，来自日本的九鬼周造（Koki Shuzo）则一度与海德格尔讨论他对日本哲学与存在论的关系。在与东京大学手冢富雄（Tezuka Tomio）的对话中，海德格尔也回忆了九鬼与他的思想交流。此外，中国学生萧师毅也在 1943 年到 1944 年之间与海德格尔有过接触，海德格尔对萧师毅带来的中国哲学思想也颇感兴趣，根据萧师毅的记载：

我与海德格尔在 1942 年结识。当年，在北平完成了心理学和中国哲学学位后，我就到米兰（Milan）深造。我在圣库欧勒（Sacro Cuore）大学接受严谨的学院派训练的同时，接触了另一同样严谨之学问和新的思想深度。我被允许去旁听海德格尔的讲座。从此，我陆续地向他呈交了我的《道德经》意大利文译本的一些部分……海德格尔也许在我的译本中发现了在别的译本中所没有发现的东西，不然，他又怎么会建议我们俩合作德文译本呢。[2]

最后，有研究推断《奥义书》思想和《吠陀》的庞大体系早就引起了德国学术界的注意，海德格尔不太可能对这些发展一无所知。海德格尔思维方

---

[1] Reinhard May, *Heidegger's hidden sources East Asian influences on his work*, trans., with a complementary essay, by Graham Parkes, 1996, p. xv.

[2] 萧师毅："海德格尔与我们《道德经》的翻译"，池耀兴译，载《世界哲学》2004 年第 2 期，第 98 页。原文参见 Paul Shih-yi Hsiao, Heidegger and Our Translation of the Tao Te Ching, in Graham Parkes, ed., *Heidegger and Asian Thought*, University of Hawaii Press 1987, p. 93.

式（或内容）受东方思想的影响，所以他完全可以理解婆罗门和禅宗思想，更由于埃克哈特大师的影响，海德格尔具有印度式的非概念的、非形而上学的灵性思维方式和言说的可能性，这对他自己的"沉思"的追求和自己思维的问题（Sache）是有价值的：一方面，海德格尔并未将东方思想进行体系方面的西方化。在这里海德格尔和黑格尔的东方研究有所不同，后者把这些非西方的文明完全敞开并且纳入一个"大体系"之中[1]，而就海德格尔的行文来看，他基本不提及这些东方智慧何以转化为形而上学，而是将它们作为"思"之宝藏的存储库并让这些智慧不时地闪现，尤其是让它们在世界文明的关键时刻也即向"另一开端"的跃迁之中绽出。另一方面，东方思想也是海德格尔在西方思想无法达及"无"的情况下用以言说神秘的语言工具，如有论者指出，海德格尔在建构了"λόγος（逻各斯）—ἀλήθεια（无蔽）—φύσις（自然）"的同一性后，他不得不进一步直面"逻各斯"的沉默、相对于"无蔽者"的更本源的"自行锁闭"和相对于"涌现—自然"之中在场者而言更为广袤的虚空。思考无（用）的本质也意味着要把德意志人转变为一个无用的民族，才可能接近那不可见之物，海德格尔必须放弃这些本民族的词汇，并且以东方思想语言应对德语和西方思想语言的不够用的情况，进而避免他本人思想的贫困、思与语言的贫瘠[2]。因此，恰恰是对"无"的解读之中，当古希腊的"同一性"更多地体现出"自然"的链条，且在海德格尔业已认识到"存在即虚无"的情况下，东方思想就暗暗地被用于海德格尔对"无""栖居"以及"四大"的讨论之中了。

　　本部分主要关注的是海德格尔受东方思想的影响、进一步补充的源初自然观点，在本部分的写作之中海德格尔仍然是一个对古代东方智慧的倾听者。而要实现这样的溯源目的，需要再次强调的是海德格尔对汉语、日语以及印地语的掌握并不深入，他对于东方思想的获取最为直接的渠道包括与雅斯贝尔斯的交流、与东方弟子的讨论，还有站在叔本华、尼采等对东方哲学具有更多了解的"巨人"的肩膀上远望东方文明的学术继承活动。

---

　　〔1〕　J. L. Mehta，Heidegger and Vedanta：Reflections on a Questionable Theme，Heidegger and Vedanta：Reflections on a Questionable Them，in Graham Parkes，ed.，*Heidegger and Asian Thought*，University of Hawaii Press 1987，p. 24.

　　〔2〕　夏可君：《一个等待与无用的民族：庄子与海德格尔的第二次转向》，北京大学出版社 2017 年版，第 120 页。

（二）归于幽玄而绽放：日本美学思想与源初自在的本真生活

在海德格尔看来，西方思想不可避免地无法研究"无"，即使在生存论方面海德格尔已经尝试指出死亡乃是最为本己的可能性，但人之此在仍然需要居于公共世界之中而从周围的"有"而走向"无"。九鬼周造作为海德格尔的学生并继承了海德格尔的"解释学"的方法论，并且以生存论解释学的方法去阐释了"粹（Iki）"这一具有日本民族性的概念，海德格尔通过与手冢富雄的对话，表达了日本哲学对他自身的影响，同时对九鬼周造对"粹"的研究进行了批判式的发扬。在这篇对话录之中，手冢围绕九鬼的"粹"提出了四个问题：首先，作为关于日本艺术和美学的概念最终还是要"求助于美学"，因此，他认为我们的语言缺少一种规范性的力量，不能在一种明确的秩序中把相关的对象表象为相互包涵和隶属的对象[1]。其次，鉴于上述的境况，对东亚人来说"去追求欧洲的概念系统，这是否有必要，并且是否恰当"[2]。再次，如果上述的观点不成立，那么东亚语言的"本质呈现"（Sprachenwesen）是否能够通达海德格尔的语言的"自由"之境，进而与希腊人的"同一性"形成呼应的关系。最后，那个能够自日语之中取代"同一性"或与"同一性"之中的"λόγος"具有同等地位——即代表"自然"地让人去说，促使人去"解蔽"并处于自由的光明之中的东西——到底是什么？海德格尔对上述问题的回答虽然带有其本人后期对语言本质的思考，但在与手冢的交流中则更多地以九鬼的"粹"的概念作为突破点。海德格尔对手冢的第一个问题的回答是，海德格尔一度把语言比喻为"存在的家"，但也在与日本友人的交流中坦陈：

我还没看出来，我力图思之为语言之本质的那个东西，是否也适合于东亚语言的本质；我也没看出来，最终（这最终同时也是开端），运思经验是否能够获得语言的某个本质（ein Wesen），这个本质将保证欧洲—西方的道说（Sagen）与东亚的道说以某种方式进入对话之中，而那源出于唯一源泉的东西

---

〔1〕［德］海德格尔、［日］手冢富雄："从一次关于语言的对话而来"，收录于氏著《在通向语言的途中》，孙周兴译，商务印书馆1997年版，第87页。

〔2〕［德］海德格尔、［日］手冢富雄："从一次关于语言的对话而来"，收录于氏著《在通向语言的途中》，孙周兴译，商务印书馆1997年版，第88页。

就在这种对话中歌唱。[1]

　　进而海德格尔指出，那种"乞灵于欧洲的表象方式及其概念的诱惑"被"地球和人类的完全欧洲化"所强化[2]，这样，手冢的第一个问题就引发了海德格尔对九鬼"粹的构造"的反思。海德格尔赞同的是在九鬼本人对"粹"的界定之中，"如果'粹'这个词只在日语中才有，那就意味着它具有特殊的民族性"[3]。然而，海德格尔也指出了九鬼最终在方法论上的"解释学"路径相对老旧，后者早已被海德格尔进行了更新。如九鬼认为"理解作为意义体验的'粹'，必须是具体的、实际的、特殊的'存在领会'……在研究'粹'的 essentia（精华、最重要的）之前，首先应该探明'粹'的存在（exsitentia）"，对"粹"的研究必须是"解释性"的，必须是要在作为"意识现象"意义的"粹"与作为"客观表现"的"粹"的循环理解之中去把握"粹"在意识方面体现的"民族精神"以及在实存角度"粹"的"民族特殊的文化形态"[4]。然而海德格尔指出九鬼对"粹"的研究依然遵循了"解释学"的较早版本，九鬼对"粹"的美学解释，仍然"依据的欧洲的表象运动，也就是形而上学的表象运动"[5]，因为在九鬼对海德格尔求教的时候，海德格尔所坚持的解释学方法仍然是形而上学的，海德格尔彼时认为"解释学"本身不是哲学，它只希望将迄今为止一个被遗忘了的对象置于当代哲学家面前，以引起重视（geneigten Beachtung），"解释学"是某种先行预备性的东西，不过它要有其最本己的性质：这里所要发生的并不是要尽可能快地结束，而是要尽可能长久地经受[6]"历史意识（文化意识）"与"哲学意

　　[1]　[德]海德格尔、[日]手冢富雄："从一次关于语言的对话而来"，收录于氏著《在通向语言的途中》，孙周兴译，商务印书馆1997年版，第91页。

　　[2]　[德]海德格尔、[日]手冢富雄："从一次关于语言的对话而来"，收录于氏著《在通向语言的途中》，孙周兴译，商务印书馆1997年版，第101页。

　　[3]　[日]九鬼周造："'粹'的构造"，载[日]九鬼周造：《九鬼周造著作精粹》，彭曦、汪丽影、顾长江译，南京大学出版社2017年版，第2页。

　　[4]　[日]九鬼周造："'粹'的构造"，载[日]九鬼周造：《九鬼周造著作精粹》，彭曦、汪丽影、顾长江译，南京大学出版社2017年版，第6~7页。

　　[5]　[德]海德格尔、[日]手冢富雄："从一次关于语言的对话而来"，收录于氏著《在通向语言的途中》，孙周兴译，商务印书馆1997年版，第112页。

　　[6]　[德]海德格尔：《存在论（实际性的解释学）》，何卫平译，商务印书馆2016年版，第26页。

识"[1]在这里九鬼的确遵守了海德格尔基本的解释学进路，例如他指出"粹"的内涵角度包含"媚态""气魄""达观"、三种审美气质[2]，而外延上则包含"高雅""华丽""素雅"三种美的实存形态[3]。海德格尔所质疑的是在九鬼的"粹"论之中，无论是"美/丑"的对立观点，还是从"内涵"到"外延"的解读模式都是西方式的。进而并且手冢的第二个问题也获得了解决，也即"我们受到欧洲精神所具有的丰富的诱惑而走岔了路，把我们此在所要求的东西贬低为某种不确定的和乱七八糟的东西"，海德格

---

〔1〕［德］海德格尔：《存在论（实际性的解释学）》，何卫平译，商务印书馆2016年版，第45页。其中"历史意识"的主题就是"时间性"，但其偏向于"过去"，把历史视为某种先行的表象结构；而"哲学意识"的主题所牵涉的是被解释对象的"作为什么（als was）"，即它的"将来"，而历史意识与哲学意识的"过去"与"未来"则汇聚于人之此在的"当下"——这也就是前述的"曾在—现在—将在"的基本生存论结构。参见［德］海德格尔：《存在论（实际性的解释学）》，何卫平译，商务印书馆2016年版，第45、64页。显而易见的是，在海德格尔此处的"解释学"仍然处于"生存论"的阶段，也即他在此关心的是本真的此在的生存论问题。而相较于我们在此讨论的海德格尔的思想渊源来看，"生存论"上的本真性仅仅意味着人之此在获取了向源初沉思的发问能力，而发问能力的获得尚且不代表"沉思"能力的真正取得，以及对前生存论结构的"同一性"的领会。九鬼周造所学习的是海德格尔的生存论——实际性的解释学，因此他就避免不了带有海德格尔生存论解释学之中"解释主体""解释对象"的痕迹，而在他以此诠释"粹"这一代表日本书化的本己"话语"的时候，他也就陷入了西方当代美学的"主客对置"的思维之中了。

〔2〕［日］九鬼周造："'粹'的构造"，载［日］九鬼周造：《九鬼周造著作精粹》，彭曦、汪丽影、顾长江译，南京大学出版社2017年版，第10页。九鬼认为，"粹"的构造"显示了'媚态''气魄'、'达观'这三种契机"，其中"媚态"是基调，"气魄"和"达观"则决定了"粹"的民族性，即"粹"是"媚态的粹"。在将实际生活悬置后，去无目的、洒脱、自律地游戏，即佛教理想之中的"达观—脱俗"、武士道精神中的"有劲头—气魄"以及特别体现在日本女性身上的"妩媚—媚态"。

〔3〕［日］九鬼周造："'粹'的构造"，载［日］九鬼周造：《九鬼周造著作精粹》，彭曦、汪丽影、顾长江译，南京大学出版社2017年版，第13页。九鬼认为，在"粹"的外在表现形式上，体现为"高雅—粗俗"（自为性的区别）、"华丽—质朴"（为他性的区别）、"素雅/意气（粹）—甘味/野暮"（基于异性特殊性的自为性区别），其中前两种实存样态是"粹"的"人性普遍存在"样态，而后一者则仅仅是"异性的特殊存在"样态。但是应当补充的是，虽然在海德格尔看来九鬼对"粹"的解读仍然是形而上学的，但是从日本美学的角度来说，九鬼对"粹"的解读却是相当恰当的。如大西克礼认为，日本美学之中存在诸多西方美学无法解释的现象，例如"哀"有五层含义："直接表达哀和怜的心理含义""超越特殊情感表达一般情感体验о含义""在感动的感情模式之中加入直观与静观的知识因素（知物之心）""归于本源的哀愁、怜悯与特定体验题材的结合与其中静观直观视野与超越论的人生与宇宙的嵌合""神秘论的'世界—苦'的美学体验"。参见［日］本居宣长、大西克礼：《物哀：樱花落下后》，王向远译，江苏凤凰文艺出版社2012年版，第162~163页。以此为例，大西克礼提出的"物哀"的观念也是"解释学"的（大西克礼把"物哀""幽玄""侘寂"归为日本美学的核心）。就以大西对"物哀"的阐释来看，遵循仍然是"物—我"的"解释学"，然而却准确描述出了日本美学的独特的"言说"风格，因此海德格尔对九鬼的批判是否正确，或曰这一批判真的是"日本的"吗？仍有待研究。

尔借此补充说，与九鬼的交谈中展现出"日本的语言精神是完全封闭"，虽然九鬼本人精通德文并且把所谈的一切都欧洲化，但却尝试道说东亚艺术和诗歌的本质[1]，因而九鬼"粹"的东方内核代表的是超越西方形而上学的可能性。

　　九鬼对"粹"的研究代表了东亚与现代欧洲语言本质的差异以及方法论上"欧洲化"的促逼作用，而"粹"也就切近了海德格尔式非形而上学的源初自然之思。在关乎日本书化的自我觉知等问题方面，海德格尔更多地倾听了手冢的观点：例如在海德格尔对西方—古希腊的"逻各斯"进行了介绍后，手冢指出，能够代表"日语"的语言的是"言叶（ことば，Koto ba）"[2]。而追问出"言叶"的过程则是极为重要的：无论是海德格尔挖掘出的"逻各斯"与手冢富雄提及的"言叶"都代表语言之本质，它们不可能是任何语言性的东西[3]，这个能够代表语言本质的词语，必须不是语言。在此时的海德格尔看来即使是九鬼的"粹"也不能代表这一语言，原因正如前述，"粹"仍然是"主体—人"与"客体—物"的形而上学言说与表象活动，那个代表"语言本质"的东西只能是"不可说之神秘"[4]。进而，海德格尔认为，是否可以接续对阿那克西曼德的箴言的讨论，先把这种代表"语言本质"的东西称为"用（χρεών）"，进而暂且把"语言本质"之所是规定下来，以便指出在"用"这一语言本质规定之中，"如果在场本身被思为显现，那么在在场中起支配作用的就是那种出现，在那种无蔽意义上进入光亮中的出现……无蔽是在作为某种澄明（Lichtung）的解蔽中发生的。而这种澄明本身

---

　　〔1〕 ［德］海德格尔、［日］手冢富雄："从一次关于语言的对话而来"，收录于氏著《在通向语言的途中》，孙周兴译，商务印书馆 1997 年版，第 88~89 页。前一引文是手冢在海德格尔引导下的体悟，而后一引文则是海德格尔对九鬼周造夫妇的直观印象。

　　〔2〕 实际上，这个问题由海氏与手冢共享，海德格尔首先发问："日本世界所理解的语言到底是什么？更谨慎的问法是：在你们的语言中，可有一个词来表示我们欧洲人称之为预言的东西吗？如果没有，那么你们如何经验我们这儿被叫作语言的东西？"手冢在思忖良久后才意识到的确"有一个日本词，它道说语言之本质，而不是被用作表示说话和语言的名称"，然而在这一阶段，海氏与手冢都没有对这个词准确地说明，参见 ［德］海德格尔、［日］手冢富雄："从一次关于语言的对话而来"，收录于氏著《在通向语言的途中》，孙周兴译，商务印书馆 1997 年版，第 110 页。

　　〔3〕 ［德］海德格尔、［日］手冢富雄："从一次关于语言的对话而来"，收录于氏著《在通向语言的途中》，孙周兴译，商务印书馆 1997 年版，第 111 页。

　　〔4〕 西谷启治、大西克礼、西田几多郎都属于京都学派。

作为本有事件（Ereignis）在任何方面都是未曾被思的"[1]——这个本质只能神秘地隐匿在声音—谐调（Stimmung）之中并规定着语言的本质，任其"无名"，一如阿那克西曼德之"无定όρχή"。然而在此时，手冢却提出了类似的观点：

"粹"是优美……是照亮着的喜悦的寂静之吹拂（das Wehen der Stille des leuchtenden entzückens）[2]

它叫"言叶"（ことば，Koto ba）……ba 表示叶，也指花瓣，而且特别指花瓣[3]

海德格尔则补充说：

那么，Koto 就是优美的澄明着的消息之本有事件—Ereignis（das Ereignis der lichten Botschaft der Anmut）。[4]

而手冢则进一步指出：

您当记得我们这次对话的一段，我在这一段中向您指出了"色"和"空"两个词，这两个日文词被认为是相当于αίσθητόν（感性）与νοητòν（智性）之间的区分的……我们所谓的"色"的意思多于色彩和任何可由感官感知的东西。"空"即敞开、天之空虚，其意思多于超感性之物。[5]

在这段讨论之中，手冢最终得出的结论是，代表日本语的语言本质的正是"言叶"——花瓣——"从有所带来的慈爱的澄明着的消息之中生长出来

---

〔1〕〔德〕海德格尔、〔日〕手冢富雄："从一次关于语言的对话而来"，收录于氏著《在通向语言的途中》，孙周兴译，商务印书馆 1997 年版，第 127~128 页。

〔2〕〔德〕海德格尔、〔日〕手冢富雄："从一次关于语言的对话而来"，收录于氏著《在通向语言的途中》，孙周兴译，商务印书馆 1997 年版，第 132~133 页。

〔3〕〔德〕海德格尔、〔日〕手冢富雄："从一次关于语言的对话而来"，收录于氏著《在通向语言的途中》，孙周兴译，商务印书馆 1997 年版，第 134 页。

〔4〕〔德〕海德格尔、〔日〕手冢富雄："从一次关于语言的对话而来"，收录于氏著《在通向语言的途中》，孙周兴译，商务印书馆 1997 年版，第 135 页。

〔5〕〔德〕海德格尔、〔日〕手冢富雄："从一次关于语言的对话而来"，收录于氏著《在通向语言的途中》，孙周兴译，商务印书馆 1997 年版，第 136 页。

的花瓣"〔1〕，它是寂静的、神秘的、镇定的，因此也是召唤"思"的，和让人去"道说"的东西。而在这一交流稿未收录的部分之中，手冢也表示日本艺术的形而上学特征是的确存在的，但正是这种形而上学特征的存在才使得日本艺术最终在某种意义上成为一种空间的艺术——它既有它的优点也有局限性。"〔2〕"色—空"〔3〕"言叶"这类词汇的确勾起了海德格尔的兴趣，因此虽然手冢在讨论之中与海德格尔对"无声的神秘"之为语言的本质达成了共识，但是手冢仍然认为是某种形而上学的形式引发了日本的艺术——"粹"。手冢的上述观点也并非没有支持，在西田几多郎（Kitaro Nishidas）、田边元（Hajime Tanabe）那里，"粹"作为神秘之物，既是形而上学的也是美学的，后者反而促使了海德格尔对日本的美学哲学的深思。九鬼周造是海德格尔和西田几多郎的共同门生，他意识到在立场上西田哲学与海德格尔的思想之中共享"无"这一要素：西田哲学从东西方的"哲学立场"的分野出发，指出西方的真理建基于"有（Sein）"之上，而东方的真理建基于"无"之上。进而西方形而上学对物的定义必然是"有形（形式）"或摆在眼前的"实在"，而东方思想并不主张有"形式"，而坚持"色即是空"这样形式虚化的观点，这样西方的形而上学概念也就不能独一地被奠定为一切的"自然属性"

〔1〕　［德］海德格尔、［日］手冢富雄："从一次关于语言的对话而来"，收录于氏著《在通向语言的途中》，孙周兴译，商务印书馆1997年版，第144页。

〔2〕　Tezuka Tomio, An Hour with Heidegger, in Reinhard May, *Heidegger's hidden sources East Asian influences on his work*, trans., with a complementary essay, by Graham Parkes., London and New York: Routledge, 1996, p.64.

〔3〕　关于"色"与"空"的原文出自《般若波罗蜜多心经》，作："舍利子，色不异空，空不异色，色即是空，空即是色，受、想、行、识，亦复如是。"参见赖永海编：《佛教十三经·心经》，陈秋平译注，中华书局2013年版，第127页。今注为："缘起假象谓之'色'，缘起无向谓之'空'；所谓色虽分明显现而无实体，故说'色不异空'；虽无实体，而分明显现，故说'空不异色'……所谓五蕴皆空，意谓不论物质现象（相当于色），或精神现象（受、想、行、识）均属因缘所生法，无固定不变之自性；若以其为实有自性，则是虚妄分明，故色之本质为空……五蕴与空是不异而且相即。"而梁启超认为："蕴即是聚……然则五蕴之聚无常相、无实体，较然甚明……五蕴的相，正复如此，渐次集积，渐次散坏，无一常住。所以《成实论》说：'是五阴（蕴）空，如幻如炎，相续生故。'《杂阿毗昙心论》（卷二）则说：'一切为有法，生往及异灭，展转更相为。'所谓人生，所谓宇宙，只是事情和事情的交互，状态和状态的衔接，随生随往，随灭随生，随灭复随生，便是五蕴皆空的道理，也便是无我的道理……教人脱离无常、苦恼的生活状态，归到清净轻安的生活状态。"参见梁启超：《佛学研究十八篇》，商务印书馆2014年版，第408~409页。类比梁公与海氏"自然"的希腊思想渊源，可见其同。

的先验基础〔1〕。此外，西田也不再把"神"当作超越性的存在者："神"既是相对于"独我"的他者，"我们祈祷并感谢神，并不是为了自己的存在，而是祈祷能够回归作为自己本分的家乡的神那里，并且感谢自己回归于神"〔2〕。但在存在论方面"神"却是"无物的宁静""无底（Ungrund）""无对象的意志（Wille ohne Gegenstand）"，与"没有神就没有世界"一样，"没有世界就没有神"〔3〕——前者意味着"神"才是真正的实在，意味着人性的活动是神的分化活动的一种〔4〕。而后者意味着在"爱"的关系之中诸多个人性人格通过"爱"形成的统一的"大人格"就是"神"〔5〕。相比而言，如果说海德格尔的"本真他者"以"本真自我—独我化"为条件而仍然具有"我/他"的世俗区分，那么西田的"实存论的独我论"之中的他者是自我的扩展而非绝对他者，只有在"绝对无"之中"神"这一他者才能显示自身，神处于绝对无的场所因而一切主客对置就消失了〔6〕。这两种观点的混合就造就了九鬼周造的"自然"观点，他认为自然是日本特色的重要契机：大自然之中蕴含非人的无之境界，世上有荒山荒原，在人居住之后自然而然出现道路，而神代之道在此已经先行存在，自然而然形成国之道；进而"在日本的实践体验中，自然和自由相互融合……从大自然中自然而然迸发出来的便是自由……依顺天地之心自然而然地形成的便是自由……将道德领域与生命境域在理念

〔1〕 John C. Maraldo, Heidegger und Nishida: Nichts Gott und die Onto-thelogie, in *Heiddeger und die ostasiatische Denken*（*Heidegger—Jahrbuch* 7），VERLAG KARL ALBER，2013，pp. 253~254.

〔2〕 ［日］西田几多郎：《善的研究》，黄文宏译注，台湾"清华大学"出版社 2019 年版，第 220 页。西田认为统一了精神与自然本身就归于同一之下进而"成为完全具体的实在"，不存在分别，也不存在"物质统辖了意识"或"意识统辖了物质"的两种统一方式。上述的观点仅仅是由于对这一同一体的种种经验视角的差异导致的，而"神"既是作为"实在的根基的直接经验的事实"，更是"意识现象的根基"。在这种"心身同一"的意义上，西田将这个"同一"称为"神"，他认为："神是宇宙的统一者，而宇宙是神的表现"，同时"神是我们的意识的最大与最终的统一者，或者更恰当地说，我们的意识是神的意识的一部分，我们的意识的统一来自神的统一"。［日］西田几多郎：《善的研究》，何倩译，商务印书馆 1965 年版，第 228、229 页。

〔3〕 ［日］西田几多郎：《善的研究》，黄文宏译注，台湾"清华大学"出版社 2019 年版，第 238 页。

〔4〕 ［日］西田几多郎：《善的研究》，黄文宏译注，台湾"清华大学"出版社 2019 年版，第 241 页。

〔5〕 ［日］西田几多郎：《善的研究》，黄文宏译注，台湾"清华大学"出版社 2019 年版，第 243 页。

〔6〕 黄文宏："海德格尔与西田论他者的经验"，收录于王庆节、张任之编：《海德格尔：翻译、解释与理解》，生活·读书·新知三联书店 2017 年版，第 211 页。

上同等对待，这是日本的道德特色"[1]，九鬼的美学观点因此就吸纳了海德格尔从他者之中区分本真自我，进而获得本真的、美的、体悟的观点，并且以西田对"独我/神"的同一化的构造建构了"粹"的根本的方向。

日本思想对海德格尔的影响，主要体现在人这一方面，日本思想坚持人的"美"是保证自发的"美"与他力的"审美"，这种提倡从细微的"具身体验"去达到对宇宙、神以及空无的沉思的生存方式，为此在的"沉思"的过程同样赋予了审美的气质，"终有一死者"在摆脱周围世界后面对死亡的本真生活体验也即"美"自身。无论是"粹"的内涵还是外延，抑或是"言叶"代表的"花瓣"，都表示了日本人对"本源"的型构既保持了美学式的思维，也保持了形而上学式的思维。海德格尔与手冢最终在审美方向达成了一致，极大程度上是日本把美真切地上升为"沉思"和下降到"生存"，成了"日本的此在"的存在领会的环节，"审美"也构成了日本此在的"天命"的遣送：例如大西在讨论"幽玄"的时候，同样使用了"五阶段法"，指出了"幽玄"这一日本美学特色蕴含了"物之内某种形态的隐蔽或掩藏"——"人理解的微暗、朦胧、薄明以及不追根究底的优雅大气"——"微暗、隐蔽的寂静与'物哀'"——"深远—超越时空距离地对道的虔敬"—"充实项—

---

〔1〕［日］九鬼周造："人与生存"，载［日］九鬼周造：《九鬼周造著作精粹》，彭曦、汪丽影、顾长江译，南京大学出版社 2017 年版，第 382~383 页。九鬼给出的日本的另两个气质则是"意气"，即武士道精神的不屈不挠的，发自真心的自我牺牲精神，这一点在田边元对海德格尔的批判中也有体现。田边元认为死亡乃是出于"自觉"（Jikabu）的事情（实事 Sache），海德格尔建构在"生存论"基础上的"向死存在"实际上是在"同一性存在"与"非—同一性存在"之间摇摆的活动，但他仍然站在那个对"未来"的"思维与存在"之间的同一的乐观期许的立场上。而田边元则坚称这种"思维与存在"的同一最终还是不可预计的黑格尔式的辩证运动，但在未来的必然性中"生存者整体"在"思的实事"和"的的实事"之间，在后者要坦然和自觉地面对自身的毁灭，而在前者方面则最终归于"绝对的自我否定"和"绝对的虚无"的寂灭的佛家境界。在这里体现出田边元的黑格尔式的思考模式，也体现出他"忏悔道"的思想，即"只有大死一番，以无为为媒介，通过忏悔的行、信、证才能得救并死而复生"，参见 Hisao Matsumaru, Tanabe und Heiddger. Fragendes Kreisen um den Tod, in *Heiddeger und die ostasiatische Denken*（*Heidegger—Jahrbuch* 7），VERLAG KARL ALBER，2013，p. 281. 另参见徐远和等主编：《东方哲学史》（现代卷），人民出版社 2010 年版，第 384 页。此即对应九鬼提出的第三个气质"达观"，即意识到自己的无力，因此干脆、不眷恋，断绝一切希望，乘坐弥陀本愿之舟渡生死之海，抵达极乐之彼岸。又如大西克礼指出的："自然当中的'生命'，意味时间性的外部的集积，而其中的'精神'则与此相反，象征了内部的沉淀。为了让这种意义上的沉淀成为可能，'统一'就成了必要……对于自然界客观的事物现象，当我们看待其中的古、老的，寂的美学若是适用，其根本必然与'生命'或'精神'有所关联。"参见［日］大西克礼：《侘寂：素朴日常》，王向远译，不二家 2012 年版，第 97 页。

于表面的虚无之内蕴含的无限多的丰富性"〔1〕——这样，"美"与"审美"就直接在生存论方面触摸到了"有"与"无"的嵌合了。这也就不难理解为何手冢在谈话中指出"日本人很快就理解了您的演讲'形而上学是什么'……我们现在还感到奇怪，欧洲人竟然会把您在这一演讲中探讨的'无'解释为虚无主义……对于我们来讲，空就是您想用'存在（Sein）'这个词来道说的东西的最高名称了……"〔2〕也不难解释同样对这一"有无之辨"有了解的熊伟对海德格尔的"无"保持类似理解，但却给出了中国式的非"美学"的解读："此宇宙是要'说'的宇宙，且是'可说'的宇宙……故'可说'与'不可说'都是'说'，无非有以'可说'为说，有以'不可说'为'说'。又'可说'又'不可说'，乃成其'说'。若只'可说'或只'不可说'，皆'说不成'。"〔3〕实际上，海德格尔可能一度对东方思想能够理解他的"无"的理念大为诧异，不过对这些共通观念的再次学习也是海德格尔对东方思想进行"沉思"的过程，有研究认为海德格尔坚信在东西方思想已经反复交流长达 3 个世纪的情况下，继续坚持欧洲中心主义并认定欧洲形而上学就是唯一真理的立场必须改变，这一立场在海德格尔后期思想之中得到了贯彻〔4〕。这最终体现为在海德格尔的思想中，"终有一死者"——"人"被界定为：

> 人类之所以被叫作终有一死者，是因为他们能够"赴死"。赴死（Sterben）意味着：有能力承担作为死亡的死亡……死亡乃是无之圣殿（der Schrein des Nichits）；无在所有角度看都不是某种单纯的存在者，但它依然现身出场，甚至作为存在本身之神秘（Geheimnis）而现身出场。〔5〕

---

〔1〕 ［日］大西克礼：《幽玄：薄明之森林》，王向远译，不二家 2012 年版，第 140~142 页。

〔2〕 ［德］海德格尔、［日］手冢富雄："从一次关于语言的对话而来"，收录于氏著《在通向语言的途中》，孙周兴译，商务印书馆 1997 年版，第 106 页。

〔3〕 熊伟："说，可说；不可说，不说"，载熊伟：《在的澄明——熊伟文选》，商务印书馆 2011 年版，第 21 页。熊伟上述的讨论是说，宇宙本身唯有具有"道说"的能力，在宇宙之中的人才可以"说"宇宙之广延，而在后裔层次上其中"可说的有"与"不可说的无"——"则俨然是指'无'的境界"。这两种在"存在者"层面上的"可说"与"不可说"（"对有的说"与"对无的沉默"）恰恰构成了宇宙的"道说"。

〔4〕 Dieter Thomä（Hrsg.），*Heidegger Handbuch*，2 Auflage，J. B METYLER，2013，p. 486.

〔5〕 ［德］马丁·海德格尔："物"，收录于氏著《演讲与论文集》，孙周兴译，生活·读书·新知三联书店 2005 年版，第 187 页。

从这一角度上看，"终有一死者"在日本思想之中反而意味着"审美"或"自发之美"的终点，赋予了"向死而在"以积极意义。而在日本式的思想之中"死亡"本身也可以"媚态""意气"抑或"达观"，这也就构成了日本此在对"存在"的生存论式的领悟以及本真此在担负责任与领会死亡、发明良知与接受亏欠方面的乐观态度，也指出人本真的生活最终要回返存在之家和体悟"自然"。用海德格尔式的表达就是，日本此在以审美的角度诠释了"向死存在"的意涵并且将之视为归于"神—大自我"的"无"，而对于那些美的事物，日本此在并不将之视为工具而是将它们保护在人的当下存在内并力图拓展"美"的留白。与海德格尔对时间性的强调不同，日本思想更加注重"空间"的体验，与九鬼一同留学德国并与海德格尔有所交往的和辻哲郎对乡村的体验也是空间式的时间性体悟："随着年龄的增长，我痛感那些农村的变迁……'深渊浅滩，世事变化无常'……当我真正亲眼见到儿时的一个深潭变成浅滩时，我才痛切感到以前对这话的理解不过是抽象的……以前存在于我记忆之中、唤起我的爱惜之情的农村，实际上就是那样的事情。"[1]——和辻哲郎最终以对农村的空间的变化的情愫以及时间性体悟将他的"风土论"的"人间/空间之学"带入了有死者的存在领会之中[2]。"在世存在/终有一死者"是扎根于大地的东西，是在风土的条件下，以空间的方式所形成的、所具体化出来的东西——"身体""心灵"和"自然"完全是同一的，这种"肉体的空间体验"因此就取代了西方形而上学之中"精神运动"的时间性活动，进而用身体囊括了亲情、伦理、审美等一切精神存在并且与之同一为"自然"[3]，同时除了作为纯然活动之统一的"我"与相对于"非我"的"我"之外，"空间"内在地包含了"我与非我的对立"并映照全体的场

〔1〕　［日］熊野纯彦：《和辻哲郎与日本哲学》，龚颖译，生活·读书·新知三联书店2018年版，第7页。

〔2〕　和辻哲郎的上述文段恰恰写作于他的晚年（始于1957年），三年后也就是1960年和辻哲郎逝世，上述出自和辻的《自传试笔》的文段也是和辻哲郎最终从大都市东京返回乡下后的沉思成果，熊野因此发问："一个生命的本质，在它行将结束之际，不也是将其面目展露无遗吗？尤其是，如果是一位把书写当作生活的一部分的人，那么在他生涯的最后时光留给世人的作品中，对于他的一生与思考来说那些本质性的东西不也将展现无遗吗？"参见［日］熊野纯彦：《和辻哲郎与日本哲学》，龚颖译，生活·读书·新知三联书店2018年版，第5~7页。

〔3〕　［日］汤浅泰雄：《身体论：东方的心身论与现代》，黄文宏译注，台湾"清华大学"出版社2018年版，第55、83页。

所〔1〕。这些思想丰富了海德格尔"终有一死者"的生存论含义〔2〕。

（二）本于道而法自然：中国道家思想和源初自然的生成法则

此在对生存之中侘寂、幽玄、物哀的等"无"的因素的直接领会指出了一种体验生存之中本有的虚无的方法，并且是有死者体验"从有到无"而切近自然之无，并积极地以之为"美"的生存论的存在领会。与此同时，中国道家的传统思想超越存在与存在者的二重性而与"同一性"吻合，与后期海德格尔最关键的词语"Ereignis"产生共振。例如，海德格尔就指出"Ereignis"意为源初的"看见"以及在观看中唤起自己并居有自身，使人与存在归本于它们根本的共同（Zusammen）中，这一在后期海德格尔思想中相对根本的词项与"λόγος""梵"以及"道"一样几乎不可翻译。〔3〕出于这些

---

〔1〕〔日〕西田几多郎："场所"，收录于氏著：《西田几多郎哲学选辑》，黄文宏译注，联经出版公司2013年版，第163~164页。这就意味着"空间"或"场所"乃"神"所居住的本源的"空无"，却包含一切心身的个别活动的一切可能性，即海德格尔在"同一性"之中的"真理—无蔽"之场所，只不过在海德格尔那里"无蔽"处于时间性之中。而在和辻、西田哲学之中"空间—身体"才是"场所"，这样也就不难接受为何海德格尔思想关乎"历史"，而西田、和辻的哲学关心"体验"，以至于在九鬼的思想之中"美的空间体验"在"时间性"的连缀下形成了"日本性"的美学性格。

〔2〕在前述引用的日本现代哲学家大多属于"京都学派"，京都学派的哲学家追随西田几多郎、田边元学习，其中的代表人物就是九鬼周造，这一学派主张日本作为世界历史之中的一个部分，有能力也有义务去打破欧洲中心论而成为真正的历史主体，这种思想一旦被军国主义攫取，那么就成了论证侵略战争与宣扬日本"神国"地位的有效舆论工具，正如竹内好《近代的超克》之中指出的："认为京都学派的教义能够'遮蔽战争的侵略性格'，那是对他们做了过高的评价……他们并没有创造出战争与法西斯的意识形态，只不过对官方思想做了演绎，或者不过是进行了解释而已。"参见〔日〕竹内好："近代的超克"，载〔日〕竹内好：《近代的超克》，孙歌编，李冬木、赵京华、孙歌译，生活、读书、新知三联书店2016年版，第412页。此外，"京都学派"在推动当代思潮的多元化，在思想上向全世界提供东方智慧等方面具有积极影响，并且日本较早地走向了欧洲化的道路而更容易对西方形而上学有所理解。这样，日本思想在积极意义上也可以被视为把亚洲思想例如中国儒家道家思想与禅宗思想、印度吠檀多思想、日本佛教思想向"外"传播的媒介，参见徐远和等主编：《东方哲学史》（现代卷），人民出版社2010年版，第378、406~407页。

〔3〕〔德〕海德格尔："同一与差异"，收录于氏著《同一与差异》，孙周兴等译，商务印书馆2014年版，第47~49页。《海德格尔：翻译、解释与理解》一书对"Ereignis"的汉语译法进行了尽可能详细的讨论，陈嘉映认为不可译，若要强译，则只能译为"归本生发"或"本是"，倪梁康认为应译为"本然"，取与"自然"对应的含义，并与宋明理学之"本然之体"等沟通。张祥龙认为应当将之理解为"使某某得到自己身份的发生过程或原事件"的"对生结构（名词含义）"的含义，以及"自身的缘发生（缘构发生）"这一标示翻转的"思"的"非实体义（动词含义）"。姚治华则认为Ereignis应译为"生—成"，取"生发—完成"之意，分别参见于王庆节、张任之编：《海德格尔：翻译、解释与理解》，生活·读书·新知三联书店2017年版，第356、367、378、395页，而上述的译法都批评了孙周兴的"大道"和"本有"的译法。

考虑，海德格尔对中国思想有相当的兴趣：例如前文海德格尔对"无用大树"引用，也例如海德格尔与雅斯贝尔斯、恩斯特·云格尔（Ernst Jünger）的通信之中对中国思想的讨论。张祥龙认为："海德格尔与中国天道观的确有一个极重要的相通之处，即双方最基本的思想方式都是一种源于（或缘于）人生的原初体验视野的、纯境域构成的思维方式"，这种方式被张祥龙认为是海德格尔后期反复强调的"道路（Weg）"，且它指的就是"理解老子的'诗思之道''湍急之道'的方式"，是持守庄子的"言不可言者"的道路[1]。而海德格尔对中国思想的探问，与对日本思想的借鉴有以下的不同之处：一方面，海德格尔对日本思想的接受和理解更多地出于日本学界的"主动"。海德格尔与日本学界的交流得益于业已完成近代化的日本国内学术体制，例如九鬼周造、手冢富雄等与海德格尔的交流和交往更多地得益于日本的现代留学生制度[2]。同理，海德格尔也更容易接触到日本最新潮的哲学思想，而与之相应的是当时日本学界乃至政界商界已经开始重视海德格尔及其思想[3]，而中国学者萧师毅最初则在 1942 年的"旁听"中才熟识海德格尔。但是在另一方面，海德格尔对中国道家和禅宗的思想的兴趣则也相对"自发"，这极大程度在于中国的老庄思想解决了海德格尔的难题。老庄思想乃是对涌现之中"无"的直接的言说，对海德格尔而言根本难题是在西方形而上学的历史之中几乎所有的哲人都在谈"有"，并因而因遗忘了"存有（Seyn）即无（Nicht）"的道理——克服形而上学对"有"的言说也就要依靠一种异于经典形而上学语言的言说并开启"另一开端"，"λόγος（逻各斯）—ἀληθέ

---

[1] 张祥龙：《海德格尔与中国天道——终极视域的开启与交融》，中国人民大学出版社 2010 年版，第 10 页。

[2] 例如海德格尔在 1924 年与雅斯贝尔斯的通信中就这样写道："东京的一些贵族和金融寡头成立了一个研究欧洲文化，特别是欧洲社会科学的研究所。我的任务是，每周做一次报告，或者说得更确切些，是举办一次研讨会，并参与一本季刊的编辑工作。研究所受政府的资助，并力争取得欧洲方面的理解。同时，政府赋予了它在东京大学首开哲学历史课程的权利。每年的工资是 10 000 日元（相当于 17 000 马克）。提供包括家属在内的路费。如果我决定前往，那么还要进一步地了解情况，并等我把关于亚里士多德的论文发表以后。优点是：可以拓宽视野，工作不受打扰，并能挣一笔钱回国后建房。尽管如此，我还是不能确认，我是否真的需要这样一次学术履行，并对此寄于过高的期望。"参见［德］海德格尔："马丁·海德格尔致卡尔·雅斯贝尔斯（信件 22，1924 年 6 月 18 日）"，载［德］瓦尔特·比默尔、［瑞士］汉斯·萨纳尔编：《海德格尔与雅斯贝尔斯往复书简（1920－1963年）》，李雪涛译，上海人民出版社 2012 年版，第 135 页。

[3] 萧师毅："海德格尔与我们《道德经》的翻译"，池耀兴译，载《世界哲学》2004 年第 2 期，第 98 页。

ια（无蔽）—φύσις（自然）"这一"同一性"的构造在西方形而上学之中已经被变易成为"逻辑—真命题—对象自然"的流俗语言结构，因而当海氏遇到了东方的对"无"的言说，同时也就获得了超越流俗语言的突破口。这样也就不难理解为何海德格尔主动邀请萧师毅与他一同翻译《道德经》了[1]。

就文献来看，海德格尔的著作、通信和手稿之中都有对道家思想的沉思，它们直接指向了"无"并以之为代表海氏新的自然观念。在 1949 年前后在海德格尔与雅斯贝尔斯的通讯之中，特别是在雅斯贝尔斯出版《历史的起源与目标》后，二人多次在书信中谈及对中国思想的体会，如：

雅斯贝尔斯："我通过回忆亚洲的方式来帮助自己，这些年我非常乐意进入其中，但只是意识到这一点，并没有真正地进行过探究，不过从那里却以美妙的方式唤醒了我。您的'存在'、'存在的照明（澄明，Lichtung）'、您涉及我们自身转向存在，这关系到存在与我们的关系，存在自身所剩余的东西——我想，在亚洲，人们已经从中觉察到了一些。"[2]

海德格尔："您关于亚洲的论述，让我激动不已；在 1943 年至 1944 年听我有关赫拉克利特和巴门尼德讲座的一位中国人（当时我只是对少数的片段每周作一个小时的讲解，同样发现了与东方的相似之处）。如果我对一种语言不熟悉的话，那么我对此表示怀疑；我同这位中国人——他本人是基督教神学家和哲学家，共同翻译了老子的一些言语，我想在此基础上更进一步；通过询问我才得知，对于我们来讲这一语言的整体本质是多么陌生；我们尝试了之后，便放

---

［1］ 据萧师毅回忆，翻译《道德经》的工作始于 1936 年夏季，"我们先翻译那些关于'道'的篇章，它们似乎是最难却最重要的。正因海德格尔思考事物的周详细密的特性，我们在夏季结束时一共才完成了八十一章中的八章。"然而这项工作仅仅持续了一个夏季假期，最终不了了之。参见萧师毅："海德格尔与我们《道德经》的翻译"，池耀兴译，载《世界哲学》2004 年第 2 期，第 101 页。但是通过前引的"无用大树"则可发现，海德格尔虽然放弃了对《道德经》的翻译，但是这并不说明他丧失了对老庄哲学乃至禅宗思想的兴趣，实际上对东方沉思的探讨贯穿海德格尔的后半段学术生涯。我们只能推测，由于诸多因素的干扰（包括在战后对海德格尔的清算等活动和海德格尔重获教职后引起的争议），导致海德格尔这位语言天才已经无力去学习汉语、日语、梵语这些本身就极难上手的新语言。不过我想，如果能够"借"给海德格尔更多的生命以供他对这些语言进行学习，他将会成为真正地把东西方哲学熔为一炉的思想大师。

［2］ ［德］雅斯贝尔斯："卡尔·雅斯贝尔斯致马丁·海德格尔（信件 131，1949 年 8 月 6 日）"，载［德］瓦尔特·比默尔、［瑞士］汉斯·萨纳尔编：《海德格尔与雅斯贝尔斯往复书简（1920—1963 年）》，李雪涛译，上海人民出版社 2012 年版，第 259 页。

弃了。尽管如此，这里留下了一些令人激动的东西，像我以为的那样，对于未来而言，当几个世纪遭受毁灭之后人类遗留下来的是这些本质的东西。"[1]

雅斯贝尔斯："您有关独白所述的——对此我们'也许没有强大到这一程度'——，您有关孤独的说法——'在交流—非交流的抉择之外'——我想只有注意到诸如老子或斯宾诺莎的著作，才能理解……我认为您总是强调的超然于交流和非交流、主体和客体、思维和存在等等原本的、本质的东西是正确的，——并且如果我们失去了这一关联的话，那么我们多有的思考将变得既无根基，又分散。"[2]

海德格尔："您将中国、印度和西方多个世纪的那一同时性和同步性认为是轴心时代，这对我来说是根本的。因为在这里隐藏着世界的轴心，它有一天可能会成为现代的世界技术的转动的设备。正如您马上要更加清楚地看到的那样，现代技术跟所有至今发生的事情相比从本质上来讲都是另类的……但是这一另类正是在西方的希腊开端有着其本质的来源，并且只有在那里。这一技术是否会在某一时候也会从轴心时代的其他区域产生，我对此所知甚少，因而无法确定。"[3]

而在与恩斯特·云格尔[4]的通信中，海德格尔则直接转用了老子《道德经》原文：

"我们这样的人就必须坚持于老子的那首古老的箴言诗：不走出门户，而知晓世界；不凭窗外望，而见到天道：人所行甚远，所知甚少。圣贤因而：

---

〔1〕〔德〕海德格尔："马丁·海德格尔致卡尔·雅斯贝尔斯（信件132，1949年8月12日）"，载〔德〕瓦尔特·比默尔、〔瑞士〕汉斯·萨纳尔编：《海德格尔与雅斯贝尔斯往复书简（1920—1963年）》，李雪涛译，上海人民出版社2012年版，第262页。

〔2〕〔德〕雅斯贝尔斯："卡尔·雅斯贝尔斯致马丁·海德格尔"（信件133，1949年8月17日）"，载〔德〕瓦尔特·比默尔、〔瑞士〕汉斯·萨纳尔编：《海德格尔与雅斯贝尔斯往复书简（1920—1963年）》，李雪涛译，上海人民出版社2012年版，第259页。原文中"主体与客体"写作"主题与客体"，疑有印刷错误。

〔3〕〔德〕海德格尔："马丁·海德格尔致卡尔·雅斯贝尔斯（信件134，1949年9月21日）"，载〔德〕瓦尔特·比默尔、〔瑞士〕汉斯·萨纳尔编：《海德格尔与雅斯贝尔斯往复书简（1920—1963年）》，李雪涛译，上海人民出版社2012年版，第267页。

〔4〕在一些著作中"Ernst Jünger"往往被译为"荣格"，这种翻译既没有对德语语音进行掌握，同时也使得Ernst Jünger与心理学家荣格产生混淆，因此在后文中除引文中对既有的翻译原封不动之外，对Ernst Jünger的译名均调整为"恩斯特·云格尔"。

不远行，却明望；不张望，却行颂赞；不作为，却圆满完成。"〔1〕

---

〔1〕［德］马丁·海德格尔、［德］恩斯特·荣格："马丁·海德格尔致恩斯特·荣格（信件37，1965年5月29日）"，载［德］君特·菲加尔：《海德格尔与荣格通信集》，张柯译，南京大学出版社2017年版，第64页。此语篇出自《道德经》第四十七章，即"不出户，知天下；不窥牖，见天道。其出弥远，其知弥少。是以圣人不行而知，不见而名，不为而成。"参见（魏）王弼：《老子道德经注》，楼宇烈校释，中华书局2011年版，第130页。《老子帛书》则写作："不出于户，以知天下。不观于牖，以知天道。其出愈远者，其知愈少。是以声人，不行而知，不见而名，弗为而成。"其中"声"通"圣"，"名"通"明"，参见徐志钧：《老子帛书校注》，凤凰出版社2016年版，第74~75页。海德格尔德文译作："Nicht zum Tor hinausgehen/ und die Welt kennen，/ Nicht zum Fenster hinauspähen，/ und des Himmels Weg sehen：/ Geht man sehr weit hinaus，/ weiß man sehr wenig. /Darum der Weise：/ nichit reist er，/doch er kennt，/nicht guckt er，/doch er rühmt，/ nicht handelt er，/doch er vollendet."另据编者注："位于弗莱堡市略特布克路的海德格尔图书室中，存有两种老子《道德经》译本。然而从字句文本来看，这里所引用的第47首箴言诗却与上述这两种《道德经》所分别收入的相应译本皆不符合。海德格尔很有可能改变了字句文本"，而译注认为海德格尔在这封信中引用的一文应是来自 Jan Ulenbrook 在1962年出版的德译本（Lau Dse. DAO DÖ DJING：*Das Buch vom rechten Wege und von der rechten Gesinnung*，Carl Schünemann Verlag，Bremen，1962.），而也有必要对两个更为通行的德译本在此展示，一是卫礼贤（理查德·威廉）于1941年的译本，其表述为："Ohne aus der Tür zu gehen，/ kan man die Welt erkennen. / Ohne aus dem Fenster zu blicken，/ kann man des Himmels SINN erschauen. / Je weiter einer hinaus geht，/ desto weniger wird sein Erkennen. / Also auch der Berufene：/ Er wandert nicht und kommt doch ans Ziel. / Er sieht und bringt doch zur Vollendung."中译者直译为"不走出大门，人们就可以认识世界。不从窗户向外远望，人就能看出天之意义。一个人向外走得越远，他的认识就变得越少。因而那个负有大任的人也就：不漫游，却抵达目标；不环顾，却能进行命名；不作为，却予以完成"。二是维克托·施特劳斯于1950年的译本："Geht man nicht aus der Tür，/ kennt man die Welt. / Blickt man nicht aus dem Fenster，/ sieht man des Himmenls Weg. / Je weiter man ausgeht，/ desto weniger kennt man. / Daher：Der heilige Mensch/ "Nicht geht und doch kennt，/ Nicht sieht und doch benennt，/ Nicht tut und doch vollend't."。中译者直译为："不走出大门，人就认识了世界、不从窗户向外远望，人就看到了天道。人向外走得越远，他知道的就越少。圣人因而：'不行，就知晓了；不看，就命名了；不做，就完成了。"参见［德］君特·菲加尔：《海德格尔与荣格通信集》，张柯译，南京大学出版社2017年版，第371~372页。在此处《道德经》之中"不见而名"在道藏版、帛书版、德译本之中就产生了较大的差异，"名"还是"明"，王弼注为："识物之宗，而是非之理可得而名也"，朱谦之撰写《老子校释》结合《道德经》二十二、五十二章以及《韩非·喻老》等资料，结合蒋锡昌等学者的观点，"名"通"明"，但"名与明音意通，不必改字"（参见朱谦之撰：《老子校释》，中华书局1963年版，第199页）；陈鼓应认为老子著作之中"名"均应为"明"，取通假之说，因此将本段译为："不出门外，能够推知天下的事理；不望窗外，能够了解自然的法则。越向外奔逐，对道的认识也越少。所以圣人不出行却能感知，不查看却能明晓，无为而能成功。"（参见陈鼓应：《老子今注今译》，中华书局2020年版，第229页）；南怀瑾则认为"出"并非"出远门"的意思，而是"付出"的意思，也即"付出得越多，普通的常识越多，真智慧反而被蒙蔽了"，这里"名"取"智慧"之意，因此反而要取"明"之意思，但属于名词作动词的用法（参见南怀瑾：《老子他说·续集》，复旦大学出版社2019年版，第98~99页）；傅佩荣以"出"为"追逐""走马看花"，故在傅本译解中直接取用王弼注本，把"名"写作"明"，取"明白""知晓"之意。将整句译为："不出大门，可以知道天下事理；不望窗外，可以看见自然规律。走出户外愈远，领悟道理愈少。因此，圣人不必经历就知道，不

　　我们可以大致划分海德格尔与中国思想（特别是道家思想）的相遇阶段：一是在 1943 年左右，海德格尔通过讲解赫拉克利特与巴门尼德和与萧师毅的交流发现了中国道家思想与前苏格拉底哲学家的相似性，但是在这一阶段如"信件 132"表示，海德格尔最初对《道德经》的自然思想表示诧异，而在认同了这些思想的之后，海德格尔才决定对《道德经》进行翻译，因此在 1946 年前海德格尔尚未对道家思想有完备的掌握与专门的研究。而 1946 年夏季对《道德经》的翻译则标志着海德格尔对道家思想的研究的深入，尽管萧师毅记述这一翻译工作仅仅进行了一个夏天并且仅仅译出前八章，但这表明海德格尔已经开始尝试以语言转译的方法去理解老子思想的内涵。进一步地，在 1949 年前后，海德格尔对道家思想进行了更为广泛的阅读，他虽然放弃了对老子著作的翻译工作，但是在与雅斯贝尔斯的交流之中表达了对雅氏的"轴心时代"观点的认同（信件 134）。雅斯贝尔斯实将"轴心时代"分为两个阶段：一是在政治生活稳定的社会背景下思想家对宇宙、自然的沉思阶段；二是在封建制度动荡不安的情况下哲人被迫转向政治哲学和形而上学的阶段。对此，海德格尔将"西方形而上学之天命"溯源于苏格拉底和柏拉图的政治哲学，并以此解读东方的道家自然哲学与儒家道德哲学，并将二者对应于"前苏格拉底思想家/苏格拉底及其后的哲学家"。同时海德格尔也认为东方也可能面对"现代技术"的统治，向源初自然的回返也需要面对如阿那克西曼

（接上页）必亲见就明白，不必去做就成功。"（参见傅佩荣：《傅佩荣译解老子》，东方出版社 2012 年版，第 92 页）；辛战军与前述今注者一致，认为"名"通"明"，但在翻译上有所差异，认为此处"圣人"专指君主，故本段为"为政之道"（参见辛战军译注：《老子译注》，中华书局 2008 年版，第 186~188 页）。因此，在国内注释疏均以"名"作"明"的情况下，且两个德译本均以"名"作"命名"（benennen）的情况下，海德格尔对"不见而名"的理解就相对有趣，他选择的译本以"名"为"rühmen"，反而把中国的"圣人"解释成他的"诗思哲学"之中倾听逻各斯并守护万物的"赞颂者"了。在本书看来，海德格尔选择的译本相对于其他两个德语译本更为妥帖，他至少理解了"明"不应为"命名"这一重要的语言区分。当然，这种"理解"也有可能与海德格尔"语言让人去说"的观点有关，因为如果将"明"作为"名"而译为"benennen"，显然还是分析实证主义使得"人对对象进行赋义"的指称论与符合论观点。此外需要注意但是，前述德译本以"Himmels Weg"译"天道"，显然有以"天"为"天堂"之意，而在诸多今注译本之中"天道"或是被译为"自然法则"（陈鼓应），"真智慧"（南怀瑾）、"自然规律"（傅佩荣）、"天象运行轨迹"（辛战军），也颇为杂乱，都难免把"天道"居于主观意识或客观对象或彼岸世界之中。事实上德语的"sehen"绝难以表述出汉语的"窥"的意思，即对"天道"不能整全的全视，而只能"管中窥豹"地"偷看"到天道的澄明的一角，而在大多情况下无论是圣人还是俗人，也更多地看到的是天道的"自行锁闭"——"无"。

德、赫拉克利特和巴门尼德一般直面老子的自然思想。他并未正面回应雅氏在"信件133"中指出的东方思想与"思"的无根状态也即神秘、虚无的关系，这也与海德格尔对"沉思—另一开端"之"渊基（Abgrund）"的讨论有关。虽然在此之后，在与云格尔的通信（1965 年）之中引用老子思想以及在演讲中引用"无用大树"的表达（1962 年）表明海德格尔保持了对中国源初自然观的向往，但也因为年龄等原因放弃了对汉语的学习和对汉语原文的翻译。

前苏格拉底的"沉思"并非不足以解决海德格尔面对的"生存论虚无主义"与"宇宙论虚无主义"，而是由于它们更偏重解蔽、澄明、道说等"有"的思路，而海德格尔需要一种针对"无"的语言进行补充，源初自然之为涌现进而才能从有无双方展示。一方面，重新整理西方思想对"存在"的讨论以及建立"存在论差异"的源头必须要对西方语言进行反思，在实际工作之中海德格尔运用"Seyn（存有）"这一古德语的表述取代可能被现代哲学曲解的"Sein（存在）"，运用对古希腊词语直接表达存在的源始意义，不仅是要对整个西方形而上学历史的批判，更是对整个西方近现代语言体系的批判；但是在另一方面，海德格尔必须处理好"存有与虚无"这个对子，而由于他西方人的身份，难以避免这个对子再陷入"主客对置"以及"最高价值的自我罢黜"。因此，阿那克西曼德、赫拉克利特以及巴门尼德的"沉思"的确解决了对"存有"的言说并且对西方渊源之中的源初的对"无"的理解进行了阐明[1]，然而却有可能产生新的形而上学图式。自古希腊以降，存在者便一直都被经验为在场者，"只要语言'存在（ist）'，那语言，即时时发生着的说话，就是一种在场者"。而"符号（Zeichen）—语词"在源初是从"显示（Zeigen）—无蔽"方面来经验的，它在西方技术与形而上学的天命演历之中最终成为"描述（Bezeichen）某一对象"，诸符号把"存在者/在场者"以语言拢集在一个"澄明域"（无蔽）之中，但未被道说、尚未被显示、尚未进入显现者并非"不在"，而是栖留在"遮蔽之域"

---

〔1〕 此处需要注意，海德格尔完成以"赫拉克利特"与"巴门尼德"为题的讲座恰恰在 1943～1944 学期，而对"阿那克西曼德"箴言的文章则发表于 1946 年。如果根据萧师毅的记载，那对道家思想的深入研究恰恰发生在对"前苏格拉底思想家"的阐释之后，此处究竟是历史的巧合还是海德格尔的"故意为之"尚需探讨。

也即神秘（Geheimnis）之中的被抑制者[1]。海德格尔后期的诸多词汇例如"Ereignis""自行遮蔽的庇护的澄明"都夹杂对神秘之说并极力去说"不可说之神秘"，"λόγος（逻各斯）—άληθἐια（无蔽）—φύσις（自然）"的同一性就要被依据"神秘/明晰"的显—隐关系进行拆分：首先，作为"Physis"的"自然"也已被论证为一个"无—有—无"的生灭关系的结构，"在场"的"有"是瞬间的，反倒是"无"却是"恒常"的，"自然"也就是在恒常的"无"中瞬间闪耀的"有"及其嵌合的流变和演历过程。其次，作为"Aletheia"的"无蔽"一方面意味着对某个存在者依照"嵌合"的"照亮"，也即去"解蔽在场者"，而另一方面则意味着作为"Ereignis"的一个侧面的永恒的"灯火"，这样的一个比喻也就意味着"Aletheia"既是在动作意义上的"解蔽"，也是在静态意义上的恒常的"明亮"，就好比一个老式的电影播放机那样，胶片是不断流动的，但是那个"让"胶片得以投向荧幕的灯光却是永恒存在的——这样"Aletheia"就成为"有"的一个方面。最后，"Logos"是"拢集/招致"，然而它与"无蔽"不同，它乃是在自行锁闭之中去遣送与拢集存在者的"使无成有"，"λόγος"本身遣送并组织着语言和言说，不仅永远地"在"且其显现为"无"，也在使得某一存在者"有"的同时让其他存在者锁闭起来而"无"，它就是无法被存在者的语言所言说的"神秘"本身。因此，作为与"Aletheia"这一由"隐"到"显"的过程相合的由"显"入"隐"的过程，"Logos"这一本就有"隐蔽之力"者就难以被"有"的语言言说——恰如海德格尔所说"Logos"乃是"不可译"的。

如果希望对于"Logos"有所"说"，或者至少以某种语言去触碰到"神秘"，进而把"同一性"重新组建起来，变成一个一以贯之的自然涌现法则，那么对于"Logos"就必须有揭示的途径安排，通篇言说"有无之辨"的《道德经》也就成了海德格尔用以阐述"无"的渠道。海德格尔应对《道德经》有通篇阅读，但给出的文本的乃是前八章，故我们就《道德经》的"前八

---

　　[1]　[德]海德格尔："走向语言之途"，收录于氏著《在通向语言的途中》，孙周兴译，商务印书馆 1997 年版，第 251~252 页。

章"去指出海德格尔从中汲取了何种对"无"言说的方式[1]:

---

[1]（魏）王弼：《老子道德经注》，楼宇烈校释，中华书局 2011 年版，第 2、7、9、12、15、18、21、22 页。以陈鼓应今注为准译为：第一章今译："可以用言辞表达的道，就不是常道；可以说出来的名，就不是常名。无，是天地的本始；有，是万物的根源。所以常从无中，去观照道的奥妙；常从有中，去观照道的端倪。无和有这两者，同一来源而不同名称，都可以说是很幽深的。幽深又幽深，是一切奥妙的门径。"此处译文中"道"乃是那不可译的老子思想的至高概念，"常"意谓"恒常"，本章所谈的就是一"道"字，即对"道"进行讨论。第二章今译："天下都知道美之所以为美，丑的观念也就产生了；都知道善之所以为善，不善的观念也产生了；有和无互相生成，难和易互相促就，长和短互为显示，高和下互为呈现，音和声彼此应和，前和后连接相随。所有有道的人以无为的态度来处理世事，实行'不言'的教道；万物兴起而不造作事端；生养万物而不据为己有；作育万物而不自恃己能；功业成就而不自我夸耀。正因他不自我夸耀，所以他的功绩不会泯没。"此处陈鼓应认为本章讨论但是"圣人"之所"知"与所"行"，并为于儒家圣人概念区分将"圣人"译作"有道之人"，即"道"映照入"有道之人"的体现。第三章今译："不标榜贤才异能，使民众不争取功名；不珍贵难得的财货，使民众不起窃盗；不显耀可贪的事物，使民众不被惑乱。所以有道的人治理政事，要使人心灵开阔、生活安饱、意志柔韧、体魄强健。常使民族没有（伪诈的）心智、没有（争盗的）欲念。使一些自作聪明的人不敢妄为。依照无为的原则去处理事务，就没有不上轨道的。"本章说的是"知道之人"如何治理国家，参与政治。第四章今译："道体是虚空的，然而作用却不穷竭。渊深啊！它好像是万物的宗主；幽隐啊！似亡又实存。我不知道它是从哪里产生的，但可称它为天帝的宗祖。"此处讨论的是"道"与"物"的关系，指出道的虚无本性，但也指出为万物之来源，即"无中生有"的源头。第五章今译："天地无所偏爱，任凭万物自然生长；圣人无所偏爱，任凭百姓自己发展。天地之间，岂不像一个风箱吗？空虚但不会穷竭，发动起来而生生不息。政令烦苛反而加速败亡。"这一章分三段，一是讨论"天地"不是"道"但依照"道"运作，"圣人"和"神"知悉"道"也不是"道"也应该服从"道"而对待生民百姓，即"无私无为"——这说出了"道"之所"不是"；二是指出天地虽然不是"道"，但"道"蕴于天地之间的"虚空"之中并且在此处"生生不息"地让世界"万有"——这是"道"的虚性和动性，即积极的虚空；三是"无为"，这既是对自然规律的描述，也是对人类社会的规范。第六章今译："虚空的变化是永不停竭的，这就是微妙的母性。微妙的母性之门，是天地的根源。它连绵不绝地永存着，作用无穷无尽。"这一章是以"形而上"的语言去形容与描述"道"，"谷"象征"道"的虚无体征，"神"比喻"道"的连绵不绝；"玄牝之门""天地根"讲的是"道"是本源的虚无（万物之母）；"绵绵若存""用之不勤"是指出"道"在孕育万物上的生生不息的功能。第七章今译："天长地久。天地所以能够长久，乃是因为它们的一切运作都不为自己，所以能够长久。所以有道的人把自己退在后面，反而能赢得爱戴；把自己置于度外，反而能保全生命。不正是由于他不自私吗？反而能成就自己。"这一段接续前文，指出天、地、圣人（神人与王者）、人唯有尊重"道"才能长久，即"不为自己"，处处为他人着想。第八章今译："上善的人好像水一样。水善于滋润万物而不和万物相争，停留在大家所厌恶的地方，所以最接近于道。居处善于选择的地方，心胸善于保持沉静，待人善于真诚相爱，说话善于遵守信用，为政善于精简处理，处事善于发挥所长，行动善于掌握时机。只因为有不争的美德，所以没有怨咎。"这一点以"水"比喻"有道之人"的性格，柔和、谦卑、补正，这是因为他已经"几近于道"，所以不必也不愿与常人争夺，反而是力所能及地奉献。参见陈鼓应：《老子今注今译》，中华书局 2020 年版，第 53～54、61～62、64～65、68、72～74、76～77、79、83 页。

第一章："道可道，非常道；名可名，非常名。无名天地之始，有名万物之母。故常无欲，以观其妙；常有欲，以观其徼、此两者同出而异名，同谓之玄，玄之又玄，众妙之门。"

第二章："天下皆知美之为美，斯恶已；皆知善之为善，斯不善已。故有无相生，难易相成，长短相较，高下相倾，声音相和，前后相随。是以圣人处无为之事，行不言之教，万物作焉而不辞，生而不有，为而不恃，功成而弗居。夫唯弗居，是以不去。"

第三章："不尚贤，使民不争；不贵难得之货，使民不为盗；不见可欲，使民心不乱。是以圣人之治，虚其心，实其腹；弱其志，强其骨。常使民无欲，使夫智者不敢为也。为无为，则无不治。"

第四章："道冲而用之或不盈，渊兮似万物之宗。挫其锐，解其纷，和其光，同其尘。湛兮似若存，吾不知谁之子，象帝之先。"

第五章："天地不仁，以万物为刍狗；圣人不仁，以万物为刍狗。天地之间，其犹橐龠乎？虚而不屈，动而愈出。多闻数穷，不若守于中。"

第六章："谷神不死，是谓玄牝，玄牝之门，是谓天地根。绵绵若存，用之不勤。"

第七章："天长地久。天地所以能长且久者，以其不自生，故能长生。是以圣人后其身而身先，外其身而身存。非以其无私邪？故能成其私。"

第八章："上善若水。水善利万物而不争，处众人之所恶，故几于道。居善地，心善渊，与善仁，言善信，善治，事善能，动善时。夫唯不争，故无尤。"

根据陈鼓应的今译和王弼的注释，《道德经》前八章主要包含"宇宙""为人""为政"三个部分，其中单独讨论"宇宙"的是第一章与第四章，其余各个章节都把宇宙论和"有道之人"和"治国之道"联系在一起，由于这些内容的混杂，本书暂且以"直线"标示老子对"无"的直接言说，以"双直线"标示"有无关系"的表达，以"波浪线"标示老子对"有"的批评式的解读，通过对老子《道德经》对"前八章"的概览，可以发现海德格尔后期思想转向与《道德经》的暗合之处：

第一，在"真理"角度，"道"乃是真正的"本源真理"也即作为涌现的自然，包含了有与无的动态过程，无论是"有/无"抑或"存在/不存在"都要同一在"道"那里，表达"存在者之有"与"存在者之无"的流俗语言也无法"道说—道",这种更为本源的"真理"在海德格尔的后期思想之中因而被表示为"自行遮蔽的澄明"——Ereignis:"显"或"隐"都仍然是"道",而从海德格尔的角度来看,"无"恰恰是"渊基(Abgrund)"即"逻各斯",他指出"真理作为本有(Ereignis)之真理而建基,所以从作为基础的真理角度来把握,本有就是:原始—基础(Ur-grund)。这个原始—基础唯在离—基深渊中作为自行遮蔽者而开启自身了……有所建基的原始—基础乃是存有(Seyn),但向来在其真理汇总本现……离—基深渊(Ab-grund,渊基)乃是作为空虚的敞开者的首次澄明"[1]。而海德格尔此处的"空虚"不仅仅是秩序形式、伦理道德乃至于生命活动的空虚,也是更为本源的时间与空间的"自行拒予":在时空都寂灭虚无的时候,"真理"也不再是"解蔽"意义上的真理,而是作为基础的本质现身"渊基"的"Χάος(混沌)"而非"φύσις(涌现)",在渊基之中保存了为"生生不息"而必须抑制的自行遮蔽者[2]。相应地,老子哲学之中也具有相应的自然观念,例如,在冯友兰看来,一方面,自然作为有和无的统一在《老子》的宇宙观当中"有三个主要的范畴:'道''有''无'。因为'道'就是'无',实际上也只有两个重要范畴:'有''无'。"[3]《道德经》表面上看所说的是"道",实际上谈到是"有无"。另一方面,《道德经》的"有无之辨"也有三个层次:第一个层次是较为浅显的理解,即从带有原始宗教意义的泛神论观点去看待"谷神不死"这句话,认为冥冥之中有神圣者于"虚空"之中孕育出"有"来,"谷神"之为"玄牝"可能具有某种神格,这种思想虽然浅薄,但是却成为后世"道学"的某种基础[4]。二是作为概念的"有"派生于作为概念的"无",在此不再有"有无之高下"而单纯是概念的运动。三是"无"即"无名",因此只能说"道"不是什么而不能说"道"是什么,只要去说"道"是什么,那

〔1〕[德]马丁·海德格尔:《哲学论稿(从本有而来)》,孙周兴译,商务印书馆2012年版,第406~407页。

〔2〕[德]马丁·海德格尔:《哲学论稿(从本有而来)》,孙周兴译,商务印书馆2012年版,第351页。

〔3〕冯友兰:《中国哲学史新编》(上卷),商务印书馆2020年版,第227页。之所以冯友兰以为此处的有无原始宗教意义,乃是"玄牝"意指女性生殖,其形状为"空",一如天地之间的"虚空"一般,因此"谷神"作生殖崇拜理解。

〔4〕梁启超:《中国近三百年学术史》(新校本),夏晓红、陆胤校,商务印书馆2011年版,第3页。

么"道"就"有名"而为"万物之始"了，其只能为"象帝之先"，不可为任何存在者的"子"，即以"无物之物""无象之象"成为"混成大象"这一天地万物之根据[1]。冯友兰更赞同第三章理解，他认为，对于《道德经》的理解之根本就在于"有无"之"异名同谓"上：

> "有"是一个最概括的名，因为最概括，它就得最抽象，它的外延是一切事物，它的内涵是一切事物的共同有的性质。事物所有的那些非共同有的性质，都得抽去。外延越大，内涵越小。"有"这个名的外延大至无可再大，它的内涵亦小至无可再小。它只可能有一个规定性，那就是"有"。"有"就是存在。一切事物，只有一个共同的性质，那就是"存在"，那就是"有"……但是，没有一种仅只存在而没有任何其他规定性的东西，所以极端抽象的"有"，也就成为"无"了。[2]

这一解释和海德格尔对"有无"的语言理解颇有类似：在海德格尔梳理"无蔽"如何沦为"确定性的命题真理"在的过程之中就认为，源初自然在成为对象自然的同时外延不断缩小而内涵不断扩大，进而更为具体地指称"自然状态""自然规律""自然权利""自然律法"等，进而也把代表"大象无形"的"道—逻各斯"最终变成了"逻辑学"。在此，我们就更容易理解海德格尔为何说柏拉图和亚里士多德尚且有对"存在问题"的意识，但却开启了西方形而上学的"忘在"的天命了。因为从"道"的角度看，在柏拉图和亚里士多德那里尚且能够意识到"洞穴"这一"深渊"，也因而仍然将自身的言说认为是与"无"同在的"有"，但是也恰恰由于西方语言与思想的演变，柏拉图和亚里士多德的真理最终如下地也变成对"有"的觉知活动[3]：

---

〔1〕　冯友兰：《中国哲学史新编》（上卷），商务印书馆 2020 年版，第 228 页。

〔2〕　冯友兰：《中国哲学史新编》（上卷），商务印书馆 2020 年版，第 229～230 页。

〔3〕　这一过程内部则对应了形而上学的天命：从"ἀλήθεια（无蔽/真理）"（无蔽/真理——'存在者之为存在者'置身于其中的光明/被看见的在场状态）之作为"光（φῶς）"到"枷锁（ξυλόν——把'存在者之为存在者'与'觉知 νοεῖν'联结起来的东西）"；从"枷锁（ξυλόν）"到"相似性（ὁμοίωσις）——'存在者之为存在者'与'理念/灵魂'的相似性"；从"相似性（ὁμοίωσις）"到作为 rectitudo（正确性）的 veritas（真理），并且于此"陈述的正确性"被把握为"主客联结"；从"rectitudo（正确性）"到"certitudo（确定性、确信）"，一种共同持存的确信（connexio 联系）；从"certitudo（确定性、确信）"到"作为对象的有效性（Gültigkeit）"；从"作为对象的有效性（Gültigkeit）"到"合法性（Geltung）"。而在此处，海德格尔指出，之所以形而上学之天命如此，

305

（1）"ἀληθἐια"本身被强制到"枷锁（ξυλ όν）"中，作为"光亮（φῶς）"关涉存在者之为存在者的无蔽状态以及觉知的通道，进而把它限制在存在者的心灵和那在"洞穴"之中的转向、上升的"行动方面"；

（2）"ἀληθἐια"成为肯定性的"真理"这种现成存在，其动态性消失，即其"α-"的前缀的动词性质失落，"失去了它原始的深度和离基状态"，并且最终成为"可通达性"或曰"可敞开状态"，进而人的"觉知"或"爱智慧"就变成"使……敞开"。

"ἀληθἐια"之中被忘却的是"敞开状态"本身，"由隐入显"变成"显现在场"，"由显入隐"之中"隐蔽/无"之为源初基础则被忘却，"逻辑"和流俗真理虽然仍然规定"在场者"，但已经不是那个"原始地多样同一者"，也不是包含"觉知与认识""行为与态度"和"情绪的生发"的自然过程"Physis"，进而也就不是那既可能"被开启"（由隐入显）与"自行开启"（由显入隐）的"道"——"Logos"[1]。在形而上学的天命之中"λόγος（逻各斯）—ἀληθἐια（无蔽）—φύσις（自然）"的"同一性"下人之此在之"在此"往往是在"无蔽"的情况下去"在"的，而形而上学的历史则告知人之此在"无蔽—真理"的可通达性质，在这样的"基础（Grund）"上人类将"爱智慧—走出洞穴"视为解脱和"被真正视见"的状态[2]，反而把"道"以及"无"对存在者的同样的根据地位遗忘了。

第二，"道"代表了源初自然之中"涌现"方面的动态性质。出于"有无之辨"以及其引出的"道说"指出"无"乃是具有生成性的："生成"一是以"语言"去"招致"，说话归属于语言本质的剖面，这个剖面乃由道说和被道说者之方式勾画出来。而在场者和不在场者即在其中自行呈报、允诺

（接上页）乃是在柏拉图那里"光"就被规为从"存在者"角度去"视看"的彼岸存在者了，"光"不再是"照进"存在者本身的那种嵌合过程，而仅仅是存在者的"觉知方向"。参见［德］马丁·海德格尔：《哲学论稿（从本有而来）》，孙周兴译，商务印书馆2012年版，第354页。

〔1〕［德］马丁·海德格尔：《哲学论稿（从本有而来）》，孙周兴译，商务印书馆2012年版，第353页。

〔2〕［德］马丁·海德格尔：《哲学论稿（从本有而来）》，孙周兴译，商务印书馆2012年版，第353页。

或拒绝，以及自行显示或自行隐匿[1]。而从《道德经》看，那些对"有名—显现"者的"说话"是万物的本源（有，名万物之源），而"无"也就是那些在"万物"之外的隐匿则是"天地之始"（无，名天地之始）。对物的"说"创造了在场的万物并使得万物得以发生，而对于"无物"的"沉默"则孕育了万物之所以发生的"天地"时空境域，这两种语言都源出自"道"的自我言说，而把这两种"说出的东西"结合起来就是世界之"存在/虚无"之——"本有（Ereignis）"，在海德格尔后期提出"Ereignis"后，他更清晰地指出：

> 但倘若存有（Seyn）本身乃是自行隐匿者，并且作为拒予而本现……这个是某种虚无化的东西还是最高的赠礼？甚至首先借助于存有本身的这种"不性（Nichthaftigkeit）"，"虚无"竟充斥那种具有指派作用的"强力"，而一切"创造"（即存在者变得更具存在性）都起源于这种"强力"的持存性。[2]

因此，"道"以"让人去说"的方式去生成与孕育是者之有，而对于道或逻各斯来说，其"本有"不是"本体论"的"有"，而是要以"以无作本"的心境去讲去看，同样其"本无"既不是拿来填东西的框子，也不是消灭一切的活动，而是说以"无"的心境去观看"道"即"妙"，而以"有"的心性去观照"道"的"徼向性"，牟宗三认为这正是"道的双重性"[3]。因此"无"是"道"的原始澄明之所，而道的"徼向性"则为万物之生所，前者生成真理之本质现身的"时空领域"，即从自行拒绝者和迟疑者的温柔迷离而来的暗示之领域的最明亮的移离的爆发，从抑制之基本情调和本有过程而来"自行澄明和遮蔽"的"此（Da）"之基本经验[4]。这也就意味着在"Physis"

〔1〕［德］海德格尔："走向语言之途"，收录于氏著《在通向语言的途中》，孙周兴译，商务印书馆1997年版，第252页。
〔2〕［德］马丁·海德格尔：《哲学论稿（从本有而来）》，孙周兴译，商务印书馆2012年版，第258页。
〔3〕牟宗三：《中国哲学十九讲》，贵州人民出版社2020年版，第86页。
〔4〕［德］马丁·海德格尔：《哲学论稿（从本有而来）》，孙周兴译，商务印书馆2012年版，第399~400页。海德格尔在《哲学论稿》之中的"时间"观念与《存在与时间》之中的时间观念一脉相承，如果说在《存在与时间》之中是生存论的"在世存在"的结构，那么在《哲学论稿》之中时间则在"存有论"的意义上成为让"此—在"存在的"渊基"本身。他认为"空虚"就意味着时

的过程之中，"出入""显隐""来去"都是"存在状态"，共同属于"存有"的历程。

因此，技术与形而上学给出的对象自然及自然法开启"万物"，但作为开启本身其源于源初自然之为"Physis"之中的"无"，与《道德经》之中的"自然"观念也颇有类似，即"天长地久。天地所以能长且久者，以其不自生，故能长生"，这里的"长生"就是"Physis"，而"自生"则是"技术"。"照道家看，一有造作就不自然、不自在，就是有虚伪。造作很像英文的 artificial。无为就是对此而发……凡是外在的、形式的空架子，都是造作有为的东西，对我们生命的自由自在而言都是束缚桎梏。"但是"无为"又不是"不动"，相反"无为是高度精神生活的境界，不是不动……讲'无为'就含着讲自然……道家的自然是个精神上的观念，就是自由自在、自己如此，无所依靠"[1]。对此海德格尔则相应地指出，面对"技术统治"重要的是"对物的泰然任之（die Gelassenheit zu den Dingen）"和"对神秘的虚怀敞开（die Offenheit fur das Geheimnis）"。前者意味着不去对"技术"进行盲目的抵制和盲目的滥用，进而更深地"嵌入技术之中"，而后者则意味着要去对"技术时代"之中那些业已"自行掩蔽"的自然律动也即"无"保持倾听，人进而任由"技术造物"去展现为"物"，却在本真的生命之中栖居在世而非为物所役——"我们让技术对象进入我们的日常世界，同时又让它出去"[2]。这种态度因此也就意味着不仅要对"自然"和"技术"这两种物的生成方式有所区分，也意味着要做到对"技术"的"造作"保持自然无为的态度，即让心灵不黏着固定于任何一个特定的方向上——"致虚极，守静笃"。因此"无"规定的生活理想恰恰就是自然的"虚壹而静"的生活[3]，最终认识在

（接上页）空的"遥远"，"空间"是环绕支撑（Uumhalt）着诸多"此在"从渊基之中"跃出"的间隙——"疏异"，而时间则聚拢（Sammlung）诸此在进而去让它们的"跃出深渊"—"跌落深渊"的本质现身过程连贯——"分散"。唯有这样的时空建构，"渊基"之上的存在者才能在"无"之中疏异于他者而取得"在"的空间位置，才能够以"分"于他者的关系而获得"在"的次序，本质地看"涌现""无蔽"都是在时空境域之中发生的过程。参见〔德〕马丁·海德格尔：《哲学论稿（从本有而来）》，孙周兴译，商务印书馆 2012 年版，第 412 页。

〔1〕 牟宗三：《中国哲学十九讲》，贵州人民出版社 2020 年版，第 78~79 页。

〔2〕 〔德〕马丁·海德格尔："泰然任之"，戴晖译，收录于氏著《存在的天命：海德格尔技术哲学文选》，孙周兴编译，中国美术学院出版社 2018 年版，第 183 页。

〔3〕 牟宗三：《中国哲学十九讲》，贵州人民出版社 2020 年版，第 83 页。

生存之中道的作用并不是有意志的作用，只是一个"自然"——"自是自己，然是如此，'自然'只是自己如此"。[1]

最后，在人的此在形态上，海德格尔的"诗意栖居者"和《道德经》之中的"圣人"也有相似点。人的"栖居"恰是"人培育大地上的生长物，保护在他周围成长的东西"，是"在建造的意义上进行筑造"以栖居在"存在"的近旁[2]。而老子的理想生活乃"无欲无累"，所谓的"自然"乃"以简御繁"，因此"圣人达自然之至，畅万物之行，故因不为，顺而不施。"[3]因此老子的学问是"贵无之学"，即"夫道者，惟无所有者、自天地以来，皆有所有矣，然犹谓之道者，以其能复用无所有也"。[4]又如王国维所说："有有我之境，有无我之境……无我之境，以我观物，故物皆著我之色彩。无我之境，以物观物，故不知何者为我，何者为物……无我之境，人惟于静中得之。有我之境，于由动之静时得之。"[5]这种在"道"或"存在"近旁栖居并看护和保护存在者，呼应了此在最为本真的生活方式。

"道"和"粹"同样海德格尔把自身的源初自然思想推广到了一个普遍的范围，并以东西、古今的对比指出现代西方形而上学之中对象化自然的派生性质。在日本思想中，朝向幽玄、寂灭的美学点出了"人"朝向死亡而存在，人属于"终有一死者"但在有限的生命之中可以对存在和存在者采取本真领会，而中国思想如同"大地（Erde）"一样"承受筑造、滋养果实、蕴藏着水流和岩石，庇护着植物和动物"[6]：

> 大地使任何纯粹计算式的胡搅蛮缠彻底幻灭了。虽然这种胡搅蛮缠以科学技术对自然的对象化的形态给自己罩上统治和进步的假象，但是，这种支配始终是意欲的昏庸无能……只有当大地作为本质上不可展开的东西被保持和保护之际——大地退遁于任何展开状态，以及保持永远的锁闭——大地才敞

---

[1]　胡适：《中国哲学史大纲》，商务印书馆 2011 年版，第 46 页。
[2]　[德] 马丁·海德格尔："……人诗意地栖居……" 收录于氏著《演讲与论文集》，孙周兴译，生活·读书·新知三联书店 2005 年版，第 200 页。
[3]　汤用彤：《魏晋玄学论稿》，商务印书馆 2020 年版，第 174 页。
[4]　汤用彤：《魏晋玄学论稿》，商务印书馆 2020 年版，第 175 页。
[5]　王国维：《人间词话》，上海古籍出版社 2019 年版，第 1~2 页。
[6]　[德] 马丁·海德格尔："物"，收录于氏著《演讲与论文集》，孙周兴译，生活·读书·新知三联书店 2005 年版，第 186 页。

开的地澄亮了，出自作为大地本身显现出来……大地是本质上自行锁闭者。[1]

在海德格尔后期的"四大"之中，"道"因此就起到了阐释"大地"的效用。大地不是一成不变和默默无闻的，而有其自身的规律而"易"并为自身锁闭以待开采，"锁闭"在于"道"由调和到不调和，结果又归于调和，我们只是不得不用言语来表达，实在这从调和到不调和的两者中间也未尝不调和，没有法子可以分出从某至某为调和，从某至某为不调和……所谓的调和与不调和实不可得，"不过言语的力量限于如此罢了"。[2]一言以蔽之，"道"就是那"不可说"的"神秘"。然而，中国思想却对"神秘"进行了"说"并给出了进一步体悟和发问"无"之为"大地"的可能性。

海德格尔的"四大"的观点近似于《道德经》的相关表达。海德格尔在后期的思考中认为"世界（Welt）"是"天、地、神、人之纯一性的居有着的映射游戏"[3]，相应地，《道德经》第二十五章为：

有物混成，先天地生。寂兮寥兮，独立不改，周行而不殆，可以为天下母。吾不知其名，强字之曰"道"，强为之名曰"大"。大曰逝，逝曰远，远曰反。

故道大，天，地大，人（王）亦大。域中有四大，而人（王）居其一焉。

人法地，地法天，天法道，道法自然。[4]

───────────────

[1] ［德］海德格尔："艺术作品的本源"，收录丁氏著《林中路》，孙周兴译，商务印书馆2018年版，第36页。

[2] 梁漱溟：《东西方文化及其哲学》，商务印书馆2010年版，第136页。

[3] 此处"天、地、神、人"即"天空、大地、诸神、终有一死者"，后者构成海德格尔后期倾向神秘主义的世界观的重要因素，海德格尔认为"世界"就是"四大"的整体统一性，"世界的映射游戏乃是居有的圆舞（der Reigen des Ereignens）……在嵌合之际起支配作用"，参见［德］马丁·海德格尔："物"，收录于氏著《演讲与论文集》，孙周兴译，生活·读书·新知三联书店2005年版，第188~189页。关于"四大"如何组织自然—世界的讨论详见本书第五章。

[4] 关于此处"人"与"王"的书写问题，陈鼓应今注本指出按照王弼本"人亦大"作"王亦大"，傅奕本、范应元本"王"作"人"，陈注认为"本章两个'王'字应据傅奕本改正为'人'。通行本误为'王'，原因不外奚侗所说的'古之尊君者妄改之'；或如吴承志所说的'人'古文作'三'，使读者误为'王'。况且，'域中有四大，而人居其一焉'，后接下去就是'人法地，地法天，天法道，道法自然'，从上下文的脉络看来，'王'字均当改正为'人'，以下文'人法地'相贯。"详见陈鼓应：《老子今注今译》，中华书局2020年版，第152~153页。

海德格尔把"澄明"或"有"视为天空的力量，而"锁闭"或"无"作为大地的力量，人之为"有死者"在于天地之间并寓于此，作为朝向虚无与不在场的有限者。陈嘉映认为"天地神人都不是类名词，倒类似世界的四极、四方、四层，同时这四极也就集在任一物上……世界就不再是一个单质的公开场，而是具有其内部结构的"，但"世界如何由这四大构成，却还不清楚……天和地接近于我们称作自然的东西；若把天地合归为自然，我们就有了神、人、自然的结构，而这一结构恰恰是传统神学和形而上学中常见的等级结构"[1]项退结认为"海德格尔所云的沉思却绝非空想，则是要把我们带到我们的住所……真的'住'就是会死的人能够不损其本性地开显出天、地、神、人四者构成的世界，也就显示存有"[2]。

后期海德格尔的"世界观"中"世界"被实质化为"四方"，在牵扯争执中开敞的领域，即此在的"居所"，这给出相对于周围世界而言更为广袤的世界结构。即使海德格尔把"四大"处置为争执的关系而非彼此效法的关系，不过其中与《道德经》的重合也很难被解释为巧合。有研究认为，海德格尔对"道"的理解体现为两个方面：一是将"道"视为对应于人之有限的沉沦在世而言更具时空广延的"源始之路"，它没有起点也没有目的，但人之此在却已然生活与生存于其中，这种理解强调的是"道"日常性，即不可"知道"而"在道之中"的生存论，对"道"的发问问不出"什么"，但人人都共享对"道"的领会——即"如何发生"。二是作为持续的"达致"与"开释"（releasement）的"思想之路"，"思路"是"生存之路"的另一个侧面，唯有首先"开释"才有所"发生"，而对"道"的思绪恰是对"开释"的源头的"无所知"与讨论[3]。上述的观点实际上已经指出海德格尔对"道"的追问已经与"存在问题"同一了，即强调人在生存之中出离于"无何有之乡"以争取从大地的约束中出离而跃入天空的欲望，以及最终基于有死者的身份而无法达乎天空的生存亏欠。有学者将此理解为，"道"就是"Ereignis"，就是"意义（Sinn）"，它自己符合自身而不寻求外在的符合，同时认为"道"就是"Ereignis"的原本，"道法自然"进而也就被转译成为"Ereignis"的自

---

〔1〕　陈嘉映：《海德格尔哲学概论》，商务印书馆2014年版，第257页。

〔2〕　项退结：《海德格尔》，东大图书公司2015年版，第205页。

〔3〕　Joan Stambaugh, Heidegger, Taoism, and the Question of Metaphysics, in Graham Parkes etl, *Heidegger and Asian Thought*, UNIVERSITY OF HAWAII PRESS HONOLULU, 1987, pp. 80~81.

我符合和自我奠基[1]，以及对其他存在者的尺度。

（四）作为人而期望"神"：希望超越大地的源初生存力量

在"四大"之中，天空作为澄明已经在西方思想之中以"解蔽"的方式展现，而大地、有死者也代表渊基与道、知死而不畏死的本真此在，但其中"神"代表的力量却无从解读，一些学者认为，由于海德格尔对神学伦理和教义有复杂的态度，他不太可能描画一个神圣的彼岸存在者作为相对于有死者的无限存在者，"神"因而也不是基督教之中作为至高存在者的上帝，而更倾向于印度哲学之中的"原人（Purasa）"以及经由尼采转译的"超人"。[2]而海德格尔对印度哲学的接受源于尼采和叔本华，他们对海德格尔的影响一直贯穿于从《存在与时间》到"本有""四大"的思想历程之中。同时，海德格尔本人无法对梵文进行直接阅读，更多的是以对尼采哲学的引述展开的。例如，在尼采诗化的叙述之中"超人"并未获得直白的定义，反而是海德格尔指出，"那些人，那种置身于存在者中间而与存在者——这个存在者作为这样一个存在者是权力意志，而作为整体就是相同者的永恒轮回——相对待的人，被叫做超人（Übermensch）"，超人之为超人即"存在者在权力意志的生成特征终不改根据相同者的永恒轮回的最明亮的光亮显现处理"。[3]"权力意志"乃是尼采对西方形而上学的"最高价值自我罢黜"本质有所认识之后，提出的新的"最高价值"，尼采以超克西方形而上学体系为出发点但错误地走回了西方形而上学立场的表现，因而在海德格尔的理解中理想的"超人"本应超越"权力意志"，但在尼采那里"超人"被形容为"走钢丝者""疯狂者""闪电的宣告者"："超人"一方面是超越常人的少数人，也即"人是联结在动物与超人之间的一根绳索——悬在深渊上的绳索"，超人则是以超越自我为目的的"忠于大地"而"拒绝天空"的少数人。另一方面，尼采又把"超人"视为"未来之人"的多数群像，"超人"不再以道德律自我满足，更不遵循神学教义的规训，否定一切神圣的或非神圣的道德而以这些道德作为进

---

[1] Reinhard May, *Heidegger's hidden sources East Asian influences on his work*, trans., with a complementary essay, by Graham Parkes., London and New York：Routledge, 1996, p. 40.

[2] Reinhard May, *Heidegger's hidden sources East Asian influences on his work*, trans., with a complementary essay, by Graham Parkes., London and New York：Routledge, 1996, pp. 21~26.

[3] ［德］海德格尔：《尼采》（下卷），孙周兴译，商务印书馆 2015 年版，第 762 页。

发出灵魂之力，又要肩负对人类的拯救义务〔1〕。这也就迫使海德格尔对尼采的"超人"观点进行更本源和具体的阐述。

尼采的"超人"形象来源于印度哲学意义上的"人类之是"，代表了以灵性、决定等非理性方式去本真地所是的超越者。《权力意志》之中已经指出超人是"设想出吠檀多哲学的同一种人，也许早在几个世纪前就根据不完美（的）语言构想出一种哲学语言，并非（像这种人所以为的那样）符号文字，而是关于世界本身的认识：但不论以往有何种'这是（das ist）'被制定出来，后来的一个更精细的时代总是一再揭示出一点，即：'这是'无非是'这意味着（das bedeutet）'"。〔2〕尼采以"这是"向"这意味着"的过渡指出，西方形而上学由对存在问题的源初思考以及对源初法则的追问最终降落到围绕"指称意义"的逻辑学的价值评估，而"吠檀多"哲学〔3〕恰恰唤回了源初的灵性的价值体验和决断力量。这样，"Übermensch"并非一个逻辑上包含"人类（Mensch）"的上位的逻辑种属概念，而是与现实的人类此在相对，相比于沉沦于世俗道德与社会伦理之中的庸常此在而言更为本真的存在者。这也就指出了"超人"的两重特征，一是就尼采的意愿来看"超人"仍然属于存在者的序列，甚至仍然属于"人"的序列，但是由于他已经超克了道德进而投入了"相同者的永恒轮回"也就超越了常人的生存境况和认知能力，"超人"与"常人"的界分符合"此岸/彼岸"的传统形而上学模型。二是就"人"与"超人"的关联来看，上述的二元界分也并非绝对，"人"不因身处"此岸"而永远无法达及"彼岸"的超人境界。即使"超人"相对于常人而言更具有基督教意义上的超越论的"神性"，它所处的"轮回"也超越了常人所处的生活世界，但常人仍然可以通过唤醒"权力意志"去成为

---

〔1〕 ［德］尼采：《查拉图斯特拉如是说》（详注本），钱春绮译，生活·读书·新知三联书店2014年版，第9～11页。

〔2〕 ［德］弗里德里希·尼采：《权力意志》，孙周兴译，上海人民出版社2018年版，第73页。

〔3〕 此处的"吠檀多"不宜理解为在西方形而上学的"苏格拉底主义"影响下的现代印度哲学家对"吠檀多"的形而上学式的解读，实际上有论者已经注意到印度哲学在近代殖民主义的冲击下向英美分析实证主义的转向，指出在殖民主义影响下的近代印度哲学之中，虽然保持了思辨、觉悟、修为、冥想、体验的神圣属性，但在对这些传统印度哲学的解读之中也运用了诸多西方形而上学的话语去理解本不应也不能以这一话语解读的神秘主义思想，换言之印度哲学之中可体验的，以"开悟"所通达的思想实体并非西方形而上学中的终极的基础的本体论原则，See J. L. Mehta, Heidegger, Heidegger and Vedanta: Reflections on a Questionable Theme, in Graham Parkes etl, *Heidegger and Asian Thought*, UNIVERSITY OF HAWAII PRESS HONOLULU, 1987, p. 16.

"超人"。不过"权力意志"境界上的跃迁绝非以逻辑理性的完备为前提，毋宁说是要以"灵性开悟"去捕捉到闪现着的倏忽的启示，静观、觉悟、修行、冥想等"非理性"的生活方式恰恰是获得"超人"地位的必由之路。而一旦"人"成了"超人"，也就成了相对于"当下常人"的"未来之人"，成了"当下常人"之外的"诸神"，它不是在"天空"之中和"天主之城"中远远区隔于人类的永恒之神，而是栖居于"大地"之上的在人类之中的卓越者和超绝者。

　　是故，"超人"既非"常人"，亦非基督教意义上的"神明"，而是介于二者之间的意志着的"诸神"。尼采提出的"权力意志"与叔本华的"意志世界"具有哲学史的关联，后者则被理解为灭世之神〔1〕湿婆的意向。叔本华"意志世界"的基调是悲观和痛苦的，"意志"的自觉是自我毁灭与"涅槃"的过程，他认为从事物的真正本质来看，每个人都把这个世界的一切痛苦当作自己的痛苦。事实上，只要他是固定的生命意志，只要全力肯定生命，每个人都必须把一切可能的痛苦看作自己的实际的痛苦，意志是一切现象的本体，因此别人所遭遇的以及自己所体验到的不幸——不道德和邪恶的事情，尽管在现象界中两者显示为完全不同的个体，也被时间和空间所分开，却往往只和那永远不变的内在本质有关〔2〕，"人类的最大罪行，就是被抛到这个世界上"〔3〕。"能够忍受被抛的无奈"进而在伦理学上构成了"人"的典范，

　　〔1〕　叔本华此处的"现象世界"与"意志世界"的划分与海德格尔理解的"现象"不同，也与康德思想之中的"现象"概念有所出入，在康德的哲学之中"本体"与"现象"的区分——即"物自体/本质世界"与"现象界"，也即对应于康德的"纯粹理性领域"和"纯粹知性领域"；而在海德格尔思想之中这一区分则对应于"显像"与"现象"的区分——至少这种区分在《存在与时间》之中是成立的。

　　〔2〕　［德］叔本华：《作为意志和表象的世界》，刘大悲译，哈尔滨出版社2015年版，第228页。

　　〔3〕　此处叔本华所引用的是诗人卡尔德隆的诗句，并且认为"死亡"是"生"的结果，然而叔本华并不主张某种基督教的原罪理论，他的观点是基督教的原罪论不能代表"痛苦"的本质，特别是主张以信仰、行为获取个人救赎的基督教的灵魂论主张根本地是"个人正义"的，是通过对他者意志的否定而彰显一个人自身的意志与欲望的虚伪的救赎，而印度哲学之中的"痛苦"则是一个人对人类整体的痛苦的承担与接受，人与人之间通过痛苦获得共通性进而形成"人类"这一整体，对"痛苦"的解脱因此不是个人的自我救赎，而是个人对那代表人类整体的"意志—痛苦"的自我牺牲态度，并且由于个人的牺牲永远无法解决全人类的痛苦，"痛苦"作为先天理性结构也就不能获得真正的救赎，这样，对"众生皆苦"的自我觉知并且在这样的"觉知"之中仍然愿意忍受痛苦的人才真正地领会了"永久公义"，才真正理解了人生"求而不得"的真谛，才走出了"摩耶之幕"获取了超越现象界因果性的智慧觉知，参见［德］叔本华：《作为意志和表象的世界》，刘大悲译，哈尔滨出版社2015年版，

在"存在论"的角度则构成了存在于"无—有—无"的"终有一死者"的本真能在境界，"存在"是外在于有始终的、科学时间之外的、向来我属的、生存本身，它既是"生存（有）"亦是"死亡（无）"，且唯有"向死"的牺牲者才能完成向"存在"的本真一跃[1]。

相比于叔本华偏向伦理学，并且与西方形而上学藕断丝连的悲观主义的存在论立场，尼采对印度思想的体悟更倾向于"意志之力"上，他不再如叔本华一般强调"体悟"的结果以及对最终的"澄明之境"的勾勒，而是着力叙述"超越"本身，因而尼采思想中"生存"不再经由对痛苦的忍受以期获取解脱，"超人"是与命运搏斗的悲剧人物。一方面，"超人"是直面生存的苦难和痛苦的智慧者和牺牲者[2]，在"超人"身上具有强大的意志力量，这

（接上页）第 224~227 页。另注"摩耶之幕"意为"幻（maya）"，《白骡奥义》云"应知自性乃摩耶，摩耶作者大自在，彼之肢体即众生，一切遍住此世界"，其中"大自在"即对湿婆的敬称，这一诗句也就是说"湿婆神祭出幻术，变出经验的情世间和器世间——幻象"，在这一意义上"摩耶"就是经验世界这个大幻象本身；另据《中论》载，"众因缘生法，我说即是空，亦为是假名，亦是中道义"，这样的理解就是把"摩耶"视为"事物演化的原理"，即"因缘整体"本身，详见巫白慧：《吠陀经与奥义书》，中国社会科学出版社 2015 年版，第 276~278 页，而叔本华也认为："生命不能离开生命意志，而生命的唯一形式仅仅是'现在'。死亡好似太阳下山，只是表面被夜色吞没，实际上太阳本身始终是一切光的来源，不断地燃烧并为一切新的世界带来光明，永远在升起、隐没；隐没、升起。只有通过时间，通过表象所感到的现象的形式，个人才与时间的始末有关。在时间之外只有意志，只有康德所谓的物自体以及物自体的充分客观化，即柏拉图的理念。"参见［德］叔本华：《作为意志和表象的世界》，刘大悲译，哈尔滨出版社 2015 年版，第 238~239 页。叔本华也为"存在论"寻找了印度哲学的根源——这一根源支持着尼采以及海德格尔对"存在"与"存在者"的认识，他认为《奥义书》与《吠陀》是"秘传的道德"，它体现为在"明智的古代印度人"那里已经觉悟到生存的智慧和规律，并且以此作为"永久公义"的先天范畴得以揭示，却在民众那里只能用神话式的语言表达出来，但这些智慧的本义在于揭示"汝在此处""此即汝"——"这就是你"的存在论规定，参见［德］叔本华：《作为意志和表象的世界》，刘大悲译，哈尔滨出版社 2015 年版，第 230 页。

〔1〕［印］室利·尼萨迦达塔·马哈拉吉：《我就是那》，陶张欢译，中国青年出版社 2016 年版，第 167 页。

〔2〕尼采在此处给出了他著名的"走钢丝者"的比喻：在查拉图斯特拉教导众人成为"超人"的同时，"走钢丝者"也开始了他的表演，尼采以及其戏剧化的描述展示了这一"表演"的过程，首先查拉图斯特拉对众人的教诲并未成功，众人先是起哄，把查拉图斯特拉当作卖弄口舌之人，这让查拉图斯特拉感觉到众人的"笑里藏冰"，同样地，"众人"在目睹"走钢丝者"的表演时也抱有同样的态度：一是后于"走钢丝者"出场的"小丑"不断嘲笑、催促走钢丝者而干扰表演，最后甚至"跳"到了走钢丝者的前面而获得了"胜利"；二是大众在这种"闹剧"之外无动于衷，他们的冷漠和小丑的嘲讽直接导致了走钢丝者从钢丝上跌落而亡。其次，走钢丝者的坠亡引发的不是大众的救护而是大众的逃跑，唯独留下查拉图斯特拉本人，在这个阶段查拉图斯特拉也开始了对"走钢丝者"的

一力量反映为"负担—摧毁—重建"的超人精神的变化，尼采将之比喻为"骆驼—狮子—孩子"的变化，"骆驼"代表怀有畏惧之心的强力的、甘愿负重的精神，"狮子"则是不仅仅满足于"放弃欲念、怀着畏敬之心"进而局限在"你应当"的道德古训之中，而是要去创造、劫掠地去"重估一切价值"，最后"孩子"是"纯洁、是遗忘，是一个新的开始，一个游戏，一个自转的车轮，一个肇始的运动，一个神圣的肯定"，即不再有善恶正邪之分地肯定世界和生活中的一切，以之为自由创造的第一步[1]。此外，"超人"又不

(接上页)教诲，走钢丝者在濒死时看到查拉图斯特拉跪在他面前，本以为查拉图斯特拉有什么方法能够让他起死回生，而查拉图斯特拉却告知走钢丝者"没有什么地狱和魔鬼"，因而肉体和灵魂的救赎都是不可能的，他希望走钢丝者认识到后者不是自以为"死不足惜"的"让人用鞭子和少量食物教它跳舞的动物"，而是由于把"冒险当作职业"并为之献身的人，走钢丝者在临终领会了查拉图斯特拉的教诲安然逝去。接下来，查拉图斯特拉遁入了思考，他意识到"一个丑角也可以成为人不幸的命运"，而接下来查拉图斯特拉的话是："人的生存是阴森可怕的，而且总是毫无意义：一个丑角也可以成为人的不幸的命运。我想给世人教以生存的意义：这就是超人，从人的乌云中发出的闪电。可是我跟他们还有很远的距离，我的心不能跟他们的心相同。对于世人，我仍是处于小丑和死尸的中间"——查拉图斯特拉开始怀疑到世人（众人）是否可教诲，但他还放不下那牺牲了的死者。而在后续的剧目之中，"小丑"的再度出场和"掘墓人"的嘲讽，"老人（隐修者）"对"生死者皆须供奉"的态度，让查拉图斯特拉开始怀疑背负死者的意义。在剧目的最后，查拉图斯特拉意识到"我需要的乃是活的伙伴，他们服从我，因为他们要服从他们自己——而且愿去我要去的地方"，而不是带着毫无气息的死者游荡——查拉图斯特拉不再要做"牧羊人""掘墓者"，不再与群众谈话，而且和"创造者""收割者""庆丰收者"这些与世俗的"善人""义人"区别的，不屑于善恶之辨的人交往，后者才可能成为"超人"。详见［德］尼采：《查拉图斯特拉如是说》（详注本），钱春绮译，生活·读书·新知三联书店 2014 年版，第 12~13、第 14~20 页。迈尔（Heinrich Meier）对"走钢丝者"这一比喻进行了政治哲学式的解读，他认为"查拉图斯特拉"的形象是"后基督教的先知"，在这一比喻之中"走钢丝者"是信仰上帝但不顾基督教道德的人，代表着保守主义者亦步亦趋。保持平衡的形象，而"小丑"则是信仰基督教道德而不顾上帝的激进分子，是急于展示自己的绝活的人，前者注定为时代而殉葬，而后者在实现自身的政治抱负之中不再考虑他人的死活，他们是属于闹市之中的世俗之人；而"掘墓者"和"老者"属于森林，它们无论选择何种策略，根本地是那种不关心世俗生活和信仰的公共意义的"世外之人"，无论是对死者的漠然还是施舍，都是在无条件地服从基督教的上帝律令（普遍化的道德），因此迈尔认为"查拉图斯特拉"是一个政治哲人，他呼唤对社会的"创造工作"（功业，Einem Werk）——"新的真理所表达的是一种自我批判和自我校正"，这样查拉图斯特拉也就成为与柏拉图的"哲人王"相似的，处于"天国"与"世俗王国"之间的智慧之师/先知（参见［德］亨利希·迈尔：《何为尼采的扎拉图斯特拉———场哲学争辩》，余明峰译，华夏出版社 2019 年版，第 19~21 页）。

〔1〕 详见［德］尼采：《查拉图斯特拉如是说》（详注本），钱春绮译，生活·读书·新知三联书店 2014 年版，第 12~13、22~23 页。但是如朗佩特（Laurence Lampert）注意到的那样，尼采给出的精神的三种变形并没有"精神由最初状态而至骆驼"的阶段究竟怎样，但是如迈尔的前述解读那样，"骆驼"绝非精神的最低阶段，因为"负重"本身已然是在世俗之中担负"众生之苦"的英雄主义形

可能全部地超脱于世界，尼采格外强调在"超人"的精神蜕变之外与之中"永恒轮回"的存在，尼采把它定位为"查拉图斯特拉"行为的根本规律："出来它实体来恰恰就在这个空间范围之内，在这种与敌对者的接近中，感到自己就是一切存在者的至高种类"，在查拉图斯特拉身上具有空前地对神说"不"的能力，对人类命运和灾厄的承受能力，以及在轮回之中超越和肯定轮回的超然精神[1]。这也就是说"轮回"作为生存论的境况而言是由"负重"到"否定"，再到"建基"，进而对新的建基的"负重"的循环过程，而在存在论上看"负重—否定—建基"的过程却是人之此在对本真生存的领会过程，"负重"因而是实现人的超克的最初环节也是无法被教诲的源初的精神要旨。因此，尼采虽然对一切道德宣战以至于要重估一切道德，但他也绝非消极地主张意志上的虚无主义，毋宁说面对存在之为"永恒轮回"的在世结构，那些具有对人类的大爱和责任、戒断世俗欲望的人才有成为"超人"的可能：

　　对于一个民族来说，只有一条道路让它摆脱掉纵欲主义，那就是通向印度佛教的道路；为了忍受自己对于虚无的渴望，印度佛教需要那种超越空间、时间和个体的稀罕的出神状态：而这种状态又要求一种哲学，后者能教人通过观念去克服那种中间状态的难以描写的不快和反感[2]；

　　苦难，伟大的苦难的培养……做到了迄今为止对人类的所有提高……灵魂在不幸中的紧张，那种使之养成强健的紧张，它在目睹伟大毁灭时的战栗，它在承受、挺过、阐发、耗用不幸时的善于发明和勇敢，以及那些向来只通过深度、秘密、面具、精神、狡计和伟大而馈赠给它的东西……在人类中创

（接上页）象了（试对比"走钢丝者"和"隐居者""掘墓者"），朗佩特因而认为，"骆驼"指代的就是"走钢丝者"的精神气质，他甘心承受风险而不顾性命之虞，是已然具有向"超人"跃迁的精神基质的人，因而查拉图斯特拉对死去的走钢丝者尽管不尽赞同，但却为之动容，"骆驼精神以英雄精神而为人知……这种精神呼唤的英雄是英雄般的劳役者"，查拉图斯特拉的"超人教诲"并不能形成这样的英雄气质而必须以这样的既有气质为基础，甚至查拉图斯特拉本人的基调也是"负重前行"的。参见［美］朗佩特：《尼采的教诲——〈扎拉图斯特拉如是说〉解释一种》，娄林译，华东师范大学出版社 2013 年版，第 155~56 页。

〔1〕［德］尼采：《瞧，这个人——人如何成其所是》，孙周兴译，商务印书馆 2016 年版，第123、124 页。

〔2〕［德］尼采：《悲剧的诞生》，孙周兴等译，上海人民出版社 2016 年版，第 118 页，译注指出此处"观念"原文为"Vorstellung"，通常译为"表象"。

造与造物主合而为一。[1]

"超人"品质贯穿了"受苦""摧毁"以及"建基—创作"的生存阶段，因而也就形成了受"过去"之苦，灭当下之桎梏，达未来的创建的永恒在此性质——"唯此原人，是诸一切；既属过去，亦为未来；唯此原人，不死之主；享受牺牲，升华物外"。[2]。"超人"成为对印度哲学之中"原人"形象的变化，代表了"源初之人"之原始地位和"未来之人"的超越需求。而与之相应，"查拉图斯特拉"则是"超人之师"，他无法以言说启发和教导超人的负重精神却在自身下降到尘世的实践之中诠释了"承受"的意义，也即唯有查拉图斯特拉首先成为"超人"或回返"原人"之境，才能培育出未来的"超人"，在这一意义上"查拉图斯特拉—超人—新的查拉图斯特拉"也构成了人类共同演历之中"永恒轮回"的一部分。

"超人"因而代表了超越庸常生活的未来人形态（das Überholende，超越者），它来自从无到有的修行而非先验的"彼岸"，因而也就成为先行探索"无—有—无"的自然过程的本真此在。一方面，"最后之神"暗示着对此在之中伟大的个体的法则，对牺牲的孤独状态以及对最艰难陡峭的生存路径唯一的法则[3]，"人之此在"向"诸神"的回返朝转恰恰是对"诸神"的召唤与反转。另一方面"最后之神"是"诸神（Gotts）"而非"上帝（die Gtott）"，后者是基督教意义上永远在此现身又居于天国之中的至高存在者，而如前述"上帝"成为"最高存在者"意味着对"存在问题"的彻底遗忘，它进而代表了"存在的自行拒予"这一无急难的急难状态，"诸神"首先处于不知其所在也不知其所来的"无—知之幕"，并在人向对存有（Seyn）之真理的极端冒险（Wagnis）被召唤到本己存在之内[4]，召唤"最后之神"便是召唤"存有"本身而归于"Ereignis"。作为人之典范，"超人／原人"的神圣一面"最后之神"当下未来而历史曾在，由"先驱"和他们的

---

〔1〕［德］尼采：《善恶的彼岸》，赵千帆译，商务印书馆2015年版，第199页。
〔2〕《〈梨俱吠陀〉神曲选》，巫白慧译解，商务印书馆2020年版，第267页。
〔3〕［德］马丁·海德格尔：《哲学论稿（从本有而来）》，孙周兴译，商务印书馆2012年版，第429页。
〔4〕［德］马丁·海德格尔：《哲学论稿（从本有而来）》，孙周兴译，商务印书馆2012年版，第440~441页。

"伙伴"〔1〕把对存在问题的追问的代代相传。在人还未立于存在之真理中的时候，"最后之神"就以寂静的方式立于历史之中等待人的此在的到来，在此之前它作为"掠过的神秘"偶然地出场。作为人的方向，"最后之神"又与基督教的神不同而属于人的，探求"最后之神"的任务属于"未来之人"，"未来之人（将来者）"是"具有相同心思的陌生人，他们对于已经被赐予他们的赠予和拒予是同样坚决的"，是"存有之真理的持权杖者……存在者被提升到对于每一事物和每一气息的简单的本质支配状态"，未来之人的气质是寂静和抑制的——"在有所牺牲的抑制中，他们获得了最后之神的远去和临近的暗示和突发"，他们运用思想，但唯有少数人才能够跳入存有之中〔2〕。

　　海德格尔的"最后之神"代表了人的理想范式却不是现实样态，但因为海德格尔反对西方形而上学严格"此岸/彼岸"的严格界分，因此人之成为"未来之人"、的机会平等的、"最后之神"，恰恰居于人的未来可能性之中并且被视为先行到死的另一种形态。在海德格尔后期对"向死存在"的发展之中，"个人此在"被进一步诠释为"此—在（Da-sein）"，它不再意味着"人的在此"，而是"此中的在者"，因而"向死"的结构除了"死亡/无"之为先行生存论结构之外，又为此在的先行存在结构赋予了"拒予的赠予"的效果——"最后之神"的拒予来源于对存在的遗忘以及其伴随的急难，而领会向死结构并做出最为本己的选择—"决断"者方能召唤出"最后之神"。"唯当一个民族在寻找自己的上帝的过程中分得了自己的历史，它才成为一个民族，此所谓上帝是那个上帝，它迫使民族超越它自身，并且因而把它置入存在者之中"，民族超越"集体"而成为共同演历的共在因缘整体，并非被上帝视为无条件的偶像，而是要在"寻求者—未来之人"的引领之中让这个民族归于"最后之神"亦归于民族本身站立的"大地"。这种说法因而就拓展了海德格尔的历史观念，"诸神"的逃遁不是对诸神的否定，它们只是走出了人

────────

　　〔1〕　海德格尔的原话是"一切跑者都必定是先—驱；而且他们来得越迟，就越是更强大的先—驱——不是任何追随者，那些充其量只是'改善'和悖逆最初之尝试地追随着，这恰恰对应了查拉图斯特拉对'伙伴'的需求"，参见〔德〕马丁·海德格尔：《哲学论稿（从本有而来）》，孙周兴译，商务印书馆2012年版，第441页。

　　〔2〕　〔德〕马丁·海德格尔：《哲学论稿（从本有而来）》，孙周兴译，商务印书馆2012年版，第420页。

们的视野却在大地这自行锁闭的场域中依旧在场，诸神的世界已经消失但它仍然和人保持联系：再贫瘠的当下现在也视为、理解为和叙述为一度高贵的过去的延续[1]。

"最后之神"由于蕴含了人类未来的可能性因而难以从实存角度进行描述，并且由于它代表了相对于能在之"有"的"尚未"，也是对"无"的一种形态猜测，因为常人未必最终成为超人而有可能进一步衰退。因此，如果"最后之神"代表的就是"原人"，并且是这些"原人"在永恒轮回之中，"超人"的未来形态，"最后之神"的神性也就绝非个人的生存的终结，人的有限性决定了"最后之神"是比肉体"死亡"更深刻的终结，它不能被视为一个人的"向死"并赴死后的非肉身存在。海德格尔业已通过对西方哲学之"$\lambda\acute{o}\gamma o\varsigma$（逻各斯）—$\dot{\alpha}\lambda\eta\theta\varepsilon\iota\alpha$（无蔽）—$\varphi\acute{u}\sigma\iota\varsigma$（自然）"的源初自然法的揭示指出了存在的"有—无—有"的形态，在这一顺序之中"最后之神"与"未来之人"的形象结合对应于有死者而出现，而在印度思想之中"原人"的另一种形态则有助于理解海德格尔的"最后之神"形象。《薄伽梵歌》指出了"原人"在神性方面的不朽性质，即"阿特曼（Atman）"：

不真之物（非存在、身体、创造物）是暂时存在。真实之物（存在、阿特曼）是永远存在。知晓真理者的确看清了这两者的本质。你要知道，遍及整个宇宙的灵（阿特曼）的确是不可毁灭的。无人能够毁灭不可毁灭的灵。永恒不变、不可思议的灵的外在身体终有一死，而灵（阿特曼）永恒不死。[2]

一切众生在生前和死后都不显现（或你我的肉眼都不可见），而只是在生死之间才显现。[3]

《薄伽梵歌》之中"阿特曼"的意向实则仍然强调"原人"的灵性一面，但它确定了"原人"的不朽性质，而由于《薄伽梵歌》本身的教谕诗性质，"阿周那（Arjuna）"是被教导如何成为"超人"的现实的英雄，"主克里希

---

[1] J. L. Mehta, Heidegger, Heidegger and Vedanta: Reflections on a Questionable Theme, in Graham Parkes etl, *Heidegger and Asian Thought*, UNIVERSITY OF HAWAII PRESS HONOLULU, 1987, p. 16.

[2] ［印］毗耶娑著，［美］罗摩南达·普拉萨德英译：《薄伽梵歌》，王志成、灵海译，四川人民出版社 2015 年版，第 32~33 页。

[3] ［印］毗耶娑著，［美］罗摩南达·普拉萨德英译：《薄伽梵歌》，王志成、灵海译，四川人民出版社 2015 年版，第 37 页。

那（Krishna）"则是"查拉图斯特拉"意义上的教诲者，唯一不同的是"查拉图斯特拉"的教诲发生于闹市和森林，主克里希那的教诲发生在战场，其中的急迫性质更强也即阿周那更多的是在战事之中顿悟地从英雄—战士成为"王者"和"圣者"。而前引文的关键之处在于，"阿特曼"符合"原人"的永恒神性，同时兼具"肉体"这一灵魂可朽载体，唯有在"肉体"的"生死之间"，众生的神性才显示出来。这也就是"原人"不仅仅是人的一个理想范本，单纯地"承受"是成为"超人"并回归"原人"在"生"的阶段的基调，而"死亡"的瞬间则开启灵性的觉悟。海德格尔式的"最后之神"因此就是未来之人的"灵"，但它唯有在一代代人的牺牲之中以及本真地决断之际才有所揭露。是故"最后之神"兼具"神秘性"和"现实性"，而二者唯有在"有无之际""生死之交"才展示出来。作为海德格尔思想东方渊源的印度思想不再像日本思想和中国思想那样彰显于海氏著述之中，海氏对叔本华、尼采的存在论和生存论的继受，特别是对尼采的诠释就暗中遵守了印度哲学"林栖""苦行""涅槃"的行为伦理，他对于"最后之神"的解读也借此克服了"上帝彼岸神国"的触不可及，指出了一旦人领会到向死而在的生存论结构，领会决断之为生存的本质就与"神"相差无几——在这一意义上"未来之人"就是"最后之神"在现世的居留。这样，海德格尔的源初自然法就在思想渊源上沟通了西方形而上学追求明晰的"有"之言说与东方大道不可说的"无"之道说，沟通了"栖居"于幽暗的自然之中，又"负重前行"地承受人类之苦以获得神性觉悟的"消极"与"积极生存"的在世境界。

海德格尔通过回返西方思想的前苏格拉底渊源以及吸纳东方哲学思想之中的源初理念形成了别具一格的"自然之思"，他以阿那克西曼德、赫拉克利特或巴门尼德对"λόγος（逻各斯）—ἀλήθεια（无蔽）—φύσις（自然）"的思考初步指出了"Ereignis"之为"有/无"的同一，并且尽力地揭示"有"之所是，暗示了西方形而上学在叙述"无"方面的无能为力，并且以日本思想构建了"寂静"的栖息空间[1]，用"道"重述以及完成了对与"存有"

---

〔1〕 日本美学之中"物哀""佗寂""幽玄"的基调根本为"无"性，如西田几多郎认为的那样"从物不能生有"的因果律是有问题的，"通常的意义下，物是不存在的，但是倘若从打破主客分别的直觉上来看的话，无的意识毕竟是实在的……无并非只是一个语词而已，倘若我们赋予它某种具体的意义的话，那么它一方面意指着某种性质的欠缺，在另一方面它也拥有某种积极的性质"。（〔日〕西

对应的"虚无"言说模式，更以"最后之神"和"未来之人"的二重性与同一性指出了由庸常此在通达本真此在进而栖居于存在近旁的空无之境及其修炼方法。海德格尔对"自然之思"的重构突破了东西之分和主客对立，把"有无"整合并且言说出来——甚至或许并非出自本意，却也以自身的方式回答了伦理学上"何为好生活"的基本问题。

三、"另一开端"之中的自然法规定：本真此在的人与源初的自然

在"思"的另一开端中，海德格尔表达了非形而上学的自然观念和人性理论：一方面，"自然"不再是主体所订造的对象，但也不再产生决定主体行动或思维的律法，源初的自然以涌现的方式从无到有地解蔽，再从有到无地遮蔽起来，形而上学角度在此的自然（nature）也是源初自然（Physis）之为"有"的在场显现阶段。另一方面，人作为"有限性的此在"理性、能力方面具有相对于其他世内存在者向存在靠近的可能，但有限的生存导致了此在不能永恒"在此"，法律与道德上之为权利主体或义务主体的此在在有所作为的情况下也有其不能为，在被禁止作为的情况下"无为"也是沉默的行为，因而流俗自然法思想以及支持它们的自然观、人性论作为对在场者的解释仍然有效，只不过因为未能达到"有"和"无"的存在论思考而丰富性不足。关于"思"的另一开端因而需要重视以下问题：第一，"另一开端"意味着对既存形而上学成果的重新审视而非否定，既要跳跃出导致现代虚无主义的形而上学二元论图式而重新思考本源问题，但也要承认形而上学本身代表了历史上不可重写的"亏欠"。第二，超越"西方形而上学"需要借鉴古代西方思想和东方思想的资源而非保守复古，"另一开端"带有相对于形而上学"第一开端"而言的古早思辨进而提倡非在场与非现成的自然思想以及非主体性的人的形象，但是在时间序列之中"另一开端"则晚于形而上学出现而开启出未来的"思"的方向。第三，"另一开端"虽然作为拯救现代虚无主义的尝试希望化解现存的形而上学危机，但因又指向未来尚未意义上的"无"而自身也带有"危险"。

（接上页）田几多郎：《善的研究》，黄文宏译注，台湾"清华大学"出版社2019年版，第108页）西田对"无"的解读指出了"物哀"是对物之凋零之哀悼之美，"侘寂"亦是人与物归于沉寂之美，"幽玄"则是超脱尘世而走入玄妙幽暗的空无之境，也就是说对"无"的体验以及栖身于相对"富有"的情境之中本身就是"美"。

　　"但哪里有危险，哪里也生救渡"[1]，相应的，即使沉思作为救渡也可能产地风险，"思"所揭示的比"形而上学"更多，但面对的风险也随之加大。海德格尔引用"危险"说明现代社会之中形而上学愈演愈烈地遗忘存在[2]，对它的"救渡"则在于存在自我遮蔽的时代苗生的"无蔽"力量，从这一角度来看：把"自然"规定为人之外的他者所遮蔽的是人之思维和自然之为存在的互属关系，把"人"规定为具有认知理性、规范能力的主体则未能讨论人倾向于"无"的情感细节，在西方形而上学之中对"有"的逻辑思辨之余也有向"无"的思考必要——然而解释被遮蔽的"无—所在"本身也必然成为"有"其言说，最终也难以把握"自然"之中的无和"生存"之中的消散，从这个角度看，源初自然一旦被定义就成为自然的在场片段，对人的本真生存一旦有所解蔽也就遮蔽了其他可能性。一方面，主张探求本源的存在论思想也受限于历史，承认"源初自然"成为不断涌动而人之此在顺应其有—无而在此、退场也就是承认思想家无法克服自身的有限性和有死性，"沉思"对时代救渡方案根本地构成向未来"传送"的过程，同时则需要悬置形而上学的发生在于以"沉思"去聆听存在的原始呼唤[3]，进而让形而上学"主导问题"即"存在者存在（Das Seiende ist）"传送和奠基回存在/存有之真理（无蔽）的基础问即"存有本现（Das Seyn west）"那里，这个过程是超历史

---

　　[1]　[德]马丁·海德格尔："技术的追问"，收录于氏著《演讲与论文集》，孙周兴译，生活·读书·新知三联书店 2005 年版，第 35 页。原文作："Wo aber Gefahr ist, wächt…Das Rettende auch"，出自荷尔德林《帕特摩斯》，译为"但哪里有危险，拯救者亦在…那里生长"，参见[德]荷尔德林："帕特摩斯"，载《荷尔德林诗集》，王佐良译，人民文学出版社 2016 年版，第 470 页。

　　[2]　即前引："世界黑夜的贫困时代久矣，既已久长必会达到夜半。夜到夜半也即最大的时代贫困。预示着贫困的时代甚至连自身的贫困也体会不到。"参见[德]海德格尔："诗人何为？"收录于氏著《林中路》，孙周兴译，商务印书馆 2018 年版，第 304 页。

　　[3]　海德格尔面对的问题是，如何在"存有之离弃"的"无决断状态"之中去"迫使西方此在走向对于虚无主义的沉思"，甚至"存在之离弃状态规定存有之历史中一个独一无二的时代……长时间的存有时代（Seynsalter），在其中真理踌躇不前，不能把其本质清晰地交出。那是有回避任何本质性决断危险的时代，是放弃尺度之争的时代"，因此，无论是去思考海德格尔对"前苏格拉底思想"的迷恋，抑或思考海德格尔对东方思想的沉迷，绝不能据此认为海德格尔要以"前苏格拉底思想"取代现代思想，更不能据此认为海德格尔希望以东方思想彻底取代西方留存已久的"形而上学"，他对于这两种思想渊源更多的是"古为今用"和"东为西用"的态度，他的哲学抱负更多地在于去以"海德格尔本人的思想"——这一融合了西方与东方的思想去开敞一条专属于西方社会的"未来能在"的道路（Weg），参见[德]马丁·海德格尔：《哲学论稿（从本有而来）》，孙周兴译，商务印书馆 2012 年版，第 127 页。

的。第二，虽然海德格尔坚信追问有朝一日会发现自己特别地根植于另一开端中，但追问也受到步骤的规定，而很难说这些步骤不是思的"定则"，如"沉思作为对开端的传送在自身中建基、向来各个不同地归属于离基深渊的开端，在过渡中起于另一开端，而面对这另一开端的把握已经要求跳跃"。作为存在于历史当下的有限此在能否跳脱历史环境并且避免思维再次固定也就成为"思想"带来的新危险。

海德格尔对此的回应是不能以学科或科学定义思想，本真此在不可能给出自然的全貌，也无法预见尚未发生的生存境况，"思"揭发出自然与人的存在——存在者关系不能作为显明的规定，而只能沉默着作为渊基而成立。首先，对源初自然的界定只能停留在"有——无"的涌现上而不能就此给出涌现、解蔽、道说以明确的含义，"沉思"是历史性的但绝非历史学的，一旦认为"思"所回返的是某种确定的答案就变成了定则，成为为了跳跃而回返。其次，作为本真此在的发问，无论是形而上学还是沉思必须有人的因素，例如在表面上看沉思是要切近古代的思想，但在根本来说不是重复基于理论，而是要把以由苏格拉底、柏拉图和亚里士多德等具体此在建立，直到尼采这一此在完成的西方形而上学"第一开端及其历史"最终地奠定在由米利都学派和爱利亚学派的历史曾在直到海德格尔本人这一此在的"另一开端及其历史"之上[1]。正如有论者评论，在海德格尔的"另一开端"的沉思之中"（他）所思想和试图去言说的东西，乃是在他思想它之时才开端性地敞开的东西……（否则）谈论一个向思敞开自身之前就在此的'存有'也是毫无意义的"。[2]因此，"沉思"既是对当下的人之此在的呼吁，更是海德格尔之为"人之此在"的本己沉思活动。

（一）形而上学的终结与"本真此在"的复苏：人在"此"的政治活动

海德格尔并非对"西方中心主义"抱有全然的批判态度，而是强调西方形而上学不再能够开启此在的进一步可能性，"本真此在"作为人之本质脱离于形而上学体系，其责任在于以源初的思想去重新为西方形而上学导致的时代境况再度注入"力量"而将之救渡于虚无之中，也即此在需要从形而上学

〔1〕［德］马丁·海德格尔：《哲学论稿（从本有而来）》，孙周兴译，商务印书馆2012年版，第176页。

〔2〕［美］瓦莱加—诺伊：《海德格尔〈哲学献文〉导论》，李强译，华东师范大学出版社2010年版，第94页［《哲学献文》即《哲学论稿（从本有而来）》］。

之外获得思想的基础。

　　本真此在复苏首先在于破除"西方"的独有地位，让人从流俗的政治格局之中转向本源于自然的自由实践，这一观点的危险性在于否定了西方传统政治制度的自然正当地位而主张某一个此在或群体共在的"最后之神"地位。海德格尔对西方制度的危机意识和对西方思想、政制、文化的进一步质疑与斯宾格勒的《西方的没落》有直接关联：斯宾格勒指出西方特别是"西欧"这个思想的发源地虽然能够再度创造出人类智慧，而质疑在西方的形而上学和伦理学之中如何创造智慧、如何保障智慧的创造路径具有合法性。与海德格尔在西方形而上学之外引入古代思想与域外思想相应，斯宾格勒认为虽然无论是古代还是现代，西欧一度是相对于世界其他各大文明的"历史的托勒密体系"的中心[1]：指出"古典文化或西方文化比印度文化、巴比伦文化、中国文化、埃及文化、墨西哥文化等占有优势地位"[2]，但是西欧在政治制度方面日趋保守和阻却此在创造性地审视权利方案、政治权力和思维方式的因素不断增多。因而斯宾格勒提出，西欧恢复自身的优越地位需要悬置与否定民主制度和区域性代议制政府的自然正当地位：首先，西方文化之中蕴含了"浮士德心灵"，本真的此在不应沉浸于政治实体"怕"与无为之中，而需要以向死存在的生存态度为祖国争取荣誉："祖国的广袤是一个个人很少看到它的边界，可是要保卫它并为它而死的地区，它的象征性和力量是其他各个文化的人类永远不能理解的"[3]。其次，在本真此在之中的"超人"需要获得更多的权力以带动其他此在的跃迁，也即"恺撒主义"，这意味着"真正的重要性集中在完全个人的权力，行使这种权力的人是恺撒，或其他能在自己位置上行使它的人"。具体来说，在斯宾格勒看来承担这个唤回西方源始初

---

　　〔1〕　斯宾格勒的上述比喻很容易理解，在西方科学史之中托勒密与哥白尼的共同发现在于"日心说"这一颠覆宗教的"地心说"的规律，而"托勒密体系"或"哥白尼发现"意指的就是其他文明对西欧文明"众星拱日"的应有模式，对于"群星"而言它们并非没有光亮，但是相比于"太阳"来说前者的光亮被后者所遮蔽，这也就是说东方文化以及西方现代文化相比于西方古典文化而言并非不具有价值，而是具有相对的劣势，这种观点很难不被视为海德格尔对东方思想以及西方上古思想进行回溯的基本预设。

　　〔2〕　〔德〕奥斯瓦尔德·斯宾格勒：《西方的没落》（上册），齐世荣等译，群言出版社 2016 年版，第 17 页。

　　〔3〕　〔德〕奥斯瓦尔德·斯宾格勒：《西方的没落》（上册），齐世荣等译，群言出版社 2016 年版，第 237 页。

生命力的责任"人"就是德意志人的整体，后者既承担西方形而上学历史中的"亏欠"也为未来世界下"决心"。[1]与此同时，在尼采的论述之中"德意志性"也是一个主题，他认为德意志民族是对希腊古典精神的完美继承者，在责任方面"德国精神曾竭尽全力向希腊人学习"，但由于"在相同轨道上获致教化和回归希腊人的努力是不可思议地越来越衰弱了……为了让我们不至于对德意志精神产生完全的绝望"，就应当在权力方面让"德国文化与希腊文化之间建立一种持久的亲密联盟"[2]。在国家整体（Politia）之中，上述针对历史的责任意识以及面对未来的权力疑问往往被法律、政府所打破[3]，尼采所看到的是"复仇能够产生或者构造这个世界，重估一切价值。复仇与受伤者渴求安全和权力的欲望相联系；复仇能够把自己伪装为爱或正义"，在这里，"复仇"并非暴力活动，而是向"传统善"衍生出的世俗道德或人类美德规范予以反抗与回复。对此，尼采的策略是"重估与颠覆"[4]，他赞同的是德意志哲学对"托勒密体系"的复归运动以及对"恺撒主义"的践行活动，否定的是基督教经典教义以及其世俗的民主政治以及其对本真的亏欠意识和决心实践的阻碍，也就主张德意志民族承担复兴西欧文化责任以及领导的权力。

顺应对"西方"的否定，海德格尔看似对"现代"有所质疑，但是主张的是在未来社会德意志民族此在从希腊和罗马那里承接的特殊地位，本真此在除了以强力否定制度实践之外也必须建立某种新型秩序——即使海德格尔并未对于后者给出描述。首先，海德格尔对前苏格拉底传统的复归不仅仅是恢复或按部就班地模仿那些思想家的思想活动，或者说海德格尔根本没有意愿去促进前苏格拉底思想的文艺复兴——即便对于他来说这是完全可能的[5]，海德格尔之所以研究阿那克西曼德、赫拉克利特和巴门尼德的真意，乃是重

〔1〕 ［德］奥斯瓦尔德·斯宾格勒：《西方的没落》（下册），齐世荣等译，群言出版社 2016 年版，第 523 页。

〔2〕 ［德］尼采：《悲剧的诞生》，孙周兴等译，上海人民出版社 2016 年版，第 114 页。

〔3〕 ［美］玛莎·C. 纳斯鲍姆：《善的脆弱性：古希腊悲剧与哲学之中的运气与伦理》（修订版），徐向东、陆萌译，译林出版社 2018 年版，第 114~115 页。

〔4〕 ［美］玛莎·C. 纳斯鲍姆：《善的脆弱性：古希腊悲剧与哲学之中的运气与伦理》（修订版），徐向东、陆萌译，译林出版社 2018 年版，第 661 页。

〔5〕 Seidel B, *Martin Heidegger and the Pre-Socratics: An Introduction to His Thought*, University of Nebraska Press, 1964, p. 121.

新发现我们思想的真正的起源，这样我们自己的思想就可以以本真的历史的方式投射到未来的"另一开端"之中。其中，他对东方思想的"运思"更多在于为他所主张的"自然"观念以及"逻各斯""无蔽"寻找世界范围之内的支持者。海德格尔在名为"只还有一个上帝能救渡我们"的访谈之中坐实了这样的立场：就前一个方面看，海德格尔表示虽然康德、黑格尔以及马克思、尼采等德意志哲学家都是对思想的伟大推动者，只不过在现代社会之中，他们的哲学消散到心理学、逻辑学、政治学中，而取代哲学的是美国主义或苏联主义的"技术控制论"[1]和"技术决定论"，无论是美国式的还是苏联式的政治体制本质上是"国家机器"对人类的整体统治。而就他对东方思想的关注来说，海氏意在揭示"冷战格局"下两大阵营的扩张以及其他民族国家的屈服和退让，"制度"已然被"技术化"[2]，在美苏两极争霸格局下欧洲精神与东方文明都无所适从和艰难求生。在此基础上海德格尔仍然坚持这个时代具有被救渡的可能，他所指出的"上帝"不再是基督式的神圣独一者，而是从"大地"之上苗生而出的新的"上帝"，他直言道技术时代的救渡必须依靠"德国人从历史上找寻本质"，进而完成救渡的使命，且"这个转变不能通过接受禅宗佛教或其他东方世界观来发生……思想的转变需要求助于欧

---

〔1〕 在此处海德格尔与其形而上学批判的思路看似是冲突的，因为无论是康德、黑格尔抑或是马克思、尼采都是海德格尔形而上学批判中的"靶子"，也即这四位哲学家都是"最高价值的自我罢黜"与"技术统治"的推动者，但是在这里，海德格尔显然不是就他们的"形而上学"结论进行评价的，例如康德对"知性/理性"的划分，黑格尔的大全式的"绝对精神"主张，马克思对"联合体"的理想以及尼采对"超人"的召唤，都是这些哲学家的"形而上学结论"，在这种意义上他们确实推动了"最高价值的自我罢黜"历程，然而海德格尔就"德国人的范围"指出，这些思想在"直接作用"上却有希望因循某种规律进行对世界的改造意愿，也即他们在得出结论之外的运思过程反而是强而有力的，海德格尔对这样的思想历程仍然是肯定的——自然，这也就揭示了海德格尔本人对这些"德意志"哲人的思想赓续关系，参见〔德〕海德格尔："只还有一个上帝能救渡我们"，收录于氏著《海德格尔选集》（下），孙周兴选编，生活·读书·新知上海三联书店1996年版，第1307~1308页。

〔2〕 海德格尔对美国的"民主主义"和苏联的"共产主义"乃至于在两极格局下欧洲的新自由主义运动与共产主义运动都保持怀疑，他认为无论是美国民主的"政治大杂烩"——那种能够把所有政治形式转换成所谓"民主制"的技术操作形态，以及苏联主张的"内在真理的伟大独一性质"——那种认为政治与哲学的任务已经完成，思想的力量不再重要的技术统治方式都是现代"技术政制"的体现，我们应当注意的是，在海德格尔表述上述观点的时代正是冷战愈发剧烈的时代，也是以德国、法国为代表的欧洲大陆气质衰退的时代，这种情况下海德格尔的"意识形态批判"也就是有的放矢的。参见〔德〕海德格尔："只还有一个上帝能救渡我们"，收录于氏著《海德格尔选集》（下），孙周兴选编，生活·读书·新知上海三联书店1996年版，第1307~1308页。

洲传统及其革新"〔1〕，这个"上帝"因而不存在于神圣境界，而出于先知式的德国哲人对上帝——"最后之神"的召唤。因而，海德格尔鲜明的"德意志性"就与尼采的"查拉图斯特拉"这一"超人之师"的使徒形象，与黑格尔的"绝对精神"和康德的"绝对理性人"的预设不谋而合，他仍然是以德意志为基本语境去思考对"西欧"的救渡的思想者。

这样，本真此在的复苏不仅是对形而上学规定的挑战，也是对伦理和政治规范的"斗争"，在海德格尔那里德意志民族被视为真正领会"源初自然法"的此在并具有召唤本源的权力和责任的民族，当下的权责匮乏需要通过此在对存在之"有—无"力道而弥补。海德格尔在"思"的层面上把"自然"视为"政制"的本源，而本真的政制需要争而后得。他清晰地意识到，传统形而上学本体论衍生出来的政治哲学之中主体客体的对置虽然明确了政制和自然的区别，但它注定导致"人和人"也即法权主体之间向"主体—客体"异化，源初的政制即柏拉图意义上"最佳政制"必然派生于一元性的"源初自然法"而不能归于某个彼岸，此在不可能依靠彼岸的至高存在者裁断未来权力和历史责任的归属。海德格尔在对"φύσις"的解读之中以"安提戈涅问题"给出了一个对"政治"和"伦理"的隐喻，他由此对巴门尼德、赫拉克利特以及阿那克西曼德的思想进行了和法律的关系："安提戈涅"本来是索福克勒斯的悲剧之中的形象，遵从自然法而对抗实证法的形象。作为王者的克瑞翁与作为自然法践行者的安提戈涅对生活之中"何为重要之事"的判断具有根本的差异〔2〕，但海德格尔认为"安提戈涅的实际选择比克瑞翁更加

---

〔1〕 ［德］海德格尔："只还有一个上帝能救渡我们"，收录于氏著《海德格尔选集》（下），孙周兴选编，生活·读书·新知上海三联书店1996年版，第1313页。

〔2〕 对《安提戈涅》的剧情有必要进行简单的介绍：故事发生在忒拜（又译为"底比斯"）。克瑞翁（Creon）由俄狄浦斯（Oedipus）让位而成为新的国王，俄狄浦斯的一个儿子厄忒俄克勒斯（Eteocles）为保护城邦而献身，而另一个儿子波吕涅克斯（Polynices）却背叛城邦，勾结外邦进攻忒拜而战死。战后，克瑞翁给厄忒俄克勒斯举行了盛大的葬礼，而将波吕涅克斯暴尸田野。克瑞翁下令，谁埋葬波吕涅克斯就处以死刑，波吕涅克斯的妹妹安提戈涅（Antigone）毅然以遵循"自然法—神谕"为由埋葬了她哥哥，于是她被克瑞翁下令处死。与此同时，克瑞翁遇到了一个失明的占卜者忒瑞西阿斯（Tiresias），说他冒犯了诸神。克瑞翁后悔了，去救安提戈涅时，她已死去了。克瑞翁的儿子海蒙（Haemon），也是安提戈涅的未婚夫，站出来攻击克瑞翁而后自杀，克瑞翁的妻子（Eurydice）听说儿子已死，也责备克瑞翁而后自杀。克瑞翁这才认识到是自己一手酿成了悲剧。参见 ［美］玛莎·C.纳斯鲍姆：《善的脆弱性：古希腊悲剧与哲学之中的运气与伦理》（修订版），徐向东、陆萌译，译林出版社2018年版，第98~99页。

高尚"也更具有悲剧色彩，这是由于安提戈涅代表了在"伦理国家"之中的需要本己决断支持的道德因素，而克瑞翁则代表了安于共在的法律因素；作为"人"的安提戈涅与克瑞翁对"自然"这一强力者虽然明知不敌但仍然与之对抗，其"莽劲森然"的行事属于英雄行为[1]。

---

〔1〕　海德格尔对《安提戈涅》中"第一合唱诗"进行了讨论并且给出了相对于标准译法有所差异的翻译：

Vielfälitig das Unheimliche, nichts doch
über den Mensehen hinaus Unheimlieheres ragend sich regt.
Der fahrt aus auf die sehäumende Flut
beim Südsturm des Winters
und kreuzt im Gebirg
der wiitiggeklüfteten Wogen.
Der Götter auch die erhabenste, die Erde,
abmiidet er die unzerstorlich Mühelose,
umstüirzend sie von Jahr zu Jahr,
hintreibend und her mit den Rossen
die Pflüge.
Auch den leichtschwebenden Vogelschwarm
umgarnt er und jagt
das Tiervolk der Wildnis
und des Meeres einheimisch Gerege
der umher sinnende Mann.
Erüberwältigt mit Listen das Tier,
das nachtigt auf Bergen und wandert,
den rauhmahnigen Naclhen des Rosses
und den niebezwungenen Stier
mit dem Holze umhalsend
zwingt er ins Joch.
Auch in das Getüöne des W ortes
und ins windeilige Allesverstehen
fand er sieh, auch in den Mut
der Herrschaft iiber die Städte.
Auch wie er entfliehe, hat er bedacht,
der Aussetzung unter die pfeile
der Wetter, der ungattigen auch der Fröste.
Überall hinausfahrend unterwegs, erfahrungslos ohne
Ausweg
kommt er zum Nichts.
Dem einzigen Andrang vermag er, dem Tod,
durch keine Flucht je zu wehren,

（接上页）sei ihm geglöckt auch vor notvollem Siechtum

geschicktes Entweichen.

Gewitziges wohl, weil das Gemaehe

des Könnens, über Verhoffen bemeisternd,

verfällt er einmal auf Arges

gar, Wackeres zum anderen wieder gerat ihm.

Zwischen die Satzung der Erde und den,

beschworenen Fug der Gotter hindurch fäahrt er.

Hochüiberragend die Stätte, verlustig der Statte

ist er, dem immer das Unseiende seiend

der Wagnis zugunsten.

Nicht werde dem Herde ein Trauter mir der,

nicht auch teile mit mir sein Wahnen mein Wissen,

der dieses führet ins Werk.

See Martin Heidegger, *EINFDHRÜRNG IN DIE METAPHYSIK*, Vittorio Klostermann, Frankfurt am Main, 1983, pp. 155~157.

中译为：

莽森万物，却无一，

莽劲森然若人，出类拔萃。

彼出奔大海，逐波扬帆，

随冬之南风暴雨，穿行在惊涛之巅，

骇浪之逶。

彼亦疲累于诸神之至尊——大地，

于那无朽不倦者，

驱马运犁，

岁岁年年，

翻耕不缀。

众鸟轻翔，

彼诱而网之；

荒野走兽，

海底鱼鳖，

彼四出谋算，逐之捕之。

夜游山林之王，

粗鬃烈马，

无畏雄牛，

彼巧施小计，

威逼于桅杖之下，

驯之服之。

词章音律，渊博学问，

彼旋风般一学就会，

"安提戈涅"问题意味着海德格尔的源初自然作为"Physis"对实证法律乃至一般自然法理论与道德规范的反对态度。首先，源初的自然不能被翻译为"正义（δίκη）"，因而不能被理解为正误、是非、优劣。而"Physis"在这一合唱诗之中指代的是"威临一切者"，它与"技艺（τέχνη）"相应乃是兼具强力与精妙的存在者：其强力在于面对"自然"而论"人"无论多么强势，但只要遭遇死亡之"无"就会走投无路[1]，"安提戈涅"与"克瑞翁"都具有生存的强力，但是面临至亲至爱的死亡却逃不过自然的强力——因而悲剧之为悲剧不在于"自然法"和"实在法"的对立，而是在于自然力道之无限与"生存之有限"之间的强力竞争。而"精巧"则在于，作为戏剧作者的索福克勒斯能够领会上述的存在论与生存论境况，以诗歌技艺去把"自然"和"生存"以榫卯结构"合式（Fug）"起来，让人的生存欲力和自然的强力相伴相

（接上页）亦勇敢掌城邦之治理。

彼且熟虑，善免险陷

风雨变幻，

冰刀霜剑。

出巡处处，奔波，茫然无出路，

彼达至无。

唯有一死，

彼无可拒，

纵然有幸智脱

病魔缠身。

彼实聪慧，

能耐超凡。

虽不无堕入逆境之时，

可也会否极泰来，顺境复临。

彼穿行在大地的律法与

诸神的谕令合式之间。

当彼耸出其所，则失损其所，

那非在者在这时总会出手，

助彼冒入险境。

操此业者，

吾非与之亲熟，同出一门，

其所幻所臆，亦与吾知无涉。

参见［德］海德格尔：《形而上学导论》（新译本），王庆节译，商务印书馆2015年版，第168~171页。

〔1〕［德］海德格尔：《形而上学导论》（新译本），王庆节译，商务印书馆2015年版，第185~187页。

随。前者"莽劲森然"看似可以征服自然之中的一切其他存在者，而后者则"威临一切"地对前者有所终结，也即构成了"以道制人"的轮回结构。"政制"恰恰就是"合式"的过程，是作为存在者的"自然"与"人"相互限制而存在的场所。由于"合式"，"人"这一莽劲森然者既然属于"大地"，也就必然要"承受"自然的强力，甚至为之付出毁灭的代价："他耕作经营与合乎照料本乡故土，其目的旨在从这里面突破出去和让那威临一切者、施威于他的东西袭涌进来"，同时"沉没毁灭就是对威临一切者的最深刻、最宽广的听命应答"〔1〕。

海德格尔"源初自然法"思想的运思方法与一般的自然法理论显然具有差异，他质疑西方政治和现代制度的合法性以及由此提出特殊民族此在的历史责任和未来权力，即使不论其背后的政治观点，在理论上把本真此在处理为迎合自然力道并在其中"成为自己"的权力者也颇具颠覆性。在此，无法判断"自然法"与"人法"何种更为重要，谁要去符合谁，因为"自然"和"人"在存在论上的冲突难以避免，自然之"无"体现为文明衰落、政制更迭、伦理失范或理论失效等人类层面上的"死亡"，而有死者之为"人"即使意识到"无"的必然，也会面向死亡而筹划生的可能——在"合式"意义上的政制仅在"最低层面上允诺了自然对此在的限制"这一要求：首先从存在论的角度来看，"自然"之为"涌现/存在"遵循"无—有—无"的规律，因而存在者不能决定"逻各斯（λόγος）"赋予什么和何种"无蔽（ἀληθέια）"与遮蔽的存在者没有自主的能力，即使是能够发问存在的人的此在也根本无法改变这样的"源初自然法"。但其次"合式"也在于此在生存论在世结构，虽然它也遵守"无—有—无"的先行结构，遵守"未生—在世—死亡"的生存论构造，它与存在论意义上"源初自然法"的结构相互嵌合，但作为历史地共在的"人类"以代际的传承繁衍、文明、精神而获得了在死亡后继续"存有"的给予，以其整体的存在力道去和强力行事的自然对抗。这样的对抗最终不以人的立法去征服和改造自然为结果。安提戈涅式的"人的此在"既应当在认识和领会上向"自然的存在"低头，却应当在生存的进程中敢于向自然宣战，并以"历史的此在整体"去向自然发问。因而，单个的人的此在是"有死者"，然而如果把"人类"视为一个永续不断的"无—有—

---

〔1〕 ［德］海德格尔：《形而上学导论》（新译本），王庆节译，商务印书馆2015年版，第188页。

无—有"的不尽存在整体，那么它就无限度地趋向于"自然"的"无—有—无"的遣送了，韩潮认为从这一角度看，"自然"虽然是绽开又持留的统治（Walten），但在人类整体面前这一统治被撼动了，"安提戈涅问题"所宣称的是"力（Walten）"，更是"势（Überwätigende）"，一切有死者的强力行事（Gewalt-tätigkeit），"安提戈涅"与"克瑞翁"的共同强力恰恰构成了人类的"历史演历"的强力行事关系[1]。

（二）源初自然的回返以及经由和谐产生的政制活力

但是从存在论的角度看"合式"之为政制，还意味着在存在力道方面人的历史此在整体与自然的涌现的相得益彰，在海德格尔看来之所以源初的自然具有勃勃生机，乃是在于它不是现成的被动的存在者（Seiende），人的存在力道与自然的存在力道相似，或只有本真地、历史地此在整体的存在才是合乎"自然"的存在。从这一角度来看"源初自然法"反而是与人类的本来"应在"一致同一的。回顾海德格尔的东西方思想渊源可见，无论是逻各斯这种由显入隐的动态自然运作，还是物渐渐凋零、境趋于寂灭的生存美学，还是大道有易的"法自然"规律，乃至于"超人"从大地之中超越而出的神化历程，都蕴含了人于"自然"之中动态、苗生、超越的生机。"合式"代表了自然和人彼此施加力量，也兼具有对人之力道更为宽泛的许可[2]。一方面，例如在对"安提戈涅"与"克瑞翁"的古代悲剧阐释之中，海德格尔指出前述"政制"不能事先被规定为正义或不义，因为一旦对"政制"采取了先验的"正义准则"的规定本己的自由就受到了流俗限制，"政制"就必然成为以"忍耐"为基调的现成存在者。在这里，"安提戈涅"与"克瑞翁"因而就都要被理解为在"政制"之为现成存在者之中他者的牺牲品，"怕"于对他者的顺从而默默忍受进而无法超越庸常在世结构的常人此在，"顺从内含在他人中的阉割的意愿，这就导致了对事业失败的至高自恋（的希腊悲剧的道路）"[3]。然而在另一方面，也不能就此对"政制"的约束力全然否

---

[1] 韩潮：《海德格尔与伦理学问题》，同济大学出版社 2007 年版，第 251~252 页。

[2] 此处需要注意"Walten"与"Überwätigende"的关联，如果将前者翻译为"力"的话，那么后者在词语构型上的直译应为"在力量性之上的（者）"，而"Gewalt-tätigkeit"则直译为"集聚力量性的"，这种构词法上的关联意味着"力量"在人之为莽劲森然者那里是"聚集性"的，也就是说是以人的"言说—拢集"的方式历史地、整体地行事。

[3] ［法］雅克·拉康："主体的颠覆和在弗洛伊德无意识中的欲望的辩证法"，载［法］雅克·拉康：《拉康选集》，褚孝泉译，华东师范大学出版社 2019 年版，第 592 页。

定，在海德格尔对"政制"之为"必不可少者"的非伦理学的解读之中，人之为采集/闻讯者和强力行事者，必然会在自然这一"威临一切者"面前有所妥协但又不能后退，这并非出于对存在者的"怕"，而是因为人具有对存在发问并本于"逻各斯"道说出存在的使命，反而在源初自然之中的本真此在需要强力对抗作为"现成存在者"的自然、上帝、理性等至高价值，并出离"现成自然"而成其使命，最终以"无—有—无"结构去应和、闻讯"涌现/自然"之"无—有—无"之基调。

由于"政制"之为生存和自然节奏的和谐，它恰恰蕴含了人类出离"现成自然"并且型构本真自然的活力进而召唤存在的降临的场域。王庆节对这种情况进行了恰当的表述，他认为如果说"在现成自然之中"是人的"亲临存在（Da-sein）"，即在"世界"之中存在的生存论结构，那么以强力与"涌现自然"应和进而超越到"四大"（四方域）之中就是"自在起来"（本有，Ereignis）[1]，这样"政制"也就成了"天地神人"寓居于其中的场所，其中既有"天"这种澄明也有"地"的锁闭，既有"人"的有死者也有"神"这一超越者，"政制"立于"大地"之上并且是"人"的存在领域，它依靠"技艺"而非"技术"而维系，依靠"大地（Erde）"而非"理想国"去维系，依靠"决断"而非"律令"所维系，依靠"争执地合式"而非"忍受的沉沦"维系，表现能动的"国家之为民族构成的特殊状态（Zustand eines Volkes）"[2]。

当然，海德格尔"源初自然法"的基调是"力量"，但却保持着相对的克制，他反对依照现成自然的忍耐的随波逐流，但也反对全然崇拜"欲望之力"——或许正如他所说：

（政制）不再讲"πόρος（出路）"而是讲"πόλις（处所）"；不再讲进入存在者领域的莽茫路径，而是讲人自身之亲在（此在，Dasein）的藏身之地和安身之所，讲的是所有这些路径的交汇指出，即πόλις……一般译为邦国（Staat）和城邦（Standstaat）；此译法未充分表达其意义。毋宁说，πόλις指的是场所（Stätte），是那个亲临到此（Da），亲—在（此—在，Da-sein）作为历史性的亲在就在这个亲临到此中并作为这个亲临到此而在起来……归属

---

〔1〕 王庆节：《亲临存在与自在起来：海德格尔思想的林中迷津》，东方出版中心 2020 年版，第169页。

〔2〕 ［德］卡尔·施米特：《政治的概念》，刘宗坤等译，上海人民出版社 2018 年版，第23页。

于这些历史—场所（Geschichts-stätte）的有诸神、庙宇……所有的这一切之所以属于 πόλις，之所以是政治的，并不是因为它和某个政治家，某个将领，和国家事务发生了关联；相反，上述的一切之所以是政治的，也就是说，他们之所以处在历史场所之中，反倒是唯因为（他们是）……这个是（Sind）说的却是：作为强力—行事者行使强力，并在历史性的存在中作为创造者，作为行动者变得高高耸立……他们同时就变成了 ἄπολις（失损其所），无邦无所，孤—寂，莽劲—森然，在存在者之整体中走投无路，同时又无规无矩，无章无法。[1]

这样，海德格尔的"源初自然法"之中的"政制"乃是人的"出离"庸常的场所，而以历史的此在去回应或召唤"涌现/自然"，"政制"乃是一种人之"出离状态"，在能动方面和受动方面，人从大地上飞向天空但又无法达及天空，从有死者的人企图以历史的涌现获取神性但又无法完全超脱：首先，在"政制"之中蕴含了澄明与锁闭的关系，"天空"是希冀赋予其澄明的理性与理想的一方也是有死者希冀达到的一方，只代表对"存在之澄明"的向往，向天空的跃迁始终受到大地之为"锁闭"的牵引，以至于有死者最终出离不开大地；其次，政制之中的牵系了神和人的关系，"神"是超越者也是对有死者的模范——即指代在有死者出离自身后的相似者，"政制"也就变成了"天地神人"互相拉扯牵引并且彼此赋义（Besinnung）而形成的场域。而至于政制是好是坏，引发幸福抑或不幸，反而需要在"敞开域"成型后才能形成，"最佳政制"既不是来自理想之中的彼岸世界，也不是完全出于大地上的人的"本性（Nature）"，人要出离"存在者意义上的自然"即"本性"等存在者，并且进入"四大"敞开的场域去召唤"本有"的到来。不过后者能否到来却依旧不能由某一或某代此在来决定，因此"本有"之中"无—有—无"的规律虽然与生存论中的规律一致，但必然的"合式"不能等同于偶然的"降临"，更准确的表述是"φύσις"是"通向涌现（Aufgehen）的通道"与向"自身的返回"，合式不是在"人"与"自然"的循环嵌合而是脱离显

---

〔1〕［德］海德格尔：《形而上学导论》（新译本），王庆节译，商务印书馆 2015 年版，第 176~177 页。此处应当注意"城邦（Standstaat）"与施米特处"Zustand eines Volkes"的词根关联，即"Stand"即"立足点"，在这个意义上施米特与海德格尔的"城邦"概念基本一致，都是"立足点"即"此（Da）"，而唯有"此"运动起来才能成为"场所"也即"大地"，这与前注中"安提戈涅"中第一曲节中"大海""大地"的意象有关。另外应当注意王庆节对"Dasein"的处理是"亲在"，而在孙周兴等译者处则处理为"此在"。

像去找寻自身的"来路（Woher）"，顺延这一出路也就敞开了"自然"这一处所（Wohin）[1]。与"源初自然法"相称的"源初政制领域"反而不是"公共性"的庸常之所，而是以"决断/选择"的本真面向敞开的领域，人之此在借此出离实存而获得与自然契合的"栖身之所"。

"政制"被规定成历史地与本真地此在与"存在"的合式，但它既不属于天空也不属于大地，而是本真的人的历史栖居之所，"源初自然法"与"源初政制"的定位也就相当困难，因为从二元论"自然规律"——"神圣律令"的链条来看"政制"反而应当处于这两极的"之间"[2]。一种较强的"自然主义"主张"人是自然的产物，人存在于自然之中，服从自然的法则，不能超越自然，就是在思维中也不能走出自然"。霍尔巴赫（Holbach）认为"人的精神想冲到有形的世界范围之前乃是徒然的空想"——人无论如何也无法超越"自然"这个大的整体，自然主义思想的正确性在于意识到一切的"人事"都归于某种更强的力道的遣送。但是在海德格尔的体系之中，能够达到这样的遣送的绝不是上述呈现为"现成至高者"的自然或自然主义的"泛神论"，而是本身就具有生机的，而非被物理规则教条了的自然[3]。"自然神论"过分地强调自然的威力，以至于反倒阻却了人向"自然"的"运思活动"，以"自然规则"订造人的思维与行动却贬损了存在力道及其活力。不过，海德格尔也不会主张"存在"之为先于"上帝/创造"的先行者的地位，类似于埃克哈特（Johannes Eckart）把存在赋予了以无法言说的神秘主义地位，主张的"上帝不可能在（存在）之前创造出世界，因为在有存在之前是

---

〔1〕 ［德］海德格尔："论 φύσις 的本质和概念"，收录于氏著《林中路》，孙周兴译，商务印书馆 2018 年版，第 341 页。注意此处"来路""处所"与"πόρος"和"πόλις"的对应关系：去"有政制"也即"出离"的过程是从庸常所在而来的"道路"，而"政制"则是出离者的居所，因此就"涌现的自然"来看，这样"自然"实际上具有三个层面的意义：一是以名词—现成存在者出现的"现成自然"也即庸常的自然，二是通达"存在/涌现"的逻各斯与解蔽和遮蔽的"涌现—自-然"的动态过程，三是在"政制"这一暂时的基地上构建的出离者栖居于"源初自然"近旁并渴望进一步超越以及被其他所限制的，以"决断"为本位的"不定式—可能性的自然"。

〔2〕 ［法］霍尔巴赫：《自然的体系》（上卷），管士滨译，商务印书馆 1977 年版，第 3 页。

〔3〕 霍尔巴赫主张的是对自然的物理学的经验研究，并以此代替一神教神学的思维，他认为神学的出现根本地出自对自然的错误认识，也即"上帝的神学或形而上学属性，实际上不过是在人身上或在人所认识的一切东西身上所有的那些性质之纯粹的否定；这些属性假定神排除了在人里面或在围绕着人的一切事物里面被称为弱点或不完美的东西"，这样"上帝"这一形象是出于人在"自然"之中的"所不能是"而虚构出的理想，参见 ［法］霍尔巴赫：《自然的体系》（上、下卷），管士滨译，商务印书 1977 年版，第 11、157~161 页。

任何事情也做不成的……上帝一旦存在，他立刻就创造出世界来"。[1] 在这种讨论之中"存在"虽然超越了现成的自然或"上帝"，却根本还是至高存在者，它除了在神秘主义方面变得更加"不可说"之外并没有根本地化解"人"与"自然"的传统二元对立的图式。因而无论依照霍尔巴赫式的机械自然论抑或是埃克哈特的神秘主义自然论，"自然"的力道虽然都足够强，但由于其或是过分鲜明，或是过分隐微，相应地，人对于"自然"都还是根本地服从态度进而无法彰显自身的力道——依照霍尔巴赫式的自然观念"人"所服从的自然法就是"自然经验规律"而非"上帝"的法令，而依照埃克哈特的自然观念"人"所服从的是"存在"这一比上帝更高的"存在者"，但目的仍然是"尊崇上帝"，无论哪种讨论都把"自然"置于"现成"的位置，都把"人"置于"服从"的地位。

　　总结来看，人的复苏在于承担起有死者出离和超越的力量，而自然的复归则是在和人的力道嵌合之中显现活力：前者要求复苏本真的此在，后者指向的是回返本源的自然。形而上学的终结在于两个方面，一是人在成为主体的同时丧失了对抗性的存在力道，进而不再承担其生存的责任和决心；二是自然和人在彼此对置之中丧失和谐，以各安其位的方式形成了静态且无活力的政制领域。从思想史来看，形而上学的"第一开端"也就在两个意义上枯竭：一是"苏格拉底—尼采"传统之中"存在之思"的力道的枯竭，人的思想惧怕某一至高存在者而停滞；二是"前苏格拉底的西方思想—东方古代思想"的自然被订造为对象并被隔离于政制之外。因此，在形而上学的意义上，

---

　　[1]　这一论述来自教皇约翰二十二世于 1329 年的训喻，教廷对埃克哈特大师的"二十八句话"的批判首先就是这一引文，在天主教的原旨之中"存在"就是上帝，或者如前述的"形而上学批判"指出的那样，天主教哲学与神学把"存在问题"异化为对"至高存在者"的讨论，而埃克哈特的下述说法恰恰是反对天主教教义的："石头下落掉到地上，这是一个外在的行为。而这个行为是会受到阻碍的，而且也不是每时每刻不停地掉。但另外还有一种行为，对石头来说更为内在；这就是，趋于向下，这乃是它固有的；不管是上帝，还是被造物或别的什么，都不会加以变更。石头夜以继日地做着这个行为。"进而"道德"也是如此，"它有一个内在的行为：一种对一切善事的努力和倾向以及对行一切不等同于善行和上帝的恶事的背离和抵制"，埃克哈特也就得出了"愿意为了上帝的缘故与上帝分离，为使上帝的荣耀得以发扬"的论断，也就是说"受造物"有其存在之遣送，与上帝"合式"但不受上帝的干预，尊敬上帝因而不是依照上帝的训令去做一切事，而是明知一些事情的内在性质是违背上帝的，却在结果上对上帝是"好"的，那么也要去做这些事情。参见 ［德］埃克哈特："论属神的安慰"，载《埃克哈特大师文集》，荣震华译，商务印书馆 2011 年版，第 83～84 页；另见收录于此书中的："教皇约翰二十二世训喻（在主的耕地之上）·公元 1329 年 3 月 27 日"，第 523 页。

"当我们言及存在的时候,存在就被我们弄成'存在者'了并因而被抛弃(verworfen)……但存在始终已经向我们抛置了(zugeworfen)"[1]。海德格尔依靠他对东西方古代思想之中的"不可说者"的充实开启了"另一开端"的航向:在海德格尔看来"另一开端"追问的是"Ereignis",此在对此抱有激情,但它的基调(Stimmung)却是"克制冷静"[2],在与手冢富雄的交谈之中,海德格尔认为"克服既不是一种摧毁,也不似一种对形而上学的否定。想否定形而上学,乃是一种优质的僭妄要求,也是对历史的贬低"[3]——"思"的再次起航的基调首先是属于人之"哲学"的,只不过"哲学"要另类化为"思想"。同时,海德格尔融合多种思想为一炉的"自然—政制"之源初之思也将在为人和自然注入力量之后完成其任务,它这时已经奠定了"另一开端"之后的"必须坚持在源初之物的坚守克制之意志的伟大",且"这种坚守克制必然被转让给 Ereignis(本有事件)这件事"是"最源初的事情"[4]。

海德格尔的"源初自然法"首先在自然和人的方面指出了二者具有"同频率"(Stimmung)的力量,"自然"作为"φύσις(涌现)—λόγος(逻各斯)—无蔽(ἀλήθεια)"的同一,实际上在"能够言说"的层面上达到了极致,海德格尔以"道"去解读在"自然"之中的"无与有"的关系,以"粹"去了解人在"衰落—无"的过程之中的生存论体悟,以"最后之神—原人/阿特曼"去重构超越者的形象,更是海德格尔作为一个思想家对"自然"的深入理解的表现。在笔者有限的阅读范围内,对于"存在问题"有所认识的思想家并不算多,意识到"存在问题"并且敢于回答的思想家更屈指可数,而敢于回答"存在问题"同时能够达到海德格尔的深度的思想家则寥

---

〔1〕 [德]海德格尔:《基础概念》,张柯译,商务印书馆 2021 年版,第 100 页。

〔2〕 海德格尔的原话是:"另一开端并不是第一开端的反方向,倒不如说,作为另一个,它处于'反(das Gegen)'之外,处于直接的可比较性之外……对开端的争辩也不是一种敌对,既不是粗暴拒斥的意义上,也不是要把第一开端扬弃于另一开端中。基于一种新的原始性,另一开端促使第一开端达到其历史的真理(Aletheia),因而使之达到其不可转让、最本己的另类特性——而这种另类特性,唯有在思想家的历史性的对话中方变得卓有成果。"参见 [德]马丁·海德格尔:《哲学论稿(从本有而来)》,孙周兴译,商务印书馆 2012 年版,第 194~195 页。

〔3〕 [德]海德格尔、[日]手冢富雄:"从一次关于语言的对话而来",收录于氏著《在通向语言的途中》,孙周兴译,商务印书馆 1997 年版,第 106 页。

〔4〕 [德]海德格尔:"思索四",收录于氏著《〈思索〉二至六(黑皮本 1931~1938)》,靳希平译,商务印书馆 2021 年版,第 301 页。

寥无几，或许面对"存在"这样的"不可说之神秘"的"必须言说"的意志，承受"存在问题"的威临一切并敢于向它莽劲森然地发问的海德格尔本身就是"查拉图斯特拉"的一个显现。而从"现代神学"角度来看，海德格尔的沉思路径虽然与经典式的天主教思路有所背离，但是不得不承认他对"上帝"的现代解读的确出于对新教伦理的反思以及对古代基督教上帝的位序的澄清，他认为："如果我们从存在之末世论方面来思考，那么有朝一日，我们就不得不在未来的将来之物（das Einstige）中期待早先的将来之物，并且在眼下必须学会，由之而来思考这种将来之物"〔1〕——在海德格尔看来，过去的"上帝"不是被尼采所"否定"，而是自行地隐遁了，这种"旧日之物"在人类的召唤之中必然在"未来"再次降临而成为"将来之物"。通俗地说，一旦人类此在从"技术—集置"之中超越而出，并在生存论上获得"本真"的觉醒，那么这个"上帝"就会被召唤而来，而在它尚未到来的时候"大道—Ereignis"是"无"地存在，而在人类此在逐渐趋于澄明的同时也是在"人法天、地法天、天法道、道法自然"的规律之中逐渐攀升去理解"自然之道"的过程。在这个角度，海德格尔才会在对技术的本质进行严苛批判的同时，主张对那种与人的生存无直接决定关系的技术造物的"泰然任之"，容忍在"生存"之中非本真生存者的生存活动——也即目前的一切沉沦都是人类必须忍受的，向"另一开端"的跋涉与崎岖的"林中路"，海德格尔则是以存在的"路标"去指点那些深入林中的人的方向的"先行者"。

---

〔1〕 ［德］海德格尔："阿那克西曼德之箴言"，收录于氏著《林中路》，孙周兴译，商务印书馆2018年版，第371页。

第六章

"诗意栖居" 和非技术的生活理想：
诗之为通达源初自然法的方法

与其他的自然法思想一样，海德格尔也给出了"自由"的概念，不过他所指出的"自由"与源初的道说、真理相关。在海德格尔源初之思中"Physis"之为威临一切者乃是遣送何者之"有无"意义上"至高的创造"，人之为莽劲森然的强力行事者的"存在之思"以及跃迁活动也是"至高的意义行为"与本于自然自由。前者的"创造性"开敞了"四方"，而后者在向"另一开端"的一跃中找到"政制"。不过，海德格尔在言说方面导致了诸多歧义：一是在指出人之历史责任和决心的时候强调某个民族的独特地位，在处理"民族共在"这个夹在个人生存和自然存在之间问题上的可能有进一步的政治意图；二是在他描述源初自然和本真此在的过程之中具有一定的神秘主义色彩，模糊了"另一开端"究竟将要开启什么、如何开启未来等问题。这意味着至少海德格尔也需要和形而上学一样，在方法论上给出通达自然之为"至高创造"与人之本真此在"至高的意义行动"的途径，也即给出"至高的言说"的方式显然。在海德格尔的语言能力方面，他能否以东方思想的本源语言去言说至高创造和至高行动要画一个问号以待更多资料的披露，但如刘小枫指出的那样，"通过证明中国古代大易思想比康德，尤其是海德格尔的形而上学高明，牟宗三以为他已经证明了中国思想比西方思想高明……（而）这种结论必须基于一个前提：海德格尔把握住了'真实的'古希腊思想……然而，海德格尔已经并且告诉我们，他的先见来自荷尔德林"。[1]这个思路促使我们进一步思考海德格尔在以"德意志民族语言"回返"古希腊之思"这个唯一可行的"言说方案"之中的操作步骤。

"语言"在海德格尔思想之中具有重要的地位，但也如前文指出的那样，海德格尔不赞同符合论的真理与意义的指称论具有某种基础地位，因此海德格尔在给出了源初的自然以及在此之中人的生存理想。同时，也给出了相应"反技术"的本源语言观念。一是海德格尔对其他文化如希腊古代文化、东方文化有推崇和研究，并对多种语言具有掌握，这在客观上导致海氏认为人能够结合自身的可能性经由语言达到"Ereignis"，即使尚未达到这一水平也更多地受制于生存本身的有限性；二是在实质上，海德格尔认为"思想"和"语言"都属于逻各斯并在此同一，本真的"思想"与本真的语言对应。例如"思想之箴言唯有在思想与箴言之所说的对话中才能得到翻译，而思想乃是作诗，而且，作为并不是在诗歌和歌唱的意义上的一种诗。存在之思乃是作诗的原始方式"[2]。这样，在海德格尔明确以"思"通达存在的新路向之后，也就相应的确定了"思"的表述形式——即"诗"。

"诗"既代表了运思的方式，也是这种面向存在之思的语言表述形式，它兼具"真理领会"和"逻各斯表达"的双重任务，并且由于"思"是与理论、技术以及其背后的规律和规范相区别的行动，"诗"也要承担人的生存力道与表示本真的责任体悟和良心觉知，并且体现和自然相符的有无节律。首先，"思"这一素朴的行动根本地在于克服形而上学。同样，诗歌作为艺术也对应于技术，例如海德格尔转用荷尔德林的诗句说："作诗是最清白无邪的事业（Dichten：Diss unshculdigete aller Geschäffte）。"[3]而其次，"沉思"的最终目的在于引导人们走向"在的澄明"并填补已经枯竭的开端并迈向另一个开端。因此在"同一性"上"沉思"和"ἀλήθεια"相关，是使存在本身无蔽的"至高活动"。那么相对地，在海德格尔的思想之中与"λόγος"也势必具

〔1〕 刘小枫："海德格尔与荷尔德林和索福克勒斯"，载王庆节、张任之编：《海德格尔：翻译、解释与理解》，生活·读书·新知三联书店 2017 年版，第 320 页。

〔2〕 〔德〕海德格尔："阿那克西曼德之箴言"，收录于氏著《林中路》，孙周兴译，商务印书馆 2018 年版，第 372 页。

〔3〕 〔德〕海德格尔："荷尔德林和诗的本质"，收录于氏著《荷尔德林诗的阐释》，孙周兴译，商务印书馆 2014 年版，第 34 页。

有对应项，在海德格尔看来"诗歌"语言的素朴和纯真，特别是它那种与逻辑定则、科学规律和道德规范无涉的艺术性的表达恰好对应了"λόγος"去"让人说"的最本源的道说形式。

因此，"诗思哲学"中的"诗歌"与"沉思"具有关联性，但顺应了海德格尔对"希腊—德意志"的认识，并非一切流俗的诗歌都能够通达自然。判断流俗的诗歌和本真的诗歌依靠的不仅仅是格律、排列、韵脚等形式，而是其中带有的诗思哲学要素。例如海德格尔在《荷尔德林诗的阐释》增订第四版序言中指出，"本书的一系列阐释无意于成为文学史研究论文和美学论文。这些阐释乃是出自一种思的必然性"〔1〕，而在第二版前言中他更为详细地指出，"这些阐释乃是一种思（Denken）与一种诗（Dichten）的对话。这种诗的历史唯一性是绝不能在文学史上得到证明的，而通过运思的对话却能进入这种唯一性"。〔2〕综合地看，"思"若有所阐释则必然依赖"诗"，"诗"的历史唯一性的开启则依赖于"思"。"诗"它既是以艺术语言表述本源真理的"沉思"活动，也是"思"本身的语言模式，"诗思哲学"的结合形态构成了对"形而上学"历史性的超越。

一、"诗"、真理与语言：经由艺术作品的源初真理表达

"诗思哲学"首先应当被理解为一种"生活方式"而非"作诗"，此在出于"诗—思"与自然相互应和，进而获得与后者相称的生活步调，因而相对于"技术的语言"，"艺术"和"诗歌"的结合得以成为发问源初自然，体悟存在并超越此在的庸常生活的方法。在这里，"艺术"对立于"技术"而作为存在方式。一方面，"诗意的生活"是静待自行隐匿者敞开的"沉思"的生活而非以技术订造世界图像，后者代表了把自行隐匿着的存在进一步锁闭而把实在固定下来。因此，海德格尔认为"诗人"的生活就是"沉思"的自然生活，他化用荷尔德林的诗作认为："思想最深刻者，热爱生机盎然（Wer

---

〔1〕〔德〕海德格尔：《荷尔德林诗的阐释》，孙周兴译，商务印书馆2014年版，增订第4版序言，第1页。

〔2〕〔德〕海德格尔：《荷尔德林诗的阐释》，孙周兴译，商务印书馆2014年版，第二版前言，第2页。

das Tiefste gedacht，liebt das Lebendigste）"〔1〕，也即过一种沉思的生活就是对生活的热爱，"沉思"等待着"有待思想—自我隐匿者"向人之此在允诺，在此之前人之此在要保持对它们的"聆听"和"等待"并且在它们公开并在"让—说"的时候以最纯朴的语言说出它们〔2〕；另一方面，"诗意的生活"也是对已经开敞出的世内存在者的看护与保存的生活，也即不以技术征用自然之中的天空或大地。荷尔德林的表述是：（人）"充满劳绩，但人适宜地，栖居在这片大地上（Voll Verdienst，doch dichterisch，wohnet Der Mensch auf diser Erde）"〔3〕。海德格尔认为"作诗并不飞越和超出大地，以便离弃大地，悬浮于大地之上。毋宁说，作诗首先把人带向大地，使人归属于大地，从而使人进入栖居之中"〔4〕——"保护"和"看守"大地上的世内存在者也就意味着将区分者"拢集"到一种原始的同一（das selbe）之中，即依照"逻各斯"去自由地说。"诗"作为艺术的一种朴素道说的活动，是对立于技术的订造和逻辑的言说的活动，它以有别于技术的方式对真理进行解蔽，并且严格地依照逻各斯去言说；它以有别于技术的订造和集置去对自然—世内存在者的方式而让人"栖居"于自然并且成为自然的看守者。

　　海德格尔之所以选择"诗歌"作为他言说大道和发问存在的方法论，有两个方面的原因：首先，技术的语言与逻辑、符合论真理、对象化自然相关，它们隐蔽了"自然（φύσις）"—"真理（无蔽）（ἀληθεια）"—"逻各斯

---

　　〔1〕 ［德］马丁·海德格尔："什么叫思想?"，收录于氏著《演讲与论文集》，孙周兴译，生活·读书·新知三联书店2005年版，第146页。另译作："谁研思最深奥，就爱最活泼者"，参见［德］荷尔德林："苏格拉底与亚西比德"，载《荷尔德林诗集》，王佐良译，人民文学出版社2016年版，第238页。

　　〔2〕 ［德］马丁·海德格尔："什么叫思想?"，收录于氏著《演讲与论文集》，孙周兴译，生活·读书·新知三联书店2005年版，第147页。

　　〔3〕 ［德］马丁·海德格尔："人诗意地栖居"，收录于氏著《演讲与论文集》，孙周兴译，生活·读书·新知三联书店2005年版，第200页。

　　〔4〕 ［德］马丁·海德格尔："人诗意地栖居"，收录于氏著《演讲与论文集》，孙周兴译，生活·读书·新知三联书店2005年版，第201页。另译作："人辛勤劳作，却诗意地安居在这大地上"，参见［德］荷尔德林："在可爱的蓝天下"，载《荷尔德林诗集》，王佐良译，人民文学出版社2016年版，第513页，译注："这首诗仅出现于威廉·魏林格（Wilhelm Wailinger）创作的小说Phaeton里，此小说于一八二三年在斯图加特出版。魏氏在他一八二二年八月十一日的日记中写道：'我把荷尔德林的诗用在了末尾。'这首诗从理念和文风上无疑是荷尔德林的作品，但是无法肯定的是魏氏是否有修改和插入了自己的字句。"亦如海德格尔："这个诗句引自荷尔德林后期一首以独特方式流传下来的诗歌。"

（λόγος）"的本源同一性，人由此止步于存在者而失去"存在力道"；其次，技术的语言作为解蔽的方法之一也对已展开的存在者进行过分的索取，在这个角度上也无法达到此在和自然的"合式"，即本源的政制。对"自然（φύσις）"这一至高的创造来说，逻辑的语言由它而生，形而上学的语言也奠基在"自然（φύσις）"之为存在之内，逻辑的语言或流俗的语言恰恰言说的是"自然（φύσις）"已经"让……存在"的诸存在者及其关联，而对于"让……存在"的基础则无法表达。进一步地，"自然（φύσις）"—"真理（无蔽）ἀλήθεια"—"逻各斯（λόγος）"也已同一，并且展开为（Ereignis'）即"大道"之场域，唯有以思想才能去回答这一场域之中的"有无""是否"等根本问题，也只有也能够以和思想对应的"诗歌"语言才能够把"天空""大地""诸神""有死者"形容出来。

不过"诗歌"也需要以两方面的形态去理解：一是作为"艺术品"也即"物"的诗歌，它也就是诗歌的存在实体；二是作为"语言"的诗歌也即"诗性语言"，即诗歌的存在本质。而无论是上述哪一种形态对于海德格尔的"思想"之表达都相当重要。

（一）艺术品的物性与其中的历史性真理：源初自然法的语言体裁

首先从其实体形态看，"诗歌"和技术一样属于人之创造并分别以"艺术品"和"技术造物"成其形态，因此二者都被置于海德格尔的"物论"之中并被共同思考，无论是"艺术品"还是"技术造物"都具有"物因素（das Dinghafte）"。在海德格尔看来，存在三种"物"：

（1）纯然物（das Ding）：只能从自身被奠基的存在者，即诸质料部分的空间分布和排列决定物的形式，纯然物的形式是质料分布的结果[1]；

（2）用具（Zeug）：从"制作"奠基的存在者，先由形式对质料的规定安排、对质料的种类的选择，同时围绕"有用性（Dienlichkeit）"展开自身；[2]

（3）艺术作品（Werk）：以"制作"奠基的存在者，但充实方式不是"可

---

[1]［德］海德格尔："艺术作品的本源"，收录于氏著《林中路》，孙周兴译，商务印书馆2018年版，第14页。

[2]［德］海德格尔："艺术作品的本源"，收录于氏著《林中路》，孙周兴译，商务印书馆2018年版，第15页。

靠"（Verläßlichkeit），而是解蔽存在者的真理于其中的"设置（Setzen）"〔1〕。

"物"从宏观上分为"自然（造）物"和"人造物"〔2〕，而"艺术作品"属于"人造物"，被描述为"存在者的真理自行设置入作品"〔3〕。这也就决定了艺术品不能是"自然"本身，而只能作为人之此在体悟自然的方法论及其成果。不过，虽然"艺术品"与"用具"一样属于"人造物"，却在海德格尔的"物论"之中处于不同的物之种类：一方面，技术造物在日常生活之中往往体现为"器具"，而"器具"的创造目的在于"使物损耗殆尽"以达乎某种功效。因此器具之器具性恰恰在于通过"上手使用"而成为具有"有用性"的存在者，且最终以"有用性"的消散殆尽为结局。而另一方面，艺术和思想一样都不带有"有用性"，艺术品则使"真理（无蔽）"常驻于其中。"艺术作品以自己的方式开启存在者之存在……也即解蔽（Entbergen），也就是存在者之真理（Aletheia，无蔽）"，且作品恰在这一"开启"之中成其本质（wesen）〔4〕。在流俗的观点之中，艺术作品往往被认为是用于审美的对象，"艺术品"因为有其审美功用而与"器具"之现实效用在物性差异上并不悬殊，那么，"艺术作品"究竟是何种存在者形态才能够满足"解蔽—真理"的要求呢？海德格尔在此给出了著名的"神庙比喻"：

一件建筑作品并不描摹什么，比如一座希腊神庙。它单纯地置身于巨岩满布的岩谷中。这个建筑作品包含着神的形象，并且在这种隐蔽状态中，通过敞开的圆柱式门厅让神的形象进入神圣的领域。贯通这座神庙，神在神庙

---

〔1〕 参见［德］海德格尔："艺术作品的本源"，收录于氏著《林中路》，孙周兴译，商务印书馆 2018 年版，第 20~23 页。

〔2〕 对于这种物性区分，也应考虑到神学之中"上帝创造—万物受造"的说法，一旦这种说法介入，那么物首先就分为"上帝/造物"，进而"造物"分为"自然/上帝造物"与"人造物"，在"人造物"之中分为"工具"和"作品"两类。同时，说"上帝"是"物"乃是由于在海德格尔的"存在论差异"的界定之下，"存在/存在者"之中"存在者"包含"至高存在者"即"上帝"，参见［德］海德格尔："艺术作品的本源"，收录于氏著《林中路》，孙周兴译，商务印书馆 2018 年版，第 8~9 页。

〔3〕 参见［德］海德格尔："艺术作品的本源"，收录于氏著《林中路》，孙周兴译，商务印书馆 2018 年版，第 3 页。

〔4〕 ［德］海德格尔："艺术作品的本源"，收录于氏著《林中路》，孙周兴译，商务印书馆 2018年版，第 26、29 页。

中在场。神的这种现身在此是在自身中对一个神圣领域的拓展和勾勒。但神庙及其领域却并非漂浮在不确定性中。正是神庙作品才嵌合（Fug）那些道路和关联的统一体，同时这个统一体聚集于自身周围；在这些道路和关联中，诞生和死亡，灾祸和福祉，胜利和耻辱，忍耐和堕落——从人类存在那里获得了人类命运的形态。这些敞开的关联所作用的范围，正是这个历史性民族的世界。出自这个世界并在这个世界中，这个民族才回归到它自身，从而实现它的使命。[1]

　　"神庙比喻"的第一层含义是"四大"之中超人和常人的共属关系。海德格尔的"思"体现为作为有死者的对威临一切的自然的抗拒、把握以及在这种"合式/嵌合（Fug）"，即"本真政制"之中二者争执并和谐的存在力道。"神庙"则恰恰体现了"合式"，它把"神—超越者"与"人—有死者"共同拘留在同一个场所之中。"神"以偶像的形式超越公共世界，代表获得了本真存在并栖身于存在近旁的"超人"形象，对神的拘留也就同时拘留了神所解蔽的"存在"的澄明。而与偶像相对而在的是生存于神庙之中的常人群体，即神庙同时拘留有死者，如祭祀、崇拜等常人活动发生于神庙之中因而拘留了有死者的"无—知"，因此也就扣留了由常人所掩蔽的"神秘"：

　　作品的这一屹立（在岩地）道出了岩石这种笨拙而无所促迫的承受的幽秘……神庙的坚固的耸立使得不可见的大气空间昭然可睹了……作品的坚固性遥遥面对海潮的波涛起伏，由于它的泰然宁静才显出了海潮的凶猛。树木和草地，兀鹰和公牛，长蛇和蟋蟀才进入它们突出鲜明的形象中，从而显示为它们所是的东西……希腊人很早就把这种路面、涌现本身和整体叫做"φύσις"。"φύσις"（涌现、自然）同时也照亮了人在其上和其中赖以筑居的东西。我们称之为大地（Erde）。在这里，大地一词所说的，既与关于堆积在那里的质料体的观念相去甚远，也与关于一个行星的宇宙观念格格不入。大地是一切涌现者的返身隐匿之所，并且是作为这样一种把一切涌现者隐匿起来的涌现。

---

　　[1]［德］海德格尔："艺术作品的本源"，收录于氏著《林中路》，孙周兴译，商务印书馆 2018年版，第 29~30 页。

在涌现者中，大地现身而为庇护者（das Bergende）。[1]

"神庙比喻"的第二层含义则是有所开敞而又有所锁闭，作为建筑的神庙横亘在天地之间。就它"解蔽"的、朝向天空而凸显的在场一面来看，在神庙之中供奉着的诸神是它首要呈现的存在者。通过把"诸神"以在场的形象拘留下来，神庙就获得了向"天空"延展的超越向度。在此之外，与"神庙"的涌现相伴的还有"纯然物"，例如大气空间、海潮、树木、草地、动物等。这些"纯然物"唯有以"神庙"这个"人造物"才能被带入有"死者—人"的"此（Da）"之内，并且构成了历史性的此在的世界领悟的相对的"整体"。而在同时，神庙也立足在大地上，它建基于隐藏的基础上并以此成立，神庙因而也就不是彼岸的神国，而在根本上还是由此在对世界进行领悟进而并创造出来的"物"。因而在神庙之所"敞开"的同时，也有那些无法被道说的东西"隐匿起来"，它在建立一个围绕神庙展开的地上世界的同时也隐匿了其他向地下延伸的世界。"神庙"虽然让"神"以神像的形式被召唤到此并且以敞开的整体建构出一方澄明的世界，但由于无论是"神庙"还是"神像"都是由人之此在所建筑和创造的，无论"神庙"有多雄伟壮阔，神像多么栩栩如生，它们也都是"存在者"，它们组成的世界也就因而成为存在者的世界，也就是必然具有民族的历史境域的世界。

"神庙比喻"的第三层含义则在于"神庙"在被创造出之后也就不带有可被控制或订造的固定之"用"。与神庙一样，诸多流传的"作品"已经脱离了自身的原始空间，脱离了原有的审美对象的位置，即作品之"世界的抽离"[2]。即使我们当下把已经移动到其他场所之中的作品再度移动回原有的"场所"，也无法恢复原本的在某个场所之中的"审美关系"。例如即使将神像重新置于修葺一新的神庙之中，原有的崇拜关系、信众群体、神职人员也都不再在场。因而海德格尔通过否定作品的"有用性"和"时空关系"，也

〔1〕［德］海德格尔："艺术作品的本源"，收录于氏著《林中路》，孙周兴译，商务印书馆2018年版，第30页。

〔2〕海德格尔在此举出的例证是慕尼黑博物馆之中的"埃吉纳群雕"以及索福克勒斯的"安提戈涅的最佳校勘本"。这两个作品原本分别安置在波塞冬神庙以及班贝克大教堂之中，但是由于作品已经被移动到新的场所之中，也就脱离了其原有的世界，并且"作品"原本所在的场地也因为作品的移动而"颓落"，参见［德］海德格尔："艺术作品的本源"，收录于氏著《林中路》，孙周兴译，商务印书馆2018年版，第28页。

就否定了作品之为"上手存在者"抑或"现成存在者"的存在者形态。而由于"艺术品"向来不被处理成"以消耗殆尽为结局"的器具存在者,对于"艺术品"的创造因而是一个由有死者相互嵌合地永续过程,因此它反而应和了自然的"无—有—无"的规律。

结合神庙比喻的前两个层面,"艺术作品"带有"四大"的共同作用并由四者的力量敞开为领域,"作品"代表了"世界与大地的争执(Streit)"与"神和人的牵系"。在海德格尔看来。"作品"具有两个基本属性,首先每一个作品的存在就是建立(aufstellen)一个世界——"世界世界化(Welt weltet)"[1]。在生存论的意义上,"世界"乃是人之此在"被抛入"的境况,意味着人无可选择地与世界照面的生存论前提。而作品去让"世界世界化"虽然没有消除"被抛"的生存论前件,却是人之此在有选择地型构属于自己的一方世界的"能力"的体现。经由"艺术作品"承载的"生存之思"促使人之此在从"公共世界"这一漠然无殊且往往与人构成"对象/主体"关系的庸常世界中出离。虽然不得不逗留在存在者的敞开领域之中,却意图超越流俗世界而向往澄明之境,人因而也由于这一本真的境况而趋向"存在之近旁"。其次,作品在一种向自身的作品材料的回归之中置造(Herstellen)出大地——"让大地成为大地(Das Werk lässt die Erde eine Erde sein)"[2]。这意味着作品不是悬浮在生存之上的存在者,作品由于它的"人造"性质不可能与人的公共世界毫无关联。人去"世界化"的"世界"乃是把此在的那个"此"置于由此在展开的澄明领域之中的"再置入"的过程,也是受制于存在论并依照"逻各斯"的节奏从原本锁闭走向澄明涌现。因而在"艺术作品"之中,不仅存在人力图超越"此"的永恒性追求,也存在由于人必须系于"此"而成为"此在"之命运导致的"有所遮蔽"的必然。这样"艺术作品"就反映了"自然的无限"与"有死者之有限"的力量嵌合。在"思想"的意义上,它意味着人的思想在"自然"之中又希望超越自然的"安提戈涅

---

[1] "世界的世界化(Welt weltet)"是海德格尔常用的表述方式,也可以将它表述成"世界世界起来"。在海德格尔的其他著作之中也有"存在是、存在存在"(Sein ist)"无不、无无化(Nichts nichtet)""时间时间化、到时(Zeit zeitigt)""空间空间化(Raum räumt)"等,海德格尔这些有"同言反复"性质的词语表述反思意在指出"~化"是向着"~"内部运动的递归过程。

[2] [德]海德格尔:"艺术作品的本源",收录于氏著《林中路》,孙周兴译,商务印书馆2018年版,第35页。

情结"，体现为出离庸常此在形成"本真政制"的合式之中。而"艺术作品"中的"世界的世界化"是人之"出离于此"的表现，而"大地成为大地"则是"拘留于此"的必然——"世界立身于大地；在这种立身中，世界力图超升于大地……世界不能容忍任何锁闭，因为它是自行公开的东西……而大地是庇护者，它总是倾向于把世界摄入于自身并且扣留在它自身之中"[1]。

不过，作为人造物的艺术品得以超越自身的现成性质而成为能够在"源初自然法"之流中承担"无蔽"的长久存在者并且不断生发真理，也是由人之此在影响的过程。进而，这也明确了为何"诗歌"相比于其他艺术作品更能承担"思"进而生发"真理"：

首先，此在是"民族性此在"。虽然"有死者"的个体必然面对"死亡"这个不可避免的可能性，然而作为人的群体的民族却能够以"无—有—无"的方式去让"共在的此在"永远地"在此"，民族的命运超越了原子个体的生命而凝聚于诗歌之中。如本尼迪克特·安德（Benedict Anderson）认为："置身在一个进步的、世界主义的知识分子（特别是在欧洲？）普遍地坚持民族主义具有几近病态的型构，并坚信它起源于对他者（other）的恐惧与憎恨，而且和种族主义有密切关系的时代里，如我们提醒自己民族能激发起爱，而且通常激发起深刻的自我牺牲之爱……民族主义的文化参悟——诗歌、散文体小说、音乐和雕塑——以数以千计的不同形式显示了自己的爱。"[2]出于对德意志民族的爱以及他深刻的"德意志性"烙印，海德格尔把专属于德意志民族的艺术视为表达"民族之爱"的象征。民族的代际成员之间不断地传承艺术作品进而让艺术作品承载民族的共同记忆，并也以"牺牲""向死"的生存态度诠释作品的力量：一方面，民族性对于"全球性"具有本身的渴望，这是民族"超越"的一面，但是超越必须在继承本民族的"共在"并把历史曾在和未来能在召唤到"当下此在"的决断之中；因此在另一方面，一切民

---

〔1〕 此即海德格尔指出的在艺术作品之中"世界与大地的对立"——一种"争执（Streit）"。但是海德格尔格外提醒读者，在理解"争执"的时候不能把它全然视为"分歧""争辩""紊乱""破坏"，毋宁说，在"争执"之中世界与第反而愈发亲密（Innigkeit），大地无法离开世界的敞开，因为大地必须显现自身才能去"锁闭"，世界也不能飘离大地，因为世界本质上要把自身建立在"生存"之中并以其寻找牢固的基础——大地，参见［德］海德格尔："艺术作品的本源"，收录于氏著《林中路》，孙周兴译，商务印书馆2018年版，第38页。

〔2〕 ［美］本尼迪克特·安德森：《想象的共同体：民族主义的起源与散布》，吴叡人译，上海人民出版社2016年版，第136页。

族又不可能出离自身的"大地",民族的艺术作品由于强调民族的"自爱"和强调召唤"民族的共在"而不得不对其他民族对艺术和文化持有怀疑态度,民族站立在自身的大地上却向世界的全部的"澄明"展开本身就是一种"锁闭"。

然而,在另一方面,海德格尔所提倡的"德意志性"并不专属"德意志民族"。他经由承认一切民族的"艺术作品"在"大地和世界的争执"方面的先验结构而尝试去继承"古希腊性"这一西方文明的正统,继承蕴含在古希腊思想之中的"逻各斯—自然"要素,这样在海德格尔看来"希腊性"的就是"德意志性"的。希腊人通过"悲剧"获取大地、世界、在的澄明以及澄明复归到大地之内的沉默,但是原本的"合式"在希腊人尤其是希腊文化业已衰落的当下也同样被锁闭在作品之内,只有德意志民族才能够承担起召唤这一"历史曾在"的任务。实际上在法学领域中,这种立基在"德意志的大地"之上而召唤曾在的观点也并非罕见。例如萨维尼就认为"各国族的宗教并不一定是她们自身所独具的,其文学亦甚少决然摆脱最为强势的外部影响,——基于统一原理,她们拥有一个外来的、一般的法律体系,亦未非不自然"。民族的法律不是完全地属于这一民族的自我创造,相反在"继受"之中召唤历史曾在的法律并且将之转化为民族性的当下之"在"也绝对可能。对"民族国家"的热爱反倒不能让"法律"在一国之内成为一个复多的、多元的习惯法大全,只有一个流传下来并反映了民族集体演历和精神的"法体系"才是本真的民族此在的财富。因此,作为"德意志民族"之一的萨维尼所要求延续的却不是"日耳曼民族法",而是"罗马法"这一断裂了的法律传统[1],进而继承了西欧人的历史智慧。

因此,"无蔽"以及与之相应的"自然"或"逻各斯"不是在作品之中偶然一瞬地显现,而是要长久地去解蔽和澄明起来。"源初自然法"经由艺术作品的表达自身,但也是在艺术作品之中恒常的存在节奏。首先,"作品"不限于流俗的"艺术",例如雕塑、诗歌、建筑等,而是蕴含"大地与世界的争执"这一"莽劲森然者"与"威临一切者"争执着合式的一切人造真理置放的领域,例如"法典""书籍""音乐"等抽象的艺术形式。其次,"作品"

---

〔1〕 〔德〕弗里德里希·卡尔·冯·萨维尼:《论立法与法学的当代使命》,许章润译,中国法制出版社 2001 年版,第 29、32 页。

超越个体此在的有限生命的而融入民族此在的共同演历，是嵌合着的真理的解蔽与复归闭锁的过程，它仅仅与"无—有—无"的结构相关，而并不以必须以某个的民族的演历为限制：无论是海德格尔强调德意志民族对希腊悲剧精神的延续，还是萨维尼对德意志民族对罗马法的延续，都是德意志民族之为在此而对希腊人、罗马人之不在此的呼唤。因而在原则上，不仅是德意志人，其他一切民族有把曾在民族的文化召唤到自身的演历之中的可能，以及把历史之中的民族曾在与当下的本民族的命运连贯到一起的能力。因而，"源初自然法"在表达方法方面之为艺术，就兼具"民族性"和"世界性"——"倘若某种东西从象征性的织物中腾身而起，并重新在里面消失，可以作为世界整体的象征来解读，其中个体意志暂时地作为个人，作为单个意志的显露，然后重新在整体中，在世界意志中，沉没"。[1]

不过，艺术作品之所以是"源初自然法"的方法论，乃是因为存在论上的"Ereignis"本身是不可说的，艺术作品之所以是"真理"的自行置入则是由于艺术作品提供了人之此在去道说"Ereignis"的方式。唯有在"作品"之中的"真理"才能是被道说的真理。作品是人的"技艺"，是人"向"真理（澄明）的筹划以及领会的超越方向，海德格尔格外提醒我们：

作品创作本身需要手工艺活动。伟大的艺术家最为推崇手工艺才能了。他们首先要求出于娴技熟巧的细心照料的才能。最重要的是，他们努力追求手工艺中那种永葆青春的训练有素……对于艺术作品有良好领悟的希腊人用同一个词τέχνη（技艺）来表述手艺和艺术，并且用同一个名称τέχνίτης（艺人）来称呼手工技艺家和艺术家……τέχνη这个词毋宁说是知道（Wissen）的一种方式……意味着已经看到（gesehen haben），而这是在"看"的广义上说的，意思就是：对在场者之为这样一个在场者的觉知（vernehmen）……知道的本质在于άληθεια（无蔽），亦即存在者之解蔽。[2]

"艺人"并非在现代大工业生产之中从事"技术生产"的技术人员，而

─────────

〔1〕［德］吕迪格尔·萨弗兰斯基：《时间：它对我们做什么和我们用它做什么》，卫茂平译，社会科学文献出版社2018年版，第219~220页。

〔2〕［德］海德格尔："艺术作品的本源"，收录于氏著《林中路》，孙周兴译，商务印书馆2018年版，第50页。

是在古希腊意义上的对解蔽活动有所知悉并且能够和乐于从事技艺操作的人。这就与"技术统治"的现代社会之中的"劳动"有根本的区分:"工人"生产的商品的数量比"艺人"创作的作品更多。在"技术流水线"之中文化商品的"生产"并不是"创造",在"艺术作品"之中只有"知"或"思"的先行才能产生"道说"。艺术作品以此在之领会的方式开启存在者的存在,在作品之中存在者的真理自行注入作品之中,是人之此在发问、切近存在的过程,因此也就是"自由"的活动。

同时,源初自然法这一"非订造"的真理必然是"艺术品"。虽然"艺术作品"由有死者创造,但是它以横亘在"大地"和"世界"之间的方式与"思"相互呼应,形成了一个"让存在者存在"的澄明领域,把那些"纯然物"带到澄明之中。在这里"物"被理解为"容纳"和"馈赠",前者指出了"物"的虚空性质,即作为"纯然物"或"器具"的物根本地是一个"无"的场所。例如一个笔记本在没有誊写上法律条文的时候就单纯地是一个笔记本,一个水壶在没有装载水的时候也没有实现它的物性。"法典"之为法典绝非由于"笔记本"这个纸质的质料,"水壶"之为"水壶"也绝非出于它的外形,只有"物"容纳(fassen)了"什么",这一"物"方才是"这个物"。物通过承受被注入的东西而起容纳作用……它也通过保持它所承受的东西而起容纳作用[1]。而"馈赠"则意味着"物"可以"捐赠(Spende)""牺牲(Opfer)",它不仅能够容纳"什么",还可以把这个"什么"捐赠给有死者抑或奉献给诸神,它承载来自"天空"和"大地"的双重的"原料",最终让"四方(Vier)"共同寓于"物"之中。"在居有着四重整体之际,物化聚集着四重整体的逗留(Weile),使之入于一个当下栖留下的东西(ein je Weilige),即:入于此一物,入于彼一物"[2]。因此,"物"因其虚空之无而把"四大"拢集并成就"一方世界",并且将之奉献给有死者,"惟有作为终有一死者的人,才在栖居之际通达作为世界的世界""惟从世界中集合自身者,

---

〔1〕〔德〕马丁·海德格尔:"物",收录于氏著《演讲与论文集》,孙周兴译,生活·读书·新知三联书店 2005 年版,第 179 页。

〔2〕 海德格尔将这种"拢集"称为"物之物化",这就于前注中"世界的世界化"具有形同的构词形式了。"物物化"的表述是"Das Ding dingt",这一"物化聚集"则是"Das Dingen versammelt",对于"物物化"因而可以借鉴"世界的世界化"去进行相同的思考,即"物"在"聚集"的过程之中成为"物",或成为"四大"寓于其中的"承载者",参见〔德〕马丁·海德格尔:"物",收录于氏著《演讲与论文集》,孙周兴译,生活·读书·新知三联书店 2005 年版,第 181 页。

终成一物（Nur was aus Welt gering, wird einmal Ding）"[1]。而在"物"一文的后记之中，海德格尔也指出"思想的手艺"是"物之解蔽（真理）"的渠道，它开敞达乎存在之真理（Wahr-heit des Seins）[2]。从"世界与大地的争执"到"四大朴一于物"的"转变"实际上并不是海德格尔否定了"艺术作品"承载"思"的能力。毋宁说是"思"本身在海德格尔后期对"Ereignis"的认知深化后的转变导致的对"以何种方式承载思"这一问题的回答模式的转变，"艺术作品"仍然对抗"技术造物"和承载沉思的存在者。而"四大"的引入，是把"艺术作品"之中的神性和人性提升到更高的层面，进而突出了"终有一死者"的超越的"神入"可能性的环节——"拯救大地""接受天空""对有死者的泰然任之""向诸神的展开和召唤"构成了更为鲜明的"艺术作品"的物论基础[3]。而这样的道说与召唤由于业已上升到了语言的层面，因而依赖更本质的艺术也即"诗歌"。

（二）诗歌的本真逻各斯以及其中的纯粹的民族律法

前一节的讨论证明了"艺术"与"存在"在"力道"方面的一致性，也就指出了"源初自然法"这一节律注定要通过在艺术作品之中自行地无蔽才能够把"思"道说出来，但是仍然欠缺的讨论是为何海德格尔选择"诗歌"作为道说存在之真理的最为重要的途径。相比于"雕塑""建筑""绘画"乃至于现代的"电影"等艺术形式来说，"诗歌"为何具有独特地位？如果这种独特地位在于"文字"的传播媒体，为何其他形式的文字如"散文""论文"不能承担诗歌的作用？海德格尔对此的论证是，首先"创作"就是"让某物出现于被生产者之中（das Hervorgehenlassen in ein Hervorgebrachtes）"。把"Hervorgehenlassen"译为"物"尚且需要说明，在前文讨论"四大朴一"的时候的"物"是单纯的"Ding"，而不带有"带出、持留"等词语形态[4]。

---

〔1〕 ［德］马丁·海德格尔："物"，收录于氏著《演讲与论文集》，孙周兴译，生活·读书·新知三联书店 2005 年版，第 192 页。

〔2〕 ［德］马丁·海德格尔："物"，收录于氏著《演讲与论文集》，孙周兴译，生活·读书·新知三联书店 2005 年版，第 194~195 页。

〔3〕 ［美］马克·拉索尔：《向着大地和天空，凡人和诸神》，姜奕晖译，中信出版集团 2015 年版，第 172~173 页。

〔4〕 "Hervorgehenlassen"由"her"（标示"到…来"的词缀）、"vor"（标示"到…面前"的词缀）以及"gehen"（表示"走"）、"lassen"（表示"逗留"）这两个动词组成，用拆解了的语词翻译"Hervorgehenlassen"整个词代表了"让……走到那个与我们照面的地方来并让它持留在那里"这样的动

但是此处的"物"强调的是被带出并与人照面，且持留在被生产者之中的东西，海德格尔所说的"Hervorgehenlassen"就是"真理"。其次，"作品"无论依照"世界与大地的争执"的规定还是"四大朴一"的规定都承载着多重的要素，而把海德格尔的"世界与大地的争执"和"四大朴一"结合起来，作品实际上所承载的就是"Ereignis"。作品让"Ereignis"而显现出"真理—解蔽"的一面，然而"Ereignis"却依旧有"锁闭—遮蔽"的一面。由于"Ereignis"对"无"和"有"的同一作用，艺术作品和其他的真理解蔽形式一样都不可能开敞出"完全的真"："世界的世界化"与"让大地成为大地"都蕴含"四大"的显明和隐微力量都指出了"艺术作品"既要有"澄明"的和"神性"的敞开的意义，也必然逃不过"神秘"的和"人性"（有限性）的遮蔽的意义。作品所构成的"世界"不能被理解为一个"大全"性质的绝对澄明的场域，而是"一方天地"的有遮蔽的澄明的领域，我们从作品之中能够"看到""读出"的信息是它敞开的真理，而经由作品所"体悟""领会"的那些锁闭的东西则是"非—真理"。这样"世界"与"大地"的争执，"四大"之间竞合着拉扯而成的"四方域"就可以被解读为在"Ereignis"之中"真理"与"非真理"争执着的合式。当我们体会到"真理"的时候也就体会到了"非真理"，进而也就向更本质的"无蔽—Ereignis"走近了一步[1]。进而，如果考虑到我们对"思"之"根基（Grund）"以及"渊基（Abgrund）"，那么同样的"开裂"也置放到了作品之中，形成了作品的"形态（Gehalt）"或"构造（Gefüge）"[2]："作品"之中的"世界要素"是

（接上页）作，且"das Hervorgehenlassen in ein Hervorgebrachtes"译为"让某物出现于被生产者之中"也可能导致一定的误解。在这个词组之中的中心词是"Hervorgehenlassen"，这一词组——或许在表意上可能与译文的全文风格与所差异——应译为"那在某个被生产者中与我们照面并持留于此的东西"。详见［德］海德格尔："艺术作品的本源"，收录于氏著《林中路》，孙周兴译，商务印书馆2018年版，第51页。

〔1〕 海德格尔认为，在"四大"所展开的领域之中，物对"四大"的居留效应让我们说到其中的一方就能够说出其中的另三方，海德格尔将之成为"四化（Vier）"，参见［德］马丁·海德格尔："物"，收录于氏著《演讲与论文集》，孙周兴译，生活·读书·新知三联书店2005年版，第186~187页。

〔2〕 海德格尔此处的用词还需要解释"Gefüge"的词根在于我们业已指出的"Fug"，也即"嵌合""合式"，在前文我们在"存在力道"也即"威临一切者"与"莽劲森然者"那里使用过这一词语，表达的是在"争执"之中"统一"的关系，而在作品之中的"构造"因而也就是"裂隙"的自行嵌合——也即开裂着的"真理"和"非真理"的嵌合，但在"Gefüge"这一词语之中的"Ge-"前

它开敞和解蔽的场域，而"大地要素"则是在这个场域之外的仍然锁闭的场所。因而综合地看，"作品"之为真理的自行置入，既有"澄明"的一面也有"幽暗"的一面，即既有"真理"的一面也有"非真理"的一面，且在"创作"这个"带出"的过程之中拢集了相互争执双方并把它们同时地带出并且把这个争执"持留"下来。这样，艺术的"自然/涌现（φύσις）"也就又复归于"真理/无蔽（άληθèια）"和"逻各斯（λόγος）"之中，成了"由隐入显"的解蔽和"由显入隐"的遮蔽的"无—有—无"的结构。

海德格尔说"艺术"的本质是就是"作诗"即"至高的言说"。绝非艺术作品的体裁中的"诗歌"[1]，而是说由于语言就是存在的家，以语言呈现的"诗歌"成了讨论"锁闭的大地"和"澄明的世界"的切入点，作为有死者以有限的语言在世并发问无限者的"生活方式"，即"诗意地生活"。首先，"作诗"既是对存在的道说，也是一种迥异于现代"技术生活"的艺术生活。为依照"思"的结构来看"源初自然"是对"Ereignis"的扩展，它与"道"等不可说的语词连贯到了一起。"诗歌"的非逻辑属性、修辞化、个人色彩以"无定"去言说"不可说之物"之"无"。同时恰恰是因为指向"无"，即使是"道说"也不尽然能够说出"源初自然"的真正所是，存在是最可靠的东西同时是渊基，是被言说最甚者并且同时是隐秘缄默[2]。其次，海德格尔将艺术之本质视为"诗歌"，但它也不意味着禁止逻辑、禁止意义和弃绝规则。"Dichtung"包含了前述的一切语言形式，看似冷峻森然的"法律条款"和逻辑缜密的"法律理论"根本地是"法律艺人"基于"技艺"的创造。因而"法典"也好，"法律理论"也罢，都可以被视为"艺术作品"进而

（接上页）缀又代表了"集中"的力量，也就是说，作品在被创造出来也即"真理"和与之必然伴随的"非真理"之被置入作品的过程是一个"拢集"的过程，参见［德］海德格尔："艺术作品的本源"，收录于氏著《林中路》，孙周兴译，商务印书馆2018年版，第56~57页。

　　[1]　海德格尔区分了广义的，代表艺术作品本质的"诗歌（Dichtung）"与狭义的，作为文学艺术形式的"诗歌（Poesie）"之间的差别，在他看来前一个"诗歌"是生存论上的"命名—筹划"（Nehmen-Vernehmen）的过程（诗意创造，Dichten），这样说"艺术的本质是诗歌"也就不是说一切艺术形式的最终变体都是文学意义上的"诗"，而是说一切艺术都在"道说（sage）"着无蔽状态，并且把世界和大地的争执居留在语言之中——这里语言也就是我们前文揭示的"本真的语言（Sagen）"。

　　[2]　［德］海德格尔：《基础概念》，张柯译，商务印书馆2021年版，第74~75页，原译文中"渊基"被译者处理为"离开根据"，在此处回复之为"渊基"自然有保持本书前后文统一的意图，而更为重要的是，"离开根据"这一翻译过分强调了"离开"的动词，并未突出"存在"的基础地位。

成为一种承载"Ereignis"的"诗歌"。它们开敞了一个澄明的"法律世界"并且不断地在历史演历中让这个世界世界化以追求对法律之存在的真理（无蔽），但是不得不承受例如在法学语言之中"立法者的局限""法律的滞后""法律冲突""法律漏洞"等必然地"遮蔽"带来的"神秘"。但是如果把"法律"视为一个诗化的存在者，那么对于那些"局限性"也就不应视为"错误"，而应当将之视为"大地因素"带来的必然的"锁闭"以及因之而生的"忧患"："谁想在作品、牺牲和行动中去接近伟大者，他就必须有预先理解、把握所欲伟大者们的自由……他必须能预感到那种唯一的必然性：从最为隐匿的艰急之领悟来显示自身的必然性，而这种作为忧患与痛苦的艰急，刺激激发着神现（Verlärung），为它的实施做好准备。"〔1〕

海德格尔因而也就成了意图把握"伟大者"的思想者，但他也意识到最终无法对"伟大者"有全然无蔽的领悟的必然性。这样在"思"的层面上穷尽一切思想资源去力图向存在而行，以及在"诗"的层面上选择一个伟大的先行者的语言就是必要的准备工作，在这里海德格尔选择的是荷尔德林的诗歌。在海氏大量的"诗思哲学"的讨论中，"荷尔德林"与前苏格拉底思想家以及东方思想家分享了大量的篇幅，思想者对"技艺"以及技艺的实践有其"知道（das bessinliche Wissen）"，但尚不足以切近"艺术之为本源（Ursprung）"的诗性本质。只有当"思想者"和"道说者—诗人"的身份重叠才有可能提供后来者沉思的指示牌，而荷尔德林的诗歌则就是这个对于"德意志民族"的"指示牌"：

依于本源而居者，
终难离弃原位。〔2〕

荷尔德林与海德格尔的"德意志性"的出发点具有以下的几种"合式"

---

〔1〕 ［德］海德格尔："思索五"，收录于氏著《〈思索〉二至六（黑皮本1931~1938）》，靳希平译，商务印书馆2021年版，第355页。

〔2〕 详见 ［德］海德格尔："艺术作品的本源"，收录于氏著《林中路》，孙周兴译，商务印书馆2018年版，第72~73页。原文作：《Schwer verläßt, Was nahe dem Ursprung wohnet, den Ort.》，见Matin Heidegger, *HOLZWEGE*, Vittorio Klostermann GmbH , Frankfurt am Main, 1977, p. 66. 中译文另作："你艰难地离开那个地方，离开那源头附近居住的一切"，参见 ［德］荷尔德林："漫游"，载《荷尔德林诗集》，王佐良译，人民文学出版社2016年版，第434页。

的表现：第一，荷尔德林与海德格尔都竭尽全力地对"德意志性"以及相应的运思进行诗意的赞美，以至于二者在基调（Stimmung）方面实属一致；第二，荷尔德林的赞美诗具有从"德意志性"回返"希腊性"的意图，这又与海德格尔希望回返"前苏格拉底之思"的思想意图一致；第三，无论是荷尔德林抑或是海德格尔同样推崇的里尔克，乃至于以诗化语言写作的尼采等"非理性哲学家"，根本地不遵守"逻辑"而希冀言说不可说者的"神秘"，由于海德格尔在以"思想"取代"形而上学"的同时也否定了支持"形而上学"的逻辑的语言，因此他必须选择一种非逻辑的语言进行言说，且这一语言必须超越逻辑语言的"对可说者的说"的功能而走向"说不可说者"的目的。综合上述三点，荷尔德林的诗歌以及里尔克的诗歌就成了海德格尔式的"诗思哲学"之中用以承载"思"的载体——"恰恰因为思想并非作诗，而是语言的一种原始的道说和言说，所以它必定接近于诗歌（Dichtung）"。这是摆脱业已被"技术（Gestell）"订造了的对象性科学的必要途径[1]。

荷尔德林是海德格尔最为推崇的诗人，这首先源于二者共同的德意志民族的身份。荷尔德林在海德格尔那里获得"贫困时代的诗人的先行者"身份，生存、责任、自然、良心唯有在他的诗歌之到达中才现身在场，而正是世界时代自身的贫困给世界时代提供了力量，阻碍荷尔德林的诗成为合乎时代的诗[2]。海德格尔对荷尔德林的推崇在于他认定荷尔德林代表了德意志民族诗人之中最为切近真理的自由开敞境界：荷尔德林所敞开的"诗人世界"超越了流俗实践的限制，把"西方的傍晚之国（das Abendlädeische）"与"希腊之早晨之国（das Mögetilandische）"勾连起来，最为切近"自然/涌现（φύσις）"这个"希腊人于其中并且由之而得以生活的那种自然的解蔽"。他通过诗人当下现在的"此"去"让大地成为大地"——"大地庇护并且承荷着神圣者，即神之领域"；也"让天空成为天空"——"天空高屋建瓴地对大地产生作用"，"自然（φύσις）"在原始的澄明（光，Lichtung）之中向荷尔德林这个诗人显现出来，并且让这个"光"恢复了古希腊的意义——"φιλοσοφία

---

〔1〕 ［德］海德格尔：《什么叫思想?》，孙周兴译，商务印书馆2017年版，第155页。

〔2〕 ［德］海德格尔："诗人何为?"，收录于氏著《林中路》，孙周兴译，商务印书馆2018年版，第362页。此处"世界时代"即前述的将世界视作对象的技术统治的"世界的图像时代"。

（哲学、真理、美）"〔1〕。荷尔德林认识到希腊人艺术的精髓：

> 道劲的元素，天国之火，还有人的宁静，他们在自然中的生活，他们的保守和知足，持久地攫住了我的心，正如人们重复英雄的话语……在古典精神的废墟中，南方人的矫健使我更了解希腊人的真正本质；我学会认识他们的自然和智慧，他们的体魄，他们在其气候中的成长方式，以及他们用来抵御元素的强力并守护豪放的天资的规则……这种艺术即使在至高的运动中，在概念和一切严肃看法的现象化过程中，仍维持万物的宁静自为，稳健在这一意义上是表现手法的最高品类。〔2〕

与此同时，"φιλοσοφία（哲学、真理、美）"〔3〕的词根是"Sophia"，常被译为"优雅"。"Philosophy"是对"Sophia"的变体，意味着有所追求但亦有格调，有所能为但亦有节制。荷尔德林所发现的是希腊人在"热烈"地追求智慧的同时依照"自然"的至高运动和创造去保护希腊大地的"抑制"的基调，一定程度上也就与海德格尔所希冀的"另一开端"应和起来：从希腊人的"英雄主义"到希腊人的"沉思智慧"，从作为"莽劲森然"的有死者向"天空"飞跃的劲道到"栖居于存在近旁"地对"大地"的守护的宁静，在荷尔德林看来都寓于希腊人的精神之中。在这一意义上希腊悲剧的"壮美"以及希腊思想的"宁静"共同地形成了"希腊性"的"优雅—哲思"的气质。而如海德格尔对"技术与形而上学"的批判之中展示的那样，现代人在技术的统治下已经失去了向天空超越的能力，更在形而上学的思维框架之中把"大地"转换为了一个"对象化自然"而对它予取予夺，这就是现代虚无主义

---

〔1〕　[德] 海德格尔："荷尔德林的大地与天空"，收录于氏著《荷尔德林诗的阐释》，孙周兴译，商务印书馆2014年版，第187～191页。海德格尔此处分析的语料是荷尔德林《希腊》一诗（[德] 荷尔德林："希腊"，载《荷尔德林诗集》，王佐良译，人民文学出版社2016年版，第144～149页），以及1802年荷尔德林于纽廷根致好友波林多夫的信件 [[德] 荷尔德林："致 C·U·伯伦朵夫"（1802年11月），载《荷尔德林文集》，戴晖译，商务印书馆1999年版，第464～465页]。括号内列举的原文的其他中译本可供读者参考。

〔2〕　[德] 荷尔德林："致 C·U·伯伦朵夫"（1802年11月），载《荷尔德林文集》，戴晖译，商务印书馆1999年版，第464～465页。

〔3〕　[德] 海德格尔："荷尔德林的大地与天空"，收录于氏著《荷尔德林诗的阐释》，孙周兴译，商务印书馆2014年版，第187～191页。海德格尔此处分析的语料是荷尔德林《希腊》一诗以及1802年荷尔德林于纽廷根致好友波林多夫的信件。

浪潮中盛行的气质。瓦蒂莫（Gianni Vattimo）将之概括为"今天似乎被最普遍地——也是默默地——接受的一种价值，便是'发展'的价值：好处在于多少明确敞开了一个人的个性，一个人的生活等进一步发展的可能性……我们（已经）不可能找到另一种价值来取代它"。因为"后现代仅仅才开始"，而"发展"最终成了现代艺术和消费品生产之中的"时尚"要素〔1〕。"Sophia"气质的丧失源于现代性对古典精神的"遮蔽"以及古典精神在技术之下的"自我锁闭"，而荷尔德林的重要性在于，他把那业已遮蔽的"真理"注入了"作品"之中，把"诗歌"真正地创作成"真理的自行置入"的本质的艺术。

海德格尔的"诗思"方法具有极大争议，这是由于他以模棱两可的"诗意话语"把"真理"锁闭了起来。然而海德格尔没有意识到这样的问题吗？实际上，海德格尔不仅意识到了"古典"的大地与天空与现代的大地与天空的差异，甚至也意识到了无论是依靠古典精神之中的"澄明因素"还是"锁闭因素"都不会改变"人的世界"已经发生的根本变化。无论荷尔德林如何去召唤"希腊性"，依靠荷尔德林单独的力量也不足以对"世界的贫困"有何种改变。因而与海德格尔的"思"一致的是，"诗歌"同样是德意志民族整体对"希腊性"延续的途径。海德格尔已经认识到："诗人的本质目光看到了与德国人之此在本质对立的、希腊人的此在的本质"，"两种以不同的方式被分配给一个向着历史而得到规定的民族，但却始终以这样的方式，亦即一种是与生俱来的（天赋），另一种是交与的任务——需要斗争而得"〔2〕。这就是说，在希腊人认定的，以悲剧和哲学共同道说的"Sophia"对于他们来说是一种"天赋"，而对于德意志人来说，这样的气质只有"争取"才能得到。因此海德格尔根本无法指望当下的德意志庸常此在完全达到"希腊性"那般的澄明和无蔽，甚至现代的"欧洲人"也无法达到希腊人的无蔽境界。他也认识到了作为思想者的自己与古代思想家的差距，而不得以为之进行修辞处理。实际上，类比荷尔德林的诗歌与古代诗歌的基调就可以发现，荷尔德林即使认识到了"无蔽—锁闭"的关系，是海德格尔所说的现代的"先行者"，但他无法抑制的是专属于"德意志民族"的情绪。举例来说，"Sophia（宁静）"

---

〔1〕 ［意］基阿尼·瓦蒂莫：《现代性的终结》，杨恒达译，河南大学出版社 2015 年版，第 264 页。

〔2〕 ［德］海德格尔：《荷尔德林的颂歌：〈日耳曼尼亚〉与〈莱茵河〉》，张振华译，商务印书馆 2018 年版，第 354~355 页。

在亚里士多德那里被表述为：

> 诗人的职责不在于描述已发生的事情，而在于描述可能发生的事情，即按照可然律和必然律发生的事。历史家和诗人的差别不在于一用散文，一用"韵文"……两种的差别在于一叙述已发生的事，一描述可能发生的事情……写诗这种活动比写历史更富于哲学意味，更被严肃的对待……诗所描述的事情带有普遍性，历史在叙述个别的事……所谓"有普遍性的事"，指某一种人，按照可然律或必然律，会说的话，会行的事。[1]

亚里士多德对"历史"与"诗歌"的区分实际上就是对"历史主义"和"普遍主义"的区分。"诗歌"归属于某一个民族，同时应当是对某种至高者的摹仿，它具有超越民族和时空的"宁静的力量"。荷尔德林认为"诗歌"之中既要有自然的"想象力"的偶然无序也要有"自由立法"的自我约束[2]，在诗歌创作之中必然地要把"我的自我意识"与"我的自然自身"分离却又不能在文字中表现出这样非本然的分离[3]。围绕上述的问题意识，荷尔德林区分了"叙事诗""抒情诗"以及"悲剧诗"三种体裁，认为三者分别是"自然的肇始之音""英雄的肇始之音"和"理想的肇始之音"的节奏转换与排列组合[4]。因此"诗歌"去"自然地抒情"或"普遍地讨论民族性"都是合理的修辞手法，荷尔德林本人绝不是拘泥于古代诗歌"普遍律"或"必然律"的格局之中的。反观海德格尔，他对荷尔德林的推崇恰恰在于后者的"民族性"的抒情诗以及在后者诗歌之中对希腊悲剧的复返，他认为"诗歌创建了存有（Seyn）……诗歌是一个民族的元语言。在此种语言之中发生着进入由此自行开启出来的存在者中其的绽出性直临。人类作为对这种绽出性直临的实行乃是历史性的"，诗歌的语言有可能由于"入于不存在的领域"（即"Er-

---

〔1〕［古希腊］亚里士多德：《诗学》，载《亚里斯多德〈诗学〉〈修辞学〉》，罗念生译，上海人民出版社 2016 年版，第 45 页。

〔2〕详见［德］荷尔德林："论自由的法则"，载《荷尔德林文集》，戴晖译，商务印书馆 1999年版，第 199 页。

〔3〕［德］荷尔德林："判断与存在"（1802 年 11 月），载《荷尔德林文集》，戴晖译，商务印书馆 1999 年版，第 205 页。

〔4〕关于诗歌"音调转换"的详细表述，参见［德］荷尔德林："音调的转换"，载《荷尔德林文集》，戴晖译，商务印书馆 1999 年版，第 257~260 页。

eignis"的无之面向），抑或陷入"报告意义上的叙事"乃至于"闲谈"〔1〕。因而，对比亚里士多德、荷尔德林和海德格尔可以发现，自然、英雄和理想代表了诗歌的一般因素。但由于海德格尔的民族性质"英雄"作为最后之神、"理想"之为此在的超越，抒情诗与悲剧诗在表达民族生存情绪方面更为有效，这样海德格尔的诗思哲学难免带有非普遍主义、非理性主义的倾向。例如，海德格尔经由荷尔德林的"诗歌"指向了"世界的贫困状态"，却又不愿以"普遍主义"的方式去走到"希腊性"的古代语境之中，"德意志性"虽然要继承"希腊性"之中的"Sophia"的气质，但也沾染了某种非理性的躁动因素。

那么为何海德格尔仍然提倡"诗歌"和"思想"的同一呢？以"民族性"去言说"欧洲命运"乃至"人类命运"岂非悖谬，抑或海德格尔仍然坚持"德意志民族"的"选民"地位以及他本人的"使徒"身份？在本书看来，海德格尔以及荷尔德林、里尔克所针对的是以德意志人为代表的欧洲乡愁。"居于存在的近旁"是现代人因"无家可归"的技术统治而不能达到的境地，这种未来的栖居之境也仅仅是世界的可能性之一，而究竟它有没有或能不能实现必须由历史检验，在当下仍保持为"未知"的不可说。在时间方面之"现代"与空间方面之"西方"不一定实现返乡状态，因而克服"乡愁"只能奠基于某个更低的实践方向，这意味着现代西方思想即使以"诗歌"为回返自然的方法也仍然和古代的本源之思存在差距。诚然，依照亚里士多德"诗歌"和"逻辑学"区分来看，诗歌和哲学是两种等价的言说学问，诗歌受到逻辑的必然律的制约但在论证方式上并不采取逻辑语言的三段论形式，看似"非理性"的表达途径但也与理性的逻辑同一到逻各斯之中〔2〕。而在

---

〔1〕　［德］海德格尔：《荷尔德林的颂歌：〈日耳曼尼亚〉与〈莱茵河〉》，张振华译，商务印书馆2018年版，第87页。

〔2〕　亚里士多德在《诗学》中指出的是"诗歌"根本地乃是"摹仿"，诗歌以"韵文"而非论证而成立，一切诗歌之中最为高贵的乃是"悲剧"（亚里士多德认为由于模仿对象的优劣之分，"悲剧"优于"喜剧"，又由于模仿的普遍化的程度差异，"悲剧"蕴含的成分多于"史诗"）——也即对最好的人的模仿，不过，即使是"悲剧"这种最高级的诗歌所要摹仿的东西乃是现实的经验的属人的行动，也即，诗歌所具有的基本要素依照顺位排序是"情节""性格""性格""语言表达""形象"和"歌曲"（参见［古希腊］亚里士多德："诗学"，载《亚里斯多德〈诗学〉〈修辞学〉》，罗念生译，上海人民出版社2016年版，第36~37页）。而显而易见的是亚里士多德的上述观点一定程度上是柔和了的柏拉图式的戏剧理论，伯纳德特（Seth Bernardete）在解读柏拉图《斐勒布篇》时认为，"快乐通过一种与哲学酷似的方式合并有限和无限，并借此模仿哲学……快乐会成为理性的对手……我们

逻各斯业已全然成为逻辑的现代，海德格尔展开"形而上学批判"与"技术批判"也就必然偏重诗歌之中的非逻辑面向，重视更多的是类"非理性的哲理诗"。同理，与古希腊追求普遍性的诗歌相比，现代西方的诗歌只能在具体的民族此在之中成立。

同时，即使相比于源初的诗歌有所衰退，但非理性的哲思诗歌也带有生存论方面的本真性质，进而呼唤了直接的伦理体悟。例如海德格尔把荷尔德林的诗歌抽象出五个中心诗句：

（1）作诗乃是最清白无邪的事业。[1]

（2）因此人被赋予语言，

乃最危险的财富……

人借语言见证其本质……[2]

（3）人已体验许多。

自我们是一种对话，

而且能彼此倾听，

众多天神得以命名[3]

（4）但诗人，创建那持存的东西。[4]

（5）充满劳绩，然而人诗意地

栖居在这片大地上。[6]

（接上页）可以把快乐在形式的这种分裂（即喜剧/悲剧）理解为一种征兆，它昭示出快乐不足以成为人性之善"，但"生活的悲剧和喜剧是生活的真理……如果用哲学代替悲剧和喜剧，其代价将是丧失关于属人生活的真理"，因此"哲学本身必须既是喜剧与悲剧之真，又是属人生活之善"（［美］伯纳德特：《生活的悲剧与喜剧：柏拉图的〈斐勒布〉》，郑海娟译，华东师范大学出版社 2016 年版，第116 页）。在这里如果思考到柏拉图对"政治哲学"与"哲学"的区分和诠释或许能够理解即使"诗歌"无法表达"真理"但又不得不存在的必要性。

〔1〕原文作"Dichten Diss unschuldigste aller Geschäffess."

〔2〕原文作"Darum ist der Gümter Gefäherlichstes, die Sprache dem Menschen gegeben, damit erzeuzge, was ersein."

〔3〕原文作"Viel hat erfahren der Mensch, Der Himmlischen viele genannt, Seit ein Gespräch wir sind. Und hören können voneinander."

〔4〕原文作"Was bleibet aber, stiften die Dichter."

〔5〕原文作"Voll Verdienst, doch dichterisch wohnet. Der Mensch auf dieser Erde."

〔6〕［德］海德格尔："荷尔德林和诗的本质"，收录于氏著《荷尔德林诗的阐释》，孙周兴译，商务印书馆 2014 年版，第 34 页。

在海德格尔的解读之中上述的诗句道说出"思想"的法则以及经由思想达到"存在"的诗思路径：（1）诗句在海德格尔看来，并不是说诗歌是某种幼稚的游戏，而是说诗歌所选取的"质料"是"语言游戏"的最为"朴素的形态"[1]。也就是说，恰恰是因为它不具有逻辑形式对质料的先天规定，"语言"才在诗歌之中显现其本质。而诗句（2）则是要解读的是诗歌之为"清白无邪"又"最为危险"这种看似具有张力的表达。海德格尔说，正由于诗歌所面临的是没有"逻辑"的朴素语言，因而在"自由"与"清白"之外，也必然因为"本质性的词语"的"质朴"而与"非本质的词语"产生混淆。诗歌是"清白无邪"的，而诗人面对"淳朴的词语"如何语言表达"本真的语言"乃至于揭示"本真的生存"，以至于如何把人带入存在的"澄明之境"与"幽暗的渊基"都因为毫无逻辑规律可循而只能求助于诗人本人的"存在领会"，"唯有语言（Sagen）才提供出一种置身于存在者之敞开状态中间的可能性"[2]。想要获得"语言"的财富，诗人必须先行地"向死而在"，必须有所"运思"，必须超越形而上学和技术的藩篱。因之，（3）诗句所道说出的，乃是"诗人"的双重形象：一是诗人作为"体验者"对生存具有了本真能在的境界，他由于"先行"——既是对"在世结构"的先行领会也是相较于"常人"的先行领会到"生存的本质"而已经能够具有解蔽"真理"的可能性，也即在神性的闪烁之中"唯当持守和当前（Beharren und Gegenwart）闪现之际，持续状态和持存（Beständigkeit und Bleiben）才达乎显露"[3]。这样，诗人的另一个形象也就成了基于"先行者"身份的，"与神对话"的人，他通过"天真无邪"的语言所拘留的是"存在"和"诸神"的闪烁，并且将之构造为"诗歌"之为"作品"敞开的"世界之为世界"之中的"持存者"[诗句4]。然而，海德格尔注意到了荷尔德林对"大地"的感悟，恰恰是这样的感悟让荷尔德林的诗歌真正地伫立在"天空"和"大地"之间，于"有死者的歌唱"之中具有"神性的光明"——"诗意地栖居"。

---

〔1〕[德]海德格尔："荷尔德林和诗的本质"，收录于氏著《荷尔德林诗的阐释》，孙周兴译，商务印书馆2014年版，第36页。

〔2〕[德]海德格尔："荷尔德林和诗的本质"，收录于氏著《荷尔德林诗的阐释》，孙周兴译，商务印书馆2014年版，第39页。

〔3〕[德]海德格尔："荷尔德林和诗的本质"，收录于氏著《荷尔德林诗的阐释》，孙周兴译，商务印书馆2014年版，第41页。

职是之故，"诗歌"之为表达自然的方法论不可能给出某种规范法则的内容，它所允诺的是"诗意地栖居"这个抽象的思辨结论，不过"诗意地栖居"也代表"应当诗意地栖居"。"栖居"对于海德格尔来说是"宁静"而"优雅"的哲学生活，对此，荷尔德林的阐释是：

作诗乃是认知栖居的基本能力……只要善良，这种纯真，尚与人心（am Herzen）同在……达到人之栖居本质那里，作为尺度之要求达到心灵那里，从而使得"心灵转向尺度"。[1]

"尺度"来源于"大地"，即"逻各斯"意义上的锁闭，而从"逻各斯"的面向来看，"自然"就是"宁静"的，"自然之无所不在保持着至高的天空和至深的深渊的相互最极端的对立"。"自然拥抱着诗人们"。而诗人的栖居则在"自然的沉睡之中"滞留到自然的最本然的原始状态之中[2]。申言之，诗人之以淳朴的语言道说，以及向所说"冒险"抑或被要求"先行"，既要把"源初自然"道说出来，更是本着"源初自然法"去道说——"逻各斯（λόγος）"，如荷尔德林所道说的：

可天正破晓！我期待着并看着它到来，
而我所见，那神圣的竟是我的词语。
因为它们，它们本身比季节更古老，
并凌驾于西方和东方的诸神，
大自然现已随武器之声音惊醒，
从高高的天宇到幽深的深渊
仍依照坚固的法则，从神圣的混沌中创造，
它重新感觉到激情，
那万物的创造者。[3]

---

[1] ［德］马丁·海德格尔："人诗意地栖居"，收录于氏著《演讲与论文集》，孙周兴译，生活·读书·新知三联书店 2005 年版，第 214~215 页。

[2] ［德］海德格尔："如当节日的时候……"收录于氏著《荷尔德林诗的阐释》，孙周兴译，商务印书馆 2014 年版，第 41 页。

[3] 摘自［德］荷尔德林："如同在节庆的日子"，载《荷尔德林诗集》，王佐良译，人民文学出版社 2016 年版，第 301 页。

如果不考虑海德格尔广为诟病与怀疑的"纳粹美学"立场，栖居可以被理解为归于"存在近旁"的民族情绪以及达及自然本源的基点。此外，德意志的"乡愁"的另一个表现是"德意志民族"对源初的希腊性的召唤，代表着通过恢复希腊性的地位而把"家"安置在日耳曼的大地与希腊的天空之间，让有死者成为"存在的选民"，而这样的神化道说同样奠基于信仰而非理性。经由"德意志性"召唤回的"希腊性"对"罗马—拉丁世界"的抵抗在于申思后者建构的规律与规范系统。——后者恰恰是海德格尔在形而上学批判和技术批判中草蛇灰线式的"标靶"。普拉宁克（Zdravko Planinc）在对柏拉图和荷马的比较研究中认为"古希腊"文明长期以来以不完全的拉丁语译本表达自身，"古希腊文明"的"神庙"业已在历史之中变成了中世纪的宗教场所，变成了近代的"火药库"，又成为现代的"旅游景点"。希腊文明与我们并没有直接的联系，我们与古希腊分开的是"古罗马"和建立"新罗马帝国"和"新耶路撒冷"的实际意图[1]。而沃格林在与列奥·施特劳斯的通信中则稍微柔和，认为"基督教与历史意识"并未让柏拉图—亚里士多德的哲学思想终结或废除。"希腊中心思想所理解的人（城邦的人）已经被个人——那个直接与神交流的人——所取代"，后者却恰恰是现代普遍的政治科学的"理性个体"的前提[2]。普罗宁克、沃格林出于政治哲学对"希腊—罗马"的解读可以概括为，在"拉丁化"的进程之中"希腊性"被不断稀释，希腊人对"存在"的发问虽然在普遍主义的立场上仍有借鉴意义，但这样的自然姿态却不断消解。荷尔德林"所创建的诗之所以具有最高程度上的历史性，因为它先行占有了一个历史性的时代……这个时代的贫困的时代……这个的诗人是极其富有的……坚持在黑夜的虚无之中"并"真正地为民族谋求真理"[3]。同时，荷尔德林并非对"希腊性—德意志性"以及"反拉丁化"的唯一的代表，里尔克的诗歌同样在回答"贫困时代里诗人何

---

〔1〕 参见［加］普拉宁克：《柏拉图与荷马——宇宙论对话中的诗歌与哲学》，易帅译，华东师范大学出版社 2017 年版，第 2~3 页。

〔2〕 参见［美］沃格林："致施特劳斯（1942 年 12 月 9 日）"，收录于［美］恩伯莱、寇普编：《信仰与政治哲学——施特劳斯与沃格林通信集》，谢华育、张新樟等译，华东师范大学出版社 2007 年版，第 10~11 页。

〔3〕 ［德］海德格尔："荷尔德林和诗的本质"，收录于氏著《荷尔德林诗的阐释》，孙周兴译，商务印书馆 2014 年版，第 52 页。

为?"的问题〔1〕。里尔克比荷尔德林更强烈地呼喊"大地"的名字,他"把存在者之存在,亦即自然,思为冒险"〔2〕,他道说:

> 如某个从不知晓的事体;
> 在（罗马喷泉）美丽的碟子里静静拓展
> 而没有乡愁,出自圆的圆,
> 只有时一滴一滴像梦幻一般〔3〕

又道说:

> 要那道长长的水管桥过来相聚,
> 重霄便赠予它,以此作为回报,
> 自己的空虚——比他活得更久。〔4〕

何以"罗马喷泉"之中没有"乡愁",又何以"罗马廊桥"上只有"空虚"?前文已经表述,"物"之"物性"应区分为"纯然物""器具"和"作品"三类。"喷泉"和"廊桥"的意向意指的乃是已经抽离了"物性"的物,无论是作为"器具"之"用"的荒芜,抑或之为"作品"的使存在者入于澄明之中,在罗马帝国的断壁残垣和中世纪、近代的冰刀霜剑下,古代的"物"已经被遗忘。现代人不再关注"喷泉"或"廊桥"的"古物"的意义,乃是由于"技术"的现代本质对欧洲的集中反击之强烈让"历史"消散了,普遍的"现代化"冲击着每一个民族的历史性。在"尼采完成形而上学之际"世界的虚无已经转变为更深刻的"求意志的意志",以至于"癫狂"取代了"宁静","希腊性"乃至于"古代"的"Sophia"被现代的狂飙突进取代。

---

〔1〕 [德]海德格尔:"诗人何为?"收录于氏著《林中路》,孙周兴译,商务印书馆 2018 年版,第 302 页。在海德格尔看来,荷尔德林是首先提出以"诗歌"去驱散时代的虚无主义症状的先行者,而里尔克则是这个时代之中对荷尔德林的"希腊情怀"以及"德意志民族情绪"的实践者。

〔2〕 [德]海德格尔:"诗人何为?"收录于氏著《林中路》,孙周兴译,商务印书馆 2018 年版,第 53 页。

〔3〕 [奥]里尔克:"罗马喷泉",载《里尔克诗选》,林克译,四川人民出版社 2018 年 1 月第 1 版,第 66 页。

〔4〕 [奥]里尔克:"罗马远郊的低地",载《里尔克诗选》,林克译,四川人民出版社 2018 年版,第 151 页。

在海德格尔看来，里尔克虽然没有荷尔德林那般对"存在问题"的希腊渊源的深入感知，但在对"现代"的批判上却不遑多让："里尔克的沉思给人启发之处，并不在于他还企图挽救我们祖先的事物……（而是）去认识物之物性中值得追问的东西是什么"——在这个"金属""金像""金币"异化为漠然无殊的"金钱"的年代尤其如此〔1〕。"德意志人"去追问"物之为物"的存在问题，切近艺术解蔽的存在者的"基调（Stimmung）"确实是希腊性的，但荷尔德林、里尔克、海德格尔所要回答的，并不全然在于"家在何处"，而更是"家是什么"。海德格尔最终还是把"栖居"转译成了"buan"这个古高地德语的语词上，它的现代德语转写即"bin"——"是"。或许海德格尔所希冀回返的仅仅是"家乡"，所探求的仅仅是"回乡的林中路"，这些问题的答案不是"希腊"这个古代的"地点"，但"希腊"却是最近似家乡的所在〔2〕。

　　总之，海德格尔把"诗歌"视为"本质的艺术"指向发问源初自然的方法，因而诗歌是最能把"真理自行置入"的艺术形式。它所开敞的"大地与世界的争执"也就是最为强烈却也最为合式的争执，也就成了进行承载与馈赠的"四大朴一"之所在。海德格尔对荷尔德林、里尔克的推崇，不仅在于他们在"世界的贫困时代"中文化产品的丰盛和艺术时尚的订造之外重新发现了"Sophia"这一兼具"智慧"与"优雅"的宁静情调。技术之"有"大行其道的现代以及形而上学之"有"贯穿欧洲思想史的漫长演历之外，海德格尔把这些德国诗人与希腊早期的肃剧和悲剧诗人关联在了一起，并且以对"世界和大地""四大"的"源初的思"去敞开"本真的诗"之解蔽存在者的能力。而后者也因此成为对海德格尔"Ereignis"之中神秘者的言说方式："思想本身在相同一样上就像筑造一样——只不过是另一种方式——归属于栖居……栖居的真正困境……在于，终有一死的人总是去寻求栖居的本质，他们首先必须学会栖居"〔3〕。"思"之所及是"无家可归"的状态，而"诗歌"本着"逻各斯—源初自然"去构造大地和天空，也即人的"家乡"。

---

〔1〕　［德］海德格尔："诗人何为？"收录于氏著《林中路》，孙周兴译，商务印书馆2018年版，第329页。"金钱"的比喻出自里尔克的诗句。

〔2〕　详见［德］马丁·海德格尔："筑·居·思"，收录于氏著《演讲与论文集》，孙周兴译，生活·读书·新知三联书店2005年版，第153页。

〔3〕　［德］马丁·海德格尔："筑·居·思"，收录于氏著《演讲与论文集》，孙周兴译，生活·读书·新知三联书店2005年版，第170页。

二、"诗思哲学"与"理性哲学"：对"诗歌—自然"路向的质疑

虽然"诗"与"思"密不可分，但是如前述"思"是"赋义活动"，而"诗"则关系到"如何赋义"——如果说"思"是活动，那么"诗"就是活动的途径；而如果"作诗"是一项活动，那么"沉思"就是这种活动的动力，不过也是因为这样"思"以及它朝向的存在、自然、真理、逻各斯也就在方法论上对立于理性主义。针对"诗—思"道路，斯坦利·罗森（Stanley Rosen）批判地做出了这样的比喻，他认为海德格尔所思考的是一部"大存在史"：

> 海德格尔是20世纪最具影响力也是最具争议的将军，统帅着苏格拉底在《泰阿泰德篇》提到的荷马军团。苏格拉底声称这支军队是由除巴门尼德以外所有哲人和最出色的诗人组成的，包括埃庇卡莫斯这样的喜剧作家和荷马这样的悲剧作家。这支军队有一个统一的主题，苏格拉底挖苦它是普罗塔哥拉的秘密学说，即我们喜欢说的一切存在的事物，实际上都处在变化过程中，是运动、变化、彼此混合的结果。[1]

斯坦利·罗森在此处的比喻颇有深意，"将军"海德格尔麾下有一个"荷马军团"，而"荷马军团"已经被柏拉图的理念论哲学在古代"击败"了。海德格尔显然必须对这支"败军"重整旗鼓才能发动对"形而上学的历史"的攻击。但是正如前述，海德格尔对于"前苏格拉底"的思想家以及东方思想家的研究目的在于希望借由这支曾经与"苏格拉底"战斗过的"荷马军

---

[1] ［美］斯坦利·罗森：《存在之问：颠转海德格尔》，李昀译，华东师范大学出版社2020年版，第294~295页。苏格拉底的原话是："（这些人认为）根本没有任何东西以自在的方式'是'一个东西，你不可能把它正确地 称呼为'某个东西'或'某种东西'；一旦你说'大'，它又会显得'小'，一旦你说'重'，它又会显得'轻'，所有东西都是这样，因为任何东西都不是'一'，既不是'一个东西'也不是'一种东西'。我们把从运动（φορά）、变动（κίνησις）和彼此结合中变成的一切东西都表述为'是'，其实这种表述并不正确。因为任何时候都没有任何东西是，它们永远变易。关于这点，除了巴门尼德之外，所有哲人都集结在这一行列中国：普罗泰戈拉、赫拉克利特、恩培多克勒，还有两类诗歌的顶尖诗人，喜剧方面的厄庇卡尔谟，悲剧方面的荷马，后者曾说：'俄刻阿诺斯乃诸神之祖，而诸神之母则是忒提斯。'这就是说，一切都是流动和变动的后裔。"罗森的批判一方面是针对海德格尔显而易见的"相对主义"以及主张"历史"和"流变"的观点，指出他是现代的"普罗泰戈拉"，但是也指出了海德格尔把前苏格拉底的哲人的思想在当下集中起来并进行了"翻新"工作，对于这种评价是否合理仍需讨论，但是罗森揭示出海德格尔托古言今的"春秋笔法"则是一个重要的洞见。参见［古希腊］柏拉图：《泰阿泰德》，詹文杰译注，商务印书馆2018年版，第26页。

团"去导向未来的"思的另一开端"，海德格尔有意或无意地把思想家变成了自身的"外援"。诠释古代思想之中的"箴言"以荷尔德林与里尔克的诗歌开创的仍然是以海德格尔奠基的"另一开端"。洛维特（Karl Löwith）则认为："海德格尔的（对现代）批判首次明确地包含这个提问：我们作为历史的民族，是对自己仍然怀有决意，还是对自己不怀有决意。西方精神的力量是否遭到拒绝，老朽的虚假文化（Scheinkultur）是否在自身中崩溃以至于一切都在迷乱中被四撕碎，或者我们能否在欧洲重新开始，都仅仅取决于这种自身决意（Sichselberwollen）。"洛维特指出早在 1933 年海德格尔已经以对德意志觉醒的伟大基调肯定了这种"决意"，对荷尔德林的诗歌阐释则是这种基调的进一步坚决[1]。海德格尔认定柏拉图这一脉的理性哲学已经终结，而发轫于"荷马军团"并且最终在当下的"决断"之中由海德格尔统帅的诗思哲学刚刚开始。"诗"的哲学并非它由于辞藻而显现的那一般柔美，而是体现为代表技术的天命以及形而上学整体的"理性哲学"的猛烈进攻，以及进攻—决断之中以"家园学"标志的新的"德意志意识形态"。

（一）"理性哲学"与"诗思哲学"分别的虚无主义后果

如果说"思"在海德格尔的"回返"中尚且能够体现与理性哲学的某种关联，但"诗"却专属于古代思想和"另一开端"因而也更加直白地攻击着西方形而上学的历史。海德格尔以"语言"方面迥异于西方形而上学的言说模式与后者割裂，并且以此为被召唤回的"语言的本质"。在现实的哲学思辨之中，"源初自然法"这一"无—有—无"的本有（Ereignis）无论在海德格尔的存在论之中层次极高。但是由于它要言说或体悟的概念的"外延"的大全性质，其"内涵"几乎根本不存在，依照形而上学的构想来看在"无的渊基"这一前提下根本不可能用逻辑的论证去演绎一套本体论、认识论或价值论。因此，一方面，海德格尔的"道德虚无主义"和"政治虚无主义"倾向昭然明晰，而他以"诗思哲学"建立的，力图为存在者之存在进一步奠基的诗化的"宇宙论"和"认识论"，却根本无法发挥本有的效应。海德格尔的"诗思哲学"这棵"无用大树"的玄妙连他本人都有所体会，他在讨论语言的本质的时候认为"人说话，是因为人应合于语言……这种应合乃是倾听……归

---

[1] ［德］卡尔·洛维特：《海德格尔——贫困时代的思想家：哲学在 20 世纪的地位》，彭超译，西北大学出版社 2015 年版，第 231 页。

属于寂静之指令"〔1〕,"在道说之中显示出的活动乃是居有(das Eingen)……(道说)把在场者与不在场者带入其当下本己之中,此种居有可谓成道(das Ereignen)"〔2〕。而如倪梁康注意到的,在《哲学论稿》之中海德格尔基于他的"Ereignis"所指出的是"哲学乃是对存在的追问",而在《存在与时间》中海德格尔却认为"存在不能被从概念上把握(unbegriffren)"而却"从未完全不被理解(unverstanden)"〔3〕。海德格尔这种前后不一是否意味着他已经认识到单纯依靠与"存在"结构类似的"生存"(即在"无—有—无"方面的类似)已经不再可能存在问题,或者他已经不相信"此在"的理解能够全然覆盖"存在"。另一方面,即使通过把人类此在作为大存在史之中四大之"一者",人之此在在这里仅仅是承担存在于历史中显现的"多中之一",在"天""地""神"与科学、神学或伦理学、法学的意义割裂后,它们反而成了在存在史之中人不得不面对的不可说的他者进而以虚无表现出来。

这样,海德格尔的"诗歌"语言就导向了两个可能被理性主义反驳的风险:第一,海德格尔原本可以把"此在—思"关联起来,进而构成非西方传统形而上学的,但与前苏格拉底思想家与东方思想家类似的"体验"的认识论模式。然而认为"作诗"与"思想"为同一以及"诗歌(本质的语言)"生成于"语言的本质",则把"思想"与"语言的本质"处理为一个单向的发生关系。语言的本质处于源初自然法中的"逻各斯"一面,而思想看似要对源初自然法的整体进行认识,但由于派生自逻各斯关系而根本无法达到"全知"。因而在海德格尔既不能放弃"此在"的地位,又意识到"源初自然法"的不可知、不可说的性质后,在"生存论"方面他只能寄希望于在"人类历史演历"的无穷无尽的时间之流之中某一个"民族此在"部分地去解蔽真理——这也导致了海德格尔运用"世界"和"大地"最终扩展到"四大"来解释此在有限性。也就是说,海德格尔所构造的那个"源初自然"根本不

---

〔1〕 [德]海德格尔:"语言",收录于氏著《在通向语言的途中》,孙周兴译,商务印书馆1997年版,第27页。

〔2〕 [德]海德格尔:"走向语言之途",收录于氏著《在通向语言的途中》,孙周兴译,商务印书馆1997年版,第258页。此处"大道"后在《哲学论稿》中译本中被替换为"本有"。

〔3〕 倪梁康:"Ereignis与Besinnung——海德格尔〈哲学论稿〉与其中两个核心概念的中译及其他",载王庆节、张任之编:《海德格尔:翻译、解释与理解》,生活·读书·新知三联书店2017年版,第366页。

具备一般的认识论方向，因此他最终走向了"认识论虚无"的方向。第二，也是出于此在的"认识论虚无"的另一方面，"世界实体"在海德格尔那里往往无从寻得，体现为海德格尔无法处理"自然/涌现"与其他的"自然"如"narura""Natur""nature"的关系。即使海德格尔放弃了此在的生存论形态而仅仅把前者视为"存在之降临"的载体，"人"依然要具有世界之中的位序：在"诗歌"的语言中，"人"要么被处理为"劳绩者"，要么被处理成"居家者"，时而"激情澎湃"，时而"宁静抑制"——诗歌之中的"人"到底在世界之中"何所在"或许取决于海德格尔的"荷马军团"之中各个成员的说法和海德格尔本人的解读。然而虽然海德格尔一直在"词源学"或"训诂学"方面显现出自身的奇思妙想，但"荷马军团"之中的成员若没有海德格尔这个"统帅"注定溃不成军。诗意的"宇宙论"完全维系在海德格尔身上，后者又本着那"查拉图斯特拉"的身份受限于"存在之天命"，这种过分个性的诗化表达可能导向一般意义上的"宇宙论虚无主义"。

　　海德格尔对此的辩护是，"理性哲学"也会带来虚无主义的后果吗？在自然位序方面，理性主义坚持理性者高于非理性者，自然权利高于世俗权利等预设，一定程度上是注定被"荷马军团"消灭的等级秩序。在海德格尔少见的对话体诗剧"乡间路上的谈话"之中，海氏以史诗的方式表达了"敲钟人优于教师""向导优于学者再优于研究者""年轻人优于年长者"[1]等观点，构成了与柏拉图式的对话录完全相反的立场，所要批判的是柏拉图在对话中"知识—智慧"的优先地位。首先，如果海德格尔在"思"阶段的"政治虚无主义"和"道德虚无主义"是出于他的自愿，那么"诗"的阶段对本可能与理性哲学对话认识论与宇宙论的"虚化"则导致了海德格尔的极端处境：源初自然法要么是最"本源"的真理，要么是完全无意义的神秘学论调——海德格

---

〔1〕　参见［德］海德格尔：《乡间路上的谈话》，孙周兴译，商务印书馆 2018 年版；另参见［古希腊］柏拉图：《理想国》，郭斌和、张竹明译，商务印书馆 1986 年版。《乡间路上的谈话》明显的是海德格尔对"对话体"的效仿，但是与柏拉图经典的对话体哲思不同，在海德格尔那里占有话语优势的往往带有更深刻的"未来性"，那些越是"非理性"的，甚至越是"无知"的人，反而越是被着重刻画且带有对存在的本源之思的，他们是纯朴的"非理性"的源初之人因而也就没有形而上学和科学的约束而能直接召唤"源初自然法"；而柏拉图的"对话"反而是历史的，在柏拉图的对话之中往往是"有知识"的人对无知之人的知识灌输，更有可能是同样"有知识"的人在内部的"小圈子"中论争高下的活动。这两种对话体之间的话语模式差异也是为海德格尔以"诗的语言"取代"逻辑的语言"的一种语用尝试。

尔"照单全收"地把"Ereignis"最终地定位成不可说之神秘。但其次，明晰的"思"与晦暗的"诗"反而恰恰构成了海德格尔极富个人特色的言说方式，它至少向理性主义的二元论哲学形而上学构成了挑战，指出了它们内部业已穷尽了的"思"的潜力：从柏拉图对旁人的"谆谆教诲"开始，"哲学"就已经不会"本源地说"了。自从柏拉图开始以雄辩对抗智者的诡辩，以隐微术选择性地教化潜在的学生的时候，大量的"流俗语言"的概念也就被同时"发明"了出来。从这个时候教师也就成了必要的知识传播者，学者也就成了必要的知识生产者，进而追求以及抱有理性的教育者把自己当作合理的秩序，限制了人本来可能的智识解放和平等观念理性可以在反理性之内持有一座永不沦陷的营垒[1]，将"社会的教育"变成一个"表演化""社会化""不平等"的机械流水线[2]。"理性"不仅开启了"集置（Gestell）"的世界命运，同时最终在"集置"的力量面前被后者俘获，导向了"忘在"意义上的本源的阙如。而海德格尔的"诗人"的形象乃至于在柏拉图的原本表述之中"政治哲人"的形象，都是能够调和好"理性"与"非理性"的"存在的发现者"。他们意识到"非理性"不可能被消除，而无论在目的上是否需要实现世界的理性化，都必须在"理性"和"非理性"的调和之中求得生存。技术促使人类把"自然的表象化"视为发明和"置造（Hergestell）"的成果，把"自然"预先以数学的算计和物理学的规律视为可发现的世界表象的某个部分[3]。相反，"艺术"则代表"技艺（τέχνη）"的能力（Fertigkeit），它代表的是"解蔽"的一种方式，它向我们展示的是那"未被物理学强暴"的，自行涌现并被人"发现——解蔽"而出的东西[4]。

　　"技术"也即"理性"所强调的就是"发明的逻辑"，即通过预先的计算和规范去对自然现象和行为现象预设先验的范畴，并且要求"知识"与"实践"在这一范畴之内进行。它发明"规律""规范"等我们日常意义上的"法则"，并不断使他们体系化、逻辑化。而在海德格尔式的"非理性"的"诗

---

　　〔1〕［法］雅克·朗西埃：《无知的教师：智力解放五讲》，赵子龙译，西北大学出版社2020年版，第121页，

　　〔2〕［法］雅克·朗西埃：《无知的教师：智力解放五讲》，赵子龙译，西北大学出版社2020年版，第166页。

　　〔3〕［德］海德格尔：《乡间路上的谈话》，孙周兴译，商务印书馆2018年版，第11~12页。

　　〔4〕［德］海德格尔：《乡间路上的谈话》，孙周兴译，商务印书馆2018年版，第16~17页。

思哲学"之中，"艺术"式的"发现的逻辑"则更占上风——人的活动是把那蕴含在"存在"之中，体现为人的"在世结构"之内的因素启发出来，并且依照"τέχνη"的方式把它们"带到"我们面前，就两者的关系看：

> 恰恰在自然自发地公布出来的东西中（当人类的对象化关涉到自然时），含有一种对于技术之攻击的神秘抵抗。技术发明释放了自然力，自然力已经在一种涵括整个地球的消灭（Vernichtung）过程中爆发出来。[1]

在"技术—理性"的一极，"涌现"的"让……存在"被改造为了技术的"让……在场"。技术以对规则、规律、规范的合法性宣称以及发明把自然订造为对象，进而发现、开采出了"自然之力"，然而那些被压抑的"非理性"的因素或者在"技术的解蔽"之下的隐藏着的"不者"的力量也可能摧毁这些"流俗自然法"的合法性。而在"非理性—生发"的一极，"自然自发"的东西必须依托"技艺"去"让人看"，由于"技艺依赖"，它也难免被强大的技术之力所俘获。在对"技术批判"的基本立场之外，海德格尔已经清醒地意识到，技术统治带来的虚无主义虽然订造出了诸多不自然的造物，但它作为一种解蔽方式并没有错误，"无"固然是"源初自然法"之中的一个成分，但"技术"对"有"的解蔽也合式于"无—有—无"的节奏。反之，"艺术"对"无"的道说同样合式于"源初自然法"，在"源初自然法"的规定之下，技术的"有"的大肆扩张最终会导致它沦为"无"，而在技术在"源初自然法"的运动之中沦为"无"的时候，那种根本的"虚无"也就敞开为另一开端的"渊基"了。

海德格尔的"源初自然法"的诗化表达方法，关系到"源初自然法"的属性，恰恰因为它指向了"无"，因而"源初自然法"是一种虚空的境域（das Horizonthafte）[2]。在后世的哲学之中，它也往往被称为"场域"，也即

---

〔1〕［德］海德格尔：《乡间路上的谈话》，孙周兴译，商务印书馆2018年版，第17页。此处译者标注了"消灭"和"毁灭"的不同，后者的原词为"Zerstörung"，是单纯的摧毁，在"Vernichtung"之中的词根"nicht"则与"虚无（Nichts）"有所关联，也就是依照这种理解，"消灭"的更为根本的虚无，技术的力量和本应自行发出，但最终是借由技术发生出来的"自然之力"在彼此的对抗之中相互摧毁，最终留下的则是"Nichts"这个"Abgrund"，也就成为"另一开端"的"渊基"。

〔2〕［德］海德格尔：《乡间路上的谈话》，孙周兴译，商务印书馆2018年版，第82页。

"游戏"上演的空灵的场所，一个思想家越是清楚地经验到每个思想家都与任何思想家一道在思考同一者（das Selbe），他就越纯粹地达到自己的使命[1]。首先，在"四大"展开的"存在之境域——Ereignis"之内同时存在诸存在者的境域，技术与艺术都是境域之中的人类此在的对"自然"这个"至高的创造"的运思与解蔽：技术的"主客对置"的思维方式往往关注的是"下位境域"之中的存在者样态，而把自身所在的境域视为无前提的第一性存在；"艺术"则集中在对"境域"的本己经验之中，它不甚关注"下位境域"之中的存在者，而是尝试描述本阶境域的根据——"技术"是"下沉"的，而"艺术"是"上升"的，对"境域"的整全体验来说这两种解蔽方式既是缺一不可，又任谁也不能"唯吾独尊"。进而，技术角度的自然的思想对"下位境域"的揭示依靠在人的境域之中缔结的法则、法规，进而依照这样的程式去对其他存在者的境域进行"创造"。而"艺术的语言"面对的是"本有（Ereignis）"这个构成人类根据的至高境域，它不能奢求去建构这种境域，而只能在它面前"弃绝意志"[2]术——无论理性和非理性，都是人类此在对"境域"的体悟活动。因而越是到海德格尔的后期思想之中，他愈发认可"泰然任之（Gelassenheit）"的态度[3]：任由"技术的语言"和"艺术的语言"在争执之中不断嵌合，任它们"Vernichtung（消灭）"在"无"的渊基（Abgrund）之中，愈发接近"有—无"的源初自然法的澄明之境的道路。

这样，诗思哲学与理性哲学的区分以及其自然观、法律观的差异不能简单地以"理性主义"或"非理性主义"描述：以"非理性主义"去揣度海德格尔的"源初自然法"思想本身是对海德格尔本人的原始表达不熟悉的表现。同样地，也不宜以"理性主义"对海德格尔进行标示，这显然又是由于他对"技术"以及由这种思维带来的形而上学—自然科学以及社会科学的反对造成的。海德格尔强调的"无蔽"与"遮蔽"的有无之争，根本的是对"真""善""美"的源初复返："世界自在地是无蔽的""世界既成，浑然之天遂为

---

[1] ［德］海德格尔：《乡间路上的谈话》，孙周兴译，商务印书馆 2018 年版，第 83 页。
[2] ［德］海德格尔：《乡间路上的谈话》，孙周兴译，商务印书馆 2018 年版，第 101 页。
[3] 详见 ［德］马丁·海德格尔："泰然任之"，戴晖译，收录于氏著《存在的天命：海德格尔技术哲学文选》，孙周兴编译，中国美术学院出版社 2018 年版，第 181~184 页。

有待之天"，是展开"天地法象"的同一[1]。即使是在"哲学—形而上学"的领域之中，单纯的"理性主义"或"非理性主义"都不足以命名这个"同一性"：如果"理性"是哲学的主人，那么所依靠的便是预先武断的"理性权力"即对"理性"的不证自明的非理性信仰；而"非理性"若是哲学的基调，那么它同样以理性当作划界的尺度，否则根本没法确定什么是"非"理性，这样"理性"又变成不证自明的东西了。同时，对哲学的和本质的"触动（Berühren）"与"激动（Affektion）"绝非日常的"非理性"的情感[2]。而"理性"或"非理性"的同一性却存在于"此在"对"境域"的行动之中。

退一步说，假设海德格尔的思想是"非理性"的，特别是"诗歌"这种难以用现代科学和逻辑学解读的言说方式是"反理性"的，但是这种批判尚且不足以证立海德格尔在动机上的"虚无主义"倾向。不少学者对"诗思哲学"可能导致的虚无主义后果尤其是"实践效果"有所警醒，他们所担心的是在理性的绝对地位被悬置后，以"非理性"和"理性"掺杂的存在力道支持的思想能否支持现代社会的运作。如果海德格尔的"诗思哲学"在后果上并未真正地召唤了"存在"，却仍然固执于把"诗"这种表达证明为"思"走向"另一开端"的方式，那么海德格尔极有可能像施特劳斯所指出的那样加剧了"价值虚无主义"。不过，这种批判的根本标的在于海德格尔并未完成他自身的理论构思，同时也并未坚持在实践上的"泰然任之"态度：仅仅作为哲人的海德格尔并不能避免他的理论由于被滥用和误用导致的实践错误，也不能防止由于他人对理论的过度阐发而形成的虚无主义思潮，思想家都饱受自己结论的折磨……这个结论就是，人类意识或经验无法进入这个自在的世界……我们不能与这样的世界融为一体——"由一堆无意义的事实和冷漠的法则组成的体系"[3]。

如果把 20 世纪以降的世界范围内的虚无主义思潮、后现代文化、解构主义抗争政治等追求"虚无"的现实活动，以及独裁、极权、反法治和反民主

---

[1] 丁耘："是与易"，载丁耘：《儒家与启蒙：哲学会通视野下的当前中国思想》，生活·读书·新知三联书店 2011 年版，第 282~283 页。

[2] [德] 海德格尔："这是什么——哲学?"，收录于氏著《同一与差异》，孙周兴等译，商务印书馆 2014 年版，第 5 页。

[3] [美] 唐纳德·A. 克雷斯比：《荒诞的幽灵：现代虚无主义的根源与批判》，张红军译，社会科学文献出版社 2020 年版，第 445 页。

的政治体制都归咎于海德格尔，反而过分地重视了海德格尔的实践影响能力。海德格尔无力表明他的理论能够为克服这个"冷漠无殊"的世界有什么指导方案与规范能力。在这种情况下，对诗思哲学的"实践后果"的批判，根本不是哲学的，而关乎"世界性与德意志民族性""普遍性与历史性"，"希腊的思想与罗马的律法""天主教的保守思想和新教的狂飙突进"这一系列现实的政治问题。也就是说，对海德格尔实践结果的批判是从外部观察切入的思想批判，它能真正动摇海德格尔的核心论证，还是最终变成一种对"海德格尔思想"的社会科学观察，还有待检验与讨论。

（二）"诗思哲学"中的意象：神性、民族、政治和乌托邦

从外部的结果来看，海德格尔理想的社会必然是一个以"诗意的栖居"为基调的宁静的社会，在这个社会之中每个人都在"技术"和"艺术"之间"泰然任之"，在源初自然法的遣送之中获取存在的讯息。不过，如果把海德格尔的"思"与"诗"结合起来，并且把"源初自然法"虚拟为"本源"，那么海德格尔式的良好社会在目的上是一种可能具有以下的实践产生空间：

首先，以诗歌、沉思取代逻辑、科学、伦理的社会是滋生"神性"的社会。海德格尔对荷尔德林的诗歌相当推崇，但是最终被单独整理在海德格尔全集中的却是他对"日耳曼尼亚"与"莱茵河"的解读[1]。荷尔德林的《日耳曼尼亚》的启示出了"起着支配作用的基础情调的一种更为深入的本质特征……（是）这种哀恸不是在没有地基的情调中失去希望和目的的兜兜转转，相反这种得到调谐的状态（Gestimmtheit）在国土上把捉住了（fasst），并且在企盼中将这一地基置于产生威胁的天空之下"[2]。而诗人之所以"哀恸"是由于威临一切的天空之下不再有大地的庇护，而诸神业已逃遁，人是"处于诸神阙失之急迫中的历史性此在"。"哀恸"是"认识到作为远遁者的远遁的诸神真正的严肃以待，自身恰恰就是在一种在诸神近旁的坚守，亦即坚守在诸神之不再现实的神性近旁"[3]。在海德格尔看来，现代社会的"诸

---

[1] 本书中译名为［德］海德格尔：《荷尔德林的颂歌：〈日耳曼尼亚〉与〈莱茵河〉》，为德文版全集第 39 卷。

[2] ［德］海德格尔：《荷尔德林的颂歌：〈日耳曼尼亚〉与〈莱茵河〉》，张振华译，商务印书馆 2018 年版，第 110 页。

[3] ［德］海德格尔：《荷尔德林的颂歌：〈日耳曼尼亚〉与〈莱茵河〉》，张振华译，商务印书馆 2018 年版，第 115 页。

神"已经隐去，"诗歌"因而在"基调（Stimmung）"上因而就是哀恸的，荷尔德林为何"哀恸"于"诸神"和"大地"，或许在他的文字之中就能找到答案：

神显现或在云中，你认识他，因为你认识青春的善之力量，主宰者的微笑从未在白天向你隐藏，当生者显得焦躁不安无法解脱，或者在夜晚，当一切都混杂模糊，毫无秩序，远古的混沌重回。[1]

我的心灵也不应后退逃向你们，已故者！我太爱你们。因为我想看见你们俊美的面容，我担心，会像过去一样，死气沉沉，而未被准许，唤醒那已逝者。[2]

其次，顺延这种神性体验，哀恸的生存情绪也带来对民族之苦难、责任、良知的觉知，自然因而也成为具体体现民族情绪的民族自然，例如，趋于寂灭、逍遥无为、超人意志等具有地方或国族色彩的价值伦理。"源初的哀恸乃是一种大痛苦之纯易的良善的目光锐利的优势地位——是基础情调"[3]，在荷尔德林的表达中，"神"唯有在"夜半"才显现出来，在生者的沉沦无序之中才会显现出来。而"坚守在神性近旁"，也不是对已经逝去的诸神的单纯缅怀和追忆，而是在对诸神的"爱"之中去以诗歌在新的"神圣者"境域之中唤回诸神的精神。通俗地说，海德格尔的"神性"思考绝非某种宗教信仰，我们完全可以把"诸神"视为黑格尔式的"世界精神"或"世界历史"，而把"诗歌"敞开的境域视为当下此在以"艺术"的方式解蔽更高的境域的尝试——将"历史"置于"当下在此"，将"精神"置于新的"境域"之中，那么诸神就构成了"历史曾在"并以召唤/作诗的方法而与当下的人所"共在"。同时，"哀恸"也是某种对现代社会的救渡意志，"诸神"的逃遁不是单纯的逝去，而是自行掩蔽在世界图像时代的"夜半"之中。"从民族的存有而来并为了这种民族的存有，神真实显现抑或不显现于民族之存在中"，"诗

〔1〕［德］荷尔德林："莱茵河"，载《荷尔德林诗集》，王佐良译，人民文学出版社2016年版，第448页。

〔2〕［德］荷尔德林："日耳曼尼亚"，载《荷尔德林诗集》，王佐良译，人民文学出版社2016年版，第449页。

〔3〕原句为"hellsichtige Überlegenheit der einfachen eines großen Schmerzes"，参见［德］海德格尔：《荷尔德林的颂歌：〈日耳曼尼亚〉与〈莱茵河〉》，张振华译，商务印书馆2018年版，第97页。

人"作为"民族的诗人"同时带领民族的历史共在为"诸神的回归"敞开了将在的境域。他的行为动机是来自"民族的存有",并且为了"民族的存有"召唤诸神,诗歌也就成了一个民族召唤回自身的历史精神并且在"技术黑夜"之大危机之中寻求的"救渡"之法,进而与政治、民族相互关系。H. 奥特评价道:"按照海德格尔的看法,只要人们已经理解了他的意图并且认识到那种推动着他的思想上的必然性,那人们就完全不再可能乞灵于思想的'清晰的自明性'和'健康的人类理智'了……在这样一种乞灵中往往隐蔽着哲学的短路,以及一种非批判的、无方法的,因而极其非哲学的态度。"[1] 以"诗歌"去召唤曾经遁走的"诸神"并预先为他们的"将来在场"敞开境域根本地无法以科学或形而上学的逻辑方法、经验方法等与人类理智和法则相关的思辨方式完成,因而它也就是一种具有"神圣理性"而非"世俗理性"的道说方式——在"技术统治"赋予"世俗理性"以"理性"面向显现为"唯一"的理性后,海德格尔在实践上建立的这种"政治神学"也成为在这一评判要求下的"反理性"的行动。

再次,海德格尔的"政治神学"也会导致民族情绪与神圣体验的结合,在实践之中,它意味着某一民族的独特地位及其不可置疑的神圣渊源,以及这一民族自发的责任感和权力企图。"诸神"在海德格尔那里的形象更类似于在古代神话之中的各类神祇,也就是历史的而非永久的,是相对性的而非绝对的,是"存在的参与者"而非"存在的主宰者"。"政治神学"在另一方面也是由一种与"多神教"相似的民族与地方的活动构成的体系。职是之故,海德格尔也就在"政治神学"与"诗歌"的结合上发展出了一种理论上可以适用于各个民族的地方的多神教系统神学[2]。不过,由于"诗歌"本身属

---

〔1〕 [瑞士] H. 奥特:"什么是系统神学",阳仁生、黄炎平译,载刘小枫选编:《海德格尔式的现代神学》,孙周兴等译,华夏出版社 2008 年版,第 98 页。刘小枫在选编该书的过程中考虑到了从布尔特曼开始的对海德格尔的神学研究,展示了天主教神学对海德格尔的反对以及新教思想对海德格尔的接纳,最终借由布里托的总结性论文指出"海德格尔的'彻底性'毫无保留地将所有基督教思想列入形而上学的本体论神学史,以及由此列入存在的遗忘史中",并且提问"海德格尔在他思想的晚期发展中,是否继续基督教(与形而上学联着的历史—体制性现实)与新约信仰的基督性"——海德格尔在神学上与路德宗与加尔文宗等新教派别因而也比与他与天主教的"哲学"更为密切。

〔2〕 关于"系统神学",参见 [瑞士] H. 奥特:"什么是系统神学",阳仁生、黄炎平译,载刘小枫选编:《海德格尔式的现代神学》,孙周兴等译,华夏出版社 2008 年版。

于民族历史性，因而绝不是可以通过一般性的社会科学概念推而广之的概念和逻辑表达。在"诗歌"这个召唤活动之中"用大众替代个体也好，用文化替代大众也好，或者用种族与世界替代文化，都丝毫不会影响起主导作用的基础观念……决定性的东西始终未变，亦即，诗歌被视为灵魂、体验的表达现象"〔1〕。在概念上"大众诗人""个体诗人""文化诗人"乃至于"种族诗人"和"世界诗人"，都没有同一地指出"诗人"的定义，因为依照"文化学""社会学""民族学""人类学"等学科界定"政治神学"之中用以召唤诸神的诗歌以及地建基于大地和世界之间的诗人根本地还是把"诗歌"视作现成在手的修辞技艺产出的。它可以被"知识"的理性/非理性的符码框定——这样无论这个诗人在能力上有多大，影响力有多广，都不能因此就是海德格尔意义上的"荷尔德林式的诗人"。

出于神性的、民族以及二者的耦合，海德格尔的诗思哲学也与现代社会之中的一些困境有关，即海德格尔虽然再三反对伦理学和政治哲学，但他的诗思哲学也有可能导向两个相反的政治后果。

一方面，欧洲极权政治、反民主思想、领袖崇拜等极端情况受到海德格尔的影响，这是由于诗歌、沉思以及民族此在、源初自然由于不能以社会科学而往往陷入恣意之中。如果把"源初自然法"视为直接的伦理渊源，那么它就会以"无"去取代法律、政治、道德之"有"，例如一旦把"诗人"视为神学的、史学的、文化的、人类学的抑或是美学的，那么也就为"诗人"设立了"作诗"的先行的"技术尺度"。这样的诗人处于观察者的现成对象化视域之中，遵守"律法""规律""规则"等派生于"源初自然法"的尺度而难以成为本真此在。海德格尔为"诗人"寻找了超越技术的作诗的尺度，以源初自然去解释何为"本真的诗人"与"本真的诗歌"，他因此也就建立了一个诗人之间的位阶关系：海德格尔的"诗人"是召唤诸神的人，同时也是采取尺度的人。他先于历史与民族出现而代表民族的历史此在之"升起""沦落""高度"以及"本真认知"的思想尺度〔2〕，因而即使"诗人"没有文学意义上的艺术成就，但仍

---

〔1〕〔德〕马丁·海德格尔：《荷尔德林的颂歌：〈日耳曼尼亚〉与〈莱茵河〉》，张振华译，商务印书馆 2018 年版，第 33 页。

〔2〕〔德〕海德格尔：《荷尔德林的颂歌：〈日耳曼尼亚〉与〈莱茵河〉》，张振华译，商务印书馆 2018 年版，第 62 页。

然"作为由国家而成立的民族的此在的政治"尺度[1]。而流俗意义上的诗人则从属于"民族历史"而受限于民族或历史规律。前一类诗人因而也成为兼具国家缔造者、思想开拓者等身份,也即"伟大者":

> 伟大之物有其历史性的绵延时间,因为它是一次性的。伟大之物是伟大的,因为它每每拥有超出自身的更伟大之物。而只要伟大之物每每包含着超出自身的更伟大之物,它就是伟大的。这种对超出自身的更伟大之物的拥有能力乃是伟大之物的秘密。渺小之物无能于此,它实际上以最接近、最不费事的方式与伟大之物有着最为遥远的距离。然而渺小之物只意求自己本身,也就是好好地保持为渺小。它的秘密并非秘密,而是一种把戏,一种讨人厌的诡计。这种诡计把一切和它不一样的东西都渺小化,加以怀疑,把它们弄得和它自己一样。[2]

而另一方面,"伟大者"除了积极作为之外,也决定了社会、国家、民族会否因反对进步、反对发展进而趋向保守。海德格尔对"伟大"与"渺小"的界定,不仅指明了他对古典贵族式的阶层社会的向往,也指明了对"伟大的国家"的定义。诗人因为领会了"源初自然法"的"无—有—无"的存在的更加伟大的节律进而超出了自身而"伟大",渺小者则意求自身而无意于超越并局限于现成在场对象化的自然、符合论的真理、形式的逻辑,采取的是符合现代科学与技术以及形而上学偏安一隅的举措。从更为宽泛的角度看,海德格尔的"诗歌"与"思想"所蕴含的是"破"的逻辑。有论者认为"破"就是"ἀλήθεια"的词源,也是从布伦塔诺、胡塞尔、舍勒到海德格尔共享的现象学"悬置"[3],唯有在"技术时代"进行"大破",才有机会在未来"大立"起一个新的开端。这个任务绝不能交由技术与形而上学完成,而必须由"思想"以及"诗歌"这一言说思想的方式联手取得。因而究竟"破"掉什么以及如何"破"都存在不可知的变数,除了极端的政治实践之外,海德格尔的思想也有可能导向消极的反现代政制:海德格尔对"诸神"

---

〔1〕 [德]海德格尔:《荷尔德林的颂歌:〈日耳曼尼亚〉与〈莱茵河〉》,张振华译,商务印书馆 2018 年版,第 62 页。

〔2〕 [德]海德格尔:《荷尔德林的颂歌:〈日耳曼尼亚〉与〈莱茵河〉》,张振华译,商务印书馆 2018 年版,第 173 页。

〔3〕 叶秀山:《思·史·诗——现象学和存在哲学研究》,人民出版社 1988 年版,第 204 页。

"诗人"以及"存在"的讨论，事实上已经构成了一个类似于天主教"上帝—使徒—先知"的位阶体系。因而在实践后果上"本真的诗人"所在的民族如果希望成为"伟大者"就必须包容"诗人"这个更为伟大的存在者，并且由后者包容诸神进而达乎存在[1]。而"德意志民族"的伟大则是因为他们与希腊人一样，是"等待无用的民族"，他们等待的恰恰是在现代技术与科学，在海德格尔时代的"美国性"和"苏联性"的技术主义看来毫无用处的东西：

若要跟人谈论有用之物，他必须认识无用之物。大地固然广大，但人为了站立，只需要寸土之地供其立足。但若紧挨着足边生出一道裂隙来，直抵下界深渊，则他立足之地对他来说还能有何用处呀？[2]

海德格尔指出在"根基"之外还有"渊基"，在"现成"之外尚有"存在"。"诗歌"与"思想"远非技术与形而上学那般"有用"，但它们却是包容有用的伟大者。而"燃烧的痛苦，即我们不能为无用之物在此，而之为功利所奴役，功利自身乃是虚无（das Nichts），而且是如此虚无的（nichtig），以至于推动着对人之本质的最深度的侮辱"[3]。海德格尔因而指出，政治与法律及其自然法依据都需要置于伟大者的重审之中，民族需要包容为其"负重"的诗人而允诺后者成为当然的统治者并决定或是激进，或是保守的政治机制。

最后，海德格尔的诗思哲学因而也带有一些乌托邦的色彩。海德格尔所提倡的"政治乌托邦"作为理想与世俗之中的一切国家形态产生冲突，他根本不承认在"存在"之外有更高的"天主之权"，不承认"世俗主权"是

---

〔1〕［德］海德格尔："符号"，收录于氏著《从思想的经验而来》，孙周兴、杨光、余明峰译，商务印书馆2018年版，第218页。

〔2〕"等待无用的民族"与中国思想有亲缘关系，海德格尔在此处的引文讨论的是"无用"，这一译文原本出自《庄子》，即"惠子谓庄子曰：'子言无用。'庄子曰：'知无用而始可与言用矣。夫地非不广且大也，人之所用容足耳，然则厕足而垫之致黄泉，人尚有用乎？'惠子曰：'无用。'庄子曰：'然则无用之为用也亦明矣'。"［参见陈鼓应注释：《庄子今注今译》（下），中华书局2020年版，第718页］，海德格尔借由战俘营中的年长者的话指出了思想的"无"之渊基远比"有"更加丰富，无论是民族性抑或是国际性，根本地还是立足"有"的现成者的形而上学思考，只有在"无"上对未来予以筹划，召唤诸神并引领选民才可以开启另一开端，参见［德］海德格尔：《乡间路上的谈话》，孙周兴译，商务印书馆2018年版，第238~239页。

〔3〕［德］海德格尔：《乡间路上的谈话》，孙周兴译，商务印书馆2018年版，第241页。

"存在者的尺度"，在灵魂实体、神圣存在者、主权等形而上学之外有进一步的基础。例如"语言是存在的家""语言才是人的主人"[1]，而诗歌是"本真的语言"。"诗思"的成果落实为了"家园"：语言维系人的"筑居"（buan—bin），而筑居与思想一道去保护营造"一个长久的家园"，"终有一死的人总是重新去寻求栖居的本质，他们必须首先学会栖居……倘若人的无家可归状态就在于人还没把真正的栖居困境当作这种困境来思考……正确地思之并且好好地牢记，这种无家可归状态乃是把终有一死者召唤如栖居之中的唯一呼声"[2]。"家园"的最终形态就是"选民"的国家。塞普（Hans Reiner Sepp）直接将海德格尔关于"家园学"归于现象学，他顺延"悬置"的"大破"的思路认为："如果一个尺度不是通过生存对实在的回避、通过这一尺度及其场所化的了解中才能产生出来，那么这应该是什么样的一个尺度？这是一个家园学的尺度"，即人以是人的启示把自身置于一个"自在地充满张力的中心"——关于"四大"之聚合的中心中。在这个境域开启之后，才有谈及"道德""法律"和"习俗"等规范的可能性[3]，才存在海德格尔在《存在与时间》之中讨论的"操心结构"的可能性[4]。这样看来，海德格尔对"诗"的沉思实际上是先于他对"生存论"的思考的，或者更为准确地说，海德格尔本人也是在对现象的不断的解蔽和悬置之中最终发现了"生存"的"世界性"与其他"超世界性"的因素的关联。总的来说，一种遵从"源初自然法"的，始于"希腊的曾在"又将在"德意志的将来"回返的"政制"也就产生了。它遵守"存在—诸神—诗人/思想者—选民—家园/国家"的位序而最终降临在尘世上。海德格尔这种"乌托邦"式的政治思考因而就带来了一个根本的问题，即如何理解这种不存在"先验法则"而从"无"中发生的制度逻辑？进而，如何在这样的"乌托邦"之中为世俗的法律与秩序安放顺位？显而易见，这样的追问就不得不逼迫我们把目光投射到海德格尔

---

〔1〕 参见［德］马丁·海德格尔："筑·居·思"，收录于氏著《演讲与论文集》，孙周兴译，生活·读书·新知三联书店 2005 年版，第 153 页。

〔2〕 ［德］马丁·海德格尔："筑·居·思"，收录于氏著《演讲与论文集》，孙周兴译，生活·读书·新知三联书店 2005 年版，第 170 页。

〔3〕 ［德］汉斯·莱纳·塞普："现象学家园学的基本问题"，石福祁译，收录于氏著《现象学与家园学：塞普现象学研究文选》，张任之编，靳希平等译，商务印书馆 2019 年版，第 240~242 页。

〔4〕 参见［德］汉斯·莱纳·塞普："阻力与操心"，张柯译，收录于氏著《现象学与家园学：塞普现象学研究文选》，张任之编，靳希平等译，商务印书馆 2019 年版，第 58~59 页。

在"西方思想"之中的位序，以及他与实在法和伦理的实践关系上。而在下一章本书将表明，无论是否出于"有意"，海德格尔的"诗思哲学"在结果上导向了一种难以界定的政治倾向，而在海德格尔闪烁其词的"政治言辞"之中这样的政治倾向则更难以在思想史上获得公允的评价。

第七章

海德格尔"源初自然法"的形态：
Ereignis 及理论与实践效应

在前文业已指出，海德格尔用以涵括"同一性"以及将之置于"四大"之中的语词是"Ereignis"，这一词语在德语之中原本意为"事件"。在对"Ereignis"的使用之中，海德格尔再次去尝试对词语进行重新赋义，本书暂时将出于"Ereignis"在海德格尔思想体系中的至高性而将之视为"源初自然法"本身，原因有以下两点：

首先，依照海德格尔的表达，需要寻找一个属于德意志民族的，同时也能够跃出西方形而上学的二元性思维而去重构一元论思想立场的语言符号，这就决定了这个语词必须兼具前苏格拉底思想家的一元论思想，又具有德意志民族的自我表达。这样，无论是来自东方的"道""粹""梵"，抑或是源于古希腊的"逻各斯"，虽然在效能上能够满足海德格尔的第一重要求，但由于它们并非源出于日耳曼民族的语言而必须被下降到"四大"或"同一性"的层次上。荷尔德林与里尔克似的诗意表述虽然集中体现了日耳曼民族的精神气质，但这些诗句却相对冗杂，即使它们可以作为对德意志民族提出的源初的法则与自我约束的精神气质的表达方式，但它们很难被归于简练的表述上。反而又将其视为与"理性哲学"相对的"诗思哲学"进而再度陷落到二元论"之一"的境地之中。

其次，海德格尔面对重整"存在论差异"的任务，因而需要具有一个包含有与无、自然和非自然、存在和存在者的更为本源的词语去"建基"，进而将海德格尔与伦理学、形而上学、法学区分开来。但是"Sein""Seyn"

"Physis"等德文词语又难免倾向于有、自然、合法、存在等肯定的表达。虽然"存在论差异"指出了"存在"与"存在者"的差异，但是这一观点仍然面对两个方面的风险，一是"存在"是否有可能最终变成"最高价值"之一[1]，进而形成类似于"理念/现实"的"存在/存在者"的主客对立局面；二是即使忽视"存在"可能向"最高价值"的变异，但是如德里达指出的，海德格尔最终仍然保留了"存在/不存在"的二元论结构，换句话说，在德里达看来海德格尔并未真正解决"有/无"的对立，甚至所谓的"存在论差异"仅仅是形而上学的一个翻版[2]。

基于上述问题，海德格尔必须在其业已转向多次，并且在涵盖生存论、存在论，史学与诗学、东西方思想的沉思体系上为他意欲的"另一开端"奠定一个一元论的基点，这也就是"Ereignis"提出的重要背景。而也是由于这一词语的提出，对于海德格尔的自然法论才能获取最终的理解：首先，海德格尔所讨论的"自然"已经不是"对象化"的自然，因此，自柏拉图以降的一切自然法思想都是要随着"形而上学之终结"而被批判的。因此，海德格尔的"自然法"思想首先要求我们从存在的角度，去深入思考"自然"的含

---

〔1〕 例如海德格尔就说，一旦把"存在论"变成了一种"存在主义"，乃至于在萨特那里变成了"人道主义"，乃是对海德格尔的全然误解，在这一访谈稿中，海德格尔批判了把"存在主义"视为一个宣扬"人道"之为至高价值的"主义"，也斥责了把"有神论"关系到存在主义那里，因为在海德格尔看来，这种处理都是对海德格尔的贬损："人道主义的本质是形而上学的，而现在是这就是说，形而上学不仅没有提出存在之真理的问题，而且堵塞了这个问题，因为形而上学保持在存在之被遗弃的状态中"，而海德格尔也认为，如果追溯"人道主义"的原本词源即"homo humanus"的含义也即"人的本质"，那么存在主义倒可以经这样的说法有所确证，也就是说"人道主义"在萨特和海德格尔那里完全是不同的概念，在海德格尔的视角下前者仍然是价值论和伦理学的形而上学思考，参见〔德〕海德格尔："关于人道主义的书信"，收录于氏著《路标》，孙周兴译，商务印书馆 2000 年版，第 406 页。

〔2〕 德里达的理由是："如果理解/含括存有就意味着能任其所是（即在本质与实存中尊重存有并对其尊重负责）的话，那么对存有/含括的理解就总是关联到相异性，典型的是具有其所有特殊性的那种他人之相异性；我们只能任由那不是在所是……如果存有总是任由所是，而思想就是让那种存有去存有的话，那么存有就正是思想的他者……但既然它只有通过它任其所说的那种任由存有才能是其所是，而思想又只有通过那种它任由所是的存有之在场才能思想，所以思想和存有，思想与他者都是同一。"进而他认为存有本身不可能支配任何存在者，因为存在不是存在者的主人，存在的"优先地位"根本不是什么柔性的根据或源初力量，恰恰相反，海德格尔的"存在"是一种与形而上学的"差异论"相似的，以某一种二元论符码去指挥另一种符码的形而上学活动，他根本没有克服"主客对置"的形而上学思辨而是对形而上学思想的一个简单的翻版，对此参见〔法〕雅克·德里达：《书写与差异》，张宁译，麦田出版公司 2004 年版，第 288~289 页。

义，或者用海德格尔不愿使用，但有助于我们理解的言说方式即设定一个"本体论"意义上的"源初自然法"；其次，由于海德格尔顺带将"庸常生活"予以批判，这也导致对日常生活之中的实证法、自然法乃至习俗等一切规范的有效性的反思。因此对于"法"的界定也绝非采取规范性的研究立场就能够完成，而是要采取一种"几近乎道"的思想模式，去讨论在存在角度的"法"的思想；最后，上述的问题促使我们去反思"自然法"到底"是什么"，以及它何以"如是"，以及"为何是"。申言之，将"逻各斯""无蔽"以及作为"涌现"的自然，结合到"天地神人"的四方领域之中，最终它们寓于的那个"物"——存在者，就是源初自然法的显现方式。

不过，对于汉语来说，把"Ereignis"视为源初自然同样面对一些挑战。与海德格尔面对的困难类似，"源初自然法"之为一个汉语词组也需要回答何以是源初而非派生，何以为自然以及何为"自—然"等语义问题，同时也回避了海德格尔本人思想之中的德意志性。

就前一个方面来看，源初自然法必要地与规范、道德、法律等概念分离，同时也要与海德格尔意义上的"流俗自然法"区分。但是本书仍然认为，一般意义上关乎道德与伦理的"自然法"需要从存在论的"源初自然法"的角度获得进一步的奠基，而"源初自然法"与现实法体系和理论体系也有关系。当代"由理念论支持的'自然法'又重新恢复了其'自然性'，但自然法本身却是通过将礼俗传统贬斥为'不自然'的实定法而确定自身的……政治世界之中的名法显然无缘分享自然法的自然之光"，然而自然，这种"实证法/自然法"的对立仍然来自柏拉图对"习俗主义/观念论"的二元论区分，即"Nomos/Physis"的对立[1]。海德格尔明确了"思—真理"的关系以及"诗—逻各斯"的关系后，就进而要处理"自然—存在"的关系。显然，海德格尔的"自然—法"既不能被视为空泛的"玄思"，也不能被视为要以"诗歌"来表达的诗意的规范。

其次，也需要明确作为汉语词汇的"自然"与"Ereignis"有何关系，作为本有的"λόγος（逻各斯）—ἀλήθεια（无蔽）"之为"Dichtung—Besinnung（同一性）"何以转译到汉语之中，才能对"φύσις（自然）"与

---

〔1〕 韩潮：《海德格尔与伦理学问题》，同济大学出版社 2007 年版，第 294 页。另见《形而上学导论》之中"源初自然法 polis"作为"Politiea"的先行结构观点。

"存在（Sein）"的关系进行讨论。海德格尔最终选择以"Ereignis"来作为"本有"已然是一种不得已的处理，这是由于他看到一切语言都不能言说出"Ereignis"来，而为了让人阅读和表达思想，他又不得不表达对 Ereignis 的领会。在汉语学界，Ereignis 可能译为"本有""大道""自在起来"。由于指向有与无的统一，"Ereignis"本身是不可言说的，至于海德格尔也承认"Ereignis""道"与"梵"乃是一切思想中的"三大不可译"的词汇。而海德格尔为了寻找"存在"的所是，在方法论上则选择了回返到前苏格拉底的"自然哲学"的道路与诗意地栖居的生活。因而我们必须在本章也就是文章的最后部分去对海德格尔的"悬置—还原"得出的"源初自然法"的形态进行描述并且对他的"源初自然法"思想有所评价。

一、"源初自然法"与"自然概念"：辨析"Physis"与"Natura"

"法学"以及"法律"是具有历史性和时间性的存在者，因而在人类历史之中，由"法治—人治—法治"实际上暗合了海德格尔源初自然法之中"无—有—无"的节奏。但是在"发声者"绽开的时候，"沉默者"并非不存在，而是以存在的"自行遮蔽"的方式去形成作为显现着的法学—技术性的法学的"渊基"。而在法学无法发出声音的时候，自然法将从沉默之中苏醒，再度去"让"法学在场地"有"。但是在人类的历史上，那些让法学去在场的法治观念未必符合海德格尔式的"沉思"的结果：一方面，作为非规范的理论言说，形而上学的"自然"概念让"实在法"发生后隐遁了起来，这样作为流俗的"自然法"与"实证法"成了"无"与"有"的二元对立的结构，而并不能达到一种"有"和"无"的同一。而另一方面，海德格尔式的源初自然概念则指出在形而上学自然概念和人类社会法律实践之外有更"无"的渊基。故而"源初的自然法"除了是在法律存在之外的无，也是法学发声之时的沉默，"道德/理性"意义、"神圣/彼岸"意义、"习俗/传统"意义的流俗自然法，而是把"流俗的自然法"与"实证法"同一到"同一性"之中的"Ereignis"。

这样，我们也就展开了本节的主旨，即海德格尔的"源初自然法"到底在目前的自然法思想之中有何种被解释的余地，或者"源初自然法"如何包含自然法的诸流派并且成其根据。细致的表述是："自然"这一概念如何成为对象于"实证法"—"技术造物意义的法"相对的"自然法"，并且被赋予了"Naturrecht"这样的表述,以一种和实证法和教义学对立的姿态去表述某种"法理论"?以及这一"法理论"何以被处理为作为"显像"但却被误认为"现象"的公理,进而这类公理的本源究竟是"自—然"的,抑或是同样与法学与规律一样是"技术的"?回答这两个问题,就必须对"自然"这个概念进行诠释,特别地指出在我们的语言之中"自然"何以最终被对应到作为对象的"natrura"上,而丧失了作为沉思的"道"或"Logos"的意涵。

如前述,"Physis"被海德格尔认为是"自然"的希腊源初表达,而通过前文的"还原",这种"自然—涌现"的过程伴随着以"Aletheia"驱动的"由隐入显"以及以"Logos"驱动的"由显入隐"的过程。而这两个过程之中前者意味着"明晰""理性""可说"的过程。而单独从这个过程出发并且将其静止为在场的瞬时样态[1],后者则被视为"隐微""玄思""可感"的。海德格尔的源初自然概念所支持的是在"无"之为本有的意义。例如,阿甘本(Giorgio Agamben)持有的"悬法"概念就和海德格尔有一定的类似,阿甘本认为在社会之中"无—法"的例外状态更为常见。"一个缺乏法的空间,一个无法地带,在其中所有法律性的决定……都停止行动",但是"悬法"之下的空间仍然是"法的空间","这个缺乏法的空间,似乎基于某种理由,对法秩序来说具有非常根本的重要性,以至于它必须以各种方式试图确保自己与它有某种关系。"[2]阿甘本的上述观点或许与海德格尔"源初自然法"之中的"无—有—无"的节奏相互契合。也就区分了作为有的"Natura"和作为有无、显隐同一的"自然—本有"。

(一)"源初自然(φύσις)"的形态及其与"自然(natura)"的关系

开宗明义,"源初自然法"首先是由"源初自然"为定语的词汇,而就"源初自然"来说,它具有如下的基本形态:

(1)"源生"和"动态":它应当被理解为古希腊语中的"φύσις",代表在"无定"的意义上的"从无到有"的生成、涌现和绽出。相对于基于拉丁语"natura"派生出的例如英语中的"nature",德语中的"Natur"等词汇,

---

〔1〕 自然,这里已经把"时间"做了一个切面的处理,而不是站在一个作为"涌现"的时间进行理解的,完全符合"源初自然法"的诠释,意图在于暂时通过把"由隐入显"和"由显入隐"的分离,把目前以"Natrua"为语意的自然法思想进行解释为"在场"和"显现"。

〔2〕 [意]吉奥乔·阿甘本:《例外状态——〈神圣之人〉二之一》,薛熙平译,西北大学出版社 2015 年版,第 79 页。

海德格尔认为"源初自然"在形态上首先以动态的形式包含了其他"自然"概念之为静态的、现成的对象形态。

（2）"包容"和"连续"：这种包含关系由于"同一性"的同一，因而包含了无论是符合自然法要求还是反对自然法主张的"自然法的有"和"自然法的无"的一切讨论，它们都是"源初自然法"的演历之中"无—有—无"的横断面。

（3）"创造"和"无定"：同时，它还意味着自发的至高创造，它以"不定式"的方式出现，并且以"无定"的形式经由"命运"的遣送，进而对哪一种"自然法"显现和哪一种"自然法"被遮蔽起到根据的作用。

（4）"根据"与"栖身于物"：此外，"源初自然法"仍然遵循海德格尔的"物论"的规定，寓于"法典"之中，但是以"四大"之寓居的方式居于其中的，因而是作为"根据（Grund）"或"渊基（Abgrund）"的本源。

（5）同时，在实质的词义上，本书希望通过以中西方对比的方式去揭示"源初自然"的基本含义，而鉴于海德格尔对中国老庄思想的推崇，从老庄典籍中寻找"自然"的意义——也即"道法自然"意义上的"自—然"的多重语意，并且与海德格尔的西学背景呼应也是值得考虑的方法论。

"源初自然"之为"Physis"，乃是对一切"natura"及其变种的包含。在海德格尔的源初自然法之中，即使在法学之中如何关注"显现""澄明"以及"终有一死者"，却不意味着在存在论意义上"隐秘者"以及"锁闭者"的不存在。"源初自然法"是一个极其包容的体系，"反自然法"或"非自然法"的观点完全也可能是"源初自然法"之中的"无"与被遮蔽者，而"natrua"意义上的自然是现成的静观对象，作为动态"Physis"意义上则是涌现着的动态截面存在。海德格尔指出："历史的现实以及自然的现实都是一种处在时间之中的过程之链"，无论是自然科学还是历史学，都必须要有时间测量或编年史研究，与之相对的是坚持绝对主义的数学和神学。因而"时间概念……是一个事关哲学基本问题的概念——如果哲学所追问的就是关于存在者之存在，关于现实（Wirkliche）的现实性（Wirklickeit）、关于实在（Reale）的实在性（Realität）的话"〔1〕。那么海德格尔的"源初自然"作为一

---

〔1〕〔德〕海德格尔：《时间概念史导论》，欧东明译，商务印书馆 2014 年版，第 7 页。实际上，在这里海德格尔已经对"流俗的时间观"有所妥协，他为了能得使讲座顺利进行，首先把时间对"历史"和"科学"的奠基作用揭示出来——这里很显然对应的是黑格尔"绝对精神王座"的两个支持，也就是在这个基础上，海德格尔才能说一切的存在就是时间。

个阿那克西曼德式的"流变"的说法，就足以包含一切着眼于在场的"natrua"意义上的自然观。"Physis"在前文已经提及，是代表"至高创造"的概念，只有"自然（φύσις）"——"真理（无蔽）ἀλήθεια"——"逻各斯（λόγος）"这三个"同一"的概念才能作为"源初自然"的表述。而"natrua"以及相应的"自然观"仅仅是在"Physis"的流动中"显明"了的有所解蔽的"Physis"的侧面。或者比喻地说，每一种以"natrua"为鹄的自然法理论都是"片段式"地截取于"Physis"这一"源初自然"的整体和连贯的"涌现之流"中的：那些坚持"自然规律""自然律令"的存在并以之为自然法的观点，是对"显现"的截取。而主张"自然权利论"的，认为人的理性可以派生出自然法的观点则是对"隐蔽"的截取，在形式上都是"片段"的。因而，无论是支持自然法应当为"自然规律"的"自然主义者"，还是主张"自然律令"的神学家，抑或是主张"自然权利"的理性主义者，都无非是揭示了在"Physis"的演历之中的某一个"真理"的面向。而对"逻各斯"这个隐而不彰的同一位阶的观念则并未关注，尤其是并未关注在这一"源初自然法"的"涌现"之中作为"存在"的"时间"的流动，导致了这些自然法理论都成了客观上的历史主义地对部分的真理的"解蔽"，而无意对那些"无"的和"自行遮蔽"的观点进行反思。这也就导致了在历史之中由于把法律和法学的发展之中由于立法技术、司法技术不断体系化和教义化。把对法律之为"理性"和"权利"的最终定论视为不证自明的法律公理，而无视了在源初自然意义上这些操作乃是克服了历史上的曾在的法律活动，并且最终要被未来的法律活动所颠覆的"源初自然"的规律。

进而，"源初自然"与"自然"不同，前者全然自发的并作为"至高创造"而展现"存在（Sein）"，意味着"存在"对即"涌现着"的"无定（ἀρχή）"进程"不定式"表达。这一方面意味着没有任何更高的存在者能够控制"Physis"何时有"显现"与何时面对"遮蔽"；另一方面也意味着"Physis"乃是一切"natura"的根据。就前者来看，海德格尔指出"Physis"就是一种"绽放的强力"，它与对象化静观的"自然"绝不相同而代表不定式意义上的"变易"与"生成"[1]。但又恰恰是因为"Physis"根本是"存

---

[1] ［德］海德格尔：《形而上学导论》（新译本），王庆节译，商务印书馆2015年版，第17页。

在"[1]，而成为在此现成的自然的来源。

首先在词源上看，"源初的自然"代表以自身为"然"的动态形式，并不具体指向某些后果，"Physis"作为"不定式"揭示在"不定"的情况下的遮蔽与解蔽活动。海德格尔因之将"源初自然法"的渊源归结到了"命运"上，源初自然法把"思想"（也即解蔽的活动）和"存在"（也即那些涌动着的有待解蔽的自行遮蔽者）同一，并且在现实的落实中把它分为"二重性"[2]。然而由于任何事物都必然有其基本的动力，源初自然法怎样在现实中区分"存在"与"现实"，根本的还是要有一个根本的驱动力，而在海德格尔那里驱动这个活动也即掌握"同一者"和"二重性"的切入点就是"命运"：

> …Ἐπεὶ τό γε Μοῖρ' ἐπνδησςν
> οὖλοιν ἀκίνητόν τ' ἔμμεναι.
> ……因为命运已经把它（存在者）捆在一起，
> 成为不可分割、不动的整体。[3]

"Μοῖρα"是巴门尼德式的表达。海德格尔借此希望表达的是"源初自然法"在"自然（φύσις）"—"真理（无蔽）ἀληθεια"—"逻各斯（λόγος）"的结构之外，还存在一个"Μοῖρα（命运）"的要素。"源初自然法"之为一切的对象式的自然法研究的根据地位恰恰由"Μοῖρα"决定。"命运"是"分派（Zuteilung）"，是它实现了对"同一"的允诺后，把思维与存在的二重性

---

〔1〕　在这里需要对前文的一些观点进行补充，海德格尔在这里把"涌现—自然"视为"存在"，并不是在"Sein"的名词或"ist"的动词的角度上使用的，而是把"存在"视为"去存在"的，不设目的的"不定式"处理的，因此它既不是一个固定的"定式"，也不是一个已经在发生并且具有目的的"动态"，而是介乎二者之间的"不定式"，然而在汉语中，"不定式"却是很难被表述出来的，这也在一定程度上阻碍了我们对"源初自然法"的直接诠释。

〔2〕　也即思维和存在是同一的，但是在"在场者之在场（存在）"的同时也"把思想召唤到'为它自身之故'的道路上"，这一观点来自巴门尼德的"思维与存在的同一"的经典命题。参见[德]马丁·海德格尔："命运"，收录于氏著《演讲与论文集》，孙周兴译，生活·读书·新知三联书店 2005 年版，第 266 页。

〔3〕　[德]马丁·海德格尔："命运"，收录于氏著《演讲与论文集》，孙周兴译，生活·读书·新知三书店 2005 年版，第 273 页。译注：目前的中译本为"因为命运已经用锁链把它捆在那不可分割的、不动的整体上"，参见北京大学哲学系外国哲学史教研室编译：《西方哲学原著选读》（上卷），商务印书馆 1981 年版，第 33 页。

"派送"过来,源初自然法经由"Mοῖρα"决定了什么"作为在场者之在场",决定了"在场者"如何聚集在一起并由思想的语言拢集、道说[1]:一是由于是"语言让人去说",那么一切的道说也就是"显现"和"隐藏"的结合,人并不能作为语言的主宰,而只能在预言的要求下去"说"。因此如果我们把"自然法理论"视为一个"话语",那么它们所"说"的也是由于"命运"的遣送而把"思想"置入"在场者之在场"的"二重性之同一"的活动;二是由于"命运"与"源初自然法"的"自然(φύσις)"—"真理(无蔽)ἀλήθεια"—"逻各斯(λόγος)"结构相称,因此它同样是随着"源初自然"而涌动的历史的"命运",即"历史乃是二重性的命运(das Geschick der Zwiefalt)"[2]。因此"思想"如何与"在场者之在场"嵌合并不是由思想者决定的,是当下的对自然的"对象化领会"同样是在历史之中思想和存在者的宿命式的同一。即使是当下在存在者意义上的"同一者"仍然在未来可能由命运拆散,因而"命运"也就是"历史性"的,源初自然法基于"涌现—自然—存在"的不定结构和宿命式的遣送方式实际上决定了哪种自然法理论是"昭然"的,哪些自然法理论是"隐蔽"的。

因此再进一步说,"源初自然"是"自然"的根据,唯有先行存在一个作为"涌现"的自然,才有可能出现把"涌现者"视作片段的"自然"。依照海德格尔,"根据"并非什么"原因"或"条件",后者乃是在逻辑上或是充分或是必要的结果的"前件",而在海德格尔看来"源初自然"之为"根据"恰恰是因为它指明了"无"这个"渊基"。根据律,作为"principium magnum, grande et nobilissimus(伟大的、强有力和最崇高的原则)",作为伟大的、强有力的和众所周知的—最崇高的原则,在于正是这种原则规定着什么可被视为表象活动之对象,规定了什么可被视为某种存在着的东西"[3],规定了什么应当由理性掌管,什么应当由知性掌管,什么能够用判断力掌管等问题,是"源初自然"的不断赓续赋予了"自然"的合理性和依置性(Rechenschaft)。而在生存论方面,"根据"代表了"实际性(Faktizität)"是

---

[1] [德] 马丁·海德格尔:"命运",收录于氏著《演讲与论文集》,孙周兴译,生活·读书·新知三联书店 2005 年版,第 273 页。

[2] [德] 马丁·海德格尔:"命运",收录于氏著《演讲与论文集》,孙周兴译,生活·读书·新知三联书店 2005 年版,第 274 页。

[3] [德] 马丁·海德格尔:《根据律》,张柯译,商务印书馆 2016 年版,第 254 页。

用来表示'我们的''本己的（eigenen）'此在（Dasein）的存在特征。更确切地说，这一表达系指：当下的这个此在当下性（Jeweiligkeit）的现象……存在方式中的此在指：不是而且绝对不是最初作为直观和直观规定的对象，不是作为仅仅从中获得知识和占有知识的对象，而是此在以其最本己的存在方式（Wie）在此存在。"而"如果我们将生活（Leben）看成是一种'存在'的方式，那么'实际生活（faktisches Leben）'的意思系指：作为以某种存在特征的表达方式在'此（da）'的我们的本己此在。"〔1〕因此，即使把"自然"视为人的思想的表达和阐述，那么它的根基仍是"本己此在"。人可以被解释为"理性动物""上帝造物"，但本真的解释学则在于依照"源初自然"的节奏指出"此种本身拥有客观的此，它将自身客观地带入它的此"，"历史"就是"此在的方式"和"在其自身中可行的道路（Wege）"〔2〕。此在唯有在这种历史性的"源初自然"的无定结构之中才能以出离于沉沦的方式去拥有自身，而避免被"概念"的技术所订造非但是"自然观"和"自然法"以"源初自然"为根据，即使是对"自然"的言说也系于对"无—有—无"的源初自然节奏的言说根据。

最后，如果论及"源初自然"的寓居之所，那么我们显然要遵循海德格尔的"物论"。就以"源初自然法"为例，它必须寓于"法典"〔3〕，即"文字"或"语言"。不过，"法典"的语言仍是人工的语言，因而虽然"源初自然"栖身于其中，但往往会由于对人工语言和法律逻辑——例如法律解释学、法律逻辑学而"执"于显现者而无法让栖身于存在之澄明之中而显露自身，显现者仅仅为"法之存在"的"存在/现身的法"这一存在者意义上的法。从反面来看，"法典"也不能保障"自—然"，盖因"自"者为"自主""自发""自生"之意，"然"为"如是""真切""正确"之意，法典之出现非"自"，亦非以"自"为"然"，那么什么是"法典之自然"或"法的本质"就必然在法典之外。当然，"法典"也可以被视为艺术作品而获得超越现成在场的能在，"自然"可以被对象化并且在流俗的文本之中显露。而"源初自

---

〔1〕　［德］海德格尔：《存在论：实际性的解释学（1923 年夏季学期讲座）》，何卫平译，人民出版社 2009 年版，第 8~9 页。

〔2〕　［德］海德格尔：《存在论：实际性的解释学（1923 年夏季学期讲座）》，何卫平译，人民出版社 2009 年版，第 69 页。

〔3〕　本书使用的"法典"不仅包括成文法，也包括法学家对法典的评注、对法理论的讨论等文本。

然"乃是在"四大"的敞开域之中自我显现或隐蔽的自发的活动——"涌现之为涌现向来已经喜好自行锁闭……前者隐蔽于后者中"。这是由于涌现也即"源初自然"在"显示—无蔽"的同时，必须庇护（Bergen）其中的隐蔽的成分以成其本质。"源初自然法"所寓居的"法典"绝非工具，把"法典"视为源初自然之"馈赠"而非技术的"造物"，视为源初自然法的栖身之所而非流俗法学观念的"对象"。那么在法典之中就完全可以解读出"居有着四重整体（天地神人）"的"物化的逗留（Weile）"，并且把"源初自然"入于一个当下栖留的东西（ein je Weiliges），并且以此聚集着对法律的道说[1]。

（二）"源初自然"与汉语"自—然"的语意牵系

但是，上述讨论的"源初自然"的形态，仍是对"源初自然"的形式规定，也就是相对于"流俗自然"的"源生"和"动态""包容"和"连续""创造"和"无定""根据"与"栖身于物"的差异。但是作为汉语表达，"自然"并非出自外来语典。"自然法"是被翻译而来的汉语词汇有自身的渊源，而海德格尔同样也对中国哲学抱有接受的态度。因而对"自然法"这一语词的语意进行追问也需要在汉语语境中去找寻"自然"的意义并且尊重海德格尔对东方思想的应许，并以此尝试在中国语境中理解海德格尔的"源初自然法"。

"自然法为何存在而是自然法"可以被视为汉语之中"自然"何以展开的问题。而如海德格尔所提示的那样，讨论"自然"的汉语语意并且将之与"φύσις（涌现）"关联起来，切入点往往在于"道法自然"这个提法上，同时避免这一提法产生"二元论"的对象化自然倾向，也即有可能拆分"道"与"自然"并以之为两个对象，进而构成对 Ereignis、"道"等词语的割裂。如李泽厚所肯定的那样："道家之所以厉害………就在冷静的历史主义。它知道天地乃中性，并不仁慈；人世更加险峻，必须装假……不像儒学那样去傻乎乎地构建一个有情宇宙观或本体论来支撑人世秩序（纲常礼教）和人生目的（济世救民）。"[2]在李泽厚的伦理学思想之中，他也批判性地提出了"西

〔1〕[德]马丁·海德格尔："无蔽"，收录于氏著《演讲与论文集》，孙周兴译，生活·读书·新知三联书店2005年版，第181~182页。
〔2〕李泽厚：《人类学历史本体论（下卷）·存在论纲要》，人民文学出版社2019年版，第26页。

方现代性的三个反历史学派"的观点，其中包括"后现代虚无主义""寻神的再造上帝的新神学"以及"科学生物派"这三类观点〔1〕。在李泽厚看来人类是一个"历史的主体"，"历史本体论"就是"历史以及历史的主体的本体论"。在这种本体论的背景下，李泽厚亲近中国式的"实用理性"，而反对科学主义、虚无主义和新神学的西方现代性救赎中被反对或是被支持的"纯粹理性"道路，本质上是他和海德格尔类似的"一元论"的自然与认识论在发挥作用〔2〕，他也不能脱离"人性"而取"天道"。因此，最终李泽厚把"天道"的无情与"人道"的有情的耦合视为一种对人类的历史此在的主体性诠释。相对地，他所指出的对现代性的西方"救渡"方案之所以失败，恰恰就是因为它们仍然未逃离海德格尔所说的"最高价值的自我罢黜"。后者无非是在"天"这个客观无情的位置安放了"欲望""自然神"或"科学"这些新的"上帝"，而"人"仍然与它们区隔开来。李泽厚同样认为，真正的"天地境界"已经是一元论的"沉思"了，但是并不是一个分不清和辨不明的"神秘主义"思想——这种批评也是对海德格尔的思想的一个重要的批评面向）——因为"天地境界"带了一个"基于道德又高于道德，而与宇宙万物相合一的感情所产生的较长久、稳定的生活心态和人生境界"。它强调的不是"神秘体验"，而是"理性的神秘/无性"所绽出的"不执意世间事物的广阔、稳定、超脱、心境、状态"，强调的 是"对世间人际的时间性珍惜，即展开人的内在历史性，由眷恋、感伤、了悟而承担"〔3〕。李泽厚对"儒道合

---

〔1〕　李泽厚：《人类学历史性本体论（上卷）·伦理学纲要》，人民文学出版社 2019 年版，第245~246 页，这三种观点分别指向了在尼采宣告"上帝死了"也即"形而上学的终结"之后，西方思想对新道路的求索方式："虚无主义"意味着"告别理性""过把瘾就死"等重视个体而轻视整体，根本否定启蒙与理性的观点；"寻神"则是要求在"上帝死了"之后去寻找、恢复、再造上帝，乃至再造一个更超越的上帝或世间强调的上帝，前者例如施特劳斯对柏拉图的"理念"的诠释，而后者则是对古代圣人和新国父的神化，它们共同认为人类的生存必须要有根本的强力主宰者去维系和指导；而"科学主义"不再相信"创世论"，但也不相信"非理性"，而主张以"科学理性"去诠释人类历史之为"基因突变"的结果。

〔2〕　李泽厚：《人类学历史性本体论（上卷）·认识论纲要》，人民文学出版社 2019 年版，第172~173 页，在这一部分李泽厚所主张的是中国哲学中"天人合一"的"天道"与"人道"的同一律，在老子那里"天道"首先被提出是"自然之道"，是"超乎人类之上的某种规律性"并且原本是没有情感的，而孔子等儒家思想家则把"天"赋予了情感性，也就是说，在中国哲学之中由于道家和儒家的思想的耦合，"天（客体）/人（主体）"的区分实则已经被消除了。

〔3〕　李泽厚：《人类学历史性本体论（下卷）·存在论纲要》，人民文学出版社 2019 年版，第192 页。

一"的人类本体论的阐释，强调天道之为存在的"超越"，指出人道之为此在"在此"，并且以"感情"，即海德格尔的"存在领会"去串联"天道"与"人道"，实际上也就构成了对"天道"与"人道"的融彻，就是对"存在"和"此在"，对"世界"和"大地"的合一的融彻。在这里"自然"仍然是冷峻的"强力的施加者"，作为"天道"的"自然"的确是本体论意义上的中性存在。但从伦理学的角度看，恰恰是在其"不仁"与"无为"的时候，它也同样是"自由的赋予者"——它提供了一个人类向"道"敞开的澄明的场域而不去以西方式的"至高存在者"限定此在的自由—去蔽活动。而在认识论上，由于与"人道"的同一，"自然"在对人进行支配的时候却保留对人的情感维系——即使这种情感是人对天道的感情"认识论交换"得来的，它还是"宰制着的庇护者"。因此，李泽厚也就构造出了一个与海德格尔类似的对"自然"的诠释脉络，并且基于他的提示，在解读"自然"的时候绕不开的就是他推崇的代表"天道"的《道德经》，以及代表"道家的儒家化"的《易经》两部经典[1]。

　　上述观点为我们具体回答"φύσις"与存在者的关系给出了如下的启示：一方面，存在论上的"自然"有"Μοῖρα（命运）"这一个意义面向，即一种无法由人所操控的规律；而另一个面向则是蕴含在"自然（φύσις）"—"真理（无蔽）ἀληθεια"—"逻各斯（λόγος）"之中的"自然"的"显现"与"隐藏"交替地变化着的遣送，因此可以称之为"易"。不过，虽然是一个在日常生活中经常被使用的词汇，但在我们的语言中，至少在"自然法"这个概念之中的"自然"并非一个自明的概念，原因在于一旦抛弃了对象化的自然，认识"自然"的地位就超越了与人对置的存在者，陷入了海德格尔由于"存在论差异"导致言说之不能。因而，为何我们把"φύσις（涌现）"诠释为"自然"也就是一个重要的问题，这是由于一旦无法证立"φύσις"就是汉语的"自然"，那么本书以汉语所表述的"源初自然"就变得毫无意义。而中国思想之中重要的"自然思想"有助于揭示"自然"的含义，乃是因为正如海德

---

　　〔1〕　对此，丁耘认为李泽厚的上述思想实际上构成了"东西方存在视域"之融合的机缘，他认为："在用康德解释把握时代命脉甚至推动时代精神的意义上，李泽厚无人可比——即使海德格尔高明的康的书在这一点上也无法相提并论……把（康德在 20 世纪的天时地利）因素转化为活生生的现实力量，李氏解释其功至伟"，详见丁耘："启蒙主义性与三十年思想史"，载丁耘：《儒家与启蒙：哲学会通视野下的当前中国思想》，生活·读书·新知三联书店 2011 年版，第 11 页。

格尔所认知的那样，"中国思想"是能够对"无"进行道说的思想。这种道说是前苏格拉底式的，非逻辑的和诗化的沉思。

首先要从"语形"的角度去理解"自然"这个概念。古代汉语中的"自"先是异形字，本为"鼻"，后形为"自"，《说文解字》云："自，鼻也，象形鼻……气从鼻出，与口相助"，注曰"此以鼻训自。而又曰象鼻形。王部曰。自读若鼻。今俗以作始生子为鼻子是。然则许谓自与鼻义同音同。而用自为鼻者绝少也。凡从自之字、如尸部眉、卧息也。言部詯、胆气满声在人上也。亦皆于鼻息会意。今义从也、己也、自然也皆引伸之义。"[1]这里"自"通"鼻"，但如段玉裁注，把"鼻"与"自"通用是少见的，今天往往将之以为"从""自己"或"自然"。而以词源学的角度来看，"气从鼻出，与口相助"所描述的就是一个"言说"的形态。"语言"或"声音"的前提是有"气息"，而"气息"出自"鼻"，因而"自"乃是本真的语言的条件，也就是说"道说"可以被理解为本于"自"——"自己"或"自身"的说。而在《说文解字》中，"然"同样被视为一个通假字，其与"燃"同源，即"燃，烧也。从火肰声"，但段玉裁转引徐铉的注释，认为有可能"然"与"火"无关，即："徐铉等曰。艸部有此字。此重出。与火部无涉也。按篆当作？或古本作？转写夺火耳。汉五行志。巢？坠地。广韵引陆佐公石阙铭。荆（刑）酷？炭。"[2]因而，"然"极有可能是"火"这个元素的"动态"，但也有可能指的是其他与"火"相关的静态现象如"巢"或"酷刑"（炮烙）。这样看，"自然"本身是由两个异体字构成的，也即"鼻"与"燃"的结合，那么"自然"从"自"的角度，乃是意指"道说"的动作，也即"气"的运动；从"然"的角度，乃是"火"的动态，也即"火焰"的燃烧，或者通过"火"而实现的行动。即使在《说文解字》的语境之中"自然"被拆分为两个词语，对"自"和"然"的解读也是以"动态"或"不定式"进行的："气的运动"意味着将"气息"用鼻、口发出，因而不是作为名词的"空气"；"火的运动"意味着将"火"用以烹饪、刑罚，因而也不是作为名词的"火。"

注意到上述的"动态"，才能够对"自然"进行更为深入的"语义"学

---

[1] （清）段玉裁撰：《说文解字注》，中华书局 2013 年版，第 138 页上。
[2] （清）段玉裁撰：《说文解字注》，中华书局 2013 年版，第 485 上

分析："道"作为"自然"处于"流变"之中，由于"自"与"然"在语形学上的动态属性，因而不妨在此处将之拆解为"自—然"的连缀，也即在语义流变之中的"以自为是"或"以自为然"的动态的涌现/燃烧的过程。这种解释与《道德经》中的"自然"概念相符。在《道德经》的体系之中"道"已然是最高的，只能被"德（得）"而不能以人力去改变。那么如果说"道"以"自然"这个静态的，有所实际指称的名词为效法的对象〔1〕，那么"自然"就高于"道"而成为比"道"更为本源的概念，因而"道"也不是最初的本源，这不符合《道德经》的基本构想〔2〕。因而"道"只能是与"自然"同一的至高者。不过，关于"道"这个"至高者"是"至高存在者"还是"存在本身"则有不同的说法。如王庆节认为"万物自化"或"物化"的过程是"从无到有"或者是在"有无之间"的化育与变化——即老子的"自然""和海德格尔所讨论的'自然'类似，老子关于'自然'的说法首先不是什么在人之外，和人对立，或者压制人或者受人控制改造的自然对象物，而是包括道、天、地、人在内的'物'自己发生、生长、化育、变化的'自己而然'的过程。"〔3〕而在语言学界，王力等人在解读"天道与人道"的时候则区分了"天道——自然而然"以及"人道——自身而然"，指出"道"在这里标示的是"规律"。因此"天道"即"自然规律"，而"人道"

---

〔1〕 王庆节持有相同的观点，他认为不仅仅是"道"效法"自己而然"，同时，而是"天地人"也都应当效仿"自己而然"，否则它们不能同时成为"大"，且"王/人亦大"；但老子的"人—地—天—道/自然"又形成了一个阶梯关系，即"道"以"自然为然"且以"自己为然"，而其余的"三大"则只能以"他者为然"，因而王庆节认为"大"不是形容词，而是"动词"，不是即"王/人"因"法地"而大，"地"因"法天"而大，"天"因"法道"为大，而"道"能"自—大"，而是因为"人"之"自然"因"法自身/自己而然"，"法地之为地"，"法天之为天"和"法道之为道"而成立，这一解释也就顺延了李约的《李约道德经新注》的断句，即"人法地地，法天天，法道道，法自然"，这样海德格尔式的"四大"也就能够更顺畅地与《道德经》结合起来，因为前者主张的"天地神人"的"四大"是平行结构并本于"Ereignis"而"自在起来"，而依照李约的断句方法，《道德经》就更能够支持海德格尔的"自然"观念，也就更能说明海德格尔对中国思想的亲近的理由。参见王庆节：《解释学、海德格尔与儒道今释》，中国人民大学出版社2004年版，第149~150页。

〔2〕 此处涉及的语篇如前引，即"有物混成，先天地生。寂兮寥兮，独立不改，周行而不殆，可以为天下母。吾不知其名，强字之曰'道'强为之名曰'大'。大曰逝，逝曰远，远曰反。故道大，天大，地大，人（王）亦大。域中有四大，而人（王）居其一焉。人法地，地法天，天法道，道法自然"。参见陈鼓应：《老子今注今译》，中华书局2020年版，第152~153页。

〔3〕 王庆节：《解释学、海德格尔与儒道今释》，中国人民大学出版社2004年版，第189页。

则是"社会上奉行的法则"[1]，也即"社会规范"。而进一步地，他们认为"天道"乃是"无用"，"有"以为"利"即"实利"，"无"以为"用"即"作用"，因而"道"高于"人"，"自然"高于"本性"[2]。而一种中和的解释是张志扬的以下观点，他指出"人之为人，就是出离'自然'之'文化'底产物；而'文化'又不能背离'自然'，只能像老子《道德经》言'道法自然'即'知其白守其黑'地'大化自然以致中和'……'道一贯之'，即'以体制用'"，不过要"极高明而道中庸"[3]。不过在本书看来，无论是上述的哪一种观点，都确证了"道"与"自然"的同一以及"道—自然"之为"涌现"的动态性质。而区别则在于"道/自然"是一个至高的"创造者"，还是与"天地神人"的四方域并行的发生性概念。

若希望解决这个问题，本书认为就不能脱离海德格尔更为熟稔的《庄子》。因为后一个著作更加强调了"人"的境界，它虽然与"道"的混沌"自—然"有所疏远，但是同样作为海德格尔掌握的经典文献也能够更好解释海德格尔生存论意义上的"自然"或"人道"。在"逍遥游"中，庄子认为"若夫乘天地之正，而御六气之辩，以游无穷者，彼且恶乎待哉。至人无己，神人无功，圣人无名"，陈鼓应认为"无己"也就是"去自"："真人""至人""神人"没有世俗英雄的情怀，同时也没有自身的优越感，没有"小我"。"若能顺着自然的规律，而把握六气的变化，以游于无穷的境域，他还有什么依待的呢！"——"他并没有划一道鸿沟，把自己和宇宙隔起来，把自己和一般人隔开来"[4]。"知天之所为，知人之所为者，至矣。知天之所为者，天而生也；知人之所为者，以其知之所知，以养其知之所不知，终其天年而中道不夭者，是知之盛也。""且有真人而后有真知。何谓真人？古之真

---

〔1〕　王力在其主编的《古代汉语》之中选取了《道德经》之中的四个语篇，其中引用了《道德经》之中的第七十七章（语篇三）即："天之道，其犹张弓与？高者抑之，下者举之；有余者损之，不足者补之。天之道损有余而补不足，人之道则不然：损不足以奉有余。孰能有余以奉天下？唯有道者。是以圣人为而不恃，功成而不处。其不欲见贤也！"参见王力主编：《古代汉语》（校订重排本第二册），中华书局 1962 年版，第 374 页。另见陈鼓应：《老子今注今译》，中华书局 2020 年版，第 321 页。

〔2〕　此处为《道德经》第十一章，为《古代汉语》引用的语篇二即："三十辐共一毂；当其无，有车之用。埏埴以为器；当其无，有器之用。凿户牖以为室，当其无，有室之用。故有之以为利，无之以为用。"另见陈鼓应：《老子今注今译》，中华书局 2020 年版，第 94 页。

〔3〕　墨哲兰：《我对〈黑皮书〉事件的态度》，华东师范大学出版社 2019 年版，第 123 页。

〔4〕　陈鼓应注释：《庄子今注今译》（上），中华书局 2020 年版，第 17、20~21 页。

人，不逆寡，不雄成，不谟士……是知之能登假于道者也若如此。"〔1〕因而"圣人""真人"也就是海德格尔意义上"几近于道"的"本真此在"。而且如果我们关注《道德经》与《庄子》的写作手法的话就可以发现，即使是老庄这样的先贤大哲也只能做到对"大道"的"感性理解"，不知其名而只能"强言之"为"道"，这恰恰与海德格尔式的"诗化"的道说类似。因此就"人道"来看，本书认为它存在一个内部的位阶，也即"常人—圣人"的区分，后者"无己""无功"且"无名"，他们所追求的是"无"的本有之境界，却由于"有死性"而"不知道"而能"言道"，也即先有"真人"后有"真知"。不过，这种"真人"随着形而上学和政治哲学的拓展逐渐边缘化，例如在中世纪的欧洲常常有"游吟诗人"的存在，而在中国则有"志怪作家"的存在。这些"人之此在"都不去以逻辑的和符合论的方法去进行言说，然而他们所遵循的"人道"恰似古代的"诗人"与"思者"对"逻各斯"或"大道"的领会。无论是"逍遥游"抑或"栖居于存在近旁"，乃是本真此在的"典范"——但与此相对地，无论是"神父"还是"士大夫"，虽然追求的是"神圣信仰"或"圣人学问"，最终地还是把自己降低到了对"人道"的效仿上，而没有超越"人道"去切近"大道"的理想。

"遗世而独立"是"人道"的本真样态，但"人道的本真样态"却未必都是"遗世而独立"。这乃是由于"天道"意义上的"自然"处于变易之中，"易"者之无限性与"人"之有限性的差异，也区分了"自然"之为"涌现"和生存之为"在此"的区别。如孙周兴所说，"海德格尔认为他所思的'大道（Ereignis）'是'超'形而上学的，是非形而上学的'思想的事情'……'大道'综合了 Aletheia 和 Logos 之双重含义，一方面是'解蔽'，另一方面是'聚集'，是 Aletheia 与 Logos 的一体"。但就"人与大道"的关系来看，人"归属于大道"："大道"高于"有无"，人归属于"大道"，且后者自行隐匿，不可言说〔2〕：

　　自由（是出自存在者本身）去蔽的让存在；它将自身揭示为真理的本性。现在它将自身显现为：此作为真理本性的自由在其本身在就是向隐秘（Gehe-

---

〔1〕　陈鼓应注释：《庄子今注今译》（上），中华书局 2020 年版，第 20~21、176 页。

〔2〕　孙周兴：《语言存在论——海德格尔后期思想研究》，商务印书馆 2011 年版，第 334~336 页。

imnis）的补足性的开启。哪知其光亮者，将自身隐藏于黑暗之中。（老子）〔Das Freiheit als entbergende Seinlassen（von Seiendem als solchem）enthüllte sich als das Wesen der Wahrheit. Jetzt zeigt sich：die Freiheit als das Wesen der Wahrheit isr in sich die ergänzende Aufgeschlossenheit zur Grheimnis. Der seine Helle kennt，sich in sein Dunkel hüllt（Lao-tze）.〕

此处海德格尔引用的是"知其白，守其黑"这句话。张祥龙在查询了一手文献后指出，海德格尔的这一段话本来意图填入 1943 年"论真理的本质"一文之中，但在《路标》这一论文集之中却并未体现，盖因为海氏此时尚未与中国学者有密切接触，故为了学术谨慎并未收纳这一文段[1]。然而"论真理的本质"一文明确指出的是，"真理"之为对存在的解蔽活动，一方面受制于人的有限性或有死性，以至于即使是"真人"或"圣人"也只能"几近于道"；另一方面更毋论在"沉沦"之中，且被形而上学和技术蒙蔽了的常人已经丧失了"自主"地对"自然"的发现。但是海德格尔对"天道"和"人道"的区分和关联的认识却体现在"知白守黑"的论说之中：唯有"人之此在"能够发问"存在问题"，因而"自然"系于人又制衡着人，"人之此在"寓于"φύσις"之中却自有其"规范"。因此本书所认为的海德格尔坚持的"技术批判—形而上学批判"到"常人批判"，再到呼唤"本真此在"进而召唤"思想—艺术"的"另一开端"也可以理解为海德格尔并不对常人的"法"有绝对地批判态度。因为直接地"沉沦"远比"沉沦而不自知"更好，"沉沦"虽然是相对于"本真"的"黑"，但未必不是对"沉沦之所在"的"不知其白"——"知道"即"解蔽"的可能性远比现实性更为重要。

因此，"儒道之争"也就随着对"道法自然"的解读浮现出来，而这种争论恰恰与西方哲学的"政治哲学"与"自然哲学"的争论契合。但是海德格尔的重要性，就在于它超越了一般意义上的"天道"与"人道"抑或"存在"与"思维"的区分，重新建构了一个"Ereignis"用以团结前述的二元对立。首先，无论是儒家还是道家，无论是政治哲学还是自然哲学，都在对世界进行解蔽。在中国哲学之中道家重"得天道"与儒家的"用人

---

〔1〕　张祥龙：《海德格尔传》，商务印书馆 2017 年版，第 217～218 页。

道"同样是向"自然"迈进的去蔽途径："行为"可以是"圣人执一，为天下式"[1]的以不变而应万变，也可以是"吾道一以贯之"[2]的于万变之中的守正其一；"领会"可以是"圣人无常心，以百姓心为心"[3]的以天道之用治人道之利，也可以是"大学之道，在明明德，在亲民，在止于至善……物有本末，事有终始，知所先后，则近道矣"的以天道去"格致"而行"修、齐、治、平"之能事[4]；"规律"可以是"谷神不死，是谓玄牝"的"无"的拢集[5]，也可以是"发育万物，峻极于天"的"有"的解蔽[6]；"道德"可以是以"无德"为"玄德"的"上德不德，是以有德；下德不失德，是以无德"[7]的存在之渊基的体悟，也可以是对"朝闻道，夕死可

---

〔1〕 出自《道德经》第二十二章："曲则全，枉则直，洼则盈，敝则新，少则得，多则惑。是以圣人执一，为天下式。不自见，故明；不自是，故彰；不自伐，故有功；不自矜，故能长。夫唯不争，故天下莫能与之争。"参见陈鼓应：《老子今注今译》，中华书局 2020 年版，第 141 页。

〔2〕 "子曰：'参乎！吾道一以贯之。'曾子曰：'唯。'子出。门人问曰：'何谓也？'曾子曰：'夫子之道，忠恕而已矣。'"朱熹注曰："尽己之谓忠，推己之谓恕。而已矣者，竭尽而无余辞也。"参见 （宋）朱熹撰：《四书章句集注》，中华书局 2011 年版，第 71 页。

〔3〕 出自《道德经》第四十九章"圣人无常心，以百姓心为心。善者，吾善之；不善者，吾亦善之，德善。信者，吾信之；不信者，吾亦信之，德信。圣人在天下，歙歙焉，为天下浑其心。百姓皆注其耳目，圣人皆孩之。"参见陈鼓应：《老子今注今译》，中华书局 2020 年版，第 234 页。

〔4〕 出自《大学》，后半句为："古之欲于明明德于天下，先治其国；欲治其国者，先齐其家；欲齐其家者，先修其身；欲修其身者，先正其心；欲正其心者，先诚其意；欲诚其意者，先致其知；致知在格物。物格而后知至，知至而后意诚，意诚而后心正，心正而后身修，身修而后家齐，家齐而后国治，国治而后天下平"朱熹注曰："物格者，物理之极处无不到也。知至者，吾心之所知无不尽也；知既尽，则意可得而实矣；意既实，则心可得而正矣。修身以上，明明德之事也。齐家以下，新民之事也。物格知至，则知所止矣。意诚以下，则皆得所止之序也。"参见 （宋）朱熹：《四书章句集注》，中华书局 2011 年版，第 5 页。

〔5〕 出自《道德经》第六章："谷神不死，是为玄牝。玄牝之门，是为天地根。绵绵若存，用之不勤。"参见陈鼓应：《老子今注今译》，中华书局 2020 年版，第 75 页。

〔6〕 出自《中庸》："大哉圣人之道！洋洋乎发育万物，峻极于天。优优大哉！礼仪三百，威仪三千。待其人而后行。故曰苟不至德，至道不凝焉。故君子尊德性而道问学，致广大而尽精微，极高明而道中庸。温故而知新，敦厚以崇礼。是故居上不骄，为下不倍，国有道其言足以兴，国无道其默足以容。诗曰：'既明且哲，以保其身。'其此之谓与！"参见 （宋）朱熹：《四书章句集注》，中华书局 2011 年版，第 37 页。

〔7〕 出自《道德经》第三十八章，为"德篇"之首，全篇为："上德不德，是以有德；下德不失德，是以无德。上德无为而无以为；下德无为而有以为。上仁为之而无以为；上义为之而有以为。上礼为之而莫之应，则攘臂而扔之。故失道而后德，失德而后仁，失仁而后义，失义而后礼。夫礼者，忠信之薄，而乱之首。前识者，道之华，而愚之始。是以大丈夫处其厚，不居其薄；处其实，不居其华。故去彼取此。"参见陈鼓应：《老子今注今译》，中华书局 2020 年版，第 195 页。

矣"[1]的存在者信仰。而在西方哲学之中，如果依照古希腊的"洞穴比喻"，"自然"之为"天道与人道"的混沌合一，就是"柏拉图与海德格尔一起踏过的最后一步"。他们都认识到"自然"是需要人去捕捉（解蔽）的"闪现（Scheinen）"者，唯其如此才有此在的"澄明（Lichtung）"[2]；然而自柏拉图以降，"无蔽"的意义却再也未能彰显，盖因为"（无蔽和解蔽的互依互启）在柏拉图的经验里是以回到洞穴了解的……自从海德格尔开始谈论起光的前提以来，似乎没有任何回到洞穴的迹象"[3]。而与西方哲学的"二元论"倾向相对（这种倾向即使在海德格尔的"存在论差异"之中仍然遗存），从中国哲学的角度看，一方面"道"在老子和孔子处具有不同的地位。虽然作为"自然"的"道"都是不可变更的存在本身，即"恒久的涌现"，然而在老子那里人、地、天共同在"法自自身之然"并"法自然之然"，而孔子强调的是"天道"与"人道"的区分着的结合，"天道"不可变易且"人道"需要服从天道。也就是说"道"即"自然"在老子那里是"义理性"的自然规律，而在孔子那里已经成为"宗教性"的泛神论规范，已然如同苏格拉底一般，为"自然—存在"置于另一个更高的存在者之处了。因此对于老庄而言"悟道"是人之此在对"自然"的显现与隐蔽的节奏的迎合，它供个人的此在体悟和出离于常人世界。而对于孔孟来说，"道"则是规范人世的至高存在者，人的"得道"本质上是"服从"大道并且以大道积极处理尘世的问题：在老庄看来"圣人"是以修习"有无之境"的"顿悟"而来（常人—真人/圣人），但孔孟的"得道"是对"自然法则"及其具象化的儒家典籍的"渐进"而来（常人—士子—君子—圣人）；在老庄看来"道"虽可以被言说但只能"非常道"，即不能说而只能"道说"的，去以诗歌式的比喻去引导人去倾听的"自然"，而对于孔孟来说"道"却是"传道受业解惑"的论题，对君子的培育必须依靠教师对"道"的直接的语言表达——从这一角度来看，

---

〔1〕　出自《论语·里仁第四》："子曰：'朝闻道，夕死可矣。'"朱熹注："道者，事物当然之理。苟得闻之，则生顺死安，无复遗恨矣。"参见（宋）朱熹：《四书章句集注》，中华书局 2011 年版，第 70 页。

〔2〕　丁耘："是与易"，载丁耘：《儒家与启蒙：哲学会通视野下的当前中国思想》，生活·读书·新知三联书店 2011 年版，第 267 页。

〔3〕　丁耘："是与易"，载丁耘：《儒家与启蒙：哲学会通视野下的当前中国思想》，生活·读书·新知三联书店 2011 年版，第 269 页。

东西方哲学的争论是同一的。

总而言之，海德格尔的"φύσις"可以从汉语"自然"角度进行东方式的诠释。首先，海德格尔正确地指出了"存在"即"涌现"这个"动态节奏"，这与中国哲学之中的语形学基本符合；其次，海德格尔也着力去认识"道"之为"自然"的意义，他超越了西方形而上学的分类，尝试把"天道"和"人道"整合为一个"大道"即"Ereignis"——但是在这个步骤上，由于海德格尔无法回避他早期提出的"存在论差异"，他对于政治哲学的反思已经倾向于以"天道"为至高存在者的自然哲学。即使他本人在一生中都尝试弥补这一观点，但无论海德格尔把相对于人的"大他者"表述为"存在（Sein）"还是"存有（Seyn）"抑或"Ereignis（本有/大道/自在）"，都还是在二元论之中主张生存论的第二性。而中国哲学，特别是《易》对"老庄"与"孔孟"在"易""变易""不易"上的团结，可以被视为对"自然"概念的一种丰富，这根本地由于在中国哲学之中"第一性"或"第二性"根本不成为"问题"。"阴阳"的"易理"就确证了这个道理："自然"是"以自身为所是/不是"，"以自身为正确/错误"的辩证概念。

二、"源初自然法"中的"法"——"由……入……"这一"命运"

因此，如果把"自—然"视为一个"运动""涌现"和"变易"的过程，那么"自然"的"法"也就同样需要这般考虑，即这样的一个"法"是处于"自—然"之中，作为一个"无—有—无"之中的变动着的节奏以及他者的根据。因而，这样的"法"也就不可能是全然不变的，否则它就堵塞了一切向着未来的"涌现"运动。然而这样的"法"更不能是"万物皆流"意义上处于永恒变动中的"存在者"，因为一旦它这样就不能取得"根据"的地位，而只能是停留在存在者论意义上的诸多流俗自然法之中的"之一"。因此，我们大胆地以海德格尔的说法，把"源初自然法"视为"不定式"——即在作为"静止"的"名"，与"流动"的"流"之间的"实在"与"可能"之间的那个"由隐入显"与"由显入隐"的"由……入"的基础的"同一性"的结构的展现。"隐"若是"可能"，而"显"若是"现实"，那么实际上二者都是被"遣送"——或是尚未被"遣送"入嵌合的"未来"之中，或是已被"遣送"并且嵌合地构成了"过去"的存在者。而"源初自然法"只能是比"实现者"或"未来者"的更本源的那个"命运"。然而对于汉语读者来说难于理解的是，汉语之中并无"不定式"这一语言使用习惯，因此我们可能比西方的海德格尔读者更难理解在一意义上的自然法，或"命运"本身。但在另一方面，也如海德格尔思考的那样，这种"由…入"的思维，唯有在超克西方形而上学以及西方技术统治的"诗性沉思"的东方化了的思辨之中才能被获得理解。这样综合来看，这样的"源初自然法"对东方来说，具有语言上的天生缺陷，而对西方已经由形而上学主宰已久的技术统治来说却又有理解上的后天障碍。海德格尔对此给出的可能建议是把"易"和"命运"这两个"Ereignis"的动态层面结合起来，去理解"法"的"自—然"。

（一）源初自然法的非规范性

根据前述，对于"自然法"的定义大体有"自然规律""自然律令"和"自然权利"三种类型。依照施特劳斯的观点，上述的三种"自然法"概念是对源出于柏拉图的政治哲学的抛弃，它认为"苏格拉底是第一个将哲学从天上召唤下来，并且迫使它对人生和礼俗以及善恶之物进行研究的人……苏格拉底从对自然的研究中抽转出来，把他的研究局限于人事……由于对自然漠不关心，他拒绝从自然与法律（习俗）的具有颠覆性的区分着眼，来考察人类事物"[1]。这体现为在柏拉图所著的《法律篇》之中，有两章的内容在讨论的是对立法者的"教育"，教育的目的在于"每个立法者制定每项法律的目的是获得最大的善"[2]，这是一种"对一个人灵魂的性质和气质所作的洞察，将列为一种最有助于培养良好品质的艺术——政治家风度的艺术"[3]。此外，他还说这样的教育首先要"洞察人的自然本性"[4]，在这个基础上再去培育"勇气""节制""智慧""正义"这前"四主德"[5]。在"法律"的意义上，柏拉图或苏格拉底所坚持的立场在于把前苏格拉底思想家所沉思的

---

〔1〕　［美］列奥·施特劳斯：《自然权利与历史》，彭刚译，生活·读书·新知三联书店 2016 年版，第 121 页。

〔2〕　［古希腊］柏拉图：《法律篇》（第 2 版），张智仁、何勤华译，商务印书馆 2016 年版，第 12 页。

〔3〕　［古希腊］柏拉图：《法律篇》（第 2 版），张智仁、何勤华译，商务印书馆 2016 年版，第 40 页。

〔4〕　［古希腊］柏拉图：《法律篇》（第 2 版），张智仁、何勤华译，商务印书馆 2016 年版，第 41 页。

〔5〕　参考［古希腊］柏拉图：《法律篇》（第 2 版），张智仁、何勤华译，商务印书馆 2016 年版，第 70 页。另关于"勇敢""节制""正义""智慧"的"四主德"，参见［古希腊］柏拉图：《理想国》，郭斌和、张竹明译，商务印书馆 1986 年版，第 148~149、156~157、150 页。

"自然"具体为"自然规律"，同时也要把它设置为一个"自然道德"，因而人去服从"自然道德"和"自然正当"，根本地还是去服从"自然规律"。

海德格尔的源初自然法思想与自然权利论有其区别。首先，就我们在前文讨论的"源初自然"之为"易"或"无定"的角度来看，海德格尔的"源初自然法"绝不是作为"定式"的任何一种。因为海德格尔绝对不会主张"自然规则""自然律法""自然权利"和"自然欲望"等概念作为解决虚无主义症候的自然法的方案以及源初的存在。这是由于在前述的四种提法中，蕴含了"思想"和"实存"的一处悖论："本性—自然规则""上帝—自然律法""理性—自然权利""荒诞—自然欲望"的结构是"思想—实存"的关系。只有形而上学在"思想"之中构建了"本性""上帝""理性""荒诞"这些观念的存在者。才能够派生出"规则""律法""权利""欲望"等规范的实存者，其中每一个前件属于认识活动因而被设置为"根据律"，但由于要对每一个后件进行奠基，就必须产生一种"权力"的要求，即"根据律中的那种实施着权力的东西乃是对根据之归置的要求……'reddendum'（应被归置）统治者所有的人之表象活动"。但在形而上学之中"根据律"却不是一种"单纯的认识活动的原则"[1]：

> （存在者的存在依赖于）"一种被论证了的表象活动已经自为地把这种东西确证为其对象了……这种应被归置之根据的原理不仅始终是认知活动的最高原理，而且同时也是认知活动之对象的最高原理……所有存在着的东西，都由于……而存在着（ist infolge von…），本身都是某种根据的后果（ist selber Folge eines Grundes）"，并且这也就意味着，都是由于和按照对根据之归置的要求而存在着……人们习惯上称之为上帝的那种东西，应该被设置为自然的 ultima ratio（终极理性），设置为诸物之本性的最终的、最高的并且这也就意味着最初的存在着的根据……宁可某种东西存在着而不是什么都没有，这一时态的根据在诸物之本性中。

换句话说，海德格尔在此揭示的是"根据律"的本质不仅是推动认识的"第一原则"，同时它也以"权力"的武断主张去要求一切存在者都被它所奠

---

〔1〕 ［德］马丁·海德格尔：《根据律》，张柯译，商务印书馆 2016 年版，第 58 页。

基和包含即"归置"，那么这些"存在者"是否包含"至高存在者"呢？虽然海德格尔在此明确批判的是"上帝"这样的"至高根据律"，然而这种批判完全可以推及"本性""理性""欲望"这些对象上：首先存在着的是诸多的道德实践，而"根据律"的提出则是在这些表象活动后用形而上学的"权力"约束对象和表象活动的后续步骤。然而这些持有"自然法思想"的形而上学家却又主张"至高存在者"的实存，这样也就产生了一个明显的悖论：如果"根据律"是最高的"思想定律"，那么例如"本性""上帝""理性""欲望"这些存在者就必然要在"根据律"的有效性成立的情况下才能实存。但一旦"本性""上帝""理性""欲望"乃是"至高存在者"——如我们前文的"形而上学批判"指出的，那么就是"至高存在者"派生出了"根据律"——这样的循环论证也就导致前述的"自然法理论"陷入了一个同样的悖论之中，即[1]：

> 如果预设 A 是根据律，并且由 A 归置了 B 这个实存，那么 A 是至高的；B 被认识是"至高存在者"，那么 A 之为根据律就必须低于 B。

而破解这个"根据律（至高思想法则）—至高存在者"之间的悖论关系，根源在于去除"思维"和"存在"的二元对立结构。因此只能引入一个更强的认识论规律，也就是"同一律"去破解这个"二元对置"的困境，而这恰恰是海德格尔的"一元论"观点的主张。根据"同一律"，在上述的表达中"A＝A"，因而"本性—自然规则""上帝—自然律法""理性—自然权利""荒诞—自然欲望"也就成了同一者，这就是巴门尼德式的"思维"与"存在"的同一。而海德格尔指出"同一"一是意味着"共""属"（Zusammengehören）即"属"的意思是"被归入、被规整到一种'共'的秩

---

　　[1]　例如，在"自然正当理论"中设定的是存在一个外在的"灵魂本性"作为至高的"根据律"并且以此为"自然正当"，"自然正当"就成为至高的存在者，那么它就必须创造"灵魂本性"；在"自然律法"的理论之中设立的是一个外在的"上帝"作为至高的"根据律"，由此才能产生"永恒法"的观念进而派生出"自然法"（以分有的形式），但如果"永恒法"就是至高的法则，那么它就必然归置"上帝"这个至高的存在者；在"自然权利论"中，首先设定的是人的本性之中的"理性"，并且由此创造出"自然权利"为其担保，然而"自然权利"如果是至高存在者，那么"理性"又必须派生于"自然权利"；同理，如果把虚无、荒诞作为"根据律"，那么随之产生的"自然欲望"就是至高的存在者，因此"自然欲望"又要派生出"荒诞"和"虚无"。

序中去——这也是"流俗自然法论"的观点，即存在者被安排到一种多样性的统一性中"[1]；二是意味着共"属"——而这才是海德格尔赞同的"同一律"观点：

> 人是某种存在着的东西。作为存在者……属于存在整体……"属于"的意思是，被排列于存在〔者〕中……人的别具一格之处就在于，作为思想动物，他向存在敞开，并且〔被带到而且时而〕被摆置〔带到〕后者面前，与存在相关联并因此与存在相应合〔因为人在其人类存在中与它——存在者——相应合〕……在人那里有一种向存在的归属在支配着，这种归属倾听着存在，因为〔只要它遭受存在并且同时被存在所急需〕被转本〔被归于本有 Ereignis 之中〕了……存在使人在场……唯有为存在而敞开的人才让存在作为在场而到来。这种在场（An-wesen）需用〔需求和要求〕一种澄明的敞开领域，并因此通过这种需用（Brauchen）而被转本给人类〔还不能说"具有"（eignen）——太仓促了……存在之委托于人＋人之对存在负责——但规定这两者的，缺不允许一种单纯的对置，恰如它不允许一种掺和〕……人与存在相互转让。[2]

这样，"源初自然法"就不属于"自然规则／自然正当论""自然律法论""自然权利论"和"自然欲望论"的任何一个流派，它也同样不是在"对象／主体"的分离的条件下来自主体或客体的对另一方的"根据律"。它主张把"人（思想者）"和"存在（隐蔽者）"嵌合的一元论，而这也就由此包含了一切自然法思想之中"思想—对象"，以及自然法和法律实证主义争论中的"自由的可能性—自由的现实性"的命题。

从"φύσις"到"natura"的讹误不是现代自然法学的后果而是其前提，其根源是"古希腊语"在拉丁化过程中的异变。在海德格尔对古希腊语的研究中，他已经意识到希腊语与现代英语德语不同，其"词根"是"不定式"而非"定式"。他认为在目前日耳曼语系和盎撒语系之中的"是"往往被表

---

〔1〕〔德〕海德格尔："同一律"，收录于氏著《同一与差异》，孙周兴等译，商务印书馆 2014 年版，第 37 页。

〔2〕〔德〕海德格尔："同一律"，收录于氏著《同一与差异》，孙周兴等译，商务印书馆 2014 年版，第 39~40 页，"〔 〕"内的文本为海德格尔的边注。

达为"is"或"ist"，也即"现在时直陈式的第三人称单数"这一具有优先地位的方式。其次则是"am"或"bin"的现在时直陈式的第一人称单数[1]，这也就说明了在"是"语义上已经形成了"自我—他者"的"本体论许诺—持存/现成"的关系。此外在海德格尔的语词还原中，他也已经意识到了这种"本体论许诺"的派生地位，他提出的结论是"是/存在"具有漂浮不定的含义。因为如果假设"本体论许诺"的合法性，那么"存在"实际上指向的是"存在者"——因为当我们在被问到"存在是什么"的时候我们只有可能依照"存在者论"的角度为"存在"下定义，抑或对此问题表示茫然无措。因此在"存在/存在者"的区分下，这种"现象/显像"的区分就更加明确："存在"固然可以指向"生长（sein/be）""持留（Sein/Being）"的"定式"的含义，但是"be/sein"这个词根还可以写作"to be/sein"[2]，它意味着"绽出（Ekstase）"这个"不—定"的状态，海德格尔举例指出：

> 存在/是，在阿提卡方言中叫做 εῖναι，在阿卡狄亚方言中叫做 ἦναι，在勒斯波斯岛方言中叫做 ἔμμεναι，在多里方言中叫做 ἦνευ。在拉丁文中，存在/是叫做 esse，在奥斯克方言中叫 ezum，在翁布尔方言中叫做 erom。在希腊和拉丁这两种语言中，modi finiti（定式）都固定下来并具有共同性，而ἔγκλισις ἀπαρεμφατικός（不附加的动词变形）却还保留其方言特定，不断变动着。[3]

而在希腊语之中，作为"定式"的存在则以"εῖναι"为动词形式，以"τò εῖναι"为名词形式，这是相当清楚的。而说明了"定式"的确有所"定"，而"不定式"则"无定"，因而在成熟的"定式"的表达之中，"不定式"这种源初的词根也就渐渐变成派生性的了。所以，"自然（φύσις）"—"真理（无蔽）ἀληθεία"—"逻各斯（λóγος）"这种"源初自然法"之中的"无"或

---

[1] [德]海德格尔：《形而上学导论》（新译本），王庆节译，商务印书馆 2015 年版，第 104 页。

[2] 德语中"sein"作为动词的不定式不带"zu"，因此在写法上与"sein"这个动词很难区分开，因此唯有在句法里才有体现，不过，一般来说作为原型的"sein"往往的确以"不定式"出现，如在命令句"Lass uns freunde sein"之中，"sein"是为了提示"lassen"后的宾语补语"freunden"的命令形态，这样才能把这句话理解成"让我们这些朋友待在一起吧"，而显然如果脱离了句子"sein"是无法与直陈式区分的。

[3] [德]海德格尔：《形而上学导论》（新译本），王庆节译，商务印书馆 2015 年版，第 77 页。

"无—定"的成分，在长期的语言运用的过程中被遗忘了。而之所以"自然法"之中的"自然"从"涌现—绽出"这种不定状态的时间流变成"对象化自然"，完全在于"不定式本来具有的模糊不清"和"三种源初词根含义所集成的模糊不清"[1]。

因此，"流俗自然法"之所以对"在场者"保持关注，仍然是一个词源学异化导致的"主客体"对置思维的后果，如果依照海德格尔对古希腊语的动词变格的理解，那么"存在"就意味着：

现在时："在场"——名词（A 原因招致了 B）

将来时："动作"——动词（作为一种没有发生的动作 B）

不定过去时："生长/涌现"（延续着的，持续至今并且不断奔涌的"无定"动态）

在"拉丁正字运动"之中"φύσις"首先被音译为"Physis（第一次拉丁正字运动）"，而后被意译为"natura（第二次拉丁正字运动）"，后者构成了在后世"自然法（Nature Law/Naturrecht）"之中"nature/Natur"的"定语"的地位。而依照海德格尔的词源学理解，"自然法"完全可以理解为：

（1）"物理自然"这一完成了的，属于完成的自然派生出的规律；

（2）"当下在场"的这一现在的，作为"第一因"或"第一质"推动的"法"的当下在此的根据；

（3）"涌现—发生"这一更为本源的，历史地演历的命运/大命（天命）本身——存在的天命/演历

而"源初自然"显然遵从的是第三种理解，也即在这种"不定式"的"自然（φύσις）"之中，"真理（无蔽）ἀληθἐια"—"逻各斯（λόγος）"的"无—有"的嵌合，以及作为"渊基"的"Ereignis"才能够活动证立，即：

真理＝Aletheia＝无蔽＝在演历之中的对 Seyn 的解蔽，但解蔽就有遮蔽；

---

[1]［德］海德格尔：《形而上学导论》（新译本），王庆节译，商务印书馆 2015 年版，第 97 页，其中"三种源初词根"即"动词—发生"和"名词—持留"这两个定式以及"不定式—绽出"三个本源语意。

道说＝Logos/Sagen＝在存在的演历之中，由"人"之 Da－sein 召唤 Seyn 到近旁，道说的是人的历史演历，不是去"符合"地说，而是要道说出"在"，以"说"去"拢集"，使得人栖居于存在近旁；

自然＝涌现＝存在天命，源源不断的强力者（莽劲森严者）

流俗的自然法选择的却是第（1）或第（2）种理解，例如在"自然规律"和"自然正当"之中，"自然法"意味着：

因为"自然"而有"法"（A➡B），由两个动态组成的词（Natur－recht）；

后世的"自然法论"也都是按照 A–B 的格式组构，但把"A"替换成了

A＝神圣
A＝人之自然理性
且：B⊃A，即不是 A 导致了 B，而是 B 被 A 蕴含；

所以当我们思到源初，"自然法"就是"存在天命"这个源源不断但又不可知的进程，即"自然即存在"，"天命即法"。"天命即法"也是高于"权利/义务"的东西，人作为"愿为良知者""四大之中的有死者"，而权利或义务无非是"沉沦的欲望/本真的良知"的生存论概念的一种表达或存在领会。海德格尔从前苏格拉底思想中总结出的"词源学"，虽然在经验上有佐证的困难，但却的确建构了一种与"流俗自然法"迥异的"源初自然法"样态。它以一元论的方式整合了"思维"与"存在"，超越和包含了其他类型的"规范论自然法"。

（二）"源初自然法"与决断伦理

首先需要指出的是，对于"源初自然法"的"是"，本书只能顺应海德格尔的观点将之定义为"Ereignis"，却不能给出完整的定义。即使我们谈到了"自然（φύσις）"—"真理（无蔽）ἀληθεια"—"逻各斯（λóγος）"结构，指出了这种结构要通过对"无"的言说从古希腊、古中国、古印度和日本哲学之中获取"思的经验"，要通过在理解"德意志性"的角度采取"诗歌"的方式去进行非逻辑的言说；即使我们指出了"源初自然"作为"涌现"是一个个片段的流俗自然的"根据"；即使我们还指出了海德格尔的

"源初自然法"是一切自然法在"还原—悬置"方面的一个"时间之流"——但是我们如何去言说"无"呢？尤其是在海德格尔已经把"源初自然法"规定为"无定"或"不定式"的时候，我们能够保障当下的言说在说明"源初自然法"的"当下的是"和"过去的曾是"之后同样地表达了"源初自然法"的"将来之是"吗？言说自然法之"是"的障碍可能有以下的具体表现：

第一，在被"源初自然法"与"Ereignis"等同的时候，"Ereignis"却是"不可说"的，即使我们以《道德经》和《易经》去对它进行中国式的解读，但是正如这些著作对"道"是什么无法言明一样，"Ereignis"同样是一个无法言明的概念；

第二，即使我们真正地把"Ereignis"翻译成"本有"，并且将之视为"有"和"无"的"存在者—渊基"的互属，并且由此完全可以涵盖流俗自然法之中"思维—存在"或"现实性—可能性"的符号，但是根本地由于这个"Ereignis"涵盖的"自然法流派"过多，因此它的外延极大而内涵极小，去寻找它的内涵也是一个几乎不可能的工作；

第三，再退一步说，即使言明了"Ereignis"的含义，但是"自然（φύσις）"—"真理（无蔽）ἀλήθεια"—"逻各斯（λόγος）"这个结构在异化为"对象化的自然（Natur）"—"命题真理（Wahrheit）"—"逻辑言说（Logik）"之后，后者已然成了法学的基本成见。同时在自然法学、分析实证主义和社会实证主义的法学流派之中这些概念本身都已经是"至高法则"，那么"Ereignis"的提出，到底是对这些"成见"的后来的颠覆，还是如同海德格尔所说的在先的来源？

这样，如果考虑到上述的问题，那么当我们问到"源初自然法是什么"的时候，必然遭遇的是"无解"的结局——或至多说"源初自然法"不同于但包含了"流俗自然法"的；或者总结前文的观点，"源初自然法"是以"自然（φύσις）"—"真理（无蔽）（ἀλήθεια）"—"逻各斯（λόγος）"勾连的，并且最终用"Ereignis"去包含"有—真理"和"无—逻各斯"的说法。这两个说法的共性就是，看似它们已经导出了"源初自然法"的"是"，但实际上还是围绕着"不是"去绕圈子。"源初自然法"绝不是作为存在者的"自然法"的"整体集合"。作为"源初的自然法"，它只能在"存在"的角度去证明其"是"。然而这里又陷入了一个同言反复，因为"存在"就是

"是"。说"源初自然法存在"，就是说"源初自然法是"。那么如果"源初自然法"就是"Ereignis"，那么它的"所是"也就难以定义了。而海德格尔问到接下来的问题则更为关键，他指出"今天出现的对史事的对抗（Ausein-andersetzung）在本质上表明自身是一种抵抗怀疑主义和相对主义的斗争"。我们不能以"历史与现实的对立"，以"历史之物之中的文化"或"从历史现象概括的普遍价值"去理解历史[1]。如果依照古代希腊人（或者依照古代中国人）的思路去思入"源初自然法"，那么我们现有的任何一种解释工具都不再有效：首先，在人类最初思想到"源初自然法"的时候有"自然本性"的概念吗，如果没有，那么怎么能用"必然的因果性"这种科学术语去套用"源初自然法"和"现象"的必然性吗？其次，在同样的时刻，有我们现代流行的"法学"和"伦理学"吗，如果没有，那么我们为何去宣扬"自然法"就是合法性与善呢？再次，在那个时代，有被启蒙运动标明的"蒙昧主义神人同型论"吗，如果没有，那么为什么我们就认为"自然法"是神圣的呢？进而，在那个时代有"逻辑"吗，如果没有，那么为何"自然法"要遵循逻辑论证而展开呢？最后，那个时代有"文明/野蛮"之分吗，如果没有，那么"自然法"凭什么作为人的文明化的标签呢？[2]这样，以"自然科学""法学与伦理学""神学""逻辑学"和"文化学与人类学和社会学"的思路去解读"源初自然法"就都没有依照古希腊人的"思想"，而在这个基础上去质疑"科学真理""法律权利""神圣义务""文化传播"反而是古希腊人的思维方式。而如迈克尔·戴维斯（Micheal Davis）所说的，"希腊人"是"为了自己而出离自己"，"自己、保持同一性的存在、内在之物把自己规定为不同于自己的东西——外在之物——截然不同或完全相反……因此其统一，其存在，有赖于外在之物……它能够是其所是，仅仅是由于它把自己持续地与他物疏离开来……灵魂总是伴着与异者（the other，他者）的复杂舞蹈"并且"既把异者置于一定的距离之外又使之为己方所用"[3]。因此"古希腊人"对于上述的"知识"的学习并不以知识为目的，而是以这些知识作为在

---

[1] ［德］海德格尔：《宗教生活现象学》，孙周兴、欧东明、张振华译，商务印书馆2018年版，第47页。

[2] ［德］海德格尔："关于人道主义的书信"，收录于氏著《路标》，孙周兴译，商务印书馆2000年版，第407~410页。

[3] ［美］迈克尔·戴维斯：《探究希腊人的灵魂》，柯常咏等译，华夏出版社2016年版，第43页。

灵魂上"出离"自我的"技艺",而"源初自然法"这种"真理的澄明"才是希腊人希望的"智慧的生活",也是"最好的生活"——即"目的",那么也就不能以"手段"去解析"目的"了。

以上的困境实际上指出了两个问题:一是"源初自然法"因为蕴含了"Ereignis"之中的"无"因而也就无法去被言说和定义,即使对其中的"有"进行言说那么也因为"有"的外延极大而内涵极小而无法定义;二是无论是从现代的学术话语还是依照古代希腊人对"源初自然法"的向往意愿,现存一切解释"源初自然法"的含义的工具也就都可能失效。不过,在对萨特的"存在主义是一种人道主义"的批判之中,海德格尔也暴露了他的"人道主义"思想,即"通向存在之切近处来思人之人性的人道主义……在这种人道主义中,并不是人在登台唱戏,而是人的历史行动本质在其来自存在之真理的渊源中登台唱戏……人的绽出之生存在唱主角"。"绽出的生存"是存在之切近处的绽出的居住(das ek-statische Wohnen)[1],而如果人居住在家中,那这个"家"就必须有所看护,因此"绽出的生存"又是"看护(Wächterschaft)",也就是"为了存在的烦(die Sorge fur das Sein)"[2]。海德格尔的上述观点就与戴维斯对"希腊人灵魂的探究"有着一致性,也就是说在"源初自然法"的条件下,人希冀去栖居于存在的近旁而过一种"智慧"或"本真"的生活——他的确具有"出离"实存世界的意愿。然而如果不存在"共同此在"乃至于"其他存在者","人的此在"也就无法表明"此"这个存在的立场——"在世存在"的结构永远构成"生存论"的基底。那么这样看,求取"真理(无蔽—澄明)"需要的是"诗歌"和"思想",而以此召唤"存在"的降临。然而这种出离是绝对不能彻底的,"大地"在牵系人之此在的"在此"并且锁闭人之此在的时候同样要求人去对看护"家"也即庸常的世界。这样,海德格尔的"源初自然法"也就首先成为在"出离的可能性"和"拘留的现实性"之间的张力之体现。

进而,我们有理由推断,在"出离—拘留"之间的人之此在对于"天空"和"大地"都不是全盘体悟的。"灵魂的出离"和"肉体的拘留"之间

---

〔1〕〔德〕海德格尔:"关于人道主义的书信",收录于氏著《路标》,孙周兴译,商务印书馆2000年版,第404页。

〔2〕〔德〕海德格尔:"关于人道主义的书信",收录于氏著《路标》,孙周兴译,商务印书馆2000年版,第404页。

的张力决定了"源初自然法"以存在去促使"灵魂—思想"和"肉体—实存"的同一性的同时，也在以"存在"去促使"出离"建基于"渊基"之上进而"无化"于在世。如果我们必须要对海德格尔的"源初自然法"下定义的话，那么可能的突破口也只能在"出离—实存"的张力和它们的同一那里。而现存的"自然法思想"或是强调"出离"的，以"自然正当"或"自然律法"之彼岸区分人的"在此"，或是强调"实存"的，而以"自然权利"或"自然欲望"的此岸中如"理性/欲望"的属人的区分强调"人"于"共在沉沦"中的"在此"。而"源初自然法"之张力和同一，恰恰体现在海德格尔以下的句子之中：

> 存在是最空洞的东西并且是一切之最普遍者。
> 存在是最易理解的东西并且是损耗最甚者。
> 存在是最可靠的东西并且是被言说最甚者。

> 但同时：

> 存在是丰富洋溢和独一无二。
> 存在是遮蔽隐匿和本质源泉。
> 存在是离开根据和隐秘缄默。
> 存在是内化回忆和自由释放。[1]

海德格尔把这句子称为"对存在的沉思的一系列的主导句"，这些主导句所关涉的是"在存在者与存在之区分的领域中环顾寻视并且根本承认在那里其支配作用的东西"[2]；因为存在"最为空洞"，即内涵如此之小才有如此大的外延进而本现在一切存在者之中；存在最易被理解是它往往未经反思地被说出来却因而将自身损耗为"存在者的整体"；存在之为"最可靠"者在于它是一切语言的"系词"（ist/is）根据律因而也就是被言说最多的；存在之"丰富"是说它看似包含了一切的存在者但是又因为包含了"无"而独一无二；存在之"隐匿"即其"无"恰恰是发生论的本质（Wesen，在）的源

---

〔1〕　［德］海德格尔：《基础概念》，张柯译，商务印书馆 2021 年版，第 83 页
〔2〕　详见［德］海德格尔：《基础概念》，张柯译，商务印书馆 2021 年版，第 92~93 页。

泉；存在之"离基"和"缄默"才去"让人说"而自己不去"言说"；存在之为"内在记忆"意味着"曾在"与"现在"和"将在"同时寓于"此"，并且最终体现为"解蔽—真理"的自由及其演历。这些主导句在"源初自然法"方面同样适用，因为在我们把"存在"和"源初自然法"等同的同时，也就把存在之"空洞""可靠""丰富""隐匿""出离""内化"吸纳到源初自然法之中了。这些富有张力但同一了"人的此在"和"存在"的对"源初自然法"的规定，实际上暗示了"源初自然法"恰恰是因为不包含任何能够言说的内容，因而才能包含其他所有的自然法流派的，这又导向了以下的四个问题：

在我们词语中使用的"自然"区分了"自然对象"与"自—然"了吗？

我们对西语的理解是否歪曲了本源的自然理解故同样被形而上学宰制了？

当代的西语对自然的本源理解就能够是希腊思想的道说吗？

当代中国人能否贴合符合中国古人的思想进而与古代希腊人共振？

这些问题指向了在"翻译学"的角度中，"源初自然"被曲解的可能性乃至于现实性实际上并不必然发生，只要在"中国问题"方面与海德格尔坚持共振的"老庄式的解读"，那么对于中国人来说"Ereignis"并非难以理解。韩潮指出了"自然法"在不加区分的情况下，既代指由自然发生的"自生"，也标示了在"人"的肉体之外的"规范创造者"，即"礼法（nomos）"，还包括在人的外部的"物质创造者"，即"技术（techne）"[1]。因此，韩潮接着认为，在这个角度上派生于"礼法"的规范政治制度，与派生于技术的规律性的因果关系都是第二性的。"Politeia"这个词虽然往往被译为"城邦"，但这已经是把"Politeia"视作"礼法"或"技术"这些看似自然的"外在他者"缔造的"政制"了。而海德格尔则严格地认为"Politeia"绝不是"政制"更不是"国家（Staat）"，而仅仅是"Stätte（场所）"。因为只有把"流俗自然法"之中的"政制""政治"和"道德"理解为"场所之中的存在者"而非"场所本身"，它才能在源初自然法的意义上展开那个"同一性"的时间流而不置于被"善恶""真假""美丑"等价值判断扰乱"去存

---

〔1〕 详见韩潮：《海德格尔与伦理学问题》，同济大学出版社 2007 年版，第 294 页。他认为"自然（Physis）"与"techne（poesis 产出）"和"Nomos（praxis，实践）"的区分在于后两者（技术—礼法）为不合时宜的生长，它们在最后只能走回"Physis"这个最终的庇护者。

在"的进程——即人的"历史的演历"和"天命"[1]。而正如韩潮解析的那样，一旦海德格尔在"源初自然法"上把"无"贯彻到"政治"之中，那么产生的现实后果是极其严重的。他所隐微地表达的如果不是一种"无政府主义"，那么也是"人治"的思想。因为在"场所"之中海德格尔没有给任何法律、政府留下空间。丁耘则认为："存在论上的世界整体性只是现象的、形式的、为了本真之故必须悬置的……海德格尔在形式上给出了一切，在内容上则剥夺了一切。"[2]海德格尔的"源初自然法"是一切流俗自然法的根据，却本身出离了任何的存在者论，他在强调"生存"或"生活"的时候因而也就消解了"生活的实质"。"天地不仁以万物为刍狗，圣人不仁以百姓为刍狗"——海德格尔的"Ereignis"也即"源初自然法"本身就处于一个不言不语，缄默冷峻的他者的形象之中。对它的一切言说都只能切中其一个侧面，却不可能把我们寓身于其中的这个"存在"全部地解蔽出来。因此从法学的角度来看，"流俗自然法"虽然在存在论上有片面，但不至于由于"源初自然法"的存在而把自身否定，而是要在"源初自然法"的"让……说"的推动下本真地言说。这样"源初自然法"又同样是作为一个不可言明的他者的，之为存在者出离自身的"渊基"的，且与存在者差异的"他者"，它不关心政治和行为的运作，而只关心"涌现"这个单纯的"无蔽—遮蔽"的根据性的活动。

不过，如果仔细品味，海德格尔的"源初自然法"解读也没有局限于把"源初自然法"当作一个"默默无语"的大他者。实际上"源初自然法"虽然无所谓"仁"或"不仁"的现世伦理学问题，但是作为"善恶的彼岸"[3]，它

---

〔1〕　详见韩潮：《海德格尔与伦理学问题》，同济大学出版社 2007 年版，第 297~298 页。

〔2〕　丁耘："启蒙主体性与三十年思想史"，载丁耘：《儒家与启蒙：哲学会通视野下的当前中国思想》，生活·读书·新知三联书店 2011 年版，第 19 页。

〔3〕　尼采认为，形而上学所主张的"此岸/彼岸"的观点实际上蕴含了"至高存在者/人"这样的不平等的二元论对立，然而由于"最高价值的自我罢黜"的历史就是形而上学的历史，在尼采的时代"哲学家大部分的有意识思考，已暗中受到他本能的引导了，已受到它强制而循于特定轨道了"，也就是在这种未必意识到的，由形而上学的历史形塑的思维惯性产生的"二元思维"中，"已确定之物比未确定之物更有价值，假象（Schein）不如'真理'有价值，尼采承认，这样的"思维惯性"对哲学有"范导性（Regulativen，规范性）"的作用，然而这种看似不证自明的预设只是"为了照我们之所是去保存我们的本质而可能恰恰是必需的愚昧（niaiserie）……'万物的尺度'并不就是人类"。尼采基于这一构想指出了"未来哲学家"的面貌，它们是超越了形而上学成见之中的"自由精神（自由意志）"的，以"把古老和愚蠢的成见和误解从我们身上一并吹掉"为责任的，直接和"人的此岸"（或"前台预设"）——即包含作为"思维"的形而上学二元论成见以及在这种成见下的

完全可能是"恶的恶",或"善的善"。然而在海德格尔看来"源初自然法"并不是那种引发"恐惧"情绪的"恶的恶"[1],反而是"善的善"意义上的他者。而是将之视为蕴含一个"薄"的伦理要求的"场所",这个伦理要求可以说是相当之"低",也可以说是相当之"高",就前一个面向来看,"源初自然法"直接允诺的伦理要求也就仅仅是"决断(Entscheidung)"或"选

(接上页)以流俗的"自由""民主"的价值预设开展的庸常生活对立的"彼岸来者",这样,尼采虽然用"历史性"取代了"自然性",强调在"过去—当下—未来"的时间之流中的人的精神之流的充沛、颓废和未来的重新振作,但是实际上尼采仍然在"善恶"这种以人类的理性道德为中心,并且有其自然法依据的"此岸"之外设置了一个"善恶的彼岸",而后者是超越了"善恶"这种流俗的道德观的"他者",人与这个"他者"处于"在……之中"的状态,而非"对立"的状态,因此这个他者就好似中国的"道"一样,并不再具有任何能够以现世的道德感解读的可能性,而只可能是超越了"善恶"的"善"或"恶"(参见〔德〕尼采:《善恶的彼岸》,赵千帆译,商务印书馆2015年版,第11、69~70页)。

〔1〕 顺延尼采的"善恶的彼岸"的说法,虽然后代哲人对"大他者"仍然处于某种神秘主义的思考调性之中,但是"大他者"的性质已经开始被哲人所重视起来,除了海德格尔式的较为乐观的将之基于"存在论差异"定位成"Ereignis"这个现代性的救渡方案之外,也有保持对"大他者"的恐惧和战栗的哲学思想,较有代表性的就是拉康的精神分析学派,后者认为"大他者"是可怖的,由于"恐惧之欠缺"而"恐惧"的情绪指向,拉康认为,"人是与自然保持着种种关系……一方面是由一种辨认思想的形状所规定,另一方面则是由工具或人造器具的使用所规定",而"情感交流对社会集团是必不可少的……人剥削他的同类;人在他的同类身上认出自己,人以一种不可磨灭的心理联系关联在他的同类身上",因此在形而上学之中,理性主义往往忽略了"工具使用"(或海德格尔所说的"上手状态")这一人和世界的关联方式,而以二元论的"观察者"预设去把"辨认思想"提升到一个高度,然而如拉康所指出的是,这种思想没有考虑"上手"这种实际性的情感交流模式,既没有对"物之为用具"有所体会,更没有因此阐发出"人之为用具"的,造成人的原生的"苦难情绪"的现实社会关系。拉康将他认识到的这种关系称为"同天然性关系",也即从情感出发的"在整体上规定了动物与其自然环境之间的心理关系的更直接更全面更适宜的形式之间的同构性",这样,拉康也就区分出了由人对行星的"拟人化"进而建构出的"和谐的人与自然的关系",以及更为本源的情感上的"动物自然"之间的层次,前者构成对象化自然这个"他者",而后者则成为人寓于其中并且在其中生存的更为本源的"源初自然"也即"大他者",参见〔法〕雅克·拉康:"超越'现实原则'",载〔法〕雅克·拉康:《拉康选集》,褚孝泉译,华东师范大学出版社2019年版,第77页。甚至拉康认为,"自我与存在之间的这个原初的根本的不谐就将成为基调,这个基调将穿过心理历史的各个阶段而回响在整个和声阶中,而心理历史的功能就是在发展这个基调时解决它……人被其(存在)奴役的那个根本幻觉……是作为人的激情……自恋。它将自己的结构加之于所有的欲望,即便是最崇高的欲望。"这样,拉康甚至指出了一切的形而上学活动都是在心理学意义上的"心理历史"进程中去协调人的"本源自我"在社会化—异化的压力下避免走向"自杀性的原始牺牲"的一种精神慰藉,"形而上学"是人类此在克服"畏"和"烦"的工具,也即克服世俗的"恐惧"的理性能力,它根本没有解决"异化的原初自我"这一出于源初情绪和社会化的背反而产生的境况,参见〔法〕雅克·拉康:"谈心理因果",载〔法〕雅克·拉康:《拉康选集》,褚孝泉译,华东师范大学出版社2019年版,第180页。

择"；但就后一个面向来说，唯有达到本真之境，回返到存在近旁的人之此在才有可能做到这样的"决断"，而在世俗生活中被形而上学或技术，乃至于陷入周围世界地随波逐流似的抉择很难说是海德格尔此处的"决断"。

　　首先就源初自然法的"抉择"的"低"的伦理要求来说，"决断"仅仅是在二者之中择其一的简单的选择行为，而海德格尔的伦理要求也仅仅是"去决断"这个简要表达。因此海德格尔的"源初自然法"克服的是派生于至高者的行动义务，而这种克服的根本是消灭这个"至高者"。例如在柏拉图那里唯有对"理念"有所理解和认知，才有对自然义务的领会，最后才能做出良好的行为；在阿奎那的思想中，对"永恒法"的体悟决定了对自然法这一永恒法之分有的理解，神圣理性先于个人理性存在并且唯有因之才能获悉上帝的律令并依照律法而行动；在理性主义哲学那里，"自然权利"观念的出现虽然打破了"自然义务—良好行动"的结构，然而基于"理性—行动"的伦理学主张先于行动的"理由"的存在并且以此为行动的授权许可。而海德格尔的"决断"把这些"先于行动"的东西都舍弃不论，这也就前所未有地把"行动本身"抬高到顶点。而如克罗科夫（Christian Graf von Krockow）所指出的那样，海德格尔在此所主张的"决断"乃是一种历史主义的，"反自然法"的主张，而海德格尔所反对的是这样的一种观点即"人在其本质上必然地和普遍地被确定，具有一种'自然'。而且从中，犹如从一个最高的原则里，可以演绎出生命关系之恰当的秩序"〔1〕。在海德格尔那里，"人无自然，而有历史"的主张被空前提高。一方面从原理方面来看，"选择"或"决断"是人的行动被现象学还原后的根本状态，与《存在与时间》之中的观点相似，海德格尔在《时间概念史导论》中认为："人们必须看到此在的在—世界—中—存在这一根本枢机……根据对之中—在现象的积极的观视，世界的现成可见状态的'自明性'必将在一个此在中成为明澈可见的——实存状态上的、生存状态上的自明性是连带此在的存在而同时既与的，但在本体论上，此自明性却又是隐秘难解的"〔2〕。"现成状态"的二元对置状态根本地是一个主张"空间"的基础地位进而以当下的"观审"作为本源现象的形而上学态度。"空

　　〔1〕　〔德〕克里斯蒂安·格拉夫·冯·克罗科夫：《决定：论恩斯特·云格尔、卡尔·施米特、马丁·海德格尔》，卫茂平译，上海人民出版社 2016 年版，第 3 页。
　　〔2〕　〔德〕海德格尔：《时间概念史导论》，欧东明译，商务印书馆 2014 年版，第 299 页。

间性属于世界，空间性是世界的一种构成因素"[1]，而一旦在这个"空间维度"之外加入"时间"这个维度，那么"人"之为"此在"就不仅仅是一个静态的"观察者"。因为"并不是时间存在，而是此在 qua（取道于）时间生成它的存在……时间并不是在我们之外的某个处所生起的一种作为世界事件之框架的东西；同样时间也不是我们意识内部的某种空穴来风"，"时间就是那使得'在—已经—寓于某物—存在—之际—先行于—自身—存在'成为可能的东西"[2]。因此"空间"构成世界，而"时间"则是"世界本身"，可以因此说明是一个个空间场域的串联本质构成了"时间"，而在某一个"空间领域"之中"寓于此"的人的此在与它在当下静观之中的"形而上学思想"一道——作为"存在/思维"的同一的"在此"而被包容到此在的历史—时间之中，即"自然（φύσις）"—"真理（无蔽）ἀληθεια"—"逻各斯（λόγος）"的存在之流里面。然而就如前文所述，"源初自然法"在东方思想之中倾向于"易之不易"这种宇宙论规律，而在海德格尔仍然残留着的西方思想的影响下，海德格尔虽然克服了"空间性"的第一性的地位，但仍然把"时间之流"归属到"此在"的"选择"上。"选择"推动着遮蔽与解蔽之间的"变化"与涌现，因而被视为对"源初自然"的召唤。而由于"选择"更是前置于一切道德实践的"在世"结构的伦理，因而它又是直接应和"自然（φύσις）"的此在的存在领会——在这一意义上"源初自然法"所蕴含的伦理要求必然是那能够推动它的降临并使人之此在嵌合到"寓居"的时间性的连贯的选择要求。

而另一方面从立场的角度看，"选择"不仅仅是一种"现象学直观"所得的源初行动要求，同时也是人之此在用以抵制"技术统治"以及破除"形而上学"的行动。从这一角度来看海德格尔对"选择"之为"决断"就寄予了极高的存在论期望，他恰恰是要用这种看似"薄"的伦理要求去克服已经繁冗复杂的西方伦理思想，抑或是把这种"此岸"的"自我—他者"关系整合到"我思/我在—大他者"的关系之内。之所以"决断"可以克服"技术统治"，根本地是由于"技术"不仅能够被视为现代性的症候，同时也可以并应该被视为一种"天命"，如富兰克林（Ursula M. Franklin）的解读一样：

〔1〕［德］海德格尔：《时间概念史导论》，欧东明译，商务印书馆 2014 年版，第 309 页。
〔2〕［德］海德格尔：《时间概念史导论》，欧东明译，商务印书馆 2014 年版，第 447 页。

"将技术作为实践，而且是一种正式的实践，会带来一些十分有趣的结果……其中之一就是将技术直接与文化连接起来，因为毕竟文化正是社会默认的一套实践和价值观"〔1〕。而"现代"所导致的仅仅是"科学式的建构"从描述日常生活的"方式之一"转换为"唯一方式"〔2〕。那么从"人类的天命"的角度来看，"技术—科学式的观审态度"转换为社会文化唯一认同的存在领会方式，绝非旦夕之间形成的。毋宁说在根本上是一步步地"选择"所连缀进而从西方形而上学的历史源头就隐含的危机，因而海德格尔所强调的"决断"又与一般意义上的"二者择其一"的"选择"有所差异。他指出"技术统治"乃是"当世界之统治被知性地（wissentlich）谋划了数千年并且持存之确保被纳入那独一无二的意志（Willen）——此意志在尽可能大的尺度之尽可能大的秩序之尽可能大的持续中看到了一种本质性的目标"〔3〕。这个目标最终在现代实现并且将自身暴露为"事先和无保留地对技术条件说'是'"〔4〕。而归根结底"西方人的天命"乃是"第一开端"之中蕴含的"决断"导致的一连串的"选择"之最终产物：

　　开端作为历史之开端仅仅存在于那个地方，即自由存在的地方，亦即这样一种地方，在这里，人类决断性地对待着存在者及其真理（Aletheia）。部族和种族——倘若关键在于单纯的"生命"的话——也能够没有历史地生活；"生命"的单纯之过程还不是历史，即便其中"发生了"亦即经过了非常多的东西，它也仍然不是什么历史……我们的历史的开端乃是希腊；我们在这里看到了某种本质性的东西，这种东西在自身中还保藏着一些未得实行的决断。〔5〕

　　存有之离弃状态乃是尼采首次认识到的虚无主义的基础，因而同时也是

〔1〕　[加] 厄休拉·M. 富兰克林：《技术的真相》，田奥译，南京大学出版社 2019 年版，第 15 页。

〔2〕　[加] 厄休拉·M. 富兰克林：《技术的真相》，田奥译，南京大学出版社 2019 年版，第 50 页。

〔3〕　译注："蓄意地和特意地（wissentlich und willentlich）"在此遵循的是日常的语意，但译者指出"其字面意含有'知识和意志'这一双重维度（且此二者以不同方式趋于统一），此维度对现代西方的哲学乃至技术具有决定性影响。"因此在本书中写为"知性"与"意志"，参见 [德] 海德格尔：《基础概念》，张柯译，商务印书馆 2021 年版，第 21 页。

〔4〕　[德] 海德格尔：《基础概念》，张柯译，商务印书馆 2021 年版，第 20 页。

〔5〕　[德] 海德格尔：《基础概念》，张柯译，商务印书馆 2021 年版，第 19 页。

对与虚无主义的更原始的本质规定……规定着存有之真理历史中一个独一无二的时代。那是一个长时间的存有时代（Seynsalter），在其中真理踌躇不定，不能把其本质清晰地交出。那是有回避任何本质性决断的危险的时代，是放弃尺度之争的时代。[1]

因而，即使是为了重启"另一开端"，海德格尔也必须坚持"决断"之为"行动本身"优于其他"伦理选择"的地位。这是由于与"第一开端"类似，"另一开端"同样是要以"决断"进行开启。而海德格尔所指出的"尚未实行的决断"，也就是作为"技术"的对立面的"艺术（诗）"，作为"形而上学"的对立面的"思想"，也就是说采用"诗"的方式去道说通过"思"达成的"大道（Ereignis）"本身就是一个关乎"决断"的事情。如果依然按照"技术"或"形而上学"，乃至于与"技术"相呼应的"文明"去进行循规蹈矩乃至随波逐流的"沉沦"一般的"选择"，根本无法"破旧立新"。因为即使在"西方"这个语境之中的一切语词都已经被"技术"或"形而上学"所侵染，以至于它们再也无法回到"根本"去运本源之思，去道说本有的奥秘。例如德勒兹与加塔利（F. Guattari）指出那种技术和形而上学式的"树状思维"即使"看起来有根的外表"，但无非是"将根投入新的、异样的

---

〔1〕［德］马丁·海德格尔：《哲学论稿（从本有而来）》，孙周兴译，商务印书馆2012年版，第127页。此处对应的是海德格尔的"大存在史"的脉络："从ἀλήθεια（无蔽、真理）作为φῶς（光、光明）到ζυλόν（枷锁）。从ζυλόν（枷锁）到ὁμοίωσις（相似性）。从ὁμοίωσις（相似、肖似）到作为rechtitudo（正确性）的（真理）；同时在这里，真理，即陈述的正确性，从陈述角度被把握为συμπλοκή（结合、交织）、connexio（联系）——莱布尼茨。从rechtitudo（正确性）到certitudo（确定性、确信），一种共同持存的确信（connexio，连系）。从certitudo（确定性、确信）到作为对象性的有效性（Gültigkeit，validity）。从有效性到合法性（Geltung legitimacy）。"并且指出："在ζυλόν（枷锁）之设定中，真理得到把握，但却是这样，即：ἀλήθεια（无蔽、真理）由此作为存在者之为存在者的无蔽状态以及作为观看和把握的视见领域而被要求。这就是说，由于达到了正确性的设定，ἀλήθεια（无蔽、真理）就在那种有限性的双重意义上被设为正确性的根据了，而且是这样，即：这个根据只被设立在其明见状态的被设定者的被建基状态（基于这个根据）中。因此，在希腊意义上，恰恰是这个ὁμοίωσις（相似、肖似）依然是（ist）ἀλήθεια（无蔽、真理），依然以这个根据为依据，依然在其中作为本质现身而本现（Wesen），而且因此也还能够，并且必须如此这般地被命名。但后来，ἀλήθεια（无蔽、真理）本身失落了。首当其冲的只还留下那种'对准、指向……（das Sichrichten nach）'，也即rechtitudo（正确性，Richtigkeit），而且在这种规定范围内，一种关于'正确性'的说明必须根据对人（作为心灵）和存在者的当下理解来寻求——除非它根本上径直被看作不言自明的东西了。"参见［德］马丁·海德格尔：《哲学论稿（从本有而来）》，孙周兴译，商务印书馆2012年版，第354~355页。

用途……所有的学科都奠基于它们之上，从生物学到语言学……没有什么是美的，没有什么是充满爱意的，没有什么是政治性的，除了那些潜藏的茎、气生的根、偶然的增生和根茎"[1]。一言以蔽之，语言的苍白无力、学术的失去本源以及技术对"自然（φύσις）"—"真理（无蔽）άληθέια"—"逻各斯（λόγος）"这个"源初自然法"的遮蔽，对"本真的生活"的异化，对"有"的伸张和对"无"的蔑视，决定了"决断"在立场上必然具有"超克现代性"的力量。

不过，即使在"立场"上海德格尔的"决断"有开启另一开端的意图，但无论如何，"决断"的伦理要求看似还仅仅具有在"A"与"B"之间做出选择的简单的结构，进而仍然是一种"薄弱"的伦理要求。但是在本书看来，这种"伦理的薄弱"一方面是与海德格尔的隐微的政治立场以及他绝弃伦理学的主张有关，但是他在另一方面已经在存在论的思想之中暗暗地给出了对这种"决断"的充分的理由：

首先，一个比较弱的理由是，"源初自然法"本身就是"存在"。这种有着近乎无限的"外延"的概念根本没有能力派生出充分的"内涵"，"决断"已经是它能够给出的实质伦理要求的极限。然而由于"源初自然法"的原始地位，"决断"相应地也取得了对其他伦理要求和法理要求的原始地位。海德格尔对此指出："我们从原初地被理解的'思想''心思''记忆'和'谢恩'这些词语中接受指引，并且尝试一种关于具有更丰富言说能力的'思想'一词所道说的东西的自由探讨。这种探讨是更为自由的，不是因为它变得更无约束了，而是因为我们的目光赢得了一种对于所谓的本质行状（Wesensverhalte）的开放的展望，并且从中赢获了一种合乎实情的联系的可能性。"[2]因此"决断"蕴含的是相较于"伦理学思想""法理学思想"更为根本和原始的"思想"形态；而在另一方面，"哲学"的终结赋予了"思想"以时代的

---

〔1〕［法］德勒兹、加塔利：《资本主义与精神分裂（卷2）：千高原》，姜宇辉译，上海书店出版社2010年版，第19页。虽然与海德格尔的"大存在史"相比，德勒兹与加塔利仍然是现代性的批判者，但是就他们给出的现代性的救赎方案来说，无疑与海德格尔的"大破大立"有异曲同工之妙，因为他们也从根本地对西方现代学科分化之中的所有的学科进行了有效性的质疑，意识到了这些"枝干"在现代已经逐渐脱离了生发它们的"根茎"，因此，德勒兹与加塔利面对西方资本主义的整齐划一的"民主""权利"等概念主张"游牧的政治"，针对西方形而上学的同一性思潮给出了"高原——多元性"的解决方案。

〔2〕［德］海德格尔：《什么叫思想?》，孙周兴译，商务印书馆2017年版，第162页。

任务，后者需要以"诗"的方式去道说：

在经验中，林中空地（Waldlichtung，林中澄明）和稠密森林相区别，后者在较为古老的德语中被称为 Dicktung（稠密化）……名词'澄明'（Lichtung）源出于动词"照亮（lichten）"。形容词"明亮的（licht）"与"轻柔的（leicht）"是同一个词。照亮某物意谓：使某物轻柔（leicht），使某物自由，使某物敞开……但绝不是光才创造了澄明。光倒是以澄明为前提的。然而，澄明，敞开域（das Offene），不仅是对光亮和黑暗来说是自由的，而且对回声和余响，对声音以及声音的减弱也是自由的。澄明乃是一切在场者和不在场者的敞开域。[1]

诗乃是对存在和万物的本质的创建性命名——绝不是任意的道说，而是那种首先让万物进入敞开域（das Offene）的道说……诗从来不是把语言当作一种现成的材料来接受，相反，是诗的本质才使语言成为可能……人类此在的根基作为语言之本真发生的对话。而原语言就是作为存在之创建的诗。[2]

海德格尔的上述语句蕴含了"源初自然法"与"决断"的关联。首先"敞开域"的组联是由"四大"的力量展开的全然的"澄明"，也即在这里"有无""明暗"都原始地存在而不分彼此。然而在"自然（φύσις）"—"真理（无蔽）（ἀλήθεια）"—"逻各斯（λόγος）"这个"源初自然法"的合一关联之中，"Aletheia"与"Logos"分别构成了"显隐"的动态变易的过程，因此没有什么能够全部地把"澄明"展开。毋宁说"澄明"一方面是"让"存在者之为存在者的时空场域，另一方面则意味着"解蔽"这个具体的存在者之所"去是"的过程。因而，"源初自然法"是存在本身能够在人的领会之中"遣送"和"恩赐"的思想的极限，也就是在生存论上本真的此在——抑或"真人"与"圣人"所体会到的存在的节奏。但是在"真人"或"圣人"把"存在"表达出来的时候，他必须进行这样的决断，即如何本质地去用语言去道说存在者并且让后者本质地现身在"敞开域"之中。选择"作

---

〔1〕〔德〕海德格尔："哲学的终结和思想的任务"，收录于氏著《面向思的事情》（增补修订译本），陈小文、孙周兴译，孙周兴修订，商务印书馆 2014 年版，第 93 页。

〔2〕〔德〕海德格尔："荷尔德林和诗的本质"，收录于氏著《荷尔德林诗的阐释》，孙周兴译，商务印书馆 2014 年版，第 46 页。

诗"已经是"最危险的活动"，以至于诗人之为"真人"或"圣人"绝不能以恣意的"语言（Sprachen）"去说，而必须在"道说（Sagen）"的"让……说"的范围内去"说"。而之所以"决断"之为伦理要求是原始且厚重的，根本在于"存在""存有"抑或"本有（Ereignis）"是不可说的"敞开域"本身。语言所能够让人去说的极限就是"解蔽存在者"，它或许能够对"稠密"的存在者进行直接的呼唤，却对"无"的"疏明"无以言表。甚至我们可以质疑，即使是海德格尔的"四大"也可能是一种有危险的描述，后者仅仅可能只是以"猜度"的方式，把"它们"理解和表达成"大地""天空""诸神""有死者（人）"的整体[1]。因此"原始的思"以"诗歌"这种"决断"的方式被"人"说出，它既是最为自由地对敞开域的领悟，却又是最为危险的对存在这个"大他者"的召唤——因为正如前述，在"道说"之后，究竟何者获得降临，它在现世之中究竟是有利更多还是有害更多，是善性更多还是恶性更多，是真理性质更多还是盲目愚昧更多统统是"不可知"的，需要"猜度"的。"决断"本身就是蕴含一种勇气的历史性的行动，根本地是"莽劲森然者"对"威临一切者"的开启以及"存在力道"之间的碰撞。历史由"决断"开启，同时也有可能由"决断"终结，而伦理学和法理学的"善恶"则属于这种"开启—终结"之中的"此岸"。

　　而在一个较强的层面上"决断"则是针对海德格尔认同的现代虚无主义给出的救渡方案。它虽然不能代表"好生活"本身，却是开启"好生活"的前提，因为后者必须充实而非虚无方能成立。在以往的时代，用以充实"生活"的是自然道德、神圣律法、理性之光，这些解蔽方案虽然在海德格尔看来是"技术统治"的"共谋"。但即便如此，在这些解蔽方案主导的时代和历史之中人类尚且不至于彻底地遗忘存在这个"家"，也不至于在"世界的图像时代"沦落成无家可归者，而这种"无家可归"的状态却在人类历史的当下的确由这些历史之中用以充实生活的要素演化而成。不过，时代的命运又不能归结到任何的"人"或"事"上，毋宁说"技术—文明"是集体无意识的产物。"理性是带着巨大的期望大张旗鼓地进入新的世界的……它的到了是为了把我们从专制力量和宗教迷信中解救出来"，然而又是"理性"形成了现

---

[1] ［德］海德格尔："荷尔德林的大地和天空"，收录于氏著《荷尔德林诗的阐释》，孙周兴译，商务印书馆 2014 年版，第 196 页。

代性返魅的"意识形态"[1]："民主政治"和"法治理想国"成为不能被否定的"天然正确"，"计划"和"市场"成了经济运行中必须二者择一的法则律令，求索"真理"而避免"谎言"是现代文化和科学的圭臬。而在海德格尔的时代，现代性之虚无在于没有人去如同尼采一般去追问"对此我们能做些什么"，我们如何"让历史变得能够为将来服务"，我们如何超越"科学"和"文化"的普世性质和不偏不倚而去"拥抱生活"这个本质的"世界结构"[2]——这些相对晚近的文献指出即使在海德格尔身故已久的当下，"虚无主义"这一问题都并未解决，甚至演化出了更为多样的形态。虽然海德格尔在晚年一度与"技术现象"有所和解，但是他还是指出："许多德国人失去了家乡，不得不离开他们的村庄和城市，他们是被逐出故土的人。"而"其他无数的人，他们的家乡得救了，他们还是移居他乡，加入大城市的洪流，不得不在工业区的荒郊上落户"，而即使"在故乡"的人也"无家可归"。因为他们被广播电视，电影画报包装的"世界图像"所包围，而不再于家乡的"大地"上耕作——"所有这一切对于今天的人已经太贴近了，比农宅四周的自家田地，比大地上面的天空更亲近，比昼和夜的时间运转、比乡村的风俗习惯、比家乡的古老传说更熟悉。"[3]如果我们认为这些问题能够通过法律的变迁、通过法律教义的再度解读、通过对法律的社会现实的观察甚至通过法律的观念的变革去解决，甚至希望通过"学理"的方案去解决，要么就是"隔靴搔痒"，要么就是"添油加醋"。因为无论是制度的还是观念的，无论是成文的还是不成文的，无论是保守的还是激进的，只要还是在"现代性"这个生存境域之中发生的救渡方案，就必然有现代性的因素存在。"我们不得不沿之前进的唯一道路是同这架（技术）机器联系在一起的，即使我们受困于它，也必须奋斗以求拯救"[4]——雅斯贝尔斯的这一观点已经指出，如果不对"现代性"进行根本地反思和破除，那么沿着这条"技术道路"行进的

---

[1] [加] 约翰·拉尔斯顿·索尔：《无意识的文明》，邵文实译，南京大学出版社 2019 年版，第 142 页。

[2] [美] 史蒂文·史密斯：《现代性及其不满》，朱陈拓译，九州出版社 2021 年版，第 352~353 页。

[3] [德] 马丁·海德格尔："泰然任之"，戴晖译，孙周兴校，收录于氏著《存在的天命：海德格尔技术哲学文选》，孙周兴编译，中国美术学院出版社 2018 年版，第 180 页。

[4] [德] 卡尔·雅斯贝斯：《时代的精神状况》，王德峰译，上海译文出版社 2013 年版，第 103 页。

一切救渡方案最终都必然推动技术机器对人的"困境"。从这个角度来看，主张回返到古希腊的思想本源，以其中剩余的，但未被历史曾在所选择的"决断成分"开启"另一开端"的海德格尔就在以极为危险的方式去尝试解决"现代性"这个根本的境况。他要求人的此在在技术的促逼之中继续行进，去追问"人如何归本于存在以及人如何归本于存在"，追问"存在赋本给人类以及存在如何赋本给人类"[1]。他冒险地指出，即使向"存在"可能重新降临的"恶"与"危险"行进，也不能继续任由"技术"去宰制人类的此在。这是由于虽然我们业已遗忘"自然（φύσις）"——"真理（无蔽）ἀλήθεια"——"逻各斯（λόγος）"这个存在的节奏，却能够从希腊思想、中国思想等渊薮之处寻找到这些被遗忘的东西。至少能够证明在人类的"第一开端"的生机勃勃之处，"好生活"的开启与"决断"所关联——即使人类当下已经遗忘了这个远古的"决断时刻"，即使人类已经遗忘了这个"决断"的内容，但是正如曾经的"决断"开启了人类的"文明"一样，当下的"决断"即使会在撕裂、开裂之中爆发，但是它开启的"另一开端"足以成为人类的"未来哲学"的序曲。

总而言之，"自然（φύσις）"——"真理（无蔽）ἀλήθεια"——"逻各斯（λόγος）"这个"源初自然法"节奏应当被总结为"Ereignis"，后者蕴含了"决断"这个推动"变易"与"涌现"的伦理要求。海德格尔认为："Ereignis"就像希腊的"λόγος（逻各斯）和中文的'道'一样几不可译"，它在的要求是在"观看（er-äugen）"中"唤起自己（an-eignen）"，在现代技术时间中"存在的急迫"恰恰是"本有"（Ereignis）的一个前奏[2]。无论危险与否，就如同海德格尔经常使用的比喻那样，这条"源初自然法"的道路无疑是"林中路"中的一个"路标"，它所要求的是"思想向离基深渊（Abgrund）的跳跃"[3]。因此，在明确了"Ereignis"之为源初自然法的本质、目的和道说方式后，即"历史—沉思—诗歌"的表征结构之后，对于

〔1〕［德］海德格尔："同一与差异"，收录于氏著《同一与差异》，孙周兴等译，商务印书馆2014年版，第 46 页。

〔2〕［德］海德格尔："同一与差异"，收录于氏著《同一与差异》，孙周兴等译，商务印书馆2014年版，第 47 页。

〔3〕［德］海德格尔："思想的基本原则（1957 年弗莱堡演讲）"，收录于氏著《不莱梅和弗莱堡演讲》，孙周兴、张灯译，商务印书馆 2018 年版，第 183 页。

源初自然法如何在"法"的领域运动、如何去蔽以及如何去对自行遮蔽者进行开启则虽然是一个更为实质的问题，但海德格尔对此也仅有提示性的建议：从生存论的角度来看，人之此在以"无—有—无"的绽出方式成为"有死者"，并且在这一角度成为"历史"的共在与演历。因此可以说"源初自然法"就是"人的历史"，它兼顾了"天空"和"大地"的两个争执者。回顾人类的法律历史，以法典的"明晰"去取代人治的"恶"的可能性，实际上意味着人类必须在"大地"之上去有限地生存，却努力地向"天空"敞开以吁请一种永恒的规则，去效仿那偶然在天空之中闪现的"神"的超越性，以某种先于人却由人解蔽出来的规则去成就"法律"，乃至成就用以规制法律的"自然法"。如果从海德格尔的思路来看无论是完备的法治还是完备的"人治"都是尚未实现但具有可能性的——即使这一可能性极其渺茫："尚未实现"意味着在人的有死性—有限性的条件下，人的—技术/技艺的造物是与生存论相关的。然而"可能"之所以存在乃是在人的历史地演历之中总有最终把本源召唤入"物"之中的渺茫可能性——形而上学的终结仅仅意味着以形而上学的方式的人类的造物之回应"四大"的失败，却不意味着人类本身无法最终以新的"沉思"与"诗意"地言说方式去把秩序的"天道"、混沌的"地道"、超越与神秘的"神道"以及人本身的调和性的"人道"最终融合于"物"之中。恰恰是因为在海德格尔看来，西方的形而上学关注的是秩序性的逻辑化的技术沉思，所以它必然走向一种对彼岸世界的完整秩序的追求并且以"出离"于大地，去拥抱"大他者"作为其自身的目标。然而形而上学的终结以及技术的统治已然指出"大地"对人的拘束以及其自身的锁闭是无法用"技术的语言"解蔽出来的，反而技术的语言愈发尖锐的时候，大地的语言则愈发沉默——人的语言愈发嘹亮的时候，神的语言也就愈发隐遁。海德格尔对"源初自然法"的最终获取的动力学规定，因而就超越并涵括了"西方形而上学"的规定。他对于"大地""最后之神"的思考无疑是东方式的——即使在他看来东方也面对西方技术统治带来的灾难，他对"有死者"的"此在"的认识也最终与"历史"的观念联结起来，即人之此在以"终有一死"的存在方式在世存在，本身就是在"有死性"的勾连与嵌合——被遣送之中形成"共同演历"。因而在这一角度上"时代的精神"首先是某一时代的人的精神，进而成为对"四大"的召唤与吁请的思绪。因此，海德格尔意义上的源初自然法以对"有"与"无"的涵盖进而成为 Ereignis 本身，因而就在动力上处于"四大"的作用之中。

同时从学术史的角度来看，海德格尔很难被认定为一个"政治哲学家"或"法哲学家"，然而他的直系弟子如汉斯·伽达默尔（Hans-Georg Gadamer）、赫伯特·马尔库塞（Herbert Marcuse）、列奥·施特劳斯（Leo Strauss）、汉娜·阿伦特（Hannah Arendt）、卡尔·洛维特（Karl Löwith）、伊曼努尔·列维纳斯（Emmanuel Levinas），乃至于承认受惠于海德格尔的让-保罗·萨特（Jean-Paul Sartre）、雅克·德里达（Jacques Derrida）[1]却无一不是公认的政治哲学大师。他们熟练地运用着海德格尔或是胡塞尔的现象学方法，思考"古今之争"乃至于提倡回返古典的思想，运用海德格尔的诠释学立场与方法进行写作和论辩，共同为战后欧美政治哲学与法哲学。特别是在形成以现象学方法驱动的、得以与分析实证主义主导的政治哲学与法哲学分庭抗礼的研究范式做出了贡献。然而，海德格尔的上述"弟子"却对这位教师抱有各自的复杂情绪，或是学术立场的对立，或是政治立场的质疑，抑或是生活之中的爱恨纠葛与恩怨难了：或是经由海德格尔的"源初之思"而批判海德格尔，把海德格尔视为现代性的"虚无主义"的推动者；或是根本地认为海德格尔的"决断伦理"乃是为国家社会主义做出的理论背书，并认为海德格尔的纳粹式的政治动机一直隐而不彰地绵延其一生；抑或是指出海德格尔后期思想的混乱和玄妙，并且把这样的"思"解读为本质的"虚无"。然而上述的学术影响，更多地应当被视为海德格尔的"源初自然法"在学术传承方面的评价效应，而不应当将之视为组成"源初自然法"的思想本身的要素。而如果排除海德格尔或是在思想上对这些弟子的启发，抑或是在政治上对他们的伤害，以至于由此引发的巨大争议来说，海德格尔实际上已经开启了后形而上学、政治哲学和法哲学方向的"另一开端"。他以自己别具争议的方式奠定了一个时代的哲学语调，以至于他的"源初自然法"的确引发了在"自然法"这个研究领域的"派生性"的思想。

---

[1]　参见［美］理查德·沃林：《海德格尔的弟子：阿伦特、勒维特、约纳斯和马尔库塞》，张国清、王大林译，江苏教育出版社 2005 年版，第 19 页。沃林特别指出，我们需要注意海德格尔思想在德国和美国的争议，以及在法国的传播（尤其是"海德格尔—萨特—德里达"这个思想脉络）之间可能的张力来源。

第八章

对海德格尔源初自然法思想的批判

　　"源初自然的"是"Ereignis"并以"易/涌现"的方式处于时间流动而非空间持存之中，"自然（φύσις）"—"真理（无蔽）ἀληθεια"—"逻各斯（λόγος）"即是它的具体表达，而其中所蕴含的伦理要求即是面对现代性的"决断"伦理。前文从"自然"概念的语源学出发对"Physis"之为本源自然，以及其与流俗的自然法和实证法及其学理研究关联起来，那么回到前部分提到的问题：海德格尔的"源初自然法"方案到底导致了什么样的后果，以至于颇具争议呢？海德格尔的哲学核心就在于"思—史—诗"这个链条之内，但即使这样对"Ereignis""四大"进行描述仍然是"对象的不允许"进而更是"意义的不允许"〔1〕，既不能将这些概念视为"对象"，又不能对此进行意义的充实，显然就形成了"不可说之神秘"。

　　与此相应，我们指出了"自然"是一个"由显入隐又由隐入显"的"无—有—无"的"涌现"的进程，进而作"Ereignis"对"言说"与"沉默"的同一的"道说"，这种思想或许能够成为让"法教义学"的"显"与"法哲学"的"隐"归于"一"的道说而使得广义的法学永远"被让说"且嵌合在"自—然"之中。"Ereignis"就是那个永远的沉默地遭送者，它并不运行径行用技术的语言去说的那个"同一性"。进而"源初自然法"也就被虚化成了一个"由……入……"的"易—命运"的本构结构，而只以"为澄明的自我

---

〔1〕　叶秀山：《思·史·诗——现象学和存在哲学研究》，人民出版社1988年版，第77页。

锁闭"或"为锁闭的自我澄明"的样态倏忽地在"法"的演历之中无意地暴露它的"现象"。更由于向"另一开端"的跳跃是困难且危险的，那么实际上对于"源初自然法"的表述也就相当困难。海德格尔即使在《哲学论稿（从本有而来）》以及围绕"Ereignis"的转向式的表达也并未对这个"不可说"的词语有所表达。然而，海德格尔却以"历史""沉思"和"诗歌"的语言去无限地趋近了"Ereignis"的"是"并且尽力去对伦理学、认识论进行奠基，如他指出："（决断是）分道扬镳本身，这种分道扬镳起着分离作用，在分离中才让针对这种分化中的敞开域的本—有过程进入游戏中——这个敞开者乃作为对自行遮蔽者和未经决断者而言的澄明。也就是对人（作为存有之真理的建基者）对于存有的归属性以及存有被指派给最后之神的时代的状态而言的澄明。"[1]在"史—思—诗"的道说之中，海德格尔的"生存论"的还原论起点决定了海德格尔对"本源"的探讨的起点是"生存—本真生存"。这要求把"无—有—无"的结构丰富成"未生—生命—死亡"的过程，并且在"人类"的层面上建立"生生不息"的演历的历史。唯其如此，海德格尔才能要求这样的"本真此在"以"沉思"去取代"形而上学"，以"诗意"的栖居取代"技术"的沉沦；唯有此种对"历史"有所把握，"沉思"和"诗意"地听从召唤并栖居于"存在/存有"近旁的生活，进而对"存在问题"发问才是可能的。这样，也就注定了"源初自然法"是"历史的"[2]。这样"历史"——抑或可以称之为"人的涌现"的"自然—存在"就成了源初自然法本质现身的"场域"。而去探问"存在问题"，"存在"的澄明召唤来的提问—沉思，就成了作为"无蔽"或"真理"的本质。如果按照这样的思

---

〔1〕〔德〕马丁·海德格尔：《哲学论稿（从本有而来）》，孙周兴译，商务印书馆 2012 年版，第 354~355 页。

〔2〕"历史"的不是"历史主义"的，前者是把"时间维度"引入"空间"之中并且形成时间之流，并且寓于"此在"的"曾在""现在""将在"的"在此"之中的表述方式，而"历史主义"之中的历史则是对流俗时间观下作为线性时间的历史的强调，施特劳斯所批判的恰恰是"历史主义"，他指出："在历史学派看来，人们能够从历史研究中期望得到的，并非历史研究的成果，而是那些直接或间接地出自 18 世纪自然权利论的假设……假定有民族精神（folk minds）的存在，亦即他们假定民族或种族群体乃是自然的单位，或者他们假定存在着历史演化的一般法则，或者把这两种假定都兼容并包。"（参见〔美〕列奥·施特劳斯：《自然权利与历史》，彭刚译，生活·读书·新知三联书店 2016 年版，第 17 页。）显而易见的是，施特劳斯把"历史研究"视为一个"相对主义"式的，反对"自然法"的独一性质的方法，然而他是否触及了海德格尔的"此在"意义上的"历史"却是一个需要进一步讨论的话题。

绪去思考法学的话，那么一切法学的根本目的就成了对"源初"——"法律之是"的解蔽。然而也是由于语言的"被让说"的性质，最终那隐而不彰者则必然让一切的法学思想在"法律之是"的根本问题面前对"神秘"而无法言说——无论是言说的"法教义学"还是沉默的"法哲学"都由于是这一"神秘"的遣送而显像的，并以此"现象"为根据—渊基的理论形态的存在者。因而源初的语言是"诗意"的，即使它在逻辑清晰的教义学与理性至上的法哲学中隐藏自身。然而最为源初的"律法"所尝试表述出的朴素的语言或许指出法律与法学之中的"诗意"，恰如原本的"逻各斯"一般只是自我遮蔽并遣送出清晰与理性的语言一样。

这样，"场域""目的""现象"的规定，就指出了在静态上"源初自然法"在"何处""为何"以及"以何"本质地现身。但是从常识的角度来看无论是法教义学还是法哲学，无论是作为实证法的"法典"，抑或是作为理论文本的"法理论"，最终都是以"物"的形式现身，那么"源初自然法"何以显现为"物"？因而我们要把海德格尔对"作品"[1]的界定"召唤回来"，即要明确"法典"或"法理论"绝非实用主义的，或功利主义的"工具"，而是人类之"作品"。一部优秀的法典或法理论著作应当被视为与雕塑、画作、诗歌一样的，召唤"天地神人"这"四大"，并使得它们即使争执但仍寓于其内部的"艺术品"[2]——"天空"的明朗成了对法典或法理论的逻辑清晰性以及对象的周延性的要求，与之相对的"大地"则把真实的乃至混沌

---

〔1〕 海德格尔指出"艺术是真理之自行设置入作品"，艺术是历史性的，同时也遵循"源初自然法"的"无—有—无"的节奏，然而，艺术却以"诗"之本质"赠予""建基""开端"地创建也即保藏"真理"之本源，比格犬在历史性的机缘中让后者以道说的决断"跃入"另一开端的建基之中，参见〔德〕海德格尔："艺术作品的本源"，收录于氏著《林中路》，孙周兴译，商务印书馆 2018年版，第 72~73 页。

〔2〕 20 世纪以来，关于"法"的所是的争论，却充满技术主义和工具色彩，以哈特为中心围绕着"一元论"和"二元论"的三次论战，均是关于自然法和实证主义法学的立场之争，在这三次波及甚广的论战中，几乎没有社会法学的介入——唯一可能值得注意的是唐纳德·布莱克领衔的"耶鲁学派"以及塞尔兹尼克领衔的"伯克利学派"关于法社会学的方法论之争，在这场社会法学内部的争论确实涉及法律的价值性塞尔兹尼克领衔的"伯克利纲领"认为，当时社会学研究中的主要缺陷是事实与价值的分离，而"规范性研究是在事实与规范之间架设桥梁的方法之一"，所以他们强调法治是法社会学必须研究的最重要的价值，其坚持的显然是一种道德伦理哲学和实用主义哲学的结合，而耶鲁学派则主张在法社会学研究中要摒弃一切价值判断因素，运用彻底的实证主义方法。而无论如何，这些争论或是仍然在"形而上学"之中，或是在"工具"的范围之内对如何"运用"法律进行争论。

的社会关系与人的共在锁闭起来而抵抗"天空"的"开启";"有死者"为了"有死者"创作人的精神造物,然而那些偶然爆发的"神—秘"却让这一人类造物必须要在一些情况下去考虑超越的例外。同时"神"希冀超越法治达到"理想国"的意图虽然被"有死者"以"法治"所取代,但这种超越的意图却成了永远高于"法治"的最为理想的状态但又是"有死者"无法自主自足的不现实的方案;然而,"有死者"又必须栖身于大地因而必须明晰他自身因的"有限性"[1]而必须经历的"遮蔽","神"又只能寄希望于"天空"的澄明来展示它的神性,因而它在提倡"理想国"的时候又必然以更高的"澄明"来验证这种"神秘"的必然。因而在"源初自然法"现身的"法典"或"法理论"之中,"澄明"以及希冀"澄明"的天空和有死者,以及"锁闭"和"神秘"的大地和超人(神)寓于其中,它们交互着、争执着并被守护——天的明朗、地的混沌以及神性的偶然显现最终被"有死者"调和,又在它有限度的生存之中嵌合于"有死者"的共在的历史之内——又受到"命运—易"的遣送。于是"Ereignis"的"无—有—无"又再次出现于"物"及其看守者之处。

　　仅仅大概地指出"源初自然法"如何"在",以及何者"在其中"是不够的,因此详细地讨论则尤为必要。然而在开始详细的讨论前,我们有必要明确以下的约束条件:一是作为"有死者"的我们只能被遣送地"说",因而以我们的语言去表达"Ereignis"是几乎不可能的,因为"源初自然法"作为"Ereignis"的本质现身与"Ereignis"是同一的,而在海德格尔的思想之中不再有比"Ereignis"更高的概念——"Ereignis"在其他思想家那里,也被表述为"道""梵""粹"等不可定义而至多能描述其大概的概念,因而本书也无法期望能够为"源初自然法"做出一个绝对符合逻辑的定义;二是面对"有死者"居于其"一方"的"四大",即使"有死者"能够对其他的

---

　　[1]　海德格尔认为"人的有限性"是康德的"先验统觉"以及"自我立法"暗示出的最重要的存在论观点,在康德对"人的知性"与"人的理性"发问的时候:"人类理性不仅仅暴露出其有限性,而且其最内在的兴趣也关联到有限性自身。对于人类理性至关紧要的地方不在于要去排除那些有些像'能够''应当'和'可以'那样的东西,从而消灭有限性,而是相反,恰恰是要让这一有限性变成确定的,从而可以在这一有限性中保持自己。"参见 [德] 马丁·海德格尔:《康德与形而上学疑难》,王庆节译,商务印书馆 2018 年版,第 134 页。

"三大"[1]有所描述，但是"有死者"却不能对自身有所言说，因为有死者唯有借助其余"三大"观察自己，或借着"本真此在"的共在去观察自己。即使"有死者"希冀去整全地言说，也必须把自己置于有死者集体演历的历史之中，呈现以"后来者"观察"先行者"的样式，因而这样的观察注定是有盲点的；三是本书由于尝试讨论"源初自然法"，在后文的讨论中也注定包含到由这一"源初者"派生出的一切样态。虽然海德格尔对某种"存在主义"的伦理学[2]有拒，但某些"派生者"如同伦理学一般，绝不是不重要的，恰恰是因为它们对日常此在的重要性过甚，反而需要在"存在论"的角度去"悬置"它们才能接近源初者的"存在问题"。因而对于那些在自然法学术史之中重要的名字和理论，我们可能要保持怀疑态度，例如西蒙（Yves R. Simon）所说的"没有对自然法的持久反对就没有自然法的永恒复归"[3]。

因此，以下的讨论就变得至关重要：首先，海德格尔的"源初自然法"也即以"Ereignis"或"道"为名，以"易/涌现"为运动状态，处于时间流动中"自然（φύσις）"—"真理（无蔽）ἀλήθεια"—"逻各斯（λόγος）"的同一，究竟完成了它的应有理论企图吗？在实践上，它又有什么后果吗？对于前一个问题，涉及的是对海德格尔的存在论"源初自然法"的理论后果的评价，即它在根本上指向了比现代虚无主义更深刻的虚无主义之中。海德格尔那"危险的一跃"并没建立起什么"另一开端"，反而是确实跃入了"渊基"之中，而徒留"虚无"；而由于他本人没有明示的伦理学、政治学和法学的立场，那么也就等于除了"批判现代虚无主义"之余，海德格尔至多

---

[1] 对于"四大"，海德格尔认为它们寓于"物"之中，即"物化之际，物居留统一的四方，即大地与天空，诸神与终有一死者，让他们居留于在它们从自身而来统一的四重整体的纯一性中"，"物"之所以有这样的功能，在于海德格尔对"Ding"的重新赋义，也即他根据古高地德语的说法将之定义为"聚集（versammeln）"，由于"物之物化（Das Ding dingt，聚集发挥了聚集化功能）"，在场者才自行遮蔽和自行规定，这样也就让"四大"敞开的澄明域显露了出来，而海德格尔鉴于物对"四大"，指出了在"四大"之中"言一以及三"的规律，即出于"四方"的纯一性而联想到其他三方，但是在一般的讨论中，"法"作为"物"却只能被定于"人"这"一方"之中，能否扩展"其他三方"，是法哲学有探索余地的话题。参见［德］马丁·海德格尔："物"，收录于氏著《演讲与论文集》，孙周兴译，生活·读书·新知三联书店2005年版，第185页。

[2] 参见［德］海德格尔："关于人道主义的书信"，收录于氏著《路标》，孙周兴译，商务印书馆2000年版，第368~369页。

[3] ［法］耶夫·西蒙：《自然法传统——一位哲学家的反思》，杨天江译，商务印书馆2016年版，第39页。

是为后世的"自然法论"开启了一个"源初自然法"的起点，并未提供如何从"起点"再度"跳跃"到另一开端之后的规范世界的方式，

海德格尔虽然具有坚定地解决现代虚无主义的动机，也对现代虚无主义有清晰的认知，但是他在解决虚无主义上却陷入了另一种"价值虚无主义"，即使把海德格尔视为一个毕生以反对虚无主义为志业的存在论哲学家，在价值方面的虚无也是不可回避的理论后果。因此，需要怀疑的是，海德格尔未必真的没有任何的政治思想；海德格尔本人也未必真的就如他所说长期作为一个隐居在"林中"的栖居者。在海德格尔的弟子中，对于这位老师的"政治批判"似乎也指示出海德格尔对纳粹政府的支持，以及希冀国家社会主义甚至希特勒本人去实现自身的主张的意图。因此，在文章的最后一章，我们将对海德格尔的"源初自然法"进行评价。不过，由于需要对论域进行限制，我们将分"理论评价"和"实践评价"两个方向，围绕"虚无主义"这个核心，主要调动海德格尔弟子以及受他影响较大的西方哲学家[1]的批判去评价海德格尔。

一、"源初自然法"和"价值虚无主义"

海德格尔在早年的讲座中就已经对与"历史主义"相对的"普遍主义"有所认识，他认为"普遍主义"是一种以"仓促的一般性追求"去设立一个历史的现实性的彼岸，进而在"后于历史事件"的意义上去抵制历史的思想活动。"今天出现对史事的对抗（Auseinandersetzung）在本质上表面自身是一种抵抗怀疑主义和相对主义的斗争。"但是，目前用以对抗历史主义，并且将之视为与绝对主义相对的"怀疑论"和"相对主义"的路径却并不高明："第一条道路把绝对的准则设为更高的现实性来对抗历史之物。第二条道路放弃了准则；它在历史之物中、在'文化'中看见现实性。第三条道路认识到一种最低限度的绝对价值，但这只是在史事的东西中以相对的型态呈现"。之所以这些批判都是不高明的，乃是因为"史事的现实性都设定为一种客观的存在"，因而这三条"普遍主义"或"绝对主义"的第一条道路也就可以被

---

　　[1]　这里也就是说，本书的"评价"将不以胡塞尔、舍勒、雅斯贝尔斯等海德格尔的先辈或同辈的批评为主，而关注在海德格尔思想成型后，他的弟子对海德格尔的思想的整体评价，这一方面是由于前述，这些弟子多多少少都是"政治哲学家"，也是因为海德格尔和他的弟子的矛盾关系是一桩仍未解决的"学术公案"，不过，在西方"受惠于海德格尔"的学者也有相当数量，在此也就不能忽略这些潜在的对海德格尔的支持者的辩护声音。

视为"自然法则—自然正当"理论，它把彼岸的准则视为更高的实在——在柏拉图的时代的本体论自然法研究就代表了这样的思路；而第二条道路则在中世纪的"自然律令"理论中有所体现，它看似仍然是准则性的，但由于基督教本身的文化属性，所以它实则以基督教文化这个不变的事实去衡量其他的历史之物；而第三条道路则对应于"理性主义"的思路，"理性人"的"自然权利"被视为一个"最低的价值"，"理性"的实质是多样的，形式则是变易的，而理性的引入则让人完全可以用"科学"的因果律去解读历史〔1〕。这种对"历史事实"的解读很让人不难与"Ereignis"关联起来，因为虽然无法对"Ereignis"去下定义，但是通过语源学的规定去解读"Ereignis"之显现为"源初自然法"则有必要且可行，因为"Ereignis"本来的含义就是"事件"。这样首先作为"Ereignis"的显现的源初自然法，它的活动同时是人类此在的集体演历的过程。"历史"因而成为"源初自然法"在其中运作的"场域"，而历史过程之中集体被遣送的诸"事件"在其中以"由……入"的结构被遣送且获得无蔽。对于其中的任何一个事件来说，"无蔽"就是它的目的，但"遮蔽"则是更深层的"命运"。这样，作为事件上演的历史过程，源初自然法也具有对"使之有"和"使之无"的双重效能，即它既拢集着一切存在者，并且作为根据去规定遣送—命运——这远远比"普遍主义"的"理论"更具有本源性质。但是如果考虑到海德格尔的"同一性"结构，可以发现由于"自然（φύσις）"—"真理（无蔽）ἀλήθεια"—"逻各斯（λόγος）"的同一，源初自然法之为"Ereignis"，它既是对事件的发生的彼此嵌合与遣送，也是去让事件出场的解蔽运动，还是去让事件自然地消解/退场的自然的活动。因而需要再次强调的是，海德格尔意义上之为"Ereignis"的"源初自然法"绝不是规范性思考意义的"法"，毋宁说在前者的层面上后者的"规范性"已然被消解成历史之中的"曾在"或"将在"的形态〔2〕。海

---

〔1〕 ［德］海德格尔：《宗教生活现象学》，孙周兴、欧东明、张振华译，商务印书馆2018年版，第47页。这一讲座稿是从海德格尔在胡塞尔的指导下"初登讲台"的授课内容中提炼的，大多是1918~1921年的早期授课内容。

〔2〕 这种消解往往是在规范理论看来是以道义逻辑的方式出现的，"be"或"to be"的描述性结构与"ought to/might to"的规范性结构，在存在论看来仅仅是有/无的区分，或者退一步地在生存论角度表述，描述性的结构及其逻辑指向的是"生活世界"，而规范性的表述与道义逻辑指向的则是"可能世界"，不过一旦按照这个方式加以理解，"生活世界"之为现实性与"规范世界"之为可能性就又要区分出"高低上下"，而不符合存在论的思考。

德格尔对此给出的理由也很简单：第一，"存在"乃是一切存在者的根据，价值、伦理、法理作为"存在者"本身要受到"存在—自然"的奠基作用，而作为"根据律"的"源初自然法"意味着"决定性的牵引（Zug）"。"思—诗"的反形而上学的本真的活动被"存在—自然"牵引到"存在—自然"之内，并且将之融入"历史性时代的传承（übertragen）"之中，这样那种非本源的"思维/事实"也就嵌合并被牵引到"Ereignis"这个大他者之中了[1]。第二，"存在论"的"源初自然法"的关键不在于它的实质要求，而在于它揭示了一个"自然"的动态过程，"由显入隐"和"由隐入显"的过程是一个在方法论上有效的"实际的解释学"，"当下现在的此在"只有根据这个命运去"追问今日的历史意义"，尤其是对"此在在其中以某种方式与闲言相伴随"的那种"在其他事物中的（unter anderen）的历史意识和哲学"[2]的意义——也就是说，此在希冀自身向"本真此在"上升，根本地要以"螺旋上升"的解释学路径去嵌合到"历史—自然—存在"的动态涌现之中。而伦理学和价值哲学、政治哲学和法哲学的价值要求仅仅是这个"解释学循环"的一个组成部分，不足以以自身的力量推动此在向"本真"的觉悟。也就是说"规范""价值"不是"解释学"的目标，甚至是"本真的实际性解释学"需要超克的"闲言"或"公共意见"。

在存在论意义上讨论"Ereignis"是要通过悬置形而上学的思想去导向对"法"的根本性地沉思，而在这种沉思之前需要指出的是一旦我们触及的是"本源"，那么必须探问在本源之处可有"善恶真假"、可有"合法不法"等问题——这也就是说，需要讨论科学、伦理学以及法学是在存在论之前出现还是派生于存在论。在海德格尔看来"存在论"之为根本性的解释学以及"根据律"，必然要派生出其它的"理论"——而这些理论与其他的"事件"一样，都是根据"源初自然法"而被遣送、解蔽并且消灭的。从这一角度看，海德格尔的确为规范论角度的"虚无主义者"，但是这个"虚无"在存在论的角度则是"存在"本身。而在海德格尔的弟子中，以施特劳斯、阿伦特为代表的"流亡政治哲学家"认为海德格尔深化了现代的"价值虚无主义"，

---

〔1〕　[德] 马丁·海德格尔：《根据律》，张柯译，商务印书馆2016年版，第206页。

〔2〕　[德] 海德格尔：《存在论：实际性的解释学（1923年夏季学期讲座）》，何卫平译，人民出版社2009年版，第55页。

因为"源初自然法"这个存在论的"法"不带有任何价值论的倾向，也无力解决现代社会中的"道德危机"。而以伽达默尔、列维纳斯为代表的哲学家则在根本上质疑海德格尔的"本体论主张"，或是否定"存在论差异"本身，或是否定海德格尔的"生存论诠释学"的方法。而相应地，萨特和德里达则分别针对德裔的哲学家对海德格尔这位老师的批评给出了辩护。不过，海德格尔在"价值论"与"本体论"上的理论主张的有效性都具有可质疑的空间。应当追问，"源初自然法"究竟到底是不是法哲学与伦理学的"自然法"，以及它是否"源初"是否如同海德格尔所主张的那样不言自明。

（一）施特劳斯："源初自然法"与"知性真诚"

施特劳斯对海德格尔的批判可以说是本书写作的一个"楔子"，这是由于在中国学术界，"施派"与"海学"之间的冲突已经构成一个时下热门的哲学议题。以刘小枫、甘阳等为代表的"中国施派"学者主张对海德格尔热进行冷静的思考，这的确对肇始于上个世纪末的"海学热"有启发作用。然而，施特劳斯与海德格尔的对立真的就那么尖锐吗？依照刘小枫等学者的观点，"施特劳斯"和"海德格尔"是两个对立的符号。刘小枫认为，施特劳斯等学人"即便在并不完美的社会中生活也必须心系永恒的自然秩序……必须始终保持与'善'的理式（Idee）最为直接且充分的知识性关系，即使'善'的理式本书实际上无法证成"[1]。这样，刘小枫也就把"施特劳斯"这个符号与"古典政治哲人"捆绑在一起，并且形成了一个以施特劳斯、阿伦特、马尔库塞、洛维特等"海德格尔的弟子"组成的"同盟军"，并且以他们对政治、法律和善的道德的关怀，去把海德格尔置于一个至少并不关系现实社会的"价值虚无主义者"的地位。而在后文我们将看到，这种指责将在"黑皮书事件"的推波助澜下，成为对海德格尔的学术、政治实践、道德操守的多方否定的基调。而刘小枫在《海德格尔与中国》的结尾则写下了这样的话：

即使中国哲学迄今谁都不舍得离开现代哲学视域，且始终对古典式的哲人心性心存犹疑，或者干脆彻底革除追慕哲人心性的精神习俗，西塞罗的名言仍将是笔者的座右铭："宁可跟随柏拉图犯错，也不与他们一起正确。"在

---

[1] 刘小枫："文质之辩与历史哲学"，收录于氏著：《海德格尔与中国》，华东师范大学出版社2017年版，第94页。

激进民主思潮仍然汹涌澎湃的当今语境中，这句名言必须改写为：宁可跟随施特劳斯犯错，也不跟随海德格尔一起正确。[1]

在本书的第一章，我们采取的是对施特劳斯的观点的"悬置"态度，而在这里，我们将不得不去直面"施特劳斯"这个已经成为符号的学术流派的观点。在刘小枫等学者看来，"施特劳斯"是代表古代哲人心性，能够让由于虚无主义而躁动不安的社会重新发现"自然正当"这个"绝对善"的"定心丸"。然而无论如何，虽然刘小枫不希望"跟随海德格尔一起正确"，但这实际上已经承认了海德格尔具有"正确"之处——施特劳斯和海德格尔对"现代性"的救赎方案在方向上是一致的，他们都认为必须回返古典才能够对现代社会中的诸多"现代性境况"进行化解；他们在对现代性的诊断方面也是一致的，都认为只有"克服虚无主义"才能够克服现代性；他们甚至对"技术""形而上学"都抱有批判性的态度。如维克利概括的那般："对这两位思想家而言，哲学的核心主题是存在或整体，只有对某种存在者——整体的部分——而言是一个问题或难题，该主题才可以显而易见且可理解，这种存在者就是人类，作为整体的部分也向整体敞开。"[2]因此，现时代的"技术"与"形而上学"对海德格尔来说是悖逆了古代思想中"存在问题"的返魅表现，而施特劳斯则认为"技术—科学主义""形而上学—现代哲学"在根本上遗忘了"政治哲学之为第一哲学"的源初论题。在上述方面观点的明显重合之外，也不能忽略"海德格尔—施特劳斯"这个思想的关系体：对施特劳斯而言，他所希冀的是经由德意志化的现实原则的"政治犹太复国主义"[3]的成功，而海德格

---

〔1〕　刘小枫："苏格拉底问题与中国"，收录于氏著：《海德格尔与中国》，华东师范大学出版社2017年版，第294页。

〔2〕　[美] 理查德·维克利：《论源初遗忘——海德格尔、施特劳斯与哲学的前提》，谢亚洲、杨永强译，华夏出版社2016年版，第37页。

〔3〕　如施特劳斯认为，"复国运动"根本地就是"民族同化"，他认为"复国运动"不能被视为一个"去现实化"（Entwirklichtheit）的活动，而必须落实到"朴实的现实"之中，他甚至认为："我们且不看18世纪的德国人与犹太人发自肺腑地互相帮助的情状，我们也不看德意志精神在经历了犹太力量的渗透中出现的转折，德意志犹太人的发展史中剩下来对我们还有意义的，首先是尤其在世俗领域日益强烈的德意志化。当德意志犹太人成熟到可以接纳所有与'历史感'相关联的东西时。德意志化过程的动力就促成了一种特殊形式的犹太复国运动……我们今天的困境恰恰在于，进入现实才是必要的目标，而德意志化不过是通向这一目标的偶然道路，只配具有形式上的意义，（而事实上）这条路却由各项内涵——有可能完成这一现实的各项内涵——引领，而且必须由这种内涵来引领……如同铁箍般维系着这些内涵的信念（Gesinnung），活在这些内涵之中的精神，恰是流亡（Geluth）性质

尔则主张"德意志性"在精神上的优越性;海德格尔所开拓的"技术批判"和"形而上学批判",也能够作为"柏拉图的洞穴"之中的"上升阶梯"进而成为走向"真理生活"的必要路径,这就等于为施特劳斯把"政治哲学"再度映照入"城邦",实现"政治哲人"对现代穴居人的拯救提供了前提。而这种"思想的关系体"的脉络就是,经过海德格尔式的"栖居于存在近旁"而获得生活在本质世界/真理世界之中的"本真此在"乃是少数的,真正意识到"依照真理生活就是好生活",且切近存在之真理的人的生活。施特劳斯所补充的是,这些人在获得好的生活之后,绝不能以"泰然任之"的"圣人"或"真人"的态度出世,而必须回返洞穴去拯救那多数的人,这样"真理生活"就是必然要抛弃的且经由本真此在的"决断"而抛弃的生活。但即便如此,施特劳斯还是认为"公共生活"如同海德格尔形容的那般,是一个充满"闲言""好奇"和"两可"的社会:"言辞既非开端亦非重点,而是中途车站,或更确切地说是照亮路途的明灯……只有借由言辞,行事或事实才被揭露出来……但在揭露同时,言辞也在隐瞒或欺骗"[1]——"言辞"是显明的而"行事"是隐秘的,哲人自从回返洞穴那一刻开始就必须进一步地去"决断"如何"言行"。或许"穴居人"的确需要哲人的救渡,但是在"真理"之下的"法律"的社会所需要的是"正义"而非"真理"——而依照柏

(接上页)的。"[美]列奥·施特劳斯:"答法兰克福小组'原则之言'",卢白羽、张缨译,载[美]列奥·施特劳斯:《犹太哲人与启蒙——施特劳斯讲演与论文集 卷一》(增订本),刘小枫编,张缨等译,华夏出版社 2019 年版,第 13 页。施特劳斯在这里所提出的取道"世俗领域"进而以现实性推进犹太复国运动的策略,基本上形成了一种与犹太教教义相反的世俗化的、政治犹太复国主义的主张,而德意志化对犹太人的影响在于前者不断消弭着犹太教的神圣律令对犹太人的束缚,这使得犹太复国主义能够通过现代国家的组织方案,以民主、共和的方式完成。如果把这种"去神学化"的思想与海德格尔的"宗教批判"相比,那么可以发现他们对"律法"能否为"法律"或"法制"奠基的问题上都抱有怀疑态度。

〔1〕 [美]列奥·施特劳斯:"修昔底德:政治史学的意义",彭磊译,载[美]施特劳斯著,[美]潘戈编:《古典政治理性主义的重生——施特劳斯思想入门》,郭振华等译,华夏出版社 2017 年版,第 149 页。值得注意的是,在这一引文的前一部分,施特劳斯说:"在每种情况下,我们只有既听其言又观其行,才能认识这个人",实际上他引用的是《论语·公冶长》中的语句:"子曰:听其言,观其行",原句作:"宰予昼寝。子曰:'朽木不可雕也,粪土之墙不可圬也,于予与何诛……'子曰:始吾于人也,听其言而信其行;今吾于人也,听其言而观其行。于予与改是。"朱熹注:"宰予能言而行不逮,故孔子自言于予之事而改其失,亦以重警之也。"参见(宋)朱熹:《四书章句集注》,中华书局 2011 年版,第 76~77 页。此处能否说明施特劳斯与海德格尔在中国哲学视域下的"儒道之争",是值得讨论的。

拉图的看法"正义"虽然是"四主德"之一，但在位阶上低于"真理"——哲人向政治哲人的复归因而就被施特劳斯拓展成海德格尔并未着重讨论的，但又必然能够从他的"自然—命运"的遣送过程中推导出来"哲人之天命"。

施特劳斯对海德格尔的最具有撼动能力的批判，在于施特劳斯"再发现"的"隐微术"[1]。对于其他哲学家来说，"隐微术"或许不会构成任何"价值挑战"，但在施特劳斯看来，隐微术是一项传承至今的哲人写作手法，例如他推崇的巴门尼德就坚持这种教诲方式：

> 他向那些能够自己领悟的博学之士揭露真理，同时又向普通大众隐瞒真理……或许隐瞒真理的最佳办法莫过于否认真理。因此，巴门尼德对所有重要我都做出了前后矛盾的论述，提供给陈述真理来透露真理，又通过否认真理来隐瞒真理。但是，陈述真理必须比否认真理更加隐秘，否则普通大众就能明白了，至于那些能够自己领悟的人，他们有能力发现被隐藏起来的真理陈述。……当一个陈述与另一个陈述相矛盾时，它在某种意义上只是重复了另一个陈述，它在几乎每个方面都与另一个陈述相一致，唯一的区别在于某一增补或省略之处。[2]

然而，这种看似"不成问题的问题"对于海德格尔的思想大厦打击却是致命的。这是由于海德格尔无时无刻不在主张"本真性"的观点：他的"源初自然法"之中的重要成分就是"Aletheia"，而他又为"自然（φύσις）"——"真理（无蔽）αληθεια"——"逻各斯（λόγος）"这个"源初自然法"的节奏设定了一个"本有（Ereignis）"的先行规定，也即它们发生在"澄明"（Lichtung）之中并且以后者为条件；他批判"世界的图像时代"在技术和形而上学的共谋下的"不真实"，希冀用"本真的言说""本真的领悟"以及"本真在世"去超克人的"生活世界"；即使他主张"有无"的同一，但这种同一本身就是"真"的"自然之理"。而如阿多诺不无嘲讽地批判所指出的

---

〔1〕 关于"隐微术"，本书已经在"技术隐微术"的角度进行了讨论，海德格尔所揭露的是包装在"技术造物"下的"技术本质—集置（Gestell）"，但更多的是本书基于施特劳斯的方法论给出的推断，海德格尔本人对"显白—隐微"这个现象的用语是"解蔽—遮蔽"。而施特劳斯对"隐微术"的解读比海德格尔更加明确和系统。

〔2〕 〔美〕列奥·施特劳斯：《迫害与写作艺术》，刘锋译，华夏出版社2012年版，第73页。

那样，"本真性" 极有可能是 "黑话得以繁殖的一种触媒"，是 "暗中滋养黑话的一种思维方式" —— "本真性" 既是 "法西斯主义狡狯地把平民性和精英主义混合在一起"，也是 "流行的高贵名词的黑名单"〔1〕——而海德格尔的 "黑话"，实际上是 "古老的反智者情绪" 深深地侵入大众社会的表现〔2〕。在阿多诺看来，海德格尔无非是一个当代的马基雅维里：他运用玄乎的概念、生造的词汇、解构的语源学恰恰表达的是一种 "语言的暴力"，"那一暴力在于他用哲学的自我保存和死亡组成的星丛……自我保存原则—死亡这一终极理性威胁着其主体"，而一切的词汇无非是海德格尔在 "生活世界" 之中的 "求全" 之策〔3〕。

而与阿多诺的 "明嘲" 相比，施特劳斯对海德格尔隐蔽真意的批判则偏向 "暗讽"，如他认为：

对虚无主义缺乏抵抗，其最终缘故似乎是对理性的贬低与轻视，理性要么是一，是不变的，要么不存在……如果理性是可变的，它就依赖于那些引起它变化的力量，就是感情的仆人和奴隶……一切虚无主义的创始人承认："尽管鄙视理性与科学这人类最高的力量吧，我已经完全抓住了你。"

虚无主义是对文明本身的诸原则的拒斥。因而一位虚无主义者便是知晓文明诸原则的人，哪怕只是以一种肤浅的方式……许多虚无主义者都是文化爱好者，并以之与文明区分、对立。除此之外，文化这个字眼对将得到教化（cultivated）的东西究竟是什么不予确定（鲜血、大地抑或心智）。

文明的支柱首先有两种能动方式……也就是实践理性与理论理性……就是道德与科学，以及两者的统一……无道德的科学会沦为犬儒主义，这样也就摧毁了科学努力自身的根基；无科学的道德则会沦为迷信，从而往往成为狂热的残忍……我有意把 "艺术" 置于文明的定义之外……希特勒也是个著名的艺术爱好者，甚至他本人就是个艺术家。但我从未听说他追寻真理或把

---

〔1〕 ［德］特奥多·阿尔多诺：《本真性的黑话：评德意志意识形态》，夏凡译，浙江大学出版社 2021 年版，第 5 页。

〔2〕 ［德］特奥多·阿尔多诺：《本真性的黑话：评德意志意识形态》，夏凡译，浙江大学出版社 2021 年版，第 29 页。

〔3〕 ［德］特奥多·阿尔多诺：《本真性的黑话：评德意志意识形态》，夏凡译，浙江大学出版社 2021 年版，第 93 页。

德性的种子撒入他臣民的灵魂。[1]

海德格尔迄今为止却超越了同时代的所有人……海德格尔一出现在舞台上就占据了中心并处于支配地位……海德格尔充分地表达了盛行的不安和不满，因为他拥有清晰性和确定性——即便不是对于整条道路，至少也对最初决定性的几步……从事哲学（philosophizing）似乎被转换为满怀敬意地聆听刚刚开始的海德格尔神话（mythoi of Heidegger）。[2]

唯一的要紧问题是，海德格尔的教诲真伪如何。但这个问题也带有欺骗性，因为它回避了资格（compentence）问题——谁有资格来判断……只有大思想家才真正有资格判断大思想家的思想。海德格尔区分了哲人与那些将哲学等同于哲学史的人……区分了思想家与学者……1933 年，海德格尔成了弗莱堡大学的校长（rector），当时他曾做过一个就职讲演，在讲演中他认同了那场横扫德国的运动。在海德格尔新近出版的著作的护封上，不时出现其著述的所谓完整目录，他还没有勇气在这些目录提及那篇讲演。[3]

海德格尔或许的确在方向上正确地把古典精神召唤了回来，但是在他的那篇演讲中，他认为"德国大学生的义务"在于"民族共同体"——"彼此帮助，共同担当，共同分享这个民族的所有阶层与成员的奋斗、追求和技能……通过劳动服务而扎根于学生的此在之中"；在于"民族荣誉"——"随时可全力以赴的待命状态……通过纪律而绷紧这一状态……作为国防服务而紧握并渗透到大学生的整个此在中"；在于"德意志民族的精神使命"，在于"英雄气质"而非"高雅是知识服务"，"迫使这个民族劳作和战斗，迫使它进入它的国家中"，因而"德国大学的本质"是"从科学出发，并且通过科学教育和培养德意志民族的命运的领导者和守护者"[4]。而他在致云格尔

---

〔1〕［美］列奥·施特劳斯："德国虚无主义"，丁耘译，载［美］施特劳斯著，［美］潘戈编：《古典政治理性主义的重生——施特劳斯思想入门》，郭振华等译，华夏出版社 2017 年版，第 103～105 页。

〔2〕［美］列奥·施特劳斯："里茨勒"，李世祥译，收录于氏著：《苏格拉底问题与现代性——施特劳斯讲演与论文集卷二》，刘小枫，刘振等译，华夏出版社 2016 年版，第 239～240 页。

〔3〕［美］列奥·施特劳斯："海德格尔式存在主义导言"，丁耘译，载［美］施特劳斯著，［美］潘戈编：《古典政治理性主义的重生——施特劳斯思想入门》，郭振华等译，华夏出版社 2017 年版，第 73～74 页。

〔4〕［德］海德格尔："德国大学的自我主张"，溥林译，载刘小枫、陈少明主编：《海德格尔的政治时刻》，华夏出版社 2009 年版，第 277～278 页。

的信件中则指责"共产主义"是"世界大战"的导火索，他认为因为"权力的本质"所意图的是"无条件和全面"的统治，因此，只有国家意义上的"总体动员"以及在国际上的"世界大战"才有可能带动"集权主义"。他指责列宁在 1914 年为世界大战的爆发所欢呼的意图是"共产主义"只有通过"总体动员"才能实现，而后者则以"世界大战"为契机，他声称"共产主义"不是"马克思主义"——前者是一个形而上学的思想暴力的施加活动，因为列宁把"共产主义（Kommunismus）"理解为"苏维埃政权（Sowjetmacht）"与"电气化（Elektrifizierung）"的结合[1]。

　　施特劳斯对海德格尔的质疑根本地在于海德格尔本人是否"真诚"以及如何去判断他"是否真诚"[2]。无论如何为海德格尔辩护，他都曾经鲜明地在文本与讲座中反对"技术—科学的本质"，质疑"理性主义的形而上学"这两个支持人类文明的两大支柱，并且取代以"艺术—诗歌"以及"沉思—道说"的理论，这都是无可置疑的"显白教诲"。但海德格尔既不是"无道德的科学家"，也不是"反科学的道德家"，"道德"和"科学"从来没有在他的理论之中有什么重要的地位，他的理论既是"无道德"也是"无科学"

---

　　〔1〕　Martin Heidegger, *ZU ERNST JÜNGER*, Vittorio Klostermann GmbH, Frankfurt am Main, 2004, p. 250.

　　〔2〕　这里存在的进一步思考的空间是，在呈现出的文本中施特劳斯极少对海德格尔有直接的批判，施特劳斯钦佩作为学者的海德格尔，但对作为政治哲学家的海德格尔则抱有质疑，他本人批判海德格尔的方式是对尼采这一海德格尔的先导者，以及如对里茨勒等海德格尔的追随者，甚至对前苏格拉底哲学家这些构成海德格尔思想渊薮的历史曾在者的观点进行剖析，并且用苏格拉底—柏拉图的"自然正当"理论去一以贯之地审视和批判这些思想观点。例如，他认为"由存在着各种有关'正确'的观念，到得出结论说自然权利（自然政党）并不存在，这种推论几乎和政治哲学本身一样古老"（参见［美］列奥·施特劳斯：《自然权利与历史》，彭刚译，生活·读书·新知三联书店 2016 年版，第 13 页），认为"只要历史主义与非历史主义的哲学之间的争论没有得到解决，自然权利的存在甚至是自然权利的可能性就必定是一个开放性的问题的话，那么我们当务之急就是要了解那一争论……所谓的对于历史（维度）的'发现'，是否实际上只是解决某一问题的虚假的权宜之计，而那一问题只有在大有疑问的前提下才会出现"（参见［美］列奥·施特劳斯：《自然权利与历史》，彭刚译，生活·读书·新知三联书店 2016 年版，第 34~35 页）。在这些批判中"海德格尔"绝不是像"中国施派"那样认为的，与施特劳斯本人势不两立的"符号"，而是一个隐而不彰的批判对象，而且施特劳斯除了在前引文中质疑过海德格尔教诲的真实性之外，也鲜有类似的显明的批判。归根结底，"隐微术"是一个"杀敌一千，自损八百"的理论批判工具，因为一旦某一个作者主张一切的哲学家都是以"隐微术"写作的话，那么这个作者首先陷入的是自我背反的"克里特人悖论"之中，进而陷入知性水平的指控之中，而突围之道仅仅在于不以"哲人"的身份去写作，这样"作者"也就变成了被迫害者、使徒、教师或政治改革家等其他身份，关于此问题的详细讨论，参见曹义孙、胡宗亮："'说谎者悖论'与'哲人说谎'的法理理由"，载《法治社会》2021 年第 4 期，第 53~66 页。

的理论；而在他的思想之中，"诗"这种文化形式又占据极高的地位，用"存在的急迫""生存的畏"等需要以"思"体悟的问题则具有极强的准确性。然而，海德格尔怎样进行自己的"言说"则颇具问题，《德国大学的自我主张》针对的是大众，如果说这是一层"俗白教诲"，那么在论著、授课中的海德格尔则相对地进行了"隐微教诲"，但在他更为隐微或私人地对云格尔《劳动者》的点评中又大肆攻击共产主义思潮——这里，一个是作为"大学校长"的海德格尔，一个是作为"教师"的海德格尔，另一个则是作为"作者"的海德格尔——哪一个是真正的海德格尔并无法确定。

海德格尔的这种无法揭露其层次，辨别其真意的"显白/隐微"的教诲，直接导致了对他"知性真诚"的质疑。而对"源初自然法"来说，海德格尔这种游离在"政治激情"与"沉思的冷静"之间的风格变易，直接地导致了"源初自然法"以下两个方面的效力疑问：

一方面，海德格尔所指出的"自然（φύσις）"—"真理（无蔽）ἀλήθεια"—"逻各斯（λόγος）"的同一性，以及他自命为不可译的"Ereignis"总结的本有过程，到底与海德格尔或隐或显的政治主张是何种关系：如果二者没有关系的话，海德格尔所要开启的"另一开端"就会因为缺失价值论的阐发空间而成为一个奠基性而非开创性的工作——而一旦"源初自然法"派生出他的政治思想，那么海德格尔的"源初自然法"就导向了反价值、反科学、反文明的虚无主义道路，这又与海德格尔的虚无主义批判相悖——这里直接导致的是"源初自然法"为何奠基以及能否奠基的能效疑问。

另一方面，海德格尔的"源初自然法"究竟是真意的表达，还是对某种政治主张的掩盖也难以确定。因为阿多诺所说的"本质性的黑话"并不是单纯的嘲讽，海德格尔对东方思想的运用，对语源学的似乎毫无根据的使用，以及愈发神秘的语言风格，塑造了一个高深莫测但具有极强吸引力的海德格尔形象。施特劳斯所指出的恰恰是海德格尔这种形象的塑造是"目的"还是"手段"的根本问题，因为如果海德格尔的"源初自然法"以"诗思哲学"为支持，后者又必须依照"现象学的还原"才能得出，这两种方法在海德格尔思想中的和谐又建构于新的生存论现象学方法之中，进而以之容纳这种本源之思——如果"隐微术"是一个有根据的写作手法，那么海德格尔的"反伦理学立场"是出于创立新的现象学方法、回返存在问题而无暇顾及的领域，还是他的故意回避的政治难题就是一个难以判断的学术事件。

（二）阿伦特："源初自然法"与伦理善性

施特劳斯所发现的是海德格尔的隐微写作的风格和"虚伪"乃至故弄玄虚的"本真性黑话"，因而质疑其的"真实性"。阿伦特对海德格尔的批判则指向更多的实质内容，她通过对"权力"和"暴力"的区分指出了海德格尔"源初自然法"是一种伦理方案背后的"恶"。尽管在阿伦特看来"海德格尔是德国文化和她青年时期的希望的活生生的体现"——在 1933 年校长就职演说，阿伦特指出其"有令人不快的国家主义瑕疵，但绝不是国家社会主义的表现"[1]。但阿伦特对海德格尔的盲目献身和奔赴，以及犹太流亡哲人的身份存在天然的悖谬：一方面，阿伦特从未放弃对海德格尔的爱慕，而在另一方面，阿伦特则在学术立场上反对海德格尔的存在论哲学，指出"源初自然法"并没有承载发展出一种"社会伦理"的"至善"。不过在阿伦特那里"至善"不是施特劳斯的那种柏拉图主义的"至善理性"，而必须进一步地扎根到社会现实之中。就施特劳斯与阿伦特的分歧来说，首先，施特劳斯所坚持的是纯粹的古典心性，他关注的是一种由西方思想造成的现代价值虚无主义情况，而阿伦特所关注的则是由于西方制度造成的价值虚无主义情况。施特劳斯以隐微的方式对历史主义、实证主义进行批判，推崇"古典的高尚心灵"，"认为现代性正是诞生于马基雅维里、霍布斯对传统政治哲学的彻底抛弃，自此之后现代性内部便出现了危机，所以 20 世纪以来发生的诸多事件并不是施特劳斯所首要考虑的"。而阿伦特真实、明确且毫不隐讳地批判极权主义、反民主政治等现实问题，"强调现实政治的危机，危机是揭示现实的时刻……这样的危机促使我们去思考现实"[2]。如果问这两种批判哪个更符合海德格尔的"源初自然法"要求，那么施特劳斯那种先行发现"回返古典之路"并以之为批判现代性的方案以及他对"思"的重视，远比阿伦特把"批判现代性"视为如何地寻找"古典资源"的靶向更贴近海德格尔，因为阿伦特重视的更是"行"这个方面。二者的另一个差别就是施特劳斯以"古典学"为圭臬，而对于阿伦特来说解决当下的事件而非形成"古典式的社会伦理"才是有意义的活动。"对于阿伦特来说，我们的危机境况反映了在理解事

---

〔1〕［美］理查德·沃林：《海德格尔的弟子：阿伦特、勒维特、约纳斯和马尔库塞》，张国清、王大林译，江苏教育出版社 2005 年版，第 50 页。

〔2〕［法］卡罗勒·维德马耶尔：《政治哲学终结了吗？——汉娜·阿伦特 VS 列奥·施特劳斯》，杨嘉彦译，华东师范大学出版社 2016 年版，第 6 页。

件上传统范畴的不足，而且一般来看这种境况是以失去方向为特征的……在现实之中的断裂也提供了一种对于思想的过往的新视角，即我们有机会与哲学建立一种实际的关系……过去的内容不是传统的新形式所决定的"，在"现代政治"的内容之中，"事件允许重启自由的、新近的工作"，阿伦特在为现代社会的虚无主义寻找救赎的同时，更多地把"思想"视为型构现代伦理之"意义的资源"[1]，她对古典资源是以这一"工具主义"的实用方式开启的——因而在"开启另一开端"以及"否定形而上学传统"的角度，阿伦特又更倾向于海德格尔。而对阿伦特对古典思想到另一开端的言说来说，我们甚至都不能判断这些语句是阿伦特的还是海德格尔说出的：

　　（希罗多德）对于历史任务的理解——将人类行为从注定被遗忘的虚空（futility）中拯救出来——根植于希腊人关于自然的概念和经验当中……自然是所以无需人或神的帮助就自己出现的事物的总和——身处一个不朽的宇宙当中，正式有死性（mortality）成为人存在的标志……人是'有死的'，世上唯一有死的东西，因为动物只是作为它们的类成员而存在，而不作为个体存在……个人生命，即"βίος"，每个人从生到死独有无二的生命史，从生物生命，即"ξωή"中摆脱了出来……人的与有死与自然的不朽之间的区分，人造事物与依赖其自身而存在的事物之间的区分，是历史学不言而喻的假定。[2]

　　在这里我们可以看到，阿伦特所坚持"自然的不朽"和"历史之中演历人的可朽"，将"历史"与自然相提并论的"不朽"，与施特劳斯针对"自然的不朽绝对"和"历史的整体可朽和相对"构成了思想上的差异。在这个方面阿伦特比施特劳斯偏向于海德格尔，因为阿伦特并未全然抛弃海德格尔的历史观念，并且认为基于这种"历史主义"可以派生出一种伦理学——即使它仅仅是现代伦理学或法学的资料。

　　然而恰恰由于海德格尔的思想有能力派生出一种"伦理学"但其缄默不言，阿伦特对海德格尔的反对才不仅仅在于二者对历史的功能的定位的差异，阿

---

　　〔1〕［法］卡罗勒·维德马耶尔：《政治哲学终结了吗？——汉娜·阿伦特 VS 列奥·施特劳斯》，杨嘉彦译，华东师范大学出版社 2016 年版，第 198 页。
　　〔2〕［美］汉娜·阿伦特：《过去与未来之间》，王寅丽、张立立译，译林出版社 2011 年版，第 37、38~39 页。

伦特指出海德格尔的"源初自然法"的确切的方向是"极权主义"——它起源于海德格尔貌似无政治立场的"源初自然法"——尽管阿伦特部分地同意海德格尔的"大存在史"的研究方法。依照阿伦特的观点："极权主义现象，尽管具有令人震惊的反功利特征和不可思议地对现实的漠视，但分析到最后，它建立在这样的信念基础上：任何事都是可能的，不仅仅是可允许的，不论是在道德上还是其他方面……极权主义体系想要表明，行动可以以任何假设为基础，在融贯一致的行动推演中，特殊的假定会变成真的，会变成实际实在的现实。"〔1〕所以"极权主义"根本地来自一种有悖于"自然"和"历史"的"知性"与"理性"的本源预设，来自一种不证自明的前提假设——而海德格尔的"Ereignis""自然（φύσις）"—"真理（无蔽）ἀλήθεια"—"逻各斯（λόγος）"的同一，以"诗歌"为形式的反实践理性的道说方式，以"沉思"给出的反理性逻辑的思想成果，实际上既没有"证立"这些前提的历史性，也没有"证明"这些前提的科学性——因此海德格尔的"源初自然法"不仅很难说不是他的"不真诚"的道德素养瑕疵的体现，同时也很难说能否直接地导引出一种实际性的，对人的生存有根本地救赎的伦理方案——只要海德格尔的前提仅仅是他本人认为不证自明却让其他人摸不着头脑的，那么这个救赎方案就必须由海德格尔这个"查拉图斯特拉"或者那些能够理解海德格尔的"查拉图斯特拉"乃至"新的上帝"来导引——后者恰恰是"极权主义"的政治表现。进一步地，在阿伦特看来，海德格尔的伦理学的阙如导致的是一种含混不清的"基础理论"，它因为自身的含混属性而无法导向一个确切的伦理方向，以至于海德格尔这个"查拉图斯特拉"促成了"暴民"和"极权政党"之间的合作：邪恶与犯罪被暴民欢迎并赞赏，而极权政党的"最大成就"就是这些追随者的"大公无私"地违抗实在法的律令，以至于在二者的合谋中，"实在法"不再成为审判恶人的尺度。相反"极权政党"和"暴民"的结合导致了即使在这个政党之中的正常的人，即使在不被褫夺成员资格的情况下，也会狂热地以某种"自然的伦理"去审判自己"有罪"："在极权主义运动的组织框架内，只要它确保成员团结在一起，那么这一运动对于狂热的组织成员的调动根本不用通过现实经验或理性论证来达成；

---

〔1〕［美］汉娜·阿伦特："历史概念"，载［美］汉娜·阿伦特：《过去与未来之间》，王寅丽、张立立译，译林出版社 2011 年版，第 83 页。

暴民对运动的认同和完全一致似乎摧毁了经验的能力，即使它像酷刑或对死亡的恐惧一样极端。"〔1〕而海德格尔这个"查拉图斯特拉"所导引的就是"强力"和"暴力"的结合——前者是"一个人可以单独用它来反对同伙"的力量，后者则是"摧毁性"的由少数人攫取的垄断性的力量〔2〕——他们共同摧毁的是一个具有"法理"上的合法性的"权力组织"——无论后者的合法性来源是实在法还是自然法，无论它是否能够被"自然法"贬斥为现实的世俗秩序或非理想的政治，也无论它是否预设了那个被"实在法"所质疑的"政治乌托邦"。但其中的"权力运作"却"维护了公共领域和显现空间"，"政治"与"政制"就是"人造物的活力源泉"，"人造物如果不是作为言说和行动的背景，不是与人类事务、人际关系网和它们产生的故事有关，就会缺少存在理由"：

> 对权力的信任（从而也是对政治的信任）尽管可能是短命的——在第一批政治哲学形成的时候它就已经终结了，可单单它存在过的事实，就足以把行动提升到积极生活之列的最高等级，就足以表明言说是人类生活和动物生命的决定性差别，言和行两者为政治赋予了一种尊严，这种尊严即使到今天也没有完全消失……政治的技艺在于教人们如何去展示伟大和荣耀的东西（ta megala kai lampra）；只要城邦在此，激励着人们敢于做非同寻常之事，万物就安然无恙；如果城邦衰落了，一切就不复存在。〔3〕

阿伦特因而也就区分了"权力"和"暴力"两个概念。在阿伦特看来"暴力（violence）""权力（power）""武力（force）"和"强力（strength）"是不同的东西，"权力是一切政府的本质，而暴力不是""政府本质上是有组织

---

〔1〕　Hannah Arendt, *The Origins of Totalitarianism*, Harcourt Brace & Company, 1976, p. 308.

〔2〕　［美］汉娜·阿伦特：《人的境况》（第2版），王寅丽译，上海人民出版社2021年版，第158页。

〔3〕　［美］汉娜·阿伦特：《人的境况》（第2版），王寅丽译，上海人民出版社2021年版，第161页。所谓"积极的生活"就是人的三种根本性活动：劳动（labor）、工作（work）、行动（action），其根本性在于它们各自对应于人在地球上被给定的生活的基本条件（基本境况，the basic condition），即"劳动—人体的生命过程（出生和死亡）""工作—人存在的非自然性的活动（诞生性，natality）""行动—人们之间进行的活动（有死性，morality）"，即"劳动"指向人的"类生命"的延续，"工作"指向为有死者填补空虚无益的"持久长存的尺度"，"行动"指向"政治体（political body）的构建"和"历史的条件"，上述三个要素构成了阿伦特对"人的境况"的本构概念，参见［美］汉娜·阿伦特：《人的境况》（第2版），王寅丽译，上海人民出版社2021年版，第1~2页。

的、制度化的权力",因此它可以正当地运用"武力",同时"权力"无须证明它的合法性(Legitimacy),因为它来自"过去"的人类和国族的"最初的聚集",但是"暴力"只能以"强力"去推动它在未来的"正当化"(justifi-cation)〔1〕。海德格尔所指出的"未来之人""最后之神""另一开端"都是指向未来的,他的逻辑和"求意志的意志"这个"权力意志","源初自然法"在伦理上的缄默不言,就是要让"时间""未来"去促成它的"正当化"而非用"历史"去证立它的"合法性"。

"自然法"对于海德格尔来说是一个"存在论"的话题,但在阿伦特看来却是立足不稳的,并且根本地导向了一种恣意的解读的无序的理论起点与实践前设,无论它是"缄默"开端的基调,抑或是隐微的政治呐喊。首先,海德格尔的缄默就是对伦理的"恶"的纵容,它至少导致了对"极权主义"的"宽容",因为"他的真理没有一个超越的来源,甚至没有诸如自由、公正、荣誉和勇气这类政治原则的相对超越性质"〔2〕。它最终导向也将是伦理学上的"救渡方案",不过那是一种"伦理虚无"的"无政府主义"与"伦理极化"的"极权主义"结合的方案。海德格尔的"源初自然法"以伦理学的缄默而有意安排了"恶的方案"——由于"源初自然法"本身就是对"伦理虚无"或"重估一切价值"的开端,它甚至暗地里导向的是对"城邦"(政制,Politeia)的颠覆。如萨特所言,海德格尔"让人隐约看到一种面对处境中的人的实在而负有责任的伦理学将是什么",海德格尔的"本体论(Ontologie)"所揭示的"价值的起源和本性……就是欠缺","源初自然法"的目的是"在价值或自因的影响下提供出所欠缺的那种意识与存在的综合"——"虚无的虚无"也就是"存在的存在"〔3〕,海德格尔准确地指出

---

〔1〕 [美]汉娜·阿伦特:"论暴力",载[美]汉娜·阿伦特:《共和的危机》,郑辟瑞译,上海人民出版社2013年版,第112页。另见:Hannah Arendt, On Violence, in *Crises of the Public*, Harcourt Brace& Company, 1969, p. 151.

〔2〕 [美]汉娜·阿伦特:"真理与政治",载[美]汉娜·阿伦特:《过去与未来之间》,王寅丽、张立立译,译林出版社2011年版,第227页。

〔3〕 [法]萨特:《存在与虚无》(修订译本),陈宣良等译,生活·读书·新知三联书店2014年版,第754页。这里"虚无的虚无"或"存在的存在",可以类比拉康对于"大他者"以及尼采"善恶的彼岸"去进行理解:"虚无的虚无"指的是虚无主义的现代社会境况的"阙如",而"存在的存在"毋宁写作"存在者的存在",从这个角度看,萨特领会了海德格尔对"存在/存在者"以及"Ereignis"之为"无与有"的非此岸性质的,但此岸寓居其中的理论思路。

了："我并不是屈从于对象本身：我是迁就别人的秩序；我用我的活动本身认识了别人的实存，我建立了与别人的对话。"[1]不过萨特的意图是，通过反思海德格尔的"共在"理论与舍勒的"共契主义"的相似性，得出在现代社会资本家和工人的"共在"乃是深层异化的表现，这种"共在的国家团结"只是用来反对"阶级团结"，也就是以"民族性"去消弭"阶级性"，进而通过回避谁是"主体"和"客体"去掩饰社会的阶级伦理[2]。而阿伦特认为，萨特这种"新左派"式的海德格尔解读反而是海德格尔的邪恶的伦理方案的"升级版本"，她否定了萨特借由海德格尔的存在论阐发出来的"人道主义思想"，而将它指责为"革命者思想中出现的新的朝向暴力的转变"[3]——而由于萨特的"人道主义思想"是海德格尔式的，因此这种"暴力的转变"也就必须归咎于海德格尔。海德格尔也明确地作为"大学的自我主张者"成为纳粹的伦理方案的代言人，因而我们还需要挖掘阿伦特思想之中对"思想暴力"的反对，以及她对一切不在政府的"合法性的权力"之下"寻求正当化的暴力"的革命主张的反对理由。众所周知的是，阿伦特曾经提出著名的"平庸之恶（the banality of evil）"的观点，而这种观点所指向的则是海德格尔式的纳粹的官方思想家所推广的国家社会主义的教育以及导致的"群体盲信"。阿伦特认为"教育在从古到今的所有政治乌托邦中扮演的角色，都说明了和那些刚出生的、天生崭新的人一起开始一个新世界是多么自然"——但这却误解了"政治"。这种误解认为"政治不是与自己的同侪一起，加入到要承担说服责任和失败风险的事业中，而是靠着成年人的绝对优势采取专制的干预，试图把新事物当作一个既成事实（fait accompli）造出来，仿佛新东西已经在那里"[4]。"平庸之恶"的产生是暴政分子——也即纳粹政府——把孩子从父母身边夺去并直接地进行灌输的成果。这种出于长幼尊重的灌输方式依靠的仍然是"暴力（violence）"。在这样的"暴力"之下成长起来的德

---

〔1〕　[法]萨特：《存在与虚无》（修订译本），陈宣良等译，生活·读书·新知三联书店2014年版，第522页。

〔2〕　详见[法]萨特：《存在与虚无》（修订译本），陈宣良等译，生活·读书·新知三联书店2014年版，第524页。

〔3〕　[美]汉娜·阿伦特："论暴力"，载[美]汉娜·阿伦特：《共和的危机》，郑辟瑞译，上海人民出版社2013年版，第87页。

〔4〕　[美]汉娜·阿伦特："教育的危机"，载[美]汉娜·阿伦特：《过去与未来之间》，王寅丽、张立立译，译林出版社2011年版，第166页。

意志人就必定是缺失了人类与人类的共通感的，成为在未来去"证立暴力的正当化"的所谓"未来之人"。"平庸之恶（the banality of evil）"不同于"根本的和纯粹的恶（radical and absolute evil）"[1]，也即是说"对邪恶政府积极的、并且有时是英雄式的反抗，更多地来自那些参加这政府的人们，而较少地来自那些完全清白的局外人……对法律或道德清白的问题，即对没有合伙参与任何由一个政权犯下的罪行的问题来说，积极的抵抗是一个虚假的尺度，而从对公共生活的有意义的参与中抽身……自动消失在遗忘和隐匿之中，却可以被当作那些坐在审判台上的人们正当地推行的一条标准……实际上，那些不参与者并非抵抗者，而且他们并不认为自己的态度会有什么政治后果。"[2]而阿伦特在对海德格尔的评价中说："这种对公共事务加以拒绝的气氛在诗歌、艺术和哲学中都可以找到……那是海德格尔发现与'自我的本真存在'相反的常人的时代"[3]——而海德格尔则认为："把人民带回它自己本身，是政治上合理和伟大的东西；在世界观层面上，它却变成了任意而渺小的东西——成为对人民的偶像化"[4]，"'群众'——不是人民的共同体……群众从事破坏——是非现实的——在一种没有历史的空虚下东奔西闯——总是'失控'——任何'多愁善感'都能传染它"[5]。依照这样的逻辑，"群众"也就是"常人"根本地没有受到拯救的可能性，他们就像"告密者案"之中的妻子，像耶路撒冷的艾希曼那样："一遍又一遍地对审讯警官和法庭重申……

〔1〕 "根本和纯粹的恶"是极权主义下的恶的表现，它与"暴力"相关，除了"极权制度"之外，它无法得到任何哲学的解释，但是它压倒性的力量却与"暴力"一道出现，因为"极权主义"认为一切事物的可能性就在于它可以破坏一切，有罪者可以在"极权主义"制度中不被责罚因而"法律"被废止了，"善"没有回报而"恶"可以被宽恕因而"道德"被废止了，"上帝"被"杀死"而"魔鬼"成为神圣的本源因而宗教也被废止了。See Hannah Arendt, *The Origins of Totalitarianism*, Harcourt Brace & Company, 1976, p. 459.

〔2〕 ［美］汉娜·阿伦特："集体责任"，载 ［美］汉娜·阿伦特著，［美］杰罗姆·科恩编：《反抗"平庸之恶"》，陈联营译，上海人民出版社 2014 年版，第 159 页。

〔3〕 ［美］汉娜·阿伦特："集体责任"，载 ［美］汉娜·阿伦特著，［美］杰罗姆·科恩编：《反抗"平庸之恶"》，陈联营译，上海人民出版社 2014 年版，第 42 页。

〔4〕 ［德］海德格尔："思索四"，收录于氏著《〈思索〉二至六（黑皮本 1931~1938）》，靳希平译，商务印书馆 2021 年版，第 250 页。

〔5〕 ［德］海德格尔："思索与暗示三"，收录于氏著《〈思索〉二至六（黑皮本 1931~1938）》，靳希平译，商务印书馆 2021 年版，第 132 页。

他是在履行他的责任；他不仅服从命令，而且还遵守法律。"〔1〕可遗憾的是，无论是德国的流亡犹太人还是犹太族裔的德国人，都没有把"艾希曼"们当作自己的同侪，就如同海德格尔对群众的界定一样，他们遵守法律但却为恶，忠于国家却不义，他们认定了"教育"能够带领他们走出"洞穴"，而"教育"所带领他们走向的却是一条更幽深的"林中路"——在那里没有海德格尔的"路标"，因为后者的"源初自然法"在引领"常人"出离日常生活后，却为他们构建了一个由政治的"暴力"所宰制的"技术政制"，那里尚且没有生长出伦理，也就没有法律和道德。

阿伦特也反对隐微的政治，与施特劳斯不同，阿伦特极其注重在政治活动之中的真诚，因为只有"真诚的政治"才能够让群众有明确的伦理路径，即使在暴政面前也能够抵抗"平庸之恶"。因此，一旦依照施特劳斯的"隐微术"把海德格尔认定为一个"无知性真诚"的哲人，那么即使他能够在施特劳斯那里获得"隐微的必然性"的论断支持，也难以逃脱阿伦特的指控。阿伦特曾经就美国的"五角大楼文件"事件指出："五角大楼文件的主要问题是隐瞒、谎言和有意地扮演说谎者的角色，而不是错觉、错误、误算……这主要是因为一件奇怪的事件，即错误的决定和谎言不断违背情报集团令人吃惊的确切的事实报道"〔2〕——即使阿伦特本人如何与海德格尔一样反对"共产主义"，但是她在这篇论文之中仍然对"资本主义的灯塔"的美国对越南战争的信息不公开进行了直接地批判。而海德格尔曾在与《明镜周刊》的访谈中否认提到过"任何原理和理想都不是你们存在的准则。元首本人而且只有元首本人是今天的与未来的德国现实及其法则"这句话。他斥责"1933/1934冬季学期初的弗莱堡地方大学报"如此刊发他的这一观点乃是讹误，并且认为他之所以接任弗莱堡大学的校长是因为"若不实行妥协就干不下去"，他认为他也曾经一度保护犹太裔学生，对于胡塞尔的死亡则是在"人情"上过意不去〔3〕——而《黑皮本》中则记载他在出任大学校长的时候曾经说过：

---

〔1〕［美］汉娜·阿伦特：《艾希曼在耶路撒冷：一份关于平庸的恶的报告》，安尼译，译林出版社 2017 年版，第 142 页。

〔2〕［美］汉娜·阿伦特："政治中的谎言——反思五角大楼文件"，载［美］汉娜·阿伦特：《共和的危机》，郑辟瑞译，上海人民出版社 2013 年版，第 11 页。

〔3〕详见［德］海德格尔："只还有一个上帝能救渡我们"，收录于氏著《海德格尔选集》（下），孙周兴选编，生活·读书·新知上海三联书店 1996 年版，第 1294~1297 页。

伟大的经验与喜悦：领袖唤醒了一种新的现实性，它给予了我们的思维以正确的轨道和冲击力。否则一切彻底性上还保留着迷失于自身的状态，仍然找不到发挥影响的门径。文人的生存已经到头了。[1]

对权力（Macht）的尊重和对权力占有的尊重。——这权力来自"权利"——因为某人'正确'（recht hat）吗？但为什么他就有理（im Recht）？因为他占有了权力（Macht）……对权力的尊重源自达在之伟大——而达在之伟大则源自他的使命的真理性……他是否能够胜任自己的命运！这里不需要诉诸最后的法则或最后的规章。[2]

国家社会主义：当且仅当，在它所有的行动和言论背后，还有某些东西隐而不语——而且它依凭一种强大的、在未来发生影响的背景—坚持性（Hinter-hältigkeit）而其作用——的时候，国家社会主义方能是一种真正的生成中的权力（Macht）……不是作为已完成的永恒真理从天而降……它自己必须在生成中生成，并塑造未来……——也就是说，自己作为被构建者从这种（完成的永恒真理）面前主动抽身而去[3]

如果说海德格尔还在为他的《德国大学的自我主张》进行辩白来主张他的"无罪"，那么为何他在《黑皮本》这一日记性质的文本中要写出这些内容呢？唯一的可能是，海德格尔根本没有勇气去讨论他的"伦理方案"，他是一个马基雅维里一般的，没有人伦的"真人"，即使他否定"技术""科学""形而上学"，但是他最终还是要走向"技术的冷静"如阿伦特评价马基雅维里那样："他既怀着极大的尊敬又怀着极大的忧虑去关注他那个时代的宗教复兴，'新秩序'通过'防止宗教被高级教士和主教的放肆行为所破坏'，来教导人们去行善，而非'去抵制恶'，结果'邪恶的统治者可以为所欲为地作恶'。"[4]

---

〔1〕[德] 海德格尔："思索与暗示三"，收录于氏著《〈思索〉二至六（黑皮本1931~1938）》，靳希平译，商务印书馆2021年版，第129页。

〔2〕[德] 海德格尔："思索与暗示三"，收录于氏著《〈思索〉二至六（黑皮本1931~1938）》，靳希平译，商务印书馆2021年版，第132页。此处应当注意的是，"Macht"代指的是"权力"，也代表"强力"，而"Recht"代表"法""正当"与"权利"，后者更偏向于阿伦特所说的由某种既有的"自然法"或"实在法"的规定而产生的"合法性"，而"Macht"则偏向于"暴力"式的力量。

〔3〕[德] 海德格尔："思索与暗示三"，收录于氏著《〈思索〉二至六（黑皮本1931~1938）》，靳希平译，商务印书馆2021年版，第133页。

〔4〕[美] 汉娜·阿伦特：《人的境况》（第2版），王寅丽译，上海人民出版社2021年版，第52页。

海德格尔或许意识到了"技术"与"形而上学"这两位现代世界的"主教"的破坏性，但是他仅仅去要求人们遵循他自己的教诲去过一种"本真的生活"，但是他并没有甚至有意地不去教诲"群众"怎样去过"善"的生活。阿伦特对海德格尔的质疑，在于海德格尔站在"善恶的彼岸"，用超绝尘世的"善恶"去对待世人。而在生活之中，"善良"在善良的人看来是善良的，而"善良"在邪恶的人看来却是邪恶的；"邪恶"在邪恶的人看来是善良的，"邪恶"在善良的人看来是邪恶的——海德格尔给出的那种超绝的"源初自然法"最终导向的是"常人"的盲目无措，他对生活世界之中"政治"的善恶、"法律"的正义与不义、"伦理"的有效和无效的统统否定，恰恰顺应了那种"伦理虚无主义"的纳粹思潮。

（三）马尔库塞："源初自然法"和实践有效性

施特劳斯以及阿伦特关于海德格尔的"真"和"善"的质疑，指出了海德格尔这个"查拉图斯特拉"在煽动"常人"去为"恶"方面的错误伦理方案。这对于海德格尔的打击尚且不足，因为海德格尔仍然可以辩称他的思想之中没有"真"和"善"的道德哲学或伦理学立场，但能够从这种"源初自然法"奠定的另一开端之中阐发出伦理学或道德哲学，仅仅是由于他本人希望讨论的是"另一开端"本身而非由其派生的其它问题才有以上的结果。而马尔库塞则直接认为"源初自然法"根本没办法导引出一个现代性的救渡方案，即使海德格尔对"真人"的救赎是成功的，但是海德格尔在这些"真人"与"常人"的区分方面却含糊其词，对"常人"向"真人"的超越方式模棱两可。"源初自然法"或许的确过于"源初"，以至于它根本无法做到与另一开端克服现代"价值虚无主义"的未来实践方案的衔接。质言之，即使我们去尽力描述海德格尔的"源初自然法"的"不是"与"是"，然而在马尔库塞看来，海德格尔就像阿伦特认为的那样，对现代政治尤其是发达工业化社会之中"人的境况"根本毫无了解。依照萨弗兰斯基（Rüdiger Safranski）的观点，海德格尔本以为"哲学应该驾驭它的时代"，然而"在力图实现这一要求的过程中，他蜕掉了自己基础存在论的支架"[1]。这样海德格尔看似对"技术时代"和"集置（Gestell）"有所批判，但却由于他对现

---

〔1〕〔德〕吕迪格尔·萨弗兰斯基：《来自德国的大师——海德格尔和他的时代》，靳希平译，商务印书馆 2007 年版，第 337 页。

代技术的根本不了解而立足不稳，以至于他的批判几乎是以一种"欧洲中心论"展开的纯粹的哲学理论主张而已。马尔库塞认识到海德格尔的理论不足以支持起"现代社会的批判"，所以海德格尔的观点仅仅是"空中楼阁"，从这一角度来看，无法支持现代社会的建构的理论注定是"价值虚无"或"政治虚无"的。马尔库塞虽然在早年对海德格尔推崇有加，但在他意识到马克思主义的重要性后，就对"存在主义"进行了深入的批判，在法兰克福学派中成为一个始终没有忘却革命主张的斗士。一方面，马尔库塞顺延了海德格尔对"生存论"的基本关怀，也就是保持了"基础存在论"这个立场。如他继承了海德格尔对"实存"与"生存"的关怀，认为"哲学必须从存在开始"，而在当代只有海德格尔意识到了"生存"这个具体的存在论境况，而非把存在抽象到"我思"等抽象存在方面。因而，"自然本性"必须在"人的本性"的角度去被思考，而只有人在实存方面获得了解放或"超越"，它的"自然本性"才可能获得解放——"所有的科学必须奠基在自然本性上，只要科学理论的自然基础没有被奠定，那么一切理论只不过是空泛的假设"[1]。从这个角度来看，马尔库塞更多的是对海德格尔的"生存论"的发扬光大，因为他们的预设都是"存在先于价值"。然而在另一方面，马尔库塞认为海德格尔——特别是中后期的海德格尔已经忘却了"生存论"这个原本能够得出某种社会革命方案的主张。虽然海德格尔认识到了"本真性的自我超越"对于"人"的重要性，然而海德格尔在中后期的思想中逐渐与"思想""诗歌"等玄妙的表述相伴。他虽然批判技术的本质但却最终以"泰然任之"的方式取得了和技术时代的妥协，他虽然主张"形而上学的终结"却同时也否定了形而上学之中的革命性的力量，而马尔库塞在这个角度远比海德格尔更为坚定，他指出："那些生活在伟大的社会（the Great Society）之中的人必须是建造这个社会的人，只有他们的先行的自由才能带动这个社会的自由……以至于在这个社会之中没有什么权力或暴力能强迫他们……因为没有权力，没有政府也没有政党有所谓'独裁的自由'。"[2]因而，马尔库塞承认那些"出离洞穴"的本真的人的确具有享受真理生活并且栖居于存在近旁的优越性质，然

---

〔1〕 Herbert Marcuse, *Reason and Revolution*, *2nd Edition with Supplementary Chapter*, Routledge & Kegan Paul LTD, 1941, pp. 269~270.

〔2〕 Herbert Marcuse, The Individual in the Great Society, in *Towards a Critical Theory of Society*, Douglas Kellne. etl, Taylor & Francis e-Library, 2003. p. 76.

而他们更应当是"伟大社会"的奠基者。"出离洞穴"——如施特劳斯指出的那样——绝不是他们的最终使命,"本真的先行者"已然脱离了公共社会的权力运作,他们拥有海德格尔意义上的解蔽的"自由(Freiheit)"。因而,他们有义务带领"常人"去与暴政和权力进行斗争,而不是与这些暴力的政党、政府乃至独裁者沆瀣一气以求自保。马尔库塞的这种理论思路可以说是一种"海德格尔式的马克思主义",他本人也一度承认这个说法——而这里马尔库塞则与施特劳斯产生了根本的分歧,因为马尔库塞的"海德格尔式的马克思主义"既坚持了海德格尔的"历史观",也坚持了马克思的"历史观",这两种历史观的加和构成了马尔库塞对现代社会的分析的起点。他指出:"马克思对历史人性的分析表明,人类的意识和成就是历史—社会整体的一部分,它们是建立在具体的历史存在之上的……知识也不是引导人类'此在'出离其内在历史的活动……即使有人认为知识的对象要'超越'历史或'超越'本身,但认知行为……必须是具体的人的产物,历史的境况是所有知识的可能性之条件。"[1]这就是说,海德格尔式的"历史的人"与马克思的"历史的人"同样对立于西方形而上学之中的普遍主义的观念论立场,进而面向了现实的人的境况。但我们也必须注意到,马尔库塞的"海德格尔式的马克思主义"说到底还是他自身的创造。就海德格尔来说"马克思主义"一直是一个暧昧的主题,因为海德格尔与施米特不同,后者作为一个纳粹的法律哲学家根本起不到心灵的作用,而海德格尔则是那个"真实的德国心灵,一个能将德国浪漫主义、尼采和民族性带到现在,甚至未来的人",他喜欢的"德国的自然"是纳粹的"血与土",[2]而纳粹政府对马克思主义的反对如何能够与海德格尔脱离干系呢?即使退一步说,海德格尔对现代技术的批判的确与马克思的反形而上学相互契合,但这也仅仅是立场上的一致性,并不能佐证在海德格尔和马克思思想之中"技术"是不是一个含义,而马尔库塞指出:

　　技艺本身既能助长专制主义,也可以促进自由;既能够招致匮乏,也可

<hr>

　　〔1〕　Herbert Marcuse, A Phenomenology of Historical Materialism, in *Heideggerian Marxism*, Richard Wolin & John Abromeit etl., University of Nebraska Press 2005, p. 9.

　　〔2〕　[英]伊冯·谢拉特:《希特勒的哲学家》,刘曦、杨阳译,上海社会科学院出版社 2017 年版,第 137、143 页。

以带来富足；既能够延长劳作时间，也可以废除劳动……具备最大生产效率的高度理性化、机械化的经济按照一定的方式也可以服务于极权主义的压迫和持续的匮乏，而民族社会主义就是该方案的一个很有说服力的例子。第三帝国实际上就是一种"技术统治"的形式：帝国主义的效率与理性这些技术性考虑取代了利润率与公共福利这些传统的标准。[1]

这就导致了一个根本的疑问：海德格尔所质疑的"技术"究竟是哪个能够积极地促进人的解放的技术，还是那个消极地增强极权主义的技术。如果他质疑的是前者，那么海德格尔就等于是对古典的"技艺（τέχνη）"这个促进人类自由的，由人的自由劳动促进活动的否定，这就与海德格尔推崇"古代技艺"而非"现代技术"的立场相悖；而海德格尔如果质疑的是后一种"技术"，那么也解释不通他为何要投身于被"技术理性"宰制的纳粹主义。因此海德格尔是否真正地对"技术"及其对人的"生存"的宰制有所批判，他是否真正地关注了常人的生存境况也就值得深思。

鉴于这些问题，马尔库塞在将海德格尔和马克思进行了对比之后，发现海德格尔虽然也保持对"多数常人的关怀"，但相比于马克思鲜明的改造世界意愿，海德格尔的"源初自然法"在应对现实的常人问题上的"价值虚无主义"出于其软弱，最终导致"源初自然法"的根本无用。马尔库塞认为海德格尔根源上没有完成克服主观主义的视角局限——即使他使用多个词语去写"人"，而这个"人"却仅仅是那种"精英"的，可以超绝于世界的"真人"——而马尔库塞则与施特劳斯的立场一致，即如果不能解决作为大众的"常人"的现实困境，那么"真人"与"常人"就必然发生对立，以至于这种对立必然转化为马克思主义的"阶级对立"。马尔库塞在1948年与海德格尔的最后一次通信中质问海德格尔："怎么可以数百万所遭到折磨、伤害和毁灭与那些没有经受过此类暴行（也许几个例外的情况得除外）的团体所受到的强制性的人口重置相提并论呢？……如果把非人性与人性之间的差异简化为再制错误的微积分，这就会变成纳粹体制——已经向世界证明西方此在在

---

〔1〕〔美〕赫伯特·马尔库塞："现代技术的一些社会含义"，载〔美〕赫伯特·马尔库塞：《技术、战争与法西斯主义》，高海青、冯波译，人民出版社2019年版，第51页。

他们两千年之后能够对自己的同胞做些什么——的世界历史性罪过。"[1]而这一思路直接导致了马尔库塞在后期对"海德格尔式的马克思主义"的放弃，他认识到海德格尔根本无法与马克思共存："海德格尔对纳粹主义的肯定立场，除了他的哲学中对强烈的反人道、反知识分子、历史保守主义和拒斥生活的责任的倾向的表达根本没有任何内容……这种去政治化的哲学没有实质内容，根本不需要认真对待，它无休止地重复着毫无意义且毫无答案的问题，因为它们压根不是真正的问题。"[2]这样说的理由实际上也非常简单，因为海德格尔的"人类中心主义"不是"人类中心"的思想，他以"源初自然法"去建构的是一个属于"真人"的世界，而这个世界乃是"Ereignis—存有"的世界，而常人的世界是"真人"必须脱离的世界。在这个意义上"真人的世界"才是"中心"，而"常人世界"无非是在克服了"技术"与"形而上学"之后"真人"的出离之所。马尔库塞则指出，这种对"常人"的离弃状态所蕴含的是海德格尔对"发达工业化"的一种隐微的仰慕，因为只有在发达的工业社会之中，"在保守的公共基础下面的是生活在底层的流浪汉与局外人，不同种族、不同肤色的被剥削者和被迫害者，失业者和不能就业者……生存在民主进程之外；他们的生活就是对结束无法容忍的生活条件和体制的最直接、最现实的要求……即使他们的意识不是革命性的，他们的反对也是革命性的……是一种破坏与游戏规则并在这样做时揭露该游戏是受操纵的游戏的根本力量"[3]。而海德格尔所推崇的"艺术与诗歌""真理与沉思"却"总是被当作'高层'秩序的真理来看待（假如它得到承认的话），它不应该、事实上也不曾妨碍商业秩序……当代社会所改变的是这两种秩序及其真理的区别"[4]。这样，海德格尔看似是对技术时代具有坚决的批判，但是正如前引所述，他反对的是"美国自由主义"和"苏联共产主义"对欧洲的双重夹击，而一旦欧洲（或更准确地，德意志民族）恢复了它的中心地位，德意志

---

〔1〕［美］赫伯特·马尔库塞："马尔克斯致海德格尔（1948年5月12日）"，载［美］赫伯特·马尔库塞：《技术、战争与法西斯主义》，高海青、冯波译，人民出版社2019年版，第323页。

〔2〕Herbert Marcuse, Letter to Karel Kosik, in *Marxism, Revolution and Utopia*, Douglas Kellne & Clayton Pierce etl., Routledge 2004, p. 322.

〔3〕［美］赫伯特·马尔库塞：《单向度的人》，刘继译，上海译文出版社2008年版，第202~203页。

〔4〕［美］赫伯特·马尔库塞：《单向度的人》，刘继译，上海译文出版社2008年版，第50页。

民族成了"存在的选民",那么海德格尔极有可能放弃这种技术批判。在马尔库塞看来,海德格尔所要的"真人"而非"常人"才是技术社会的后果,"常人"反而是这个"技术社会"之中无力去"超越"的,但真正具有革命力量的存在者。

马尔库塞认为海德格尔的"虚无主义"在于,由于意义不明导致了海德格尔即使认为自己揭示了"源初"的真理,但这一理论也没有伦理效果和政治效应,只能保持对政治现象的"泰然任之"。马尔库塞仔细地分析指出在海德格尔的思想中,没有具体的"政治""经济",而充满对"文化"的批判和对"科学"的斥责,这样"源初自然法"也就不是一个法理角度的规范性的"应然"概念。"应当遵循源初自然法"这个模态命题在海德格尔那里是不存在的——因为他否定了"是/应当"的二元论,也否定了"命题"的地位,因此海德格尔只能在对现代社会的批判的同时坚持一种保守主义的"顺其自然"的自然法观念。而这对于接受了马克思主义的革命观,并一度被视为美国共产主义的导师的马尔库塞来说是不可忍受的。即使身在美国,马尔库塞也毫不留情地指出:"这个曾经是世界所有解放力量的希望之国度,已然成为世界上所有反革命力量的希望——美国已经成为'镇压'和'反动'的先遣队。"[1]马尔库塞对"资本主义意识形态"的批判已经极其尖锐,但是至少他承认资本主义至少是一种虽然过时,但仍然比"虚无主义"有所裨益的社会制度。而就像他在对海德格尔对他的教育反思之中指出,虽然"大规模化的教育"代表了资本主义的"流水线教育",然而海德格尔式的、引导学生的"自我批判(auto-critique)"却是"反学校教育(de-schooling)"和"学校中的再教育(re-schooling)"。他认为海德格尔对他的教育的危险性在于海德格尔以刁钻离奇的教育方式压制了学生的想象力、感知能力和理性能力——这种教育方式远比资本主义的流水线教育更加危险,因为它是比资本主义的教育方式更为显然的"语言暴力"[2]——比起曾经作为"世界灯塔"的美国的教育来说,海德格尔的语言暴力更加强势。《德国大学的自我主张》所提倡的"民族精神"根本上是一种远比资本主义意识形态更为严苛的"德意志意识形

---

〔1〕 Herbert Marcuse, The Inner Logic of American Policy in Vietnam, in *The New Left and the* 1960s, Douglas Kellne etl. , Routledge 2005, p. 40.

〔2〕 Herbert Marcuse, The Philosophy of Art and Politics, in *Art and Liberation* , Douglas Kellne etl. , Routledge 2007, p. 234.

态"。如鲍德里亚所批判的那样：这种教育是"宿命性"的，它让"群众沉默"且"他们的沉默，已经是上一代人才要面对的事态……今天，群众通过传染而非缺席（不在场）而发起行动的"，群众的沉默就是这种教育的虚无主义后果，群众甚至曾经自愿受到奴役〔1〕。海德格尔的"源初自然法"远非"群众"所能理解的。按照马尔库塞的思想，这种脱离了"群众"的语言暴力最终会导致群众的盲目痴愚，最终他们一代代地沦为"沉默的他者"进而被这种语言暴力所奴役。而如果海德格尔的教育仅仅局限在他的弟子之内，那么这种教育远不能达到如是的后果，然而海德格尔却是一个公共哲学家，他所参与的不是一个小规模的教育，而是把这种"语言暴力"推动到德意志社会之中的知识分子：

> 对"自然境况"的关注会转移人们对极权主义的社会和经济基础的注意力。"人民共同体（Volksgemeinschaft）"被理所应当地推崇为一个自然的共同体，正是因为这里根本没有实际的社会共同体。由于社会关系证明了任何共同体的缺乏，人民共同体必须被置放到"血与土"之维度中去——这恰恰不妨碍社会之内的真实的阶级利益的游戏。〔2〕

这就是说，海德格尔所谓的"源初自然"作为一种语言的暴力，结合他本人在当时的独一无二的哲学魅力，把"自然"视为转嫁极权危机以及其深入的经济基础危机的东西。这样在政治上"法律"所规定的实际上就是一个看似"自然"，但本身虚构的"人民共同体"：它看似源自德意志的"血与土"的激进主张，却保守地坚持着那种德国容克贵族的阶级利益的"真实游戏"。这样海德格尔的"源初自然法"不仅没有解决什么政治问题，反而成为纳粹的"政治遮羞布"——它导致的"政治虚无主义"甚至超过了资本主义本身的虚无主义境况。

（四）对"价值批判"的回应

不过我们也不能仅看到海德格尔的弟子对他的"负面评价"，也需要看到

---

〔1〕 ［法］让·鲍德里亚："超导性事件"，载［法］让·鲍德里亚：《恶的透明性：关于诸多极端现象的随笔》，王晴译，西北大学出版社2019年版，第50页。

〔2〕 Herbert Marcuse, *Reason and Revolution*, *2nd Edition with Supplementary Chapter*, Routledge & Kegan Paul LTD, 1941, p. 414.

一些他的"继承人"对海德格尔的辩护。战后欧陆社会哲学的辩护较有代表性，他们不认为"政治哲学"是第一哲学，认为海德格尔的"源初自然法"所能得出的是非规范的描述"社会哲学"，并且有取代社会第一哲学的地位的可能性。

从描述的角度看，如果我们客观地看待施特劳斯、阿伦特以及马尔库塞的三个批判路向，可以发现虽然在起点上三者都是"政治哲学"，但是在落脚点上"真诚""善意""有用"并不融贯：施特劳斯与海德格尔一样地坚持"保守主义"。如果海德格尔与他一样把"保守主义"的立场表达出来，或许这种对他的批判会有所削弱。也就是说，施特劳斯认为海德格尔如果表达了某种政治观点，那么海德格尔也就不会是一个"价值虚无主义者"；而从阿伦特坚决地反对共产主义、反对"平庸之恶"的立场中可以看到，阿伦特所反对的是海德格尔对"自由民主"的"国家权力"的弃绝态度，进而质疑的是海德格尔的"伦理方案"是不是资本主义的"共同善"的问题；而马尔库塞则既反对施特劳斯的保守主义，也反对阿伦特的自由主义。他坚决地推动社会革命，也一度把"海德格尔式的马克思主义"作为自己的实质方案，而他所批判的是海德格尔的"源初自然法"没有一种作为政治纲领的"建设性"——那么，上述三种批判完全可以转换成一个"知识社会学"的多元批判。这三位政治哲人如果希望形成对海德格尔的全面进攻，那就得首先达成内部的一致——然而"保守主义""自由主义"和"共产主义"在意识形态上却根本地区分着。

因此，我们可以看到"社会哲学家"对海德格尔的辩护。布迪厄（Pierre Bourdieu）针对"本真性"的批判指出，海德格尔只不过是"把本真的阐释与'流俗的'、前存在论，以及天真的'人类学'阐释（在海德格尔看来，萨特即是一例）区分开来……海德格尔将他的著作置于不可触及之处"，并预先谴责了某种解读："这种解读无论是否友谊，将自己局限在通俗含义之内，并因而会干出诸如把对于'本真性'的生存的分析化约为某种'社会学的'描述这样的事情。"[1]而海德格尔的命运就是"思想崇高的表达"与"纳粹的无意义"突然的遭遇，他不得不把自己的理论构建为一个知识分子面对

---

[1]　[法] 皮埃尔·布迪厄：《海德格尔的政治存在论》，朱国华译，学林出版社 2009 年版，第102 页。

"没有知识的权力"和"没有权力的知识"之间的调解方案，他只能像一个"神人"一样生活才能够从这种困境中解脱〔1〕。而福柯（Michel Foucalt）则指出"自然史和语言是同时的，它与那个在记忆中分析表象的自发活动处在同一个层面上，确定了表象的共同要素，在这些要素的基础上确立起符号，并且最终强加名称"〔2〕——这样"大存在史"就成为一个"语言—道说的历史"。福柯还指出"形而上学的终结"根本不是因为"人之确实的不幸才猛烈地缩减了形而上学的可能"毋宁说是人类的"归本"才导致了"形而上学的终结"〔3〕——它同样是"人的终结"也是"人的复返"。换言之唯有在尼采意义上的"上帝之死"和海德格尔的"最后之神的复归"的方面，"大存在史"才能继续下去——而"末人/常人"才是谋杀了上帝的存在者——海德格尔对人的有死性的认知本来就规定了一个"源初自然法"上的"生存伦理"因而也不是什么价值虚无主义——或许它是一种价值谬误，但绝非虚无〔4〕。哈贝马斯（Jügen Habermas）则认为"解释大屠杀不能'单纯局限于反犹主义，而是必须深入探讨其他诸多因素'……普遍性和规律性只能部分地解释清楚难以言表的事件"，因而既不能以宿命论也不能以人类学去解读历史〔5〕。

因此海德格尔的"大存在史"乃至于"反犹主义"绝对不是海德格尔本人的偶然因素所造成的。普遍性和规律性不适合对海德格尔的"罪责认定"，"大屠杀"是"德意志"的多重因素导致的，海德格尔只是被民族国家的"历史演历"裹挟的一员而已。卢曼（Niklas Luhmann）则指出"源初自然法"所蕴含的存在论是一个"规范性"概念，因为海德格尔所质疑的是西方形而上学"偶连性"地吸收了诸多所谓的"真理"进而导致的堕落，海德格

〔1〕　参见［法］皮埃尔·布迪厄：《海德格尔的政治存在论》，朱国华译，学林出版社2009年版，第108~109页。

〔2〕　［法］米歇尔·福柯：《词与物：人文科学的考古学》（修订译本），莫伟民译，上海三联书店2020年版，第166页。

〔3〕　［法］米歇尔·福柯：《词与物：人文科学的考古学》（修订译本），莫伟民译，上海三联书店2020年版，第321页。

〔4〕　详见［法］米歇尔·福柯：《词与物：人文科学的考古学》（修订译本），莫伟民译，上海三联书店2020年版，第390页。

〔5〕　［德］尤尔根·哈贝马斯："论历史的公用"，载［德］尤尔根·哈贝马斯：《后民族结构》，曹卫东译，上海人民出版社2019年版，第48~49页。

尔必须也只能用"源初自然法"去规定一个"规范性"的真理去纠正形而上学的偶然性——即使这个"源初自然法"仅仅是一种"假设",却是维护"文化系统""政治系统"乃至全社会系统的"语义学(Semantik)"[1]。这些社会学家的观察虽然是"描述性"的,或许是对"规范性"的观察,但是他们是否指出了"政治哲人"对海德格尔的"存在论"和"人类学"的区分?是否无视了海德格尔即使可能悖谬于社会普遍伦理,却并非"价值虚无"的可能的隐微的价值方向?是否把海德格尔贸然地视为了一个为纳粹负有全部责任的人?是否把海德格尔的"源初自然法"以及那个不可译的"Ereignis"误解成了一个"语言暴力"的"本真性黑话",却无视了这一语义学对后形而上学时代的稳定功能?"政治哲学"在此和"社会哲学"也就出现了冲突。

施特劳斯、阿伦特以及马尔库塞分别构成了西方"保守主义""新自由主义"和"新马克思主义"的代表人物,这三位"政治哲人"一同构成了西方现代的"意识形态"的系谱,又同时属于"流亡犹太哲人":施特劳斯的"自然正当"、阿伦特的"自然自由"以及马尔库塞的"自然人的解放"构成了三种不同的自然法思潮。施特劳斯严格的柏拉图式的"自然正当"理论,阿伦特对于"自然律法"在政治制度之上的导引作用的坚守,以及马尔库塞对"人的自然权利"和"革命权"的呼吁,实际上也并不能统一为一个立场。从这个角度来看,"源初自然法"作为海德格尔的存在论方案,不管受到了这些弟子的批判或赞扬,都在他的弟子那里被发展为进一步的,由"存在"再度回返世俗社会的现代性的救渡方案——在这个角度"源初自然法"的确是海德格尔对政治哲学的无意的贡献。然而,施特劳斯、阿伦特和马尔库塞对海德格尔的批判指出:如果没有他们对"源初自然法"的发扬,那么海德格尔的"源初自然法"只能以"顺应天命""顺其自然"的方式成就一种"圣人无意"的诗思哲学的非伦理、反道德以及去政治化的纯粹思想;他对荷尔德林的诗的推崇和对阿那克西曼德、赫拉克利特以及巴门尼德的复返,对中国、日本和印度的思想借鉴,只能得出一种神话式的"政治神学":"自然被升格并被奉为在场者之在场,自然作为神圣者而超出了理性,海德格尔以这种自然为视域去体察萦绕在诗中的时间……自然本身就是比所有时间更古

---

[1] Niklas Luhmann, *Beobachtungen der Moderne*, Westdeutscher Verlag, 1992, p. 106.

老（älter denn die Zeiten）"[1]——"自然"是"存在"，"存在"又是"时间"，海德格尔最终却把"自然"化解成了由"天地神人"四重力量展开的"节奏"，进而获得了超越时间和历史的"善恶之彼岸"的规律。这种"政治神学"的方案又得到了他的"思想"与"诗歌"两个支柱的印证——或许正如施特劳斯、阿伦特和马尔库塞所指出的那样，海德格尔在提出"源初自然法"的时候已经遗忘了"人的境况"（即使我们在行文之中去重构了这种关联）。因而他的思想只能为那些"精英"的，为已经或向往"真理生活"的人的此在服务，却最终遗忘乃至贬低了"常人"这些曾经与"真人"和"圣人"一道"共在于世"的存在者——一种"真人/常人"的鸿沟再度横亘在现代社会的面前，进而成为现代的"此岸"无法理解和掌握的"价值虚无主义"。

二、"源初自然法"与"本体论虚无主义"

对于施特劳斯、阿伦特以及马尔库塞把"源初自然法"视为价值虚无主义的批判进路，笔者选择以"知识社会学"的方法去进行回应，原因在于他们共同地具有某种价值的偏好，以至于在现实中即使这三位"流亡政治哲人"由于"保守主义""自由主义""共产主义"的意识形态差异本身也争端不断。例如"施特劳斯学派"构成了对美国共和党的意识形态支持，阿伦特的思想则为美国民主党提供了诸多借鉴，而马尔库塞作为资本主义国家之中的社会主义者则是美国的反对派的思想来源。这种意识形态的偏好对于海德格尔的"源初自然法"的思想本身是不能构成批判的，因为这些批判根本指向的是海氏理论的"后果"，尤其是当"海德格尔"与"国家社会主义"甚至与"希特勒"绑定的时候，对于"源初自然法"的批判是否也会带有一定的政治前见。的确，在"政治"上海德格尔的错误相当明显，在萨弗兰斯基的记录中，他记录了海德格尔的同事、国民经济学家兰帕对他的控诉："第一，作为校长在学生纳粹团里进行纯粹纳粹的政治宣传和呼吁号召；第二，海德格尔十分坚决地、不留一点妥协余地地贯彻执行了领袖原则；第三，作为校长他向教职员发出多次命令、通告，他们的内容……只能看作是'对高校教师有权享

---

〔1〕［美］特洛尼森："荷尔德林：'时间之神'"，载刘小枫、陈少明主编：《荷尔德林的新神话》，华夏出版社 2004 年版，第 72 页。

有的，理应受到保护的尊严的严重损害'。"〔1〕但是在萨弗兰斯基本人的举证来看，当时德国的"清算委员会"驳回了这个申诉，在政治上对海德格尔"宽大处理"，但学术界的"大学评议会"则要求对海德格尔进一步审查，并且否决了海德格尔对"全面恢复权力和名誉"的要求——而这里的鉴定人则是彼时与海德格尔关系破裂了的雅斯贝尔斯。〔2〕

如果在历史上存在"政治部门"与"学术部门"对海德格尔的两种不同的处理方式，那么也有必要在对海德格尔的"源初自然法"的评价方面区分出"政治话语"与"学术话语"。即使我们不去区分这两种话语，"源初自然法"也毕竟是海德格尔后期思想和前中期思想的连缀的成果，无论是偏向于同情海德格尔的萨弗兰斯基，抑或是对海德格尔抱有质疑态度的特拉夫尼（Peter Trawny）都承认海德格尔在经历了"国家社会主义运动""集中营与大屠杀"等历史事件后的态度转变：萨弗兰斯基认为海德格尔的现代性批判——也即对"源初"的思考根本上是他对"奥斯维辛的哲学思考"，也就是海德格尔对"纳粹问题"的沉默。在于他在后半生意识到"存在论上的远见，使得切近之事变得模糊不清，因为存在着对自身认识的盲区，即存在着受事件影响的矛盾认识和对自己的生平经历和特殊反应性的认识盲区"〔3〕——海德格尔在后期对"形而上学"与"技术"的批判，实际上已经代表了他对"权力意志"把人与自然视作可以"谋制"的"对象"的反思。而特拉夫尼在反思海德格尔的"四大"之中"有死者"的概念时候则认为，当海德格尔提及"有死者"的时候，他已经清晰地意识到"死亡是尺度"而"灵魂是有朽"。然而非自然的"暴死"却是"技术集置（Gestell）"的产物——集中营之中的"死亡"是"尸体的大规模制造"，这种把人之天命置于技术的极权主义之下的操作本质上是非本真的罪行。同样地，海德格尔针对第三世界国家遭遇的饥荒等问题也持有如此的态度，以至于特拉夫尼在对海德格尔的质疑的同

---

〔1〕 ［德］吕迪格尔·萨弗兰斯基：《来自德国的大师——海德格尔和他的时代》，靳希平译，商务印书馆2007年版，第423页。

〔2〕 ［德］吕迪格尔·萨弗兰斯基：《来自德国的大师——海德格尔和他的时代》，靳希平译，商务印书馆2007年版，第425页。

〔3〕 ［德］吕迪格尔·萨弗兰斯基：《来自德国的大师——海德格尔和他的时代》，靳希平译，商务印书馆2007年版，528页。

时也不得不认为"对海德格尔的伦理、政治思想的批评往往言过其实。"〔1〕这样看来，与海德格尔"源初自然法"的价值虚无主义批判紧密关联的是一桩世界性的公案，即"国家社会主义"及其引发的世界战争与大屠杀等事件。但以必然与政治话语关联的价值论批判去思考海德格尔的"源初之思"可能并不具有全然的说服力。

对于海德格尔的"源初自然法"的批判还有另外一条道路，即从"本体论"角度对它的理论有效性的批判。海德格尔的另外两位弟子伽达默尔和列维纳斯就坚持的是这样的进路，而在本书看来这种思路才是真正指出海德格尔"源初自然法"思想之中瑕疵乃至谬误之处的致命攻击。伽达默尔与列维纳斯分别针对海德格尔的"存在论"和"生存论"，在"存在主义""解释学"和"现象学"的理论语境内部的批判指向了在理论上海德格尔是否实现了"解决虚无主义"的目标？海德格尔以"思（Besinnung）"作为通达"另一开端"的途径以及通过回返"第一开端"实现"另一开端"的降临的方法，以及"诗"言"思"，进而得"道"的追问方式是否坚定了"虚无"在哲学之中的地位？如果把"思"的本质视为一个"无终"的过程，进而区分出"思者/诗人"与"哲学家/技术实施者"的对立，是否证明了海德格尔是德意志文化孤立主义的集大成者？而对"政治"并不是那么热衷的伽达默尔和列维纳斯直接地指向了海德格尔"源初自然法"的方法和立场，他们从本体论的角度指出了"源初自然法"必将导致的虚无主义境况。伽达默尔与列维纳斯本身不属于"流亡政治哲人"的成员，他们因而也保持了对于欧陆哲学的更执着的态度。然而，如果无法回应伽达默尔与列维纳斯的批判，那么顺延这种"本体论的虚无主义"指责，在"真诚""善意"和"效用"上对"源初自然法"的批判构成——即施特劳斯、阿伦特和马尔库塞这三位海德格尔的"政治哲人弟子"的批判路径也就必然有成立的空间。因为如果"源初自然法"的源初性质被质疑，那么海德格尔言说这种近乎玄妙的"本源之思"的意图也就可能遭到质疑，其效用也存在瑕疵。

（一）伽达默尔："源初自然法"在存在论上的无效

伽达默尔与列维纳斯对海德格尔的批判虽然离不开"价值"与"政治"，

---

〔1〕　详见［德］彼得·特拉夫尼：《海德格尔导论》，张振华、杨小刚译，同济大学出版社2012年版，第147~148页。

但根本在海德格尔是否真正掌握了"现象学"的方法上，也就是说"源初自然法"能否作为那个被还原出来的最为本质的"Ereignis"而作为其他一切存在者及其法则的本源。此外，伽达默尔与列维纳斯的重要贡献也在于，他们重启了在现象学之中的"胡塞尔与海德格尔之争"："对于海德格尔来说，（胡塞尔）这种生活世界的转向是存在论的，而不是认识论的……海德格尔不去询问事物的存在作为意向性对象在我们可知的意识中是如何构成的，而是询问存在者（事物）的存在作为存在本身如何向我们显现……不是现象的知识，而是现象存在的意义成为海德格尔关注的焦点。"[1]如伽达默尔认为："（海德格尔的）实际上性的诠释学的根本点及其与胡塞尔现象学的先验构成性探究的对立就在于：所对其存在的自由选择行为都不能回到这种存在的事实性……任何促使和限制此在筹划的东西都绝对地先于此在而存在……海德格尔探究历史诠释学问题并对之进行批判，只是为了从这里按照本体论的目的发展理解的前结构（Vorstruktur）。"[2]而列维纳斯则认为："存在论并不是与他者本身的关系，而是把他者还原为同一……这就是自由的定义：维持自己、反对他者，不管与他者有任何关系，都确保自我的自给自足……不可分割的主题化与概念化并不是与他者的和平相处，而是对他者的消灭或占有……占有虽然肯定了他者，却是在对其独立性的否定中进行肯定。"[3]因此他们共同指出了，在自我的存在论领会——将自身作为"在世存在"的"此在"的过程之中蕴含了一种生存论的诠释，且这种诠释的在先结构是二元论的。海德格尔式的一元论诠释学只是在这种源初的主客体的结构上加诸了目的论的要求，也就是说"源初自然法"并不是源初性的，而是在此在的在世领会（诠释）之中去建构的诠释学的目标。它意味着此在——或更准确地说是"主体"在对意向的填充过程之中把"客体"（周围世界）在本体论上与它的生存合一，最终达到主体占有客体的本体论目的而非单纯以客体填充"我思"的认识论目的。因此，如果说施特劳斯、阿伦特、马尔库塞对海德格尔的批判尚

〔1〕［加］马克斯·范梅南：《实践现象学：现象学研究与写作中意义给予的方法》，尹垠、蒋开君译，教育科学出版社 2018 年版，第 119 页。

〔2〕［德］汉斯-格奥尔格·伽达默尔：《诠释学Ⅰ：真理与方法——哲学诠释学的基本特征》，（修订译本），洪汉鼎译，商务印书馆 2010 年版，第 376~377 页。

〔3〕［法］伊曼纽尔·列维纳斯：《总体与无限：论外在性》，朱刚译，北京大学出版社 2016 年版，第 17 页。

且可以从"价值多元主义"进行辩护的话，那么伽达默尔和列维纳斯对海德格尔的批判以及由此阐释出的伦理学方案则奠基于对海德格尔的"主体中心论"的认定上。这对于"源初自然法"学说而言是相当致命的打击，因为原本"源初自然法"被海德格尔认为是超越了"善恶的此岸"的彼岸的"大他者"的法则也即存在的节奏，是此在以不断地自我超越而达到的理想境域。但是伽达默尔和列维纳斯的观点则指出，这种"自然观"却仅仅是海德格尔的虚构，也即"源初自然"——"自然（φύσις）"—"真理（无蔽）ἀληθέια"—"逻各斯（λόγος）"本身非但没有消解"自然（Natur）"之为对象的生存论结构，反而是由这种先在结构派生出的想象。这样，甚至我们前文以"知识社会学"解读政治哲学对海德格尔的批判也无法成立，因为它们很有可能加剧海德格尔"源初自然法"理论之中的"主体中心论"的主张。

如果希望从伽达默尔和列维纳斯的批判之中为海德格尔"自然（φύσις）"—"真理（无蔽）ἀληθέια"—"逻各斯（λόγος）"这个"同一性"寻找辩护路径的话，也就必须深入伽达默尔和列维纳斯对海德格尔的批判深处：首先我们遭遇的是伽达默尔对"诠释学"在方法和立场上对海德格尔的批判，而这种批判的起点就是，伽达默尔认为无论是海德格尔还是胡塞尔，在现象学的方法运用上本质地还是坚持了康德"先验方法"的，后者却指明了在"实在经验"和"先验范畴"的对立。如施特劳斯认为"对海德格尔来说是尼采，对我（伽达默尔）说是狄尔泰，构成了批判的定向标志。"[1]而伽达默尔看来，狄尔泰已经指出了"形而上学的终结"问题，即形而上学丧失了对实证科学的权威性[2]，这与海德格尔的技术的批判的确有对应的关系。但是，伽达默尔却进一步认为"形而上学的终结"有三种说法，而狄尔泰的说法只是其中的一种，即"科学理性——随即形而上学——被认为是一般人性的一般决定因素"。此外另一种情况是从历史的角度理解的"形而上学在经历了两千年的成熟发展过程后，终于在 19 世纪告下一个段落"。更为激进的主张则来自福柯等后现代思想家，他们认为"哲学的终结"就是"人的终结"，

〔1〕［德］伽达默尔："文本与阐释"，孙周兴译，载［德］伽达默尔、［法］德里达等：《德法之争：伽达默尔与德里达的对话》，孙周兴、孙善春编译，商务印书馆 2015 年版，第 10 页。

〔2〕［德］伽达默尔：《哲学的开端》，赵灿译，华东师范大学出版社 2019 年版，第 12 页。

而海德格尔的"形而上学的终结"则是把"技术理性压制了哲学思想"这个终结和"哲学史的终结"融合的产物。他更直接地把"形而上学的开端"的方向等同于"形而上学的终结"〔1〕——"存在的遗忘"与"自然的隐遁"。然而，基于康德式的先验立场，伽达默尔从两个方面质疑了海德格尔的"形而上学终结论"：一方面，从文献学的意义上看并没有充分的证据表明在亚里士多德之前就存在"自然"的概念，或者说"自然"之为"φύσις"是柏拉图与亚里士多德提出了"礼法"或"规范（nomos）"这个"反概念"之后才有哲学意义的词汇。因而海德格尔把"存在之遗忘"等同于在柏拉图和亚里士多德那里对"自然"概念的曲解本身毫无根据，把"形而上学的终结"归因于柏拉图和亚里士多德对前苏格拉底思想家的自然观的误读更没有依据，因为在后者那里根本没有"自然"这种说法——"如摹仿、分有、回忆、流溢等术语……具有柏拉图主义的概念特征"〔2〕。这样"自然"并不是"大他者"的存在节奏，而本质上是形而上学的派生产物。另一方面，海德格尔不仅遗忘了这种历史的"语言特征"，甚至他自己的词源学方法也是对语言的本质的误解，因为在对于"语言"的处理方面，海德格尔的确过分随意。伽达默尔认为"存在问题"根本不是一个能够讨论的话题，即使能够讨论也无法被受话者理解，他质疑"巴门尼德的存在者究竟是一种最高的哲学概念的前声，抑或是所有存在物的集合名称，这个问题不能以二者择一作出决定……我必须感受到语言困境，这种困境在巨大的思绪跃动中发明了 to on 这个表达，以及存在者，先后向的单数存在者——以前人们只说 onta，即许多存在物"〔3〕。因此"作为哲学的概念史"绝不是一个对存在的遗忘，相反，即使从海德格尔的"语言存在论"的思想来看，"概念"的发明作为西方形而上学独享的成果，乃是赋予语言以活力，进而让语言切近存在的节律的活动。海德格尔对"概念"的反叛以及就此对西方形而上学的解构损害了语言的本质，因为"所有被人说的语言都只有作为对某人所说的话，作为促成人之间交往的话语的统一体才能牢固地建立起来"。海德格尔的"语言"或"道说"

---

〔1〕 ［德］伽达默尔：《哲学的开端》，赵灿译，华东师范大学出版社 2019 年版，第 12～14 页。

〔2〕 ［德］伽达默尔："现象学与辩证法之间——一个自我批判的尝试"，张荣译，收录于氏著：《伽达默尔集》，严平编选，邓安庆等译，上海远东出版社 2003 年版，第 27 页。

〔3〕 ［德］汉斯–格奥尔格·伽达默尔：《诠释学 II：真理与方法——补充和索引》（修订译本），洪汉鼎译，商务印书馆 2010 年版，第 106～107 页。

思想并没有一个世俗的交往意义上的"听者"[1]，而仅仅具有对"存在"或"大道（Ereignis）"的听说关系，这样海德格尔的语言完全可以是一堆不可理解的，但是全然由他自身赋义的语言词汇的堆砌。"听者"在此是被无视的，以至于海德格尔本身的现象学方法最终导向的必然是看似不被理解但本质上成为"语言暴力"的恣意活动——这样，海德格尔的玄妙的语言反而导向的是以海德格尔为中心的，可以任由虚无主义横行的存在论主张。通过这两个方面的批判，可以看出伽达默尔背后严格的"二元论"思想："自然"唯有在"礼法"（人类社会）的对比之中才能显现，"自我/主体"只有在与"他者/客体"的理解之中才能够区分。也就是说即使"自然""此在"是自明之物，但是它建立在"事物的本质/事物的实存"这个康德式的区分上——即康德对"自在之物/现象"的区分[2]。事实上，如前述，海德格尔并没有遗忘康德式的先验主张，甚至伽达默尔也承认海德格尔经由康德哲学发现的"有限性"超克了以"无限精神"定义对象的存在，而是"依赖于接受被给予的东西的人的理智来定义认识的对象"[3]。但是我们需要认识到的是，"有限性"是人的"此在"的生存论特征，它本身不适于对"源初自然法"这个存在论的观念的界定。也就是说伽达默尔认为海德格尔对"生存论"的解读是基本正确的，因为在那里海德格尔的确认识到了"共在/他者"或"周围世界/礼法"在用以区分出"自我"和"自然"

---

〔1〕［德］汉斯-格奥尔格·伽达默尔：《诠释学 II：真理与方法——补充和索引》（修订译本），洪汉鼎译，商务印书馆 2010 年版，第 99 页。伽达默尔在此也表达了对"交往—理解"之为语言的本质，以及作为哲学的本源的一种观点，那就是他对柏拉图的对话体写作的反思：伽达默尔认为"概念"是理解的必要条件，它不是为了抽象而抽象，相反，它是以"一个语词（存在者）"去取代"多数的存在物"的必然举措。而在哲学史之中，在柏拉图之后的思想家都是在以一个"说者"的身份去写作，因而才产生了对"概念"之为抽象的事物的"命名"的错觉，反而加剧了以技术的方式构造语言和语法以及语义学的逻辑实证主义的倾向。最终的结果也就是"科学—技术"的语言压倒了思想的语言——而柏拉图的写作方式则是以"说者""听者"和"旁观者"同时在场的方式写作的，在这里"概念"体现为柏拉图式的"语言游戏"，或者在对事物本性的探究和论辩之中的"言说工具"，在此概念之为对"物"的复多性的取代和凝练，以及其交往的功能也就昭然若揭。因此在伽达默尔看来，即使海德格尔的"语言"观念是正确的，那么既能赋予"语言"以思想意涵，又能赋予"语言"以可理解性的却只有柏拉图，这样，柏拉图也就成为哲学的"第一开端"。

〔2〕［德］汉斯-格奥尔格·伽达默尔：《诠释学 II：真理与方法——补充和索引》（修订译本），洪汉鼎译，商务印书馆 2010 年版，第 85 页。

〔3〕［德］伽达默尔："康德与解释学转向"，邓安庆译，收录于氏著：《伽达默尔集》，严平编选，邓安庆等译，上海远东出版社 2003 年版，第 319 页。

方面的重要性。但是他在向"存在""存有"或"Ereignis"的超越上却遗忘了这种区分的意义，也就是说例如"有无之辨""存有与虚无"等存在论的问题上，海德格尔总是期望以一个更高的观念去包容这些"概念"——如他希望用"Seyn"去转写"Sein"进而克服在西方形而上学之中对"存在即实存"的经验主义思路，有希望用"Ereignis"转写"Seyn"来克服可能把"存在"视为"最高价值"的观念论思路，但是谁与"Ereignis"区分并且用来证立它呢？海德格尔难道不是用一种"交往的无能"——即"词源学"去弥补自己的"理论不能"，尤其是以那种"自己不想负责的交谈无能"而把"存在的遗忘"归咎于别人而放弃了对自身的理论言说能力的反思[1]？岂不是用"语源学"这个完全要求交往对方的单向解读来去理解海氏本人，并且让前者不自觉地陷入海德格尔的印欧语系的语用惯习之中，而在他本人的写作中认定"不存在对存在体验的任何限制"的虚无主义的立场之中[2]？

伽达默尔基于"诠释学"的思路去对海德格尔主张的"实际性的诠释学"进行了反思，且注重的是"诠释—理解"这个根本的目的要求。"源初自然法"被视为至高者根本地缺乏对立者，因此无法对它进行诠释，从"理解"的角度去看这无疑是一种"本体欠缺"导致的虚无主义，因此伽达默尔对海德格尔诠释学的改造也就显得重要。首先在伽达默尔来看，海德格尔的"源初自然法"面临以下的基本问题以至于它无法经由进一步的诠释派生出分有它的其他的"自然法"，更不可能派生出某种"实在法"或"习惯法"。第一，海德格尔的"源初自然法"本应是在"生存论"之外的"先验范畴"。如果海德格尔保持了这一康德式的对立，那么仅仅以"此在/存在"的两造区分尚且能够勾勒一个"善恶的彼岸"，但是他却要在"存在"这里进一步"精耕细作"，最终把"Ereignis"当作了其思想体系之中的至高概念：海德格尔的真意、善意和社会贡献是无法从其理论之中直接展示的，即使是他的弟子也根本无法理解海德格尔且这种不理解要归咎于海德格尔本人。第二，海德格尔的"诗思哲学"却是东方式的，而我们业已表明，尚无任何证据证明

---

〔1〕 ［德］伽达默尔："交谈无能"，舒远招译，收录于氏著：《伽达默尔集》，严平编选，邓安庆等译，上海远东出版社 2003 年版，第 319 页。

〔2〕 ［德］伽达默尔："海德格尔与形而上学语言"，卢延凤、赵玉勇译，收录于氏著：《伽达默尔集》，严平编选，邓安庆等译，上海远东出版社 2003 年版，第 213 页。

海德格尔能够直接阅读中国哲学、日本哲学和印度哲学的原典，他自己因此也就不能去体悟其他语族的"思想者"的切身存在观念——而对于希腊经验来说，海德格尔又把它们视为"超时间性"的，即使他的"另一开端"是来自这些经验的支持而非这些经验本身，但是他的这种绝对立场忽视了他本人所主张的"概念"或"哲学"的历史性，这就让海德格尔在"地方性/普遍性""历史性/绝对性"之间犹疑不决——或许也是这一缘故导致他无暇发展一套伦理学和法哲学的主张。第三，海德格尔否定"主体/客体"的对立，却把他自身在理论言说之中视为了一个绝对的"主体"，而把所有的读者视为必须依循他的思路思考的"他者"。这也就是说海德格尔或许本来就没有为读者的思考留下任何空间，这样的"语言暴力"或"本真性的黑话"直接导向了对海德格尔的概念式的解读和俗白理解的可能性。而伽达默尔进而认为：

（法国的海德格尔的追随者）认为海德格尔努力在形而上学背后寻求的存在经验，在彻底方面还是被尼采的激进主义超越了……实际上，倒是在海德格尔的尼采画像中出现了深刻的歧义：海德格尔深入到最后的极点处来追随尼采，恰恰是在那里看到形而上学的非本质（Unwesen）在起作用，因为在对一切价值的估价和重估中，存在本身实际上就成为一个为"强力意志"服务的价值概念……海德格尔……没有像尼采那样满足于停留在形而上学之自我消解的极点上面……存在不是在其自身显示中出现的，而是具有同一个原始性，在其中存在自行显示，也自行退隐和自行逃逸……我个人的努力是要自己不遗忘蕴含于所有解释学意义经验中的界限。[1]

---

[1]　[德]伽达默尔："文本与阐释"，孙周兴译，载[德]伽达默尔、[法]德里达等：《德法之争：伽达默尔与德里达的对话》，孙周兴、孙善春编译，商务印书馆2015年版，第10~11页。而伽达默尔也指出，"海德格尔通过抛弃形而上学的证明思想，从他对意识和自我意识的本体论的无根性所作的批判中得出最后的结论。然而这种转向（Kehre）和抛弃（Abkehr）仍然和形而上学保持明显的联系、对形而上学的克服要准备的前提应该是，不仅近代主观主义通过解析它未经证实的概念而被撇在一边，而且希腊关于存在的原始经验在西方形而上学于概念之光中的崛起和统治之后也应作为积极的东西被召回……把亚里士多德的自然概念（Physis-Begriff）追溯到前苏格拉底先驱的存在经验，这实际上仍然是一种冒险的误航……趋向开端却总是意味着在追溯已走过的路时发现其他的、开放的可能性。谁能完全站在开端，谁就必然会选择自己的道路，如果他回到了开端，那他就会意识到，他能从出发点开始走其他的道路……甚至海德格尔对开端的回溯也在某种程度上追踪着东方思想的魅力……语言，特别是对固有文化圈子中的所有语言都共同的基本轮廓，是不能轻易超越的……海德格

　　伽达默尔对海德格尔的批判还在于，海德格尔真正解决了"主客二元论"吗？这是一个值得挖掘的问题，要思考"存在"为何在著作、演讲和课程之中以多变的形象出现，以及海德格尔为何要不断地围绕"存在问题"去不断地推翻"最高概念"——从 Sein 到 Seyn 再到 Ereignis，从熟悉的"存在"，到古德语的"存有"，最终到自创赋义的"本有"。这一过程实际上代表了海德格尔在发现了"存在论差异"之后，同时也发现了形而上学式的"存在/存在者"的对立。一旦他无法处理这一对立之中的形而上学性质，那么"存在"就可以被视为一种新的"最高价值"，根本无法满足海德格尔超越克服形而上学的意图。而"存有"的提出，意味着海德格尔对最高概念的一种新的尝试，即用历史的语言去把握现实的语言，因而"Seyn"所突出的不再是"存在/存在者"的区分，而是"有/无"的对立。然而在这个对立之中无论倾向与"有"还是倾向与"无"，都意味着海德格尔走向某种"主义"——在这种不得已的情况下他才给出"Ereignis"这个"不可说"的神秘概念——问题在于抛开了神秘主义的面纱"Ereignis"是否又超越了主客二元论，尤其是当"人"充当其调和者，最终形成类似于"阿特曼"的"未来之人"，是不是一种主观主义的翻版？而更为困难的是，相比于尼采来说海德格尔又相对地"温顺"，以至于他又不能用一种摧毁式的力量去全部否定一切概念，并且必须

（接上页）尔也按照从阿那克西曼德、到赫拉克利特、到巴门尼德，然后重又到赫拉克利特的顺序寻找存在的最初经验，寻找揭蔽（Entborgenhiet）和遮蔽（Verbergung）之间互相联系的证据。他相信他在阿那克西曼德那里发现了 Anwesen（在场）本身及其本质的逗留，在巴门尼德那里发现了 Aletheia（真理、无蔽）的宁静的心，在赫拉克利特那里发现了喜欢自己隐藏起来的 Physis（自然），然而，虽说这一切最终都适用于暗示指向无时间性的词，但实际上却不适用于早期文本中出现的意谓者的自我解释。海德格尔只能在名称、词的命名能力及其如何掉到金矿脉里兜不出来的迷途中，重新认识自己关于存在的观点：他说的'存在'应该并非存在者的存在。文本总是证明自己不是通向观看存在之敞开的道路上的最后的山丘。"［［德］汉斯-格奥尔格·伽达默尔：《诠释学 II：真理与方法——补充和索引》（修订译本），洪汉鼎译，商务印书馆 2010 年版，第 456~457 页］。这所说明的是，海德格尔看似走向了"开端"，并且选择了"诗思哲学"这个开启另一开端的道路，但是他本人没有考虑到这条"林中路"难以按照他的理想走通：对主观主义的"概念观"的否定方面海德格尔选择的是东方性质的思想言说，但是他无法理解东方的语言，以至于他本人也无法理解这条道路。而回返"希腊存在经验"这种"无时间性"的"源初自然法"，又不能与海德格尔本人主张的"历史演历""存在者的有限性"等观点适切，因为无论前苏格拉底思想家的想法多么超绝于世，但是一旦海德格尔主张"历史性"和"有死性"两个观点，那么前者的思想就不可能是超越"语言意谓"的——伽达默尔因此指出了海德格尔在这种思想的夹缝之中最终只能求助于尼采的极端主义，这样"积极的虚无主义"就是海德格尔的思想之本质了。

提出一个个概念去包容他业已发现的诸多形而上学式的"二元对立"：

> 本真的虚无主义的"预备形式"就是悲观主义……否定现存世界。但它对世界的否定却是有歧义的、这种否定可能干脆意求衰败和虚无，但也有可能是对现存事物的拒绝，从而为一种新的世界形态开启道路……后面这种方式，悲观主义是"作为强者"来展开自身的……那种仅仅看到衰败的悲观主义却来自"弱者"，它往往搜寻阴暗之物，不放过任何失败的机会，并且就相信自己能够一切未来结局……一会儿只有"不完全的虚无主义"独占一方，一会儿就是"极端的虚无主义"在投机冒进了……"不完全的虚无主义"虽然也否定以往的最高价值，但只不过是在旧位置上设置了新理想……这个半拉子的东西延缓了对最高价值的断然罢黜……"极端的虚无主义"认识到，根本没有什么"自在的永恒真理"……主动出击，通过摆脱以往的生活方式来颠覆一切，还更要赋予垂死之物一种"对终结的要求"。[1]

根据伽达默尔，如果海德格尔是"极端的虚无主义"，那么他不可能去采取"诠释学"的进路去让此在从"技术—形而上学—沉沦在世"去最终体悟"自然（φύσις）"—"真理（无蔽）ἀληθέια"—"逻各斯（λόγος）"这个"源初自然法"的节奏。因为诠释学要求的是"每一次谈话都预先假定了某种共同的语言……谈话创造了某种共同的语言……在谈话中首先有一种共同的语言被构造出来了"[2]。"源初自然法"的提出绝不是对一切既有思想的否定，甚至这里运用的语词——即使可能是别扭的——也是古希腊的原本表述。这预设了一个"共同语言"的存在，即使伽达默尔也承认"诠释学循环"在海德格尔那里突破了"个体与整体的形式关系的范围内"的"主观反思"，即突破了"整体预测—个体解释"的既有诠释学方法，而意识到了作为诠释的主体的"此在"必然由于周遭世界的"非中性"以及"先入之见"[3]而做出实际性的解释。但是，倘若说海德格尔是那种"不完全的虚无主义"，那么在海德格尔思想之中诸多的矛盾和迟疑虽然得到了解释——即海德格尔

---

〔1〕［德］海德格尔：《尼采》（下卷），孙周兴译，商务印书馆2015年版，第970~971。

〔2〕［德］汉斯-格奥尔格·伽达默尔：《诠释学Ⅰ：真理与方法——哲学诠释学的基本特征》（修订译本），洪汉鼎译，商务印书馆2010年版，第534页。

〔3〕［德］汉斯-格奥尔格·伽达默尔：《诠释学Ⅱ：真理与方法——补充和索引》（修订译本），洪汉鼎译，商务印书馆2010年版，第75页。

希望让形而上学的解构因他对"源初自然法"的发现而延缓，但是这又解释不了海德格尔对"文本意义"的消解。尤其是相对于胡塞尔现象学的谨小慎微的"纯粹理论意图"来说又极为激进地要回返事物本身，胡塞尔的现象学因而"由于一种存在论的断裂而同海德格尔的出发点，同生活的实用经验，同被现成的实践意义所调遣的知觉作为生存运动来理解的此在的时间性分离开来"〔1〕——相应地，海德格尔的"现象学"相对反而更有可能产生一种伦理学方案。因此，在这种既非"极端"，又非"不完全"的情况下，伽达默尔对海德格尔的"源初自然法"的理解是"自然主义"。他认为"φύσις"之为"自然"与其说是一个"定义"，不如说是一个"判断"，也即"自然"在海德格尔的本源之思之中是"自然+历史"的一个复合体〔2〕："自然"不仅是一个描述性质的"规律"，同时蕴含了例如"灵魂不朽""自然神""轮回"等超验的泛神论律法的"规范"，此外还由于它作为"涌现"进而成为"自然史"——这与海德格尔主张的"大存在史"也是对应的。

不过，在本书看来，伽达默尔指出的海德格尔在"虚无主义"方面的"不彻底"应该做两方面的理解：即"生存论"必然是"存在论"的"前理解"条件。"本真此在"是那个沟通"生存论"和"存在论"之间的节点，在这个节点及其前段的"悬置—解构"过程之中，海德格尔并没有出现任何的虚无主义倾向，甚至是一种可被允许的批判方法。但是在"还原—建构"

---

〔1〕［德］伽达默尔："现象学运动"，邓安庆译，收录于氏著：《伽达默尔集》，严平编选，邓安庆等译，上海远东出版社 2003 年版，第 343 页。在伽达默尔看来，胡塞尔的思想仍然是极其学院派的现象学主张，即使他在最后迫于海德格尔的紧逼转向"生活世界现象学"也是如此。如伽达默尔指出：胡塞尔毕生追求的无非是一个科学的现象学而已："只有基于先验现象学，事实科学才能以一种本质的'新型科学'的形式重新获得它们的合理性。为科学提供一种不受危机干扰的、新颖而清晰的基础，是在先验现象学范围内的要求"——这是胡塞尔从《大观念》到《危机》之中贯穿着的理论态度（［德］伽达默尔："现象学运动"，黄应全译，收录于氏著《伽达默尔集》，严平编选，邓安庆等译，上海远东出版社 2003 年版，第 379 页）。而对比地看，海德格尔"在生活上严肃地拒斥非本己的东西而要求抓住本己的东西"，要求召唤出"生存"来——这恰恰是"政治不正确"的海德格尔能够比"政治正确"的胡塞尔更吸引法国思想家的原因。后者的"存在主义"即使不是海德格尔希冀的"主义"，但是由于海德格尔理论之中对"生存论"的关注是鲜明的，而这种鲜明的生存论（尤其是《存在与时间》之中不代表存在哲学的表述）以及它可能导致的那种超越性质的，却不甚明确且引人遐想的"彼岸"，都为法国存在主义提供了进一步解读的空间——即使对于海德格尔来说这是"不可忍受"的（［德］伽达默尔："现象学运动"，邓安庆译，载《伽达默尔集》，严平编选，邓安庆等译，上海远东出版社 2003 年版，第 343 页）。

〔2〕［德］伽达默尔：《哲学的开端》，赵灿译，华东师范大学出版社 2019 年版，第 53 页。

出"自然（φύσις）"—"真理（无蔽）ἀλήθεια"—"逻各斯（λόγος）"这个源初自然法方面，海德格尔并没有保障"理解"的顺畅。他在这里已经逐渐抛弃了"实际性的解释学"——这就导致了他在最终要回答"世界是什么""人是什么"等本体论问题上的"虚无"。从"生存论"的方面来看，海德格尔成功地完成了"解构"的任务——即从"技术—形而上学—沉沦在世"的现象学悬置。在这里海德格尔基本遵照了一种"解释"的逻辑，即从"现实性—可能性"的反复观照去揭示现代社会的根本症候，而且在这个过程之中即使海德格尔也创造了诸多的概念或从古希腊思想中发掘了诸多的源初概念，大多是方便理解的：批判技术是要废除如"物质原子""意见""印象""广延性"等科学意识形态的意志属性；批判形而上学则是要废止"神性""主观性"以及两者之间的"模仿关系"〔1〕，最终批判的"沉沦在世"则避免了上述的意识形态的死灰复燃。实际上在这里海德格尔实际上已经接近了一个"世界的本体"，看似剩余的步骤就是一个"还原"的对应过程了。然而，海德格尔在"还原"的过程中，却走向了"思（Besinnung）"和"诗（Dichtung）"这两个路径。而在这里，他对于"自然法"的形态是模棱两可的：如果"自然（φύσις）"—"真理（无蔽）ἀλήθεια"—"逻各斯（λόγος）"这个脉络是如海德格尔宣称或暗示的那样，处在"善恶的彼岸"，那么它就不能从"此岸"还原过来并且不可能"代表"此岸的世界本体。因为伽达默尔正确地指出"理解"（Ver-stehen）的本意是"替代某人的位置"，也就是说"能够代表某人说话"——这里"某人/他者"的区分要由于最终的代位结果〔2〕，此岸的"世界本体"才是"源初自然法"的本体——在伽达默尔来说这两者是"文本"与"阅读"的关系，即存在一个作为可以被"本真此在"所理解的世界本体之为"文本"，通过它螺旋上升地还原式的"阅读"才是可能。然而"源初自然法"的提出已经否定了流俗意义上的"世界观"以及一切代表这种世界观的"在场的形而上学"——"无（Nicht）"就是一个很好的例证，以至于即使"本真的此在"也必须依照"天命"来偶

---

〔1〕　［美］大卫·库尔珀：《纯粹现代性批判——黑格尔、海德格尔及其以后》，臧佩洪译，商务印书馆2004年版，第222页。

〔2〕　［德］伽达默尔："解释学与逻各斯中心主义"，孙周兴译，载［德］伽达默尔、［法］德里达等：《德法之争：伽达默尔与德里达的对话》，孙周兴、孙善春编译，商务印书馆2015年版，第128页。

然地领悟它。因而"源初自然法"不能代表"此在的世界"的本体；同时，即使作为"领悟的方法"的"诗思哲学"是成立的，但是它作为一个具有"东方的地方性"和"希腊的历史性"的道路选择本身能否达到这样的一种绝对的、普遍的源初自然法也有待商榷。而如果"源初自然法"是一个规范性的"概念"，虽然它能够代表"世界的本体"，但是这又与海德格尔希望的由"生存论"到"存在论"的跃迁的意图以及开启"另一开端"的抱负相背离，即"规范"或"概念"意义上的"源初自然法"将导致"本真此在"向着"沉沦在世"地再度跌落——换句话说，"自然"在这里只能被赋予"自然史"或"自然主义"这种富有意识形态的意义。也就是说实际上萨特等人所阐释的"存在主义"并不是如海德格尔所说的那样的"错误理解"，因为作为"本真此在"的萨特并不能依照海德格尔给出的"诗思哲学"去能动地跳跃到"存在的近旁"。因此，依照伽达默尔的观点来看，海德格尔的"源初自然法"如果是一个解释学与现象学的还原式的终点，那么它本身对世界的本体在"解构"上的成功和在"建构"上的失败，导致了一个"不完全的虚无主义"与"极端的虚无主义"混杂的理论方案。前者导致例如萨特等存在主义者将"存在"视为一个"至高价值"，而后者则导致解构主义者把"存在主义"视为对既有思想的颠覆性的力量。

（二）列维纳斯："源初自然法"在生存论上的无效

列维纳斯也持有类似的观点："正是通过《存在与时间》，海德格尔后期的作品才得以站住脚——其后期作品并未给我留下可媲美《存在与时间》的印象……这并不是因为其后期作品不值一提，而是因为它们相对不那么有说服力。"[1]在列维纳斯看来，在海德格尔后期的著作中现象学消失了——"思"与"诗"完全依赖于"词源学"这个随意的方法，这与他用以"悬置/解构"时期的现象学与解释学的严格性质相互违背。但是，列维纳斯通过"有限/无限"的更高的区分去涵括了海德格尔的"存在论差异"，即"存在者"对应于"有限"而"存在"对应于无限，进而也就为海德格尔的"源初自然法"的形态给予了"无限性"这个说明。但是列维纳斯认为"有限/无限"唯有在"自我/他者"这个区分之中才能够被道说出来，因而海德格尔的

---

〔1〕 ［法］伊曼努尔·列维纳斯：《伦理与无限：与菲利普·尼莫的对话》，王士盛译，南京大学出版社 2020 年版，第 19 页。

"源初自然法"即使是"无限"的，但是它必须以"自我—他者"的道说活动展示出来。列维纳斯认为，存在一个"先于起源、无端的同一性，比所有开端都更加久远"。但是"它不是在那现在之中到达自身的对于意识的意识，而是向着他人所发出之召唤的极端暴露……这一传唤并不'现出自身（en paraisse）'，并且是在被传唤者之说中说话的"[1]。而"无限"则指的是撼动"那位于开始之处的自我所具有的位置，以及起源的可能性本身"，它"让"自我从"遮蔽"与"隐藏"之中走向"本真（诚）的自我"[2]。这样列维纳斯就建构了这样的一个联系的过程：首先，"无限/有限"的二元论对应于"另外于是/是其所是"的"外/内"的区分，这样"差异"就导向了"存在/存在者"的存在论差异。在这个层面上海德格尔的"存在论差异"是正确的；其次，列维纳斯进而主张，"无限"课以"有限"以义务，前者要求后者通过超越自身之所是并且到达"无限"之处所，并且进而要求后者去替代前者进而向"自我的他者"去道说"无限"——唯有"有限"能在其他者面前去替代"无限"，这个"有限"才能成为主体，进而"诸有限"以相互道说的方式成为一个与"无限"对置的"有限的整体"，后者的形成则是"无限"派生出的义务要求[3]。这样，列维纳斯就把"伦理"引入到了"存在论差异"之中。"伦理"是构成"无限—有限"这一关联的本构因素，唯有伦理的引入"生存论"才能和"存在论"有所对应——因而列维纳斯就否定了海德格尔用诗思哲学去实现"存在者"向"存在"的超越的方案，而用"伦理学"达到了这个超越。因而在列维纳斯看来，海德格尔的"非伦理"式的存在论关系必然由于把"同一"视为目的，最终会造成某一个或某一类存在者相对于其他存在者的专横。也就是说，海德格尔的这种存在论仍然处于对匿名者的服从中，"主体"对"他者"的语言形式不是"沟通"而是"召唤"，因而是神学式的而非法学式的，这不可避免地导致另外一种强力，导致"帝国主义的统治，导致专制"——因为在海德格尔那里"存在先于存

---

〔1〕［法］伊曼纽尔·列维纳斯：《另外于是，或在超过是其所是之处》，伍晓明译注，北京大学出版社 2019 年版，第 341 页。

〔2〕［法］伊曼纽尔·列维纳斯：《另外于是，或在超过是其所是之处》，伍晓明译注，北京大学出版社 2019 年版，第 340 页。

〔3〕［法］伊曼纽尔·列维纳斯：《另外于是，或在超过是其所是之处》，伍晓明译注，北京大学出版社 2019 年版，第 342 页。

在者"和"存在论先于形而上学"的主张，等同于"自由先于正义"，等同于"同一内部的运动先于对他者的义务"[1]，而这种逻辑则直接导致了"存在（Ereignis）"可以展现出一种"真人（本真此在）"的"源初自然法"的状态。这种"自然法"所赋予的是仅仅本真此在所能够享有的"自由权利"，而伦理的阙如在海德格尔那里就导致的是作为"他者"的其他此在可以被本真此在借由"源初自然法"这个"同一"被单向地吸收。"同一"面对的是"差异的此在"，而在"差异的此在"里"本真此在"代表"同一"，即"存在"。独享的自由因而就消弭了对"他者"的导引的必然，而完全可以以"统治"的方式去把"他者"吸纳到"自我"之中并以此应和存在对本真此在赋予的自由。因而列维纳斯所指出的是海德格尔在"生存论"向"存在论"过渡的节点，即"本真此在"这个角度的疑难："生存"并不奠基在"周围世界"而是奠基于"源初自然法"，"共在"是沉沦的表现因而在顺位上后于基础存在论，"社会"后于"自然"并且由"自然"派生，"自我"分裂成一个作为现象的"沉沦的非本真自我"和一个遮蔽的但是也是本质的"超越的本真自我"——"源初自然法—基础存在论—自然—本真自我"构成了一个从"存在论"到"生存论"的授权关系，它远比"周围世界—共在的在场—社会—非本真自我"更为高明，因而也就理所应当地有承担对后者的统治的自由。因而海德格尔最终所构建的仍然是一个"等级制"的世界观念。

列维纳斯对海德格尔的批判看似仍然是政治哲学或法哲学的，但是在他指出海德格尔未能把"伦理"视为"世界的本构要素"的时候，就已经决定了这种批判的本质是本体论的。海德格尔所反对的主张恰恰是一个"至高存在者/一般存在者"严格区分的"彼岸/此岸"之分，如果缺少了伦理这个要素，"本真此在"而非"存在"就取代了"至高存在者"与"最高价值"的地位，"大他者"被"本真自我"所奠基，并且以此让"他者"奠基在本真自我身上。列维纳斯指出：

我们也从根本上反对海德格尔，他使与他人的关联隶属于存在论（此外，

---

[1] ［法］伊曼纽尔·列维纳斯：《总体与无限：论外在性》，朱刚译，北京大学出版社2016年版，第18页。

他还如此规定存在论，似乎与对话者的关联、与主人的关联，可以还原为存在论），而没有在正义与非正义中看到一种通往他人的原始通道，这种通道超于任何存在论。他人的实存之集体性中关涉我们，并不是由于其参与到我们所与人从今而后都熟悉的存在中，也不是由于我们为了我们自己必须要征服的他的权能和自由；也不是由于我们要在知识进程中或在一种把我们与他融为一体的同感冲动必须加以克服的他的属性差异，似乎他的实存是一种尴尬。他人并不是作为必须被战胜、包含和支配者而影响到我们——而是作为他者、独立于我们者而影响到我们：在我们能够维系的与他的任何关系背后，他人都绝对地浮现出来。我们在正义与非正义中所发现的，以及话语——本质上是教导——所实行的，正是欢迎一个绝对的存在者这样一种样式。欢迎他人——这一说法表达出了主动性与被动性的一种同时性，这一同时性把与他者的关系置于各种对事物有效的二分法之外。〔1〕

列维纳斯与伽达默尔质疑"存在论"的有效性的主张不同，而是"生存论"本身就是一个疑难：在海德格尔看来，"源初自然法"必须用超越才能取得，这导致了如前述的"此在"的唯一"责任"就是以"决断"的方式去"超越"。他不用考虑他者，因为他者是发现"本真自我"的"对比项"，对"庸常自我"的超越就是对"他者的共在"的超越与把这些"他者"用存在论上的位序降低、压制乃至包含到"存在"这个"大他者"之中活动。因而"大他者—本真自我—庸常自我—他者"的单向度的位阶也就昭然若揭。然而，海德格尔是不会认同这种位阶的，其原因在于以下两个方面：一方面"大他者"一旦被置于这样的位阶之中就不再是对后三个意向的包含者，而是一个对立者。如列维纳斯认为在"本真自我"聆听并道说存在的时候，"无限的这一构结唤作启示，在这启示中，我把自己变成了自己所聆听到的东西的作者……无限给出命令"〔2〕。"无限"的显像就是"上帝"——而海德格尔所悬置的恰恰就是"上帝"，所"召唤"的却是"最后之神"，他不可能让自身的理论走入一个"等级制度"的形而上学理路；另一方面，"超越"的路向是"善恶的彼岸"，也就是一个"圣人无意"的境界。"伦理"的阙如的确

---

〔1〕　［法］伊曼纽尔·列维纳斯：《总体与无限：论外在性》，朱刚译，北京大学出版社 2016 年版，第 65 页。

〔2〕　［法］列维纳斯：《论来到观念的上帝》，王恒译，商务印书馆 2019 年版，第 126 页。

是"圣人"的标准，但是如果圣人是一个"本真自我"进而要去吸纳"他者"到自我之内，并且这种吸纳基托于"源初自然法"暗示地把一切的存在方式纳入到这个"彼岸"的律令，而非自然而然地"让"存在的方式"嵌合"到源初自然法之中，或让"源初自然法"遣送到存在的方式里，那么"圣人"就不可回避地采用"伦理学"的态度去对待他者——即使这种"伦理学"是命令式的伦理学，却也背离了海德格尔的反伦理学立场。而如列维纳斯指出"超越的可理解性并不就是存在论的……上帝之超越既不能通过存在这一术语入言，也不能通过存在这一术语入思，因为其存在这一哲学要素背后，哲学只能看到虚空的黑夜"〔1〕。这就是说"超越"完全可以是一个"神学"性质的活动，甚至这样的活动比海德格尔式地将一切周遭世界摧毁的"本体论"观点更为充实——海德格尔的"所说"没有"所是"的支持，因而即使他构成了一个对生存论的周遭世界的思路，它也必须是"虚无"的。因为至少在"神学"的"同一律"之中，"主体"可以被明确地视为"主之体"的代表，"源初自然法"仍然可以视为上帝意志的流溢，"超越性"仍然是"在世界之中而是其所是（在世存在）"——这无非是扩大了"周围世界"的范围到"神圣世界"之中〔2〕。而海德格尔的"无限—存在"所主张的同一性如果不能克服"位阶"的存在，那么他不过是又把"我"带入了"神圣布置安排中的一个关节这样一种地位"〔3〕。虽然与"神学思维"类似，但是由于"上帝"被否定，而"大他者"的所是并不明朗，海德格尔就很难克服"虚无主义"这个指责。

如果海德格尔希望避免这种"位阶"的质疑，他就必须把"伦理"视为一个构成"存在"与"生存"之间的关联的，甚至由"存在"赋予"生存"的秩序要件——即柏拉图意义上的"正义"。否则即使他从生存论的角度去解构了技术与形而上学，所得出的无非还是"存在"之为"最高价值"这样的结论——例如"自然正当—哲人—常人""自然律法（神圣律法）—先知—常人""自然权利—主权者—常人"这种形而上学的"自然观"也就成为海

---

〔1〕 [法] 列维纳斯：《论来到观念的上帝》，王恒译，商务印书馆 2019 年版，第 127 页。

〔2〕 [法] 伊曼纽尔·列维纳斯：《另外于是，或在超过是其所是之处》，伍晓明译注，北京大学出版社 2019 年版，第 357 页。

〔3〕 [法] 伊曼纽尔·列维纳斯：《另外于是，或在超过是其所是之处》，伍晓明译注，北京大学出版社 2019 年版，第 359 页。

德格尔生存论可以阐发出的此岸构造。即使海德格尔反对这样的"周遭世界"，那么从"现实性"这个角度，他却无法回避这些形而上学构造——因为他没有思考即使"超越"了的"本真自我"在现世如何安身立命，也就是说由于"正义"的阙如，"本真自我"如何在觉悟了存在之后继续"在世存在"则没有答案。列维纳斯进而指出："上帝之死也许仅仅表示了这样一种可能性：将所有激起冲动的价值都还原为激起价值的冲动……善，在其善性之中，通过使其所激起的欲望倾向对于近旁之人的应酬而改变欲望的性数格，这种情况就保住了善——那在我欢迎它之前就选择了我的善——之非无差异/有动于衷之中的差异，也保住了善所具有的他性……让善除了其留在言语中的痕迹或除了思想中的'对象性现实'以外，被排除在分析之外。"〔1〕或许，海德格尔并不是没有对"超越了的本真自我"如何继续在世存在有所筹划——"思想者"与"诗人"就是他们的位置——但是"思想者"与"诗人"能够脱离海德格尔所谓的"大地"吗？且如果我们像前文那样把"大地"理解成一个自行锁闭的"生活世界"，并且与"澄明"的世界/天空互相对置，那么"思想者"和"诗人"即使受到大地的"引力"，并且向着天空"运利"，那么他仍然是尘世之中的一员，他所超越的是"其他此在"而不是"尘世"本身。这样，"思想者"与"诗人"在海德格尔那里就是极具"使徒"与"先知"的宗教色彩的"未来之人"：

　　（将来者）乃是那些具有相同心思的陌生人，他们对于已经被赐予他的赠予与拒予是相同坚决的。（是）存有之真理的持权杖者，在其中，存在者被提升到对于每一事物和每一气息的简单本质支配状态……（是）这种真理之本质现身的迟疑不决而长久情态的建基者。对存有之冲力的抵抗住……（是）归途上的期待者，在有所牺牲的抑制中，他们获得了最后之神的远去和临近的暗示和突变……思想只是少数人跳跃入存有之中的一种方式。〔2〕

　　存在把我们当作寻找者来使用，思想者把存在之真理抬举到已经奠基了的认知活动之中，将其嵌入到素朴简单的词语之中，这样的思想者何时

〔1〕［法］伊曼纽尔·列维纳斯：《另外于是，或在超过其所是之处》，伍晓明译注，北京大学出版社2019年版，第297页。
〔2〕［德］马丁·海德格尔：《哲学论稿（从本有而来）》，孙周兴译，商务印书馆2012年版，第421页。

到来？这种即将到来者创造着未来，而它的伟大之处则在于，保持做未来之事（die Zukünftigen）……寻找活动作为目的，当然是最高级意义上的寻找活动，是对存在之真理的寻找活动……把人带到自己本身（selbst），但是也恰恰在这种自身性（Selbstheit）中把他带到了为混乱和神的"在……之间"之中。[1]

　　"未来之人"并非没有范本，在尚未译出的"思索七"中，海德格尔就举出了一个"未来之人"的典型——康德。他认为康德会为德意志的即将迎来的历史时刻庆幸，因为康德是那个"召唤"了德意志的民族性的人，因为康德把握了"绝对律令"本身，并且将它和"国家"联系起来，同时康德所构想的"未来形而上学"又不单单是"地方性"的民族文化，而是为未来的"人性"的奠基。海德格尔提问："为何康德这个'思想者'而不是那些所谓的民族政治运动家海德格尔迎合而非辜负了历史的期许？"他的答案是，康德的作品构成了一种"精神的运动"，他的背后是德意志的赠与与人类命运的遣送，并且将在接下来的几百年内要开启"德意志性"的新开端。"他的作品虽然不能代表一切，但是它仍然照亮了一切的过去、未来以及当下现在的所是（Wesen）……在主体的主体性之中蕴含的'理智'绝不是某种通达本质的步骤，即主体不是因为'理智'的严格乃至可怖地由它支持着持立"——也就是说，不是康德的"理性主义"，而是其思想的"未来性"奠定了人类的未来的道路[2]。康德已经在他的时代做出了"未来之事"，奠定了人类对"真理"的寻求路向，康德所发现的"先天性""因果律""自我立法"都不是重要的，他的那种以"有限"去揣度"无限"的未来的道说才是重要的。然而列维纳斯直接指出，康德的基本立场是"正义"，他明确地区分了"上帝/人"，区分了"先天/后天"。也就是说在康德那里把依照"因果律"运作的"自然"和用"道德律令"约束的"人"区分得相对清楚，以至于康德所讨论的"自由"甚至必须理解为"自律"——"政治必须永远都能够被从伦理出发加以控制和批判"，也就是说"人"之与他者区分，乃是在

---

　　〔1〕 ［德］海德格尔："思索五"，收录于氏著《〈思索〉二至六（黑皮本1931~1938）》，靳希平译，商务印书馆2021年版，第384页。
　　〔2〕 Martin Heidegger, Überlegungen VI, im Überlegungen VII–XI（Schwaze Hefte）, Vittorio Klostermann GmbH , 2014, pp. 32~33.

于人对自我的认识达到了"人不是神"且"人不是自然物"的程度[1]。而海德格尔的上述表述则并非在"哲学"或"思想"的角度实质地触碰了康德的思想，而仅仅是一个对康德的历史评价——即使康德在哲学史上的确是那个未来之人。但是康德是以"正义"去召唤"未来"的，海德格尔把康德视为"未来之人"并非错误，然而他忽略了康德对"生存"的最起码的区分。

如果伽达默尔是在质疑海德格尔对"存在论"的解释不明确，那么列维纳斯所批判的就是海德格尔对"生存论"的一无所知，而他们共同指向的是海德格尔在"解构"的同时缺乏建构能力，并且把"哲学"改造为一个"神学"的，不能交往的理论言说。海德格尔的"神秘主义"的"源初自然法"到底是一个"规律"还是"规范"，是"信仰"还是"思辨"——这些都指向了"源初自然法"在本体论上的"虚无"，这使得伽达默尔和列维纳斯对于他是否解决了"本体论虚无主义"的困境产生了疑问。不过，伽达默尔与列维纳斯并没有如同阿伦特、施特劳斯和马尔库塞那样质疑海德格尔的"学人品质"，他们承认海德格尔的真诚、善良以及对现代性的焦虑。也是在这两位弟子的影响下，海德格尔的"神秘主义"既不必然地根据他对"无伦理的生活世界"的讨论得出海德格尔的"道德虚无主义"，即"存在高于价值"的判断；也不至于因为把这种"神秘主义"视为"以其昏昏使人昭昭"的"存在的彼岸"的咒语，进而将之指责为反理性的具有返魅倾向的"目的论虚无主义"立场——"虚无主义"不是出自海德格尔的道德态度，而是出自他的理论方案本身。因此，伽达默尔与列维纳斯对海德格尔的批判根本地不是要指出海德格尔的"知性虚伪"，而是以"本体论"的批判根本地对海德格尔的"解构"活动进行了理论态度上的质疑。

然而，一种不和谐的声音与伽达默尔和列维纳斯一同出现，那就是"解构主义"的领军人物德里达对海德格尔的辩护。德里达对海德格尔暗地之中的推崇，以及在学术界对伽达默尔和列维纳斯的"左右开弓"，特别是以"延异"去进一步诠释海德格尔的"源初自然法"之本质的处理方式，让我们意识到即使在本体论的领域之中海德格尔也并非没有"继承人"。首先，德里达反对一切"逻各斯中心主义（Logoszentrismus）"，不过，这里的"逻

---

〔1〕　［法］伊曼努尔·列维纳斯：《伦理与无限：与菲利普·尼莫的对话》，王士盛译，南京大学出版社 2020 年版，第 48 页。

各斯"不同于在"源初自然法"的三重同一性之中的"逻各斯（λóγος）"，它代指的是以形而上学思想主导的那种非自然的语言暴力。德里达要求"不仅要拯救语言的自然生命，而且要拯救文字的自然习惯……必须保护自然的生命……必须防止将科学性要求和对精确性的爱好引入普通的表音文字"，指出"理性会导致死亡、毁灭和怪诞"[1]：德里达在这里对海德格尔的支持在于以下两个方面：一是他指出了在胡塞尔和康德思想之中把"能指"模糊为不能具象化和人格化的概念，但实际上仍然与形而上学的思路一致的事实。他认为海德格尔的高明之处则在于他一开始就以"回归古典"的态度实行了对"形而上学"的解构。康德以及胡塞尔——这是伽达默尔和列维纳斯的理论典范——虽然强调了"存在的意义"，但仍然是经院哲学的翻版。他们用科学式的态度，去用例如"先验""先天"等能指模糊的词语替代了经院哲学之中的"上帝"概念，进而看上去是突破了西方形而上学的主客对置的思路，即"本构的现象学"以及"先验哲学"仍然是对存在者的讨论进而仅仅是解构"逻各斯中心主义"的准备阶段，然而一方面伽达默尔错误地以为海德格尔没有意识到"相互理解的追求方面的绝对约束力"这一公理的自明性，进而用"理解"把海德格尔本已经超越了的"意志的现象学"又拉回了"起点"。而事实上伽达默尔忽略了他本人所创设的"经验的解释学"也必然面对海德格尔式的不为人所理解的语境断裂之中[2]。而列维纳斯的批判则根本地曲解了海德格尔的理论意图，因为在

---

〔1〕［法］雅克·德里达：《论文字学》，汪堂家译，上海译文出版社2005年版，第53页。

〔2〕［法］德里达："善良的强力意志（I）——向伽达默尔提三个问题"，孙周兴译，载［德］伽达默尔、［法］德里达等：《德法之争：伽达默尔与德里达的对话》，孙周兴、孙善春编译，商务印书馆2015年版，第51~52页。在这里，德里达没有批判伽达默尔的"诠释学"方法的错误，而是用一种外部的观点指出，伽达默尔本人所希望达成的"经验诠释学"和海德格尔最终上升到存在论的不可理解之境地没有什么差异。伽达默尔以为用"善良意志"以及由此而生的"相互理解的意愿"这种康德式的实践哲学出发点可以奠定他对海德格尔的批判，然而伽达默尔本人的诠释学已经默认了"语境"的存在，也就是说在最终的方向上"理解"反而是一个不可控的结果：首先，在德里达看来伽达默尔"文本"是第一位的而"诠释"是在"文本"之后的第二性活动，因而看似自由的理解获得取决于文本的局限，取决于一个不能以诠释学达到的"理性意志"的绝对预设；其次，伽达默尔又不是全然以经验的社会学态度去审视"解释"的——如果用这种社会学的态度的话，那么他会走向"交往"这个多元语境的预设，然而伽达默尔把"解释"设定在了"哲学"和"社会学"之间的"心理学—精神分析"上面，因为他既不能用社会学的角度公正对待不同的"语境割裂"，还不敢用"道德哲学"去为交往活动予以立法；再次，伽达默尔所主张的"理解形式"因而也是夹杂在"多元文本"和"单一的理解方法"之间的，即文本的差异无法改变"诠释学循环"这个基本立场，那么伽达默尔

列维纳斯那里不能被"概念化"的"存在"被视为了一个概念，并且他把概念视为一个与生存息息相关的必需品，然而他却假设了与"伦理形而上学的超验性"相关的"存在论超验性"，他把海德格尔拉回了"超越存在者的本质"〔1〕——即把海德格尔业已超越的"存在者性"又召唤了回来。这样他对海德格尔因为忽略了康德的理论实质中的"正义"，进而用外在的观点解读康德的思想以至于将"康德"变易成"德意志的未来之人"的判断完全脱离了海德格尔的理论语境。因为在海德格尔看来，康德的精髓恰恰在于没有在字面上说明，但却"以有限度无限"的"先验想象力"上，他已经意识到在康德理论之中的"精神力量"是"纯粹想象力"的"再生产性"——即"先验统觉"〔2〕。列维纳斯恰恰是用康德基于"纯粹想象力"型构的"伦理"或"正义"割弃了康德思想向"存在论"生发的能力，而把它完全视为一种生存论的范本——列维纳斯是在用第三人称的"ist/is"去以流俗的存在者论的形而上学去思考存在，这样他就能够把"正义""伦理"证立为可以被观察到的存在者样态。然而海德格尔根本地认识"sein/be"不能用"观念的普遍性"去理解，因为"其意义不能指明任何东西：任何物、任何在者（存在者）、任何本体的规定……人们在词之外的任何地方都碰不到它，它的不可还原性就是字句（Verbum）或说（Legein）、思想和声音在逻辑统一中不可还原性"。列维纳斯式的"正义"与"伦理"指的是在"在场的生存论"之中"陈述的特权"，也唯有这样做"存在"才被"陈述的特权"分裂开来〔3〕。

　　进而，从积极的方面看，德里达指出了形而上学就是"语言的暴力"这个观点。伽达默尔与列维纳斯看似在强调"理解""正义"等看似"平等"的立场，实际上最终导向的乃是形而上学之中一元对另一元的"技术集置"式的暴力宰制。而德里达所强调的是这种宰制是不可消解的，海德格尔还是过

<hr>

（接上页）为何还要区分"文本形式"呢？最后，"理解"包含"误解"吗？"我们都了解的经验"确切存在吗？如果伽达默尔不能保障"理解"之中不含有"误解"，那么海德格尔的"源初自然法"充其量是容易引发"误解"，而不是真正的不能"理解"。

　　〔1〕　［法］德里达：《书写与差异》，张宁译，麦田出版公司2004年版，第286页。在这个译本中，由于语用习惯差异"德里达"被译为"德希达"，"列维纳斯"被译为"勒维纳斯"，"海德格尔"被译为"海德格"，为了保持行文连贯，本书改写了这些译法，在后续引用中也保持这一处理方式。

　　〔2〕　［德］马丁·海德格尔：《康德与形而上学疑难》，王庆节译，商务印书馆2018年版，第196页。

　　〔3〕　［法］雅克·德里达：《声音与现象》，杜小真译，商务印书馆2010年版，第93~94页。

于理想地用"源初自然法"去以历史和时间之流去尝试统辖这样的"延异"。一方面，德里达与海德格尔一样，意识到了在形而上学的"二元论"图式之中根本的不平等，海德格尔所希望超克的是"技术"对他者的统治。"源初自然法"以及它最终具象成为的"Ereignis"之所以"意义不明"乃是海德格尔不满足于原本可以用形式化的"先天性"或"艾多斯"所代指的"一元论图式"，而强行地——甚至超越了他的能力的意图为这个"超越性"赋予意义。而就如我们说过，概念的外延越大，其内涵就越小，没有比"存在"更为抽象的概念，因为"它并非一个谓词而且它使一切谓述作用成为可能"。而海德格尔甚至注意到了"存在"和"虚无（Nicht）"这个在"存在"之上的差异对象，以至于他不得不用"存有（Seyn）"去取代"存在（Sein）"进而去超越这个可能被形而上学曲解的表述，这是由于"Seyn"这个古语所指称的要"比存在物（ens）指的那种具体在场更为'古老'"。而最终他用"Ereignis"去指代"源初自然法"，进而取代了"Seyn"乃至于勾画出了"大存在史"，乃是因为即使"对'存有'的那种从属关系并不会取消任何述谓性差异，相反却使得全部可能的差异得以浮现"。海德格尔已经意识到"存有"已经不足以表达一个"超范畴"的说法，他因而求助于东方思想以及前苏格拉底思想，求助于诗歌这个跳出"逻各斯中心主义"的语言形式〔1〕。

然而在另一方面，德里达则认为海德格尔之所以会在理论上遭遇"本体论的虚无主义"的指责，乃是由于他过于执着地坚持一元论的立场。因为"海德格尔绝不会说，存在的各种形而上学规定，或存在者形象和模式对于存在的掩盖历史，发展了种种神话或虚构"，对于海德格尔而言"非本真的掩盖逻辑"和"本真的掩盖逻辑"是明晰的："技术""形而上学"以及"沉沦在世"是对存在的"非本真的掩盖"，而"有无之辨""存在/虚无"的同一性以及"四方域"这种神秘观念则是"本真的掩盖"。对于前者"保守这一秘密的最好方式就是暴露它"〔2〕。的确，海德格尔做到了对"神秘"的披露，以至于他所披露出的存在的消息已经不能用"流俗的语言"来进行表达。而在德里达看来，海德格尔的这种姿态回返到了他最初从教所教授的"宗教生活现象学"上，他以对宗教的最为源初的体验表达了"存在的秘密"——在

---

〔1〕 ［法］德里达：《书写与差异》，张宁译，麦田出版公司 2004 年版，第 286 页。
〔2〕 ［法］雅克·德里达：《赠予死亡》，王钦译，西北大学出版社 2018 年版，第 51 页。

这种体验之中"沉默"恰恰是主基调〔1〕，如海德格尔自己已经意识到的那样"（另一开端）的基本情调"包含了"勇敢情绪"也即"意志"，但也有对"Ereignis"的"畏惧和惊恐"〔2〕。

因而，德里达给出了对海德格尔的一种"伦理学"的解读，首先，海德格尔反对一切形式的语言暴力——这完全不同于伽达默尔和列维纳斯的描述——他的语言形式的诡谲不能归因于其本意，而是他意识到了"存在的意义"以及其"非先验所指或超时代所指（即它本身始终隐藏在这个时代中）"，意识到了存在具有"前所未有的确定的能指痕迹"。因此他才变换着语言的形式，只是为了让道说嵌合于"源初自然法"的"无—有—无"的节奏之中。其次，德里达认为海德格尔意识到了"存在论差异"的缺陷，但是他指出了"存在论差异"之中的"存在者/存在"是由"延异（la différance）"所派生的，后者应当对应于"Ereignis"。但是在这里海德格尔与德里达都选择了"终止论述"的策略，原因在于此处的进一步区分将重新把二元论加诸"延异"或"本有"之上。这种既有神秘主义又带有一元论色彩，既有受命者的顺从也有先知式的启发的意味的诗化的思想，绝不是以"不理解"为方向的，而是一种"存在神学"的源初伦理观念。它与"逻各斯中心主义"区分并且尽可能地把伦理的要求阐明为"本真的决断"上，后者既要基托对存

---

〔1〕 德里达以《圣经》之中的上帝为"他异性"，认为"上帝是秘密、隐匿、分隔、缺席或神秘"："上帝要求亚伯拉罕做出最残忍、不可能、难以容忍的行为：在献祭中献出自己的儿子以撒。这一切都在秘密中进行。上帝对他的理由保持沉默，亚伯拉罕也保持沉默"，在这里亚伯拉罕保密了"父之名（patronyme）"，而上帝要保守的是自身的"隐秘"。德里达的上述引用有两个隐喻：一是他指出作为"有死者"的个人在面对"神秘"的时候只能感恩于后者的赐予，而无法对后者"命名"进而用语言的暴力揣测无限者，在这里"责任"不是"以自己的名义行事"的世俗伦理，而是将"神"所给予的视为力量去随着后者的要求去保密——上帝也并非单纯的冷酷无情，这不仅是由于他所要试探的是亚伯拉罕的德性，同时也是由于在《圣经》之中亚伯拉罕献祭以撒所对应的是上帝耶和华因为爱世人而交出独子耶稣，且耶稣甘心从命救赎人类的预像——剥夺（使之无）和赠予（使之有）同时显现在"神"或"道"之中。二是他以此代指海德格尔对"存在"的言说活动，即海德格尔本来无法以"有死者"的身份道说"大道"，他看似表达的是"神秘主义"的思想但这是由于他无法触碰到"大道"的名字而必须"强言"之，因而在德里达看来，道说"源初"或"本有"的代价乃是死亡与牺牲——korban，德里达将之解读为"接近"，这又与海德格尔把"本有"视为"自行掩蔽—接纳"有相同的语义。参见［法］雅克·德里达：《赠予死亡》，王钦译，西北大学出版社2018年版，第75页。

〔2〕 ［德］马丁·海德格尔：《哲学论稿（从本有而来）》，孙周兴译，商务印书馆2012年版，第422页。

在的体会，也要基托于对共在的他者的责任[1]。

三、"源初自然法"如何救治虚无主义？

对"源初自然法"的批判和辩护一同存在，根源在于"源初自然法"并没有一个能够用逻辑的语言去表述的形态，也就是说它既在价值论上导向一个薄弱的"决断伦理"，又在本体论上将自身定位成"无定"。而这二者的关联在于本体论上的"无定"——"易"或流变决定了在价值论上"源初自然法"只能是"道德""法律"的条件或来源，却不是后者本身；而在价值论上的薄弱则导向了对海德格尔本人的学术品性的质疑，因而也对"源初自然法"是否存在以及如何存在产生了质疑。"λόγος（逻各斯）—ἀλήθεια（无蔽）—φύσις（自然）"这个源初的节奏，由于它栖身于"无"之中，即立于渊基之内而活动了超时间的属性："涌现"是一个代表时间进程本身的发生脉络，而"逻各斯"的"由显入隐"与"真理/无蔽"的"由隐入显"则是这个发生学的两个侧面。因此，之所以说海德格尔的"源初自然法"能够涵括其他的自然法流派，不在于它在逻辑的种属意义上把这些自然法学说统一地命名为"自然法"，即用对这些自然法流派的共相之概括提炼出自然法的普遍特征，而是在于它把自然法学史之中的诸多流派视为历史之中的诸多阶段。例如在柏拉图与亚里士多德的时代，"自然正当"是显现着的自然法而其他的自然法，思想则隐而不彰。在中世纪的"自然律法"观念之中"自然正当"则不再"在场"，这一阶段源初自然法遭送出来的是"上帝"以及其意志。而在近现代虽然"理性"成了自然法的核心观念，然而在不同的历史阶段"理性"的含义又有所差异，实证主义与科学主义、历史主义和观念论以及在"权力意志"被提升到至高地位和由此产生的人类虚无主义命运，则是在源初自然法的节奏之中"理性"的不同显现方式——"自然法"这个概念因而只能被视为在历史、现在当下以及未来的在场者对"源初自然法"之为无限性的有限性领会。从海德格尔的角度来看"自然"以及"自然法"不能等同于"自然法学说"，因为后者只能是由历史限定了的在场的此在对历史的一个"切面"。或许在海德格尔看来，施特劳斯、阿伦特与马尔库塞对"源初自然法"的价值论批判以及来自社会哲学的"知识社会学"辩护以及萨特的"存

---

[1] ［法］雅克·德里达：《论文字学》，汪堂家译，上海译文出版社 2005 年版，第 31 页。

在主义"的伦理辩护以及伽达默尔和列维纳斯对"源初自然法"在本体论上的质疑和德里达将"源初自然法"的神学化的处理，都是不能准确表达他的思想的。因为无论是上述的批判还是辩护都仅仅是一个"在场者"以有限性去揣度无限的尝试，他们都无法整全地体悟"源初自然法"的节奏，以至于最终都是以在场者的立场去观察"源初自然法"并且赋予其伦理学、本体论和法理学的意义。

　　"源初自然法"作为"λόγος（逻各斯）—άληθἐια（无蔽）—φύσις（自然）"，道出了"本源"的讯息，然而这一本源是无法直接发生出价值和法理的。如前述"源初自然法"这一本源确实可以作为"自然正当""自然律法""自然理性"的条件，它可以作为"法的规范理论"的发生学条件，也可以成为"良好生活"的条件——甚至我们可以大胆地将它视为构成法理论中纯粹知性意义上的教义性真理的存在论条件，乃至于将之视为构成法理论中纯粹理性意义上的实践理由的生存论前提。但是无论是海德格尔本人还是他的弟子，都不认为这种"源初自然法"对"自然法""实证法"在因果律或规范论上的直接效力，因为他们都意识到"人"是勾连"源初自然法"这个"大他者"与生活世界（周围世界）之间的纽带。这样，我们又可以把上述的批判和辩护转换为同一的视角：在价值论上，施特劳斯、阿伦特以及马尔库塞的价值论批判指向"什么人"在"什么境况"下召唤"源初自然法"的能力、品德以及真诚的质疑，他们质疑的是"人"的资格而非"源初自然法"的有效性；而在价值论上的辩护如萨特的"存在主义"和"人道主义"的关联，则是要以丰富"人"的方式去为对源初自然法的召唤构建现实的人的条件，而在社会哲学上对海德格尔的辩护则预设了作为海德格尔的后继者的诸政治哲人本身有资格担当这种"召唤者"的立场。但是社会哲学家不认为"召唤"是唯一的，以至于他们的观点可以被视为对政治哲人在召唤源初自然法的过程之中的一个多元视角的提醒。而在本体论上伽达默尔和列维纳斯所质疑的是海德格尔的思想能否在当下被"人"所理解，进而能否被人用以召唤出真理的可能性，而德里达的辩护则预设了人可以在差异之中领会同一的能力。这样，上述的批判和辩护最终落实到的是"人"上，而为何出现这样的立足点呢？根本地还是海德格尔由于自身的理论设计而无视了对"人"的考察，即使在前期的"生存论"以及中后期的形而上学与技术批判中海德格尔着眼于人的境况，但是在他看来"人"仅仅是一个中介，对于崇尚理论生活的海德格尔来说"人"的现实性没有其可能性重要。人的"在场"没有存在的真理（无蔽）重要，"人"构成的是"四方域"之中的一极，同时"人"甚至在海德格尔那里被抹去了"人"或"人类"的名字而被称为"此在"——这种对"人的生活"的无视，也意味着海德格尔的"源初自然法"对于现实的政治、经济、文化和社会的疏离，这样海德格尔也就难免地在他的时代成为与极权主义"沆瀣一气"的哲人。

"源初自然法"超绝于现世与它允诺的"决断伦理"一致，而它的"超时间性"则关联到人的境况。当下的自然法理论对海德格尔的"源初自然法"的拒斥，乃至于对于当下法学对海德格尔思想的拒绝不能归咎于法学本身，而是因为海德格尔的"源初自然法"即使在哲学以及哲学史之中的位置也是不清晰的。加上海德格尔给出的"决断伦理"无论是出于巧合还是必然，都与纳粹德国的"恶法"相关，法学对海德格尔思想的引入必然抱有谨慎的态度。于是，以下的两个面向也就成为在法学之中引入海德格尔思想，并且在"自然法"这个领域内为它寻找到位置的必须面对的问题：

一是如何在自然法研究之中将海德格尔的"源初自然法"摆好位置的理论问题。必须承认，如果全然依照海德格尔的理论立场来看，存在论由于优先于政治哲学或法哲学，因此从他的理论之中抽象出的"源初自然法"如果被理解为一个规范的概念则远不是对他本人思想的如实表述。即使"源初自然法"可以向规范论转向，但是依照海德格尔的本意则会进一步地阻止他的理论向价值"跌落"进而防止"存在"成为下一个"最高价值"。但是在现实中的批判与辩护从各个层面展示，如果海德格尔希冀克服二元论的形而上学与技术的模式，而主张一元论的沉思，那么他与二元论的直接的交往乃至交锋就必然到来。相比于由西方形而上学的千年演历造就的二元论思想，海德格尔以他可能并未完成的一元论，究竟如何做到对二元论思想的所谓的统辖？他如何避免自己的理论不会跌入虚无主义之中，也避免被后人解读为某种"主义"？正如我们所见，在海德格尔身后，将他视为"存在主义者"乃至这一流派的先驱的论者大有人在，将他视为虚无主义者的批判者也绝非罕有，这就迫使我们必须去直接地面对上述的质疑，去思考海德格尔的"源初自然法"的理论位置。

二是在实践效果上，海德格尔的"源初自然法"应当被赋予怎样的期望，它具有在法学意义上的法的功能吗？即使它统辖了其他非本源的说辞，能够指望它做什么？一方面，在对海德格尔的研究之中，海德格尔的政治倾向已然成为绕不开的话题。特别是在《黑皮书》暴露了海德格尔自身的反犹立场以及纳粹倾向后，海德格尔理论之中"民族""历史"等概念不仅被视为他鲜明的"日耳曼人"的特质，也被视为他在繁冗的理论之下的真实意图——主张"人治"而非"法治"，主张"极权"而非"平权"。在这种情况下，去客观地反思海德格尔的理论深意，进而讨论他的"源初自然法"的理论能否直接地与实践关联，也必须是值得注意的学术任务。而另一方面，海德格尔对"诗思哲学"的玄妙的构思，尤其是用东方思想与前苏格拉底的西方思想，借由荷尔德林的德意志诗歌语言所表述的"源初自然法"何以与目前法学之中的分析法学、社会理论法学等流派进行对接。这种理论基础上的不和谐会否导致"法学"必须走向哲学甚至超越哲学才能获得海德格尔的有限的智识支持，这是不是一个与学术成本相符的实践活动？

对于上述两个问题的回应应当置于两个语境之中，进而去把"超时间"的源初自然法置于我们可以观察与实践的时间视野之中，这两个语境分别是海德格尔的时代以及我们的当代。前者需要用海德格尔所处的时代作为观察"源初自然法"的切入点，对于在那个时代的法律现象和政治实践切入对海德格尔源初自然法的批判进路，即以"历史性"的思路去讨论海德格尔在当时的思想影响力，进而在知识系谱上厘定"源初自然法"的地位。后者需要用超越海德格尔所处时代的类似于德里达建议的"神学"路径去对"源初自然法"进行解读，在实践上明确它对于我们时代的意义。

（一）"源初自然法"如何在海德格尔的时代派生法理要素？

海德格尔的时代背景是复杂的，他的一生经历了两次世界大战、德国纳粹政府以及大屠杀、种族主义抬头、战后平权运动和国际共产主义运动的兴起。他目睹了现代社会之中技术弊端的暴露，以及形而上学面对这种时代境况的无力，在这个背景下，"源初自然法"所希望产生的法理要素也就一定带有某种在德意志民族的立场上去反思全球性问题的局限性。洛维特提示我们，在对海德格尔的"法理思想"进行解读的时候，应当把施米特的法律思想作为一个参照。洛维特认为如果海德格尔是一个法学家，那么他注定走的是施米特的道路，之后而是由于洛维特认为在海德格尔与施米特之间"为了国家的紧要关头，他（公民）必须还要悬置他对存在或非存在、他者或自身的本己决断"。[1]在洛维特看来，海德格尔只不过没有施米特那般显白地表达他的政治与法律思想，而在施米特看来"向死存在"在法学之中的翻版就是"赴死的自由"和"生命的牺牲"，这样个人的"生存空间"要服从于国家与民族的"大地"，而个人的"有死性"或"有限性"则要在时间维度服从国家与民族历史演历的"无限"。施米特与海德格尔的异曲同工之处也恰恰在于，他们共同注意到了在柏拉图传统下把"礼法（Nomos）"和"自然（Physis）"予以对立的做法，而施米特也借此提出了他对"源初自然法"的表达：

> 法的原初意义，或者法源自占取，这一点始终清楚无误。后来则因为一系列区分和反题的影响，该原初意义被损坏了。其中最重要的就是 Nomos（法）与 Physis（自然）的对立，"法"因此而被赋予了"应然"的属性，从而与"实然"相分离甚至对立。……古典时代的思维方式和表达方式上发生的改变如今仍旧清晰如昨——"法"并非一种单纯，"应然（Soll）"和"实然（Sein）"相分离的，并缺乏具体场域之空间结构的规章。晚近依赖对"法"一词的使用受制于这个堕落时代（absinkende Zeit），此时代的'法'失去了与其本源的联系，也不再作为具体的秩序和场域之结合，因此无法同那些章程、规则、命令、措施相区分。而后者仅仅涉及族群层面的管理与统治。[2]

把施米特的上述观点转译成海德格尔式的哲学表达就是，自从柏拉图以降的形而上学已经曲解了"法"的含义，在于用"形而上学"的二元论图式构建了此岸和彼岸的关系。同时"彼岸"被视为不变的至高存在者，进而"历史"被曲解为此岸的可变者而非源初的时空规律；此外由于"应然"与"实然"的区分，法学与哲学开始了共同的"堕落"，最终丧失了流俗的思想与法律无法分辨的"存在者"，沦为"公共意见"。甚至施米特与海德格尔一样，认为用现代德语表述的"法律概念"是"技术化"的表述，而追溯到赫

---

〔1〕［德］卡尔·洛维特：《海德格尔——贫困时代的思想家：哲学在20世纪的地位》，彭超译，西北大学出版社2015年版，第71页。

〔2〕［德］卡尔·施米特：《大地的法》，刘毅、张陈果译，上海人民出版社2017年版，第35~36页。

拉克利特，"（Nomos）意指所有由于权力所派生出的书面或非书面的规章制度，其权力则来自内在于建构具体空间秩序之初始行为的措施"，法就是这种"权力的初始行为"[1]，唯有以希腊的本源之思方能达乎法的本质。而如洛维特所概括的那样，海德格尔与施米特共享的起点在于："人类生存"虽然"超越"了自身，但不是"向着一种完美的存在"，这种超越既不能在实证主义的世俗主义之中获得理解，也不能用超越论的形而上学去理解[2]。无论是在施米特对法的本质的思考之中，还是海德格尔对存在的思考上，坚持了同样的"历史主义"思想，即"历史的时空场域"派生了"绝对的形而上学彼岸"而非相反，因此对"Nomos"的定义超越了"规范论"而走入了空间性与时间性的维度之中。在他们看来"政制（polis）"是此在的位置而不是规范，此在于"政制"之中获得自身的历史地位并且在其中把自身的生存领会延伸到他者的生存体验上，有限性的此在因而在城邦的存在之中获得了演历和共在意义上的无限性[3]。

如果把"法"视为一种在时空场域之中的单纯的权力运作或"存在力道"，且人类此在唯有在"政制"或"城邦"之中获得生存的意义，那么"国家"就成为代表存在于现世之中的显现的那个"时空场域"，出于这种设定的"源初自然法"因而就很难不被解释为"极权主义"式的法律宣言。造成这种解读的因素与那个时代的社会环境有着极大的关联：第一，海德格尔与施米特的思想与"德意志的文化孤立主义"有着极高的契合度。"德国的市民阶层没有或很少受到文艺复兴和启蒙运动的沾溉……精神的孤立，在第一次世界大战中戏剧性彰显的与西方的隔离"根本在于德国不具有一个能够回溯到18世纪和17世纪的主权传统。"没有一种根植于这个时代的自然法和启蒙观念的、受到一种胜利的市民运动承负的并且携带这种运动的政治人文主义，曾发生作用。"[4]在这种情况下即使深受19世纪理性主义的影响，哲学的精英、政治领袖和一般的市民阶层的差异是显而易见的，在德国既不存在

〔1〕 ［德］卡尔·施米特：《大地的法》，刘毅、张陈果译，上海人民出版社2017年版，第46页。
〔2〕 ［德］卡尔·洛维特：《海德格尔——贫困时代的思想家：哲学在20世纪的地位》，彭超译，西北大学出版社2015年版，第141页。
〔3〕 Micheal Lewis, *Heidegger and the Place of Ethics：Being-with the Crossing of Heidegger's Thought*, Continuum, 2006, p. 147.
〔4〕 ［德］克里斯蒂安·格拉夫·冯·克罗科夫：《决定：论恩斯特·云格尔、卡尔·施米特、马丁·海德格尔》，卫茂平译，上海人民出版社2016年版，第35页。

"民主""代议制"等于英法等西方老牌资本主义国家中盛行的制度要素，也不存在例如"社会契约""自然状态"等思想要素。尤其是在第一次世界大战后德国市民阶层既面对来自异国强权的外部压力，也面临来自苏俄的社会革命思潮——工人阶级的出现以及德意志第二帝国的荣克阶层的衰落挤压了德国市民阶层的"生存空间"，这个历史节点海德格尔与施米特的"源初自然法"思想恰恰把握了市民的"畏"和"烦"是生存情绪，并且将一个代表存在者之整体又超越存在者之整体的"存在"呈现到市民阶层面前。"国家社会主义"成为既符合市民阶层利益又能化解他们的生存情绪的意识形态。

第二，海德格尔用自身的哲学影响力与政治影响力，无论是否有意都把自身嵌入了"德意志的民族命运"之中并且理所应当地将自己视为其中的先行者。他与施米特等"纳粹知识分子"共同认为德意志民族的"大地"需要通过一个"更高的、本体论的自我领悟来引导——亦即存在的历史使命"。海德格尔意欲克服西方形而上学的虚无主义，同时无论是在第二次世界大战之前、之中和之后，都在坚持把"国家社会主义"视为对抗虚无主义的"决断"的真理[1]："大屠杀"是为了向内寻求生存空间，建立在国民之间"人与非人"的区分并通过各种各样的手段消除掉共同体内的"非人"，进而"人"就自然而然地有了生存空间。"战争"则正好相反地向外寻求生存空间，也就是直截了当地对外进行扩张。例如通过海外殖民区分"民族与他族"去求取自己的生存空间——这种"人/非人"的区分自然不是海德格尔与施米特明显表达的意思，但是在他们思想之中对"超人/常人"的区分，对"真人"和"圣人"的强调，无非是把"人"提升到"本真此在"而把"非人"也相应地提升到"非本真此在"之中。而作为对"法的本质"，对"存在"有所先行领会的施米特、海德格尔则在这一意义上成为德意志民族的"教师"。

第三，存在于尼采的思想之中的"敌基督思想"在海德格尔那里获得了进一步的发扬，与德意志的宗教土壤暗自契合并且用对"技术"的批判拓展了这种思想。洛维特指出，海德格尔所推崇的"永恒轮回"思想蕴含了一个基本的张力，即"一种阐述把永恒的复归当作一个客观的、可以借助物理学和数学证明的事实。另一种与此截然不同的阐述，却采取了理应通过其伦理

---

〔1〕 ［美］理查德·沃林：《存在的政治——海德格尔的政治思想》，周宪、王志宏译，商务印书馆 2003 年版，第 125~126 页。

结果来证明的主观假说形式"——因为"把现代自我的偶然存在永恒化的意志"与"自然世界永恒循环的观点"无法相互适应[1]。也就是说在尼采思想之中蕴含的"主观自然权利"——求意志的意志以及"客观的自然规律"——永恒轮回无法统一起来。按照洛维特的观点,尼采的"意志学说"指向的是过去的宿命,他在这里坚持的是与犹太教—基督教传统相似的"拯救学说"。但是"永恒轮回"又要超越上帝塑造一个希腊式的"超人",即对"自然"的模仿,因而尼采既"杀死"了上帝,又再度于这种重估一切价值的虚无主义之中树立了一个新的上帝。而海德格尔则看到了这种"拯救—神学"的思路在其历史节点之中的自我悖谬,他用黑格尔的思想——即使在诸多场合海德格尔对黑格尔都进行了尖锐的批判——之中的"精神"去把"拯救"和"未来"结合在了一起。"在历史——世界历史或者哲学历史都一样——统领一切的最高原则就是理性,是世界的普遍精神,它同时也是人的本质……作为一种永恒活动着的精神,它不是一种已然存在的和完成的东西,而是始终都在生成着自身,改变和发展着自身的东西"[2]。黑格尔的"精神"结合尼采的"轮回"的结合就是海德格尔提出的"存在"这个出离的"大他者",不再需要每个人都焕发出"求意志的意志",常人不再必然具有"拯救"的使命。他们只需要通过劳动、总体动员等方式去服务于"超人"的活动,而"超人"则肩负拯救的历史使命,他们不是"未来之人"却要把"历史理性"灌输到"未来之人"身上,这样在"存在"这个更加抽象的语汇之中"常人"与"超人"的职能界分也就出现了。而在理论之中海德格尔有没有全然禁止"常人"向"超人"的飞跃,这样的精神向着未来的运动保持了黑格尔式的理性化——它由"超人"对常人的教育引导,而常人不能对超人的教育有所质疑,"常人"则代表了"超人"所要启示的存在者。"理性化"最终变成了一场"群众运动"的经验历史活动,这种思路与新教对教义的轻视和对信仰的重视,以及对教义的简化方案相互契合。

第四,海德格尔在他的时代的重要性也在于为施米特、云格尔等思想家的立场提供了深入的哲学背书,如果没有海德格尔,德国法学家和激进主义

---

〔1〕 [德] 洛维特:《世界历史与救赎历史》,李秋零、田薇译,商务印书馆 2016 年版,第 277 页。

〔2〕 [德] 卡尔·洛维特:《韦伯与马克思:以及黑格尔与哲学的扬弃》,刘心舟译,南京大学出版社 2019 年版,第 420 页。

文学家——如施米特与云格尔固然还是德国右翼势力的偶像，但是他们的政治理论无法是"把反现代主义，反自由主义和反民主的一般公式和短语以为数不多的几个例子列举出来"的水平〔1〕。而作为"伟大的思想家"的海德格尔却蕴含着对法律和政治制度进行隐微解读的知识权力。因为无论是施米特的"法律的本质"还是云格尔的"总体动员"都不能在缺乏海德格尔的存在论支持下独立：施米特的"法律的本质"缺乏了"存在论"和"生存论"的基础，即使获得了纳粹政府的支持也无法是一种在思想上承接来自分析实证主义与自然权利论的法学思想的形而上学力量的法学主张。唯有用海德格尔对西方形而上学的批判以及把这种分析实在主义、社会契约论、基督教法理学说斥为与现代社会"无家可归"的技术统治，它才能在哲学上取得与其他意识形态的法理论相当的学说地位。云格尔的"死论"和"总体动员"停留在政治口号和文学创作的层面上，缺乏海德格尔对"劳动义务"的存在论解读以及对"有死性""向死而在"的生存论阐释则无法提升为一个政治立场——施米特和云格尔的法学与政治思考，在海德格尔的"生存—存在"的理论之中获得了位序。一方面"（海德格尔）用反对国家威胁大学的独立性来谈其'自我主张'，而同时又否定学术自由与自治的'自由主义'形式，以无条件地适应'元首'与'追随者'的国族社会主义模版"〔2〕，在对德意志精神的解读之中他把"德意志的大地"与希腊的"乡愁"联系起来。"德意志—希腊"的受命关系让"大地的法"成为具有哲学思辨的理论模式，进而看似获得了在"自由主义"之外讨论"自我主张"的古希腊自然义务论的渊源；而另一方面海德格尔用"历史学上的实际状态以及属于它的生存现象（良知、死、罪、操心、畏）"证立了"被抛在世"的人的境况。"人类此在的本质在于它存在并且不得不存在这一点"〔3〕，一种安提戈涅式的希腊悲剧意义上的"人"契合了"死论"之中的悲观主义和英雄主义思考，因而人的劳动、被动员虽然是"痛苦"的，但是海德格尔却为它赋予了"超越"的应

---

〔1〕 Reinhard Mehring, *Heideggers "große Politik"：Die semantische Revolution der Gesamtausgabe*, Mohr Siebeck, 2016, p. 285.

〔2〕 ［德］卡尔·洛维特：《海德格尔——贫困时代的思想家：哲学在 20 世纪的地位》，彭超译，西北大学出版社 2015 年版，第 86 页。

〔3〕 ［德］卡尔·洛维特：《海德格尔——贫困时代的思想家：哲学在 20 世纪的地位》，彭超译，西北大学出版社 2015 年版，第 346~347 页。

许。常人此在不再需要领悟而只要以"劳动"和"被动员"就可以融入"政制"这个存在的澄明域之中。

从文化的"孤立主义"到民族的"生存空间"以及"新教式的存在信仰"和在哲学上为纳粹的法学与文学进行奠基，实际上超越了海德格尔所处时代的德国思想的贫瘠、迷茫和悲观情绪。海德格尔的深刻性与危险性实际上是一体两翼的，因为他为德意志民族乃至为全人类指出了一条"超越之路"，而历史证明这条超越之路却是以多数人的牺牲和苦难为代价的：按照洛维特的思考，"阴与阳的基本节律"——即"源初自然法"的节奏，根本无法与一种"对于有意义的目标和神明真理不断进步的启示的信仰"——即"栖居于存在近旁"的最佳生活方式相互协调〔1〕，这是一条既可以俗白又可以隐晦的解放路径。从俗白的角度来看，海德格尔的源初自然法思想可以被改写成一种极其简化的加尔文宗的逻辑，即不需要反思"存在"的意义，只要我们乐于聆听，就可以听到它的召唤与回响；只要我们敢于无条件地信仰存在论并解构形而上学的历史，那么就能够找到这个"开端"并且发现其中的"传送"。因为"决断"就是"自由"的必然实行方式，但是它不需要任何因果律的思维，也不需要什么规范论的自我约束——决断之中"必然的东西"已经"躺（Legen）"在行为之前，就是生命的激情本身〔2〕。而在这种流俗的解读背后，去解读海德格尔的"源初自然法"思想又必须承受海德格尔的"语言暴力"：相对于其他的自然法流派，海德格尔直接以"回返"存在之思为任务。这种进路通过现象学的悬置与还原方法，把那些遮蔽了"自然法之思"的东西进行了悬置，最终把"存在论差异"和 Ereignis 展现为依据，并且在此基础上指出人与自然的互属关系。然而对现代性的独立的诊断就殊为不易，做到如同萨特、施特劳斯、阿伦特和马尔库塞那般自成一统的价值论判断则更为困难。意识到"自然"与世界的本体，去反思海德格尔的"自然之思"本身，如伽达默尔、列维纳斯和德里达一般对"存在论差异""本有"等跨越东西方、跨越古今之别的语词进行诠释更为困难。因而"源初自然法"是最为俗白，也是最为隐晦的自然法立场。

---

〔1〕　［德］洛维特：《世界历史与救赎历史》，李秋零、田薇译，商务印书馆 2016 年版，第 23 页。

〔2〕　［德］马丁·海德格尔：《哲学论稿（从本有而来）》，孙周兴译，商务印书馆 2012 年版，第 112 页。

在对这种理论的解读困难之余，学者的争论在于海德格尔究竟是因为自身的哲学立场而选择了纳粹，进而以一种"政治幼稚病"的姿态相信希特勒这个"超人"，且一度对纳粹的主张产生盲从；还是由于他的哲学立场本身就是德意志民族的，具有纳粹性质的思想而必然与纳粹政权走到一起，以至于海德格尔在纳粹覆灭之后的神秘主义的"归田园居"式的思想还是对他的政治意图的掩饰？对于海德格尔的"政治歧途"的判断，影响了海德格尔作为一个政治哲人的历史地位的界定。如果他仅仅是出于一种苏格拉底式的"救世主"情怀去偶然地被纳粹俘获，并尝试以他的政治参与去改变纳粹的政治形式，乃至于寄希望于纳粹政权去克服技术统治与形而上学的贫瘠，或是寻求"本真此在"的实践形式，那么海德格尔至多是一个"立场错误的苏格拉底"而已，他只是没有分清哲学和政治的区别而已。然而从近年来披露的《黑皮书》来看，海德格尔对自身为之投身的纳粹事业却极为清晰，他的"德意志性"在这些日记性质的私人写作之中也更为张扬。在他与施米特——纳粹德国的官方法学家以及云格尔——纳粹德国的官方文学家的通讯之中，他对资本主义和共产主义的反对也以清晰的思路展示出来——作为在人类思想史上不可回避的高峰，海德格尔思想的深入和他政治上的举措截然相反。古典的知性真诚和政治德性看来不能在最为向往古典生活的海德格尔那里结合起来——那么，"本真"的海德格尔究竟是哪一个"他"？而毫无疑问的是，在海德格尔思想之中的诸多转向，以及在每一处转向之中事先对"非论证"的姿态的坚持立场，迫使人们只能对他进行"信仰"而不能"思考"。因为"林业工"和"守林人"所知道的东西"未被明确地说出来，但可以去猜"[1]，而这种迎合了"虚无主义世界"之中精神贫瘠和思想孱弱，又渴望超越生命的悲苦的德意志民族特别是德意志市民阶层的思想，却不得不与 20 世纪的诸多事件历史地关联在一起。

（二）"源初自然法"的超时间特征与对当下法学的启示

海德格尔在他的时代产生的形象开裂到了现代则更为明显。如海德格尔的另一位弟子约纳斯从神学的角度指出，海德格尔的"一元论""源初自然法""Ereignis"以及他对于东西古今的旁征博引掩盖不了他的"诺斯替

---

〔1〕〔德〕卡尔·洛维特：《海德格尔——贫困时代的思想家：哲学在 20 世纪的地位》，彭超译，西北大学出版社 2015 年版，第 185 页。

（γνωστιχ ὅς）宗教"[1]的立场——来自小镇的神学家庭的海德格尔的根本立场还是神学式的。他以对"知识分子"的反对——如对胡塞尔、雅斯贝尔斯等前辈知识分子生存困境的无视，对学生施特劳斯、阿伦特和马尔库塞出走他乡的境况的推波助澜以及对统治者貌合神离的态度，对劳动者之为常人的厌弃以及对他们超越的能力的应许，体现的是最为极端的"二元论"的思想，这种二元论体现为对异己的无条件的排斥和对无条件信仰的要求。在约纳斯看来对"灵性"与"知识"的结合构成了海德格尔的思辨基础，他以拒绝一切讨论的姿态承接了"诺斯替"这种"古代虚无主义"的思路而进而形成了现代虚无主义的形态。他认为在海德格尔的存在论那里"诺斯替主义"与"存在主义"达到了融合。约纳斯对海德格尔的思想有一个形象的比喻，他认为海德格尔的思想是一把"门钥匙"，初看起来这把钥匙的确打开了"存在"这扇门，这把钥匙的确证明了它的价值。然而在大门打开后，为何这把"特殊的钥匙"能够打开这个普遍的存在的"门"却得不到解释——海德格尔开启了一条通向"存在之门"的路径并且为读者提供了门钥匙，但是由于他的思路是不可复制的，这条无法"论证"其普遍有效性的神秘道路即使对于海德格尔本人来说也无法保证在他的引导下后人能达到他的期望水平。因此约纳斯认为海德格尔的"存在主义"和"虚无主义"只能互为诠解，在海德格尔的思路之中存在主义的确是化解虚无主义的"钥匙"，但是这种以"灵性"为支柱的存在主义不能成为一个可以在广泛意义上予以解读和解决一切"现代虚无主义"的具体方案[2]。海德格尔对现代虚无主义的化解方案在普遍性上的无效以及在他的时代具有由于虚无主义本身而造成的吸引力，暴露出了他根据"宿命论"这种神学性质的立论基础言说"存在的自我解蔽历史"。

---

[1]　即"Gnositc Religion"，也译作"灵知宗教"，它代指一种极端的秘传式的宗教形式，其希腊语词根为"γνῶσος"，实则即"认识"，但是"诺斯替教派"则指的是与天主教正义相悖的异端教派。这种教派起源于亚历山大东征时期，是结合了东方神秘主义和西方理性主义的宗教形态，其中"东方"代指古代印度和希腊，而"西方"则是以古希腊为中心的文明世界，它结合了理性主义对"二元论"的逻辑架构，并且用东方的神秘主义知识填充了"彼岸"的内容。至于罗马帝国时期"东方"成为拉丁世界的代名词，而"西方"则为希腊世界，即以东西罗马帝国的疆域为界。"诺斯替"宗教的主张可以概括为"知识即救赎"，而在此的"知识"又并非世俗意义上的知识，而是对上帝的灵性体悟，详见 Hans Jonas, *The Gnostic Religion：The Message of the Alien God & the Beginnings of Christianity*, Beacon Press Boston, 2001, pp. 31~37.

[2]　Hans Jonas, *The Gnostic Religion：The Message of the Alien God & the Beginnings of Christianity*, Beacon Press Boston, 2001, p. 321.

而他的言说风格却既对立于以基督教的教义而以自身的方式进行对"大存在史"的反教义化的解读，但又不能用可以论辩的哲学思想去解读"存在问题"——而这种不协调却阴差阳错地迎合了他所处的时代的境况[1]，"一把钥匙开一道门"只是历史的偶然，正如一切的"诺斯替宗教"一样，海德格尔的思想最终也以"灵知"收尾。

约纳斯在这里与施特劳斯一样，主张海德格尔乃是"现代虚无主义"的集大成者。然而按照海德格尔的自我描述，他乃是针对现代虚无主义的境况展开他的全部研究——这种外部描述和自我宣称之间的矛盾很难判断是非，因而海德格尔究竟完成了他对虚无主义的诊断和救治的任务了与否，尤其一个难以界定其形状并且在价值论方面具有与时代相关的偶然性的"源初自然法"理论对于法学研究来说有何意义，仍然不应在法学界对海德格尔的接触尚不充分的时候进行定论。如果从纯粹的理论姿态，对他的"源初自然法"持有一种宽容的态度，以其对法学之"用"进行观审，那么是否可以跳脱出"德国语境"而取其所用？我的观点是，对海德格尔最终实现或未实现他的"虚无主义批判"的目标的质疑是"不致命"的。因为从理论态度来看任何一个哲学思想都不可能期望达成完美的社会期望，理论与现实的隔阂是根本存在的，无论是海德格尔极力推崇的前苏格拉底哲人，抱有怀疑的苏格拉底师徒，还是有所赞许的康德和全然否定的黑格尔，这些哲人都没有完全让自身的哲学主张成为时代的政治主张。但这也不是说这个质疑全然"不重要"，这乃是因为海德格尔对"虚无主义"的治疗以对"无—大地"与"有—天空"在 Ereignis 之中的"$\lambda\acute{o}\gamma o\varsigma$（逻各斯）—$\acute{\alpha}\lambda\eta\theta\acute{\epsilon}\iota\alpha$（无蔽）—$\varphi\acute{v}\sigma\iota\varsigma$（自然）"的源初统一为根据。在海德格尔看来，虚无主义是现代技术和形而上学对人的"生存之力"和"存在力道"的阉割，因此他希望恢复人的存在力量。然而从这个角度来说，无论是东方的神秘主义思想、古希腊的自然哲学还是与尼采的意志学说关联的潜在政治立场都成为在海德格尔理论内部阻却我们通达他的"源初自然法"的障碍。因此可能恰当的理解是，在意图上海德格尔的确在真诚地反对虚无主义并且真正地给出了一些举措和建议，而在实践之中他相信纳粹与"力量"的一致性而无论自主或不自主地与这一政权

---

〔1〕 Hans Jonas, Heidegger and Theology, in *The Phenomenmon of Life*, Northwestern Universitv PressEvanston, 1996, pp. 243~244.

产生亲近，最终在效果上不仅没有解决虚无主义的时代症结，反而是以不可言说的"诺斯替"的方式助推了虚无主义的命运；他虽然反对伦理学的规范立场，却根本地在"λόγος（逻各斯）—άηθεια（无蔽）—φύσις（自然）"方面提出了以"本源"的准则去取代流俗的法的主张。而由于他在发现无法去以"言说"去表述这种"源初自然法"的时候又已经深陷其中，最终没有提出任何一种能够对抗各种类型虚无主义的理论模型。且由于他内涵模糊的"自然"观念以及伦理要求极其淡薄的"决断"主张，这种"源初自然法"的可解读空间极大，甚至在客观上完全可能成为虚无主义者用以阐释自身观点的理论基石——这样"门钥匙"的比喻依旧有效。但这种比喻即使消解了海德格尔的理论普遍性和可复制性，它仍然无法回答的是，究竟海德格尔到底是出于"不愿"还是"不能"而在"存在的秘密"上闪烁其词。

　　"不愿"与"不能"的问题困扰着西方当下的海德格尔研究，前者逐渐地指向对海德格尔学人品性的批判，这些学者大多遵循施特劳斯、阿伦特、马尔库塞和洛维特的观点，倾向于把海德格尔置于政治的"澄明领域"之中予以讨论；后者逐渐地偏向将海德格尔的学术与政治分离地处理，即如伽达默尔、列维纳斯、约纳斯等学者着重从本体论角度去批判海德格尔的可理解性，因而即使这些批判即使可能向政治领域获得阐发，但至少保持了对海德格尔的学人品性的宽容。到了这里，在我们讨论施特劳斯经由政治哲学把海德格尔定位成"现代性的第三次浪潮"的高峰的这种价值判断已经不能再悬置下去，或者说在开启了对海德格尔的价值论与本体论批判后，对他"源初自然法"的"是"进行讨论的时候这种悬置已经就无效了。不过，作为中国学者，我们是否需要在西方的语境之中去解读海德格尔？比如说西方学界把海德格尔对东方思想的运用视为"诺斯替宗教"式的神秘主义行为，但是对于中国人来说，"东方思想"并不是神秘的，而是本身构成了中国人对自身的历史演历的一种体悟。又比如海德格尔与国家社会主义和纳粹政府不可回避的，与西方民主制度和宪制思想的背反，到底还是在西方政治思想领域之中的论辩，而这对于中国人来说究竟怎样才能是进一步的"政治不正确"？再如海德格尔的"源初自然法"的思想在人类文明高度发达的当代对于技术、形而上学的批判，对于人的本真的自由生活的解读，是否构成了在目前法学的"权利/义务"的教义学图式之外对何为"自由"与何为"束缚"的另一个切入点？最后，海德格尔汇通古今、融贯东西的学术态度是否对目前以西学思潮为主，但又希望对法学的中国问题进行中国式解读的法理学乃至部门法学的方法论和研究立场有所帮助？从这些角度来看，至少对于目前的法学研究来说，"海德格尔"以及与他的"虚无主义"这两个符号并非"无意义"，而是有待于进一步填充的"意向"。张志扬认为："非西方的'文化人类'不摆脱西方资本技术进化论之双重遮蔽，重新恢复人的'文化之体'——'以体制用'地驾驭科学技术，人类就只能成为西方神诅咒西方人之'进化论即末世论'的殉葬品……海德格尔的声音不过是东方声音的交响或回响"[1]；夏可君认为："海德格尔……借助于庄子，重新阐释了'自由之用'……中国老庄的'无用'观念自这里起了重要的中介转化作用"，这样"急难"与"匮乏"的时代的精神贫穷就不再因为欲望的进一步求取而被技术所加剧，在海德格尔和东方思想的相遇之中获得了希望——"自由，不再是传统的自由，而是守护与平安，是隐会到事物的本质之中，自由之为自由乃是让予和让出，是让事物按其内化的本质潜移默化……Ereignis 的虚化与默化……就是余地"[2]；王庆节认为"泛道德化"和"泛法律化"都不可取，因为二者都有可能演化为对"示范伦理"或"规范伦理"的片面强调。

海德格尔为现代"德治"与"法治"所提出的伦理要求在于要在社会日常生活之外始终设立一个超越的可能性，即要在"立法取代了伦理教育，法庭取代了良心，道德与不触犯法律成为同义词"和"最高法院法官们也同时成为人们道德行为的最后裁判人"的规范伦理，以及"否认社会个体作为公民身份拥有的、无差别的、普遍性的平等权利"的威权主义的示范伦理把"复杂人格简单化、单一化"的思维之外去思考人的生存境况[3]。中国哲学家对海德格尔与中国哲学以及其对西方思想与制度的反思——包括中国"施特劳斯派"，施特劳斯对海德格尔的批判也可以视为对海德格尔在伦理、法律和政治领域的不可回避的地位的反向确认。

在本书看来，如果脱离或重新悬置对海德格尔的价值论解读，脱离他"能不能"或"愿不愿"的思想动机而进入"源初自然法"之内，那么他对于法学研究的积极意义并非缺乏挖掘的空间。从理论与实践上，海德格尔以

---

〔1〕 墨哲兰：《我对〈黑皮书〉事件的态度》，华东师范大学出版社 2019 年版，第 123 页。

〔2〕 夏可君：《一个等待与无用的民族：庄子与海德格尔的第二次转向》，北京大学出版社 2017 年版，第 144 页。

〔3〕 王庆节：《解释学、海德格尔与儒道今释》，中国人民大学出版社 2004 年版，第 311 页。

"源初自然法"为法学研究提出了如下的可能思路：首先，从"法律"的角度看，海德格尔的"源初自然法"思想所面对的是在人类历史演历之中的"当下"，而这个当下在海德格尔看来已经由技术统治以及西方形而上学而导致的"虚无主义"所充斥了。后者的"有"反而让人的生存丧失本真性而"沉沦"于共在之中，进而在"技术"之为"集置"的同时，也展现一幅"世界的图像"以供技术的"无"去"填充"自身。在这种情况下"无—有—无"之为源初自然法的基调，就意味着在"有"的同时必然有所"虚无"，而当下的"虚无"又未必不是去实现"救赎"的契机。海德格尔的"源初之思"现代社会道德沦丧、娱乐至死、消费主义等思潮泛滥的境况之中有对社会的批判能力，但他也对人类进一步地向"真理"爬升，去体会"逻各斯"的本真意义，最终把自身开解到"自然"之中仍然带有希望。这首先就明确了当代法律需要抱有的态度，即在批判与规范社会行为的同时掌握自然的发展节奏，并避免在刻意地克服虚无主义的同时由于与"Ereignis"或"道"的背离而导向更深入的技术统治之中。在"立法""司法"等法律的制定和运用的层面避免唯法条论和唯道德论的机械思想，也要避免过度偏重人的"欲求"而最终让人成为沉沦在非本真的世界图景之中的庸常此在。"法律"在"源初自然法"的角度来看，既强调"法律之有"对社会的约束、规范能力进而为现实世界提供"存有"的基础，也要强调"法律之无"这个有助于立法、司法的自我超越，去灵活处理现实问题的突破口，即利用"虚无"的力量去产生"存有"，进而克服"虚无主义"。

其次，对于"自然法"这个研究领域来说，"源初自然法"对古今、东西的超越以及对"无—有"的轮回的认识是面向本源，即"源初自然"的追问，这是更为本源的"自然法"讨论。海德格尔以"悬置"的方法为一切可能的与现实的"常见"打上了问号，因而他也就要求他的读者去保持必要在立足于西方视野的同时去兼顾东方的思想，在保持在东方环境之中西方的理论与实践资源保持开放。因为在海德格尔的"源初"的"思"之中，单纯的西方思想和单纯的东方思想都不足以在整体上解决现代社会对"本源"或"故乡"的离弃状态——在世界之中的此在不能简单化为"东方人"或"西方人"，不能被片面地视为"古人"或"今人"，而是在"历史"之中"在此"的"曾在""现在"和"将在"，是共同在此的"共在"——古代思想对于今天并非"保守"，而现代思想对于未来而言又并非"进步"。这种"自然法"能够包容其他的思想并且为后者安置好历史的位置，并且对这些思想在当下的澄明抱有虚怀敞开的态度："源初自然法"因而看似不能解决现实的问题，因为其无意于成为"工具"，而是一个在我们使用自然法学说对现实进行批判或辩护的过程之中时刻悬于头上的"达摩克利斯之剑"。它促使我们对是否以过度排他的普遍主义、绝对主义的自然法观念去解读现实生存进行反思，要求自然法理论立足于东方而不至于成为"东方主义"，观照西方文明却不至于成为"西方主义"，在对古典思想的化用之中不至于教条地走向"保守主义"，而在对现代思想的"进步""科学"的帷幕之下不至于沦为"冒进主义"。当然"源初自然法"之下其他"自然法"思想是历史的，却不代表它们是相对的，"源初自然法"也通过历史的说法把诸多自然法整合在了一个脉络之中。"自然正当—自然律法—自然权利"这种语义学被寓于"涌现"之中，"道""梵""粹""Ereignis"等表述则被海德格尔用同一的"自然"涵括了起来，坚持于某种自然法学说之中并非呆板，而可以被视为对历史之中曾在的"召唤"——"源初自然法"以其"无形"或"无定"的形态赋予了历史之中曾经出现的和未来将要出现的"可能性"比"现实性"更高的理论价值。"能在"构成了历史的此在的整全在世方式，而任何一种自然法学说都因为它带有此在的生存领会并向着超越的方向迈进而具有合理性与合法性。

最后，对于"法学"来说，海德格尔在"源初自然法"的构造之中提出的诸多问题接近当下的"法学前沿"问题，"技术""形而上学""生存""真理""隐蔽""诗歌与语言"等论题都可以在当下的法学研究之中获得崭新的生命力。例如在目前广受关注的"法与人工智能"的论题之中，海德格尔通过对"技术造物"和"技术本质"的区分提醒在这种热潮之中，需要保证对"技术造物"的欢迎，但对其背后的"技术本质"的可能风险也要抱有警惕；在"形而上学"的批判之中，海德格尔对"实证主义"和"观念论"的质疑态度，不仅提醒了"社科法学"的经验研究可能被"经验主义"的教条所俘获，也提醒了"法教义学"不可被"理性主义"的教条所局限，"源初自然法"允许"经验"与"理性"，但反对其"主义"，这对于当下社会法学与法教义学围绕立场和方法的争论，是否提供另一条相互宽容和彼此警醒的沟通路径？在对生存的讨论之中，海德格尔用"非本真"到"本真"的超越，区分了"生存"的不同形态，对于"法学"来说，它可以致力于"流俗"的"权利与义务""权力和责任"的研究之中，去考验社会的日常生活之中的"共在"关系，然而"源初自然法"之中的思想要素则要求对"法"的"学说"有超越于这种流俗对立之上的，对常人的"引导"作用，也就是说"权利与义务""权力和责任"不能飘飘乎于理论之中，也不能拘泥在常人的实践之内，而是要具有理论对实践的引领能力。"真理/遮蔽"则指向了例如"国家法和民间法""法律与道德""法律和伦理"等法理学问题，也指向了例如"规则和例外"等部门法问题，它促使我们思考在"法"的存有之时必然有其虚无之所，而在那些法律的效力无法达及的处所则暗示了法治的生发可能性。对于"诗歌"等问题的讨论看似和法学研究关系不大，但是海德格尔用"逻各斯"替代"逻辑"，用"艺术"取代"技术"的努力方向，也暗合于法学向"法律语言""法律逻辑"乃至"法美学"等方面的拓展要求，即它要求我们用最本源的语言艺术去对法律进行打磨，因而也就在"法学"之中将法律提高到了一个"艺术品"地位。

综上所述，海德格尔的"源初自然法"的形态难以论说，归根结底是由于它既有动态的"变易"因素，同时又以一种东方式的思维把这一"变易"视为"不易"，因而"易"即是"理"。可以说，对于海德格尔"源初自然法"的价值论批判即对其理论真意、实践善意和社会批判的实效能力的质疑，和对他的"源初自然法"与国家社会主义与纳粹政府的时代境况的关联解读都是在"在场"的时代背景下对"源初自然法"的批判。即使海德格尔本人不需要对"大屠杀""世界大战"负主要的责任，但是在他理论之中存在可以为这种政治实践进行证立的要素，例如他对民族精神、在世情绪和对希腊悲剧式的生活方式，以及对"超越"和"沉沦"，"超人"与"常人"之间的区分，都为极权主义埋下了伏笔。而对于"源初自然法"的本体论批判也关系到这种思考的"易"的要素，因为海德格尔用"无定"阐释的"自然之理"只能由他自身的言说进行诠释，这种蕴含了神秘主义与宗教色彩的启示性的理论思维难以被复制，即使被复制也会由于"变易"与"不易"的嵌套关系而被质疑其普遍性。但是，如果超越了海德格尔时代的境况来考虑这种"源初自然法"对法律、法学和法理学有何种功用，却是仍然可能的讨论方向。

海德格尔、虚无主义与自然法的回归

通过对海德格尔在"源初自然法"方面的"悬置—还原"的思路梳理，本书认为，就"源初自然法"思想本身来说海德格尔并非一个虚无主义者，他的理论并不是主张"法"的"不存在"，而以"法"在"在不在场"的存在者角度对相关的理论表述予以"悬置"或"否定"，去为"法"的存在奠定了"渊基"。他恰恰是以"有无"的辩证去指出了直接引发"虚无主义"的技术成因、形而上学成因和非本真的沉沦这个生存论的成因，进而指出了一个相对于"存在者论"更为基础的"存在论立场"。但是我们也必须承认，海德格尔的思辨深度和玄乎的语词，都导致了在"结果"上海德格尔的理论被人误解或扭曲，以至于他被认为神秘、玄妙和充满"虚无"。

总结地看，"源初自然法"首先意味着把历史的演历视为一个永不停息的进程，因而没有完善与绝对的"法律和道德"，更没有任何能够整全地"解蔽""源初自然法"的理论方案，但是本于自然而思可以作为"根据律"去为其他的自然法理论奠定基础。自然，这种"奠基活动"基于对技术、形而上学和生存的不断解构和悬置之上：首先，对于"技术"之为"集置"的揭露，暴露出了现代社会"虚无主义"的本质所在。技术的大规模拓张甚至蔓延到了"法"的领域，进而在"法"的领域深入了"至高存在者"的形象，并且进行着"最高价值的自我罢黜"。海德格尔在这里的"悬置"阻却了法律向"欲望""情绪"等技术统治下的"至高存在者"的滑落，他以"存在论差异"导出了"存在者/存在"的基本区分，指出了在"技术天命"背后的更深层次的原因，即在西方形而上学的起源之处已经埋下的"技术要素"

的根脉——而如果我们站在现代法学的角度来进行思考的话，那么海德格尔的技术批判毋宁说是对现代法学的"教义化"与"科学化"的提醒。他要求我们中止对法教义学和法律科学的研究，而做出向与"技术"对立的"自然"的回返姿态。我们因此可以对法学的教义化和科学化进行这样的反思，即我们是否在追求"教义化"和"科学化"的同时，已经把"法学教义"和"法律科学"视为了那个至高的存在者，进而让我们不由自主地走向了技术所遣送的"天命"之中，并且促使我们思考目前法学到底是深陷于"技术""算计"之中而无法自拔，还是希望克服"主客二元论"却无路可走。让我们追问面对法学的科学化与技术化，法学作为一门尚且需要人文思想的学科可否还有自主性，抑或是与现代之中的其他存在者之中一同走向科学与算计之中。海德格尔去批判技术，并非要求我们去过一种"刀耕火种""绝圣弃智"的原始生活，因此在法学之中引入"技术造物"是可行且必要的，但是一旦这种"技术造物"之技术本质——"Gestell"不再能够被我们所控制，甚至反过来控制住了我们，那么"技术"的"夜半"也就最终到来。

其次，源初自然法在实践也就批判的是"技术"这个时代命运和"形而上学"这种技术命运的根据，而在法学之中与"形而上学"所对应的则是那种主客二元论的法理论，即在那法学教义化和科学化沦为"技术统治"的风险根源之中，必然有某种"法哲学"作为形而上学在对它进行支持。而海德格尔之深刻就在于他不把"技术统治"归结到某一时代和历史阶段的精神或物质条件上，而是将"形而上学"的历史进行了彻底地批判，以至于他认为在任何一种相对为我们熟稔的法哲学那里都存在向"技术本质"的发生可能性。法哲学构成了法学之"技术命运"的"形而上学根据"，依照"源初自然法"的观审，这种法哲学是"忘记存在"且"忘记自然之本源"的存在者角度的静态理论：无论是常见的"分析实证主义法理论"之中"是"与"应当"严格的二元论的体现，还是"自然法理论"之中尝试以"至高概念"去包含"是"和"应当"的尝试，根本地都是遵循一个形而上学的图式，即"此岸/彼岸"。在"集置"和"对置"之下以二元论图式出现的"自然法"与"实证法理论"只不过是在"谁是至高存在者"方面有所争端，一旦撤掉了这种理论面纱，那么其中蕴含的都是严格的主客对置思路，以及"最高价值的自我罢黜"进程。无论是在"自然法"之中的"自然规则—自然正当"理论、"自然律法"理论、"自然权利"理论，还是以分析实证主义的"经验""事实"等概念阐发出的法理论，虽然都希望超越人类的"洞穴"但却因为无法克服形而上学的思路，也难免陷入追问"存在者"之高下的"永恒轮回"。在柏拉图与亚里士多德基托"理念"与"第一因"导出的自然规则理论尚且意在经由对存在者整体之提问发问存在，但在这里"自然"已经作为高于"人"的存在者而成为相对于"人"的他者。而中世纪自然法理论则在"自然"与"人"之外设置了"上帝"，这样经院哲学看似要以"上帝"去超越"人与自然"的二元论，然而无非是把"自然/人"的图式变得更为具体，也是在这个时候"上帝"之为"主体"与人之为"对象"的关系才更加明确。近现代自然法以理性、启蒙为旗帜，以主权、代议制为方案，将自然法化约为属人的"权利"，进而把"人"提高到空前的位置上，"人之为主体"就是这个时候产生的思想——但我们仔细审视现代"自然权利论"的时候从霍布斯、洛克的"科学主义"向卢梭、康德的"人本主义"，最后向黑格尔、尼采的"历史主义"又有每个时代的自然权利论断。不过，由于一切基于形而上学的自然法思想乃至于一切的法思想都仍然围绕"存在者"做文章，因此"存在的离弃"只在增强而未被克服，即使一代代思想家在克服"虚无主义"的时候都给出了方案，"至高者"只是被更换，却没有人解决了"主体/客体"背后一者统治他者的局面。

进而，贯穿于海德格尔思想之中的"生存论"分析从来没有被他所否定，海德格尔对"技术""形而上学"的批判乃是在丰富他的"非本真"的生存形态描述，因而本于源初自然意味着"好生活"这个理想，因而具有理想和规范的侧面。他在中后期尝试回答的是"非本真"的生存论表现和归因，也即我们时代"非本真"的生存是何种样态，并根源于何处。海德格尔指出：

我们可以努力前进到时间性现象自身及其基本结构。我们借之赢得了何物呢？至少是对此在之本源的存在建制的洞察。然则，只要存在领悟属于此在之生存，这个领悟也必定植根于时间性之中。存在领悟在存在论上的可能条件乃是时间性自身。因而从时间性必定可以显示出这一点：我们从何处出发领会存在之类的东西、时间性承担了使存在领悟得以可能的任务，因而就承担了使对存在的主题化解释、对存在之分说及其多重方式得以可能的任务；

这就是说，承担了使存在论得以可能的任务。[1]

海德格尔发现了"存在"和"时间"的同一关系，这也就成为他进一步阐释"大存在史"的生存论根基。海德格尔对"在—世界—之中—存在"的生存论结构分析中，指出了在"有死性"的此在的生活之中必将归于虚无的样态，而那些逃避死亡、回避有限性而将希望基托于维系"庸常共在"的形而上学彼岸之中的存在方式也就是掩盖了"操心之为操心"，把"现成存在者"提升到了源初地位之中的生存方式。海德格尔通过对"良知""罪责"的强调，要求此在通过突破非本真的存在，以及从"共在"之中出离而到达"本真存在"的境界，"愿为良知"的最起码的要求就是认识到并且承担起生存的责任。

最后，海德格尔本人也承担了回返源初自然和质疑现代西方思想的"责任"，即使海德格尔把责任、决心、权力（Macht）、自由（Freiheit）、政制（Politeia）等伦理学概念转译为其他意义，也把存在、自然、本质（Wesen）等形而上学概念恢复到希腊思想的本源处所，但是海德格尔却与德意志民族的特殊诉求有所关联。特拉夫尼指出，海德格尔已经认识到"作德国人，就意味着：把西方历史的最内在的重担，掷于自己面前，并扛到肩上。"[2]而在理论之中，海德格尔经由对本真此在的"在世结构"的"死亡—生存"的解读之中，发现了"无—有—无"的节奏，并且将之视为进一步地在存在论上发问"存在"的基础，"λόγος（逻各斯）—ἀλήθεια（无蔽）—φύσις（自然）"这个"源初自然法"的结构就是他最终呈现出的"自然法"形态。然而，海德格尔在此还要面临一个重要的任务，那就是为这个"源初自然法"赋予意义，即对其本意进行还原。

海德格尔的"还原—赋义"过程更为艰辛，最终虽然他以"Ereignis"导出了"存有/存在"的本意，即"本有"，并以之为"源初自然法"的意义并以之代表是源初自然法本身，但在这里海德格尔已经经历了"Sein"与"Seyn"的两个阶段的转写。根本地在于"Sein"容易被理解为一个"形而上学"的概念，而"Seyn"虽然古奥，但仍然是带有德语以及其拉丁语渊源的

---

〔1〕 ［德］海德格尔：《现象学之基本问题》（修订译本），丁耘译，商务印书馆 2018 年版，第330 页。

〔2〕 ［德］彼得·特拉夫尼："海德格尔与犹太世界阴谋的神话"，靳希平译，载墨哲兰：《我对〈黑皮书〉事件的态度》，华东师范大学出版社 2019 年版，第 132 页。

符号——海德格尔在此似乎显示出了惊人的"精神洁癖",他拒绝一切可能导向"形而上学"的语言表达,无论是德语还是拉丁语,在他看来都会带来形而上学的"污染",因此海德格尔求助于前苏格拉底的"思"而尝试去本源地阐发"源初自然法"之为"有与无"的统一:"Ereignisi"就意味着"解蔽"了一些而又"遮蔽"了一些。当然,也是在这里海德格尔的"源初自然法"开始面临直接的挑战:前苏格拉底思想家在海德格尔那里,既包括以阿那克西曼德、赫拉克利特、巴门尼德这些西方思想家为本源的西方之思——海德格尔从中分别获悉了"φύσις(自然)""λόγος(逻各斯)"和"ἀλήθεια(无蔽)"三个概念的本意;以日本"粹"的思想,海德格尔形塑了"人"的生存境况即"有死者";以"道"这个中国思想的关键词语给出了"自行锁闭者"即"大地";并且以经由叔本华和尼采了解的印度"原人"的思想给出了"最后之神"的形象;而西方之思则作为"天空"这个澄明者与上述的三者共同形成了"源初自然法"运动的"澄明领域"。但是在这里,海德格尔已经为形而上学的误解提供了口径,如果海德格尔停留在把"人"称为"此在"的这种语义学之中,他尚且还能获得同侪的理解。然而在海德格尔对"源初自然法"的意义的揭示过程之中的"诗思""历史""语源学"和"东方主义"之中,他的"哲学"以"思想"的形态拒绝了"形而上学"与他的交流。因为在海德格尔对"存在"之所是的探寻之中,"诗歌—沉思"是"人之此在"通达到"存在近旁"而采取的反形而上学的渠道,而最终他在"有无之间"面对的选择困难体现在"Ereignis"这个海德格尔的"造词"上——即最终的"本有/大道"是不可说的。如果说"形而上学的基本问题"是"为何存在者存在而无不存在",那么在这里海德格尔所说的就是"何为存在"以及"何为无"了,"Ereignis"把"存在论差异",即"存在者/存在"的区分演化到了"有/无"的区分之上。如果说"存在者/存在"的区分还"承接着形而上学的主导问题:存在者是什么",那么"有/无"的区分以及以"无"作为渊基的理论思路则指向了"是这个区分承载着主导问题,抑或是主导问题首先承载着这个区分"的答案,即"本有—形而上学的基本问题—存在论差异"的位序[1],它意味着"源初自然法"就是在"存在者"之

---

〔1〕〔德〕马丁·海德格尔:《哲学论稿(从本有而来)》,孙周兴译,商务印书馆2012年版,第490页。

外的"大他者"——即异于"存在者"或"我"，但"我"寓于其中的"他者"——而海德格尔的代价是，推翻了形而上学就意味着推翻了形而上学式的语言，他注定无法继续用形而上学的语言完成作为哲学家的哲学写作，也是在这里，他转向了荷尔德林与里尔克，转向了"安提戈涅"式的古希腊悲剧写作。

从这个角度来看，海德格尔的"源初自然法"思想究其批判性而言是足够强劲的。在海德格尔的视角看来，常见的自然法、自然权利理论都是技术与形而上学的体现，即使柏拉图式的最为切近本源的"自然正当"的提法也是仅仅就在场者的"如何在"的存在者论层面的提法而非本源本身，然而这导致了"源初自然法"就只能是"无"以及"无定"。海德格尔根本地将自己的理论矛头指向了"二元论"这一西方形而上学流传千年的传统构造，而也正是因此，海德格尔在讨论"源初自然法"的过程中无不考虑的是如何既能批判"二元论"，而又不被"二元论"所批判——换言之，"源初"之所以为"源初"，必须是"一"，因此在海德格尔的思想之中流俗的视角所见的乃是"二"，它派生于"一"，并且一度通过以"某一"治"另一"的"最高价值的效力"的模式维系着对存在问题的探问。但是在"最高价值不断的自我罢黜"之中，"存在问题"之被遗忘，也就体现为"某一"和"另一"的位置不断变化，最终形成了"技术为王"的现代性症状。但是，由于他对一元论的追求，海德格尔在解决问题的过程之中难免受制于他的理论资料——相当有限的前苏格拉底思想家残篇以及无法直接阅读的东方哲学资料，以及足够多的甚至于构成了一部哲学史的西方形而上学的典籍。这直接决定了海德格尔在"解决问题"并且最终建构出"存在"之所是过程之中，既要对西方形而上学进行批判以不断从他本人的西方式思辨框架之中抽离出来，而在这个"抽离"的同时海德格尔作为一个西方哲学家本身是没有"栖身之所"的，抑或是这一"栖身之所"乃是海德格尔自行创造出的，由他独有的语言使用规则型构出的某个"家园"———如他对读者不断强调的"语言是存在的家"一样，海德格尔的思想越是到了后期，其语言风格就越趋于神秘。如果说"λóγοs（逻各斯）—ἀλήθεια（无蔽）—φύσιs（自然）"的"同一"尚且能够为西方哲学所理解，那么到了"天地神人"的"四大"方面则转向了某种神秘主义的立场，以至于在例如施特劳斯等后续的阐释者那里，海德格尔取道"神秘主义"被认为是以"隐微"的方式去隐藏海德格尔本人的

"价值虚无主义"的立场——而这种"隐微"与其说是海德格尔语言风格的转变，不如说他是在不断与纳粹时期的自己脱离干系。在无法取得纳粹的信任和无法获得经由纳粹的政治成就的时候逐渐用"诗歌"或"沉思"隐藏自己政治主张的"归田园居"的政治哲人。

与其批判性相对，海德格尔的"源初自然法"思想只能被界定为"内涵虚空"与"外延无限"的理论，它对于法学这门实践的学问更具有"参考意义"，即使本书用了极大篇幅讨论了海德格尔的自然论、人论、物论、与言论等内容，但其对法学研究的直接意义尚需要探索。例如在源初自然法之中蕴含的伦理要求是最为简单的"决断"伦理——"源初自然法"就是"Ereignis"，但它尚不足在伦理学角度在"法规范"的角度支持"Ereignis"为某种源初规范或者某种最初的道德实践。因此在海德格尔来看，"源初自然法"乃是前述的各种源初规范以及原始的道德实践的"根据"，之所以在对何为自然法的问答之中存在诸多的流派，根本地在于以形而上学之中的某种流派去揭示"Ereignis"，唯有形成对"显现者"的描述的可能性。因此一切的法学以及政治哲学在海德格尔的理论视野之中，或是成为形而上学的表达，或是展现为对在场者的偏执。这样，海德格尔的思想一方面成为"本真"的或者"本质"的代言，却遭遇由于他在本体论上难以理解，以及对世界之本体的不彻底的阐释而导致的"本体论虚无主义"的批判。而另一方面，也自然有不少研究者注意到了其中蕴含的反对法治、反对现代政治、反对技术发展的价值论因素。而这种价值论的虚无主义的质疑，导向了对海德格尔究竟是一个纯粹的"哲人"还是一个"政治哲人"的疑问——抑或是海德格尔根本不希望成为"哲人"。在本书看来，这些问题都具有理论和历史资料意义上的探讨价值。但是，就本书对"源初自然法"的解析任务来看，我们只能在"φύσις（自然）""λόγος（逻各斯）"和"άληθεια（无蔽）"的同一性，以及海德格尔用"四大"为敞开的"本有"的澄明域去界定"源初自然法"的概念，以至于海德格尔到底是否真诚、是否善良、是否"有用"，他会不会因为不被理解和不可复制而成为一个"诺斯替宗教"的神秘主义者，这些问题都留有进一步讨论的空间。

因而"海德格尔的源初自然法"这个表述是否恰当，以及它是否如同笔者标榜的那样重要，以至于能够成为支持法学去克服技术统治与现代虚无主义仍然有商谈余地。本书在以下的几个方面虽然付诸大量笔墨，然而仍然有未竟之处：第一，对"源初自然法"到底是什么，我们能否给出或应否给出一个答案，就如同海德格尔一样，本书在"愿不愿"和"能不能"之间面临一个困难，即对"源初自然法"的"愿道说"和"不能说"。这直接影响了本书能否进一步和法学同侪进行交流的问题，也就是如同伽达默尔、列维纳斯与约纳斯对海德格尔的本体论批判所指出的那样。第二，"源初自然法"目前看来，仍然是一个哲学概念，尽管在本书的写作之中用诸多理论资料对其进行了解读和诠释，然而它对于法学的影响方式，以及法学在何种程度上能够为其影响却仍然是未知数，而且如此多的资料阐释是否会违反海德格尔本人的语言风格，能不能跟得上海德格尔的思想进程仍然值得推敲。第三，海德格尔对于纳粹的妥协作为其"行"，其理论学说之中对本真的标榜和对现代社会的关切的"言"，以及在他的《黑皮书》之中暴露出的"意"，出现了高度的不一致。本书在究竟依照对海德格尔的"行为"的阐释将之视为一个错误的政客，还是依照其理论之"言说"将他阐释为一个质朴纯真的学者，抑或是依照其"意"而将他解读为一个高深莫测的"政治哲人"的方面，仍然举棋不定，这种立场的游离或许需要进一步的原始文献支持以及学术成果支持。例如，在海德格尔的生命行将结束的"向死"之际，他"已经成为备受尊敬的老人。他原来对事物的生硬、严厉渐渐地软化了，他居然常到邻居家去看欧洲足球杯的电视转播"[1]——萨弗兰斯基这样评价海德格尔：

> 某人在研究禅之前，把山看作山，把水看作水，当他修炼到某种程度，达到了对禅之真理的内在观点之后，他看山不再是山，水不再是水。在他彻悟之后，在他看来，山又是山，水又是水了。[2]

在海德格尔的后半生，他不仅和云格尔还保持着往来，同时与阿伦特、雅斯贝尔斯也实现了和解，他在公开访谈之中承认对胡塞尔的离世有所愧疚，他对舍勒则充满缅怀。而正如在文章中提及的那样，从不标榜自己为"形而上学家"的海德格尔，却的确促成了在第二次世界大战后欧美政治哲学的思

---

〔1〕〔德〕吕迪格尔·萨弗兰斯基：《来自德国的大师——海德格尔和他的时代》，靳希平译，商务印书馆 2007 年版，第 535 页。

〔2〕〔德〕吕迪格尔·萨弗兰斯基：《来自德国的大师——海德格尔和他的时代》，靳希平译，商务印书馆 2007 年版，第 537 页。

潮，他所希冀的希腊本源之思的回归在他的弟子那里"绽出"——即便这些"绽出"以否定和批判的形式出现，但是这些批判是否已经在海德格尔对未来思想的"另一开端"的预判之中则是学术史上的一个历史谜团。而同样以海德格尔文献和生平为着眼点特拉夫尼认为，海德格尔看似与世界达成了和解，但在根本上"所有海德格尔在哲学上企图挽救的东西，'本土性''家乡''本己的''土地''诸神''文学创作'等等，它们的对立物，看起来都可以转嫁到'世界犹太人'身上……犹太人有着对'现代'的嗅觉，他就是整个海德格尔式的思维的敌方对手……在这种生活中看到'失根'，并不是反犹。但是把这种生活方式置于德意志的'本土性'对立面，当作具体的敌人，这就已经是反犹了。"〔1〕而如果把这种人物评传融到文章之中，又有可能造成进一步的"喧宾夺主"。

不过，"源初自然法"之中蕴含的技术批判、形而上学批判、生存论批判、本真生存与诗思哲学路径作为海德格尔至死不渝的事业也有其现实意义，海德格尔至少为在当下虚无主义的情形之中反思"自然"概念给出了一个思路。如海德格尔在他最后的祝辞中继续地提问：

确有必要去沉思，在这个技术化的千篇一律的世界文明时代，家乡是否还有可能以及何以可能。〔2〕

在这里，海德格尔作为小镇迈斯科赫的市民之中的一员，向神学家伯恩哈德·威尔特这位荣誉市民致以欢迎，在这次祝辞结束后的第二日，1976年5月26日，马丁·海德格尔溘然长逝，回到了"存在"的怀抱之中。

---

〔1〕［德］彼得·特拉夫尼："海德格尔与犹太世界阴谋的神话"，靳希平译，载墨哲兰：《我对〈黑皮书〉事件的态度》，华东师范大学出版社2019年版，第183页。

〔2〕［德］海德格尔："马丁·海德格尔的祝辞（1976年）"，收录于氏著《思的经验》，陈春文译，商务印书馆2018年版，第233页。

参考文献

(以文中引用顺序排列)

一、海德格尔著作德语原典以及英汉译本

1. ［德］海德格尔:《形而上学导论》（新译本），王庆节译，商务印书馆 2015 年版。
2. ［德］马丁·海德格尔:《演讲与论文集》，孙周兴译，生活·读书·新知三联书店 2005 年版。
3. ［德］海德格尔:《存在与时间》（中文修订第 2 版），陈嘉映、王庆节合译，商务印书馆 2016 年版。
4. ［德］M. 海德格尔:《诗·语言·思》，彭富春译，文化艺术出版社 1991 年版。
5. ［德］马丁·海德格尔:《海德格尔选集》（上下），孙周兴选编，生活·读书·新知上海三联书店 1996 年版。
6. ［德］海德格尔:《在通向语言的途中》，孙周兴译，商务印书馆 1997 年版。
7. ［德］海德格尔:《面向思的事情》，陈小文、孙周兴译，商务印书馆 1999 年版。
8. ［德］海德格尔:《路标》，孙周兴译，商务印书馆 2000 年版。
9. ［德］海德格尔:《荷尔德林诗的阐释》，孙周兴译，商务印书馆 2000 年版。
10. ［德］海德格尔:《林中路》，孙周兴译，上海译文出版社 2004 年版。
11. ［德］马丁·海德格尔:《哲学论稿（从本有而来）》，孙周兴译，商务印书馆 2012 年版。
12. ［德］海德格尔:《论真理的本质——柏拉图的洞喻和〈泰阿泰德〉讲疏》，赵卫国译，华夏出版社 2008 年版。
13. Martin Heidegger, Metaphysik und Nihilismus, Vittorio Klostermann GmbH, Frankfurt am Main, 1999.
14. Martin Heidegger, Sein und Zeit, Max Niemeyer Verlag Tübingen, 1967.

15. ［德］海德格尔：《不莱梅和弗莱堡演讲》，孙周兴、张灯译，商务印书馆 2018 年版。

16. ［德］马丁·海德格尔：《物的追问》，赵卫国译，上海译文出版社 2016 年版。

17. ［德］马丁·海德格尔：《存在的天命：海德格尔技术哲学文选》，孙周兴编译，中国美术学院出版社 2018 年版。

18. ［德］马丁·海德格尔：《古代哲学的基本概念》，朱清华译，西北大学出版社 2020 年版。

19. Martin Heidegger, Die Geschichte des Seyns, Vittorio Klostermann GmbH, Frankfurt am Main, 1981.

20. ［德］马丁·海德格尔：《哲学史：从托马斯·阿奎那到康德》，黄瑞成译，西北大学出版社 2018 年版。

21. ［德］马丁·海德格尔：《康德与形而上学疑难》，王庆节译，商务印书馆 2018 年版。

22. ［德］马丁·海德格尔：《德国观念论与当前哲学的困境》，庄振华、李华译，赵卫国校，西北大学出版社 2016 年版。

23. ［德］马丁·海德格尔著，［德］英格丽特·舒斯勒编：《黑格尔》，赵卫国译，南京大学出版社 2018 年版。

24. ［德］马丁·海德格尔著，［德］英格特劳德·古兰特编：《黑格尔的精神现象学》，赵卫国译，南京大学出版社 2018 年版。

25. ［德］海德格尔：《存在论（实际性的解释学）》，何卫平译，商务印书馆 2016 年版。

26. ［德］海德格尔：《现象学之基本问题》（修订译本），丁耘译，商务印书馆 2018 年版。

27. ［德］海德格尔：《时间概念史导论》，欧东明译，商务印书馆 2014 年版。

28. ［德］马丁·海德格尔：《根据律》，张柯译，商务印书馆 2016 年版。

29. ［德］马丁·海德格尔：《同一与差异》，孙周兴等译，商务印书馆 2014 年版。

30. ［德］海德格尔：《什么叫思想?》，孙周兴译，商务印书馆 2017 年版。

31. ［德］海德格尔：《谢林：论人类自由的本质》，王丁、李阳译，商务印书馆 2018 年版。

32. ［德］海德格尔：《论人的自由之本质——哲学的导论》，赵卫国译，商务印书馆 2021 年版。

33. Martin Heidegger, HERAKLIT, ABTEILUNG：VORLESUNGEN 1923-1944, Vittorio Klostermann GmbH, Frankfurt am Main, 1979.

34. Martin Heidegger, VORTRÄGE UND AUFSÄTZE, Vittorio Klostermann GmbH , Frankfurt am Main, 2000, pp. 226-227.

35. Martin Heidegger, EINFÜHRUNG IN DIE METAPHYSIK, Max Niemeyer Verlag, Tiibingen 1953, p. 146.

36. ［德］海德格尔：《巴门尼德》，朱清华译，商务印书馆 2018 年版。

37. Martin Heidegger, SEIN UND WAHRHEIT, Vittorio Klostermann GmbH, Frankfurt am Main,

2001.

38. ［德］马丁·海德格尔：《依于本源而居——海德格尔艺术现象学文选》，孙周兴编译，中国美术学院出版社 2010 年版。

39. ［德］海德格尔：《〈思索〉二至六（黑皮本 1931~1938）》，靳希平译，商务印书馆2021 年版。

40. ［德］瓦尔特·比默尔、［瑞士］汉斯·萨纳尔编：《海德格尔与雅斯贝尔斯往复书简（1920—1963 年）》，李雪涛译，上海人民出版社 2012 年版。

41. ［德］君特·菲加尔：《海德格尔与荣格通信集》，张柯译，南京大学出版社 2017 年版。

42. ［德］海德格尔：《基础概念》，张柯译，商务印书馆 2021 年版。

43. ［德］海德格尔：《荷尔德林诗的阐释》，孙周兴译，商务印书馆 2014 年版。

44. Matin Heidegger, HOLZWEGE, Vittorio Klostermann GmbH , Frankfurt am Main, 1977.

45. ［德］海德格尔：《荷尔德林的颂歌：〈日耳曼尼亚〉与〈莱茵河〉》，张振华译，商务印书馆 2018 年版。

46. ［德］海德格尔：《乡间路上的谈话》，孙周兴译，商务印书馆 2018 年版。

47. ［德］海德格尔：《从思想的经验而来》，孙周兴、杨光、余明峰译，商务印书馆 2018年版。

48. ［德］海德格尔：《形而上学的基本概念》，赵卫国译，商务印书馆 2017 年版。

49. ［德］海德格尔：《宗教生活现象学》，孙周兴、欧东明、张振华译，商务印书馆 2018年版。

50. ［德］海德格尔："德国大学的自我主张"，溥林译，载刘小枫、陈少明主编：《海德格尔的政治时刻》，华夏出版社 2009 年版。

51. Martin Heidegger, ZU ERNST JÜNGER, Vittorio Klostermann GmbH, Frankfurt am Main, 2004.

52. Martin Heidegger, Überlegungen VI, im Überlegungen VII－XI（Schwaze Hefte）1938/ 39, Vittorio Klostermann GmbH , Frankfurt am Main, 2014.

53. ［德］海德格尔：《思的经验》，陈春文译，商务印书馆 2018 年版。

二、西方哲学原典（含译本）以及相关研究

1. ［德］尼克拉斯·卢曼：《法社会学》，宾凯、赵春燕译，世纪出版集团 2013 年版 。

2. ［德］胡塞尔：《现象学的观念（五篇讲座稿）》，倪梁康译，商务印书馆 2018 年版。

3. ［意］登特列夫：《自然法：法律哲学导论》，李日章、梁捷、王利译，新星出版社 2008年版。

4. ［美］弗朗西斯·奥克利：《自然法、自然法则、自然权利——观念史中的连续与中断》，王涛译，商务印书馆 2015 年版。

5. ［德］彼得·特拉夫尼："海德格尔与犹太世界阴谋的神话"，靳希平译，收录入墨哲兰：

《我对〈黑皮书〉事件的态度》，华东师范大学出版社 2019 年版。

6. ［美］罗纳德·M. 德沃金：《没有上帝的宗教》，於兴中译，中国民主法制出版社 2015 年版。

7. ［美］亚瑟·梅尔泽：《字里行间的哲学：被遗忘的隐微写作史》，赵柯译，华东师范大学出版社 2018 年版。

8. ［美］列奥·施特劳斯：《迫害与写作艺术》，刘锋译，华夏出版社 2012 年版。

9. ［德］西尼德："德国的存在哲学"，周煦良译，载《现代外国哲学社会科学文摘》1959 年第 12 期。

10. ［美］别克斯勒："论存在主义者"，赵震译，载《现代外国哲学社会科学文摘》1959 年第 4 期。

11. ［澳］亚丁斯道尔："存在主义是佛教吗?"，周煦良译，载《现代外国哲学社会科学文摘》1966 年第 1 期。

12. ［德］西米特："海德格尔：《形而上学引论》"，舟斋（周煦良）译，载《现代外国哲学社会科学文摘》1961 年第 2 期。

13. ［美］M. 齐默尔曼："评海德格尔的《现象学的基本问题》一书"，马祖龄摘译，静之校，载《哲学译丛》1978 年第 6 期。

14. ［德］H. M. 格拉赫："评海德格尔的存在主义"，熊伟译，载《哲学译丛》1979 年第 2 期。

15. ［美］列奥·施特劳斯：《苏格拉底问题与现代性——施特劳斯讲演与论文集：卷二》，刘小枫编，刘振等译，华夏出版社 2016 年版。

16. ［美］施特劳斯著，［美］潘戈编：《古典政治理性主义的重生——施特劳斯思想入门》，郭振华等译，华夏出版社 2017 年版。

17. ［美］列奥·施特劳斯、约瑟夫·克罗波西主编：《政治哲学史》，李洪润等译，法律出版社 2020 年版。

18. ［美］列奥·施特劳斯：《霍布斯的政治哲学》，申彤译，译林出版社 2012 年版。

19. ［美］列奥·施特劳斯：《关于马基雅维里的思考》，申彤译，译林出版社 2016 年版。

20. ［英］霍布斯：《论物体》，段德智译，商务印书馆 2020 年版。

21. ［英］霍布斯：《利维坦》，黎思复、黎廷弼译，商务印书馆 1985 年版。

22. ［英］洛克：《人类理解论》（上册），关文运译，商务印书馆 1959 年版。

23. ［英］洛克：《人类理解论》（下册），关文运译，商务印书馆 1959 年版。

24. ［美］列奥·施特劳斯：《自然权利与历史》，彭刚译，生活·读书·新知三联书店 2016 年版。

25. ［法］卢梭：《论科学与艺术的复兴是否有助于使风俗日趋纯朴》，李平沤译，商务印书馆 2016 年版。

26. ［法］卢梭：《社会契约论》，何兆武译，商务印书馆 2003 年版。

27. ［德］弗里德里希·尼采：《权力意志》，孙周兴译，上海人民出版社 2018 年版。

28. ［德］黑格尔：《精神现象学》，先刚译，人民出版社 2015 年版。

29. ［美］施特劳斯讲疏：《哲人的自然与道德——尼采〈善恶的彼岸〉讲疏》，［美］布里茨整理，曹聪译，华东师范大学出版社 2017 年版。

30. ［德］尼采：《查拉图斯特拉如是说》（详注本），钱春绮译，生活·读书·新知三联书店 2014 年版。

31. ［美］列奥·施特劳斯：《什么是政治哲学》，李世祥等译，华夏出版社 2019 年版。

32. ［美］列奥·施特劳斯：《古今自由主义》，叶然等译，华东师范大学出版社 2019 年版。

33. ［美］列奥·施特劳斯：《哲学与律法——论迈蒙尼德及其先驱》，黄瑞成译，华夏出版社 2012 年版。

34. ［奥］维特根斯坦：《逻辑哲学论》，郭英译，商务印书馆 1962 年版。

35. ［法］米歇尔·福柯：《规训与惩罚》（修订译本），刘北成、杨远婴译，生活·读书·新知三联书店 2019 年版。

36. ［德］卡尔·雅斯贝斯：《时代的精神状况》，王德峰译，上海译文出版社 2013 年版。

37. ［法］居伊·德波：《景观社会》，张新木译，南京大学出版社 2017 年版。

38. ［法］让·鲍德里亚：《消费社会》，刘成富、全志钢译，南京大学出版社 2014 年版。

39. ［古希腊］柏拉图：《理想国》，郭斌和、张竹明译，商务印书馆 1986 年版。

40. Dieter Thomä（Hrsg.），Heidegger Handbuch, 2 Auflage, J. B METYLER, 2013.

41. ［法］吉尔·德勒兹：《批评与临床》，刘云虹、曹丹红译，南京大学出版社 2012 年版。

42. Johannes Hoffmeister, Wörterbuch der philosophischen Begriffe, Felix Meiner, Hamberg, 1955, Zweite Auflage.

43. ［法］让—保罗·萨特：《存在主义是一种人道主义》，周煦良、汤永宽译，上海译文出版社 2012 年版。

44. ［意］托马斯·阿奎那：《论存在者与本质》，段德智译，商务印书馆 2013 年版。

45. ［古希腊］柏拉图：《智者》，詹文杰译，商务印书馆 2012 年版。

46. ［古希腊］柏拉图：《蒂迈欧篇》，谢文郁译注，上海人民出版社 2003 年版。

47. ［德］马克思：《1844 年经济学哲学手稿》，中共中央马克思、恩格斯、列宁、斯大林著作编译局译，人民出版社 2014 年版。

48. ［德］康德：《判断力批判》，邓晓芒译，人民出版社 2002 年版。

49. ［德］康德：《康德自然哲学文集》（上卷），李秋零译注，中国人民大学出版社 2016 年版。

50. ［美］斯坦利·罗森：《虚无主义：哲学反思》，马津译，华东师范大学出版社 2019 年版。

51. ［美］唐·依德："技术现象学"，载刘大椿、刘劲杨主编：《科学技术哲学经典研读》，中国人民大学出版社 2011 年版。

52. Don Ihde. From Heideggerian Industrial Gigantism to Nanoscale Technologies. Foundations of Science，2021，2.

53. ［古希腊］柏拉图：《柏拉图全集第 5 卷（增订版）·会饮篇》，王晓朝译，人民出版社 2016 年版。

54. ［古希腊］柏拉图：《柏拉图四书·会饮篇》，刘小枫编译，生活·读书·新知三联书店 2016 年版。

55. ［古希腊］柏拉图：《柏拉图对话集》，王太庆译，商务印书馆 2019 年版。

56. ［美］约翰·霍兰：《涌现：从混沌到有序》，陈禹等译，上海科学技术出版社 2001 年版。

57. Annette Hilt, Ursprungsfragen oder Zugänge zur Welt des Sozialen：Kunst，Technik，Politik，in Heiddeger und technische Welt（Heidegger—Jahrbuch 9），VERLAG KARL ALBER，2015.

58. ［美］汉娜·阿伦特：《人的境况》，王寅丽译，上海人民出版社 2017 年版。

59. ［德］马克思：《哥达纲领批判》，中共中央马克思、恩格斯、列宁、斯大林著作编译局译，人民出版社 2015 年版。

60. Arthur Melzer, Esoteric Tangles, Perspectives on Political Science，2015，（4）.

61. ［古希腊］柏拉图：《泰阿泰德》，詹文杰译注，商务印书馆 2018 年版。

62. ［古希腊］柏拉图：《巴曼尼得斯篇》，陈康译注，商务印书馆 1982 年版。

63. ［美］埃里克·沃格林：《柏拉图与亚里士多德》，刘曙晖译，译林出版社 2014 年版。

64. ［美］汉娜·阿伦特著，罗纳德·贝纳尔编：《康德政治哲学讲稿》，曹明、苏婉儿译，上海人民出版社 2013 年版。

65. ［古希腊］亚里士多德：《物理学》，张竹明译，商务印书馆 1982 年版。

66. ［古希腊］亚里士多德：《形而上学》，吴寿彭译，商务印书馆 1959 年版。

67. ［德］迪特·亨利希：《在康德与黑格尔之间——德国观念论讲座》，乐小军译，商务印书馆 2013 年版。

68. ［德］康德：《康德认识论文集》，李秋零译注，中国人民大学出版社 2016 年版。

69. ［德］黑格尔：《小逻辑》，贺麟译，商务印书馆 1980 年版。

70. ［加拿大］查尔斯·泰勒：《黑格尔》，张国清、朱进东译，译林出版社 2012 年版。

71. ［德］卡尔·洛维特：《从黑格尔到尼采》，李秋零译，生活·读书·新知三联书店 2014 年版。

72. ［美］理查德·维克利：《论源初遗忘——海德格尔、施特劳斯与哲学的前提》，谢亚洲、杨永强译，华夏出版社 2016 年版。

73. ［英］路德维希·维特根斯坦：《哲学研究》，陈嘉映译，上海世纪出版集团 2005 年版。

74. Karl-Otto Apel, Wittgenstein und Heidegger, in Otto Pöggler Hrsg. Heiddger: Perspektiven zur Deutung seines Werks, Beltz Athenäum Vellag, Weinheim 1994.

75. ［美］赫伯特·施皮格伯格：《现象学运动》，王炳文、张金言译，商务印书馆 2011 年版。

76. ［爱尔兰］德尔默·莫兰：《现象学：一部历史的和批评的导论》，李幼蒸译，中国人民大学出版社 2017 年版。

77. ［瑞士］鲁多夫·贝尔奈特、依索·肯恩（耿宁）、艾杜德·马尔巴赫：《胡塞尔思想概论》，李幼蒸译，中国人民大学出版社 2011 年版。

78. ［美］道恩·威尔顿：《另类胡塞尔：先验现象学的视野》，靳希平译，梁宝珊校对，复旦大学出版社 2012 年版。

79. ［丹麦］丹·扎哈维：《胡塞尔现象学》，李忠伟译，世纪出版集团、上海译文出版社 2007 年版。

80. ［德］胡塞尔：《纯粹现象学通论——纯粹现象学和现象学哲学的观念　第 1 卷》，李幼蒸译，中国人民大学出版社 2014 年版。

81. ［德］埃德蒙德·胡塞尔：《笛卡尔沉思与巴黎讲演》，张宪译，人民出版社 2008 年版。

82. ［德］胡塞尔：《哲学作为严格的科学》，倪梁康译，商务印书馆 2010 年版。

83. ［德］胡塞尔：《共主观性的现象学》（第 3 卷），王炳文译，商务印书馆 2018 年版。

84. ［德］胡塞尔：《欧洲科学的危机与超越论的现象学》，王炳文译，商务印书馆 2001 年版。

85. ［加］马克斯·范梅南：《实践现象学：现象学研究与写作中意义给予的方法》，尹垠、蒋开君译，教育科学出版社 2018 年版。

86. ［德］舍勒：《伦理学中的形式主义与质料的价值伦理学》，倪梁康译，商务印书馆 2019 年版。

87. ［德］马克思·舍勒：《哲学人类学》，魏育青等译，北京师范大学出版社 2017 年版。

88. ［德］马克思·舍勒：《同情感与他者》，朱雁冰等译，北京师范大学出版社 2017 年版。

89. ［德］马克思·舍勒：《爱的秩序》，孙周兴、林克译，北京师范大学出版社 2017 年版。

90. ［美］休伯特·L. 德雷福斯：《在世：评海德格尔的〈存在与时间〉第一篇》，朱松峰译，浙江大学出版社 2018 年版。

91. ［德］汉斯-格奥尔格·伽达默尔：《诠释学 I：真理与方法——哲学诠释学的基本特征》（修订译本），洪汉鼎译，商务印书馆 2010 年版。

92. ［美］维斯：《不满的苏格拉底——柏拉图〈克力同〉疏证》，罗晓颖译，华东师范大学出版社 2011 年版。

93. ［德］雅斯贝尔斯：《论历史的起源与目标》，李雪涛译，华东师范大学出版社 2018 年版，第 154 页。

94. ［美］迈克尔·弗里德曼：《分道而行——卡尔纳普、卡西尔和海德格尔》，张卜天、南星译，商务印书馆 2021 年版。

95. ［德］恩斯特·卡西尔：《国家的神话》，范进、杨君游、柯锦华译，华夏出版社 2015 年版。

96. ［德］恩斯特·卡西尔：《人论：人类文化哲学导引》，甘阳译，上海译文出版社 2013 年版。

97. ［美］汉娜·阿伦特著，杰罗姆·科恩编：《反抗"平庸之恶"》，陈联营译，上海人民出版社 2014 年版。

98. ［美］汉娜·阿伦特：《过去与未来之间》，王寅丽、张立立译，译林出版社 2011 年版。

99. ［美］列奥·施特劳斯、［法］科耶夫著，［美］古热维奇、罗兹编：《论僭政——色诺芬〈希耶罗〉义疏》，何地译，华夏出版社 2006 年版。

100. ［法］莫里斯·梅洛-庞蒂：《知觉的世界：论哲学、文学与艺术》，王士盛、周子悦译，江苏人民出版社 2019 年版。

101. ［法］梅洛·庞蒂：《意义与无意义》，张颖译，商务印书馆 2018 年版。

102. ［法］伊曼纽尔·列维纳斯：《总体与无限：论外在性》，朱刚译，北京大学出版社 2016 年版。

103. Walter Schulzl, Über den philosophiegeschichtlichen Ort Matin Heiddeger, in Otto Pöggler Hrsg. Heiddger: Perspektiven zur Deutung seines Werks, Beltz Athenäum Vellag, Weinheim 1994.

104. ［德］埃德蒙德·胡塞尔：《内时间意识现象学》，倪梁康译，商务印书馆 2010 年版。

105. Michael Inwood, A Heidegger Dictionary, Blackwell Publishers Inc., 1999 .

106. ［法］雅克·德里达：《赠予死亡》，王钦译，西北大学出版社 2018 年版。

107. ［德］康德：《纯粹理性批判》，邓晓芒译，杨祖陶校，人民出版社 2004 年版。

108. ［斯洛文尼亚］斯拉沃热·齐泽克：《欢迎来到实在界这个大荒漠》，季广茂译，2015 年版。

109. 《圣经（和合本）》，中国基督教三自爱国委员会、中国基督教协会 2004 年 9 月版。

110. ［法］朱利安：《论"时间"：生活哲学的要素》，张君懿译，北京大学出版社 2016 年版。

111. ［法］吉尔·德勒兹：《差异与重复》，安靖、张子岳译，华东师范大学出版社 2018 年版。

112. ［法］亨利·列斐伏尔：《日常生活批判——第一卷：概论》，叶齐茂、倪晓晖译，社会科学文献出版社 2018 年版。

113. ［法］科斯塔斯·阿克塞洛斯：《未来思想导论：关于马克思和海德格尔》，杨栋译，南京大学出版社 2020 年版。

114. ［法］亨利·列斐伏尔：《日常生活批判——第三卷：从现代性到现代主义（关于日常社会的哲学）》，叶齐茂、倪晓晖译，社会科学文献出版社 2018 年版。

115. ［英］史蒂芬·霍金：《时间简史》，许明贤、吴忠超译，湖南科学技术出版社 2007 年版。

116. ［英］达米特：《弗雷格——语言哲学》，黄敏译，商务印书馆 2017 年版。

117. ［英］罗素：《哲学问题》，何兆武译，商务印书馆 2007 年版。

118. ［英］罗素：《数理哲学导论》，晏成书译，商务印书馆 1982 年版。

119. ［英］伯特兰·罗素：《我的哲学的发展》，温锡增译，商务印书馆 1982 年版。

120. Ray Monk, Ludwig Wittgenstein: The Duty of Gunius, Penguin Book U. S. A, 1991.

121. ［奥］路德维希·维特根斯坦：《论确实性》，张金言译，广西师范大学出版社 2002 年版。

122. ［英］路德维希·维特根斯坦：《文化和价值》，黄正东、唐少杰译，译林出版社 2014 年版。

123. ［古希腊］亚里士多德：《工具论》（修订译本），刘叶涛等译，上海人民出版社 2018 年版。

124. ［德］康德：《康德政治哲学文集》，李秋零译注，中国人民大学出版社 2016 年版。

125. ［美］唐纳德·A. 克雷斯比：《荒诞的幽灵：现代虚无主义的根源与批判》，张红军译，社会科学文献出版社 2020 年版。

126. ［德］奥斯瓦尔德·斯宾格勒：《西方的没落》（上下册），齐世荣等译，群言出版社 2016 年版。

127. ［德］黑格尔：《哲学史演讲录：第一卷》，贺麟、王太庆等译，商务印书馆 1959 年版。

128. ［英］G. S. 基尔克、J. E. 拉文、M. 斯科菲尔德：《前苏格拉底哲学家：原文精选的批评史》，聂敏里译，华东师范大学出版社 2014 年版。

129. ［古希腊］第欧根尼·拉尔修：《名哲言行录》（上下册），马永翔等译，吉林人民出版社 2003 年版。

130. ［古希腊］巴门尼德著，［加］大卫·盖洛普英译/评注：《巴门尼德著作残篇》，李静滢译，广西师范大学出版社 2011 年版。

131. Reinhard May, Heidegger's hidden sources East Asian influences on his work, trans., with a complementary essay, by Graham Parkes, London and New York: Routledge, 1996, p. xv.

132. Paul Shih-yi Hsiao, Heidegger and Our Iranslation of the Tao Te Ching, in Graham Parkes, ed., Heidegger and Asian Thought, University of Hawaii Press 1987.

133. L. Mehta, Heidegger and Vedanta: Reflections on a Questionable Theme, in Graham Parkes, ed., Heidegger and Asian Thought, University of Hawaii Press 1987.

134. Tezuka Tomio, An Hour with Heidegger, in Reinhard May, Heidegger's hidden sources East Asian influences on his work, trans., with a complementary essay, by Graham Parkes., London and New York: Routledge, 1996, p. 64.

135. John C. Maraldo, Heidegger und Nishida: Nichts Gott und die Onto-thelogie, in Heiddeger und die ostasiatische Denken (Heidegger—Jahrbuch 7), VERLAG KARL ALBER, 2013, pp. 253~254.

136. Dieter Thomä (Hrsg.), Heidegger Handbuch, 2 Auflage, J. B METYLER, 2013, p. 486.

137. Hisao Matsumaru, Tanabe und Heiddger. Fragendes Kreisen um den Tod, in Heiddeger und die ostasiatische Denken (Heidegger—Jahrbuch 7), VERLAG KARL ALBER, 2013.

138. Joan Stambaugh, Heidegger, Taoism, and the Question of Metaphysics, in Graham Parkes etl, Heidegger and Asian Thought, UNIVERSITY OF HAWAII PRESS HONOLULU, 1987, pp. 80~81.

139. ［德］叔本华:《作为意志和表象的世界》，刘大悲译，哈尔滨出版社 2015 年版。

140. ［德］亨利希·迈尔:《何为尼采的扎拉图斯特拉——一场哲学争辩》，余明峰译，华夏出版社 2019 年版。

141. ［美］朗佩特:《尼采的教海——〈扎拉图斯特拉如是说〉解释一种》，娄林译，华东师范大学出版社 2013 年版。

142. ［德］尼采:《瞧，这个人——人如何成其所是》，孙周兴译，商务印书馆 2016 年版。

143. ［德］尼采:《善恶的彼岸》，赵千帆译，商务印书馆 2015 年版。

144. ［德］荷尔德林:《荷尔德林诗集》，王佐良译，人民文学出版社 2016 年版。

145. ［美］瓦莱加-诺伊:《海德格尔〈哲学献文〉导论》，李强译，华东师范大学出版社 2010 年版。

146. ［美］玛莎·C. 纳斯鲍姆:《善的脆弱性：古希腊悲剧与哲学之中的运气与伦理》（修订版），译林出版社 2018 年版。

147. Seidel B, Martin Heidegger and the Pre-Socratics: An Introduction to His Thought, University of Nebraska Press, 1964.

148. ［法］雅克·拉康:《拉康选集》，褚孝泉译，华东师范大学出版社 2019 年版。

149. ［德］卡尔·施米特:《政治的概念》，刘宗坤等译，上海人民出版社 2018 年版。

150. ［法］霍尔巴赫:《自然的体系》（上下卷），管士滨译，商务印书馆 1977 年版。

151. ［德］埃克哈特:《埃克哈特大师文集》，荣震华译，商务印书馆 2011 年版。

152. ［德］马丁·路德:《路德文集·第一卷》，路德文集中文版编辑委员会编，上海三联书店 2005 年版。

153. ［法］博丹:"学习历史的次第"，朱琦译，收录于刘小枫编:《从普遍历史到历史主义》，谭立铸等译，华夏出版社 2017 年版。

154. ［德］兰克："论普遍历史"，王师译，收录于刘小枫编：《从普遍历史到历史主义》，谭立铸等译，华夏出版社 2017 年版。

155. ［美］乔治·斯坦纳：《海德格尔》（修订版），李河、刘继译，浙江大学出版社 2012 年版。

156. ［美］斯坦利·罗森：《存在之问：颠转海德格尔》，李昀译，华东师范大学出版社 2020 年版。

157. ［加］吉拉尔德·纳达夫：《希腊的自然概念》，章勇译，华东师范大学出版社 2021 年版。

158. ［瑞士］H·奥特："从神学与哲学相遇的背景看海德格尔思想的基本特征"，李哲汇译，载刘小枫选编：《海德格尔式的现代神学》，孙周兴等译，华夏出版社 2008 年版。

159. ［美］J. M. 罗宾逊："后期海德格尔与奥特神学"，阳仁生译，载刘小枫选编：《海德格尔式的现代神学》，孙周兴等译，华夏出版社 2008 年版。

160. ［美］里亚·格林菲尔德：《民族主义：走向现代的五条道路》，王春华等译，上海三联书店 2010 年版。

161. ［美］本尼迪克特·安德森：《想象的共同体：民族主义的起源与散布》，吴叡人译，上海人民出版社 2016 年版。

162. ［德］弗里德里希·卡尔·冯·萨维尼：《论立法与法学的当代使命》，许章润译，中国法制出版社 2001 年版。

163. ［德］吕迪格尔·萨弗兰斯基：《时间：它对我们做什么和我们用它做什么》，卫茂平译，社会科学文献出版社 2018 年版。

164. ［美］马克·拉索尔：《向着大地和天空，凡人和诸神》，姜奕晖译，中信出版集团 2015 年版。

165. ［意］基阿尼·瓦蒂莫：《现代性的终结》，杨恒达译，河南大学出版社 2015 年版。

166. ［意］吉奥乔·阿甘本：《敞开：人与动物》，蓝江译，南京大学出版社 2019 年版。

167. ［古希腊］亚里士多德：《亚里斯多德〈诗学〉〈修辞学〉》，罗念生译，上海人民出版社 2016 年版。

168. ［德］荷尔德林：《荷尔德林文集》，戴晖译，商务印书馆 1999 年版。

169. ［美］伯纳德特：《生活的悲剧与喜剧：柏拉图的〈斐勒布〉》，郑海娟译，华东师范大学出版社 2016 年版。

170. ［加］普拉宁克：《柏拉图与荷马——宇宙论对话中的诗歌与哲学》，易帅译，华东师范大学出版社 2017 年版。

171. ［美］恩伯莱、寇普编：《信仰与政治哲学——施特劳斯与沃格林通信集》，谢华育、张新樟等，华东师范大学出版社 2007 年版。

172. ［奥］里尔克：《里尔克诗选》，林克译，四川人民出版社 2018 年版。

173. ［德］卡尔·洛维特：《海德格尔——贫困时代的思想家：哲学在 20 世纪的地位》，彭超译，西北大学出版社 2015 年版。

174. ［法］雅克·朗西埃：《无知的教师：智力解放五讲》，赵子龙译，西北大学出版社 2020 年版。

175. ［瑞士］H. 奥特："什么是系统神学"，阳仁生、黄炎平译，载刘小枫选编：《海德格尔式的现代神学》，孙周兴等译，华夏出版社 2008 年版。

176. ［德］汉斯·莱纳·塞普：《现象学与家园学：塞普现象学研究文选》，张任之编，靳希平等译，商务印书馆 2019 年版。

177. ［法］德希达：《书写与差异》，张宁译，麦田出版公司 2004 年版。

178. ［意］吉奥乔·阿甘本：《例外状态——〈神圣之人〉二之一》，薛熙平译，西北大学出版社 2015 年版。

179. ［德］尤尔根·哈贝马斯：《交往行为理论（第一卷）：行为的合理性与社会的合理化》，曹卫东译，上海人民出版社 2018 年版。

180. ［德］鲁曼：《社会中的法》，李君韬译，五南图书公司 2015 年版。

181. ［古希腊］柏拉图：《法律篇》，张智仁、何勤华译，商务印书馆 2016 年版。

182. ［意］圣多马斯·阿奎纳：《驳异大全·论真原》，吕穆迪译述，商务印书馆 2010 年版。

183. ［意］圣多马斯·阿奎那：《神学大全·第二册·论天主创造万物》，周克勤、高旭东等译，碧岳书社 2008 年版。

184. ［意］圣多马斯·阿奎那：《神学大全·第六册·论法律与恩宠》，周克勤、高旭东等译，碧岳书社 2008 年版。

185. ［英］洛克：《自然法论文集》，刘时工译，上海三联书店 2015 年版。

186. ［意］吉奥乔·阿甘本：《敞开：人与动物》，蓝江译，南京大学出版社 2019 年版。

187. ［法］阿尔贝·加缪：《西西弗神话》，杜小真译，商务印书馆 2017 年版。

188. ［英］约翰·菲尼斯：《自然法理论》，吴彦编译，商务印书馆 2016 年版。

189. ［美］迈克尔·戴维斯：《探究希腊人的灵魂》，柯常咏等译，华夏出版社 2016 年版。

190. ［德］克里斯蒂安·格拉夫·冯·克罗科夫：《决定：论恩斯特·云格尔、卡尔·施米特、马丁·海德格尔》，卫茂平译，上海人民出版社 2016 年版。

191. ［加］厄休拉·M. 富兰克林：《技术的真相》，田奥译，南京大学出版社 2019 年版。

192. ［法］德勒兹、加塔利：《资本主义与精神分裂（卷 2）：千高原》，姜宇辉译，上海书店出版社 2010 年版。

193. ［加］约翰·拉尔斯顿·索尔：《无意识的文明》，邵文实译，南京大学出版社 2019 年 6 版。

194. ［美］史蒂文·史密斯：《现代性及其不满》，朱陈拓译，九州出版社 2021 年版。

195. [美] 理查德·沃林：《海德格尔的弟子：阿伦特、勒维特、约纳斯和马尔库塞》，张国清、王大林译，江苏教育出版社 2005 年版。

196. [法] 耶夫·西蒙：《自然法传统——一位哲学家的反思》，杨天江译，商务印书馆 20176 年版。

197. [美] 列奥·施特劳斯：《犹太哲人与启蒙——施特劳斯讲演与论文集　卷一》（增订本），刘小枫编，张缨等译，华夏出版社 20919 年版。

198. [德] 特奥多·阿尔多诺：《本真性的黑话：评德意志意识形态》，夏凡译，浙江大学出版社 2021 年版。

199. [法] 卡罗勒·维德马耶尔：《政治哲学终结了吗？——汉娜·阿伦特 VS 列奥·施特劳斯》，杨嘉彦译，华东师范大学出版社 2016 年版。

200. Hannah Arendt, The Origins of Totalitarianism, Harcourt Brace & Company, 1976.

201. [美] 汉娜·阿伦特：《人的境况》（第 2 版），王寅丽译，上海人民出版社 2021 年版。

202. [美] 汉娜·阿伦特：《共和的危机》，郑辟瑞译，上海人民出版社 2013 年版。

203. [法] 萨特：《存在与虚无》，陈宣良等译，生活·读书·新知三联书店 2014 年版。

204. [美] 汉娜·阿伦特：《艾希曼在耶路撒冷：一份关于平庸的恶的报告》，安尼译，译林出版社 2017 年版。

205. [德] 吕迪格尔·萨弗兰斯基：《来自德国的大师——海德格尔和他的时代》，靳希平译，商务印书馆 2007 年版。

206. Herbert Marcuse, Reason and Revolution, 2nd Edition with Supplementary Chapter, Routledge & Kegan Paul LTD, 1941.

207. Herbert Marcuse, Towards a Critical Theory of Society, Douglas Kellne. etl, Taylor & Francis e-Library, 2003.

208. Herbert Marcuse, Heideggerian Marxism, Richard Wolin & John Abromeit etl., University of Nebraska Press 2005.

209. [英] 伊冯·谢拉特：《希特勒的哲学家》，刘曦、杨阳译，上海社会科学院出版社 2017 年版。

210. [美] 赫伯特·马尔库塞：《技术、战争与法西斯主义》，高海青、冯波译，人民出版社 2019 年版。

211. Herbert Marcuse, Marxism, Revolution and Utopia, Douglas Kellne & Clayton Pierce etl., Routledge 2004.

212. [美] 赫伯特·马尔库塞：《单向度的人》，刘继译，上海译文出版社 2008 年版。

213. Herbert Marcuse, The New Left and the 1960s, Douglas Kellne etl., Routledge 2005,.

214. Herbert Marcuse, Art and Liberation, Douglas Kellne etl., Routledge 2007.

215. [法] 让·鲍德里亚：《恶的透明性：关于诸多极端现象的随笔》，王晴译，西北大学出版社 2019 年版。

216. ［法］皮埃尔·布迪厄：《海德格尔的政治存在论》，朱国华译，学林出版社 2009 年版。

217. ［法］米歇尔·福柯：《词与物：人文科学的考古学》（修订译本），莫伟民译，上海三联书店 2020 年版。

218. ［德］尤尔根·哈贝马斯：《后民族结构》，曹卫东译，上海人民出版社 2019 年版。

219. Niklas Luhmann, Beobachtungen der Moderne, Westdeutscher Verlag, 1992.

220. ［德］彼得·特拉夫尼：《海德格尔导论》，张振华、杨小刚译，同济大学出版社 2012 年版。

221. ［德］伽达默尔、［法］德里达等：《德法之争：伽达默尔与德里达的对话》，孙周兴、孙善春编译，商务印书馆 2015 年版。

222. ［德］伽达默尔：《哲学的开端》，赵灿译，华东师范大学出版社 2019 年版。

223. ［德］伽达默尔：《伽达默尔集》，严平编选，邓安庆等译，上海远东出版社 2003 年版。

224. ［德］汉斯-格奥尔格·伽达默尔：《诠释学 II：真理与方法——补充和索引》，洪汉鼎译，商务印书馆 2010 年版。

225. ［美］大卫·库尔珀：《纯粹现代性批判——黑格尔、海德格尔及其以后》，臧佩洪译，商务印书馆 2004 年版。

226. ［法］伊曼努尔·列维纳斯：《伦理与无限：与菲利普·尼莫的对话》，王士盛译，王恒校译，南京大学出版社 2020 年版。

227. ［法］伊曼纽尔·列维纳斯：《另外于是，或在超过是其所是之处》，伍晓明译注，北京大学出版社 2019 年版。

228. ［法］列维纳斯：《论来到观念的上帝》，王恒译，商务印书馆 2019 年版。

229. ［法］雅克·德里达：《论文字学》，汪堂家译，上海译文出版社 2005 年版。

230. ［法］雅克·德里达：《声音与现象》，杜小真译，商务印书馆 2010 年版。

231. ［德］卡尔·施米特：《大地的法》，刘毅、张陈果译，上海人民出版社 2017 年版。

232. Micheal Lewis, Heidegger and the Place of Ethics：Being-with the Crossing of Heidegger's Thought, Continuum, London New York, 2006.

233. ［美］理查德·沃林：《存在的政治——海德格尔的政治思想》，周宪、王志宏译，商务印书馆 2003 年版。

234. ［德］洛维特：《世界历史与救赎历史》，李秋零、田薇译，商务印书馆 2016 年版。

235. ［德］卡尔·洛维特：《韦伯与马克思：以及黑格尔与哲学的扬弃》，刘心舟译，南京大学出版社 2019 年版。

236. Reinhard Mehring, Heideggers "große Politik"：Die semantische Revolution der Gesamtaus-

gabe，Mohr Siebeck，2016.

237. Hans Jonas, The Gnostic Religion：The Message of the Alien God & the Beginnings of Christianity，Beacon Press Boston，2001.

238. Hans Jonas, Heidegger and Theology, in The Phenomenmon of Life，Northwestern Universitv Press Evanston，lllinois，1996.

三、东方思想典籍以及注疏

1. （清）康有为：《我史》，姜文华、张荣华编校，中国人民大学出版社 2011 年版。

2. （清）康有为：《大同书》，汤志钧导读，上海古籍出版社 2005 年版。

3. 熊十力：《体用论（外一种）》，上海古籍出版社 2019 年版。

4. 金岳霖：《论道》，商务印书馆 2015 年版。

5. （清）郭庆藩撰：《庄子集释》，王孝鱼点校，中华书局 2013 年版。

6. 刘文典撰：《庄子补正》（上），赵峰、诸伟奇点校，中华书局 2015 年版。

7. 陈鼓应注释：《庄子今注今译》，中华书局 2020 年版。

8. （晋）郭象：《庄子注疏》，（唐）成玄英疏，中华书局 2011 年版。

9. ［日］九鬼周造：《九鬼周造著作精粹》，彭曦、汪丽影、顾长江译，南京大学出版社 2017 年版。

10. ［日］大西克礼：《物哀：樱花落下后》，王向远译，不二家 2012 年版。

11. 《佛教十三经》，陈秋平译注，中华书局 2013 年版。

12. 梁启超：《佛学研究十八篇》，商务印书馆 2014 年版。

13. ［日］西田几多郎：《善的研究》，黄文宏译注，台湾"清华大学"出版社 2019 年版。

14. 徐远和等主编：《东方哲学史》（现代卷），人民出版社 2010 年版。

15. ［日］大西克礼：《侘寂：素朴日常》，王向远译，不二家 2012 年版。

16. ［日］大西克礼：《幽玄：薄明之森林》，王向远译，不二家 2012 年版。

17. ［日］熊野纯彦：《和辻哲郎与日本哲学》，龚颖译，生活·读书·新知三联书店 2018 年版。

18. ［日］西田几多郎：《西田几多郎哲学选辑》，黄文宏译注，联经出版公司 2013 年版。

19. ［日］竹内好：《近代的超克》，孙歌编，李冬木、赵京华、孙歌译，生活·读书·新知三联书店 2016 年版。

20. 陈鼓应：《老子今注今译》，中华书局 2020 年版。

21. 南怀瑾：《老子他说·续集》，复旦大学出版社 2019 年版。

22. 傅佩荣：《傅佩荣译解老子》，东方出版社 2012 年版。

23. 辛战军：《老子译注》，中华书局 2008 年版。

24. （魏）王弼：《老子道德经注》，楼宇烈校释，中华书局 2011 年版。

25. 梁启超：《中国近三百年学术史》（新校本），夏晓红、陆胤校，商务印书馆 2011 年版。

26. 冯友兰：《中国哲学史新编（上中下卷）》，商务印书馆 2020 年版。

27. 牟宗三：《中国哲学十九讲》，贵州人民出版社 2020 年版。

28. 胡适：《中国哲学史大纲》，商务印书馆 2011 年版。

29. 王国维：《人间词话》，上海古籍出版社 2019 年版。

30. 梁漱溟：《东西方文化及其哲学》，商务印书馆 2010 年版。

31. 熊十力：《乾坤衍》，上海古籍出版社 2019 年版。

32. 巫白慧：《吠陀经与奥义书》，中国社会科学出版社 2015 年版。

33. ［古印度］《奥义书》，黄宝生译，商务印书馆 2012 年版。

34. ［印度］乔荼波陀：《圣教论（蛙氏奥义颂）》，巫白慧译，商务印书馆 1999 年版。

35. ［印］室利·尼萨迦达塔·马哈拉吉：《我就是那》，陶张欢译，中国青年出版社 2016 年版。

36. 《〈梨俱吠陀〉神曲选》，巫白慧译解，商务印书馆 2020 年版。

37. ［印］毗耶娑著，［美］罗摩南达·普拉萨德英译：《薄伽梵歌》，王志成、灵海译，四川人民出版社 2015 年版。

38. （汉）郑玄：《毛诗正义·诗谱序》，（唐）孔颖达等正义，收录于《十三经注疏》，上海古籍出版社 1997 年版。

39. ［古印度］《摩奴法典》，［法］迭朗善译，马香雪转译，商务印书馆 1982 年版。

40. （清）段玉裁撰：《说文解字注》，中华书局 2013 年版。

41. 王力主编：《古代汉语》（第 2 册），中华书局 1962 年版。

42. （宋）朱熹：《四书章句集注》，中华书局 2011 年版。

43. 熊十力：《新唯识论》，上海古籍出版社 2019 年版。

四、国内现代研究成果

1. 洪汉鼎：《当代西方哲学两大思潮》（上册），商务印书馆 2010 年版。

2. 王庆节、张任之编：《海德格尔：翻译、解释与理解》，生活·读书·新知三联书店 2017 年版。

3. 吕世伦、杜钢建："存在主义法学简介"，载《法学杂志》1984 年第 1 期。

4. 张文显：《二十世纪西方法哲学思潮研究》，法律出版社 1996 年版。

5. 舒扬："法学：存在主义的一种分析"，载《闽江职业大学学报》1999 年第 4 期。

6. 季涛："法律之思——法律现代性危机的形成史及其现象学透视"，浙江大学 2007 年博士学位论文。

7. 陈絜元："对法律虚无主义的解析——以海德格尔为视角"，中国海洋大学 2012 年硕士学位论文。

8. 王升平：“自然正当、虚无主义与古典复归——'古今之争'视域中的施特劳斯政治哲学思想研究”，复旦大学 2011 年博士学位论文。

9. 徐航：《上升阶梯——列奥·施特劳斯关于自然法论的思索》，中国政法大学出版社 2018 年版。

10. 王晓：“存在·时间·虚无——一种解析法律的哲学方法论”，载《杭州师范学院学报（社会科学版）》2006 年第 5 期。

11. 杨国举：“刑法中的吸收关系新论——以海德格尔存在主义的考察为视角”，载《西部法律评论》2016 年第 6 期。

12. 熊伟：“存在主义”，北京大学讲稿，1960 年 3 月 16 日。

13. 熊伟：《在的澄明——熊伟文选》，商务印书馆 2011 年版。

14. 王久兴：“海德格尔关于人性、人道主义的言论摘译”，载《外国哲学》1966 年第 Z1 期。

15. 劳思光：《存在主义哲学》，亚洲出版社有限公司（香港）1970 年版。

16. 崔唯航选编：《王玖兴文集》，河北大学出版社 2005 年版。

17. 俞宣孟：“海德格尔的基本本体论述评”，载《复旦学报（社会科学版）》1982 年第 5 期。

18. 何焕枝：“海德格尔死亡观述评”，载《华南师范大学学报（社会科学版）》1985 年第 2 期。

19. 唐有伯：“论'此在'——存在主义'人学'评述”，载《中国社会科学》1982 年第 5 期。

20. 文秉模：“'时代的危机'和危机的哲学——存在主义述评”，载《安徽师大学报（哲学社会科学版）》1983 年第 1 期。

21. 赖祖德：“存在主义哲学剖析”，载《河北学刊》1984 年第 1 期。

22. 郭立田：“海德格尔存在主义体系剖析”，载《求是学刊》1985 年第 6 期。

23. 竹林：“存在主义哲学讨论会纪要”，载《国内哲学动态》1984 年第 8 期。

24. 罗克汀：“从实用主义、逻辑实证主义到存在主义——现代西方哲学流派的产生、发展和演变规律的研究之一”，载《晋阳学刊》1981 年第 6 期。

25. 罗克汀：“从胡塞尔到海德格尔现象学本体论的演变——现代西方哲学流派的产生、发展和演变规律研究之三”，载《文史哲》1985 年第 4 期。

26. 熊伟：“'在'的澄明：谈谈海德格尔的《存在与时间》”，载《读书》1987 年第 10 期。

27. 唐有伯：“海德格尔论世界的实在性”，载《华中师范大学学报（哲学社会科学版）》1987 年第 2 期。

28. 赵越胜：“语言就是语言：读海德格尔晚期著作”，载《读书》1987 年第 7 期。

29. 靳希平："海德格尔对胡塞尔现象学还原方法的批判"，载《北京大学学报（哲学社会科学版）》1986 年第 1 期。

30. 陆杰荣："论海德格尔对传统哲学批判的现象学方法"，载《辽宁大学学报（哲学社会科学版）》1988 年第 1 期。

31. 傅海健："海德格尔现象学思想初探"，载《中国社会科学院研究生院学报》1987 年第 3 期。

32. 陆杰荣："海德格尔对传统哲学批判的实质"，载《辽宁大学学报（哲学社会科学版）》1986 年第 1 期。

33. 王天恩："海德格尔基本本体论形成的逻辑考察"，载《江西社会科学》1988 年第 1 期。

34. 万俊人："存在·主体·价值——存在主义伦理学撷要"，载《社会科学家》1989 年第 4 期。

35. 张汝伦："到事物本身"，载《读书》1989 年第 2 期。

36. 都本伟："论海德格尔对西方哲学的扬弃"，载《昭乌达蒙族师专学报（社会科学版）》1988 年第 2 期。

37. 曼夫："海德格尔的天人观"，载《复旦学报（社会科学版）》1988 年第 2 期。

38. 李向平："'息我以死'与'向死而在'——庄子和海德格尔的死亡哲学"，载《社会科学家》1989 年第 1 期。

39. 田德文："国内海德格尔研究概述"，载《哲学动态》1990 年第 5 期。

40. 陈嘉映：《海德格尔哲学概论》，生活·读书·新知三联书店 1995 年版。

41. 靳希平：《海德格尔早期思想研究》，上海人民出版社 1995 年版。

42. 孙周兴：《说不可说之神秘：海德格尔后期思想研究》，生活·读书·新知三联书店上海分店 1995 年版。

43. 张祥龙：《海德格尔思想与中国天道：终极视域的开启与交融》，生活·读书·新知三联书店 1996 年版。

44. 张祥龙：《海德格尔传》，河北人民出版社 1998 年版。

45. 张汝伦：《海德格尔与现代哲学》，复旦大学出版社 1995 年版。

46. 汪堂家："'人诗意地栖居'——读海德格尔《诗·语言·思》"，载《当代青年研究》1990 年第 3 期。

47. 余虹："诗：源始的语言——海德格尔的诗学启示"，载《外国文学研究》1991 年第 1 期。

48. 宋祖良："论一种语言观的哲学意义——兼谈海德格尔的语言观"，载《哲学研究》1994 年第 9 期。

49. 王宏印："语言是存在的真理的家园——试论后期海德格尔的语言观"，载《西安教育学院学报》1998 年第 2 期。

50. 陆杰荣："'说'的哲学理解——维特根斯坦与海德格尔观点比较之研究"，载《吉林大学社会科学学报1991年第5期。

51. 为明："海德格尔和维特根斯坦论语言的权威"，载《探索与争鸣》1992年第6期。

52. 王路："'是'、'是者'、'此是'与'真'——理解海德格尔"，载《哲学研究》1998年第6期。

53. 黄裕生："真理的本质与本质的真理——论海德格尔的真理观"，载《中国社会科学》1999年第2期。

54. 周膺："海德格尔康德时间比较"，载《浙江大学学报（社会科学版）》1992年第4期。

55. 孙周兴："从存在到'大道'——海德格尔的思路"，载《杭州大学学报（哲学社会科学版）》1992年第1期。

56. 叶秀山："世间为何会'有''无'？"，载《中国社会科学》1998年第3期。

57. 叶秀山："何谓'人诗意地居住在大地上'"，载《读书》1995年第10期。

58. 孙周兴："消解与重构——海德格尔对主体形而上学的批判"，载《学术月刊》1992年第3期。

59. 韩璞康："超越人类中心主义——海德格尔哲学的启示"，载《江苏社会科学》1995年第3期。

60. 刘敬鲁："自然为人立法与人为自然立法——海德格尔与康德的一个对比"，载《社会科学战线》1996年第4期。

61. 刘敬鲁："论海德格尔对传统形而上学人学的批判"，载《哲学研究》1997年第9期。

62. 刘敬鲁："现代人的无家可归——析海德格尔对现代人类历史的思考"，载《中国人民大学学报》1997年第4期。

63. 宋祖良："'哲学的终结'——海德格尔晚期思想的大旨"，载《中国社会科学》1991年第4期。

64. 宋祖良："海德格尔对现代科学的沉思"，载《学海》1991年第3期。

65. 宋祖良："析海德格尔对现代技术的批评"，载《中国社会科学院研究生院学报》1991年第1期。

66. 宋祖良："海德格尔与当代西方的环境保护主义"，载《哲学研究》1993年第2期。

67. 高亮华："论海德格尔的技术哲学"，载《自然辩证法通讯》1992年第4期。

68. 莫伟民："试析海德格尔的技术哲学"，载《探索与争鸣》1992年第3期。

69. 郭晓晖："试论一种可能的技术本质观——海德格尔的启示"，载《自然辩证法研究》1998年第11期。

70. 吴国盛："海德格尔与科学哲学"，载《自然辩证法研究》1998年第9期。

71. 刘敬鲁："论海德格尔的科学技术之思"，载《中国人民大学学报》1998年第3期。

72. 张汝伦："近代科学与近代形而上学——海德格尔的观察和批判"，载《复旦学报（社会科学版）》1994 年第 1 期。

73. 张汝伦："海德格尔对科学本质的反思"，载《求是学刊》1994 年第 1 期。

74. 宋祖良："理性与非理性——兼论海德格尔批评欧洲近代理性"，载《学术月刊》1995 年第 5 期。

75. 宋祖良："如何恰当理解海德格尔的后期思想"，载《哲学研究》1995 年第 4 期。

76. 毛怡红："海德格尔的'原始伦理学'及其当代影响"，载《学术月刊》1995 年第 5 期。

77. 王海明："个人主义辨析——杨朱、庄子、尼采、海德格尔、萨特伦理观之比较"，载《北京师范学院学报（社会科学版）》1990 年第 1 期。

78. 俞宣孟："海德格尔与东方'无'的境界"，载《时代与思潮》1991 年第 0 期。

79. 张世英："'天人合一'与'主客二分'"，载《哲学研究》1991 年第 1 期。

80. 张世英："海德格尔的形而上学——兼析陶渊明的诗"，载《文史哲》1991 年第 2 期。

81. 张世英："中西方关于自由问题的哲学思考"，载《江海学刊》1994 年第 2 期。

82. 俞吾金："存在、自然存在和社会存在——海德格尔、卢卡奇和马克思本体论思想的比较研究"，载《中国社会科学》2001 年第 2 期。

83. 俞吾金："海德格尔的'世界'概念"，载《复旦学报（社会科学版）》2001 年第 1 期。

84. 俞吾金："形而上学发展史上的三次翻转——海德格尔形而上学之思的启迪"，载《中国社会科学》2009 年第 6 期。

85. 柯小刚："从《存在与时间》到《哲学论稿》：海德格尔前后期思想关系疏解"，载《现代哲学》2011 年第 1 期。

86. 邓晓芒："西方形而上学的命运——对海德格尔的亚里士多德批评的批评"，载《中国社会科学》2002 年第 6 期。

87. 张汝伦："论海德格尔哲学的起点"，载《复旦学报（社会科学版）》2005 年第 2 期。

88. 孙周兴："学术翻译的几个原则——以海德格尔著作之汉译为例证"，载《中国翻译》2013 年第 4 期。

89. 刘小枫：《海德格尔与中国》，华东师范大学出版社 2017 年版。

90. 甘阳："政治哲人施特劳斯：古典保守主义政治哲学的复兴"，载［美］列奥·施特劳斯：《自然权利与历史》，彭刚译，生活·新知·读书三联书店 2016 年版。

91. 刘小枫：《施特劳斯的路标》，华夏出版社 2013 年版。

92. 胡宗亮："走向'第二洞穴'：康德、维特根斯坦与'自然权利'"，载《法律与伦理》2019 年第 2 期。

93. 陈荣华：《海德格尔〈存有与时间〉阐释》，台湾大学出版中心 2018 年版。

94. 倪梁康：《胡塞尔与海德格尔——弗莱堡的相遇与背离》，商务印书馆 2016 年版。

95. 陈嘉明：《现代西方哲学方法论讲演录》，广西师范大学出版社 2009 年版。

96. 韩潮：《海德格尔与伦理学问题》，同济大学出版社 2007 年版。

97. 萧师毅："海德格尔与我们《道德经》的翻译"，池耀兴译，载《世界哲学》2004 年第 2 期。

98. 夏可君：《一个等待与无用的民族：庄子与海德格尔的第二次转向》，北京大学出版社 2017 年版。

99. 张祥龙：《海德格尔与中国天道——终极视域的开启与交融》，中国人民大学出版社 2010 年版。

100. 陈嘉映：《海德格尔哲学概论》，商务印书馆 2014 年版。

101. 项退结：《海德格》，东大图书公司 2015 年版。

102. 王庆节：《亲临存在与自在起来：海德格尔思想的林中迷津》，东方出版中心 2020 年版。

103. 丁耘：《儒家与启蒙：哲学会通视野下的当前中国思想》，生活·读书·新知三联书店 2011 年版。

104. 叶秀山：《思·史·诗——现象学和存在哲学研究》，人民出版社 1988 年版。

105. 舒国滢：《法学的知识谱系》，商务印书馆 2020 年版。

106. 曹义孙："论哲学化的法理学"，载《中国政法大学学报（政法论坛）》2000 年第 3 期。

107. 孙周兴：《语言存在论——海德格尔后期思想研究》，商务印书馆 2011 年版。

108. 李泽厚：《人类学历史性本体论（上中下卷）》，人民文学出版社 2019 年版。

109. 王庆节：《解释学、海德格尔与儒道今释》，中国人民大学出版社 2004 年版。

110. 曹义孙、胡宗亮：""说谎者悖论"与"哲人说谎"的法理理由"，载《法治社会》2021 年第 4 期。

后　记

　　在 2022 年上元，我由于考虑到博士论文的提交时间等程序问题，不得不把这篇业已冗长的文稿画上了一个句号。正如我在书稿之中多个注释之中都提到，目前欧洲思想界对海德格尔的最前沿研究应当体现在 2022 年计划出版的《海德格尔年鉴（十三）》里，后者着重讨论的是海德格尔在《黑皮书》之中体现的纳粹思想和民族主义情绪，而本书显然并未对这一资料进行关涉，盖因为德国严格的版权保护制度禁止了上述文献的互联网传播，也是因为在"新冠疫情"这个全球性的危机下，资料的实地获取变得极为困难，这一文献的必然缺失不得不说成了一个短期内无法圆满的遗憾。相应地，疫情的阻滞也使得我长期居住在哈尔滨老家而不能返回学校，一些资料和文本往往是家里和学校"一式两份"，尽管我在尽力地避免由于异地居住导致的文献版本、数量等差异，但是这种客观情况对本书的文献选择也有制约，例如《存在与时间》的"修订译本""第二版"在内容上相差不大却版次不一等问题——凡此种种，不一而足。不过我也往往以"来日方长"为自勉，或许唯有以进一步的深耕细作，才能把遗憾限制在最低程度，做出多多少少有说服力的成果。

　　首先，我需要感谢博士生导师曹义孙教授的悉心指导。曹老师的思想深邃、胸怀包容、以身作则，促进我不断扎实文章选题，并且鼓励我在文章写作之中保持"自信"，最终引导我自主地完成了对海德格尔源初自然法的初步理解。同时，在学习中，曹老师也经常传授为人、处世的道理。习得了哲人心性的老师从来不以讲求身份或权威，而是乐得与学生"拉开架子"好好辩

538

论——自然，至少在我的教育阶段来看，大多数时候我扮演的是那个柏拉图对话录之中的色拉叙马霍斯角色，而老师则是苏格拉底的角色：苏格拉底式的论辩同时是一个教育和矫正的过程，论者如果认真地遵守理性论辩的规则，最终将走向对智慧本身的认信。除了在思维方面的极大促进，导师对于我学术生涯的规划也相当清晰，在进入博士阶段前，导师认为应当以"四年求学"为时长限制，指出非有充足的修习时间，不可能对哲学思想有所明悟；也认为需要以列奥·施特劳斯以及他擅长的柏拉图政治哲学为切入西方哲学的入口，甚至以施特劳斯的政治哲学为博士论文的写作对象，不过在最终确定选题的阶段，导师对我希望以海德格尔源初自然法为研究方向保持了极大地支持。他所希望我研究的不是某个人的某个哲学思想，而是要发问到本源之处。与此同时，导师的身教也值得铭记，曹义孙老师是把立言、立学、立德结合一身的榜样，他曾对我说，如果在读了如是的哲学著作后只是增加了记忆，锐利了修辞，那么显然是读书不到位，真正读懂了哲学著作的人无一不是在生活之中以哲学思维看问题的达观之人，评判学者的境界并不依单纯靠论文、课题的"量"，而需要看他在生活之中育人、处事的"质"——在博士阶段我尝试以读来的哲学语言去解读生活之中的现实问题，在一些情境中得以初步地豁达，与导师的教诲不无关系。

也需要感谢法学的启蒙恩师舒国滢教授。从 2012 年初到军都山下到 2022 年即将挥别小月河畔，舒国滢老师扮演着我人生之中的"常驻嘉宾"的角色，不仅在学术方面为我打好了规范与基础，也以自身的生活方式影响了我的日常。舒国滢老师在学术方面严谨规范，造诣精深，早在我本科论文写作的时候就已经对文章的引注规范、文献层次和结构布局有所强调。而在我确定了以海德格尔为博士论文选题的时候，虽然舒老师认为这个选题难度大、任务重，但是他仍然尊重了我的选题兴趣。除了在日常生活中的闲谈、授课之外，他同时也在答辩、预答辩等环节给出大量宝贵意见。

此外也需要感谢我的硕士生导师白晟教授。白晟教授对本书的文献研究部分提供了相当的资料和思路，尤其是建议我围绕"北大哲学系"展开中国学界对海德格尔的描述，建议我阅读一手文献。白老师认为，如果因为资料不足而有可能被读者指出硬性错误，那就宁可"不出手"，保持对读者的尊重、对文章心性的坚定。白老师目前已经退休，又被新疆政法学院返聘，仍然耕耘在教学一线之中，他的率性而为、对"实地""事物本身"的强调也影响了我的学习态度。

在本书的各个质控环节中，中国政法大学刘星教授、喻中教授、李红勃教授、王夏昊教授、雷磊教授、王新宇教授，清华大学高其才教授，中国社会科学院大学王莉君教授对本书都给出了中肯的建议。除此之外，也需要感谢清华大学高鸿钧教授、中国人民大学史彤彪教授对本书写作的支持。

在本书的写作过程之中，哈尔滨市第九中学语文特级教师王洪伟老师对文章中的汉语典籍的引用进行了深入的指导，老师在汉语句读、注疏选择、语词讲解方面下了不少功夫，虽然老师经常认为作为高中教师难以达到博士指导的层次，但我依然认为，老师对本书至少汉语典籍的指引是不可或缺的，例如对"自然"语词的语形学讲解，对道德经句读和释义方法的拓展，都为本书对汉语典籍的解读有极大的裨益。同时，本书的"初稿"——即50余万字的"最初的读者"，是我相识近20年的老友单著禹硕士（dottore magistrale），他毕业于意大利摩德纳与雷焦艾米利亚大学（Università degli studi di Modena e Reggio Emilia），于历史学、宗教学、人类学和现代社会理论方面往往有独到之思，同时他极强的意大利语水平，以及在法语、西班牙语、拉丁语方面的能力，经常会为我提供新思路和新想法，尤其是我们在进行海德格尔式的"拆词法游戏"的时候，往往彼此启发，他对书稿中拉丁语的引用进行了一定的审阅，对可能错引误引的法语、意大利语词汇进行了及时地指正。中国政法大学政治理论博士研究生吴星玮同学则精通日语且专修政治哲学与形而上学，他对文中西田几多郎、和辻哲郎、大西克礼等日本作家的思想进行了串联式的讲解，对海德格尔的"世界实体观"的追问也迫使我在"源初自然法的形态"方面不断深入。中国政法大学法学理论专业博士研究生尹不忧也对本书布局谋篇、主要论证、核心观点方面给出了相当多的支持。此外，德国海德堡大学哲学博士于瀚森、奥地利维也纳大学法学博士候选人吴国邦在海外提供了诸多资料文献的支持，无论是"代购"还是"免费"，他们为本书得以窥见西方海德格尔前沿研究提供了极大帮助。

同时，四年以来的同门情谊也是本书写作的情感锚地。本书得以完成，也需要感谢张建、夏纪森、尹超、王超奕、罗时贵、娄曲亢、童海浩、孟媛媛、韩松、彭飞、赵思源、刘庆祝、罗嘉敏等同门，他们或是在我文脉不畅时候及时点拨，或是在我情绪起起落落的情况下默默支持。此外，也需要感谢张桐珲、刘雪利、王爽、邓经超、郑阳、马浩洋、张嘉源、余鹏文、丰怡凯、贺万裕、李颖等博士同学——尤其感谢在历次预答辩、答辩程序中秦锋砺、周月阳、郭浩地等答辩秘书的辛勤工作！更需要感谢同门师弟郭东城同学在百忙之中替我完成了博士毕业的诸多程序工作！

最后，也需要感谢一直以来支持我学习、生活，同时在居家写作时期照顾无微不至的母亲，即使不带有情感成分地看，她以下的观点也对本书构成了一个外在的观审视角：即民间习惯导致我们不能直接理解海德格尔的民族思想，即使犹太人也无法理解当时的"德意志性"；同时如社会之中的所有人一样，海德格尔究竟是好人还是坏人是难以认定的——我们不能以一种有色眼镜去看待社会之中的任何一个"此在"，因此，海德格尔也需要被正视。

海德格尔人生此在分析的唯一企图，就是指出天性所致，我们能够造桥，因为桥可以使得我们经验到广阔、距离，尤其是无底深渊，因此我们知道，生活意味着在无底深渊之上的虹贯连接，并坚持在这个过渡之中。人生此在就是如此的存在着：它向那边瞥视着自己本身，并将自己送向那边：从桥的一端到另一端。这里的关键是，这座桥梁只有当我们踏上它的时候，才在我们的脚步下生成。[1]

相信读者通过本书冗长的讨论，能够获得对法学研究的些许道路，而读者在阅读之中遭遇的言辞困难、思想失真等情况，也都是作者的责任。欢迎方家指正！

胡宗亮

2022 年 5 月 28 日

于哈尔滨老家

---

〔1〕［德］吕迪格尔·萨弗兰斯基：《来自德国的大师——海德格尔和他的时代》，靳希平译，商务印书馆 2007 年版，第 538 页。